KB253120

東아시아關係史

資料索引및分類目錄

東洋學叢書 第十七輯

東洋學研究所
檀國大學校附設

"이 책은 2000년도 한국학술진흥재단의 지원에 의해서 연구되었음(KRF-2000-045-B10102)"

刊 行 辭

본 연구소에서는 1977년『二十五史』에서 韓·中 關係 기사를 발췌하여『二十五史抄(上·中·下)』3권을 출간한 바가 있다. 이 史料集은 전근대 韓·中·日 관계사 연구자들에게 관련 자료를 용이하게 이용할 수 있도록 만들었다.

『二十五史抄』가 출간된 후 이와 관련된 색인 자료집의 작성이 관련 교수들과 연구소 연구원을 중심으로 추진되었지만, 그 결실을 보지 못하였다. 이제『二十五史抄』가 출간된 지 26년이 되어『東아시아 關係史 資料索引 및 分類目錄』이 간되었다. 이 자료집은 본 연구소에서 출간한『二十五史抄』의 색인 목록과 편의를 제공할 목적으로『二十五史』의 색인도 나란히 수록한 색인집이다. 散見하는 수많은 색인 목록을 人名·地名·官職名·其他 등으로 나누어 정리하였다.

본 東洋學叢書 第17輯은 2000년 12월 1일부터 2001년 11월 30일까지 한국학술진흥재단의 인문학육성지원을 받아 수행한『東아시아 關係史 資料索引 및 分類目錄 - 二十五史抄(上·中·下)를 중심으로 -』라는 과제의 최종 결과물이다. 본 연구를 진행하는 데 연구책임을 맡아주신 최희재 교수와 공동연구원으로 참여해 주신 김보한·김철웅·정제규 연구원에게 감사의 말씀을 전하며, 일찍이 색인 자료집 정리에 노고가 많으셨던 관련 교수와 여구원들에게도 연구소를 대죠하여 감사의 말씀을 전합니다 아울러 본 연구과세의 수행을 위한 연구의 기획과 수행 및 각종 실무에 이르기까지 온갖 궂은 일을 마다하지 않고 열과 성을 다해준 분들에게 위로와 감사의 마음을 전합니다.

2003. 5. 5.

檀國大學校 東洋學研究所

所長　金相培

目 次

간행사

해제

일러두기

인명 1

지명 247

관직명 515

기타 621

解　題

　　이른바 '25史'는 역대 중국의 '正史'를 지칭한다. 이는『史記』부터『明史』까지의 25사에다『新元史』를 합한 것인데, 때에 따라서는『新元史』대신『淸史稿』가 추가되기도 한다. 그리고『新元史』와『淸史稿』를 모두 합해 '26사'라고 통칭하기도 한다.

　　24사나 25사, 26사 등에 관해서는 기존의 여러 사학사 관련 서적에서 상세하게 설명하고 있다. 그리고,『二十五史導讀辭典』이나『二十五史人名辭典』및『二十六史大辭典』등을 비롯하여, 그에 관한 자료도 여러 가지가 나와 있기 때문에 여기서 새삼스럽게 본격적인 해제를 할 필요는 없다고 생각된다. 따라서 색인작업의 대상이 된『二十五史抄』의 성격에 대한 이해와 관련하여 기본적인 사항에 대해서만 간단하게 짚어보고자 한다.

　　25사는 대체로『史記』와『漢書』의 체례를 따라 本紀, 列傳을 기축으로 하면서 表, 志(書) 등을 포함하기도 하는 紀傳體 양식의 역사서들이다. 이는 전 왕조의 실록, 國史, 典章, 檔案 등을 기본자료로 이용하고 있으며, 勅撰이거나 왕조측으로부터 공인을 받은 것들이다. 이에 25사는 역대의 정치, 경제상의 주요문제들 뿐만 아니라 역사적 인물의 사적, 제도, 민중들의 투쟁, 漢族과 소수민족의 관계, 중국과 외국의 관계 등에 관해서도 가장 기초적인 자료를 제공하고 있다. 따라서 우리 나라를 포함한 주변 동아시아 각국과의 관계를 연구할 때도 가장 먼저 검토되어야할 자료라고 할 수 있다.

　　24사, 25사에는 대만 藝文印書館에서 영인한 武英展本, 商務印書館에서 간행한 百衲本 24사, 中華書局의 4部備要本 25사, 北京 中華書局의 新校勘本 25사 등이 있다. 색인작업의 대상이 된『二十五史抄』는 무영전본을 저본으로 하고 그 외의 주요 판본들을 참조하여 부분적으로 수정 보완한 것이다.

　　『史記』는 漢의 사마천이 편찬한 것으로 130권으로 구성되어 있다. 전설상의 黃帝부터 漢武帝 때까지의 역사를 기록하고 있으며, 本紀 12권, 表 10권, 書 8권, 世家 30권, 列傳 70권이다. 본기는 帝王이나 최고 권력자의 재위 기간에 따라 그 시대의 大事를 시대순으로 기록한 것이다. 世表, 年表, 月表로 구성된 표는 시대별로 중요 인물과 사건을 배치하여 다른 부분에서의 기록을 보다 일목요연하게 이해하

도록 돕기 위한 것이다. 서는 경제, 정치, 문화 등의 제도와 자연계의 현상 등에 관한 전문적인 자료를 종합해 놓은 것이며, 세가는 諸侯王의 世系와 孔子와 같이 특별한 공적이 있는 인물들의 사적을 기록하고 있다. 열전은 각 시대의 정치, 군사적 지도자들 및 그 외 각 계층을 대표하는 인물들의 사적을 수록하고 있다. 소수민족이나 주변 국가와 관련해서는 「朝鮮列傳」 외에 「匈奴列傳」, 「南越列傳」, 「東越列傳」, 「西南夷列傳」, 「大宛列傳」 등이 있어, 주로 각 민족의 발전, 산천 지리, 물산, 풍속 및 주요인물 등에 대해 서술하고 있다. 따라서 「朝鮮列傳」 등은 고대 한·중·일 관계 등을 검토할 경우에 제일 먼저 살펴야 할 자료라 할 수 있다.

『漢書』는 후한대의 반고가 편찬한 100권(후에 120권으로 증편)의 사서로, 전한 고조 때부터 왕망 때까지 230년의 역사를 기록하고 있다. 帝紀 12권, 표 8권, 지 10권, 傳 70권으로 되어 있다. 무제 중기 이전 부분은 『史記』의 자료를 기본재료로 사용하면서 취사·증보 하였으며, 이후 부분은 특히 詔令, 奏疏 등의 자료를 많이 이용하면서 소수민족과 주변국의 傳記 등에 관한 자료도 폭넓게 수록하고 있다. 「百官公卿表」 등은 先秦 및 한대의 관제 연구에 매우 중요한 자료를 제공하고 있다. 그리고 지는 『史記』8서의 기초 위에서 경제문제, 토지제도, 부역제도, 지리, 학술 등에 관한 대량의 사료를 증보하여 경제사, 법률사, 역사지리, 학술사 등 전문분야 연구에 중요한 사료를 제공하고 있다. 주변국가 및 소수민족과 관련해서는 『史記』의 「大宛列傳」을 확충하여 「西域傳」과 「匈奴列傳」 등을 두고 특히 新疆 및 주변 지역의 정황을 설명하고 있으며, 동북 및 서남지역에 관해서는 「西南夷兩越朝鮮傳」에서 서술하고 있다.

『後漢書』120권은 남조대 송의 범엽이 편찬한 帝紀 10권, 열전 80권과 晉 司馬彪가 찬수한 것에 남조 梁代의 劉昭가 보입한 30권의 지로 구성되어 있다. 후한 광무제 때부터 헌제까지 195년의 역사를 담고 있다. 후한대 어린 황제의 재위, 皇后 臨朝聽政의 현실을 반영하여 「皇后紀」가 신설되고 있으며, 비슷한 유형의 인물들을 묶은 「黨錮」, 「宦者」, 「文苑」, 「獨行」, 「方術」, 「逸民」 등의 열전도 시대의 현실을 잘 반영하고 있다. 열전 중에는 소수민족과 인접국의 인물에 관한 사실도 폭넓게 포함되어 있어 당시의 소수 민족의 사회 현실과 中外 관계 연구에 중요한 자료가 되고 있다. 역법의 발달을 반영한 「律曆志」, 예의제도와 사회 풍속을 담고 있는 「禮儀志」 및 「百官志」, 「輿服志」 등의 가치도 중시되고 있다. 한반도의 문제와 관련해서는「東夷列傳」이 설정되어 부여, 읍루, 고구려, 동옥저, 예, 삼한, 왜 등의 사정이 설명되고 있다. 그 외 주변지역에 대한 자료로서「南蠻西南夷列傳」,「西羌傳」,「西域傳」,「南匈奴列傳」,「烏桓鮮卑列傳」등이 있다.

陳壽의『三國志』65권은『魏書』30권,『蜀書』15권,『吳書』20권으로 구성되어, 후한 말 황건난으로부터 吳 멸망까지 근 100년의 역사를 담고 있다.『魏書』는 紀와 傳으로 나뉘어 지는데, 특히 帝紀는 삼국시기 大事를 싣고 있어 전체의 줄기 역할을 하고 있으며,『蜀書』와『吳書』는 별도의 紀없이 傳만으로 되어 있다. 각 전은 정치, 군사 방면의 중요 인물에 관해서 뿐만 아니라 학술사상, 문화예술, 의약, 卜術, 및 기타 특수한 사회 문제와 국제관계에 관한 귀중한 자료들을 담고 있다. 특히『魏書』「東夷傳」은 고구려, 일본, 부여, 읍루 등 당시 주변 국가들의 정황과 상호관계에 관해 비교적 깊이 있는 정보를 제공하고 있다.

『晉書』130권은 당의 방현령 등이 황제의 명에 따라 찬수한 것으로, 帝紀 10권, 지 20권, 열전 70권, 載記 30권으로 구성되어 있다. 서진 무제 때부터 동진 공제까지 156년의 역사를 서술하고 있다.「天文志」,「律曆志」,「食貨志」,「刑法志」,「輿服志」,「禮志」,「樂志」등은 당시의 사회현실을 이해하는 데 매우 유용한 자료로서 평가되고 있다. 총 772인이 기록되어 있는 열전 중에는 九品中正制나 徙戎 문제 등에 관한 주소와 논문 등이 수록되어 유용하게 이용되고 있다. 그리고 소수민족 및 외국의 사정에 관한 부분으로서「四夷列傳」1권이 있다.

남조 沈約가 찬수한『宋書』100권은 제기 10권, 지 30권, 열전 60권으로 구성되어 있는데, 송 무제 때부터 순제 대까지 60년의 역사를 기록하고 있다. 특히「律志」,「曆志」등은 당시 역법의 성취를 잘 반영하고 있으며,「州郡志」등은 지리 연혁과 호구통계 외에 僑州郡縣의 분포 정황을 잘 설명하고 있다. 기, 전 중에는 무제의「禁淫祠詔」를 비롯하여 당시의 중요 詔策과 奏議, 서찰, 문장 등이 많이 수록되어 있다. 북방민족에 관한 자료로서「索虜列傳」과「氐胡列傳」,「鮮卑土谷渾列傳」등이 있으며,「蠻夷列傳」에 고구려, 백제, 왜국 등의 사정이 기록되어 있다.

남조 蕭子顯이 찬술한『南齊書』는 원래 60권이었으나, 自序 1권은 산일되어 현재 본기 8권, 지 11권, 열전 40권 등 총 59권만이 남아 있다. 남제의 고제 대부터 화제 때까지 24년의 역사를 수록하고 있는데, 특히 통치자들의 인민에 대한 잔혹한 압박과 농민투쟁 등의 현실이 비교적 상세하게 묘사되고 있다. 북방 및 주변민족에 관한 부분은 열전 마지막에「蠻」,「芮芮虜」,「河南氐羌」,「魏虜」 등의 전을 싣고 있는데, 서술이 극히 간략하기는 하나 소수 민족의 문제를 잘 반영하고 있다.

당대 姚思廉이 찬수한『梁書』56권은 본기 6권, 열전 50권으로서 양 무제 대부터 경제 대까지 56년의 역사를 다루고 있다. 특히「武帝紀」는 남제 말의 大事와 무제 재위 48년의 사실들을 비교적 상세하게 서술하고 있으며, 范縝의「神滅論」을 싣고 있는「儒林傳」을 비롯한 類傳들의 사료적 가치도 높은 것으로 평가받고 있다.「諸夷列傳」에서는 고구려, 백제, 신라, 왜 등 해외 30여 개 국가와 변강 소수 민족의 지리풍속과 흥망성쇠 및 梁朝와의 외교왕래 정황이 잘 설명되어 있다.

역시 姚思廉이 찬수한『陳書』36권은 본기 6권, 열전 30권이며 陳 무제 대부터 후주 때까지 33년의 사실을 기록하고 있는데, 皇族의 사적에 관한 기록이 많다. 梁 陳 시기의 토호에 관한 기재의 가치도 높으며, 열전 기록 중 당시의 병제나 모병 정황에 관한 부분의 사료적 가치도 높다. 漢魏 시기에 비해 남조에 들어서는 한반도와 일본 등 해외 여러 나라와의 교류가 진일보 확대되고 외교 사절과 승려 등의 왕래가 늘어나고 있는데,「高祖本紀」,「世祖本紀」,「後主本紀」및 기타 열전 등에서 그러한 사실들을 확인할 수 있다.

북제 魏收가 찬술한『魏書』(혹은『北魏書』) 130권은 제기 14권, 열전 96권, 지 20권으로서 북위 도무제 때부터 효정제까지 약 165년의 역사를 싣고 있다. 제기 부분 앞에「序紀」1편을 두고, 북위 건국 전 선비탁발부 선조의 전설 사적을 기록하고 있다. 정사에서는 처음으로「釋老志」가 설정되어 불교, 도교의 원류와 북조의 종교 활동 정황이 비교적 상세하게 소개되고 있기도 하다. 그 외「食貨志」,「官氏志」등은 균전제를 비롯한 토지제도 및 기타 사회정황의 이해에 긴요한 자료라 할 수 있다.『魏書』는 특히 북위 통치영역 밖의 수많은 주변민족에 대해 기록하고 있는데, 卷100에서 고구려, 백제, 물길, 실위, 거란 등 9국 열전을 싣고 있고, 권101에서 氐, 土浴渾 등 7개 소수민족지구에 대해 설명하고 있다. 권102에서는 구자, 안식, 대진, 대월씨, 남천축 등 61개 국가, 권103에서 흉노 등 기타 여러 소수민족 인물들이 소개되고 있다.

당대 李百藥의 봉칙 찬서인『北齊書』(原名은『齊書』)는 제기 8권, 열전 42권, 총 50권으로, 동위 건립 때부터 북제 말까지 동위, 북제 兩朝 44년의 역사를 기록하고 있다. 제기에서는 북위 말의 일부 사실을 보충하고 있으며, 북제의 건국 과정을 기술하고 있다. 본 서에는 외국이나 소수민족에 관한 전은 없다.

당 令狐德棻 등의 봉칙 찬서인『北周書』(原名『周書』)는 제기 8권, 열전 42권 등 50권이다. 서위 건립 때부터 북주 멸망까지 서위, 북주 47년의 역사를 기록하고 있다.「盧辯傳」을 비롯한 열전은 당시의 관제 개혁 및 부병제 등에 관한 기초 사료를 제공하고 있으며,「異域傳」등은 당대 이전 국내외 상업, 교통의 정황을 이해할 수 자료로서 중요하다. 특히 상, 하 2권으로 나뉘어진「異域傳」은 고구려, 백제 외에 蠻, 突厥, 土浴渾, 高昌, 龜玆, 安息, 波斯 등지의 실정을 폭넓게 다루고 있다.

『隋書』는 당 魏徵 등의 紀와 傳 55권, 長孫無忌 등의 志 30권 등 85권이며, 수 문제 때부터 공제까지 38년의 역사를 담고 있다. '以隋爲鑑'의 목표 하에 편찬되어 양제의 대외원정과 토목사업 및 농민반란 등이 상세히 서술되고 있으며 대만 등지의 상황과 대륙과의 왕래 등에 대한 기록도 보이고 있다.「食貨志」,「刑法志」,「百官志」,「地理志」,「天文志」,「律曆志」등은 경제제도, 법제, 관제, 지리 등의 연구에 중요한 자료를 제공하고 있다. 특히「經籍志」는 처음으로 經, 史, 子, 集의 4부 전적 분류법을 도입하여 특히 서지학, 학술사 등의 측면에서 매우 중요한 자료로 간주되고 있다.「四夷列傳」에서는 주변 민족을 동이, 남만, 서융, 북적으로 구분하여 각지역 내의 민족과 국가 및 그들의 대외관계 등에 대해 기록하고 있다. 그 중「東夷傳」에서 한반도 삼국, 왜국, 말갈, 유구의 정황과 수와의 관계가 서술되고 있나.

당 李延壽가 편찬한『南史』는 본기 10권, 열전 70권, 합 80권으로 남조 송 무제 대부터 陳 後主 때까지 170년의 역사를 담고 있다.『宋書』,『齊書』등 南朝 四史를 기초로 하면서 그 중 詔, 表, 奏, 疏 등은 대폭 삭제하거나 간단한 개괄로 대체하고 家系를 중심으로 엮으면서 소략한 사실은 적절하게 보충을 하였다. 주변민족의 정황과 대외관계는 열전 중의「民族與外域傳」에서 다뤄지고 있다.

『北史』100권도 李延壽가 편찬한 것으로 본기 12권, 열전 88권이며, 북위 도무제 시부터 수 공제 때까지 233년의 역사이다.『魏書』,『北齊書』,『周書』,『隋書』등을 기초로 산삭·증보한 것으로 이전 사서에 빠졌던 수나라 말 강남의 反隋暴動을 비롯한 여러 사실들이 반영되어 있다.『南史』와 마찬가지로「民族與外域傳」에서 주변 동아시아 국가와의 관계가 언급되고 있다.

오대 후진의 官修書인『舊唐書』(원명『唐書』) 200권은 劉昫 등의 저술로 본기

20권, 지 30권, 열전 150권이며 당 고조 때부터 애제까지 290년의 역사를 기록하고 있다. 본기에는 황소의 난 등에 관한 대량의 원시사료들이 보존되어 있으며, 「職官志」, 「刑法志」, 「食貨志」, 「曆志」, 「地理志」 등은 관제와 당률의 제정, 개수 및 토지, 부세, 화폐제도와 주현 설치 및 호구 등의 정황에 관한 상세한 정보를 제공하고 있다. 1000여 명에 달하는 인물의 사적을 담은 열전에는 주변 소수민족의 역사 및 당나라와 주변국과의 관계에 관한 기록 7권 9편이 포함되어 있다. 그중 199권 상「東夷列傳」에서 고구려, 백제, 신라, 일본 등의 사정이 설명되고 있는데, 특히 당과 고구려와 전쟁 외에 당의 정치, 경제, 문화의 한반도 전파와 그 영향 및 한반도 내 정권의 추이, 그리고 일본과 당과의 관계 등이 부각되고 있다. 그 외「突厥列傳」,「回紇列傳」, 「吐藩列傳」,「南蠻西南蠻列傳」,「北狄列傳」 등이 있다.

『新唐書』225권은 송대 歐陽修가 찬수 책임을 맡은 본기 10권, 지 50권, 표 15권과 宋祁 主撰의 열전 150권으로,『舊唐書』에 의거하여 폭넓게 첨삭을 가한 당대 사이다. 본기 부분에서는『舊唐書』의 10분의 7을 삭제하고 일부 사료를 첨가하여 압축하였으며,「方鎭表」를 비롯한 15표를 새로 설정하고,「儀衛」,「選擧」,「兵」 등 세 개의 지를 추가하였다. 「地理志」에서 소수민족지구의 건치 연혁과 소수민족지구와 해외의 교통 노선 등에 관해 부기하는 외에「食貨志」,「藝文志」 등에서도 舊書에 비해 상세하게 서술하고 있다. 열전 부분에서는 舊書의 61전을 빼고, 331전을 추가하였는데, 대부분 晚唐 시기의 인물들에 관한 것이다. 특히 새로 추가된「公主」,「卓行」,「藩鎭」,「蕃將」,「奸臣」,「逆臣」 등 6종의 類傳은 당시의 역사적 정황을 잘 반영하고 있다. 주변민족관계 부분에서는 구당서의「西戎傳」을「西域傳」으로「南蠻西南蠻傳」을「南蠻傳」으로 개칭하면서「東夷傳」을 포함한 관련 열전 전체를 8권 14편으로 확충하였다.

북송 薛居正의 봉칙 찬서인『舊五代史』(원명『梁唐晉漢周書』)는 원본이 산일된 것을, 청대에『사고전서』를 편수할 때 邵晉涵이『영락대전』 중에서 輯出하여『梁書』24권,『唐書』50권,『晉書』24권,『漢書』11권,『周書』22권,『世襲列傳』2권,『僭僞列傳』3권,『外國列傳』2권, 지 12권, 도합 150권으로 重編한 것이다. 梁 태조 시부터 周 공제 때까지 오대 54년의 역사를 싣고 있다. 「外國列傳」 2권 중 1권은 거란에 대해 서술하고 있으며, 다른 1권은 고려, 신라, 토번, 회골, 발해 말갈, 흑수말갈, 당항, 점성 등 주변 10여 국에 관한 자료를 담고 있다.

　북송 歐陽修가 찬수한『新五代史』(원명『五代史記』)는 본기 12권, 열전 45권, 考 3권, 세가년보 11권, 부록 3권 등 총 74권으로 구성되어 있다. 통사의 체제를 채용하여 각 왕조별로 본기 1편을 설정하고 朝代의 선후에 따라 순서대로 배열하였다. 『舊五代史』의「后妃」,「宗室」등 열전을 합병하여「家人列傳」으로 하고, 대신들은 각 朝別로 나누어「梁臣列傳」,「唐臣列傳」등으로 묶고 수대에 걸쳐 사관한 인물은「雜傳」에 편입하였으며, 그 외에「死節」,「死事」,「一行」등의 類傳을 설정하였다. 외국에 관한 별도의 專傳은 설정되지 않았지만『舊五代史』에 비해 소수민족 및 변강 각 민족과 오대의 貢使 관계에 관한 본기 상의 기록이 더 풍부해졌다.

　『宋史』496권은 원대 脫脫 등이 칙명에 따라 편찬한 것으로 본기 47권, 지 162권, 표 32권 열전 255권이며, 송의 건국 시부터 멸망한 1279년까지 320년의 역사를 기록하고 있다. 본기는 주로 송대의 실록, 국사 등에 의거하여 주요 대사를 싣고 있으며,「道學列傳」,「忠義列傳」,「孝義列傳」등의 예에서 볼 수 있듯이 시대의 변화를 잘 반영하고 있는 열전은 총 2800여 명의 사적을 담고 있다. 고려 및 일본 등에 관한 기록은「外國列傳」8권에 수록되어 있으며, 그 외에「蠻夷列傳」4권이 있다. 「選擧志」,「職官志」,「食貨志」,「兵志」등에서 경제, 사회, 관료 및 군사 제도 등에 관해 비교적 체계적인 설명을 하고 있는데, 대체로 북송에 대한 기술은 상세한 반면, 남송에 대한 설명은 소략하고 결락된 부분이 많다. 그 외 서술상 중복되거나 선후 모순되는 부분 등이 적지 않다는 한계도 흔히 지적되고 있다.

　『遼史』116권도 역시 원대 脫脫 등이 칙명에 따라 편찬한 것으로 본기 30권, 지 32권, 표 8권, 열전 45권, 國語解 1권 등으로 구성되어 있다. 요 태조의 발흥 시부터 천조제 때까지 225년의 역사를 다루고 있다. 본기에서 요대의 대사를 비교적 충실하게 기술하고 있으며「營衛志」,「兵衛志」,「百官志」,「禮志」등에서 거란족의 부락 및 군사제도와 국가적 특색을 확인할 수 있는 자료들을 제공하고 있다. 그 외에「游幸」,「部族」,「屬國」등의 3표를 새로 신설하여 기, 전의 설명을 보충하고 있다. 열전 중 특히「二國外記」1권에서는 고려와 서하의 사정을 기록하여 당시 中外關係 연구에 유용한 자료로 이용되고 있다. 그러나 일반 서술상의 중복, 착오가 적지 않고 상호 모순된 부분이 많은 등의 문제가 있다고 지적되고 있다.

　역시 脫脫 등에 의한 봉칙 찬서인『金史』135권은 본기 19권, 지 39권, 표 4권, 열전 73권으로 태조 때부터 애종 때까지 120년의 금나라의 역사를 담고 있다. 본기 등에서 여진족의 발흥과 주변 민족과의 투쟁 및 융합 과정 등이 상세하게 서술되고 있으며, 「식화」, 「병」, 「선거」, 「백관」 등 지 부분의 서술이 비교적 상세하고 계통적이어서 猛安, 謀克, 禁軍 등을 포함한 금의 제도와 정치, 경제 상황을 잘 반영하고 있다고 할 수 있다. 열전 「외국전」에서 고려와 서하의 사정과 金朝와의 관계 등이 비교적 상세하게 다뤄지고 있으며, 새로 추가된 「交聘表」는 금과 송, 서하, 고려 등과의 관계연구에 유용한 자료가 되고 있다. 때문에 『金史』는 비교적 完整한 여진사 연구 자료로 간주되고 있지만, 역시 편차가 적절치 않은 부분이 있고 인명 착오 등의 한계가 나타나고 있기도 하다.

『元史』 210권은 명대 宋濂 등에 의한 봉칙 찬서로 본기 47권, 지 58권, 표 8권, 열전 97권이며, 원 태조부터 순제 때까지 165년의 역사를 담고 있다. 본기에 대량의 원시사료가 보존되어 있으며, 「천문지」, 「지리지」, 「식화지」 등에 당시의 역법, 지리 및 경제 정황과 생활상 등에 관한 자료가 풍부하게 수록되어 있다. 「外夷傳」 3권에서 고려를 포함한 주변 20개 국가의 정황에 대해 기록하고 있다. 그 외 열전의 재료도 비교적 풍부하기는 하나, 전체적으로 자료의 수집이 충분하지 못했으며, 편찬 작업이 급하게 추진되었던 까닭에 결락과 착오가 비교적 많은 것으로 평가되고 있다.

『新元史』 257권은 민국 초 柯劭忞이 편찬한 것으로, 본기 26권, 표 7권, 지 70권, 열전 154권이며 태조 때부터 순제의 아들 소종까지 173년의 역사이다. 『元史』를 저본으로 『元朝秘史』, 『聖武親征錄』과 외국인들의 연구서까지 참조하여 완성된 것으로 舊書의 착오와 한계를 대폭 보완한 것으로 평가받고 있다. 본기에 「序紀」 1편을 두어 징기스칸 선대의 역사 전설을 싣고, 「順帝紀」를 바꿔 「惠帝紀」로 하고 「昭宗紀」를 덧붙였다. 舊書의 「예악지」를 「예지」와 「악지」로 나누고 「제사지」는 「여복지」에 흡수 통합하였다. 표는 「宗室世系」와 「諸王」을 묶어 「宗室世系表」로 하고 「后妃」, 「公主」 2표는 없애고, 「氏族表」, 「行省宰相表」를 새로 만들었다. 열전 중 「奸臣」, 「叛臣」, 「逆臣」을 없애고 「文苑傳」 등을 신설하였다. 이 책은 청 이후 元史 연구의 성과를 계통적으로 종합한 것으로 인정되고 있는데, 그럼에도 불구하고 「예문지」가 빠졌다든지, 일부 사료 고증의 문제와 중복의 문제가 잔존하고 있다고 지적되고 있다.

淸代 張廷玉이 총재 책임을 맡은 것으로 되어 있는 『明史』 332권은 본기 24권, 지 75권, 표 13권, 열전 220권이며 태조 홍무제부터 사종 숭정제 때까지 277년의

역사이다. 실록, 檔案 및 기타 명대의 풍부한 자료에 대한 萬斯同 등의 정리 고증 작업을 통해 완성된 것으로 전체적으로 사료가치가 높은 것으로 인정받고 있다. 본기 는 각 제왕 재위시의 대사를 간명하게 정리하고 있으며, 「역」, 「식화」, 「형법」, 「직 관」, 「병」 등 15개의 지에서는 당시 역법 발전의 정황, 호구, 전제, 부역 방면의 실상, 관제와 병제의 문제 등에 대해 상세하게 서술하고 있다. 명대 관제의 특징을 반영하 여 육부상서에 都察院都御史를 포함한 '七卿'에 관한 연표를 신설하고 있으며, 열 전은 모두 合傳, 附傳으로 묶으면서 「閹黨列傳」, 「流賊列傳」, 「土司列傳」 등 3항목을 새로 추가하였다. 조선을 비롯한 외국의 사정에 관해서는 「外國傳」 9권과 「西域傳」 4권에서 종합적으로 다루고 있다. 대체로 取材가 풍부하고 기술이 상세하 여 명대 현실을 잘 반영하고 있지만, 그러나 淸入關前 建州3衛의 사실과 南明의 역사 등이 빠져있으며, 상대적으로 경제, 과학기술 및 중외관계에 대한 기술이 다소 부족하다는 평을 받고 있다.

* 25사 이해 참고용 工具類와 개설서 *

金毓黻,『中國史學史』, 中華書局, 1962

金靜庵,『中國史學史』, 鼎文書局, 1974

李宗侗,『中國史學史』, 中國友誼出版公司, 1984

明文書局編,,『中國史學史辭典』, 明文書局, 1986

倉修良 主編,『中國史學名著評介』(1~3卷), 山東敎育出版社, 1990

編輯委員會編,『二十五史導讀辭典』, 華齡出版社, 1991

戴逸 主編,『二十六史大辭典』(1~3卷), 吉林人民出版社, 1993

門歸 主編,『二十六史精要辭典』(上・下), 人民日報出版社, 1993

黃惠賢 主編,『二十五史人名大辭典』(上・下), 中州古籍出版社, 1994

陳振江 主編,『二十六史 : 典故辭典』, 天津人民出版社, 1994

姜義華 主編,『中國學術名著提要 - 歷史卷』, 復旦大學出版社, 1995

高國抗, 오상훈 外譯,『中國史學史』(上・下), 풀빛, 1998

安作璋 主編,『中國古代史史料學』, 福建人民出版社, 1998

劉節, 신태갑역,『中國史學史講義』, 신서원, 2000

신승하,『中國史學史』, 고려대학교출판부, 2000

≪일러두기≫

1. 색인 추출은 『二十五史抄』(檀國大 東洋學硏究所 發行, 1977)를 底本으로 하였으며, 新校本 『二十四史』(中華書局, 1997)와 『新元史』(景仁文化社, 1983)를 대조하였다.

2. 색인 항목의 분류는 ① 人名類 ② 地名類 ③ 官職類 ④ 기타 등으로 나누었다.

3. 색인 분류 항목의 세부 내용은 다음과 같다

    ① 人名類 : 人名, 字, 國王, 皇帝 등

    ② 地名類 : 地名, 地方名, 氏族, 部族 등

    ③ 官職類 : 官職, 官階, 官衙 등

    ④ 기타 : 건물, 고유명 등 참고 사항

4. 색인 내용에는 다음과 같은 표식을 달아 참고하도록 하였다.

    * : 25사 중에 표제어로 등재된 경우   = : 같은 내용

    [ ] : 참고 사항   ~ : 페이지 연결

    →＜新校＞ : 新校本에 다르게 기재된 것

5. 新元史는 '권—쪽'으로 표기하였다.

6. 二十五史는 각각 다음과 略語로 표시하였디.

史記 → 史	北史 → 北
漢書 → 漢	隋書 → 隋
後漢書 → 後漢	舊唐書 → 舊唐
三國志 → 三	唐書 → 新唐
晉書 → 晉	舊五代史 → 舊五
宋書 → 宋書	五代史 → 新五
南齊書 → 南齊	宋史 → 宋
梁書 → 梁	遼史 → 遼
陳書 → 陳	金史 → 金
魏書 → 魏	元史 → 元
北齊書 → 北齊	新元史 → 新元
周書 → 周	明史 → 明
南史 → 南	

人　名

[가]

項目	二十五史抄		新校本	
可度	中	73	舊唐	61
		212		5354
		322	新唐	6173
		322		6174
		528	遼	481
可突干	中	80	舊唐	195
		80		202
		124		2652
		146		3194
		147		3194
		147		3195
可突于	中	210	舊唐	5352
		211		5352
		211		5353
		213		5356
		250	新唐	3568
		286		4545
		287		4549
		291		4596
		319		6170
		320		6170
		320		6171
		322		6174
		323		6175
可也余莫貂皮				
	中	348	新唐	6210
可足渾氏	上	291	晉	2834
		299		2847
		299		2848
		303		2853
可朱道元	上	586	北	1900
可朱運元	上	499	北齊	376
		586	北史	1900
可質力	中	187	舊唐	5214
加古撻懶	下	55	金	1411
加古撒喝	下	130	金	2884
加藤淸正	下	543	明	6194
		544		6201
		545		6201
		554		6686
		587		8291
		588		8292
		590		8295
		~		~
		592		8299
		611		8358
加牟臣芝	上	265	晉	2537
柯劭忞	下	415	新元	1-1
柯喬	下	491	明	5404
柯最	下	187	三	838
哥多毗	上	645	北	3137
	中	63	隋	1828
哥魯葛波古	下	11	金	84
哥不靄	下	328	新元	132-2
哥舒翰	中	157	舊唐	3312
		292		4749
		293		4749
哥解	中	353	新唐	6426
軻比能	上	148	三	84
		149		98
		149		100
		171		458
		172		727
		174		732
		175		732
		178		831
		188		835
		189		836
		189		838
		~		~
		190		840
賈居貞	下	223	元	3622
		351	新元	167-6
賈堅	上	290	晉	2833
		295		2840
賈歸	上	406	魏	29
賈韜	上	329	晉	3089
賈文備	下	140	元	73
賈輔	下	350	新元	166-4
賈少沖	下	65	金	1433
賈循	中	297	新唐	5533
		298		5533
賈崇瓘	中	148	舊唐	3204
		288	新唐	4576

項目	二十五史抄		新校本	
賈言忠	中	180	舊唐	5027
		281	新唐	4297
		338		6196
賈汝翼	下	525	明	5855
賈汝舟	下	170	元	425
		283	新元	14-1
賈捐之	上	63	漢	2830
		132	後漢	2993
賈祐	下	156	元	246
賈閏→賈閏[新校]				
	上	404	魏	27
		537	北	14
賈誼	上	60	漢	2221
賈彝	上	537	北	14
		574		971
		574		980
賈益	下	23	金	237
賈曾	中	180	舊唐	5027
		281	新唐	4297
賈昌祚	下	116	金	1996
		117		2005
賈充	中	135	舊唐	2794
賈沈	上	262	晉	2532
		274		2804
賈躭→賈耽[新校]				
	中	166	舊唐	3782
		166		3784
賈塔剌渾	下	222	元	3577
賈后	上	247	晉	1047
		248		1122
嘉因	中	452	宋	14135
角龔魂尊[日]				
	中	449	宋	14131
干寶	上	245	晉	827
		366	宋書	887
		366		891
簡位居	上	193	三	842
簡有之	下	398	新元	249-12
曷剌	上	217	元	3285
		217		3286
		364	新元	178-6
曷魯	中	592	遼	1184
曷懶水	下	4	金	6
曷里喜	中	473	遼	170
		559		1097
曷不呂	中	635	遼	1521
曷不式	中	477	遼	186
曷薩那可汗[號]=處羅				
	上	651	北	3302
	中	66	隋	1879
		186	舊唐	5180
		313	新唐	6056
渴剌兜	上	641	北	3132
	下	412	新元	253-8
渴燭通	上	410	魏	84
葛公=趙元淑				
	中	43	隋	1622
葛邏祿	中	353	新唐	6415
葛盧	上	474	魏	2128
葛祿	中	187	舊唐	5215
		315	新唐	6133
葛蔓盧				
	上	410	魏	87
		540	北	51
葛尾盧→葛居盧[新校]				
	上	624	北	3079
葛福順	中	151	舊唐	3252
		~		~
		152		3254
		282	新唐	4335
		283		4336
葛不靄	上	27	金	377
葛烏菟	上	505	周	1
葛王襃	上	395	宋	603
甘陵	上	156	三	241
堪恭古→堪古苦[新校]				
	下	246	元	4608
蓋嘉運	中	147	舊唐	3203
		288	新唐	4576
蓋來賓	中	379	新五	891
蓋禮	中	379	新五	891
蓋福順	中	80	舊唐	198
蓋氏	上	424	魏	335
		457		1829
蓋塤	中	201	舊唐	5338
		344	新唐	6205

項目	二十五史抄		新校本	
江果	上	447	魏	1590
江陵大君=王祺				
	下	403	新元	249-20
江文遙	上	447	魏	1590
		580	北	1660
江法盛	上	628	北	3114
江秉謙	下	548	明	6373
		548		6376
江悅之	上	447	魏	1589
		580	北	1645
江月熙	下	521	明	5786
江一麟	下	526	明	5859
江統	上	251	晉	1529
江夏王道宗[唐]				
	中	113	舊唐	2354
		125		2671
		207		5347
		316		6138
江夏侯=周德興[明]				
	下	425	明	44
		463		2243
		601		8344
江華	下	573	明	7718
岡佐執中	下	85	金	1477
姜渠[烏桓]	上	126	後漢	2983
姜皎	中	151	舊唐	3253
		282	新唐	4335
姜德本	中	333	新唐	6189
姜謩	中	112	舊唐	2333
		253	新唐	3791
姜師度	中	105	舊唐	2113
		178		4816
		213		5355
		261	新唐	3945
		286		4494
姜成	上	254	晉	1946
姜植材	下	83	金	1473
姜讓	上	325	晉	3082
姜曰廣	下	562	明	7015
姜仁裕	下	580	明	8280
姜才	下	340	新元	152-3
姜志礼	下	535	明	6167
		535		6169
姜太公	上	450	魏	1711
姜行本=郕國公				
	中	112	舊唐	2333
		112		2334
		254	新唐	3792
姜顯謨	下	626	明	8509
姜弘立	下	550	明	6396
姜確	中	254	新唐	3792
剛家奴	下	359	新元	176-8
剛荅[答]里	下	177	元	719
康公弼	中	498	遼	346
		499		348
		500		348
康禮	中	435	宋	14036
康末怛	中	458	遼	22
康默記	中	458	遼	22
康默記	中	459	遼	23
		604		1224
		605		1230
康滑	下	59	金	1421
		62		1427
康蘇密	中	209	舊唐	5349
康叔	上	23	史	2108
康純	下	584	明	8280
康王[周]	上	107	後漢	2808
康王[渤海]	中	327	新唐	6181
康王[宋]	下	45	金	1392
		46		1395
		47		1396
		50		1401
		103		1823
康允	中	440	宋	14045
康允珋[紹]	下	249	元	4613
		250		4615
康應乾	下	549	明	6395
		550		6395
康戩	中	440	宋	14045
康帝[東晉]	上	229	晉	184
		254		1933
		362	宋書	711
		386	梁	803
		519	遼	463
康兆	中	614	遼	1339

項目	二十五史抄		新校本	
		615		1341
		617		1345
		634		1520
		635		1520
康肇[高麗]	中	472	遼	168
康宗[金]	下	93	金	1546
		101		1816
康懷順	中	289	新唐	4578
康候	上	12	史	1057
康休裕=康戩				
	中	440	宋	14045
康齡	中	440	宋	14045
開化天皇[日]				
	中	346	新唐	6207
		450	宋	14132
蓋金=淵蓋蘇文				
	中	331	新唐	6187
蓋蘇之=淵蓋蘇文				
	中	72	舊唐	54
		75		90
		190		5322
		194		5327
		270	新唐	4119
		270		4120
		271		4123
		331		6187
		332		6188
		333		6189
		336		6194
		337		6195
		338		6196
客烈亦玉罕	下	322	新元	118-1
巨武	上	306	晉	2858
去延	上	182	三	833
去諸	中	323	新唐	6175
據曲	中	550	遼	953
建=燕靈王	上	59	漢	1991
建德公嬰文	上	426	魏	345
建德公主	上	425	魏	336
建武=榮流王[高句麗]				
	中	331	新唐	6187
		332		6188
建文帝=明祖				

項目	二十五史抄		新校本	
	下	464	明	2244
建王審	中	161	舊唐	3538
		174		4535
		308	新唐	5992
乾性困	下	183	元	910
建=永昌王	上	410	魏	8284
		435		690
		473		2127
		624	北	3079
揵爲	上	319	晉	2942
蹇達	下	522	明	5823
		540		6190
		541		6191
蹇曼[鮮卑]	上	133	後漢	2994
		188	三	838
蹇周輔	中	421	宋	10604
		422		10605
乞乞仲象	中	382	新五	920
		514	遼	455
乞奴	下	220	元	3513
		332	新元	134-3
乞奴鴉兒喊舍				
	下	328	新元	132-1
乞答眞	下	213	元	3195
乞得龜	上	486	魏	2304
		486		2305
		650	北	3268
乞伏國仁	上	268	晉	2644
		446	魏	1502
		580	北	1626
乞四比羽=許國公[靺鞨]				
	中	216	舊唐	5360
		326	新唐	6179
		382	新五	920
乞失迦	下	476	明	3855
乞直伐=馮跋				
	上	343	晉	3127
	上	623	北	3077
乞特歸	上	324	晉	3082
乞特眞	上	269	晉	2767
桀[周]	上	107	後漢	2808
	中	311	新唐	6041
傑=壽王	中	90	舊唐	700

項目	二十五史抄		新校本	
		90		735
怯怯里	下	209	元	3033
		340	新元	152-3
怯列	下	173	元	494
激韓[三韓]	上	207	三	851
牽招	上	172	三	727
		173		728
		173		730
		~		~
		175		733
堅重	下	212	元	3164
甄琛	上	458	魏	1830
甄五臣	下	104	金	68
鉗牟岑=劍牟岑				
	中	226	新唐	68
		339		6197
京兆王愉	上	429	魏	443
		458		1830
耿弇	上	88	後漢	703
	中	113	舊唐	2356
		249	新唐	3516
耿國	上	88	後漢	715
		88		716
耿國公=葛福順				
	中	152	舊唐	3255
耿夔	上	79	後漢	194
		80		214
		81		233
		88		718
		89		719
		94		1592
		122		2958
		122		2958
		128		2986
		129		2988
		186	三	837
耿耗	上	111	後漢	2815
耿秉	上	121	後漢	2952
耿溥	上	89	後漢	719
		616	北	2951
耿詢	中	51	隋	1770
耿延毅	中	477	遼	190
耿曄	上	82	後漢	254

項目	二十五史抄		新校本	
		83		258
		83		265
		89		724
		89		725
		122		2960
		126		2983
		129		2988
		130		2988
		135		3244
		182	三	833
		186		837
耿貳	上	346	晉	3131
耿臨	上	112	後漢	2815
		386	梁	802
		626	北	3111
耿再成	下	476	明	3873
		476		3881
耿定力	下	467	明	2249
耿宗元	下	515	明	5621
		521		5786
耿仲明	下	561	明	6970
		598		8306
耿天璧	下	476	明	3882
耿超	上	509	齊	494
耿豪	上	509	齊	494
耿況	上	519	三	255
景高=烏亮	上	447	魏	1621
景略	上	306	晉	2857
景茂=慕容暐				
	上	296	晉	2841
		296		2842
		299		2847
		462	魏	2061
		618	北	3067
景宣	下	110	金	1867
景昭皇帝=慕容儁				
	上	296	晉	2842
景帝[漢]	上	131	後漢	2990
景帝[吳]	上	225	晉	25
景帝[明]=景宗				
	下	432	明	141
景祖[金]	下	4	金	15
		92		1541

項目	二十五史抄		新校本	
景帝[遼]	中	464	遼	89
		520		465
		529		482
		531		539
		540		756
		553		986
		555		1001
		575		1136
		603		1211
景行天皇[日]				
	中	346	新唐	6208
		450	宋	14132
景和=李弼	上	506	周	239
敬瑭	中	546	遼	899
敬嗣暉	下	54	金	1409
		55		1410
		107		1863
		116		1996
敬瑄	中	303	新唐	5886
敬播	中	176	舊唐	4954
		300	新唐	5656
慶=盖鹵王[百濟]				
	上	387	梁	804
		527	南	1972
慶緒	中	352	新唐	6415
慶裕升	下	85	金	1477
黥布=淮南王				
	上	8	史	387
		27		2638
		58	漢	1895
季金	下	550	明	6405
季珉=高林	上	509	주	495
		509		496
		594	北	2322
季思沖=李思沖				
	上	378	南제	1010
季氏	上	367	宋書	932
季遇=耿曄	上	89	後漢	725
季翼=李佐	上	651	北	3327
契苾哥楞	中	205	舊唐	5343
契苾明	中	312	新唐	6045
契苾通	中	88	舊唐	593
契苾何=涼國公				
	中	74	舊唐	79
		75		81
		76		90
		130		2781
		153		3291
		154		3293
		154		3294
		156		3302
		176		4795
		176		4796
		180		5027
		193		5326
		194		5327
		207		5347
		225	新唐	61
		225		65
		256		3832
	中	269		4117
		269		4119
		270		4119
		270		4120
		272		4123
		274		4140
		281		4297
		315		6113
		333		6189
		337		6195
		338		6196
		339		6197
桂勇	下	625	明	8508
啓民(可汗)[突厥]				
	上	552	北	450
	中	5	隋	70
		41		1581
		65		1874
		66		1875
		115	舊唐	2407
		123		2631
		183		5153
		262	新唐	3993
啓人(可汗)[突厥]				
	上	630		3117
		651		3298

項目	二十五史抄		新校本	
	中	65	隋	1816
稽天	下	492	明	5404
稽胡郝阿	上	510	宇	497
薊國大長公主=卜答失利				
	下	205	元	2760
		318	新元	104-30
薊鎮	下	538	明	6186
繼體[天皇][日]				
	中	346	隋	6208
		450	宋	14132
鷄[雞]彌	上	644	北	3136
古公	上	164	三	259
古泥	上	347	晉	3133
		435	魏	690
古都禿魯干	下	235	元	3892
		360	新元	176-11
古神感	中	337	新唐	6195
古兒汗=局兒汗				
	下	416	新元	考證3-1
古乙獨=古伊特				
	下	249	元	4613
古土禿魯干	下	228	元	3634
古弼	上	410	魏	84
		410		86
		435		689
		435		690
		572		905
		572		906
固安公主	中	213	舊唐	5355
		322	新唐	6174
孤竹君	上	23	史	2123
枯莫離[契丹]				
	中	318	新唐	6168
高家奴	中	484	遼	258
	下	293	新元	26-5
		581	明	8282
高侃	中	76	舊唐	97
		130		2782
		136		2798
		172		4077
		180		5027
		225	新唐	65
		226		68
		275		4141
		281		4297
		296		5180
		338		6196
		339		6197
高祈	下	108	金	1864
		112		1869
		117		2005
		118		2006
高幹	上	102	後漢	2418
高開道	上	592	北	2190
	中	37	隋	1531
		271	新唐	4123
		322		6173
高蓋	上	463	魏	2062
		618		3068
高居慶	下	44	金	1391
高建[武]	上	600	北	2591
	中	34	隋	1516
		189		5320
		189		5321
高儉=高士廉				
	中	116	舊唐	2441
		256	新唐	3830
高謙之=高道讓				
	上	448	魏	1708
		449		1709
		450		1710
		450		1711
		451		1712
		451		1713
		452		1713
		453		1715
		455		1718
		456		1719
		582	北	1827
		584		1829
		584		1830
		585		1831
		586		1833
高景山	下	56	金	1413
高熲	上	256	北	463
		596	北	2487

項目	二十五史抄		新校本	
	中	9	隋	86
		23		1179
高慶	上	437	魏	751
		495	北齊	1
		546	北	209
高瓊	中	416	宋	9691
高季輔	中	72	舊唐	57
高季安	上	511	子	670
高階眞人	中	204	舊唐	5341
		347	新唐	6209
高雞泊	中	109	舊唐	2235
高繼勳	中	416	宋	9694
		416		9605
高固	中	172	舊唐	4077
		296	新唐	5180
高顧	上	448	魏	1707
		457		1829
		608	北	2684
高琨	上	459	魏	1831
		609	北	2686
		610		2686
高公穆	下	112	金	1869
高公美	下	109	金	1866
高拱	下	513	明	5616
高拱毅				
	中	312	新唐	6048
高恭之=高道穆				
	上	452	魏	1713
		581	北	1826
高廣濟	中	152	舊唐	3255
		283	新唐	4336
高[句]麗婢	上	564	北	711
高仇(高句)				
	上	371	宋書	2393
高謹之=高道修				
	上	586	北	1833
高納	中	242	新唐	2387
高魯	上	350	晉	3163
高鬧兒	下	222	元	3564
		339	新元	147-7
高達	上	379	南齊	1011
	中	242	新唐	2387
高達夫=高適				
	中	291	新唐	4679
高謹	上	575	北	1135
高大倫	下	83	金	1474
高大亨	下	82	金	1472
高德基	下	61	金	1426
		116		1995
		117		1996
高德武	中	194	舊唐	5328
		339	新唐	6198
高德溫	下	109	金	1865
高德裕	下	68	金	1439
高道穆	上	451	魏	1712
		451		1713
		452		1713
		453		1714
		453		1715
		454		1716
		455		1717
		455		1718
		581	北	1817
		582		1827
		583		1828
		583		1829
		584		1829
		584		1830
		586		1833
高道悅	上	445	魏	1399
		578	北	1441
		578		1467
高突勃	中	154	舊唐	3293
		156		3302
		269	新唐	4119
高得相	中	409	宋	5124
高良弼	下	353	新元	174-14
高閭	上	443	魏	1196
		444		1200
高麗女奇氏	下	290	新元	23-12
高麗妃韓氏	下	472	明	3667
高麗王治=成宗				
	中	431	宋	12809
高力士	中	151	舊唐	3253
		152		3254
		283	新唐	4336

項目	二十五史抄		新校本	
高莫來	中	53	隋	1813
高璉=長壽王[高句麗]				
	上	355	宋	54
		357		132
		371		2392
		377	南齊	36
		378		1009
		378		1010
		387	梁	803
		416	魏	169
		445		1346
		476		2214
		477		2216
		478		2218
		479		2219
		491		2789
		511	周	884
		512		885
		517	南	25
		519		66
		519		111
		526		1970
		542	北	107
		542		108
		577		1541
		578		1452
		627		3112
		627		3114
		633		3121
	中	53	隋	1814
高令公[高麗]				
	下	235	元	3891
高禮	下	433	明	142
高龍卜	下	352	新元	172-13
高龍普	下	402	新元	249-19
(高)利=美川王				
	上	284	晉	2822
		462	魏	2060
		618		3067
高琳	上	509	周	495
		~		~
		510		497
		594	北	2322
		594		2323
高霖	下	87	金	1482
高猛	上	457	魏	1829
		457		1830
		457		1831
		608	北	2684
		608		2685
		609		2685
		609		2686
高明	上	509	周	495
高牟翰	下	113	金	1889
高模翰	中	413	宋	9126
		607	遼	1249
高沐	中	161	舊唐	3538
		308	新唐	5992
高武=榮留王				
	中	71	舊唐	14
		72		54
		333	新唐	6189
高茂	上	254	晉	1946
		448	魏	1707
高文	中	121	舊唐	2519
高文簡	中	79	舊唐	175
		312	新唐	6048
高美人	中	602	遼	1210
高敏=高穎				
	上	596	北	2487
高謐	上	495	北齊	1
高攀龍	下	533	明	6049
高伯淑	下	7	金	55
		45		1393
		131		2885
高保寧	上	501	北齊	547
高寶寧	上	597	北	2534
	中	22	隋	1148
		531	遼	501
高寶英	中	218	舊唐	5363
		219		5363
高寶元=忠誠國王				
	中	339	新唐	6198
高賓	上	511	予	670
高士鏡	上	455	魏	1718

項目	二十五史抄		新校本	
高士廉[渤海]				
	中	72	舊唐	57
		116		2441
		116		2444
		122		2611
		122		2619
		128		2761
		350	新唐	6336
高士達	上	597	北	2537
	中	32	隋	1500
高舍雞(鷄)				
	中	147	舊唐	3203
		149		3206
		288	新唐	4576
高緒	上	451	魏	1713
		452	魏	1713
高錫	下	117	金	1997
高仙壽	中	491	遼	328
高仙芝=高仙之				
	中	147	舊唐	*3203
		~		~
		150		3207
		169		3924
		287	新唐	4576
		288		4577
		289		4578
		290		4579
		290		4582
高世全	下	400	新元	149-16
高少逸	中	89	舊唐	635
		239	新唐	1508
		409	宋	5113
高邵	上	347	晉	3134
高紹	上	409	魏	81
高松=高模翰				
	中	607	遼	1249
	下	106	金	1851
高釗(劉)=故國原王[高句麗]				
	上	386	梁	803
高守貞	中	477	遼	190
高守忠	下	237	元	3978
高秀和	上	434	魏	683
高壽	上	459	魏	1832

項目	二十五史抄		新校本	
		610	北	2686
高壽星	下	12	金	86
		127		2818
高隨	下	7	金	56
		44		1390
		45		1393
		131		2885
高樹	上	495	北齊	1
高旬子	上	435	魏	690
		572	北	906
高崇=高積善				
	上	448	魏	1707
		449		1709
		581	北	1826
		582		1827
		584		1830
		586		1833
高崇文	中	171	舊唐	4051
		295	新唐	5161
		295		5161
高嵩	中	150	舊唐	3252
		151		3252
		282		4335
高僧伽	中	22	隋	1148
高乘信	上	457	魏	1829
		608	北	2684
高式遠=高達				
	中	242	新唐	2387
高植	上	459	魏	1831
		609	北	2686
高辛	下	122	金	2366
		122		2367
高愼言	下	57	金	1418
高愼之	上	455	魏	1719
高氏	中	173	舊唐	4523
		195		5328
		603	遼	1212
	下	111	金	1869
		579	明	8279
高阿那肱	上	617	北	3049
高岳	下	62	金	1428
高安	上	344	晉	3128
高野姬	中	450	宋	14133

項目		二十五史抄		新校本
高陽=平元王				
	上	551	北	406
		551		416
	中	3	隋	16
		42		1595
高陽公主	中	118	舊唐	2466
		258	新唐	3857
高陽氏	上	341	晉	3108
高陽王	上	458	魏	1831
高陽王雍	上	458	魏	1830
		563	北	699
高闥	上	424	魏	335
		457		1829
		459		1831
		558	北	501
		608		2684
		609		2686
高彥佐	下	61	金	1425
高偃	上	425	魏	336
		459		1832
		610	北	2686
高艾	上	172	三	727
高入	中	242	新唐	2387
高汭	下	418	新元考證7-4	
高衍	下	59	金	1422
高延=安原王				
	上	384	梁	93
		521	南	220
高延壽	中	73	舊唐	57
		73		58
		112		2311
		130		2780
		192		5324
		192		5325
		193		5325
		193		5326
		274	新唐	4140
		334		6191
		335		6192
		336		6194
高永昌	中	493	遼	334
		494		334
		499		346

項目		二十五史抄		新校本
	下	6	金	29
		37		1002
		81		1468
		81		1469
		93		1544
		94		1561
		94		1562
		95		1562
		97		1623
		97		1633
		98		1640
		101		1807
		102		1819
		111		1868
		113		1889
		114		1911
		124		2634
		125		2758
		126		2760
高梧谷	上	319	晉	2942
高顯	上	410	魏	84
		473		2128
		624	北	3079
高王=大祚榮[渤海]				
	中	326	新唐	6180
高祐=(高)子集				
	上	444		1259
	上	575	北	1135
高雲=慕容雲				
	上	235	晉	260
		235		261
		243		428
		333		3096
		343		3127
		344		3129
		408	魏	43
		408		50
		468		4069
		472		2126
		473		2127
		539	北	24
		539		26
		621		3072

項目		二十五史抄		新校本
		622		3073
		623		3078
高雲=文咨王				
	上	378	南齊	1010
		383	梁	36
		383		47
		387		803
		416	魏	169
		421		229
		438		764
		438		765
		477		2216
		520	南	185
		520		191
		526		1971
		572	北	898
		622		3073
		627		3114
高元=嬰陽王				
	中	55	隋	1816
	上	551	北	422
		554		458
		556		464
		570		855
		576		1391
		600		2591
		601		2592
		601		2593
		606		2652
	中	4	隋	43
		5		75
		7		81
		10		87
		29		1455
		30		1466
		34		1516
		41		1581
		57		1819
		189	舊唐	5320
		331	新唐	6187
高元紀	中	484	遼	270
高位宮=山上王[高句麗]				

項目		二十五史抄		新校本
	上	198	三	845
		386	梁	803
		475	魏	2214
		626	北	3112
		627		3112
	中	53	隋	1813
高緯	中	93	舊唐	1074
高柔	上	171	三	682
高儒	上	451	魏	1713
		510	周	497
		594	北	2323
高六哥	下	102	金	1822
高育	上	578	北	1467
高允	上	443	魏	1067
		444		1259
		575	北	1117
高隱	上	495	北齊	1
		546	北	209
	中	242	新唐	2387
高彝	下	237	元	3978
高翙	上	280	晉	2816
	下	64	金	1432
高翼	上	371	宋書	2392
		526	南	1970
高仁俭	上	498	北齊	100
高仁謙	上	498	北齊	100
高仁幾	上	498	北齊	100
高仁雅	上	498	北齊	100
高仁約	上	498	北齊	100
高仁統	上	498	北齊	100
高仁表	中	346	新唐	6208
高逸民	下	140	金	71
		248	元	4612
高任武	中	337	新唐	6194
(高)乙弗利=美川王[高句麗]				
	上	386	梁	803
		475	魏	2214
		626	北	3112
		627		3112
(高)伊夷模=故國川王[高句麗]				
	上	198	三	845
		386	梁	802

項目	二十五史抄		新校本	
		386		803
		626	北	3111
		626		3112
高子前[字]=高瞻				
	上	279	晉	2812
高子集[字]=高祐				
	上	444	魏	1259
高潛	上	448	魏	1707
		581	北	1826
高藏=寶藏王[高句麗]				
	中	72	舊唐	54
		75		87
		76		92
		77		102
		119		2488
		190		5322
		193		5327
		194		5327
		194		5328
		226	新唐	67
		255		3820
		272		4123
		272		4124
		332		6188
		336		6194
		337		6194
		338		6197
		339		6197
		339		6198
高才	下	566	明	7438
高適	中	158	舊唐	3328
		291	新唐	4679
高積善[字]=高崇				
	上	448	魏	*1707
高展	上	444	魏	1259
高節	下	605	明	8350
高正	中	472	魏	168
		484		270
		617		1345
高楨	下	97	金	1632
		113		1889
		124		2634

項目	二十五史抄		新校本	
高帝=高祖[前漢]				
	上	28	史	2659
高帝=太祖[南齊]				
	上	519	南	97
		523		1059
高助不古	下	54	金	1410
高祖[前漢]	上	8	史	381
		8		392
		11		977
		14		1242
		26		2637
		27		2638
		27		2639
		58	前漢	1890
		58		1893
		58		1895
高祖=高帝[漢]				
	上	68	漢	3754
		241	晉	425
高祖[前漢]	中	10	隋	86
		11		160
高祖[宋]	上	372	宋書	2393
		373		2394
高祖[梁]	上	387	梁	803
		387		804
高祖=孝文帝[北魏]				
	上	424	魏書	335
		426		359
		429		443
		430		516
		430		517
		440		894
		444		1259
		454		1717
		457		1829
		476		2216
		481		2222
		483		2224
		541	北	87
高祖=神武帝[北齊]				
	上	495	北齊	1
		546	北	209
高祖[北周]	上	512	周	885

項目		二十五史抄	新校本	
高祖＝文帝[隋]				
	上	550	北	395
		583		1828
		584		1830
	中	4	隋	29
		22		1148
		33		1510
		39		1560
		45		1636
		53		1814
		55		1816
		57		1819
		57		1820
		59		1821
		62		1826
		63		1828
		64		1838
		67		1881
高祖[唐]	中	71	舊唐	2
		111		2291
		112		2308
		113		2357
		189		5320
		190		5321
		199		5334
		223	新唐	2
		230		469
		253		3782
		263		4023
		331		6187
		340		6199
		343		6203
		350		6338
		382	新五	920
	下	212	元	3165
高祖[後晉]	中	364	舊五	1013
		375	新五	2177
		380		901
高照	下	459	明	2177
高肇	上	424	魏	335
		457		1829
		458		1830
		459		1832

項目		二十五史抄	新校本	
		489		2432
		558	北	501
		608		2684
		～		～
		609		2686
高在福	下	14	金	109
		55		1410
高宗＝文成帝[北魏]				
	上	482	魏	2223
		540	北	64
高宗[周]	上	509	周	495
高宗[新唐]	中	96	新唐	1385
		130		2782
		131		2782
		131		2783
		132		2790
		136		2795
		136		2798
		137		2815
		138		2890
		154		3294
		155		3295
		175		4789
		176		4796
		180		5027
		181		5028
		193		5326
		194		5328
		196		5330
		208		5349
		230		3745
		248		3474
		253		3771
		261		3944
		266		4082
		270		4121
		272		4123
		281		4297
		300		5743
		337		6195
		340		6199
		343		6203
		346		6208

項目		二十五史抄		新校本
		350		6335
		370	舊五	1844
		382	吳	919
		448	宋	14129
高宗[宋]	中	394	宋	453
		395		495
		434		14035
		443		14050
高宗[遼]	中	522	遼	467
高宗[金]	下	41	金	1385
高州	下	31	金	558
高柱	上	292	晉	2835
高遵義	下	59	金	1422
高仲密	上	455	魏	1718
高仲游[字]=高偃				
	上	459	魏	1832
		610	北	2686
高智固	中	264	新唐	4041
高珍繡	下	59	金	1421
高澄	下	615	明	8367
高次奴=高祐・高禧・子集[字]				
	上	444	魏	1259
高昌	上	230	晉	203
		294		2839
	中	117	舊唐	2464
		127		2734
		331	新唐	6187
高策	上	445	魏	1399
		578	北	1467
	下	544	明	6201
		545		6201
		554		6684
高處約	下	58	金	1420
高遷	上	509	周	495
高瞻=高子前				
	上	259	晉	2492
		276		2806
		279		2812
		280		2813
高清明	中	476	遼	185
		493		333
		635		1521
高尤僕古	下	44	金	1391
高忠建	下	57	金	1417
高湯=平元王				
	上	395	陳	54
		522	南	279
高太陽[高句麗]				
	中	190	舊唐	5322
高泰	上	495	北齊	1
高湯=平原王				
	上	497	北齊	75
		512	周	885
		548	北	265
		628		3115
		630		3116
	中	53	隋	1814
		54		1815
		55		1816
高覇	上	427	魏	374
高豹兒[字]=高猛				
	上	459	魏	1831
		609	北	2686
高表仁	中	203	舊唐	5340
高彪=舒國公				
	下	102	金	1822
		103		1822
		104		1824
高弼	上	322	晉	3078
高賀六渾[字]=高歡				
高祖神武皇帝[齊]				
	上	546	北	209
高漢	中	242	新唐	2387
高行周	中	368	舊五	1722
高玄起	上	578	北	1467
高顯	上	457	魏	1829
		458		1832
		608	北	2684
		610		2686
	上	84	金	1475
高惠貞	中	192	舊唐	5324
高惠眞	中	73	舊唐	57
		130		2780
		193		5325

項目	二十五史抄		新校本	
		193		5326
		325	新唐	6178
		334		6191
		335		6193
		335		6194
高湖	上	408	魏	36
		437		751
		495	北齊	1
高昌	上	511	주	670
		596	北	2487
高弘圖	下	562	明	7015
		562		7027
高和	上	339	晉	3105
		341		3108
		344		3128
高桓權	中	190	舊唐	5321
高渙	中	264	新唐	4042
高歡	上	495	北齊	1
		546	北	209
高皇帝=太祖[明]				
	下	535	明	6169
		585		8288
		586		8290
		599		8341
		622		8504
高黃	上	582	北	1827
高黃苓=高固				
	中	296	新唐	5180
高淮	下	574	明	7809
高懷貞	下	52	金	1405
高竑	下	120	金	2216
高孝幹	上	452	魏	1713
高孝禮[字]=高子儒				
	上	451	魏	1713
高孝貞	上	452	魏	1713
高后=呂后[漢]				
	上	32	史	2986
		71	漢	3864
高后=宣武皇后				
	上	425	魏	336
		458		1830
高觸	上	237	元	3978
		368	新元	186-5
高欽	上	509	周	495
高興	下	169	元	409
		262		4668
		365	新元	181-6
高興輔	下	44	金	1391
高興順	中	493	遼	334
高興宗	下	199		2379
高希甫	下	61	金	1425
高熙=陽平王[高句麗]				
	上	416	魏	166
高禧=高祐				
	上	444	魏	1259
庫庫	下	140	元	73
庫庫特穆爾				
	下	244	元	4554
庫勾=慕容寶				
	上	467	魏	2068
庫傉官斌	上	408	魏	56
庫傉官提	上	408	魏	56
庫傉官昌	上	408	魏	56
庫傉官偉	上	324	晉	3082
		328		3086
		331		3093
庫裕克=貴由				
	下	138	元	34
庫狄嶹	上	595	北	2394
庫提	上	496	北齊	57
		547	北	250
		649	北	3266
庫春=曲出	下	138	元	34
庫寒	上	650	北	3276
顧師言	中	89	舊唐	620
顧成	下	419	明	4067
		419		4073
顧養謙	下	443	明	276
		519		5731
		541		6190
		548		6392
		589		8293
		589		8293
顧雍	下	216	三	1138
顧情	中	239	新唐	1508
		344	新唐	6205

項目	二十五史抄	新校本
	409	宋 5154
顧鼎臣	下 487	明 5107
	488	5115
	488	5116
曲據	中 318	新唐 6168
曲呂不花	下 288	新元 19-3
曲兒先	下 319	新元 105-7
曲出=屈出律		
	下 208	元 2964
曲袞	上 573	北 973
谷咏	上 283	晉 2820
曲渾=元冲	上 573	北 971
	573	973
斛律	上 485	魏 2291
	485	2292
	649	北 3251
	649	3252
斛摩頭	上 270	晉 2768
斛斯政	上 555	北 461
	556	465
	557	465
	576	1391
	581	1783
	581	1790
	601	2592
	615	2950
	630	3117
	630	3118
	中 9	隋 84
	19	688
	34	1516
	41	1582
	41	1595
	44	1622
	46	1644
	51	1768
	55	1817
	115	舊唐 2408
	116	2441
	256	新唐 3839
斛瑟羅	中 173	舊唐 4523
斛特勒	中 311	新唐 6038
坤長	中 480	遼 219

項目	二十五史抄	新校本
滾免	下 540	明 6189
鯀	上 3	史 281
	17	1611
	48	漢 1315
骨篤祿毗伽可汗		
	中 313	新唐 6052
骨勒文易	下 66	金 1435
骨咄祿	中 184	舊唐 5167
	271	新唐 4122
	311	6044
	312	6044
骨至	中 374	新五 61
骨進	下 172	三 727
鶻屈頡斤	中 312	新唐 6048
鶻謀琶	下 101	金 1815
鶻實答	下 7	金 51
公綦稠	上 85	後漢 354
公亮	下 44	金 1391
公沙穆	上 106	後漢 2730
公孫康	上 102	後漢 2418
	103	2419
	127	2984
	147	三 29
	154	207
	157	252
	158	253
	162	257
	163	258
	169	354
	169	356
	169	358
	171	618
	173	730
	198	845
	207	851
	242	晉 427
	386	梁 802
	626	北 311
	中 515	舊唐 455
	519	463
公孫恭	上 148	三 78
	148	94
	158	253

項目	二十五史抄		新校本	
		167		261
		169		358
		171		687
		225	晉	12
公孫眷	上	437	魏	712
公孫蘭	上	437	魏	735
		569	北	837
公孫模	上	207	三	851
公孫文懿=公孫淵				
	上	223	晉	9
		223		10
		224		12
		225		12
		225		20
		237		362
		237		363
		239		388
		240		396
		242		427
		245		851
		246		893
		626	北	3112
		643		3135
公孫常	中	125	舊唐	2671
		259	新唐	3903
公孫昭	上	157	三	252
公孫遂→公孫邃[新校]				
	上	33	史	2988
		34		2988
		34		2990
		72	漢	3866
		362	宋書	711
		437	魏	786
公孫崇	上	492	魏	2830
公孫氏[慕容納의 母]				
	上	352	晉	3175
公孫氏[慕容德의 母]				
	上	349	後漢	3161
公孫城	上	84	後漢	319
		109		2812
		157	三	252
公孫延	上	103	後漢	2419
		156	三	252

項目	二十五史抄		新校本	
公孫淵	上	148	三	94
		149		97
		149		101
		150		109
		150		111
		151		113
		152		118
		158		253
		158		254
		159		255
		162		253
		162		254
		162		257
		163		258
		164		259
		165		260
		166		260
		169		358
		170		448
		171		457
		171		618
		171		687
		173		728
		175		762
		191		840
		193		842
		198		845
		215		1136
		216		1138
		216		1139
		218		1223
		218		1253
		219		1337
		219		1350
		360	宋書	630
		360		648
		360		649
		361		682
		361		685
		361		686
		362		686
		366		922
		367		945

項目	二十五史抄		新校本	
		367		1004
		368		1227
		377	南齊	195
		386	梁	803
		389		807
		461	魏	2060
	中	95	舊唐	1323
		514	遼	455
公孫五樓	上	470	魏	2072
		623	北	3074
公孫集	上	174	三	731
公孫瓚	上	101	後漢	2357
		101		2358
		101		2359
		102		2363
		127		2984
		154	三	*239
		182		834
		183		834
		215		873
公孫度	上	97	後漢	1858
		102		2418
		103		2419
		106		2697
		156	三	*252
		168		338
		168		350
		169		354
		169		355
		169		356
		193		842
		198	三	845
		242	晉	426
		250		1253
		364	宋書	736
		386	梁	802
		626	北	3111
		631		3118
	中	50	隋	1818
		514	遼	455
		521		465
公孫酺	上	111	後漢	2815
公孫表=玄元				

項目	二十五史抄		新校本	
	上	573	北	971
		574		974
公孫豹	上	157	三	252
公孫弘	上	31	史	2949
		31		2950
		62	漢	2613
		62		2619
	中	141	舊唐	2950
公孫晃	上	158	三	253
		167		261
		171		687
公孫希	上	431	魏	605
		564	北	732
孔丘=孔子	上	15	史	1505
孔燾	下	565	明	7437
孔碩=王頎	上	176	三	763
孔有德	下	560	明	6968
		561		6968
		561		6970
		598		8306
孔維	中	431	宋	12809
		435		14037
孔融	上	99	後漢	2261
		100		2263
		218	三	1187
孔異	上	69	金	1440
孔子	上	20	史	1633
		57	漢	1658
		106	後漢	2807
		163	三	258
		267	晉	2643
	中	63	隋	1828
		91	舊唐	900
		178		4941
		299	新唐	5636
		381	舊五	919
		601	遼	1209
		603		1212
孔纂	上	275	晉	2806
共工	上	3	史	28
		26		2637
共尉	上	26	史	2637
		58	漢	1891

項目	二十五史抄		新校本	
空海	上	204	舊唐	5341
		347	新唐	6029
		450	宋	14133
供鬼	下	536	明	6183
		537		6185
		538		6186
恭民王[高麗]				
	下	582	明	8282
		586		8284
		586		8290
恭帝[隋]	中	11	隋	99
恭帝[宋]	中	414	宋	9289
恭宗[北魏]	上	439	魏	777
恭獻賢妃	下	470	明	3511
龔可正	下	570	明	7614
		571		7615
龔用卿	下	470	明	2419
科羅	上	650	北	3287
課奴	中	477	遼	192
郭景祥	下	477	明	3913
		477		3920
郭慶	上	306	晉	2857
		306		2858
		311		2892
		312		2893
郭公儀	下	82	金	1472
郭貫	下	285	新元	15-4
		373		201-10
郭權=部權	上	269	晉	2755
郭克勤	中	211	舊唐	5353
郭琪	中	303	新唐	5885
		303		5887
郭那	上	269	晉	2768
郭待封	中	141	舊唐	2950
		180		5010
		194		5327
		268	新唐	4089
		300		5743
		338		6196
郭圖	上	154	後漢	206
郭孟武=郭英傑				
	中	286	新唐	4545
郭文通	下	507	明	5607

項目	二十五史抄		新校本	
郭辯	下	308	晉	2861
郭寶玉	下	221	元	3520
郭郤	下	26	金	285
郭汾陽	中	345	新唐	6206
郭成	下	507	明	5607
		515		5620
		515		5621
		516		5622
郭守敬	下	194	元	1588
		233		3845
郭襲	中	466	遼	115
郭實	下	534	明	6111
		534		6112
		589		8294
郭深	上	624	北	3079
郭安國	下	104	金	1834
		105		1834
郭藥師	中	633	遼	1516
	下	104	金	1833
		105		1834
		105		1835
郭汝霖	下	616	明	8367
郭汝弼	下	143	元	115
		395	新元	249-9
		396		249-10
郭淵	上	473	魏	2127
郭英傑	中	80	舊唐	199
		211		5353
		228	新唐	137
		286		4545
		320		6171
郭榮	上	599	北	2575
	中	26	隋	1321
郭元	中	439	宋	14043
郭惟太	下	618	明	8371
郭子儀	中	157	舊唐	3312
		157		3313
		293	新唐	4750
		353		6421
郭諮	中	421	宋	10530
		421		10532
郭銓	上	314	晉	2916
郭濟	中	361	舊唐	553

項目	二十五史抄		新校本	
郭知運	中	286	新唐	4544
郭澄	下	85	金	1478
郭倬	下	82	金	1472
郭太	上	269	晉	2767
郭通	上	324	晉	3081
郭絢	上	613	北	2886
	中	47	隋	1684
		47		1685
郭琥	下	512	明	5614
郭懷	上	225	晉	27
郭鈜	下	483	明	4493
郭昕	上	163	三	258
郭欽	上	301	晉	2851
郭希	下	19	金	174
郭喜國	下	19	金	174
霍去病	上	31	史	2928
		61	漢	2478
		125	後漢	2981
霍光	上	63	史	2656
		64		2931
		68		3784
		69		3784
		125	後漢	2981
		180	三	833
霍九臯	下	539	明	6188
霍六哥	中	495	遼	337
霍石	中	594	遼	1186
霍禹	上	63	漢	2656
霍雲	上	64	漢	2956
霍原	上	259	晉	2435
霍儀	下	89	金	1485
廓帖木兒	下	206	元	2881
官榮	下	614	明	8365
貫海	中	467	遼	121
寬建	中	451	宋	14133
寬折哥	下	364	新元	179-1
管寧	上	169	三	354
		169		355
		170		356
		170		358
管篤	上	215	三	1134
管叔	上	15	史	1480
		16		1518
		16		1524
		17		1611
		37		3307
		107	後漢	2808
管崇	上	579	北	1522
	中	109	舊唐	2227
管如德	史	234	元	3871
管仲	上	163	三	258
		267	晉	2643
		278		2810
關保	下	381	新元	220-9
		382		220-10
關先生	下	185	元	945
		292	新元	26-2
		383		225-7
		403		249-21
		419	考證	10-2
		472	明	3683
關中氏	上	363	宋	716
觀德王雄	中	24	隋	1215
光武帝[後漢]				
	上	88	後漢	705
		103		2464
		104		2464
		108		2812
		111		2814
		113		2816
		115		2820
		116		2821
		125		2981
		127		2985
		185	三	836
		197		844
		281	晉	2817
		626	北	3111
		643		3135
光懋	下	537	明	6185
光昇	下	575	明	7921
光英	下	108	明	1864
光宗	下	552	明	6481
光海君	下	589	明	8294
		594		8301
光孝天皇[日]				

項目	二十五史抄		新校本	
	中	347	新唐	6209
		450	宋	14133
匡超	上	296	晉	2841
廣寧伯=劉江				
	下	482	明	4251
廣平王連	上	428	魏	400
廣平王懷	上	424	魏	335
魁頭	上	133	後漢	2994
		188	三	838
槐頭	上	187	三	838
虢國夫人				
	中	153	新唐	3255
校尉廆[鮮卑]				
	上	185	三	837
喬師望	中	205	舊唐	5344
喬庶	上	295	晉	2840
喬毅	下	614	明	8365
喬一琦	下	549	明	6395
		550		6396
橋玄	上	96	後漢	1695
		97		1696
仇公=仇念	中	430	宋	12127
仇尼歸	上	332	晉	3094
		333		3096
仇尼慕	上	335	晉	3099
仇鸞	下	438	明	241
仇念=仇念	中	430	宋	12124
		430		12126
仇台	上	512	齊	886
		513		887
		631	北	3118
		632		3120
	中	56	隋	1818
		56		1819
句中正	中	388	宋	60
		432		13049
		435		14037
句踐	上	277	晉	2809
丘力居	上	101	後漢	2358
		126		2984
		155	三	239
		155		240
丘倫	上	126	後漢	2983

項目	二十五史抄		新校本	
丘明	上	277	晉	2809
丘不勤	上	486	魏	2304
丘橓	下	508	明	5608
		508		5609
丘宗	下	85	金	1477
		85		1478
丘遲	上	524	南	1495
丘忠	下	44	金	1391
丘弘	下	614	明	8365
求內禪	下	353	新元	175-6
邱福	下	479	明	4079
邱弘	下	486	明	4765
苟輔	上	317	晉	2926
苟萇	上	311	晉	2892
		313		2899
苟池	上	303	晉	2853
		310		2891
		313		2899
		464	魏	2063
苟虓	上	73	漢	3867
俱羅	中	35	隋	1518
俱羅勃	中	315	新唐	6113
俱石子	上	319	晉	2944
		320		2945
寇婁敦	上	175	三	762
		184		835
鈎空	下	94	金	1562
渦里僧	中	523	遼	468
歐里斯	中	610	遼	1284
歐信	下	624	明	8507
歐陽詢	中	178	舊唐	4947
		179		4947
		299	新唐	5645
歐陽深	下	523	明	5834
歐陽敬	下	507	明	5834
歐陽鐸	下	487	明	5116
歐陽通	中	179	新唐	4947
歐陽必進	下	503	明	5602
		504		5603
歐珠	下	604	明	8349
瞿景淳	下	518	明	5693
		518		5696
國常立尊	中	449	宋	14131

項目	二十五史抄		新校本	
國智牟	中	57	隋	1819
國狹槌會	中	449	宋	14131
菊池康成	下	407	新元	250-6
魏祥	下	569	明	7583
		569		7596
魏義	上	102	後漢	2363
		156	三	243
魏智盛	中	333	新唐	6189
魏延僧	上	378	南제	501
君叔=求歆	上	87	後漢	585
君昇=朱元旭				
	上	447	魏	585
君長=李寶	中	242	新唐	2593
屈突鐵侯	上	317	晉	2924
		464	魏	2063
屈突通	上	555	北	461
		579		1519
	中	9	隋	84
		31		1467
屈戌	中	212	舊唐	5354
		321	新唐	6172
		550	遼	956
屈烈	中	80	舊唐	138
		228	新唐	138
		320		6171
屈雲	上	269	晉	2767
		281		2817
		486	魏	2304
		647	北	3267
屈剌	中	146	舊唐	3194
		147		3194
		287	新唐	4549
屈遵=子度	上	438	魏	777
		573	北	971
屈桓	上	439	魏	777
窟哥	中	73	舊唐	61
		209		5350
		210		5350
		318	新唐	6168
		510	遼	438
		550		953
窟咄	上	561	北	579
弓遵	上	204	三	849
		207		851
		214		857
宮=太祖王[高句麗]				
	上	111	後漢	2814
		112		2815
		197	三	845
		198		845
		198		846
		386	梁	802
		475	魏	2214
		626	北	3111
		626		3112
宮=位宮(山上王)				
	上	105	三	107
		175		762
		176		762
		200		847
		217		1140
權=寧王	下	462	明	2236
		471		3586
		471		3687
權氏=李琦如				
	下	584	明	8286
權永均	下	470	明	3511
權趪	下	247	元	4610
權翼	上	315	晉	2920
權適	中	393	宋	397
		404		3668
權鼎雄	下	86	金	1480
權賢妃	下	470	明	3504
關居	上	187	三	838
關機	上	187	三	838
		190		840
關達設	中	186	舊唐	5180
關特勒	中	185	舊唐	5175
		313	新唐	6053
鬼力赤	下	427	明	86
貴由	下	323	新元	119-11
歸德	下	41	金	1385
歸崇敬	中	170	舊唐	4014
		170		4016
		201		5337
		294	新唐	5035

項目	二十五史抄		新校本	
		295	新唐	5036
皈依天皇[日]				
	中	450	宋	14133
龜山先生=揚時				
	中	431	宋	12738
		431		12739
龜山天皇[日]				
	下	404	新元	250-1
		407		250-5
龜組	下	451	明	1663
糺	下	16	金	147
		132		2886
圭廷用	下	600	明	8343
奎騰	下	138	元	34
珪=于闐王	中	169	舊唐	3924
橘免勢	中	204	舊唐	5341
		347	新唐	6209
克勤	下	600	明	8342
郗鑒	上	253	晉	1796
郗曇	上	230	晉	204
		238		376
郗愔	上	266	晉	2576
郗超	上	253	晉	1802
郗恢	上	236	晉	349
		239		381
		253		1805
		253		1806
靳懷	上	351	晉	3165
靳安	上	467	魏	2067
		620	北	3071
		621		3072
靳忠	下	349	新元	165-14
靳德	中	466	遼	119
謹行	中	216	舊唐	5359
金光	上	290	晉	2833
金山公主	中	312	新唐	6047
錦思哥	下	334	新元	135-2
汲津丹尊	中	449	宋	14131
肯德	下	465	遼	112
兢休	下	586	明	8290
岐王範	中	93	舊唐	1070
		231	新唐	479
基至鞬	上	186	三	837

項目	二十五史抄		新校本	
		129	後漢	2987
		～		～
		130		2989
奇岑	下	587	明	8291
奇伯顏不花	下	184	元	921
		284		931
		297	新元	32-57
		68	金	1438
奇世	下	68	金	1438
奇道可汗[契丹]				
	中	513	遼	447
奇氏	下	184	元	930
		185		948
		185		962
		186		969
		186		971
		205		2879
		206		2881
		218		3370
		219		3391
		243		4451
		293	新元	26-8
		294		26-9
		316		104-24
		336		136-12
		353		175-6
		382		224-13
		388		247-3
奇蘊	下	254	元	4620
奇爾濟蘇=闊里吉思				
	下	256	元	4623
奇轍	下	402	新元	249-21
奇朵台	下	395	新元	249-8
奇皇后	下	375	新元	209-5
		384		227-1
		403		249-21
奇后	下	317	新元	104-26
		376		210-10
祈彥實	中	408	宋	4809
祈奚	中	345	新唐	6207
祈孝德	中	68	隋	1899
紀達	上	345	晉	3130
紀武內	中	450	宋	14132

項目	二十五史抄		新校本	
紀用	下	556	明	6711
蓍國公=突地稽				
	中	215	舊唐	5359
		271	新唐	4123
箕子=遼東公				
	上	3	史	1229
		5		108
		5		121
		6		126
		6		131
		6		171
		8		529
		13		1164
		15		1479
		15		1480
		16		1515
		16		1609
		16		1610
		17		1611
		20		1620
		20		1633
		24		2407
		24		2435
		25		2471
		37		3308
		47	漢	973
		47		1015
		48		1315
		56		1658
		59		2029
		66		3599
		113	後漢	2817
		117		2822
		117		2823
		203	三	848
		205		850
		384	梁	800
		500	北齊	416
		525	南	1969
		576	北	1391
		645		3138
	中	41	隋	1581
		63		1828
		114	舊唐	2360
		189		5320
		190		5321
		260	新唐	3933
		331		6186
		399	宋	2552
		434		14035
		514	遼	455
		544		833
	下	187	元	1049
		245		4607
		251		4616
		579	明	8279
箕稠	上	100	後漢	2353
綦公直	下	234	元	3883
		351	新元	166-14
綦連猛	上	500	北齊	539
器弩悉弄	中	314	新唐	6077
冀富	上	457	魏	1829
		608	北	2684
吉烈滅	下	324	新元	120-2
吉溫	中	157	舊唐	3346
吉挹	上	363	宋書	723
古瑱	中	280	新唐	4257
		280		4258
金家奴	下	228	元	3633
金甲兩	下	579	明	8280
		580		8281
金居實	下	58	金	1419
金乾運=惠恭王				
	中	82	舊唐	288
		201		5337
		344	新唐	6205
金謙	下	246	元	4609
		247		4610
		329	新元	132-2
金景瑞	下	550	明	6396
金景徽=興德王				
	中	88	舊唐	541
		202		5339
		345	新唐	6205
金敬臣=元聖王				
	中	201	舊唐	5338

項目	二十五史抄		新校本	
金敬信	中	202	舊唐	5338
金慶夫	下	83	金	1473
金光利	下	61	金	1424
金光門	上	581	北	1790
金佼	下	144	元	121
金嶠	下	585	明	8288
金國鳳	下	561	明	6973
金國運	中	89	舊唐	610
金待問	中	338	新唐	6196
金良鑑	中	441	宋	14046
金良相	中	84	舊唐	348
		201		5338
		344	新唐	6205
金呂	下	255	元	4622
金力奇	中	202	舊唐	5338
		344	新唐	6205
金鍊	下	253	元	4619
金鍊光	下	65	金	1432
金廉	中	375	新五	96
金祿[高麗]	下	141	元	97
金陸珍	中	202	舊唐	5338
金利誠	下	61	金	1425
金理洪=孝昭王				
	中	201	舊唐	5337
金慢	下	254	元	4620
金文王[新羅]				
	中	73	舊唐	62
		200		5335
金文衡	下	392	新元	249-4
金朴英	中	358	舊五	420
金方慶	下	145	元	123
		151		185
		151		187
		152		207
		153		221
		154		228
		155		229
		155		233
		250		4615
		254		4620
		254		4627
		271	新元	8-10
		275		9-6
		276		10-9
		396		249-10
		398		249-13
		407		250-6
		408		250-8
		409		250-8
		410		250-9
金法敏=文武王				
	上	601	北	2592
	中	77	舊唐	100
		132		2790
		133		2791
		196		5330
		196		5331
		198		5332
		198		5333
		200		5336
		266	新唐	4082
		267		4083
		341		6201
		343		6203
		344		6204
金寶鼎	下	246	元	4609
		247		4610
		392	新元	249-3
金福	下	614	明	8365
金富軾	中	409	宋	5124
		443		14050
金溥旱	中	363	舊五	590
	中	382	新五	920
金士信	中	202	舊唐	5339
金沙密	下	334	新元	135-6
金思蘭	中	201	舊唐	5337
		217		5361
		291	新唐	4597
		327		6181
金山	下	220	元	3513
		221		3513
		245		4607
		354	新元	176-2
金上琦	中	442	宋	14048
金胥	下	580	明	8280
金瑞	中	442	宋	14049

項目	二十五史抄		新校本	
金愃	下	254	元	4620
金善德＝善德女王				
	中	73	舊唐	62
		200		5335
金瑄	下	64	金	1430
金誅	下	149	元	151
金成寶	下	247	元	4610
金城侯＝李道廣				
	中	284	新唐	4419
金聲	下	562	明	7085
		562		7091
金恂	下	254	元	4620
金淳夫	下	58	金	1419
金崇斌	中	86	舊唐	443
		202		5339
金晬	下	587	明	6286
		589		8294
金升	下	85	金	1477
金承慶＝孝成王[新羅]				
	中	81	舊唐	81
		201		5337
金彥昇＝憲德王				
	中	85	舊唐	443
		86		443
		202		5338
		344	新唐	6205
金彥英	中	367	吳	1592
金汝礪	下	390	新元	249-1
金永	下	225	元	3629
		356	新元	176-3
金永胤	下	85	金	1419
金溫	下	252	元	215
金于蕃	下	64	金	1430
金雲卿	中	202	舊唐	5339
金元輔	中	435	宋	14037
金元祥	下	401	新元	249-17
金幼孜	下	480	明	4115
		480		4126
		480		4127
金有成	下	258	元	4626
金尤佳	下	329	新元	132-3
金隱居	中	201	舊唐	5337
		344	新唐	6205
金應文	下	395	新元	249-9
金義	下	580	明	8281
金義元	下	86	金	1479
金義琮	中	202	舊唐	5339
		345	新唐	6206
金怡	下	401	新元	249-18
金仁問	中	343	新唐	6204
		344		6204
金仁逢	中	375	新五	92
金仁雋(俊)	下	248	元	4611
金仁後	下	393	新元	249-6
		394		249-7
		395		249-8
金日觀	下	561	明	6951
		561		6968
		561		6970
金鎰	下	148	元	141
金子廷	下	156	元	239
金資用	下	60	金	1423
金長姬	下	372	新元	198-5
金莊	下	59	金	1420
金才＝李渾	上	588	北	2110
		588		2118
金全	中	435	宋	14037
金節	下	68	金	1439
金正明＝神文王				
	中	200	舊唐	5336
		201		5337
金政	中	77	舊唐	108
金挺	中	133	金	2887
金精	下	399	新元	249-15
金悌	中	422	宋	10646
		441		14046
金存夫	下	58	金	1420
金宗訥	中	440	宋	14044
金宗敏	中	440	宋	14044
金主亮	中	429	宋	11793
金周鼎	下	154	元	228
		276	新元	10-9
		408		250-8
		409		250-8
金柱弼	中	202	舊唐	5339
金俊	下	250	元	4615

項目	二十五史抄		新校本	
		271	新元	8-9
金俊邕=昭聖王[新羅]				
	中	85	舊唐	392
		202	元	5338
		344	新唐	6205
金仲恭	中	344	新唐	6205
金仲成	下	409	新元	250-8
金重義	下	400	新元	249-16
金重興	中	202	舊唐	5338
		344		6205
金重熙	中	85	舊唐	406
金眞	中	382	新五	920
金眞平[新羅]				
	中	57	隋	1820
		71	舊唐	14
		196		5329
		199		5334
		200		5335
金眞興[新羅]				
	上	498	北齊	94
		549	北	285
金進宜	下	581	明	8282
金贊[高麗]	下	143	元	115
		249		4613
		258		4626
		396	新元	249-10
		404		250-1
金昌南	中	202	舊唐	5338
金春秋	中	73	舊唐	62
		75		82
		197		5331
		200		5335
		200		5336
		224	新唐	60
		343		6203
金忠義	中	172	舊唐	4173
		295		5153
金就礪	下	328	新元	132-1
		332		134-12
金稚圭	中	444	宋	14052
金台吉	下	595	明	8302
金通精	下	152	元	215
		220		3485

項目	二十五史抄		新校本	
		225		3629
		235		3891
		253		4619
		254		4619
		257		4624
		273	新元	8-15
		336		138-8
		340		148-12
		355		176-3
		356		176-4
		360		176-10
		396		249-10
金票石	中	201	舊唐	5337
金學曾	下	560	明	6938
		592		8298
金行成	中	435	宋	14037
		439		14044
金鄕	上	257	晉	2189
金憲英	中	201	舊唐	5337
		344	新唐	6205
金憲章	中	202	舊唐	5338
金獻忠	中	202	舊唐	5338
金黃裕	下	63	金	1430
金孝巨	下	395	新元	249-9
金黑	下	583	明	8285
金忻	下	254	元	4619
金昕	中	202	舊唐	5339
金興光=聖德王[新羅]				
	中	80	舊唐	192
		81		207
		201		5337

［ㄴ］

項目	二十五史抄		新校本	
那珂通世	下	415	新元考證	1-4
那樓	上	147	三	30
那樓奇	上	269	晉	2767
那林宇羅	下	540	明	6189
那卜	下	531	明	5983
那孩	下	624	明	8507
那頡	中	186	舊唐	5214
邧元	中	436	宋	14036
邧老正	中	436	宋	14039
羅嘉賓	下	497	明	5414
		560		5611
羅舉	下	572	明	7718
羅拱辰	下	504	明	5603
羅端	下	513	明	5616
羅龍文	下	498	明	5415
		575		7919
		575		7920
		575		7921
羅賓德	中	379	新五	891
羅世昌	下	86	金	1480
		90		1487
羅守忠	中	211	舊唐	5353
		286	新唐	4545
		320		6171
羅崇	上	232	晉	212
羅氏	中	392	宋	335
		393		351
羅榮	中	254	新唐	3806
羅藝	上	593	北	2190
	中	37	隋	1531
		59		1822
		110	舊唐	2277
		110		2278
		254	新唐	3806
羅源	下	176	元	619
		288	新元	18-10
羅子韋	中	496	遼	338
		596		1188
羅子仁＝維子仁				
	下	564	明	7413
羅子廷＝羅藝				
	中	254	新唐	3806

項目	二十五史抄		新校本	
羅拯	中	422	宋	10645
		422		10646
		440		14046
		441		14046
羅漢	中	478	遼	202
羅含	上	267	晉	2576
糯思	中	512	遼	446
糯思忠	下	86	金	1478
諾樂天皇［日］				
	中	347	新唐	6209
		450	宋	14133
樂浪王氏	上	424	魏	328
		506	周	153
		558	北	495
樂浪長公主	上	442	魏	1051
樂陵公遐	上	473	魏	2127
樂陵王胡兒	上	430	魏	516
樂安公主	上	345	晉	3130
樂安王範	上	410	魏	82
樂平	上	541	北	95
樂平王丕	上	410	魏	85
		411		87
		428		413
		428		414
		474		2128
		476		2215
		540	北	51
		562		601
		624		3079
		627		3113
樂閒	上	24	史	2401
駱務整	中	139	舊唐	2893
		210		5351
		279	新唐	4213
		319		6169
		319		6170
駱尙志	下	589	明	8293
煖免	下	531	明	5983
		536		6183
	～		～	
		538		6186
		539		6188
難樓	上	126	後漢	2984

項目	二十五史抄		新校本	
		182	三	834
難升米	上	213	三	857
蘭難	上	335	晉	3099
蘭陵公主	上	591	北	2166
蘭穆	上	335	晉	3099
		622	北	3072
		622	北	3073
蘭勃	上	281	晉	2817
蘭楊	上	335	晉	3099
蘭伊	上	306	晉	2857
蘭者哥	下	453	明	1797
蘭提	上	335	晉	3099
蘭汗	上	234	晉	250
		333		3097
		335		3099
		339		3104
		352		3185
		407	魏	34
		468	魏	2069
		468		2070
		538	北	17
		538	北	18
		621		3072
		622		3072
		622		3073
蘭和	上	335	晉	3099
欒忠	下	152	元	215
		408	新元	250-7
捏哥	下	5	金	23
捏怯兒烈	下	363	新元	178-2
捏怯烈	下	214	元	3196
捺祿山	中	287	新唐	4549
		291		4596
男建	中	75	舊唐	90
		119		2487
		119		2488
		130		2782
		154		3294
		194		5327
		255	新唐	3820
		272		4123
		275		4141
		338		6196

項目	二十五史抄		新校本	
		339		6197
男健=男建	中	76	舊唐	92
男複	中	337	新唐	6196
男產	中	119	舊唐	2488
		194		5327
		272	新唐	4123
		338		6196
		339		6197
男生	中	75	舊唐	90
		130		2782
		131		2782
		153		3293
		194		5327
		195		5328
		255	新唐	3820
		270		4119
		270		4120
		275		4141
		338		6196
		339		6197
		348		6210
南居益	下	465	明	2247
		466		2247
		559		6815
		559		6818
南閭	上	42	漢	169
		113	後漢	2817
南單于	上	573	北	929
南陽公主	中	478	遼	203
南以興	下	597	明	8306
南海王法	上	470	魏	2072
藍公佐	下	49	金	1400
藍松山	下	521	明	5786
藍松三	下	506	明	5606
納答兒	下	282	新元	12-11
納刺忽	下	286	新元	16-11
納里哥	下	167	元	160
納失里皇后	下	316	新元	104-24
納兒觯	下	210	元	3033
		340	新元	152-3
納延	下	252	元	4617
納担談嘉	下	89	金	1484
納合鉉	下	25	金	257

項目	二十五史抄		新校本	
浪訛德光	下	86	金	1480
浪訛文智	下	68	金	1438
浪訛進忠	下	62	金	1427
郎哥歹	下	397	新元	249-12
郎基	下	587	北	1981
郎得功	下	524	明	5854
郎電貓吝	下	618	明	8371
郎電敵裏系勝				
	下	618	明	8370
郎茂	上	587	北	2016
郎卜兒哈	上	584	明	8286
		584		8287
郎肅	上	272	晉	2797
囊加歹	下	213	元	3184
囊家歹	下	346	新元	*161-12
乃(酒)來思聰				
	下	84	金	1474
乃麻歹	下	213	元	3196
乃蠻	下	359	新元	176-8
乃蠻大陽罕	下	322	新元	116-12
乃蠻台	下	228	元	3634
		281	新元	12-7
		319		105-7
		324		*120-14
		363		178-2
		398		249-14
乃兒不花	下	623	明	8506
乃顏	下	161	元	280
		220		2521
		226		3630
		227		3632
		228		3633
		232		3798
		235		3892
		312	新元	98-22
		318		105-4
		331		133-11
		347		162-3
		348		163-8
		360		176-11
		365		180-13
		398		249-13
乃住	下	402	新元	249-19

項目	二十五史抄		新校本	
來苗	上	90	後漢	810
來阿八赤	下	211	元	3141
		212		3142
		321	新元	114-11
		365		180-13
來子敬	下	68	金	1439
來俊臣	中	78	舊唐	126
		195		5328
		272	新唐	4124
來桓	中	314	新唐	6077
來護兒	上	578	北	1517
		579		1519
		599		2558
		600		2589
		600		2591
		～		～
		601		2593
		601		2595
		602		2600
	中	18	隋	687
		31		1467
		31		1491
		34		1515
		34		1516
		36		1529
		43		1616
		43		1620
來弘	上	600	北	2592
來俟	上	15	史	1480
來歙	上	87	後漢	585
酒來思聰	下	84	金	1474
冷泉天皇[日]				
	中	451	宋	14133
奴久	上	413	魏	135
老撤卜兒	下	524	明	5849
老子	上	177	三	7956
		584	北	1830
	中	118	舊唐	2466
		331	新唐	6187
	下	122	金	2366
老赤溫	下	325	新元	121-20
老的	下	213	元	3196
		214		3196

項目	二十五史抄		新校本	
		363	新元	178-2
老的沙	下 376		新元	200-10
		379		216-12
		380		220-7
		389		247-5
老的妻完者	下 363		新元	178-2
怒失畢	中 185		舊唐	5172
怒皆	中 147		舊唐	3198
		287	新唐	4552
路孤	上 401		魏	9
路得成	下 249		元	4613
路伯達	下 122		金	2329
路允迪	中 394		宋	410
		442		14049
路人	上 12		史	1057
		34		2988
		34		2989
		34		2990
		46	漢	661
		72		3867
		73		3867
路鐸	下 120		金	2205
		120		2208
魯國公主	下 282		新元	12-14
		403		249-20
魯達實=老的沙,雍王				
	下 244		元	4553
魯連	上 432		魏	613
魯妹	下 612		明	8362
魯蘇=奉誠王				
	中 213		舊唐	5355
魯蘇=奉誠郡王				
	中 323		新唐	6174
		332		6174
		332		6175
魯仲連	上 25		史	2459
魯之中	下 551		明	6469
魯昌	上 275		晉	2805
		275		2806
魯詿	下 82		金	1472
盧公弼	下 585		明	8289
盧拱	下 19		金	174
		68		1439

項目	二十五史抄		新校本	
盧綰=燕王				
	上 8		史	381
		8		387
		8		391
		8		392
		11		1021
		13		1120
		23		2070
		26		2637
		26		2638
		27		2639
		27		2642
		28		2657
		28		2658
		28		2659
		30		2895
		32		2985
		37		3315
		41	漢	58
		41		77
		41		79
		43		366
		44		377
		44		379
		44		586
		44		641
		46		747
		58		1890
		58		1891
		58		1892
		58		1893
		58		1894
		58		1895
		59		1991
		59		2045
		59		2053
		59		2072
		59		2073
		60		2233
		60		2237
		68		3754
		70		3863
		206	三	850

項目	二十五史抄		新校本	
盧臺	中	167	舊唐	3833
		167		3834
盧克忠	下	125	金	2758
盧杞	中	164	舊唐	3542
		165		3543
盧璣	下	66	金	1434
盧南史	中	168	舊唐	3898
盧鎧	下	490	明	5397
		491		5404
		492		5404
		493		5407
		496		5412
		501		5423
		505		5605
		508		5607
		508		5608
		508		5609
		510		5611
		609		8355
盧道裕	上	442	魏	1051
盧得功	下	545	明	6214
盧魯元	上	572	北	905
		572		915
盧龍道	中	47	隋	1676
盧龍了	中	152	舊唐	3255
		283	新唐	4336
盧鎰叛	中	498	遼	346
盧文進	中	369	舊五	1830
盧博	中	89	舊唐	635
盧芳	上	89	後漢	737
	中	10	隋	86
盧僕古	中	592	遼	1183
盧副鳩	上	572	北	915
盧溥	上	338	晉	3103
盧世榮	下	335	新元	136-3
盧植	上	98	後漢	2113
盧諶	上	248	晉	1089
		269		2767
盧彥倫	中	626	遼	1436
	下	107	金	1862
盧彥沖	下	117	金	1997
盧演	下	247	元	4610
盧益	下	43	金	4610

項目	二十五史抄		新校本	
盧儔	下	81	金	1390
盧俊	中	555	遼	1003
盧他之	上	27	史	2639
盧它之	上	44	漢	641
盧卓儒	下	68	金	1439
盧太翼	上	615	北	2950
	中	51	隋	1769
盧玄亮	上	442	魏	*1045
俘[肅慎]	上	264	晉	2535
祿哥	下	137	元	20
祿來贊	中	187	舊唐	5222
		313	新唐	6074
祿父	上	5	史	126
		17		1611
論乞髯	中	85	舊唐	380
論欽陵	中	216	舊唐	5359
		265	新唐	4053
		271		4123
		314		6077
弄贊	中	313	新唐	6074
按蘭	中	631	遼	1474
腦毛六	下	538	明	6186
賴榮華	下	493	明	5408
賴恩	下	456	明	1981
		604		8348
		604		8349
賴淸規	下	521	明	5786
廖永忠	下	463	明	2243
婁師德	中	78	舊唐	126
		210		5351
		227	新唐	17
		319		6169
婁室	中	491	遼	328
		497		342
	下	53	金	1407
		98		1635
婁宇	下	499	明	5416
婁會	上	328	晉	3087
漏頭	上	424	魏	326
		558	北	494
樓龍兒	上	416	魏	166
		542	北	105
樓班	上	126	後漢	2984

		182	三	834
		183		835
		184		835
樓勃	上	410	魏	82
樓緩	上	21	史	1806
樓异	中	426	宋	11163
樓馮	上	265	晉	2537
耨盍溫都謙	下	55	金	1412
能臣氏	上	188	三	835
		188		836
陵仕燕	上	505	周	1
凌雲翼	下	517	明	5627
凌義渠	下	559	明	6833
		559		6853
		559		6853
凌統	上	277	晉	2809
綾陽君＝李倧, 仁祖				
	下	595	明	8303

[다]

項目	二十五史抄	新校本		項目	二十五史抄	新校本	
多可	下 392	新元 249-4			282	2818	
	393	249-5			287	2826	
多可阿士	下 392	新元 249-4			287	2827	
多利思比孤[日]					288	2827	
	上 643	北 3136			293	2837	
	645	3137		段陵	上 510	北齊 569	
	中 61	隋 1826		段末波	上 276	晉 2807	
	63	1827			486	魏 2304	
多彌	中 3	隋 22		段姥=段達	中 68	隋 1899	
多托爾	下 250	元 4614		段木延	上 334	晉 3098	
	257	元 4624		段文振	上 553	北 456	
茶勿	下 153	元 226			581	1790	
	159	259			600	2587	
丹[燕 太子]	上 7	史 233			中 6	隋 79	
	9	史 756			29	1457	
	16	1561			44	1622	
	25	2536		段普恪	中 169	舊唐 3938	
	56	漢 2657		段羆	上 293	晉 2837	
但住	下 432	明 134		段士雄	下 477	明 3921	
段龕	上 230	晉 200		段速骨	上 333	晉 3097	
	238	375			334	3098	
	293	2837			334	3099	
段熲	上 99	後漢 2145			339	3104	
	131	2991		段守簡	中 218	舊唐 5362	
段廣	上 228	晉 90		段秀實	中 83	舊唐 345	
段眷	上 228	晉 145		段隨	上 464	魏 2064	
段勤	上 291	晉 2833			619	北 3069	
	294	2839		段崇	上 300	晉 2849	
段磯	上 234	晉 254			328	3087	
	338	3104			330	3093	
	339	3105		段氏=慕容垂의 妻			
	469	魏 2070			上 260	晉 2524	
	622	北 3073		段氏=姥容寶后			
段達	上 597	北 2537			上 328	晉 3087	
	607	2664		段氏=慕容寶后			
	中 32	隋 1500			上 331	晉 3094	
	68	1899		段氏	上 335	晉 3100	
段蘭	上 254	晉 1981			352	3175	
	280	2816			468	魏 2069	
	281	2816			621	北 3072	
	281	2817		段溫	上 333	晉 3097	
				段邃	上 237	晉 371	
					269	2767	

項目	二十五史抄		新校本	
	~		~	
		270		2769
		280		2815
	~		~	
		282		2818
		284		2821
		287		2826
	~		~	
		288		2829
		362	宋書	708
		362		709
段儀	上	260	晉	2524
		333		3097
段辰	上	228	晉	145
段讚	上	338	晉	3104
段就六眷	上	650	北	3268
段泰	上	338	晉	3104
段平子	上	332	晉	3095
段匹磾	上	228	晉	145
		252		1710
		510	周	569
		595	北	2394
段興	上	538	北	21
端順	中	603	遼	1211
檀石槐	上	123	後漢	2964
		130		2989
		130		2990
		132		2993
		133		2994
		187	三	837
		188		838
		190		839
		303	晉	2853
團隱	中	603	遼	1211
妲己	上	5	史	108
怛烈	中	324	新唐	6177
達骨只	中	478	遼	199
達紀	下	4	金	16
		95		1586
		129		2882
達吉補	下	105	金	1837
達蘭不花	下	385	新元	231-14
達勒達	下	245	元	4554

項目	二十五史抄		新校本	
達里迭	中	464	遼	93
達慢				
	中	313	新唐	6056
達勃期	下	613	明	8364
達識帖木兒	下	384	新元	227-2
達的	下	321	新元	114-7
達奚善憲	中	48	隋	1702
達奚洪	中	409	宋	5154
撻胡夫	下	92	金	1541
撻不也	中	494	遼	334
		496		339
		596		1189
撻不野	下	6	金	29
		94		1561
		97		1632
		97		1633
		101		1807
澹羅	中	348	新唐	6210
譚綸	下	440	明	246
		465		2246
		508		5608
		511		5612
		512		5613
		514	明	5616
		517		5627
		523		5833
		523		5834
譚世勣	中	427	宋	11230
譚元清	下	503	明	5602
曇之	上	363	宋書	723
答納失里皇后				
	下	205	元	2878
		206		2880
答刺罕	下	321	新元	114-11
答里	下	181	元	829
答里麻	下	219	元	3431
		219		3433
		335	新元	136-7
		380		219-4
答失蠻	下	184	元	929
		331	新元	133-11
		363		178-7
荅失蠻	하	388	新元	247-6

項目	二十五史抄		新校本	
踏剌葛	中	476	遼	185
		560		1101
蹋頓[烏桓]	上	85	後漢	384
		86		384
		126		2984
		127		2984
		133		2994
		178	三	831
		182		834
		184		835
	中	321	新唐	6173
唐古	下	138	元	34
		246		4608
		247		4609
		334	新元	135-6
唐古拔都兒	下	224	元	3628
		329	新元	132-2
		354		176-2
唐古迪巨	下	391	新元	249-2
唐括鶻魯	下	60	金	1424
唐括貢	下	110	金	1867
唐括阿忽里	下	64	金	1430
唐皎	中	137	舊唐	2813
唐其勢	下	180	元	821
		181		829
		217		3333
		402	新元	249-19
唐吉失	下	201	元	2529
唐臨	中	125	舊唐	2671
		137		2811
		259	新唐	3903
唐蒙	上	73	漢	3868
唐璿	中	276	新唐	4149
唐順之	下	500	明	5420
		501		5422
		501		5423
		501		5424
		508		5609
唐勝宗	下	475	明	3839
		475		3849
		476		3856
		581		8282
唐兀	下	182	元	881
唐邕	下	587	北	1981
		587		2001
唐堯	上	478	魏	2218
唐褘	中	45	隋	1625
		110	舊唐	2278
		254	新唐	3806
唐一岑	下	439	明	242
		566		7438
唐柱	上	284	晉	2821
唐之奇	中	119	舊唐	2492
		248	新唐	3478
		255		3823
唐地文	中	152	舊唐	3254
		152		3255
		283	新唐	4336
唐琢	下	61	金	1424
唐休璟	中	142	舊唐	2978
		142		2987
		227	新唐	104
		276		4149
黨金毗	中	268	新唐	4089
黨得敬	下	63	金	1430
大家奴	下	6	金	24
		11		31
人康乂	中	618	遼	1347
大虎晃	中	89	舊唐	643
		328	新唐	6181
大乞乞仲象	中	382	五	920
大臭	下	101	金	1807
		101		1809
大公鼎	中	493	遼	333
		630		1459
		630		1460
		631		1460
大匡逸	中	477	遼	192
大宏臨	中	327	新唐	6181
大奈	中	186	舊唐	5180
人能信	中	218	舊唐	5362
大但	上	347	晉	3132
		347		3133
大檀	上	649	北	3252
代度設	中	205	舊唐	5345
		316	新唐	6135

項目	二十五史抄		新校本	
大洞	下	17	金	160
		64		1431
大鸞河	中	448	宋	14130
		449		14130
大良順	下	104	金	1834
大力秋	中	555	遼	1005
大明俊	中	218	舊唐	5363
大明忠	中	327	新唐	6181
大武藝	中	79	舊唐	180
		81		210
		217		5360
		217		5261
		218		5362
		291	新唐	4597
		326		6180
		327		6180
大文藝	中	217	舊唐	5361
		218		5361
		291	新唐	4597
		327		6180
大勃律	中	148	舊唐	3204
大鵬翼	中	412	宋	9024
大斌	下	52	金	1406
大常靖	中	218	舊唐	5362
大石林牙	中	500	舊唐	349
大先晟	中	219	舊唐	5363
大聖天皇帝=太祖[遼]				
	中	459	遼	24
		513		447
		606		1238
大昭佐	中	334	新五	56
大素賢	中	458	新五	22
		462		48
大嵩璘	中	85	舊唐	407
		86		419
		218		5362
大信	中	630	遼	1460
大信德	新唐	328	遼	6181
大野勃	中	327	新唐	6181
大藥師奴	下	6	金	25
		97		1632
大梁水	中	515	遼	456
大言義	中	86	舊唐	444
		218		5363
		327	新唐	6181
大延林	中	478	遼	203
		518		462
大延琳	中	511	遼	440
		519		462
		530		489
		548		926
		555		1005
		605		1232
		610		1281
		613		1331
		614		1336
		615		1340
		616		1343
大淵	上	437	魏	751
大榮	中	484	遼	270
大叡	中	218	舊唐	5363
大禹=禹王	上	252	晉	1705
		268		2649
		279		2813
大禹謨	中	373	新五	46
大元瑜	中	218	舊唐	5362
		327	新唐	6181
大元義	中	327	新唐	6181
大委正	下	536	明	6183
		537		6185
		538		6186
		540		6189
大魏天王	上	620	北	3071
大應=李光進				
	中	244	新唐	3445
大彝震	中	88	舊唐	540
		218		5363
		328	新唐	6181
大仁秀[渤海]				
	中	87	舊唐	463
		218		5363
		327	新唐	6181
		516	遼	457
大諲譔	中	358	舊五	436
		360		496
		373	新五	17

項目	二十五史抄		新校本	
		374		48
		382		920
		458	遼	21
		458		22
		459		23
		510	遼	439
		512		443
		515		456
		552		972
		602		1210
		604		1224
		605		1230
		606		1240
大壹夏	中	217	舊唐	5361
		327	新唐	6180
大逸豆歸	상	465	魏	2065
大長公主	下	286	新元	16-7
(大)長沙=渤海王 奉慈의 子				
	中	116	舊唐	2425
大貞翰	中	218	舊唐	5362
大昭佐	中	374	新五	56
大祚榮	中	79	舊唐	180
		216		5359
		216		5360
		217		5360
		326	新唐	6179
		327		6180
		327		6181
		382	新五	920
		448	宋	14129
		514	遼	456
大仲尹	下	20	金	186
大之蕚	中	87	舊唐	609
大陳林	中	374	新五	56
大眞	下	479	明	4091
大易齡	中	631	遼	1461
大淸允	中	218	舊唐	5362
大聰叡	中	87	舊唐	507
大忠	中	630	遼	1460
大炊	中	347	新唐	6209
大臭	下	7	金	55
大托克	下	252	苑	4618
大坂賴康	下	407	新元	250-6
大醋	中	79	舊唐	177
大夏天皇(日)				
	上	408	魏	43
大賀氏	中	317	新唐	6167
大玄錫	中	328	新唐	6181
大莘瑛	中	327	新唐	6181
大懷忠	下	55	金	1412
大欽茂	中	81	舊唐	210
		85		381
		218		5162
		327	新唐	6181
大姬	上	22	史	1922
代王侑	上	602	北	2601
	中	11	隋	99
		32		1502
		48		1701
代宗	中	307	新唐	5990
帶固	上	217	三	1140
臺押	中	480	遼	214
		481		225
大興	上	389	梁	807
		643	北	3135
臺札	中	564	遼	1107
戴=顔師古	中	299	新唐	5642
戴父	中	376	新五	124
戴良	下	386	新元	238-7
戴士衡	下	529	明	5943
		533		6091
		546		6215
戴升	上	111	後漢	2814
戴施	上	272	晉	2797
戴至德	中	136	舊唐	2798
戴胡阿狼泥	上	149	三	100
德光=耀屈之				
	中	369	舊五	1832
		379	新五	891
		380		901
		602	遼	1210
德短矩	下	246	元	4608
德賓公主	下	401	新元	249-19
		402		249-20
德成府院君	下	402	新元	249-20
德陽	下	608	魏	8355

項目	二十五史抄		新校本	
德正=李順	上	440	魏	829
德帝[金]	下	4	金	3
德祖	中	551	遼	964
德宗	中	161	舊唐	3537
		172		4077
		296	新唐	5180
		307		5990
		307		5991
		323	新唐	6175
	下	379	新元216-12	
德川家康[日]				
	下	594	明	8300
		594		8301
德皇帝=德帝				
	下	4	金	3
德皇后	上	506	周	153
		588	北	2057
度尙	上	93	後漢	1284
		93		1286
		93		1287
度宗[宋]	下	397	新元249-12	
度地稽	中	59	隋	1822
徒單居正	下	91	金	1489
徒單公弼	下	82	金	1471
徒單歐里白	下	88	金	1483
徒克寧	下	58	金	1420
		106		1845
		110		1867
		112		1870
		119		2043
		119		2044
		121		2329
		122		2329
徒單守素	下	69	金	1440
徒單烏者	下	18	金	167
		67		1437
徒單合喜	下	57	金	1417
徒單懷貞	下	16	金	144
		61		1426
徒單懷忠	下	82	金	1470
徒河涉歸	上	484	魏	2233
		647	北	3178
	中	64	隋	1842
挑李花	中	382	新五	920
挑鮮	上	348	晉	3134
挑仁	上	341	晉	3109
		343		3128
挑豹	上	269	晉	2767
		348		3134
倒剌沙肉袒	下	365	新元179-11	
陶侃	上	276	晉	2808
陶凱	下	477	金	3925
		477		3934
		478		3936
陶新唐	上	63	漢	2720
	下	122		2366
陶得里=蒲奴里				
	中	482	遼	239
		614		1336
		619		1356
		621		1392
		623		1421
陶成	下	483	新元	4463
		483		4464
陶成器	下	399	新元249-14	
陶承罍	下	537	明	6185
陶鼎	下	425	明	49
陶鐸	下	426	明	45
悼公[晉]	上	29	史	2885
悼后	下	127	金	2818
屠仲律	下	464	明	2245
堵剌兒	下	537	明	6185
都市牛利	上	213	三	857
		214		857
都爾彌勢	下	335	新元136-2	
道廓=杜洪太				
	上	442	魏	1019
道剌	中	494	遼	334
		592		1183
道明=慕容垂				
	上	321	晉	3077
		465	魏	2065
		466		2066
		620	北	3070
道穆=高恭之				
	上	582	北	1826

項目	卷	二十五史抄	新校本	
道武帝[北魏]				
	上	505	周	1
		565	北	751
		566		768
		570		837
		574		974
		574		980
		575		1135
		620		3070
		～		～
		620		3072
		637		3126
		650		3276
道武皇后=慕容氏				
	上	423	魏	325
		424		325
		558	魏	492
道文=慕容熙				
	上	469	魏	2070
		622	北	3073
道密=高慎之				
	上	455	魏	1719
道成	上	404	魏	26
		601	明	8344
道安	上	316	晉	2924
道讓=高謙之				
	上	448	魏	1708
道業=慕容垂				
	上	465	魏	2065
		620	北	3070
道祐=慕容寶				
	上	467	魏	2068
		621	北	3072
道運=慕容盛				
	上	468	魏	2069
		621	北	3072
道隱	中	603	遼	1211
道慈	中	450	宋	14132
道濟=魏王	下	111	金	1868
		113		1890
道照	中	450	宋	14132
道宗=江夏王				
	中	72	舊唐	57

項目	卷	二十五史抄	新校本	
		113		2354
		113		2356
		125		2671
		191		5322
		191		5323
		193		5325
		193		5326
		207		5347
		249	新唐	3514
		249		3516
		333		6189
		334		6190
		336		6193
道宗(遼)	中	483	遼	251
		484		261
		485		273
		487		295
		488		307
		535		643
		539		745
		541		762
		556		1008
		565		1109
		584		1165
		636		1522
道琛	中	132	舊唐	2790
		197		5331
		197		5332
		266	新唐	4082
		341		6200
圖欲=義宗	中	515	遼	456
		601		1209
闍里帖木兒	下	157	元	250
		163		301
		228		3633
		280	新元	10-16
		281		12-7
		368		184-12
		398		249-14
闍里台	下	356	新元	176-15
闍里台字羅兒				
	下	226	元	3630
闍母	中	491	遼	328

項目	二十五史抄		新校本	
	下	7	金	51
		96		1631
		98		1640
駒	上	197	三	844
禿堅帖木兒	下	331	新元	133-14
		349		164-9
		376		164-9
		380		220-7
		390		247-6
禿頭	上	341	晉	3108
禿魯	下	212	元	3164
禿魯鐵木兒	下	218	元	3370
禿魯帖木兒	下	382	新元	224-13
禿魯花	下	308	新元	75-5
		327		130-6
		420	考證	41-1
禿滿歹	下	226	元	3631
		357	新元	176-6
禿滿迭兒	下	201	元	2528
		206		2880
		304	新元	56-8
		312		98-7
		316		104-24
禿髮烏孤	上	446	魏	1502
		580	北	1626
禿花禿烈	下	226	元	3631
		357	新元	176-5
毒斯[回鶻]	中	187	舊唐	5215
		315	新唐	6133
獨孤卿雲	中	338	新唐	6196
獨孤造	中	307	新唐	5991
獨吉思忠	下	83	金	1472
暾欲谷	中	185	舊唐	5173
		185		5174
		185		5175
		313	新唐	6053
咄歸	上	129	後漢	2988
		182	三	833
咄羅	中	209	舊唐	5350
咄六	中	185	舊唐	5172
咄摩支	中	208	舊唐	5348
突董蘇	中	323	新唐	6175
突利(可汗)[突厥]				
	上	568	北	817
	中	26	隋	1330
		111	舊唐	2280
		183		5160
		184		5160
		311	新唐	6038
突利失(可汗)[突厥]				
	中	207	舊唐	5346
		316	新唐	6137
		316		6138
突欲=燕王	中	379	新五	889
		380		901
		448	宋	14129
	下	219	元	3455
		326	新元	127-1
突地稽	上	636	北	3126
	中	209	舊唐	5350
		215		5358
		216		5359
		271	新唐	4172
		271		4173
		318		6168
		530	遼	496
		550		952
突迭	中	495	遼	337
		593		1185
突賢	上	317	晉	2925
		464	魏	2063
同休	中	268	新唐	4099
佟壽	上	280	晉	2815
侗=越王	上	555	北	461
	中	9	隋	84
東光公主	中	80	舊唐	195
		323	新唐	6174
東呂糺氏	下	295	新元	28-56
東里帶	下	394	新元	249-6
東明=東明王[高句麗]				
	上	108	後漢	2810
		108		2811
		194	三	842
		385	梁	801
		631	北	3118
	中	56	隋	1818

項目	二十五史抄		新校本	
東方老	上	509	周	496
		594	北	2323
東平公儀	上	537	北	15
		538	北	16
東華公主	中	211	舊唐	5352
		320	新唐	6170
憧懷國皇帝[金]				
	中	495	遼	338
		595		1187
董誡	下	61	金	1425
董騰	上	371	宋書	2393
		526	南	1971
董茂忠	下	557	明	6715
董旻	下	615	明	8366
董謐	上	328	晉	3087
董邦政	下	499	遼	5416
董厐兒	中	626	遼	1435
董師中	下	120	金	2206
董守宏	下	614	明	8365
董純	上	605	北	2640
	中	38	隋	1539
		38		1540
董畏	下	408	新元	250-7
董元鎮	下	550	明	6402
董閏	上	272	晉	2796
董一元	下	443	明	271
		444		280
		531		5982
		545		6201
		545		6205
		545		6214
		546	明	6216
		549		6392
		550		6405
		578		8047
		592		8298
董俊	下	336	新元	141-1
		338		145-13
董仲舒	上	35	史	3127
		62	漢	2524
		366	宋書	932
董倉	下	583	明	8285
董卓	上	101	後漢	2355
		106		2697
		155	三	240
		155		241
		157		252
		169		356
		277	晉	2808
		277		2809
董弼	上	149	三	100
		190		839
董漢儒	下	553	明	6617
董孤狸	下	536	明	6184
		626		8509
豆盧寧	上	510	周	497
		594	北	2365
		595		2365
豆盧欽望	中	146	舊唐	3154
		277	新唐	4172
		278		4172
杜景儉	中	140	舊唐	2911
		140		2912
杜景佺	中	280	新唐	4242
		280		4243
杜槐	下	567	舊唐	7435
		567		7439
朴求仁	中	119	舊唐	2492
		255	新唐	3823
杜羣	上	281	晉	2818
杜德	上	216	三	1139
		217		1139
		217		1140
杜篤	上	104	後漢	2466
		105		2595
杜陵	上	104	後漢	2466
杜牧	中	345	新唐	6206
杜文明	下	567	明	7439
杜賓容	中	143	舊唐	2984
		275	新唐	4143
		276		4144
杜師回	中	499	遼	346
杜三策	下	617	明	8370
杜爽	中	133	舊唐	2791
		198		5332
		267	新唐	4083

項目	二十五史抄		新校本		項目	二十五史抄		新校本	
杜世忠	下	150	元	161			111		2280
		259		4628			114		2379
		275	新元	9-8			230	新唐	471
		408		250-6			251		3696
杜松	下	549	明	6395			311		6028
		550		6396	竇固	上	90	後漢	809
		595	明	8302	竇夔	下	82	金	1470
杜崇	上	122	後漢	2956	竇漏頭	上	411	魏	99
杜嵩	上	135	後漢	3235	竇武	上	283	晉	2820
杜彥	上	597	北	2518	竇衡	上	315	晉	2920
	中	28	隋	1370			317		2925
杜預	中	135	舊唐	3537			319		2943
杜佑	中	161	舊唐	3537			463	魏	2062
		307	新唐	5991			464		2063
杜銓	上	442	魏	1018	竇憲	上	91	後漢	812
		442		1019			94		1520
杜正藏	中	50	隋	1748			97		1722
杜正玄	中	49	隋	1749			128		2986
杜靜	上	340	晉	3106			282	晉	2819
杜豐	下	340	新元	148-12	得來	上	176	三	762
杜洪太	上	442	魏	1019	得里	中	563	遼	1106
杜黃裳	中	101	舊唐	3538	得里底	中	591	遼	1182
		308	新唐	5992	登注	上	496	北齊	57
杜希望	中	81	舊唐	209			547	北	250
頭黎	中	349	新唐	6298			649		3266
頭輦哥	下	145	元	123	滕昆	下	93	金	1547
		145		128	滕木吉至	中	453	宋	14136
		225		3629	滕穆王瓚	上	595	北	2451
		226		3631		中	24	隋	1221
		230		3749	滕祐壽	下	601	明	8344
		271	新元	8-10	滕太明	中	453	宋	14137
		272		8-12	鄧羌	上	304	晉	2854
		344		158-14			306		2858
		355		176-3			310		2876
		357		176-5			310		2891
		360		176-10			311		2892
		371		191-5	鄧啟方	上	236	晉	349
		396		249-10			351		3165
頭麟	下	290	新元	23-11	鄧良	上	250	晉	1399
頭曼	上	30	史	2889	鄧城	下	500	明	5420
		68	漢	3750	鄧叔子	下	650	北	3287
竇建德	中	109	舊唐	2234			651		3287
		109		2235	鄧植	下	493	明	5408

項目	二十五史抄		新校本	
鄧嶽	上	253	晉	1932·
鄧彦海	上	568	北	797
鄧穎	上	409	魏	80
鄧友龍	下	83	金	1474
鄧禹	上	87	後漢	599
鄧子龍	下	550	明	6405
		551		*6389
		592		8298
鄧遵	上	81	後漢	230
		122		2958
		129		2987
		189	三	837
鄧昌福	下	86	金	1478
鄧太后	上	128	後漢	2986
鄧遐	上	231	晉	207
鄧恒	上	298	晉	2845
		321		3077
鄧晜	上	603	北	2605
鄧鴻	上	122	後漢	2956
		135		3235
鄧訓	上	87	後漢	607
		87		608
藤原給資	下	406	新元	250-4
藤原氏	中	449	宋	14131
騰元葛野	中	450	宋	14133

［마］

項目	二十五史抄		新校本	
馬哥	中	494	遼	335
		499		347
		569		1120
馬宏	下	42	金	1388
		43		1390
馬貴中	下	16	金	145
		61		1426
馬謹	下	484	明	4579
馬寧	中	166	舊唐	3709
馬兜山	上	281	晉	2817
馬棟	下	590	明	8295
馬亮	下	432	明	134
		623		8505
馬路	上	265	晉	2537
馬龍駒	中	126	舊唐	2704
馬婁	上	371	宋書	2392
		526	南	1970
馬里	下	563	明	7249
馬璘	下	147	元	139
		253		4619
		274	新元	8-17
馬林	下	532	明	5984
		541		6191
		549		6395
		550		6396
		595		8302
馬萬通	中	164	舊唐	3542
馬武	上	88	後漢	695
馬文卿	下	546	明	6215
馬文軌	中	217	舊唐	5361
馬文煥	下	550	明	6405
馬芳	下	439	明	243
		513		5616
馬弗勤	上	344	晉	3128
		345		3130
馬保佑	中	473	遼	168
		635		1520
馬保忠	中	479	遼	206
馬祥	下	577	明	8034
馬仙童	中	294	新唐	4980
馬世元	下	47	金	1396
馬續	上	95	後漢	1609
		122		2960
		123		2962
		129		2987
		186	三	837
馬燧	中	160	舊唐	3536
		307	新唐	5990
馬寔	上	83	後漢	274
		123		2963
		168	舊唐	3898
馬弇	中	166	舊唐	3709
馬永	下	625	明	8508
馬雲	下	476	明	3900
		477		3901
馬援	上	77	後漢	73
		91		841
		91		842
		125		2982
		151	三	111
		181		833
馬願	上	272	晉	2797
馬子才	下	63	金	1428
馬呈文	下	545	明	6214
馬定遠	下	62	金	1427
馬政	下	42	金	1387
馬周	中	72	舊唐	57
		122		2611
		122		2612
		122		2619
		124		2676
		223	新唐	43
		240		1635
		258		3894
		258		3903
馬眞皇后	下	392	新元	249-4
馬札兒台	下	180	元	821
		217		339
		375	新元	209-5
馬總	中	164	舊唐	3541
馬諷	下	114	金	1890
馬亨	下	251	元	4616
馬和尙	下	92	金	92
馬欽	下	126	金	2782

項目	二十五史抄		新校本	
馬希驥	下	251	元	4616
麻貴	下	443	明	279
		443		280
		535		6157
		544		6183
		544		6198
		545		6201
		549		6392
		550		6405
		551		6406
		554		6686
		578		8047
		590		8295
		590		8296
		591		8296
		591		8297
		592		8298
		592		8299
麻吉	下	98	金	1663
麻門	中	477	遼	186
		560		1101
麻懿	下	130	金	2884
麻嗣宗	中	151	舊唐	3252
		151		3253
		282	新唐	4335
麻余[扶餘]	上	193	三	842
麻葉	下	456	明	1981
		494		5410
		495		5411
		496		5412
		606		8352
		608		8354
麻襦	上	259	晉	2490
麻秋	上	237	晉	371
		269		2767
		270		2769
		282		2818
		362	宋書	708
		362		709
麻兀	下	209	元	3032
		341	新元	152-5
麻仁節	中	77	舊唐	125
		210		5351
		227	新唐	96
		318		6169
麻頗	下	93	金	1544
麻僖	下	544	明	6198
禡禡	下	370	新元	188-1
摩合羅嵯	下	139	元	49
莫會	中	209	舊唐	5350
		318	新唐	6168
莫敬典	下	504	明	5602
莫宏瀵	下	479		4077
		504		5602
莫那	上	505	周	1
		550	北	311
莫多婁貸文	上	509	周	496
莫來	上	475	魏	475
		511	周	884
		626	北	3111
	中	53	隋	1813
莫濛	下	63	金	1429
莫福海	下	504	明	5602
莫將[宋]	下	49	金	1400
莫正中	下	504	明	5602
莫題	上	431	魏	604
		433		651
		434		683
		566	北	759
莫青	下	260	元	4629
		410	新元	250-11
莫賀咄設	中	111	舊唐	2280
莫賀弗	上	551	北	410
	中	3	隋	21
莫含	上	431	魏	603
莫護跋	上	273	晉	2803
		461	魏	2060
		618	北	3067
莫渾	上	284	晉	2822
		486	魏	2305
		650	北	3268
万俟醜奴	上	507	周	333
		509		496
		589	北	2163
萬家奴	下	140	元	268
萬年=慕容元眞				

項目	二十五史抄		新校本	
	上 462	魏	2060	
萬奴	下 221	元	3514	
	222		3536	
	247		4609	
萬泥	上 344	晉	3129	
萬陵	上 347	晉	3132	
	347		3133	
萬祥	下 614	明	8365	
萬象春	下 530	明	5951	
	530		5970	
萬石	上 578	北	1517	
萬碩	中 43	隋	1616	
萬世德	下 546	明	6266	
	554		6687	
	592		8297	
	593		8299	
	594		8301	
萬壽	上 412	魏	120	
	429		441	
	429		452	
	540	北	71	
萬徹	中 121	舊唐	2518	
	121		2519	
萬魂尊	中 449	宋	14131	
滿都魯	下 624	明	8507	
滿頭	上 128	後漢	2985	
滿寵	上 152	三	118	
謾都本	下 93	金	1544	
蠻子	下 349	新元	16409	
蠻子帶	下 169	元	382	
	308	新元	78-11	
蠻子罕	下 404	新元	249-12	
末但活	中 247	新唐	3457	
末帝	中 357	舊五	129	
沫名杵尊[日]				
	中 449	宋	14131	
忙哥	下 185	元	948	
忙哥都	下 145	元	123	
忙哥歹	下 397	新元	249-11	
忙古帶乞	下 158	元	255	
	411	新元	250-11	
忙古觰	下 202	元	2548	
	313	新元	99-11	
忙古台	下 334	新元	135-2	
忙兀台	下 213	元	3186	
	345	新元	160-10	
忙兀特	下 323	新元	119-4	
罔榮忠	下 64	金	1431	
望古多羅	下 604	明	8349	
莽賚扣	下 138	元	34	
莽布支	中 314	新唐	6085	
梅國楨	下 540	明	6190	
梅落	中 213	舊唐	5356	
	323	新唐	6175	
梅老	中 374	五	56	
梅訛宇文	下 83	金	1472	
買奴	下 221	元	3530	
買得	上 405	魏	28	
	434		683	
買閭	下 177	元	687	
	289	新元	19-16	
買住	下 291	新元	24-7	
麥季才	中 33	隋	1512	
麥孟才	中 33	隋	1512	
麥仲才	中 33	隋	1512	
麥鐵杖=宿國公				
	上 555	北	459	
	604		2633	
	604		2634	
	616		2987	
	中 8	隋	82	
	33		1511	
	33		1512	
	42	隋	1598	
孟甲	下 249	元	4614	
孟健	中 443	宋	14050	
孟格圖	下 251	元	4615	
	252		4617	
孟古岱=忙古觰				
	下 212	元	4618	
孟骨字羅	下 539	明	6188	
孟琪	下 415	新元考證	1-1	
孟廣平	上 337	晉	3103	
	338		3103	
孟克帖木兒	下 624	明	8507	
孟金叉	上 555	北	459	

項目	二十五史抄	新校本
	604	2634
	中 33	隋 1512
孟祺	下 231	元 3770
	231	3771
	352	新元 174-4
孟達	上 152	三 118
	224	晉 11
孟力	中 349	新唐 6326
孟明	中 113	舊唐 2356
	249	新唐 3516
孟方立	中 297	新唐 5448
	297	5449
孟伯達	下 60	金 1422
孟輔	上 406	魏 29
孟嘗	上 478	魏 2218
孟洗	下 132	元 2886
孟善誼	中 33	隋 1512
孟審澄	中 357	舊五 137
孟氏=弘量妻		
	上 572	明 7717
	572	7718
孟顏森布哈=孟也先不花		
	下 244	元 4552
孟也先不花	下 389	新元 247-4
孟讓=子讓	上 598	北 2553
	中 35	隋 1519
	36	1929
	40	1576
孟日華	中 166	舊唐 3709
孟子	中 431	宋 12739
孟喜	上 66	漢 3599
面垂見尊	中 449	宋 14131
滅里	下 184	元 917
明=聖王[百濟]		
	上 388	梁 804
	527	南 1973
明慶符	上 378	南齊 501
明德=衛青	下 486	明 4655
明德皇后	上 507	周 333
	589	北 2163
明里董阿	下 291	新元 23-12
明昇	下 384	新元 226-9
	423	明 26

項目	二十五史抄	新校本
	473	明 3691
	473	3703
明雅	中 44	隋 1622
明玉珍	下 384	新元 226-9
	473	明 3701
明元帝[北魏]		
	上 623	北 3078
	649	3252
明元皇后=杜氏		
	上 424	魏 326
	558	北 493
明帝[後漢]	上 126	後漢 2983
	128	2986
	207	三 851
	中 398	宋 2318
	下 457	明 2018
明帝[魏]	上 162	後漢 253
	169	三 358
	170	453
	171	618
	175	732
	189	836
	225	晉 13
	237	362
	239	388
	240	396
	245	827
	361	827
	361	宋書 683
	361	684
	366	891
	366	912
	585	北 1832
明帝[宋]	上 526	南 1971
	527	1972
明宗[後唐]	中 361	舊五 495
	361	517
	362	575
	369	1830
	374	新五 53
	379	889
	379	891
	380	901

項目	二十五史抄	新校本
	381	919
	552	遼 973
	602	1210
	602	1211
明宗[元]	下 180	元 815
	315	新元 104-19
	321	114-16
	390	249-1
明宗=奚世亮		
	下 567	明 7440
母丘儉	上 150	三 109
	151	112
	153	121
	162	253
	162	254
	163	258
	175	*761
	184	835
	193	842
	198	846
	200	847
	251	晉 1534
	386	梁 803
	461	魏 2060
	475	2214
	618	北 3067
	626	3112
	634	3122
	中 53	隋 1813
	57	1820
	127	舊唐 2734
毛貴	下 472	明 3683
毛麒	下 477	明 3921
毛當	上 254	晉 1951
	311	2892
	314	2916
	314	2919
	471	魏 2077
毛穆之	上 255	晉 2125
毛文龍	下 551	明 6469
	555	6699
	556	6711
	556	6715

項目	二十五史抄	新校本
	~	~
	558	6718
	559	6853
	561	6974
	562	7091
	595	8302
	~	~
	596	8304
	597	8306
	598	8306
毛伯溫	下 503	明 5601
	503	5602
毛寶	上 255	晉 2122
毛福壽	下 433	明 142
毛脩之	上 441	魏 960
	574	北 971
	574	987
毛承祚	下 558	明 6717
毛安之	上 363	宋書 723
毛驤	下 477	明 3921
毛八十	中 498	遼 345
毛海峯	下 505	明 5605
	608	8354
	609	8355
毛興	上 319	晉 2943
牟大=東成王[百濟]		
	上 379	南齊 1011
	529	南 1972
牟太	上 387	梁 804
牟都	上 379	南齊 1011
	387	梁 804
	519	南 111
	527	1972
牟魯	下 564	明 7408
牟太=牟大	上 387	梁 804
茅國器	下 545	明 6201
	554	6686
	591	8297
冒頓	上 30	史 2889
	68	漢 3750
	121	後漢 2876
	124	2979
	127	2985

項目		二十五史抄		新校本
		178	三	831
		180		833
		185		836
募泰=法興王[新羅]				
	上	388	梁	805
		528	南	1973
模羊公=孫安祖				
	中	251	新唐	3696
慕瑣	上	410	魏	81
慕輿于	上	299	晉	2848
慕輿根	上	295	晉	2840
		299		2847
		299		2848
		307		2859
		321		3077
慕輿騰=慕容騰				
	上	333	晉	3096
		333		3097
慕輿良	上	341	晉	3108
慕輿嵩	上	331	晉	3094
慕輿長卿	上	310	晉	2876
慕輿護	上	351	晉	3164
慕容嘉賓	中	211	舊唐	5352
慕容恪	上	230	晉	203
		232		210
		238		376
		240		398
		253		1712
		257		2317
		270		2769
		272		2796
		282		2818
		287		2826
		289		2831
		~		~
		292		2835
		293		2837
		294		2838
		296		2842
		299		2847
		299		2848
		~		~
		301		2851

項目		二十五史抄		新校本
		307		2858
		308		2860
		310		2889
		322		3078
		336		3100
		363	宋書	715
		363		717
慕容虔	上	258	晉	2318
		293		2838
慕容國	上	328	晉	3088
		329		3088
		329		3089
		338		3104
慕容瑾	上	232	晉	213
慕容奇	上	335	晉	3099
		335		3100
慕容納	上	352	晉	3175
		470	魏	2072
		623	北	3074
慕容耐	上	273	晉	2804
慕容農	上	315	晉	2919
		324		3082
		326		3084
		327		3085
		327		3086
		328		3087
		329		3088
		329		3089
		330		3090
		331		3094
		332		3095
		332		3096
		333		3097
		386	梁	803
		405	魏	27
		433		651
		440		792
		468		4069
		621	北	3072
		627		3112
慕容達	上	350	晉	3163
慕容德	上	260	晉	2524
		261		2525

項目	二十五史抄		新校本	
		268		2644
		302		2842
		306		2858
		327		3086
		~		~
		330		3089
		333		3096
		333		3097
		349		*3161
		352		3175
		407	魏	31
		407		34
		427		370
		427		371
		446		1502
		466		2067
		468		2069
		469		2071
		470		2072
		538	北	16
		560		562
		580		1626
		580		1645
		620		3071
		622		3074
	中	14	隋	350
慕容道奴	中	312	新唐	6048
慕容道文=慕容熙				
	上	339	晉	3104
慕容道祐=慕容賢				
	上	330	晉	3093
慕容道運	上	334	晉	3098
慕容蘭	上	254	晉	1981
慕容良	上	431	魏	606
慕容亮	上	306	晉	2858
慕容厲	上	232	晉	211
		301		2851
		303		2853
慕容隆	上	327	晉	3085
		327		3086
		328		3087
		331		3094
		332		3095

項目	二十五史抄		新校本	
		333		3096
		340		3107
		468	魏	4069
慕容騎	上	431	魏	604
		431		605
		571	北	867
		621		3072
		650		3276
慕容麟	上	234	晉	250
		328		3087
		329		3089
		331		3094
		332		3095
		333		3096
		431	魏	606
		457		1812
		468		2068
		468		2069
慕容望	上	465	魏	2064
慕容文	上	407	魏	31
		431		605
		538	北	16
		564		732
慕容白曜	上	443	魏	1116
		573	北	905
		573		926
慕容法	上	351	晉	3165
慕容寶	上	234	晉	241
		234		250
		236		349
		239		381
		239		394
		242		426
		243		428
		260		2524
		261		2524
		314		2919
		322		3079
		323		3080
		327		3085
		328		3086
		329		3089
		330		3090

項目	二十五史抄	新校本
	330	*3093
	335	3100
	340	3106
	341	3108
	342	3110
	343	3127
	349	3162
	350	3163
	371	宋 2393
	387	梁 803
	404	魏 26
	~	~
	406	29
	407	34
	408	39
	408	43
	424	325
	426	370
	426	371
	427	374
	427	381
	431	604
	432	611
	432	613
	433	651
	433	655
	434	683
	435	686
	436	687
	436	710
	437	735
	437	751
	438	757
	438	760
	439	779
	439	782
	440	792
	441	949
	442	1000
	444	1259
	446	1585
	461	1943
	466	2066

項目	二十五史抄	新校本
	~	~
	468	2069
	470	2071
	487	2312
	488	2389
	495	北齊 1
	505	周 1
	536	北 14
	~	~
	538	18
	539	24
	546	209
	550	311
	560	562
	560	565
	561	574
	564	746
	565	754
	566	759
	566	768
	~	~
	566	770
	568	794
	569	837
	571	867
	571	892
	574	974
	574	980
	575	1135
	580	1645
	620	3070
	~	~
	622	3073
	627	3112
	650	3276
	中 14	隋 313
	514	遼 455
慕容普鄰	上 405	魏 27
	406	29
	407	30
	433	651
	433	652
	468	4069

項目	二十五史抄		新校本	
		538	北	16
		628		3072
慕容普驎	上 427		魏	374
		436		710
		560	北	565
		565		755
慕容鳳	上 406		魏	28
		436		710
		537	北	15
慕容詳	上 234		晉	250
		332		3095
		333		3096
		350		3163
慕容宣英=慕容儁				
	上 289		晉	2831
慕容涉歸	上 265		晉	2537
		266		2537
慕容盛=長樂公				
	上 234		晉	250
		234		254
		330		3090
		331		3094
		333		3096
		～		～
		334		*3098
		342		3109
		407	北	34
		407		36
		408		36
		408		39
		468	魏	2069
		468		2070
		538	北	18
		538		21
		621	北	3072
		622		3073
慕容紹	上 324		晉	3084
		328		3087
		329		3089
慕容垂	上 232		晉	212
		233		232
		～		～
		233		234

項目	二十五史抄	新校本
	234	236
	234	240
	234	241
	236	349
	238	379
	239	380
	239	394
	240	395
	240	399
	241	425
	242	426
	243	428
	253	1806
	254	1946
	254	1946
	254	1951
	256	2184
	256	2189
	257	2189
	260	2493
	260	2524
	261	2524
	266	2576
	267	2644
	284	2822
	289	2831
	290	2833
	293	2838
	299	2847
	300	2849
	302	2852
	303	2853
	306	2858
	310	2891
	312	2896
	313	2899
	314	2916
	～	～
	316	2923
	317	2926
	317	2928
	317	2936
	318	2941

項目	二十五史抄	新校本		項目	二十五史抄	新校本
318		2943		461		1943
320		2944		462		2061
321		*2977		463		2061
331		3093		464		2064
333		3097		465		2064
334		3098		~		~
339		3104		470		2071
341		3107		471		2077
342		3109		472		2101
349		3161		472		2126
349		3162		492		2827
352		3175		506	周	239
364	宋書	724		535	北	10
364		726		~		~
368		1391		537		15
369		2322		558	北	492
386	梁	803		560		561
387		803		560		562
403	魏	20		561		565
404		26		561		574
406		28		561		578
423		324		561		579
426		370		564		732
426		371		564		748
427		381		565		751
427		383		565		754
431		605		566		769
431		606		567		775
432		613		568		797
434		684		571		867
436		709		571		880
437		712		573		971
437		751		573		973
438		757		573		974
439		778		574		980
439		782		579		1626
440		792		607		2671
440		810		618		3067
440		829		618		3068
442		1000		619		3069
442		1009		620		3070
446		1502		620		3071
457		1812		621		3072

項目		二十五史抄		新校本
		622		3074
		623		3077
	中	14	隋	350
		97	舊唐	1510
		514	遼	455
慕容氏	上	401	魏	12
		423		323
		572	北	908
		572		915
		573		929
		574		983
		575		997
		624		3079
	中	79	舊唐	183
慕容暐	上	293	晉	2837
慕容永	上	234	晉	240
		236		349
		239		380
		240		399
		253		1806
		268		2644
		319		2945
		320		2977
		329		3088
		329		3089
		334		3098
		343		3127
		349		3162
		364	宋書	724
		404	魏	25
		404		26
		431		606
		434		684
		464		2063
		465		2064
		472		2126
		492		2827
		536	北	12
		619		3069
		620		3070
		620		3071
		623		3077
	中	14	隋	350
慕容廆	上	227	晉	73
		227		76
		227		79
		228		152
		228		154
		229		177
		243		427
		259		2493
		260		2493
		262		2532
		265		2537
		272		2797
		273		2803
		273		*2803
		287		2826
		289		2831
		291		2834
		293		2838
		294		2839
		297		2842
		306		2858
		307		2860
		308		2861
		334		3097
		369		3369
		370		3370
		386	宋書	803
		391		810
		401	魏	7
		401		11
		462		2060
		464		2064
		486		2304
		509	周	495
		514		912
		531	南	1977
		618	北	3067
		619		3068
		626		3112
		627		3112
		649		3267
慕容雲	上	281	晉	2819
		340		3107

項目	二十五史抄		新校本	
		341		*3108
		351		3165
		469	魏	2071
慕容運	上	464	魏	2064
		619	北	3068
慕容元眞=慕容皝, 慕容遠眞				
	上	280	晉	*2815
		401	魏	11
		402		12
		402		13
		423		323
		443		1116
		462		2060
		465		2065
		469		2071
		475		2214
		482		2222
		618	北	3067
慕容袁眞=慕容元眞				
	上	232	晉	213
		266		2576
		267		2577
慕容遠眞=慕容元眞				
	上	236	晉	348
		266		2578
慕容越	上	311	晉	2892
慕容暐	上	230	晉	204
		231		206
		232		210
		～		～
		232		213
		238		376
		238		377
		242		426
		255		2082
		255		2125
		258		2318
		258		2366
		260		2493
		266		2576
		267		2577
		293		2837
		298		2845

項目	二十五史抄		新校本	
		299		*2847
		310		2889
		～		～
		317		2928
		321		3054
		322		3078
		327		3085
		328		3087
		349		3161
		352		3185
		363	宋書	717
		363		718
		363		723
		402	魏	14
		402		15
		403		20
		437		712
		438		760
		462		2061
		463		2061
		463		2063
		464		2063
		466		2066
		466		2067
		471		2077
		471		2101
		472		2101
		535	北	10
		565		751
		566		769
		566		775
		571		867
		571		892
		618		3067
		619		3068
		622		3074
慕容幼	上	280	晉	2815
		280		2816
慕容柔	上	334	晉	3098
慕容顥	上	464	魏	2064
慕容懿	上	340	晉	3106
		469	魏	2071
		622	北	3073

項目	二十五史抄		新校本	
慕容仁	上	280	晉	2815
		~		~
		281		2817
		462	魏	2060
		486		2304
慕容子雨=慕容雲				
	上	341	晉	3108
慕容莊	上	311	晉	2892
慕容臧	상	295	晉	2840
		301		2851
		304		2854
		310		2891
慕容全	上	322	晉	3078
		334		3098
		335		3100
慕容定	上	338	晉	3104
		339		3105
		469	魏	2070
慕容精	上	332	晉	3095
慕容鍾	上	329	晉	3088
		350		3164
		351		3165
慕容佐	上	327	晉	3086
慕容宙	上	324	晉	3082
		328		3087
		333		3097
慕容儁=慕容僬				
	上	230	晉	194
		230		195
		230		198
		230		200
		230		203
		230		204
		236		348
		237		374
		~		~
		238		376
		240		398
		241		425
		~		~
		243		427
		243		697
		253		1712

項目	二十五史抄		新校本	
		254		1981
		256		2148
		259		2491
		260		2493
		267		2644
		271		2794
		272		2796
		272		2797
		278		2811
		281		2817
		282		2818
		282		2826
		287		2826
		289		*2831
		299		2848
		300		2848
		307		2859
		308		2860
		309		2868
		310		2876
		321		3077
		321		3078
		334		3098
		349		3161
		362	宋書	713
		363		715
		363		716
		402	魏	13
		402		14
		446		1502
		461		2054
		462		2060
		462		2061
		465		2065
		487		2306
		492		2827
		575	北	997
		579		1626
		618		3067
		620		3070
		650		3270
慕容尊	上	281	晉	2817
慕容支	上	465	魏	2065

項目	二十五史抄		新校本	
慕容智	上	334	晉	3098
慕容眞	中	127	舊唐	2734
慕容廆	上	231	晉	208
		231		209
		232		212
		293		2837
		295		2840
		300		2849
慕容鎭	上	328	晉	3088
慕容瓚	上	329	晉	3088
		329		3089
慕容策	上	331	晉	3094
		332		3095
		335		3100
慕容靑	上	350	晉	3162
慕容招	上	352	晉	3175
		470		2072
		571	北	892
		623		3074
	中	14	隋	350
慕容筑	上	300	晉	2849
		304		2854
		310		2891
慕容冲	上	267	晉	2644
		295		2840
		312		2896
		315		2920
		316		2920
		316		2924
		327		3086
		334		3098
		403	魏	20
		463		2061
		~		~
		465		2064
		535	北	10
		574		974
		618		3068
		619		3069
慕容忠	上	266	晉	2576
		300		2849
		303		2853
		306		2858

項目	二十五史抄		新校本	
		319		2945
		336		3101
		465	魏	2064
慕容覇＝慕容垂				
	上	321	晉	3077
		464	魏	2065
慕容彭	上	341	晉	3108
慕容評	上	231	晉	208
		232		213
		260		2493
		272		2797
		282		2818
		289		2831
		290		2833
		~		~
		291		2835
		295		2840
		296		2841
		299		2847
		300		2849
		~		~
		308		2860
		311		2892
		312		2892
		322		3078
慕容彪	上	271	晉	2796
		290		2833
慕容賀騎	上	403	魏	21
		404		23
		406		28
		~		~
		407		31
		433		652
		487		2347
		488		2389
		536	北	11
		536		12
		538		16
		561		579
慕容汗	上	280	晉	2816
慕容翰	上	274	晉	2805
		280		2815
		280		2816

項目	二十五史抄		新校本
	284		2821
	284		2822
	287		2826
	288		2827
	486	魏	2304
慕容恒	上 464	魏	2064
	619	北	3069
慕容楷	上 324	晉	3069
	327		3085
	328		3087
	～		～
	329		3089
	431	魏	606
慕容憲	上 464	魏	2063
慕容弈干=慕容爕洛平			
	上 531	南	1977
慕容玄	上 409	魏	81
慕容玄恭=慕容恪			
	上 307	晉	2859
	308		2860
	487	魏	2306
慕容晧	上 332	魏	3095
慕容豪	上 335	魏	3100
慕容弘	上 253	魏	1806
慕容泓	上 295	魏	2840
	315		2919
	～		～
	316		2921
	319		2944
	463		2061
	463		2062
	465		2064
	618	北	3067
	618		3068
慕容和	上 351	晉	3165
	466	魏	2066
	470		2071
	622	北	3074
	623		3074
慕容桓	上 233	晉	222
	306		2858
慕容晃	上 487	魏	2306
	505	周	1

項目	二十五史抄		新校本
	513		899
	535	北	7
	550		311
	557		491
	573		926
	618		3067
	620		3070
	622		3074
	627		3112
	636		3126
	637		3127
	650		3268
	650		3270
慕容皝	上 229	晉	177
	229		181
	～		～
	230		186
	230		193
	230		194
	237		371
	239		393
	253		1932
	254		1933
	257		2240
	258		2417
	260		2493
	270		2768
	270		2769
	270		2770
	271		2771
	271		2775
	272		2797
	276		2808
	280		*2815
	291		2834
	293		2838
	294		2838
	297		2843
	307		2858
	～		～
	308		2858
	321		3077
	334		3097

項目	二十五史抄		新校本
	349		3161
	362	宋書	708
	362		709
	362		710
	362		711
	365		803
	386	梁	803
	中 519	遼	463
	530		487
	531		501
慕容會	上 331	晉	3093
	~		~
	334		3098
	341		3108
	468		4069
	621	北	3072
慕容熙	上 234	晉	254
	235		260
	243		428
	338		3104
	339		*3104
	342		3110
	343		3127
	345		3129
	347		3134
	371	宋書	2393
	408	魏	3943
	444		1213
	469		2070
	472		2126
	539	北	24
	576		1252
	622		3073
	623		3077
	623		3078
慕遺	上 380	南齊	1012
慕化懷德太師=仲回			
	中 453	宋	14137
鼻華=東月王, 扶雲			
	中 362	舊五	576
	602	遼	1211
謀葛失=神干越王			
	中 498	遼	345
	499		347
	500		349
謀良虎	下 13	金	101
	53		1407
謀盧瓦	中 499	遼	347
謀魯幹	中 497	遼	343
	597		1190
木杆可汗=俟斤[突厥]			
	上 651	北	3287
	中 65	隋	1864
木骨不刺	下 228	元	3633
木帶孫	下 323	新元	119-4
木勒格哈兒札			
	下 323	新元	119-4
木廷	下 273	晉	2803
	461	魏	2060
	618	北	3067
木堤	上 280	晉	2816
木華黎	下 207	元	2929
	323	新元	119-4
目多利思比弧			
	中 346	新唐	6208
目衿	上 372	宋書	2394
穆葛	中 379	新万	891
穆羅	上 426	魏	359
穆蘇達巴	下 254	元	4620
穆順義	中 379	新五	891
穆帝[晉]	下 230	晉	191
	237		373
	240		398
	241		426
	273		2803
	289		2831
	293		2837
	300		2848
穆帝[北魏]	上 462	魏	2060
	618	北	3067
穆宗[遼]	中 463	遼	69
	520		463
	522		467
	531		539
	574		1135
穆宗[金]	下 4	金	16

項目	二十五史抄		新校本	
		5		21
		5		22
		41		1386
		95		1586
		100		1798
		101		1815
		129		2882
穆宗[明]	下	441	明	253
沒諾干=王武俊				
	中	167	舊唐	3871
蒙哥	下	146	元	127
		272	新元	8011
蒙古不花	下	323	新元	119-4
蒙恬	上	26	史	2565
		26		2570
		29		2886
		67	漢	3748
		205	三	850
蒙力克	下	326	新元	125-1
卯突	下	237	元	3926
		350	新元	166-6
妙慈弘濟大師				
	下	171	元	426
		260		4630
巫凱	下	484	明	4633
		485		4634
武[高句麗]	上	284	晉	2822
		383	梁	36
武[倭]	上	358	宋書	197
		373		2395
		389	梁	807
		519	南	91
		520		185
		529		1974
武庚	上	15	史	1518
		17		1611
武起宗	下	206	元	2881
		317	新元	104-25
武厲邏	中	55	隋	1817
武列=麥鐵杖				
	中	33	隋	1512
武列=王思禮				
	中	157	舊唐	3313
		293	新唐	4750
武烈天皇[日]				
	中	346	新唐	6208
		450	宋	14132
武牢	上	315	晉	2920
武茂	上	228	晉	90
武白	中	611	遼	1294
武三思=梁王				
	中	140	舊唐	2903
		227	新唐	96
		262		3980
		303		5840
		318		6169
武尚賓	下	567	明	7440
武仙	下	338	新元	145-13
武宣皇帝	上	278	晉	2811
武紹德	下	91	金	1488
武承嗣	中	175	舊唐	4727
		303	新唐	5837
武氏=則天順盛皇后				
	中	248	新唐	3474
武王[周]	上	3	史	1229
		5		108
		6		120
		6		126
		6		131
		15		1480
		17		1610
		17		1611
		20		1620
		22		1922
		24		2264
		37		3307
		47	漢	973
		47		1015
		48		1315
		49		1463
		56		1657
		59		2029
		107	漢	2808
		113		2817
		204	晉	2535
		241		425

項目	二十五史抄		新校本	
		302		2852
		336		3100
		336		3101
	中	514	遼	455
武王[渤海]	中	128	舊唐	2735
		311	新唐	6041
		327		6181
		345		6207
武用和	下	68	金	1438
武元衡	中	162	舊唐	3539
		308	新唐	5992
		309		5993
武曌	下	567	明	7440
武修宜	中	180	舊唐	5024
		210		5351
		227	新唐	96
		265		4077
		266		4077
		279		4224
		319		6169
武乙	上	107	後漢	2808
武懿宗	中	140	舊唐	2912
		146		3154
		175		4737
		178		4884
		210		5351
		227	新唐	97
		277		4172
		280		4243
		280		4258
		319		6169
武帝[周]	中	22	隋	1148
武帝[漢]	上	48	漢	1331
		53		1626
		54		1627
		56		1658
		87	後漢	585
		107		2809
		110		2813
		112		2816
		112		2817
		116		2820
		125		2981

項目	二十五史抄		新校本	
		131		2990
		199	三	846
		203		848
		241	晉	406
		244		701
		367	宋書	932
		367		1002
		385	梁	801
		626	北	3111
	中	113	舊唐	2356
		135		2794
		137		2815
		138		2890
		176		4790
		249	新唐	3516
		416	宋	9789
		514	遼	455
	下	457	明	2018
		579		8279
武帝[晉]	上	226	晉	49
		241		407
		246		904
		262		2532
		～		～
		263		2534
		267		2609
		273		2804
		366	宋書	887
武帝[宋]	上	517	南	1
		526		1970
		527		1972
		529		1974
武帝=世祖[南齊]				
	上	519	南	116
武帝=高祖=[梁]				
	上	520	南	167
		527		1972
		529		1975
武帝[魏]	上	162	三	257
		163		258
		264	晉	2535
	中	261	新唐	3946
武帝[北周]	上	597	北	2534

項目		二十五史抄	新校本	
		628		3115
武宗	中	317	新唐	6150
		550	遼	956
武宗[元]	下	178	元	746
		202		2548
		210		3077
		217		3286
		227		3633
		235		3892
		321	新元	114-10
		325		121-13
		358		176-8
		359		176-9
		360		176-11
		372		199-3
		400		249-16
		401		249-17
		436	明	199
		603		8348
武周	中	470	遼	149
		578		1144
武之望	下	598	明	8303
武忠	下	486	明	4766
武后=則天武后				
	中	253	新唐	3772
		255		3823
		272		4124
		284		4381
		284		4419
		285		4459
		285		4494
		291		4583
		294		4980
		312		6045
		318		6169
		326		6179
		337		6195
		342		6201
		344		6204
		347		6209
		382	五	919
		514	遼	455
務銀提	上	346	晉	3132
無極男=窟哥				
	中	318	新唐	6168
無上可汗=李盡忠				
	中	318	新唐	6168
無何[烏桓]	上	126	後漢	2983
		181	三	833
繆愷	上	275	晉	2806
繆崇	上	272	晉	2797
默棘連	中	313	新唐	6052
		313		6053
默啜	中	184	舊唐	5168
		184		5172
		185		5173
		312	新唐	6045
		312		6048
		313		6052
		319		6170
		322		6174
默啜景雲	中	184	舊唐	5172
文康	下	108	金	1865
文公裕	下	52	金	1405
文軌=杜正藏				
	中	50	隋	1748
文起=馮跋	上	348	晉	3135
		472	魏	2126
		623	北	3077
文冀	上	278	晉	2811
文德天皇[日]				
	中	347	新唐	6209
		450	宋	14133
文明王皇后	上	247	晉	950
文明太后	上	476	魏	2215
		627	北	3113
文明皇帝=慕容皝				
	上	287	晉	2826
文穆	上	90	後漢	810
文武天皇[日]				
	中	347	新唐	6208
		450	宋	14132
文妃	中	496	遼	341
		554		994
		556		1010
		603		1217

項目	二十五史抄		新校本	
文思[百濟]	中	129	舊唐	2779
		274	新唐	4139
		341		6200
文宣帝[北齊]				
	上	628	北	3114
		628		3115
	中	503	遼	378
		550		951
文成角	中	374	新五	63
文成文明皇后=馮氏				
	上	424	魏	328
		558	北	494
文昭貴人=文昭皇后				
	上	425	魏	335
文昭皇后	上	328	晉	3087
		457	魏	1829
		608	北	2684
文俶	上	248	晉	1123
文淑	上	228	晉	90
文襄=張汝霖				
	下	111	金	1868
文王[周]	上	5	史	116
		165	三	260
		252	晉	1705
		268		2649
		279		2813
		336		3100
		336		3101
		365	宋書	803
	中	6	隋	79
文王[渤海]	中	327	新唐	6181
		343		6203
		345		6207
文遙	上	580	北	1660
文帝[漢]	上	131	後漢	2990
		214	三	857
		264	晉	2535
		582	北	1828
文帝[魏]	上	158	三	253
		169		356
		172		727
		174		731
		188		836
		189		838
		190	三	840
		450	魏	1711
		585	北	1832
		590		2164
文帝[晉]	上	225	晉	32
		247		950
		251		1540
		527	南	1972
文帝[宋]	上	517	南	37
		526		1970
		526		1971
		529		197
文帝[北魏]	上	507	周	333
		~		~
		508		335
文帝[周]	上	588	北	2057
		589		2163
		~		~
		590		2165
文帝[隋]	上	591	北	2165
		628		3115
		630		3117
		633		3121
		634		3123
		636		3125
		638		3128
		644		3136
		651		3291
	中	93	舊唐	1069
		199		5334
	下	343	新元	158-7
文帝[明]	下	462	明	2236
文宗[渤海]	中	95	舊唐	1333
		328	新唐	6181
	下	182	元	856
		240		4242
		290	新元	23-11
		325		104-19
		365		179-9
		377		212-4
		382		224-9
文宗不答失里皇后				

項目	二十五史抄	新校本
	下 315	新元 104-2-
文獻皇帝	中 503	遼 370
	602	1211
	603	1211
文皇帝[魏]	上 162	三 257
文皇(帝)[周]		
	上 243	晉 690
文皇帝[周]	上 505	周 1
文皇帝=太宗[唐]		
	中 73	舊唐 63
	109	2235
	251	新唐 3696
文皇帝[明]	下 598	明 8306
文欣=高道悅		
	上 445	魏 1399
文欽	上 248	晉 1123
門存	下 83	金 1473
門察	中 162	舊唐 3539
	308	新唐 5993
	309	5993
門孝軾	下 82	金 1471
勿柯	上 122	後漢 2956
勿干	上 638	北 3127
勿屈尼干	中 436	宋 14039
勿于	中 503	遼 378
	550	951
勿地延	上 649	北 3251
米薛迷	下 177	元 719
米薛迷干	下 287	新元 18-5
米信	中 615	遼 1342
米元傑	下 86	金 1480
米元懿	下 83	金 1474
咩元札	下 91	金 1488
咩布師道	下 61	金 1425
迷離已	中 478	遼 199
迷思監朵兒只		
	下 292	新元 25-2
微子	上 17	史 1610
	20	1633
糜貴	上 372	宋書 2394
彌[倭王]	上 389	梁 807
彌加	上 172	三 727
	174	731
	187	838
	190	840
彌四郎	下 258	元 4626
	259	4627
	406	新元 250-4
彌姐亭地	下 320	晉 2997
敏達天皇[日]		
	中 450	宋 14132
潛王寵	上 96	後漢 1669
閔亮	上 323	晉 3080
	406	魏 29
	537	北 15
閔尙	上 346	晉 3131
	347	3133
閔溶	下 508	明 5609
閔威	上 290	晉 2833
閔帝[周]	上 591	北 2165
閔宗	上 424	魏 335
	558	北 501
閔曦	下 329	新元 132-2
	354	176-1
	391	249-3
	392	249-3
愍帝[晉]	上 275	晉 2805
	462	魏 2060
密羯可敦	中 186	舊唐 5214

項目	二十五史抄		新校本	

[바]

項目	二十五史抄		新校本	
朴球	下	154	元	228
		276	新元	10-9
		408		250-8
		409		250-8
朴璆	下	150	元	156
朴琪		143	元	112
朴良柔	中	469	遼	143
朴祿金	下	392	新元	249-3
朴祿全	下	354	新元	176-1
朴倫	下	249	元	4162
		395	新元	249-8
朴不花	下	206	元	2880
		206		2881
		293	新元	26-7
		293		26-8
		316		104-24
		331		133-15
		348		164-10
		349		164-10
		353		175-6
		376		200-11
		378		216-11
		379		216-12
		380		220-5
		381		220-9
		388		247-1
		389		247-3
		390		247-6
朴紹	下	66	金	1435
朴純冲	下	52	金	1405
朴時尤	下	246	元	4608
		390	新元	249-1
朴氏=新羅王 金重熙의 妻				
	中	85	舊唐	406
朴氏=新羅王 金景徽의 母				
	中	88	舊唐	541
		202		5339
朴氏=新羅王 金景徽의 妻				
	中	202	舊唐	5339
		382	新五	920
朴巖來	中	381	新五	919

項目	二十五史抄		新校本	
朴藝言	中	375	新五	96
朴義	下	153	元	224
		398	新元	249-13
朴之亮	下	408	新元	250-8
朴天植	下	393	新元	249-6
朴帖木兒不花				
	下	402	新元	249-19
朴恒	下	145	元	132
朴怵	下	145	元	123
		251		4616
朴希實	下	393	新元	249-6
博羅罕	下	210	元	3033
		340	新元	152-3
博羅歡	下	319	新元	105-8
博囉岱=博里岱也				
	下	246	元	4608
博囉特木爾=孛羅帖木兒				
	下	244	元	4554
		245		4554
博乂	中	113	舊唐	2356
博爾朮	下	325	新元	121-1
博爾忽	下	325	新元	121-8
駁位				
	下	198	三	845
薄姑	上	6	史	133
反正(天皇)[日]				
	中	346	新唐	6208
		450	宋	14132
班固	上	91	後漢	814
班不什	下	626	明	8509
班彪	上	121	後漢	2878
		126		2982
頒下	上	182	三	834
潘敬	下	580	明	8281
潘槐	下	515	明	5621
潘阜	下	249	元	4613
		250		4614
		250		4615
		258		4626
		395	新元	249-9
		406		250-2
潘士聞	下	557	明	6715
潘相樂	下	496	北齊	57

項目	二十五史抄		新校本	
		638	北	3128
潘誠	下	403	新元	249-21
潘誠=破頭潘				
	下	419	新元考證	10-2
潘榮	下	614	明	8365
潘思	下	509	明	5609
潘子晃	上	501	北齊	547
潘聰	上	623	北	3074
畔伽可汗默棘連=毗伽可汗				
	中	313	新唐	6051
潘澤	中	371	新元	194-4
潘咸有	下	60	金	1423
潘和五	下	618	明	8370
		618		8371
拔奇	上	198	三	845
拔豆=李衍	中	27	隋	1362
拔悉密	中	313	新唐	6052
拔野	中	357	舊五	331
渤灼	中	316	新唐	6138
渤魯思	中	458	遼	22
渤海妃=耶津淑哥의 母				
	中	555	遼	1062
渤海二哥	下	6	金	32
渤海塡	中	409	宋	5094
跋地設	中	155	舊唐	3294
		270	新唐	4121
跋黑	下	92	金	1541
撥刺	中	512	遼	445
方國珍	下	384	新元	227-1
		463	明	2243
		473		3754
		599		8341
方鳴謙	下	473	明	3754
方逢時	下	537	明	6185
方時新	下	544	明	6198
方信儒	下	86	金	1479
方元彥	下	617	明	8369
方彝	下	613	明	8364
方任	下	494	明	5409
方滋	下	59	金	1422
方亮	下	523	明	5827
房琯	中	293	新唐	4750
房亮=景高	上	447	魏	1621
		580	北	1645
		580		1677
房法壽	上	577	北	1411
房說	中	160	舊唐	3536
		307	新唐	5990
房彥謙	上	577	北	1421
房遺愛	中	116	舊唐	2425
房玄齡	中	111	舊唐	2300
		117		2459
		117		2462
		117		2463
		117		2464
		118		2466
		131		2784
		206		5345
		252	新唐	3744
		257	新唐	3853
		257		3855
		258		3857
		276		4147
		332		6188
枋頭	上	256	晉	2148
		266		2576
龐俱遮	中	186	舊唐	5214
龐同善	中	130	舊唐	2782
		131		2782
		180		5027
		225	新唐	65
		275		4141
		281		4297
		338		6196
龐勒	中	187	舊唐	5215
龐本	上	274	晉	2805
龐奮	上	81	後漢	233
		92		1280
		164	三	259
龐尙鵬	下	497	明	5414
龐雄	上	94	後漢	1592
龐迪	上	168	三	354
龐參	上	96	後漢	1686
		96		1690
		122		2959
龐孝泰	中	129	舊唐	2764

項目		二十五史抄		新校本
		225	新唐	61
		225		62
		333		6189
		337		6196
		340		6200
		350		6338
倍=人皇王	中	458	遼	22
		462		48
		601		1200
		602		1209
		603		1211
倍斤	上	401	魏	6
盃魯	下	4	金	16
		129		2882
		130		2883
裵東眘	中	241	新唐	2223
裵武	上	278	晉	2811
	中	241	新唐	2223
裵茂	中	241	新唐	2223
裵文應=裵武				
	中	241	新唐	2223
裵開	上	275	晉	2806
		281		2818
裵寬	中	211	舊唐	5353
		320	新唐	6171
		352		6412
裵光庭	中	285	新唐	4429
		313		6053
裵矩	上	576	北	1391
	中	40	隋	1577
		41		1581
		115	舊唐	2406
		115		2407
		115		2408
		190		5321
		239	新唐	1506
		260		3931
		260		3933
		331		6187
裵國佐	下	260	元	4628
裵度	中	88	舊唐	538
		165		3543
		308	新唐	5992
裵滿胡剌	下	68	金	1439
裵滿欽甫	下	90	金	1488
裵文拳	上	510	周	668
裵旻	中	301	新唐	5764
裵世淸	上	645	北	3137
裵宋之	上	157	三	253
		176		762
		204		849
		214		857
裵秀	上	247	晉	1037
裵叔	上	378	南齊	1009
裵承祖	下	525	明	5855
		537		6184
裵牙失里	下	622	明	8504
裵衍	下	62	金	1426
裵穎	中	241	新唐	223
裵蘊	上	598	北	2551
		598		2553
	中	18	隋	688
		21		1121
		40		1574
		40		1576
裵耀卿	中	124	舊唐	2652
		145		3079
		145		3080
		250	新唐	3568
		285		4430
裵顗	上	247	晉	1037
		247		1047
裵巘	上	275	晉	2806
		276		2807
		278		2811
		279		2812
		279		2812
裵仁基	上	577	北	1373
	中	20	隋	1121
		45		1633
裵潛	上	215	三	1136
裵周南	中	149	舊唐	3206
裵佃先	中	80	舊唐	195
		82		239
		151		3254
		282	新唐	4335

項目	二十五史抄	新校本
	320	6171
裴仲孫		
	下 146	元 129
	147	129
	225	3629
	252	4617
	253	4619
	272	新元 8-12
	273	8-14
	336	138-8
	355	176-3
	396	249-10
裴輯	中 241	新唐 2223
裴昶	上 278	晉 2811
裴淸	中 63	隋 1827
	下 230	元 3745
裴淸來[隋]	下 343	新元 158-7
	406	250-4
裴佗	上 576	北 1373
裴行儉	中 268	新唐 4085
裴行方	中 121	舊唐 2519
	337	新唐 6195
裴憲	上 249	晉 1147
裴玄珪	中 112	舊唐 2329
	253	新唐 3772
裴弘策	中 31	隋 1491
白居易	中 172	舊唐 4340
	281	新唐 4300
	281	4304
白琚	下 253	元 4619
白景亮	下 241	元 4369
白景嗣	下 66	金 1434
白克忠	下 82	金 1471
白同	上 290	晉 2833
白登庸	下 561	明 6969
	561	6970
白縷	中 478	遼 200
白履忠	中 182	舊唐 5124
	298	新唐 5603
白璧天皇[日]		
	中 347	新唐 6209
	450	宋 14133
白思柔		

項目	二十五史抄	新校本
	中 437	宋 14040
	438	14041
白秀芝	中 351	新唐 6387
白昂	下 466	明 2248
白言台吉	下 626	明 8509
白彦恭	下 53	金 1408
白元軾	下 87	金 1468
白仲理	中 515	遼 457
白眞陀羅	中 147	舊唐 3195
	287	新唐 4549
	287	4550
白鎖住	下 380	新元 220-7
白洪大	下 540	明 6189
白孝德	中 156	舊唐 3302
伯固	上 96	後漢 1696
	97	1696
伯固=新大王[高句麗]		
	上 112	後漢 2815
	197	三 845
	198	845
	386	梁 802
	626	北 3111
伯珪=公孫瓚		
	上 154	三 239
伯德胡土	下 121	金 2281
伯德孝先	下 249	元 4613
伯都帖木兒	下 294	新元 26-17
伯离	上 16	史 1524
	23	2108
伯伯	下 424	明 39
伯徐=坑徐	上 93	後漢 1286
伯雅	上 648	北 3215
	中 65	隋 1847
伯顔	下 149	元 151
	160	268
	202	2548
	206	2880
	225	3630
	～	～
	227	3632
	232	3808
	312	新元 99-11
	316	104-24

項目	二十五史抄		新校本	
		340		152-3
		347		162-7
		356		176-4
		357		176-5
		365		181-7
		382		224-8
		402		249-20
		624	明	8507
伯顏禿古思	下	401	新元	249-17
伯顏不花	下	317	新元	104-25
伯顏帖木兒	下	183	元	892
		183		901
		184		928
		185		962
		292	新元	26-4
		293		26-6
		294		26-17
		295		31-43
		296		31-44
		389		247-5
		419	考證	10-2
		476	明	3855
伯顏帖木耳	下	293	新元	26-5
		293		26-8
		294		26-9
伯顏忽都皇后				
	下	205	元	2879
		206		2881
伯顏皇后	下	317	新元	104-25
伯陽=張泰	上	168	三	354
伯陽=李績	上	298	晉	2844
伯言兒	下	531	明	5982
		531		5983
伯禹	上	267	晉	2643
伯陰	中	618	遼	1347
伯夷	上	5	史	116
		23		2123
伯撒里	下	182	元	875
		381	新元	220-8
伯帖木兒	下	213	元	3194
		319	新元	105-7
		362		178-1
		363		178-2

項目	二十五史抄		新校本	
伯通	上	91	後漢	1139
伯行	下	342	新元	154-16
伯革	下	625	明	8508
柏林	上	276	晉	2808
柏良弼	下	366	新元	182-4
柏朝翠	下	531	明	5983
墦齊爾→塔察兒<新校>				
	下	140	元	81
番禺	上	34	史	2990
樊鄧	上	313	晉	2899
樊遜	上	501	北齊	607
		611		2788
樊安知	下	612	明	8362
樊子蓋	上	555	北	461
		579		1579
		601		2593
		601		2594
		601		2595
	中	9	隋	84
		31		1489
		31		1491
		31		1492
樊噲	上	8	史	381
		8		391
		23		2070
		27		2638
		27		2639
		28		2651
		28		2657
		28		2659
		41	漢	58
		41		77
		58		1893
		59		2045
		60		2053
		60		2067
		60		2072
		60		2073
	中	108	舊五	2210
樊獻科	下	616	明	8367
樊興	中	111	舊唐	2300
		252	新唐	3744
繁時	中	259	新唐	3903

項目	二十五史抄	新校本
范謙	下 589	明 8294
	下 616	明 8394
范繼祖	下 521	明 5786
范路	上 271	晉 2796
范明友	上 13	史 1146
	43	漢 229
	43	230
	46	668
	48	1307
	63	2656
	69	3784
	125	後漢 2981
	180	三 833
范文虎	下 152	元 215
	153	223
	~	~
	153	225
	154	229
	154	230
	155	233
	163	301
	211	3130
	225	3630
	234	3867
	236	3908
	259	4628
	260	4629
	276	新元 10-8
	277	10-10
	341	153-9
	350	166-3
	361	177-17
	366	182-4
	398	249-13
	408	250-7
	409	250-9
	410	250-10
	599	明 8341
范成大	下 62	金 1427
范升	上 92	後漢 1226
范氏	下 573	明 7719
范曄	中 189	舊唐 5320
范汪	上 363	宋書 717

項目	二十五史抄	新校本
范子奇	中 398	宋 2324
范子流	下 504	明 5602
范子儀	下 504	明 5602
范齊	上 27	史 2638
范宗吳	下 467	明 2298
范仲淹	下 370	新元 188-1
范鎮	中 422	宋 10783
范澄	中 166	舊唐 3709
范雎	上 24	史 240
	24	2406
范希文=范仲淹		
	下 532	明 5995
范希朝	中 171	舊唐 4058
範=岐王	中 93	舊唐 1070
法修=高颺	上 457	魏 1829
法濟大師	中 452	宋 14135
辟閭渾	上 470	魏 2072
闢離刺	中 592	遼 183
闢合土	下 61	金 1425
卞國公=泉男生		
	中 272	新唐 4124
邊令誠	中 148	舊唐 3204
	149	3205
	150	3206
	288	新唐 4576
	288	4577
	289	4578
邊信	下 612	明 8363
邊章	上 94	後漢 1609
	100	後漢 2353
別怯亞不花	下 375	新元 209-5
別吉思	下 322	新元 116-6
別同瓦	下 251	元 4615
別里格	下 623	明 8506
別速合	下 373	新元 201-10
別尢	下 113	金 1890
別失哥	下 402	新元 250-19
秉德	下 12	金 86
	127	2817
	127	2818
邢原	上 168	三 350
	169	三 354
	169	355

項目	二十五史抄		新校本	
步迦	中	65	隋	1874
步度根	上	133	後漢	2994
步度根	上	149	三	99
		149		100
		174		732
		188		835
		188		836
		189		838
		190		839
步鹿眞	上	649	北	3251
		649		3252
步利說	中	311	新唐	6038
甫可阿叱	下	392	新元	249-3
甫可波	下	392	新元	249-3
保希哈=朴不花				
	下	243	元	4451
		~		~
		245		4454
備偫	中	443	宋	14050
普根	上	462	魏	2060
普寧	中	460	遼	32
普撥	上	486	魏	2304
普富盧[烏桓]				
	上	147	三	30
		148		47
普塔失里	下	290	新元	23-7
普賢女	中	633	遼	1516
普回	上	505	周	1
		550	北	311
菩薩奴	中	466	遼	116
補陀	下	171	元	426
		171		427
輔嗣	上	177	三	795
寶	上	364	宋書	726
寶雞	下	83	金	1473
寶寧	中	22	隋	1148
寶元	中	194	舊唐	5328
寶塔失憐公主				
=徽壹恣魯國大長公主				
	下	318	新元	104-30
		399		249-15
		400		249-16
卜答失里	下	318	新元	104-30

項目	二十五史抄		新校本	
卜大同	下	470	明	2419
卜貴邑	上	187	三	837
卜兒亥	下	537	明	6185
卜顏氏=朶里不花의 妻				
	下	241	元	4423
		385	新元	231-14
卜顏必闍亦買閭				
	下	287	新元	17-9
卜顏必闍亦買驢				
	下	400	新元	249-17
		401		249-18
卜言台周	下	531	明	5982
		536		6183
		537		6184
		538		6186
		540		6189
卜言免	下	538	明	6187
		544		6198
卜亦失你山	下	184	元	917
卜寨	下	540	明	6189
伏恭	上	103	後漢	2464
福男=寶藏王子				
	中	75	舊唐	87
福信[百濟]	中	132	舊唐	2790
		133		2791
		134		2792
		197		5331
		198		5332
		266	新唐	4082
		267		4083
		341		6200
福王	下	562	明	7027
僕固繹	中	187	舊唐	5214
僕固懷恩	中	164	舊唐	3541
僕刮剌	下	123	金	2634
僕聒剌	下	5	金	23
僕里黑	下	93	金	1541
僕散揆	下	84	金	1475
		85		1477
		85		1478
		86		1478
僕散守忠	下	61	金	1426
僕散習尼	下	58	金	1419

項目	二十五史抄		新校本	
僕散烏里黑	下	54	金	1410
僕散烏(者)	下	56	金	1413
僕散毅	下	89	金	1484
僕散毅夫	下	89	金	1484
僕散忠義	下	58	金	1418
		58		1419
		58		1420
		115		1935
		115		1940
僕散忠佐	下	19	金	182
僕散渾坦	下	106	金	1844
僕散懷忠	下	18	金	169
		67		1437
僕渾	上	649	北	3252
僕忽得	下	124	金	2635
濮國長公主=亦憐只班				
	下	205	元	2761
本雅失里	下	427	明	86
奉國臣	下	117	金	2005
奉慈=渤海王[渤海]				
	中	113	舊唐	2357
		116		2425
封丘縣	中	421	宋	10423
封君義	上	454	魏	1716
		582	北	1827
封軌=廣度	上	438	魏	764
		572	北	897
		572		898
封隆之	上	451	魏	1713
		452		1713
封撥	上	411	魏	87
		476		2215
		540	北	51
		627	北	3113
封放	上	352	晉	3185
		571	北	892
封孚	上	352	晉	3185
		571	北	892
封上天皇[日]				
	中	451	宋	14133
封常清	中	150	舊唐	3206
		169		3938
		289	新唐	4578

項目	二十五史抄		新校本	
		290		4579
		290		4582
封生	上	287	晉	2825
封釋	上	274	晉	2805
		438	魏	760
		571	北	892
封敖	中	89	舊唐	639
封羽	上	410	魏	81
		473		2127
		624	北	3079
封裕	上	285	晉	2823
		289		2832
封懿	上	331	晉	3094
		438	魏	760
		571	北	867
		571		892
封懿=處德	上	571	北	892
封績	下	575	明	7907
封悛	上	352	晉	3185
封眞	上	405	魏	27
		406		29
		537	北	15
封抽	上	275	晉	2806
		277		2810
		278		2811
		280		2816
封處德[字]=封懿				
	上	438	魏	*760
封處道[字]=封孚				
	上	352	晉	3185
封弈	上	275	晉	2806
		280		2816
		280		2817
		281		2817
		290		2833
		291		2834
封衡	上	327	晉	3085
		328		3087
封回	上	572	北	897
封孝琰	上	501	北齊	608
封羨	上	275	晉	2806
封侯	上	122	後漢	2956

項目	二十五史抄			新校本
		122		2957
		122		2958
鳳皇=慕容冲				
	上	463	魏	2062
夫差	中	108	舊唐	2214
夫沈	上	130	後漢	2988
		130		2989
夫台=夫餘王				
	上	109	後漢	2812
否=朝鮮王	史	205	三	850
扶羅韓	上	188	三	835
		188		836
扶漱官	上	129	後漢	2988
扶餘敬	中	342	新唐	6201
扶餘道	中	30	隋	1466
扶餘隆[百濟]				
	上	387	梁	804
		513	周	887
	中	72	舊唐	48
		74		81
		77	隋	102
		129		2779
		130		2779
		133		2791
		135		2795
		154		3294
		197		5331
		198		5332
		198		5333
		267	新唐	4083
		273		4139
		274		4139
		339		6197
		340		6200
		341		6201
		342		6201
扶餘勇	中	135	舊唐	2794
扶餘映=久爾辛王				
	上	355	宋書	54
		517	南	25
扶餘義慈=義慈王[百濟]				
	中	72	舊唐	53
		200		5336
扶餘璋=武王[百濟]				
	中	71	舊唐	14
		72		153
		195		5329
		196		5329
		340	新唐	6199
		341		6200
扶餘準	中	166	舊唐	3709
扶餘昌=威德王[百濟]				
	上	513	周	887
		550	北	405
	中	3	隋	15
扶餘忠勝	中	133	舊唐	2792
		198		5332
		267	新唐	4083
		341		6201
扶餘忠志	中	133	舊唐	2792
		198		5332
		267	新唐	4083
扶餘豊[百濟]				
	中	132	舊唐	2790
		133		2791
		135		2794
		135		2795
		197		5331
		197		5332
		266	新唐	4082
		267		4083
		341		6200
		341		6201
夫餘泰	上	519	南	123
	中	129	舊唐	2779
		130		2779
		273	新唐	4139
		274		4139
		341		6200
(夫餘)孝演	中	107	舊唐	5331
		341	新唐	6200
附力眷	上	406	魏	29
苻健	上	237	晉	374
		258		2417

項目	二十五史抄	新校本
	267	2644
	362	宋書 713
	446	魏 1502
	471	2073
	579	北 1626
符堅	上 231	晉 209
	232	212
	232	213
	233	222
	233	232
	233	233
	236	348
	236	349
	238	377
	241	425
	242	426
	254	1946
	254	1951
	255	2082
	256	2189
	257	2189
	258	2366
	266	2576
	302	2852
	~	~
	308	2860
	309	2868
	310	*2889
	313	*2916
	322	3078
	~	~
	323	3080
	325	3083
	~	~
	326	3084
	328	3087
	330	3093
	334	3098
	349	3161
	363	宋書 716
	363	718
	403	魏 15
	437	712
	438	757
	462	2061
	463	2061
	463	2062
	464	2063
	464	2064
	466	2066
	469	2071
	471	2077
	472	2101
	492	2827
	564	北 732
	565	751
	567	775
	568	797
	571	867
	618	3067
	~	~
	620	3070
	622	3074
	中 108	舊唐 2214
符廣	上 351	晉 3165
	470	魏 2071
	622	北 3074
	623	3074
符貴人	上 339	晉 3105
符登	上 236	晉 349
	238	379
	239	380
	240	399
	351	3165
	364	宋書 724
符洛	上 313	晉 2902
符亮	上 316	晉 2923
	319	2945
	328	3089
符柳	上 349	晉 3161
符謨	上 316	晉 2923
	319	2945
	328	3087
	331	3094
	339	3106
符方	上 255	晉 2082

項目		二十五史抄		新校本
		314		2917
苻丕	上	233	晉	233
		233		235
		256		2189
		306		2858
		313		2899
		315		2919
		316		2923
		317		2925
		317		2926
		318		2941
		319		2943
		323		3080
		324		3081
		～		～
		327		3086
		431	魏	605
		465		2064
		466		2066
		471		2077
		564	北	732
		618		3067
苻飛	上	310	晉	2876
苻飛龍	上	323	晉	3080
		324		3081
苻生	上	309		2872
		310		2876
		363	宋書	716
苻紹	上	319	晉	2944
		319		2945
		328		3087
苻謨	上	302	晉	2852
		349		3161
苻氏	上	338	晉	3105
		339		3106
		340		3107
苻叡	中	314	晉	2916
		315		2920
		316		2923
		463	魏	2061
		618	北	3068
苻融	上	255	晉	2082
		311		2892

項目		二十五史抄		新校本
		312		2896
		314		2917
		314		2919
		318		2935
		363	宋書	723
苻定	上	316	晉	2923
		319		2943
		319		2945
		328		3087
苻俊＝蔣俊	上	228	晉	90
苻昌	上	352	晉	3175
苻冲	上	318	晉	2941
		319		2945
苻洪	上	309	晉	2868
苻暉	上	233	晉	232
		315		2919
		323		3080
		324		3081
		326		3082
苻熙	上	254	晉	1951
		315		2920
浮和	中	347	新唐	6209
符邵	上	251	晉	1540
部曲	上	102	後漢	2365
傅公謙	下	244	元	4552
		376	新元	107-10
		378		214-10
		389		247-4
傅光宅	下	514	明	5616
傅淇	下	69	金	1440
傅末波	上	266	晉	2576
		363	宋書	717
傅墨卿	中	442	宋	14049
傅伏愛	中	113	舊唐	2356
		193		5326
		249	新唐	3516
		336		6193
傅顏	上	294	晉	2839
		296		2841
		299		2947
		～		～
		300		2949
		303		2853

項目	二十五史抄		新校本	
傅容	上	162	三	258
傅份	中	443	宋	14050
傅朝佑	下	535	明	6167
		535		6168
		553		6645
北條時宗	下	405	新元	250-3
		408		250-7
」		409		250-9
盆奴	中	473	遼	168
不答失里	下	182	元	856
		182		857
		183		892
不答失里皇后				
	下	291	新元	23-13
		321		114-16
不蘭奚	下	286	新元	16-5
不顏帖你	下	179	元	782
		290	新元	22-7
不顏帖木兒	下	331	新元	133-14
不剌速	下	102	金	1817
		115		1925
不尢魯阿海	下	52	金	1406
不花	下	147	元	139
		274	新元	8-17
不花帖木兒	下	365	新元	179-11
不忽木	下	212	元	3163
		213		3164
		372	新元	189-9
弗利=乙弗利				
	上	386	梁	803
佛家奴	下	206	元	2880
		316	新元	104-25
佛圖澄	上	270	晉	2768
比	上	88	後漢	716
比干	上	5	史	108
		5		121
		13		1164
		15		1479
		15		1480
		17		1609
		17		1610
		20		1633
		59	漢	2029
	中	73	舊唐	57
比能	中	317	新唐	6167
仳里伽帖木兒				
	下	335	新元	136-1
卑彌	中	61	隋	1825
卑彌弓呼[倭王]				
	上	214	三	857
卑彌呼[倭女王]				
	上	117	後漢	2821
		152	三	120
		213		856
		213		857
		214		857
		214		858
		264	晉	2536
		389	梁	806
		389		807
		643	北	3135
	中	61	隋	1825
卑衍	上	165	三	254
		166		254
毗伽可汗	中	185	舊唐	5173
費青奴	上	600	北	2592

項目	二十五史抄		新校本	
[사]				
史大奈	中	269	新唐	4111
史萬歲	中	17	隋	669
史秉直	下	336	新元	138-1
史思明	中	162	舊唐	3539
		168		3895
		293	新唐	4750
		296		5230
		308		5993
		351		6412
		353		6426
		354		6426
史祥	上	592	北	2163
	中	32	隋	1493
史宸	下	513	明	5616
史氏=金行成의 妻				
	中	440	宋	14044
史燿	下	528	明	5921
史儒	下	588	明	8292
史正儒	下	64	金	1431
史定方	中	352	新唐	6415
史朝義	中	159	舊唐	3534
		164		3541
		164		3642
		173		4471
		306	新唐	5989
史天倪	下	220	元	3478
		338	新元	145-13
史天澤	下	338	新元	145-13
史樞	下	146	元	131
		220		3483
		237		3926
		252		4618
		253		4619
		257		4624
		272	新元	8-13
		273		8-15
		336		138-8
		350		166-6
		396		249-10
		418		考證8-1
史褒善	下	528	明	5917
史弼	下	159	元	256
史憲誠	中	304	新唐	5935
		304		5936
史洪祐	下	82	金	1471
司馬囧	上	248	晉	1122
司馬季主	上	36	史	3215
		36		3217
司馬公=司馬懿				
	上	224	晉	3215
		224		3217
司馬廣德	上	247	晉	950
司馬伋	下	62	金	1427
司馬寧	上	271	晉	2796
司馬澹	上	248	晉	1122
		248		1123
司馬德戡	上	607	北	2658
	中	68	隋	1893
司馬德宗	上	409	魏	57
		470		2072
司馬亮	上	248	晉	1123
司馬倫	上	247	晉	1047
司馬麟	上	261	晉	2524
司馬楙	上	228	晉	90
司馬孚	上	223	晉	10
		248		1081
司馬丕	上	471	魏	2101
司馬師	上	223	晉	10
司馬相如	上	35	史	2999
		73	漢	3868
司馬宣王=司馬懿				
	上	150	三	111
		151		113
		165		254
		166		254
		175		762
		198		845
司馬宣王	上	386	梁	803
		461	魏	2060
		618	北	3067
		626		3112
司馬消難	上	591	北	2165
司馬嵩	上	247	晉	1047
司馬叡	上	471	魏	2091

項目	二十五史抄		新校本	
司馬昱	上	267	晉	2576
司馬越	上	247	晉	1047
		252		1710
司馬藪	上	227	晉	74
司馬胤	上	271	晉	2794
司馬懿=宣王[晉]				
	上	150	三	111
		151		112
		361	宋書	683
		361		684
		362		686
		366		912
	中	95	舊唐	1323
		127		2734
司馬定國	上	247	晉	950
司馬濟	上	228	晉	90
		275		2806
司馬非	上	247	晉	950
司馬主	上	267	晉	2576
司馬伷	上	248	晉	1121
司馬昌明	上	466	魏	2066
		471		2077
司馬彪	上	170	三	453
司馬該	上	247	晉	1047
司馬奕	上	231	晉	207
		471	魏	2101
司馬玄景	中	141	舊唐	2950
		283	新唐	4341
司馬洪	上	248	晉	1087
司馬徽	上	257	晉	2189
司馬禧	上	248	晉	1123
沙刺班	下	206	元	2880
		336	新元	136-12
沙刺班希旨	下	316	新元	104-24
沙藍答里	下	186	元	976
		316	新元	104-24
沙劉	下	292	新元	26-4
		403		249-21
		419		考證10-2
沙劉二	下	383	新元	225-7
沙里只	下	100	金	1798
沙末汗	上	190	三	840
沙鉢羅	中	206	舊唐	5345

項目	二十五史抄		新校本	
沙鉢略	上	651	北	3291
	中	65	隋	1869
沙鉢畧可汗	上	638	北	3128
	中	67	隋	1882
沙法名	上	379	南齊	1011
		380		1011
沙卜珠丹	下	246	元	4608
沙的	下	288	新元	18-10
		401		249-17
沙的新葛	下	428	明	94
沙支臣芝	上	265	晉	2536
沙吒相如	中	132	舊唐	2792
		133		2792
		267	新唐	4083
沙吒忠義	中	78	舊唐	126
		210		5351
		227	新唐	97
		319		6169
社拔	上	649	北	3252
舍利乞乞仲象				
	中	326	新唐	6179
查大受	下	542	明	6194
		543		6194
		548		6392
思倫發	下	478	明	3938
思摩	中	118	舊唐	2465
		184		5163
		311	新唐	6038
		311		6041
思紹	下	613	明	8363
思太	下	312	新唐	6048
俟斤	上	514	周	909
		650	北	3287
		651		3287
師公直	下	82	金	1472
師亮	下	88	金	1484
師尙詔	下	502	明	5424
師升[倭]				
	上	116	後漢	2821
師應膽	下	86	金	1478
師孝=師考	下	25	金	261
娑固=昭信王				
	中	211	舊唐	5352

項目	二十五史抄		新校本	
		213		5356
		323		6175
射匱可汗	中	205	舊唐	5344
唼都	下	158	元	254
斜葛	下	129	金	2882
		130		2883
斜湟赤	中	458	遼	22
斜勒	下	129	金	2882
斜卯擱剌	下	60	金	1423
斜卯阿里	下	100	金	1798
斜也	下	6	金	24
		66		1434
		99		1742
斜野	下	44	金	1390
肆葉護可汗	中	316	新唐	6138
肆葉護拔灼	中	207	舊唐	5346
		207		5347
嗣聖	中	311	新唐	6041
謝杰	下	470	明	2419
		530		5951
		616		8368
謝廓然	下	66	金	1435
謝宏	上	217	三	1140
謝起復	下	83	金	1473
謝萬	上	230	晉	204
		238		376
謝攀	中	365	舊五	1053
謝尚	上	244	晉	698
謝尚政	下	557	明	6716
謝石	上	363	宋書	723
謝純孝	下	66	金	1436
謝安	上	255	晉	2072
		312		2917
謝彥章	中	537	舊五	137
謝允樟	下	521	明	5786
謝勖	下	506	明	5606
		507		5606
謝弼	上	97	後漢	1858
謝奕	上	230	後漢	203
謝玄	上	255	晉	2080
		363	宋書	723
謝和	下	495	明	5411
		496		5413

項目	二十五史抄		新校本	
		497		5413
辭列	下	6	金	44
辭里罕	下	5	金	22
搠思監	下	293	新元	26-7
		331		133-13
		348		164-9
		349		164-10
		376		210-10
		378		216-11
		380		220-7
		389		247-5
		390		247-5
搠羊哈	下	183	元	910
山南王[琉球]				
	下	426	明	81
		611		8362
		612		8363
		613		8364
山童	下	403	新元	249-21
山北王[琉球]				
	下	612	明	8362
散覘	下	42	金	1387
撒改	中	491	遼	328
	下	101	金	1815
撒吉思=薩奇丑				
	下	216	元	3243
		335	新元	136-5
撒都魯丁	下	408	新元	250-6
撒羅	中	379	新五	891
撒剌都		563	遼	1106
撒禮塔=撒里荅,撒禮荅,撒里答				
撒里塔,薩里台				
	下	354	新元	176-1
撒魯都丁	下	275	新元	9-8
撒勒帖木兒	下	285	新元	15-4
撒里荅=撒禮塔				
	下	208	元	2968
撒里[禮]答=撒禮塔				
	下	224	元	3627
		224		3628
撒里禿魯	下	228	元	3633
		358	新元	176-8
撒里塔=撒禮塔				

項目	二十五史抄		新校本	
		下 265	新元	4-5
		266		4-6
		416		考證4-3
撒兒都魯	下	163	元	298
撒兒台	下	221	元	3514
撒迪罕	下	292	新元	25-15
		403		249-21
撒八	下	97	金	1632
		124		2634
		128		2849
撒海	下	50	金	1403
薩葛	中	323	新唐	6175
薩孤吳仁	中	316	新唐	6138
薩奇丑=撤吉思				
	下	141	元	90
薩里台=撒禮[里]塔				
	下	137	元	31
		137		32
		246		4608
		246		4609
薩木哈=撒木合				
	下	254	元	4620
三郎景資=少貳景資				
	下	337	新元	143-6
三沒合	下	150	元	158
三寶奴	下	185	元	962
		206		2881
		316	新元	104-25
		321		114-10
三思=梁王	中	77	舊唐	125
三合=鳥古論三合				
	下	106	金	1846
		127		2818
三皇	下	600	明	8343
釤可	上	265	晉	2537
上官儀	中	92	舊唐	1047
上藤佐理	中	452	宋	14136
尙可善	下	560	明	6968
		561		6970
尙固	下	624	明	8507
尙寧	下	444	明	287
		444		289
		616		8368

項目	二十五史抄		新校本	
		617		8369
尙德	下	614	明	8365
尙父=姜太公				
	上	15	史	1480
尙思達	下	614	明	8365
尙永	下	616	明	8368
尙元	下	615	明	8367
		616		8367
尙圓	下	614	明	8365
尙志魯	下	614	明	8365
尙眞	下	615	明	8366
		615		8367
尙清	下	615	明	8367
尙忠	下	614	明	8365
尙巴志	下	613	明	8364
尙豊	下	617	明	8369
尙海	中	504	遼	392
相權=高句麗의 世子				
	中	72	舊唐	52
相里玄獎	中	196	舊唐	5330
		200		5335
		332	新唐	6188
		340		6199
相兀速	下	210	元	303
		340	新元	152-3
相威	下	211	元	3129
		324	新元	120-4
		410		250-11
桑可	下	282	新元	12-15
		367		184-12
桑乾水	中	289	新唐	3903
桑吉	下	215	元	3223
桑悅	下	563	明	7354
常景	上	450	魏	1710
		585	北	1831
常袞	中	477	遼	192
常大榮	下	117	金	2005
常令	上	336	晉	3100
常陋	上	346	晉	3131
常煒	上	294	晉	2838
		294		2839
常忠	上	336	晉	3100
		337		3102

項目	二十五史抄		新校本	
常伽	中	190	舊唐	5322
		333	新唐	6189
祥哥剌吉=魯國大長公主				
	下	286	新元	16-9
		287		17-10
商高=郁夷公				
	中	399	宋	2552
商容	上	59	漢	2029
商挺	下	269	新元	7-17
商周祚	下	559	明	6818
詳=北海王	上	430	魏	563
		457		1829
		458		1830
		564	北	709
殤帝[後漢]	上	185	三	837
		197	三	844
賽刊王=朵顏,福餘,泰寧의　王號				
	下	623	明	8506
賽剌	中	476	遼	186
		492		331
		493		332
		560		1101
賽典赤	下	308	新元	75-7
索仇	中	326	新唐	6179
索頭	上	276	晉	2808
索虜	上	369	宋書	2320
		371		2393
索承光	中	150	舊唐	3207
索氏	中	323	新唐	6175
索低	中	213	舊唐	5356
索朱帖木兒	下	401	新元	249-19
塞默羯	中	322	新唐	6174
生姑	下	612	明	8362
西伯=文王[周]				
	上	5	史	116
西施	下	126	金	2782
西王母	上	21	史	1779
徐冏	上	296	晉	2841
徐階	下	489	明	5337
		493		5408
		498		5415
		513		5616
		517		5631

項目	二十五史抄		新校本	
		517		5634
		575		7919
徐光	上	269	晉	2749
徐珧	下	86	金	1479
徐國輔	下	538	明	6186
徐國臣	下	538	明	6186
徐歸道	中	292	新唐	4703
徐兢	中	410	宋	5160
徐訥	中	390	宋	163
		439		14044
徐德榮	中	444	宋	14052
徐邈	上	157	三	253
		250	晉	1253
徐孟	上	281	晉	2816
		281		2817
徐翻	上	303	晉	2853
徐福	上	117	後漢	2822
		283	晉	2820
徐逢	中	376	新五	113
徐敷秦	下	558	明	6717
徐常	上	89	後漢	719
徐成	上	311	晉	2892
徐世隆	下	231	元	3768
		231		3769
徐世雄	下	145	元	123
		251		4615
		271	新元	8-10
徐昭文	中	435	宋	14037
徐安=永康侯				
	下	432	明	137
徐巖	上	327	晉	3086
徐彥	下	66	金	1434
		132		2887
徐偃王	上	107	後漢	2808
徐僑	上	87	後漢	612
徐兗	上	470	魏	2071
徐延德	下	568	明	7440
徐榮	上	157	三	252
徐元喜	上	314	晉	2917
徐遠	中	438	宋	14042
徐蔚	上	306	晉	2858
徐義	上	319	晉	2945
徐禎卿	下	563	明	7350

項目	二十五史抄		新校本	
徐宗魯	下	470	明	2385
徐贊	下	408	新元	250-6
徐超	上	406	魏	28
		406		29
		537	北	15
徐諏	下	61	金	1425
徐稱	下	253	元	4619
		259		4627
徐稱吉	下	406	新元	250-4
徐稱周	下	343	新元	158-7
徐卓	上	368	宋書	1970
徐學聚	下	617	明	8369
徐含遠	上	257	晉	2189
徐咸	上	128	後漢	2986
徐海	下	456	明	1981
		464		2245
		494		5410
		495		5411
		496		5412
		502		5424
		505		5604
		508		5609
		575		7917
		606		8352
		608		8354
徐亨=興安伯				
	下	432	明	134
		623		8505
徐惠=太宗賢妃				
	中	248	新唐	3472
徐顯	下	625	明	8508
徐洪	下	496	明	5412
徐輝祖=魏國公				
	下	464	明	2244
徐熙	中	435	宋	14036
舒明(天皇)[日]				
	中	346	新唐	6208
		450	宋	14132
舒穆嚕天衢=石扶天衢				
	下	254	元	4620
舒蘇布哈=喜速不瓜				
	下	246	元	4608
瑞興	下	177	元	671
石懿	下	25	金	268
石敬瑭	中	507	遼	417
		602		1211
		607		1249
石季龍	上	229	晉	181
		229		182
		229		185
		239		393
		253		1712
		254		1933
		258		2417
		259		2491
		260		2493
		269		2754
		269		2755
		269		2767
		270		2768
		270		2769
		270		2770
		272		2797
		282		2818
		284		2821
		285		2823
		287		2827
		～		～
		289		2829
		289		2831
		289		2832
		291		2834
		293		2838
		294		2839
		296		2841
		301		2851
		321		3077
		535	北	7
		566		769
		650		3270
石琨	上	271	晉	2794
石公緒	中	174	舊唐	4678
		305	新唐	5980
石光	上	271	晉	2771
石廣	上	270	晉	2769
石久云	上	480	魏	2221

項目	二十五史抄		新校本			項目	二十五史抄		新校本	
石頭	中	135	舊唐	2794			~		~	
石剌=收國奴							534		6112	
	下	221	元	3515			535		6158	
石郎	上	269	晉	2754			543		6195	
石老	上	467	遼	131			546		6125	
石勒	上	241	晉	425			546		6249	
		241		426			547		6286	
		268		2747			547		6291	
		270		2768			550		6405	
		276		2808			588		8292	
		366	宋書	887			~		~	
		446	魏	1502			590		8295	
		461		2047			611		8358	
		492		2827			619		8401	
		579	北	1626		石邃	上	269	晉	2754
石曼子	下	545	明	6214		石雄	中	88	舊唐	593
		549		6393				187		5215
		551		6405		石越	上	313	晉	2899
		590		8295				314		2916
		592		8298				314		2919
		592		8299				315		2919
石抹長壽	下	117	金	1997				323		3080
石抹孛迭兒	下	335	新元	135-11				324		3081
石抹忽士=石扶忽士								324		3082
	下	67	金	1437				471	魏	2077
石文云	上	636	北	3125		石適歡	下	4	金	16
石奮	上	28	史	2763				101		1798
		60	漢	2193				101		1816
石輦鐸	中	556	遼	1010				129		2882
	中	626	遼	1435				129		2883
石生	上	269	晉	2754		石挺	上	269	晉	2755
		269		2755		石琮	上	280	晉	2816
石宣	上	270	晉	2768				281		2816
石成	上	282	晉	2818				282		2818
石星	下	473	明	3748		石胄	下	284	新元	14-9
		520		5776		石遵	上	237	晉	374
		522		5827		石重睿	中	377	新五	178
		529		5943		石祇	上	271	晉	2794
		530		5965				289		2832
		532		6007				290		2832
		533		6050		石天輔	下	172	元	461
		533		6109				284	新元	14-9
		533		6110		石土門	下	96	金	1621

項目	二十五史抄		新校本	
石苞	上	251	晉	1540
石賢	上	295	晉	2840
石縣	上	66	漢	3726
石亨	下	433	明	142
		486		4766
		624		8506
石虎	上	362	宋書	708
		362		709
		362		711
		401	魏	11
		462		2060
		486		2306
石弘	上	269	晉	2752
石暉=韓王				
	中	366	舊五	1138
石曦	中	366	舊五	1138
		413	宋	9289
		414		9289
昔里吉	下	364	新元	179-1
昔寶味也不干				
	下	229	元	3636
	下	346	新元	161-10
席元慶	中	148	舊唐	3204
		149		3205
		288	新唐	4577
碩舍郎	中	187	舊唐	5215
		315	新唐	6133
碩鼎	下	605	明	8350
錫里濟=習爾之				
	中	369	舊五	1827
釋寶誌				
	上	525	南	1900
釋氏=釋迦牟尼				
	下	579	明	8280
仙哥	下	97	金	1633
仙門=鐵馬麗				
	中	584	遼	1162
先主	上	215	三	873
		215		877
宣簡皇后=蕭氏[遼]				
	中	551	遼	964
宣武帝[北魏]				
	上	628	北	3114

項目	二十五史抄		新校本	
宣武皇后=高氏				
	上	425	魏	336
		425		337
		559	北	502
宣文烈				
	下	147	元	139
宣聞溪	下	600	明	8342
宣伯=李胤	上	250	晉	1253
宣父	中	178	舊唐	4941
宣英=慕容儁				
	上	462	魏	2061
		618	北	3067
宣王=(大)仁秀[渤海]				
	中	327	新唐	6181
宣懿皇后	中	526	遼	434
宣仁聖烈太后				
	中	402	宋	2901
宣靖皇后	下	5	金	23
宣帝[漢]	上	65	漢	3156
		125	後漢	2981
宣帝[後漢]	上	157	三	252
宣帝[晋]	上	223	晉	1
		237		363
		240		396
		244		702
		245		827
		245		842
		264		2536
		283		2820
		366	宋書	891
宣帝[北魏]	上	492	魏	3012
宣帝[南朝,陳]				
	上	522	南	291
宣宗=王運[高麗]				
	中	442	宋	14047
宣宗[金]	下	27	金	327
		121		2281
		133		2888
		219	元	3456
宣宗[明]	下	430	明	115
		462		2239
		484		4633
宣太后	上	29	史	2885

項目	二十五史抄		新校本	
		67	漢	3747
宣平陵	上	330	晉	3090
宣化(天皇)[日]				
	中	346	新唐	6208
		450	宋	14132
宣皇帝[晉]	上	344	晉	3128
宣皇帝[北周]				
	上	550	北	373
鞮帶	上	70	漢	3823
鞮良	上	70	漢	3823
善寧	中	474	遼	176
善德	中	343	新唐	6203
善妙	下	496	明	5412
		508		5609
		609		8355
善知	中	486	遼	289
線哥	下	412	新元	251-10
鮮卑仲吉	下	337	新元	144-12
鮮于乞	上	327	晉	3086
鮮于得	上	327	晉	3086
鮮于亮	上	282	晉	2818
鮮于輔	上	101	後漢	2363
		102		2365
		147	三	27
		156		243
		156		247
		189		839
鮮于嗣	上	207	三	851
鮮于嬰	上	227	晉	73
		262		2532
鮮于銀	上	156	三	243
泄歸尼	上	171	三	458
		174		732
泄歸尼	上	188	三	836
		189		836
		190		839
偰斯	下	579	明	8279
雪雪	下	184	元	917
薛侃	中	211	舊唐	5353
薛佩	中	320	新唐	6171
薛舉	中	110	舊唐	2251
		311	新唐	6028
薛季昶	中	177	舊唐	4808
		281	新唐	4314
薛公儉	下	253	元	4619
薛訥	中	79	舊唐	172
		142		2983
		142		2984
		143		2984
		228	新唐	123
		275	新唐	4143
		275		4144
薛曇	上	453	魏	1715
薛闍	下	221	元	3514
		329	新元	132-2
		332		134-5
薛闍干=平章				
	下	163	元	301
		228		3634
		359	新元	176-8
		398		249-14
薛登	中	277	新唐	4169
薛良朋	下	60	金	1423
薛萬均	中	156	舊唐	3302
		256	新唐	3830
薛萬備	中	256	新唐	3832
薛萬叔	中	121	舊唐	2519
薛萬撤	中	120	舊唐	2517
		120		2518
		193		5326
		205		5345
		206		5345
		207		5347
		224	新唐	47
		256		3831
		316		6138
		337		6195
薛潘	下	588	明	8292
薛宣	上	65	漢	3385
薛世雄	上	603	北	2606
	中	8	隋	82
		37		1533
		37		1534
薛收國=薛闍의 子				
	下	221	元	3515
薛嵩	中	158	舊唐	3525

項目		二十五史抄		新校本
		159		3525
		164		3541
		164		3542
		306	新唐	5990
薛崇簡	中	151	舊唐	3252
		151		3253
		282	新唐	4335
薛愼	下	246	元	4609
薛愼如				
	下	391	新元	249-3
薛延陁	中	72	舊唐	53
		73		58
薛延陀	中	116	舊唐	4793
		205		5343
		205		5344
		207		5346
		269	新唐	4116
		298		5623
		315		6134
		316		6137
		316		6145
		332		6189
薛映	中	511	遼	441
薛雲	上	293	晉	2837
薛元超	中	314	新唐	6077
薛仁貴	中	101	舊唐	1546
		119		2488
		125		2671
		130		2780
		130		2781
		131		2782
		131		2783
		141		2949
		141		2950
		180		5027
		194		5327
		225	新唐	65
		259		3904
		274		4139
		274		4140
		275		4141
		281		4297
		283		4341

項目		二十五史抄		新校本
		337		6195
		338		6196
		339		6197
		516	遼	458
		518	遼	460
薛綜	上	216	三	1138
		218		1250
		218		1253
薛徹于	下	213	元	3196
		319	新元	105-7
		363		178-2
薛超	中	377	新五	178
薛楚玉	中	146	舊唐	3194
		169		3938
		211		5353
		286	新唐	4545
		287		4549
		320		6171
薛泰	中	210	舊唐	5351
		210		5352
		211		5352
		216		5359
		319	新唐	6170
		325		6178
薛吐摩支	中	195	舊唐	5328
		272	新唐	4124
薛平	中	159	舊唐	3526
		164		3541
		165		3543
薛豐洛	上	500	北齊	416
薛賀水	中	76	舊唐	91
薛懷義	中	312	新唐	6045
薛希璉	下	465	明	2246
薛闍干	下	280	新元	11-16
		281		12-7
涉歸	上	270	晉	2769
		273		2803
		273		2804
		461	魏	2060
		462		2060
		618	北	3067
涉珪	上	369	宋書	2322
涉亦干	上	284	晉	2822

項目	二十五史抄		新校本	
		285		2822
		486	魏	2305
		650	北	3268
涉何	上 33		史	2986
		33		2987
		34		2990
		71	漢	3864
		73		3868
涉弈于	上 281		晉	2816
		284		2822
葉公	上 277		晉	2809
葉丹樓	下 506		明	5606
		507		5606
		521		5786
葉鏜	下 492		明	5405
葉碧川	下 495		明	5410
		495		5411
		497		5413
葉昇	下 476		明	3839
		476		3855
葉氏	下 573		明	7718
		573		7719
葉旺＝葬旺	下 476		明	3899
		～		～
		477		3901
		580		8281
葉思	下 493		明	5408
葉義問	下 56		金	1412
葉宗滿	下 609		明	8355
		609		8356
葉向高	下 546		明	6241
葉護	中 65		隋	1874
		205	舊唐	5344
葉護可汗	中 205		舊唐	5344
		315	新唐	6134
聶葛	中 591		遼	1182
聶怗來	下 282		新元	12-11
聶古帶	下 160		元	269
聶夔	上 162		三	258
聶子述	下 88		金	1482
聶天驥	下 90		金	1487
聶熊	上 272		晉	2797
聶豹	下 489		明	5323

項目	二十五史抄		新校本	
		489		5336
		489		5337
		576		7922
攝圖	上 568		北	817
		569		818
		650		3287
	中 26		隋	1330
		26		1331
成＝陽原王[高句麗]				
	上 477		魏	2217
		495	北魏	53
		512	周	885
		521	南	220
		526		1971
		547	北	247
		628		3114
成公	上 6		史	185
		7		286
成金	下 175		元	583
		287	新元	17-8
成己	上 73		漢	3867
成器	中 312		新唐	6047
成道昂	中 22		隋	1148
成律	上 190		二	840
成務(天皇)[日]				
	中 346		新唐	6208
		450	宋	14132
成務皇帝＝慕容垂				
	上 330		晉	3090
成安公主	中 213		舊唐	5355
成嚴	上 81		後漢	233
		89		719
成王[周]	上 6		史	131
		6		133
		15		1480
		15		1518
		37		3307
		264	晉	2535
		336		3101
		336		3102
成王[殷]	中 9		隋	86
成王＝丈華興[渤海]				
	中 327		新唐	6181

項目	二十五史抄		新校本	
成惟得＝成准得(高麗史)				
	下	579	明	8280
成帝[晋]	上	229	晉	169
		237		370
		281		2816
		365	宋書	792
		365		803
成祖[明]	下	426	明	79
		486		4655
		582		8284
		601		8344
		622		8504
成藻	上	347	晉	3134
		348		3134
成宗[元]	下	203	元	2566
		217		3286
		227		3632
		255		4622
		260		4630
		262		4668
		342	新元	154-16
		358		176-8
		362		178-1
		364		178-8
		369		187-6
		370		188-6
		399		249-14
		411		250-12
		414		253-10
星吉	下	380	新元	219-1
城帝[晋]	上	264	晉	2535
盛安公主	中	323	新唐	6174
聖德太子	中	450	宋	14132
聖武(天皇)[日]				
	中	347	新唐	6209
		450	宋	14133
聖王[渤海]	中	328	新唐	6182
聖祖皇姑＝善德				
	中	343	新唐	6203
聖宗[遼]	中	465	遼	107
		466		119
		467		129
		468		139

項目	二十五史抄		新校本	
		472		167
		475		183
		478		197
		479		207
		504		388
		510		438
		516		458
		517		459
		520		464
		521		465
		522		468
		524		470
		526		473
		528		481
		529		483
		530		488
		531		539
		532		548
		536		710
		540		756
		543		807
		548		918
		549		929
		553		986
		555		1003
		557		1051
		558		1091
		576		1138
		615		1341
		616		1343
		617		1345
		634		1520
		636		1522
誠尋	中	453	宋	14137
誠節夫人＝楊烈婦				
	中	302	新唐	5826
世慶＝孫紹	上	456	魏	1723
世蕃	下	498	明	5415
世廕	下	507	明	5607
		508		5608
世祖＝慕容垂				
	上	333	晉	3090
世祖[宋]	上	371	宋書	2393

項目		二十五史抄		新校本
		372		2394
世祖[北魏]	上	426	魏	345
		428		414
		435		687
		435		688
		443		1069
		445		1399
		473		2127
		473		2128
		476	魏	2214
		476		2215
		483		2224
		487		2355
世祖[金]	下	28	金	534
		97		1633
世祖[元]	下	139	元	57
		140		81
		142		81
		145		81
		148		81
		173		498
		181		833
		183		883
		185		948
		186		976
		194		1588
		199		2379
		202		2548
		202		2553
		203		2565
		203		2570
		205		2760
		205		2761
		216		3243
		225		3629
		226		3631
		228		3633
		249		4613
		255		4622
		256		4624
		257		4625
		261		4667
		283	新元	12-15

項目		二十五史抄		新校本
		294		26-17
		312		99-11
		313		100-1
		316		104-24
		317		104-28
		340		150-4
		346		161-10
		347		162-6
		352		173-12
		355		176-3
		357		176-5
		360		176-10
		364		178-8
		372		198-5
		393		249-6
		394		249-6
		395		249-9
		401		249-18
		403		249-21
		404		249-22
		405		250-2
		414		253-11
		599	明	8341
		611		8341
世祖武成帝[北齊]				
	上	548	北	281
世宗[北魏]	上	424	魏	335
		425		335
		438		765
		457		1829
		459		1831
		459		1832
		477		2216
		482		2223
		483		2224
世宗[五代, 周]				
	中	367	舊五	1533
		376	新五	117
		381		919
世宗[遼]	中	463	遼	63
		519		463
		520		464
		521		465

項目	二十五史抄		新校本	
		602		1211
		603		1211
世宗[金]	下	14	金	121
		17		155
		19		179
		21		208
		21		211
		35		881
		57		1417
		106		1845
		106		1851
		107		1864
		108		1864
		111		1869
		112		1869
		118		2006
		131		2886
世宗[明]	下	438	明	235
		454		1901
		466		2247
		468		2261
		493		5408
		517		5627
		524		5834
		586		8289
		606		8351
世宗昭德皇后	下	92	金	1519
世則=鄺範	上	441	魏	949
細嵯甫	下	139	元	49
勢都兒	下	318	新元	
小康(夏)	上	264	晉	2535
小郎兒	下	626	明	8509
小勃律	中	288	新唐	4576
小白	上	165	三	260
小殺=毗伽可汗	中	185	舊唐	5173
		185		5174
		185		5175
		185		5176
小西	下	442	明	273
小西飛	下	542	明	6193
		548		6392

項目	二十五史抄		新校本	
		589		8294
小西行長	下	542	明	6193
		542		6194
		544		6201
		545		6201
		549		6393
		551		6405
		553		6686
		554		6686
		587		8291
		～		～
		589		8294
		591		8296
		591		8297
		～		～
		592		8299
		610		8357
		611		8358
小新成=齊陰王	上	429	魏	447
		562	北	636
小歹青	下	531	明	5982
		531		5983
		532		5984
		538		6187
小王子	下	513	明	5615
		624		8507
小委王	下	537		6185
		538		6186
		540		6189
小逸豆歸	上	465	魏	2065
小帝[宋]	上	371	宋書	2392
		372		2394
少康	上	106	後漢	2808
		221	三	855
少貳覺惠	下	407	新元	250-6
少貳景資	下	407	新元	250-6
少貳資時	下	409	新元	250-9
少帝[南朝,宋]	上	517	南	29
		526		1970
少帝[東晉]	上	527	南	1972
少帝[唐]	中	151	舊唐	3252

項目	二十五史抄		新校本	
少帝[晉]	中	365	舊五	1081
		366		1121
召公[周]	上	5	史	126
		6		133
		37		3307
		56	漢	1657
		241	晉	425
召和夫=高彪				
	下	102	金	1822
所夫孫	中	121	舊唐	2518
		121		2519
		256	新唐	3832
邵啓	下	561	明	6969
邵固	中	124	舊唐	2652
邵固	中	291	新唐	4596
邵公	中	345	新唐	6207
邵宏	中	286	新唐	4494
邵瑁	上	160	三	255
邵續	上	252	晉	1703
邵安	上	478	魏	2218
		479		2219
		632	北	3120
		633		3121
邵虎=張貔	上	168	三	354
邵興	上	316	晉	2923
昭古牙	中	501	遼	349
昭烈帝[隋]	中	53	隋	1813
昭武皇帝=慕容盛				
	上	338	晉	3104
昭文皇帝=慕容熙				
	上	341	晉	3107
昭成皇帝=什翼揵[北魏]				
	上	401	魏	11
	上	535	北	7
		565		754
昭成皇后	上	423	魏	323
昭成皇后=慕容氏				
	上	557	北	491
昭帝[後漢]	上	113	後漢	2817
		125	後漢	2981
昭祖[金]	下	92	金	1541
昭獻元聖皇后				
	下	209	元	2900
昭玄=高穎	上	596	北	2787
昭皇帝=魏祿官				
	上	401	魏	5
		401		7
素連	上	274	晉	2805
素利	上	172	三	727
		174		731
		187		838
		189		837
		190		840
素延	上	274	晉	2805
		487	魏	2304
		649	北	3267
素戔烏尊	中	449	宋	14131
素振=閔威	上	290	晉	2833
素和貴	中	155	舊唐	3295
		188		5224
		314	新唐	6077
釧=故國原王[高句麗]				
	上	284	晉	2821
		284		2822
		292		3835
		462	魏	2060
		475		2214
		476		2214
		618	北	3067
		627		3112
		627		3113
		632		3120
	中	519	遼	463
紹王=義慈	中	340	新唐	6199
蕭簡	下	53	金	1407
蕭懇德	中	466	遼	115
蕭葛十	中	491	遼	329
蕭擧先=蕭奉先				
	中	490	遼	326
蕭繼先	中	609	遼	1268
蕭高六	中	482	遼	233
蕭恭	下	55	金	1410
蕭屈烈	中	474	遼	177
		475	遼	177
蕭近高	下	617	明	8369
蕭勤德	中	465	遼	113

項目	二十五史抄		新校本	
		467	遼	131
		558		1091
蕭吉	上	616	北	2953
	中	52	隋	1774
		52		1777
蕭達不野	中	5	金	23
蕭撻不也	中	491	遼	328
		500		349
		600		1193
		627		1439
蕭撻凜	中	612	遼	1313
		615		1341
蕭闍覽	中	466		116
		467		119
蕭德恭	中	629	遼	1442
蕭德妃	中	498	遼	345
		501		353
		502		355
蕭陶陣	中	549	遼	931
蕭陶蘇幹	中	484	遼	270
		492		331
		625		1433
		625		1434
		627		1437
蕭道寧	中	466	遼	115
		499		347
蕭道成	上	476	魏	2216
蕭得里底	中	493	遼	332
		623		1427
		623		1428
		625		1434
		626		1434
蕭柳	中	612	遼	1316
蕭麼撒	中	623	遼	1429
蕭茂挺	中	301	新唐	5767
蕭朴	中	609	遼	1280
蕭拔刺	中	615	遼	1340
蕭排押=蘇排押				
	中	472	遼	168
		476		184
		610		1281
		615		1341
		620		1373

項目	二十五史抄		新校本	
		635		1500
蕭保先	中	493	遼	333
		631		1460
蕭寶	中	495	遼	1460
		594		1186
蕭寶寅	上	452	魏	1714
		507	周	333
		582	北	1827
		589		2163
蕭奉先	中	490	遼	326
		492		332
		496		341
		497		342
		497		343
		547		882
		627		1439
		628		1440
		628		1441
		629		1442
蕭夫子	中	181	舊唐	5049
蕭夫子=蕭穎士				
	中	301	新唐	5768
蕭妃	下	96	金	1588
		104		1834
蕭嗣先	中	609	遼	328
		491		329
		627		1439
蕭嗣業	中	186	舊唐	5197
		208		5348
		225	新唐	61
蕭謝佛留	中	492	遼	331
		568		1120
蕭辭刺	中	492	遼	332
		493		332
		591		1182
蕭尙都	下	622	明	8504
蕭鉏不里	中	480	遼	211
蕭善寧	中	582	遼	1154
蕭雪峯	下	506	明	5605
蕭素颯	中	484	遼	269
		565		1110
		621		1392
蕭速撒	中	623	遼	1421

項目	二十五史抄		新校本	
蕭酬斡	中 624		遼	1429
	625			1431
蕭崇業=蕭宗業의 誤字				
	下 616		明	8368
蕭習泥烈	中 498		遼	338
	595			1187
	596			1189
蕭神奴	中 555		遼	1003
蕭氏=人皇王倍妃				
	中 460		遼	32
蕭氏=東丹王倍妃				
	中 462		遼	48
蕭氏=秦晋國王淳妃				
	中 496		遼	344
蕭氏=宣簡皇后				
	中 553		遼	986
蕭氏=睿晋皇后				
	中 553		遼	986
蕭氏=天祚文妃				
	中 601		遼	1206
蕭氏=天祚皇后				
	中 601		遼	1206
蕭氏=耶律中妻				
	中 631		遼	1474
蕭阿古只	中 458		遼	21
蕭阿古軫	中 479		遼	206
蕭幹	中 628		遼	1440
	629			1442
蕭昂	中 497		遼	343
蕭彥	下 530		明	5951
	530			5965
	619			8401
蕭延留	中 480		遼	211
	624		遼	1430
蕭衍	上 477		魏	2217
蕭永祺	下 52		金	1406
蕭穎士	中 181		舊唐	5048
	181			5049
	301		新唐	5767
蕭兀納	中 622		遼	1413
蕭王六	中 479		遼	204
蕭隗洼=蕭隗洼				
	中 475		遼	179

項目	二十五史抄		新校本	
蕭瑀	中 115		舊唐	2398
	115			2399
	115			2400
	115			2402
	261		新唐	3945
	261			3949
	286			4527
蕭昱	中 496		遼	341
	627			1440
	629			1442
蕭垣德	中 468		遼	143
蕭乙薛	中 491		遼	329
	493			334
	499			347
	626			1435
	626			1436
蕭應宮	下 470		明	2386
	591			8296
	591			8297
蕭移敵蹇	中 622		遼	1414
蕭子敏	下 12		金	98
	52			1405
蕭子雲[齊]	上 523		南	1074
	523			1075
蕭敵烈	中 474		遼	175
	614			1339
	618			1348
	626			1435
	635			1521
蕭敵魯	中 604		遼	1222
蕭敵里	中 491		遼	329
	622			1414
	624			1430
蕭晶	中 301		新唐	5767
蕭中立	下 52		金	1406
	54			1409
蕭中一	下 116		金	1996
蕭仲恭	下 46		金	1394
蕭至忠	中 282		新唐	4335
蕭察剌	中 493		遼	333
蕭撒八言	中 481		遼	225
蕭朮哲	中 619		遼	1363
蕭太后	中 497		遼	344

項目	二十五史抄		新校本	
蕭通	下	103	金	1824
蕭特烈	中	633	遼	1517
蕭特末	中	493	遼	333
		498		345
		556		1010
蕭特撒古	中	498	遼	345
蕭頗得	中	478	遼	203
蕭彭哥	下	52	金	1406
蕭袍里	中	486	遼	290
蕭蒲古	中	613	遼	1336
蕭蒲奴	中	479	遼	204
		479		205
		613		1331
		613		1335
蕭匹敵	中	480	遼	211
		613		1331
		616		1343
蕭何	中	108	舊唐	2210
		117		2462
		257	新唐	3855
蕭遐買=奚王				
	中	629	遼	1442
蕭韓家奴	中	493	遼	334
		494		334
		624		1429
		630		1445
		630		1446
蕭韓寧=東平王				
	中	476	遼	185
蕭合卓	中	475	遼	179
		610		1285
		611		1286
		611		1286
		635		1521
蕭恒德	中	470	遼	147
		611		1304
		612		1313
		615		1342
		616		1342
		620		1382
		634		1519
		634		1520
蕭海里	中	589	遼	1179

項目	二十五史抄		新校本	
		622		1414
		625		1434
蕭虛烈	中	476	遼	184
		635		1521
蕭惠	中	479	遼	206
		620		1373
蕭胡覩姑	中	492	遼	332
蕭胡篤	中	624	遼	1430
		626		1436
蕭和尚	中	497	遼	343
蕭和尚奴	中	629	遼	1442
蕭孝穆=燕王				
	中	479	遼	204
		479		205
		613		1331
		616		1343
蕭孝先	中	478	遼	203
		613		1333
蕭孝忠	中	610	遼	1285
蘇=南府宰相				
	中	458	遼	22
蘇慶節	中	130	舊唐	2780
蘇季	上	57	漢	1749
蘇觀陞	下	516	明	5624
蘇宏暉	中	78	舊唐	126
		142		2977
		210		5351
		276	新唐	4148
		319		6169
蘇屈烈	中	475	遼	177
蘇金添明	中	344	新唐	6205
蘇夔	上	593	北	2249
	中	23	隋	1189
蘇泥	上	332	晉	3095
蘇尼子	中	311	新唐	6041
蘇代	上	24	史	2269
蘇都爾丹=撒都魯丁				
	下	259	元	4628
蘇祿	中	185	舊唐	5173
蘇烈=蘇定方				
	中	273	新唐	4136
蘇馬諟	上	115	後漢	2820
蘇武	上	61	漢	2459

項目		二十五史抄		新校本
		100	後漢	2272
蘇味道	中	312	新唐	6045
蘇拔庥	上	122	後漢	2956
蘇排押＝蕭排押				
	中	473	遼	168
蘇保衡	下	55	金	1411
蘇僕延	上	126	後漢	2984
		127		2984
		182	三	834
蘇師旦	下	86	金	1480
蘇尚	上	149	三	100
		190		839
蘇象	上	295	晉	2840
蘇成勛	下	536	明	6184
蘇淑	上	454	魏	1716
		582	北	1827
蘇軾	中	392	宋	335
		423		10801
		423		10808
		424		10985
		425		11137
		442		14048
		444		14052
蘇阿善	下	521	明	5786
蘇易簡	中	440	宋	14045
蘇威	上	591	北	2166
		593		2243
		598		2553
	中	23	隋	1184
		40		1576
蘇貢孫	下	82	金	1472
		86		1480
蘇綽	上	593	北	2229
蘇定方＝蘇烈, 平陽郡公				
	中	74	舊唐	80
		75		82
		75		83
		92		1047
		92		1053
		129		2764
		129		2777
		129		2779
		129		2780

項目		二十五史抄		新校本
		132		2790
		133		2790
		141		2947
		141		2950
		154		3294
		193		5326
		197		5331
		200		5336
		224	新唐	56
		224		60
		225		60
		225		61
		266		4082
		267		4083
		269		4119
		270		4121
		273		4138
		274		4139
		275		4141
		283		4341
		337		6195
		337		6196
		340		6200
		341		6200
		343		6204
		350		6338
		522	遼	467
蘇峻	上	276	晉	2808
		283		2819
蘇支＝奚	中	322	新唐	6173
		528	遼	481
蘇秦	上	24	史	2264
蘇執禮	下	57	金	1418
		58		1420
		68		1437
蘇執義	下	52	金	1405
蘇青蛙	下	504	明	5602
蘇超	上	333	晉	3097
蘇匹敵	中	479	遼	204
蘇亥	上	271	晉	2796
		272		2797
		290		2833
		291		2833

項目	二十五史抄		新校本	
蘇偘	中	23	隋	1188
蘇孝祥	中	255	新唐	3823
速魯里	中	467	遼	131
		576		1140
速僕丸=蘇僕延				
	上	147	三	29
		184		835
速附丸				
速不台	下	208	元	2975
		221		3522
速炒花	下	531	明	5982
		532		5983
		532		5984
速把免兒	下	531	明	5982
		531		5983
速把亥	下	524	明	5849
		526		5856
		531		5982
		536		6184
		537		6185
		538		6186
		538		6187
粟田眞人	中	347	新唐	6209
		450	宋	14132
孫蓋	上	303	晉	2853
孫儉	中	78	舊唐	160
		213		5355
孫景益	下	381	新元	220-9
孫劼	上	338	晉	3103
孫繼有	下	533	明	6049
孫鑛	上	529	明	5943
孫權	上	149	三	101
		150		109
		158		253
		158		254
		159		255
		160		253
		162		257
		163		259
		164		259
		171		618
		172		698
		215		1136

項目	二十五史抄		新校本	
		217		1140
		218		1223
		218		1253
		219		1350
		219		1337
		224	晉	11
		237		362
		239		388
		277		2809
		295		2840
		361	宋書	682
		364		736
		377	南齊	195
		450	魏	1711
		585	北	1832
孫沂	上	406	魏	29
孫機	上	280	晉	2816
孫鏜	下	566	明	7435
		566		7439
孫代音	中	191	舊唐	5323
		191		5324
		192		5324
		334	新唐	6191
孫道夫	下	54	金	1410
孫登	上	157	三	253
孫亮	上	366	宋書	932
孫萬榮	中	77	舊唐	125
		142		2977
		145		3109
		146		3154
		175		4737
		184		5168
		209		5350
		210		5350
		227	新唐	96
		273		4125
		277		4125
		277		4172
		285		4459
		312		6045
		318		6168
		319		6169
孫萬斬=孫萬榮				

項目	二十五史抄		新校本	
	中	78	舊唐	125
		78		126
		210		5350
		210		5351
		318	新唐	6169
孫穆	中	410	宋	5160
孫武	中	145	舊唐	3099
		285	新唐	4429
孫伯仁	上	346	晉	3132
孫伏伽	中	193	舊唐	5326
		337	新唐	6195
孫副	上	379	南齊	1011
孫傅	中	425	宋	11136
		427		11343
孫盛	上	256	晉	2147
	中	189	舊唐	5320
孫紹	上	456	魏	1723
孫守廉	下	540	明	6189
		541		6191
孫漱	上	371	宋書	2393
孫承宗	下	551	明	6465
		551		6469
孫氏	上	227	晉	2809
		344		3128
	下	572	明	7717
		572		7718
孫安祖	中	109	舊唐	2234
		109		2235
		251	新唐	3696
孫[叔]敖	上	104	後漢	2466
孫敖曹	中	209	舊唐	5350
		318	新唐	6168
		550	遼	952
孫郁	上	251	晉	1540
孫元	上	303	晉	2853
孫元化	下	598	明	8306
孫威	下	271	晉	2794
孫瑋	下	547	明	6257
		547		6271
孫乙拔	上	346	晉	3132
孫應時	下	68	金	1438
孫貳朗	中	337	舊唐	6194
孫仁師	中	133	舊唐	2791
		133		2792
		134		2792
		198		5332
		225	新唐	62
		225		63
		266		4082
		267		4083
		267		4083
		341		6201
孫子	下	600	明	8343
孫資	上	171	三	457
孫佺=孫儉	中	128	舊唐	2758
		227	新唐	119
		265		4056
		265		4057
		286		4497
		301		5764
		312	新唐	6047
		322		6174
孫丁	上	274	晉	2804
孫綜	上	215	三	1136
		216		1138
孫濬	下	499	明	5417
孫志	上	456	魏	1723
孫叱支	上	346	晉	3132
孫處約	中	128	舊唐	2758
		265	新唐	4056
孫楚	上	251	晉	1539
孫忠	中	453	宋	14137
孫鐸	下	110	金	1867
孫顯祖	下	63	金	1430
孫晧	上	251	晉	1540
	中	341	新唐	6200
孫皓	上	474	魏	2128
	中	197	舊唐	5331
孫護	上	343	晉	3127
		344	晉	3128
		346		3131
		346		3132
		472	魏	2126
		623	北	3078
孫和	上	250	晉	1399
孫孝哲	中	352	新唐	6415

項目	二十五史抄		新校本	
		353		6425
孫黑	上	292	晉	2835
孫興	上	300	晉	2835
孫希	上	299	晉	2847
遜昵延	上	486	魏	2304
遜攤	下	150	元	168
宋璟	中	152	舊唐	3254
		177		4814
		283	新唐	4336
		286		4494
宋慶禮	中	177	舊唐	4814
		285	新唐	4943
		286		4494
宋球	中	424	宋史	11064
		441		14047
宋衙	下	371	新元	191-5
宋國珍	下	385	新元	237-7
宋君斐	下	249	元	4613
		258		4626
		395	新元	249-8
		404	新元	250-1
宋鈞	下	61	金	1424
宋克己	中	183	舊唐	5146
宋金剛	中	231	新唐	510
宋祈	下	62	金	1427
宋琪	中	412	宋	9121
		412		9123
宋督	中	128	舊唐	2735
宋濂	下	474	明	3777
		474		3778
宋璘	下	399	新元	249-15
		400		249-16
宋敏求	中	399	宋	2422
宋邦英	下	400	新元	249-16
宋觀	上	456	魏	1719
宋鳳朝	中	160	舊唐	3536
		307	新唐	5990
宋玢	下	253	元	4619
宋爽	上	275	晉	2806
宋世良	上	454	魏	1716
		582	北	1827
宋素卿	下	456	明	1981
		604		8348

項目	二十五史抄		新校本	
		~		~
		606		8351
宋松禮	下	396	新元	249-10
宋守約	中	424	宋	11063
宋壽春	下	47	金	1396
宋彥琦	下	247	元	4610
		392	新元	249-3
宋應昌	下	442	明	275
		443		276
		470		2386
		502		5508
		533		6050
		534		6111
		542		6193
		543		6195
		547		6290
		547		6291
		560		6938
		588		8292
		588		8293
		611		8358
宋儀望	下	467	明	2249
		498		5415
		529		5951
宋一韓	下	541	明	6191
		542		6191
宋赤眉	上	333	晉	3097
宋全	下	118	金	2006
宋庭瑜	中	183	金	5146
宋祖	中	433	宋	13981
宋宗禮	下	146	元	129
		149	元	150
		252		4617
		253		4619
宋仲義	下	145	元	123
		271	新元	8-10
宋之悌	中	320	新唐	6171
宋直溫	下	61	金	1425
宋歛	上	318	晉	2941
宋該	上	275	晉	2806
		281		2818
		286		2824
		297		2842

項目	二十五史抄		新校本	
宋顯	下	85	金	1477
宋弘	下	66	金	1435
宋弘烈	下	82	金	1471
宋活	上	291	晉	2834
宋晃	上	282	晉	2818
宋回	上	282	晉	2818
宋興祖	下	549	明	6392
松山=梁王	下	205	元	2761
瑣高	中	353	新唐	6426
瑣奴	上	189	三	839
煞進德	下	64	金	1432
煞執直	下	63	金	1428
收別鐵木而	下	170	元	426
		171		426
守道	下	112	金	1870
		132		2887
守平天皇[日]				
	中	451	宋	14133
垂仁(天皇)[日]				
	中	346	新唐	6208
		450	宋	14132
首文=高肇	上	457	魏	1829
		458		1829
		608	北	2684
殊只俟	中	474	遼	176
曳阿	下	129	金	2882
脩武盧	上	189	三	839
廋質	上	615	北	2949
		615		2950
隋氏	中	108	舊唐	2210
須=餘暉, 近九首王[百濟]				
	上	387	梁	804
		478	魏	2217
遂成=次大王[高句麗]				
	上	111	後漢	2814
		112		2815
酬幹	中	494	遼	334
		592		1182
綏濟=倭工	上	518	南	53
壽介	中	442	宋	14048
壽陽公主	上	583	北	1828
樹黎	上	649	北	3251
		649		3252

項目	二十五史抄		新校本	
夙沙	中	39	隋	1560
叔明=慕容水				
	上	464	魏	2063
		619	北	3069
叔孫建	上	564	北	748
叔孫普洛	上	536	北	748
叔氏=新羅 金俊邕의 妃				
	中	202	舊唐	5338
叔邈=張邈	上	168	三	354
叔齊	上	5	史	116
		23		2123
淑妃=昭聖王妻				
	中	344	新唐	6205
淑虞	上	280	晉	2816
宿勤黎	上	464	魏	2064
		619	北	3069
宿勤崇	上	463	魏	2062
		618	北	3068
宿沓于	上	408	魏	39
肅舒	上	159	三	255
		160		255
		162		257
		215		1136
		216		1138
肅舘	上	296	晉	2841
肅良合	下	315	新元	104-7
肅良合氏=奇皇后				
	下	186	元	971
		186		976
		207		2881
		294	新元	26-10
肅祖	上	278	晉	2810
肅宗=孝明帝[北魏]				
	上	425	魏	335
		425		337
		483		2224
		544	北	143
肅宗[唐]	中	229	新唐	166
		292		4703
		293		4750
荀勖	上	359	宋書	583
荀羨	上	230	晉	203
		254		1975

項目	二十五史抄		新校本	
		293		2837
		295		2840
荀崧	上	254	晉	1975
荀綽	上	168	三	1140
荀羨	上	13	史	1140
		31		2944
		33		2987
		34		2990
		36		3149
		42	漢	194
		62		2492
		66	漢	3660
		71		2865
	中	127	舊唐	2734
荀彧	中	107	舊唐	2209
淳=魏國王[魏]				
	中	493	遼	332
		624		1430
		626		1435
		628		1440
淳凮	中	231	新唐	817
淳于處平	中	311	新唐	6044
淳維	上	267	晉	2643
淳和天皇[日]				
	中	450	宋	14133
淳欽皇后	中	551	遼	956
淳欽皇后=蕭氏				
	中	552	遼	973
		601		1209
順國女直阿鶻產大王				
	中	540	遼	756
順成	下	133	金	2887
順王=順宗, 王勱				
	中	442	宋	14047
順帝[後漢]	上	89	後漢	724
		109	後漢	2812
		112		2815
		126		2983
		129		2988
		182	三	833
		186	三	837
		198		845
順帝[晉]	上	261	晉	2525
順帝[南朝 宋]				
	上	373	宋書	2395
		519	南	90
		529		1974
順帝[元]	下	205	元	2869
		206		2880
		472	明	3538
順宗[唐]	中	161	舊唐	3538
		218		5362
		308	新唐	5991
順宗[元]	下	205	元	2761
		207		2900
順皇后	上	458	魏	1830
舜	上	3	史	28
		3		30
		3		43
		241	晉	425
	中	136	舊唐	2798
		431	宋	12739
	下	397	新元	249-12
		600	明	8343
崇德	下	21	金	212
崇神(天皇)[日]				
	中	346	新唐	6208
		450	宋	14132
崇讓	下	356	新元	249-4
崇峻(天皇)[日]				
	中	346	新唐	6208
		450	宋	14132
嵩[渤海]	中	85	舊唐	831
		143		2999
述骨	中	374	新五	57
述律	中	379	新五	890
述律氏=應天皇后				
	中	512	遼	446
述律氏=太祖淳欽皇后				
	中	600	遼	1199
習古酒	下	5	金	23
		99		1666
習泥烈	中	496	遼	338
習勒遵義	下	86	金	1480
習失(室)	下	96	金	1623
		126		2782

項目	二十五史抄		新校本	
習爾之	中	321	新唐	6172
習顯	下	7	金	33
		42		1388
習顯=石	下	130	金	2884
		131		2885
升于	上	477	魏	2216
		628	北	3114
升濟=公孫度				
	上	156	三	252
		157		253
僧家奴	中	492	遼	331
		590		1182
僧奴	中	472	遼	168
僧保	下	432	明	134
僧遏	中	607	遼	1249
僧玄裝	中	450	宋	14132
承胤=劉胤	上	255	晉	2113
承察度=中山王[琉球]				
	下	611	明	8361
承察度=山南王[琉球]				
	下	612	明	8362
		613		8363
承天皇后	中	529	遼	482
承天皇太后	中	634	遼	1520
承暉	下	83	金	1472
勝昆	下	4	金	16
		130		2883
勝管	下	4	金	14
		92		1519
勝納合兒	下	161	元	280
始閭諧=閭達				
	下	475	魏	2214
		626	北	3111
始長=黃泓	上	259	晉	2492
始祖	下	4	金	3
		94		1561
		94		1562
始祖壹恣憲景元皇帝				
	下	4	金	3
始畢可汪咄吉				
	中	183	舊唐	5153
		183		5160
		311	新唐	6028

項目	二十五史抄		新校本	
始皇帝=秦始皇				
	上	29	史	2886
		67	漢	3748
柴葛=長白山 太師				
	中	482	遼	239
		563		1106
柴成務	中	418	宋	10114
		419		10114
		437		14040
柴氏	下	572	明	7717
柴誼	中	493	遼	332
施=燕 御士大夫				
	上	23	史	2070
施屠渾都	上	59	漢	2053
施累	下	88	金	1484
施文慶	上	396	陳	405
施宜生	下	55	金	1411
施忠	下	485	明	4634
施聚=懷柔伯				
	下	485	明	4634
時德元	下	81	金	1468
時立愛	中	498	遼	346
時俊	中	429	宋	11793
時贊	中	435	宋	14036
腑魯里	中	467	遼	131
食基=審食基				
	上	41	漢	77
息長足姬天皇[日]				
	中	450	宋	14132
申屠致遠	下	238	元	3988
		238		3989
申伯	上	282	晉	2819
		283		2820
申思全[佺]	下	250	元	4615
申思佺	下	395	新元	249-9
申胥	上	479	魏	2219
申紹	上	304	晉	2855
申秀	上	346	晉	3131
申時行	下	541	明	6190
申氏=新羅 金俊邕의 母				
	中	202	舊唐	5338
申胤	上	292	晉	2835
申鍾	上	272	晉	2797

項目	二十五史抄		新校本	
申舟	上	478	魏	2218
申太妃=昭聖王의 母				
	中	344	新唐	6205
臣=長沙王	上	41	漢	77
辛堅之	下	63	金	1428
辛景初	中	79	舊唐	177
辛肫	下	580	明	8281
		582		8283
		586		8290
辛文陵	中	125	舊唐	2671
		130		2781
		259	新唐	3904
		275		4140
辛毗	上	172	三	695
		172		698
辛世雄	上	555	北	460
辛詢	下	403	新元	249-20
辛氏=固安公主				
	中	213	舊唐	5355
辛愛	下	536	明	6183
		625		8508
辛五郎	下	498	明	5412
辛禑	下	586	明	8290
辛雄	上	456	魏	1719
辛昌	下	586	明	8290
辛洪成	下	249	元	4612
信=荊王	上	41	漢	58
信篤=蒲盧毛朶部				
	中	483	遼	241
		564		1108
信福	中	196	舊唐	5329
信誠	中	194	舊唐	5327
		338	新唐	6197
信義公主	中	66	隋	1879
信長	下	610	明	8357
神功(皇后)[日]				
	中	346	新唐	6208
		450	宋	14132
神農氏	上	505	周	1
神羅國太妃	中	88	舊唐	541
神武天皇[日]		449	宋	14132
神武皇帝=高祖[北齊]				
	上	495	北齊	1
		509	주	496
神宗[宋]	中	391	宋	275
		392		301
		414		9523
		421		10423
		422		10605
		422		10646
		424		10913
		441		14046
		453		14137
神宗[明]	下	441	明	261
		443		279
		552		6481
神土懣	下	118	金	2015
神通=淮安王				
	中	114	舊唐	2378
		114		2379
神興公主	中	206	舊唐	5346
頣=陽平王	上	481	魏	2222
失都兒	下	163	元	299
失剌鐵木兒=闍兒				
	下	358	新元	176-8
失里伯	下	149	元	150
		215		3234
		216		3234
		274	新元	9-3
		341		152-8
室羅	中	467	遼	119
悉諾硨	中	85	舊唐	380
悉諾渤海	中	314	新唐	6085
悉獨官	上	279	晉	2812
悉羅騰	上	317	晉	2924
		464	魏	2063
悉跋堆	上	486	魏	2304
實都=忻	下	252	元	4618
		～		～
		254		4619
		257		4624
		259		4628
		260		4629
實喇特穆爾麼=闍里帖木兒				
	下	255	元	4621
實婁	中	491	遼	329

項目	二十五史抄		新校本	
實不迭	下	5	金	24
沈客卿	上	396	陳	405
沈勁	上	231	晉	209
		232		210
		257		2316
		257		2317
		300		2849
沈經	上	258	晉	2318
沈慶之	上	509	宋	496
沈光	上	604	北	2635
	中	33	隋	1513
		33		1514
沈起	中	444	宋	14051
沈黎玉	中	116	舊唐	2425
沈文秀	中	377	南齊	501
		378		501
沈思孝	下	532	明	5989
沈世魁	下	560	明	6968
		561		6968
		598		8306
沈叔安	中	189	舊唐	5321
沈氏=六節婦				
	下	572	明	7713
沈元濤	下	395	新元	249-9
沈有容	下	551	明	6469
		559		6933
		560		6938
		560		6939
沈惟敬	下	443	明	277
		533		6109
		~		~
		533		6111
		534		6132
		542		6193
		543		6195
		546		6249
		547		6286
		547		6290
		547		6291
		554		6686
		588		8292
		~		~
		589		8294

項目	二十五史抄		新校本	
		590		8296
		~		~
		591		8297
		611		8358
沈一貫	下	519	明	5747
		520		5755
		520		5778
		541		6191
		554		6686
		554		6687
沈志科	下	561	明	6968
		561		6969
沈晦	下	45	金	1393
沈希儀	下	504	明	5603
審=建王	中	161	舊唐	3538
		174		4535
		308	新唐	5992
審食基	上	27	史	2638
		41	漢	77
諶吉臣	下	569	明	7525
		569		7528
潘聰	上	470	宋書	2071
什圭	上	364	宋書	726
什翼犍	上	369	宋書	2321
雙括	下	101	金	1816
雙叔=洪君祥				
	下	226	元	3631
氏久	下	600	明	8342

[아]

項目	二十五史抄		新校本	
牙兒馬匹	下	166	元	345
牙忽都	下	321	新元	114-10
兒禪	上	149	三	98
兒谷侯	上	149	史	1021
阿改[女眞]	中	579	遼	1146
阿堅[烏丸]	上	126	後漢	2983
阿古	中	616	遼	1344
阿古酒	下	94	金	1561
阿古郎	中	325	新唐	6178
	下	192	元	1399
阿古只	中	604	遼	1222
		605		1230
阿骨打	中	489	遼	319
		490		326
		491		328
		492		331
		494		336
		500		349
		547		882
		627		1439
阿鶻產[女眞]				
	中	490	遼	326
		493		333
阿鶻產[女眞 上順國]				
	중	624	遼	1431
阿果達	中	476	遼	185
		635		1521
阿聒	下	4	金	16
		93		1543
		130		2883
阿奇支=阿寄支				
	下	610	明	8357
阿那瓌	上	485	魏	2300
阿難答失里	下	336	新元	136-17
阿旦不花	下	398	新元	249-13
阿答海=阿塔海				
	下	335	新元	136-3
		345		160-15
		346		160-2
阿徒罕	下	6	金	25
		97		1632

項目	二十五史抄		新校本	
		102		1816
阿禿兒	下	354	新元	176-1
阿禿八刺哈赤				
	下	363	新元	176-2
阿篤孤	中	351	新唐	6387
阿敦寧	中	186	舊唐	5214
阿敦少君=安端少君				
	中	369	舊五	1832
阿羅槃	上	175	三	762
阿羅獎	上	184	三	835
阿刺觪脫忽思				
	下	201	元	2547
		312	新元	99-10
阿刺怗木兒=王緯의 子				
	下	235	元	3891
阿刺帖木兒=阿刺怗木兒				
		=王緯의 子		
	下	277	新元	10-11
	下	360	新元	176-10
	下	410	新元	250-10
阿刺忒納答刺				
	下	290	新元	23-1
阿刺忒納失里				
	下	181	元	829
		181		830
		181		839
		290	新元	23-6
阿刺罕	下	153	元	223
		155		231
		155		232
		212		3147
		277	新元	10-10
		345		160-7
		361		177-18
		408		250-7
		409		250-8
阿拉克特穆爾=阿刺怗木兒				
	下	252	元	4618
阿憐	下	332	新元	134-2
阿憐帖木耳	下	290	新元	23-1
阿老瓦丁	下	163	元	280
		172		469
阿魯保	下	55	金	1411

項目	二十五史抄		新校本	
阿魯沙	下	288	新元	19-3
阿魯溫=梁王				
	下	382	新元	220-10
阿嘍罕=阿剌罕				
	下	259	元	4628
		260		4629
阿勒根窊產	下	54	金	1410
阿勒根和衍	下	58	金	1419
阿勒赤諾延	下	323	新元	119-4
阿勒赤歹	下	334	新元	135-6
阿里=斜卯阿里				
	下	47	金	1396
		101		1798
		101		1815
		103		1824
		144	元	118
		227		3632
		282	新元	12-11
		358		176-7
阿里乞失鐵木兒				
	下	210	元	3044
阿里乞失鐵不兒				
	下	328	新元	131-9
阿里骨列	下	127	金	2783
阿里小猱	下	27	金	335
阿里海=阿里哈				
	下	137	元	10
阿里海牙	下	158	元	254
		160		269
		327	新元	129-4
阿里海涯	下	367	新元	183-5
阿里挾	下	365	新元	181-7
阿鄰	下	56	金	1413
阿每[日]	上	643	北	3136
	中	61	隋	1826
	中	346	新唐	6207
阿每自多利思比孤				
	中	451	宋	14134
阿母[倭]				
	中	451	宋	14134
阿母侃	下	392	新元	249-4
		393		249-5
阿母罕	下	224	元	3628
阿木哥	下	175	元	584
		287	新元	17-9
		320		113-11
阿輩雞彌=多利思北孤				
	中	61	隋	1826
阿輩臺	中	63	隋	1827
阿辨	中	376	新五	123
阿保機	中	360	舊五	512
		377	新五	178
		379		889
		413	宋	9125
		448		14125
	下	189	元	1395
阿保得	中	413	宋	9126
阿卜固	中	130	舊唐	2781
		275	新唐	4141
		318		6168
阿富提	上	496	北齊	57
阿富提=蠕蠕				
	上	547	北	250
阿不	中	492	遼	332
阿不哥[魏王]				
	下	318	新元	104-13
		400		249-17
阿不罕	中	476	遼	186
		560		1101
阿不罕德剛=阿不罕得剛				
	下	23	金	240
阿不罕德甫	下	18	金	170
		68		1438
阿不割	中	477	遼	186
阿比車	下	584	明	8286
阿史那	中	311	新唐	6028
阿史那泥孰	中	311	新唐	6041
阿史那彌射	中	186	舊唐	5188
		313	新唐	6164
		333		6189
阿史那毗伽特勒				
	中	313	新唐	6052
阿史那社尒=阿史那				
	中	153	舊唐	3288
		156		3302
		269	新唐	4114

項目		二十五史抄		新校本
		316		6138
		335		6192
阿史那社爾	中	206	舊唐	5345
		207		5347
阿史那蘇尼夫				
	中	156	新唐	3302
阿史那忠	中	92	舊唐	1047
阿史那賀魯	中	315	新唐	6113
阿史德	中	351	新唐	6411
阿史德樞賓	中	225	新唐	60
		225		61
		318		6168
		322		6174
阿思蘭	下	146	元	128
		272	新元	8-11
阿散	下	623	明	8504
阿疏	中	433	宋	13982
		491	遼	328
		491		332
		493		332
		497		344
		590		1181
		591		1182
	下	4	金	16
		5		23
		95		1584
		123		2634
阿廝=阿廝	中	484	遼	262
阿息保	中	491	遼	328
		590		1181
		591		1182
	下	5	金	23
阿實賚	下	130	金	2884
阿兒禿	下	224	元	3627
		329	新元	132-2
阿用	中	347	新唐	6209
阿裕爾實哩達喇=愛獻識理達臘				
	下	243	元	4551
阿伊哥赤大王妃				
	下	397	新元	249-11
阿爾圖=阿兒禿				
	下	246	元	4608
阿者禿	下	623	明	8505

項目		二十五史抄		新校本
阿梯里脫忽思				
	下	309	新元	78-11
阿典蒲魯虎	下	18	金	163
		66		1435
阿典和實懣	下	55	金	1411
阿只乃	下	330	新元	132-4
阿丑台	下	526	明	5856
阿朮	下	202	元	2548
		313	新元	99-11
阿朮魯=阿木魯				
	下	209	元	3024
	下	214	元	3196
阿勑赤	下	332	新元	134-1
阿剌赤那顏	下	331	新元	134-1
阿塔海	下	155	元	232
		157		250
		157		253
		158		254
		159		255
		159		256
		161		280
		162		282
		211		3130
		212		3149
		213		3187
		214		3214
		214		3215
		278	新元	11-4
		296		32-8
		324		120-4
		330		132-6
		366		182-2
		409		250-9
		411		250-11
阿台	下	539	明	6187
阿波	上	568	北	817
		569		818
	中	26	隋	1330
阿波說	中	316	新唐	6138
阿播	中	187	舊唐	5215
		315	新唐	6133
阿八剌	下	162	元	281
		279	新元	11-12

項目	二十五史抄		新校本	
阿八赤	下	159	元	256
		162		285
阿閉天皇[日]				
	中	450	宋	14133
阿布離	中	351	新唐	6387
阿布思	中	81	舊唐	225
		352	新唐	6415
		353		6415
阿必失哈	下	308	新元	75-5
阿合馬	下	282	新元	12-15
		386		242-6
		398		249-12
		418		考證8-2
阿哈=阿海	下	252	元	4618
		253		4619
阿哈納	下	537	明	6184
阿海=順化王[女眞]				
	中	468	遼	139
		469		139
		540		756
		576		1141
阿海[高麗]	下	146	元	133
		273	新元	8-14
		327		130-6
		396		249-10
		539	明	6187
阿虎帶	下	91	金	1490
阿忽台	下	400	新元	249-16
阿會氏	上	513	周	899
娥清	上	410	魏	86
		437		720
		572	北	905
雅勒乎=耶虎				
	下	349	元	47
鵝兒乞奴	下	390	新元	249-1
岳洛也奴	下	327	新元	249-4
鄂爾多斯布哈=斡朵思不花				
	下	250	元	4615
樂嵩	上	303	晉	2853
		306		2857
樂實	下	295	新元	31-16
樂演明	中	166	舊唐	3709
樂毅	上	159	三	255

項目	二十五史抄		新校本	
樂俊	上	104	後漢	2464
謁勒哲=完澤				
	下	255	元	4622
安=淮南王	上	132	後漢	2922
安=故國壤王[高句麗]				
	上	387	梁	803
安=廣開土王[高句麗]				
	上	335	晉	3100
安=安藏王[高句麗]				
	上	335	晉	3100
		383	梁	63
		387		803
		387		804
		421	魏	229
		520	南	201
		526		1971
		627	北	3112
		628	北	3114
安	中	514	遼	455
安伽陁	上	588	北	2118
安伽陀	中	20	隋	1120
安康(天皇)[日]				
	中	346	新唐	6208
		450	宋	14132
安開天皇[日]				
	中	450	宋	14132
安慶緒	中	157	舊唐	3313
		168		3895
安屈	上	437	魏	712
		565	北	751
安吉	中	467	遼	119
安寧(天皇)[日]				
	中	346	新唐	6207
		450	宋	14132
安端	中	379	新五	890
		458	遼	21
		458		22
		459		24
		463		64
安端少君	中	379	新五	891
安黨	中	500	遼	349
安圖	下	252	元	4617
安燾	中	420	宋	10423

項目	二十五史抄	新校本
	421	10423
	421	10564
	441	14047
安同	上 403	魏 21
	436	712
	437	712
	561	北 579
	565	750
安東	上 476	魏 2214
安童	下 147	元 140
	418	新元考證8-2
安樂公主	上 590	北 2164
	151	舊唐 3252
安禮	下 86	金 1478
	86	1479
安魯不也奴	下 322	新元 116-6
安祿山	中 81	舊唐 213
	81	225
	81	228
	101	1527
	144	3058
	144	3059
	145	3099
	150	3206
	153	3255
	157	3312
	164	3541
	164	3542
	167	3837
	168	3895
	169	3938
	170	3940
	173	4471
	212	5353
	229	新唐 148
	229	150
	284	4412
	285	4429
	285	4430
	289	4578
	290	4582
	292	4703
	293	4749

項目	二十五史抄	新校本
	293	4750
	296	5230
	298	5533
	304	5923
	321	6172
	323	6175
	351	6411
	352	6412
安祿山=柳城郡公		
	中 352	新唐 6414
	353	6415
	354	6426
安福	下 494	明 5409
安搏	中 464	遼 95
安丙	下 86	金 1478
安社	下 586	明 8290
安思順	中 149	舊唐 3206
	157	3312
	289	新唐 4578
	345	6206
安思闔后	上 261	晉 2525
安生兒	中 495	遼 337
安世	下 59	金 1422
安世高	上 437	魏 712
	565	北 751
安守忠	中 157	舊唐 3312
	293	新唐 4750
	353	6421
安舜	中 339	新唐 6197
安氏=恭愍王妃		
	下 582	明 8283
安祐	下 403	新元249-21
安元信	中 362	舊五 576
安元貞	中 157	舊唐 3312
安原	上 409	魏 80
	410	82
	433	644
	568	北 806
安藏王=安	上 477	魏 2216
	477	2217
安帝[後漢]	上 92	後漢 1280
	108	2812
	111	2814

項目	二十五史抄		新校本	
		112		2815
		116		2821
		126		2983
		128		2986
		164	三	259
		181		833
		185		833
		185		837
		186		837
	上	197	三	844
		207		851
	中	643	北	3135
安帝[晋]	上	234	晉	249
		236		349
		239		381
		341		3107
		371	宋書	2392
		387	梁	803
		389		807
		526	南	1970
		529		1974
安帝=跋海[金]				
	下	4	金	3
安中	中	500	遼	348
安地	中	130	舊唐	2780
安出	下	623	明	8504
		623		8505
安搭哈=阿塔海				
	下	255	元	4621
		260		4629
安泰清	中	157	舊唐	3312
安巴堅=阿保機				
	中	358	舊五	439
		360		512
		369		1830
安平公主=忽都魯揭里失,				
忽都魯堅迷失公主,				
齊國大長公主				
	下	283	新元	13-2
		317		104-28
安平縣子=主懋				
	上	590	北	2164
安弼	中	500	遼	349
安閑	中	346	新唐	6208
安惠眞	中	325	新唐	6178
安弘國	下	590	明	8296
安皇	上	261	晉	2525
安皇帝=安帝[金]				
	下	4	金	3
安希范	下	532	明	6029
安頡	上	574	北	988
按赤帶=按只帶				
	下	266	新元	4-6
		267		5-1
		417		考證5-1
按赤台	下	221	元	3530
按梯不花	下	288	新元	19-3
按陣那衍	下	220	元	3511
顏繼祖	下	552	明	6482
		598		8306
		598		8307
顏思忠	下	465	明	2246
顏師古	中	91	舊唐	851
		299	新唐	5641
顏氏=淵	中	299	新唐	5636
顏幼明	上	378	南齊	1009
顏子	中	178	舊唐	4941
顏盍門都	下	105	金	1843
		106		1843
刺葛	中	459	遼	24
刺乾	中	212	舊唐	5353
歹商	下	540	明	6189
戞陌	中	464	遼	86
遏捻	中	187	舊唐	5215
遏捻[回鶻]	中	315	新唐	6133
幹荅剌=幹荅剌				
	下	3	金	1
		6		25
幹帶	下	4	金	16
		28		534
		93		1546
幹魯=全源郡主				
	下	4	金	16
		6		29
		93		1547
		96		1623

項目	二十五史抄	新校本
	97	1632
	98	1640
	102	1819
	102	1823
	103	1823
	111	1889
	124	2634
	下 125	金 2758
幹魯古=幹魯古		
	下 5	金 24
	6	29
	96	1623
	96	1631
	98	1635
	104	1833
幹盧納台氏	下 214	元 3196
幹魯罕	下 129	金 2882
幹里魯	中 464	遼 93
幹里安=幹里安		
	下 92	金 1541
幹里朵	中 590	遼 1182
幹塞	下 102	金 1816
	130	2883
幹賽	下 4	金 16
	93	1547
	96	1623
	96	1631
幹者	下 166	元 366
幹赤斤(大王)		
	下 391	新元 249-2
	416	考證4-3
幹朵思不花	下 144	元 122
	145	123
	271	新元 8-10
幹脫兒不花	下 395	新元 249-9
謁只里	下 229	元 3642
	346	新元161-10
暗都剌	下 319	新元 105-7
暗伯	下 227	元 3632
	358	新元176-7
昂=宗人	下 103	金 1824
昂吉兒	下 214	元 3213
	214	3215
	345	新元 161-1
	346	161-2
昂吉爾	下 260	元 4629
艾貌	下 210	元 3039
艾正	中 467	遼 120
哀帝[晋]	上 231	晉 205
	236	348
愛薛	下 216	元 3249
	373	新元 199-8
愛牙	下 163	元 299
愛殊	下 96	元 293
	169	393
愛牙哈赤	下 359	新元 176-8
愛也赤	下 215	元 3223
	215	3224
愛也哈赤	下 228	元 3633
	~	~
	230	3634
愛猷識理達臘		
	下 206	元 2880
	316	新元104-24
	374	209-4
隘離轄	中 467	遼 121
掖邪狗	上 214	三 857
	214	858
額特默色=阿的迷失		
	下 249	元 4612
也古	下 318	新元 105-4
也苦	下 221	元 3515
	360	新元 176-9
	417	考證6-2
也窟[大王]	下 392	新元 249-5
	393	249-5
也里牙	下 291	新元 23-13
也生哥	下 318	新元 105-4
也先	下 433	明 142
	623	8505
	~	~
	624	8506
也先不花	下 348	新元 164-9
也先鐵木兒	下 175	元 601
也先鐵木而	下 170	元 425
也先鐵木兒=榮王, 額森特穆爾		

額森鐵木而

	下 184	元	917
	下 205	元	2761
	下 244	元	2761
	下 283	新元	14-1
	375		209-8
	376		210-10
	382		224-13
	389		247-4
也先忽都	下 218	元	3370
	下 353	新元	175-6
也速	下 348	新元	164-9
也速達兒	下 408	新元	250-7
也速帶	下 160	元	267
也速觸兒	下 216	元	3238
	341	新元	154-14
也速迭兒	下 329	新元	132-2
也速台兒	下 210	元	3040
	340	新元	150-4
也孫脫孟甲	下 395	新元	249-9
也眞	下 164	元	314
也忽	下 222	元	3536
	333	新元	134-9

冶刺保=冶刺保

	下 129	金	2882
耶刺改	中 579	遼	1146
耶律曷里	中 464	遼	94
	496		341
耶律居謹	下 8	金	57
	46		1395
耶律固	下 45	金	1392
耶律固昱	中 619	遼	1368
耶律高山奴	中 623	遼	1429
耶律高七	中 553	遼	986
耶律高八	中 497	遼	343
	598		1190
耶律九斤	中 623	遼	1429
耶律歐里	中 561	遼	1104
耶律歐里斯	中 481	遼	230
耶律國留	中 616	遼	1344
耶律歸一	下 54	金	1409
耶律捏里	下 104	金	1833
	104		1834

耶律捏兒	下 329	新元	132-2
耶律捏兒哥	下 333	新元	134-6
	334		135-2
耶律涅魯占	中 632	遼	1502
耶律涅里	中 501	遼	352
耶律寧	中 390	宋	144
	中 554	遼	997
耶律奴哥	中 494	遼	336
	495		337
	593		1185
	594		1185
耶律奴瓜	中 612	遼	1315
耶律團石	中 474	遼	175
	635		1529
耶律撻葛里	中 629	遼	1442
耶律撻里	中 496	遼	341
耶律湛	下 54	金	1409
耶律棠古	中 623	遼	1427
	625		1431
耶律大悲奴	中 625	遼	1434
耶律大石	中 499	遼	346
	499		347
	500		349
	502		355
	569		1121
	598		1191
	626		1436
	下 322	新元	116-17
耶律德光	中 377	新五	178
耶律圖欲	中 552	遼	973
耶律獨刺	下 220	元	3515
耶律獨攦	中 619	遼	1369
耶律突呂不	中 606	遼	1240
耶律良	中 632	遼	1502

耶律六哥=耶律喊捨

	下 416	新元考證	3-6
耶律隆	下 54	金	1409
耶律隆運	中 520	遼	464
	611		1289
耶律馬哥	中 495	遼	337
耶律末只	中 465	遼	112
	466		113
	467		119

項目	二十五史抄		新校本	
耶律謀魯姑	中	466	遼	119
耶律彌里直	中	624	遼	1431
耶律倍	中	552	遼	973
耶律白斯不		496	遼	339
耶律闔里剌	下	55	金	1412
耶律普寧	中	465	遼	113
耶律福	下	50	金	1403
耶律盆奴	中	615	遼	1340
		617		1346
		617		1347
		635		1520
耶律佛留	中	491	遼	329
耶律佛頂	中	497	遼	344
耶律斜涅赤	中	604	遼	1224
耶律斜軫	中	466	遼	115
		466		119
		467		119
		467		124
		549		931
		609		1274
耶律謝十	下	3	金	1
耶律朔古	中	607	遼	1246
耶律朔刮	中	632	遼	1498
耶律釋魯	中	632	遼	1498
耶律仙童	中	483	遼	240
		564		1107
		621		1392
耶律世良	中	474	遼	177
		475		177
		582		1154
		614		1340
		620		1385
		621		1386
		635		1521
耶律蘇	中	552	遼	971
耶律守素	下	54	金	1410
耶律逢忠	中	477	遼	190
耶律淑哥	中	555	遼	1002
耶律淳	中	501	遼	352
		502		355
		623		1429
耶律習泥烈=趙王				
	中	499	遼	347
		554		995
		554		996
耶律哂斯	中	497	遼	343
耶律信寧	中	477	遼	190
耶律室魯	中	603	遼	1211
		610		1283
耶律氏	下	333	新元	134-7
耶律阿古哲	中	633	遼	1516
耶律阿沒里	中	609	遼	1274
		615		1342
耶律阿保機	中	321	新唐	6175
耶律阿思	中	621	遼	1404
		622		1404
耶律阿疎	中	625	遼	1434
耶律阿息保	中	625	遼	1434
耶律阿辛=寅底石				
	中	551	遼	969
耶律阿海	下	334	新元	135-1
耶律雅里=梁王				
	中	499	遼	346
		502		353
		634		1517
	下	101	金	1816
耶律安端	中	463	遼	64
		551		970
耶律安禮	下	53	金	1408
耶律安搏	中	609	遼	1259
耶律幹臘	中	620	遼	1382
耶律幹臘朵	中	491	遼	329
		492		331
		492		332
耶律儼	中	534	遼	567
		534		612
		535		626
耶律姞	中	624		1431
耶律余都	中	597	遼	1189
耶律余睹	下	46	金	1394
耶律余覩	中	493	遼	334
		554		994
		554		995
		603		1217
		627		1440
		628		1442

項目	二十五史抄		新校本	
		629		1442
耶律余里衍	中	556	遼	1011
耶律五哥	下	52	金	1406
耶律兀直	中	633	遼	1517
耶律猥隱	中	551	遼	970
耶律隈洼	中	558	遼	1091
耶律隗洼中	中	465	遼	113
耶律瑤質	中	617	遼	1345
耶律欲穩	中	604	遼	1226
耶律羽之	中	458	遼	22
		460		29
		462		48
		606		1238
耶律雲獨昆	中	552	遼	971
耶律留哥	下	220	元	3511
		221		3513
		328	新元	132-1
		331		314-1
		332		314-3
		333		134-6
(耶律)留隱=(耶律)道隱·晉王				
	中	603	遼	1212
(耶律)隆先=平王·義宗의 子				
	中	603	遼	1211
耶律乙㷍	中	635	遼	1520
耶律義先	中	482	遼	239
		483		239
		563		1107
		614		1336
		618		1356
		619		1363
		623		1421
耶律仁先	中	621	遼	1395
		621		1396
		632		1502
耶律寅底石	中	541		969
耶律資忠	中	474	遼	173
		477		187
		616		1344
		635		1521
耶律長壽	中	555	遼	1005
耶律張家奴	中	492	遼	331

項目	二十五史抄		新校本	
		494		334
		590		1182
		591		1182
耶律章奴	中	491	遼	329
		492		332
		~		~
		493		333
		624		1430
		625		1431
		625		1434
		626		1434
		627		1436
耶律的琭	中	617	遼	347
耶律敵魯	中	473		168
		635		1520
耶律覿烈	中	605	遼	1237
		606		1237
耶律定	中	554	遼	997
耶律重德=耶律大石				
	中	502	遼	355
耶律重元	中	632	遼	1502
耶律迭里特	中	632	遼	1498
耶律撒鸞=耶律雅里				
	中	502	遼	353
耶律撒班=耶律阿思				
	中	622	遼	1404
耶律撒跋	中	623	遼	1428
耶律撒八	中	497	遼	342
		623		1428
耶律諧里姑	中	629	遼	1442
耶律稍	中	603	明	1211
耶律楚材	下	219	元	3455
		219		3456
		219		3460
		326	新元	127-1
		330		133-1
耶律崔八	中	555	遼	1004
耶律朮者	中	482	遼	239
		625		1431
耶律鐸至秦	中	606	遼	1239
耶律特理	中	556	遼	1010
耶律頗德	中	522	遼	467
耶律八哥	中	476	遼	184

項目	二十五史抄		新校本	
		478		199
		543		807
		610		1281
		635		1521
耶律蒲古	中	479	遼	204
		613		1336
		614		1336
耶律蒲寧	中	558	遼	1091
耶律學古	中	611	遼	1303
耶律韓家奴		633	遼	1516
耶律轄古	中	485	遼	277
耶律轄底	中	632	遼	1498
耶律喊舍	下	265	新元	3-10
耶律海里	中	604	遼	1226
		604		1227
耶律胡都董	中	553	遼	987
耶律弘古	中	615	遼	1341
		617		1346
		621		1394
耶律和里	中	606	遼	1238
耶律侯哂	中	481	遼	230
		619		1368
耶律休哥	中	615	遼	1342
耶律欽哀	中	616	遼	1343
耶律希亮	下	239	元	4159
		240		4161
		326	新元	127-12
耶律希逸	下	284	新元	14-1
		399		249-15
耶厮不	下	220	元	3513
		221		3514
耶虎	下	224	元	3628
		355	新元	176-2
	下	417	新元	考證6-2
耶虎大王	下	235	元	3891
埜先帖木兒	下	184	元	929
野先帖木兒	下	388	新元	247-3
野王	上	295	晉	2839
		295		2840
		300		2848
		300		2849
野愚思文	下	81	金	1470
若洛廆	上	369	宋書	2369

項目	二十五史抄		新校本	
		484	魏	2233
約蘇圖=也孫脫				
	下	250	元	4614
弱=燕大尉	上	23	史	2070
		59	漢	2053
羊邁	上	257	晉	2189
羊深	上	456	魏	1719
羊兒	上	404	魏	1719
羊祜	中	135	舊唐	2794
良懷=懷良(親王)				
	下	599	明	8342
		600		8343
梁介	下	68	金	1439
梁建方	中	130	舊唐	2781
		274	新唐	4140
		349		6327
梁鈇	下	54	金	1409
		104		1834
梁克家	下	60	金	1424
梁懂	上	80	後漢	214
		94		1591
		94		1592
梁慬	上	122	後漢	2957
		126		2983
梁寧	下	506	明	5606
梁德懿	下	86	金	1476
梁德樞	下	85	金	1478
梁道輝	下	506	明	5606
梁銘	下	482	明	4219
		482		4239
梁夢龍	下	514	明	5616
		527		5911
		528		5914
		537		6185
梁武	下	579	明	8280
梁文謙	中	47	隋	1676
梁伯	上	6	史	185
梁竝	上	122	後漢	2960
梁福	下	2	金	1
		6		25
梁本豪	下	516	明	5622
		610		8357
梁三	下	60	金	1424

項目	二十五史抄		新校本	
梁師都	中	111	舊唐	2280
		209		5350
		318	新唐	6168
梁成	上	255	晉	2082
		304		2854
		310		2891
梁蕭	下	65	金	1432
梁崇義	中	159	舊唐	3535
		160		3536
		306	新唐	5990
梁習	上	148	三	84
梁氏	下	612	明	8362
梁鄂	下	493	明	5408
梁魚務	下	94	金	1562
梁彥光	上	613	北	2880
	中	46	舊唐	1674
梁瑛	下	339	新元	148-11
梁宇	下	67	金	1437
梁元輔	下	57	金	1418
梁惟忠	下	59	金	1420
梁翼	上	282	晉	2819
梁子美	中	415	宋	9625
梁適	中	415	宋	9617
梁之垣	下	548	明	6376
		555		6698
梁天翔	下	339	新元	148-11
梁琥	中	107	金	1863
		126		2782
梁琛	上	303	晉	2854
		306		2857
梁浩	下	143	元	113
梁熙		319	晉	2942
涼茂	上	168	三	338
陽璆	上	336	晉	3100
陽沒藏	中	85	舊唐	380
陽武	上	103	後漢	2464
陽騭=陽騭	上	238	晉	376
		281		2818
		289		2831
		291		2834
		295		2840
		307		2860
		308		2860
		363	宋書	717
陽嶠	上	474	魏	2128
		624	北	3079
陽裴	上	454	魏	1716
陽斐	上	582	北	1827
陽士倫=陽裕				
	上	288	晉	2828
陽士秋=陽騭				
	上	307	晉	2860
陽成(天皇)[日]				
	中	347	新唐	6209
		450	宋	14133
陽約	上	296	晉	2841
陽裕	上	269	晉	2767
		282		2818
		284		2821
		288		2828
陽儀	上	157	三	252
		157		253
陽俊	上	74	漢	4121
陽哲	上	348	晉	3134
陽耽	上	275	晉	2806
陽協	上	282	晉	2818
陽休	上	582	北	1827
陽休之	上	454	魏	1716
楊侃	上	454	魏	1716
		583	北	1828
楊璩	上	304	晉	2854
楊景署	中	441	宋	14047
楊季鷹	中	201	舊唐	5337
		344	新唐	6205
楊繼盛	下	439	明	243
楊恭仁	中	24	隋	1217
		114	舊唐	2381
		260	新唐	3926
楊光遠	中	607	遼	1249
楊九澤	下	605	明	8350
楊國忠	中	144	舊唐	3058
		153		3255
		157		3312
		284	新唐	4412
		293		4749
楊近忠	中	595	遼	1187

項目	二十五史抄		新校本	
楊機	上	456	魏	1719
楊暨	上	173	三	728
楊吉砮	下	539	明	6188
		540		6189
楊內史=楊再思				
	中	140	舊唐	2919
楊達	上	555	北	459
	中	8	隋	82
		24		1217
楊覃	中	607	遼	1249
楊大吉	下	44	金	1391
楊東茂	下	396	新元	
楊登山	下	544	明	6198
楊騰	下	537	明	6184
楊亮	上	314	晉	2916
楊諒	上	576	北	1391
		579		1521
		596		2471
	中	25	隋	1244
		41		1581
		115	舊唐	2407
楊烈埚	中	302	新唐	5825
楊倫	下	617	明	8370
楊綸	中	24	隋	1222
楊立忠	中	496	遼	338
楊邈	上	228	晉	90
楊勉	中	595	遼	1187
楊茂	上	379	南齊	1011
楊文	下	471	明	3586
楊文謙	上	613	北	2881
楊朴	中	494	遼	336
楊搏	下	499	明	5417
		518		5655
		518		5656
楊方亨	下	443	明	277
		443		278
		473		3748
		523		5827
		533		6109
		533		6110
		533		6111
		534		6111
		589		8294
		590		8295
楊昉	中	339	新唐	6197
楊伯傑	下	118	金	2006
楊伯雄	下	59	金	1421
楊伯仁	下	69	金	1440
		109		1866
楊璧	上	319	晉	2943
楊僕	上	13	史	1140
		33		2987
		36		3149
		42	漢	194
		45		655
		66		3659
		71		3865
		87	後漢	585
	中	127	舊唐	2734
楊敷	上	578	北	1483
楊佛嵩	上	432	魏	611
		566	北	768
楊師道	中	73	舊唐	57
		114		2383
		114		2384
		260	新唐	3927
		336		6194
楊祥	下	166	元	350
		261		4667
		262		4668
		281	新元	12-9
		413		253-9
楊詳世	中	479	遼	205
		613		132
楊序	下	26	金	280
		86		1478
楊善會	中	68	隋	1899
楊選	下	513	明	5616
		625		8508
楊燮	下	540	明	6189
楊世	上	233	晉	232
楊素	上	579	北	1521
		591		2166
		616		2955
	中	17	隋	669
		52		1776

項目		二十五史抄	新校本	
		52		1777
楊紹	上	595	北	2370
楊紹宗	中	182	舊唐	5144
		302	新唐	5820
楊紹直	下	82	金	1472
楊粟	下	538	明	6186
楊恂	下	532	明	6009
楊詢卿	中	496	遼	338
		596		1188
楊乘	下	385	新元	230-14
楊時	中	431	宋	12738
楊信	上	68	漢	3773
楊氏=楊玄感				
	中	81	舊唐	219
		210		5351
		251	新唐	3679
		302		5820
楊安	上	305	晉	2857
		310		2891
		311		2892
		313		2899
楊彥敬	下	58	金	1419
		60		1423
		62		1427
楊彥和	下	67	金	1436
		67		1437
楊汝南	下	590	明	8295
楊炎龍	下	170	元	420
		295	新元	31-10
楊兀帶	下	161	元	280
楊兀魯帶=楊兀魯克台				
	下	161	元	273
		163		292
		279	新元	11-14
楊汪	中	31	隋	1491
楊巍	下	528	明	5911
		528		5916
		528		5917
楊珧	上	228	晉	90
楊雲翼	下	88	金	3812
楊雄	上	69	漢	3812
		595	北	2371
楊元	下	443	明	279

項目		二十五史抄	新校本	
		542		6194
		543		6194
		544		6201
		590		8295
		～		～
		591		8296
楊元嗣	中	319	新唐	6170
楊邑	上	103	後漢	2464
楊應龍	下	532明		5984
		548		6392
		578		8046
		578		8047
楊應文	下	554	明	6687
楊應誠	中	394	宋	455
		428		11544
		443		14050
楊宜	下	439	明	243
		493		5408
		～		～
		495		5410
		499		5417
		607		8353
		608		8355
楊義臣	上	555	北	461
		597		2535
		607		2652
	中	9	隋	84
		30		1466
		32		1498
		32		1500
		110	舊唐	2252
		252	新唐	3711
楊仁風	下	163	元	301
		280	新元	11-16
楊印基	下	118	金	2006
楊再思	中	140	舊唐	2918
		140		2919
		268	新唐	4098
		268		4099
楊載	下	599	明	8341
		611		8361
楊定	上	319	晉	2943
		464	魏	2063

項目	二十五史抄		新校本		項目	二十五史抄		新校本	
楊政義	中	83	舊唐	331			600		2592
楊兆	下	525	明	5855			602		2600
楊祚	上	165	三	254			603		2606
		166		254			605		2638
楊照	下	440	明	248			605		2644
		536		6184			607		2652
楊宗業	下	594	明	8301			615		2950
		617		8369			616		2955
楊終	上	85	後漢	354			630		3117
		100		2353		中	9	隋	84
楊州鶴	下	544	明	6198			10		96
楊俊民	下	518	明	5659			16		613
		518		5660			18		688
楊駿	上	228	晉	90			21		1124
		299		2847			23		1188
楊仲緒	中	37	隋	1531			24		1217
楊志誠	中	173	舊唐	4471			31		1466
		229	新唐	234			31		1491
		296		5230			32		1500
楊振	下	561	明	6974			34		1516
楊進	中	162	舊唐	3539			35		1519
楊震	下	81	後漢	232			36		1529
楊纂	中	125	舊唐	2673			37		1531
楊瑒	中	182	舊唐	5124			37		1534
楊天吉	下	46	金	1394			38		1535
楊充	上	316	晉	2923			41		1595
楊絑	上	595	北	2370			43		1615
	中	24	隋	1217			43		1616
楊泰元	下	385	新元231-14				43		1620
楊翰	上	319	晉	2942			43		1621
楊割	中	489	遼	318			44		1622
楊玄感	上	555	北	461			44		1624
		556		461			45		1625
		578		1517			47		1676
		~		~			48		1701
		579		1522			51		1768
		581		1790			51		1769
		588		2110			52		1777
		589		2132			55		1817
		592		2185			71	舊唐	2
		595		2370			105		2146
		597		2536			106		2208
		599		2558			107		2208

項目		二十五史抄		新校本
		108		2210
		109		2227
		120		2500
		223	新唐	2
		250		3678
		252		3755
楊玄基	中	319	新唐	6169
楊玄挺	上	579	北	1519
		589		2132
	中	44	隋	1624
楊玄縱	上	579	北	1521
		581		1790
		595		2370
	中	24	隋	1217
		43		1616
		44		1622
		47		1676
楊鐬	下	443	明	279
		444		280
		520		5776
		520		5778
		544		6198
		544		6201
		545		6201
		549		6392
		549		6392
		549		6395
		550		6396
		553		6685
		～		～
		554		6687
		555		6692
		590		8295
		591		8296
		591		8297
		592		8298
		595		8302
楊弘禮	中	125	舊唐	2674
		264	新唐	4045
楊洪	下	623	明	8505
楊黃門=侃	上	453	魏	1716
煬帝[魏]	上	535	北	6
煬帝[隋]	上	557	北	472

項目		二十五史抄		新校本
		569		823
		575		1170
		604		2635
		613		2886
		614		2902
		616		2955
		630		3117
		633		3122
		636		3125
		642		3134
		647		3165
		651		3290
	中	5	隋	59
		6		79
		11		99
		11		160
		13		283
		14		377
		19		798
		27		1336
		33		1513
		44		1623
		45		1636
		47		1684
		48		1701
		55		1816
		57		1819
		59		1822
		61		1825
		64		1838
		65		1874
		104	舊唐	2085
		105		2146
		106		2208
		107		2209
		108		2225
		111		2291
		112		2309
		114		2360
		114		2378
		115		2399
		115		2400
		123		2632

項目	二十五史抄	新校本
	186	5180
	190	5321
	215	5358
	219	5364
	223	新唐　2
	269	4111
	313	6056
	331	6187
	346	6208
	349	6326
	434	宋　14035
煬皇帝=煬帝[北魏]		
	上　401	魏　11
煬皇帝[隋]	上　552	北　1816
諒=漢王	上　551	北　422
	604	2632
	630	3117
	中　9	隋　86
	23	1182
	25	1319
	28	1372
	28	1390
	33	1510
	36	1530
	55	1816
襄=齊哀王	上　103	後漢　2464
襄=姜行本	中　112	舊唐　2334
襄=劉弘基　謚號		
	中　253	新唐　3766
襄=姜確	中　254	新唐　3792
襄=泉南生	中　272	新唐　4124
襄=右丞相	下　110	金　1867
	112	1870
襄公	上　28	史　2881
襄懋=胡宗禮		
	下　498	明　5415
襄子=趙	上　21	史　1794
	上　29	史　2885
穰侯	上　282	晉　2819
讓國皇帝[遼]		
	中　515	遼　456
	602	1211
於仇賁	上　128	後漢　2985

項目	二十五史抄	新校本
	185	三　836
於秩居	上　128	後漢　2987
於顯	下　423	明　29
	600	8342
於俱羅	上　605	北　2641
	605	2642
	中　35	隋　1517
	109	舊唐　2207
魚承仙	中　353	新唐　6426
魚有沼	下　585	明　8288
魚激	中　346	新唐　6207
	449	宋　14132
彥激尊	中　449	宋　14131
彥方=王烈	上　169	三　355
焉耆	中　149	舊唐　3205
焉違		
	上　625	北　3110
偃=燕丞相	上　23	史　2070
	59	漢　2053
俺答	下　455	明　1901
	524	5854
	525	5855
	568	7440
	625	8508
嚴訥	下　488	明　5107
	488	5116
嚴立本	下　61	金　1425
	64	1431
嚴生	上　335	晉　3099
	335	3100
嚴誠	下　614	明　8365
嚴世蕃	下　506	明　5605
	575	7917
	575	7919
	～	～
	575	7921
嚴授	上　128	後漢　2986
嚴詢	上　227	晉　73
嚴嵩	下　489	明　5337
	493	5407
	493	5408
	494	5410
	497	5414

項目		二十五史抄		新校本
				498	5415
		503		5563
		503		5564
		504		5602
		518		5696
		564		7378
		575		7906
		575		7917
		575		7919
		575		7921
嚴安	上	63	漢	2809
嚴尤	上	74	漢	4121
		74		4130
		111	後漢	2814
		125		2981
		132		2993
		197	三	844
		386	梁	802
		626	北	3111
嚴挺之	中	152	舊唐	3254
		283	新唐	4336
嚴助	上	73	漢	3868
女瓌	中	464	遼	86
女奚烈元	下	83	金	1473
女粟＝大武神王[高句麗]				
	上	475	魏	2214
		626	北	3111
如可	中	437	宋	14039
如瑤	下	601	明	8344
如智	下	171	元	426
		171		427
		260		4629
		362	新元	177-11
		411		250-12
汝契	下	536	明	6183
汝修	下	568	明	7440
汝中柏	下	375	新元	209-8
		382		224-13
呂坤	下	529	明	5927
		529		5943
呂光	上	268	晉	2644
		319		2942
		364	宋書	724
		446	魏	1502
		580	北	1626
呂端	中	414	宋	9513
		414		9514
		417		9873
		436		14039
呂望	上	216	三	1137
呂蒙	上	227	晉	2809
呂文仲	中	417	宋	9870
		417		9871
		435		14037
呂(常+心)	下	486	明	4679
呂崇賁	中	157	舊唐	3312
		293	新唐	4750
呂氏	上	14	史	1242
呂淵	下	602	明	8346
呂祐之	中	416	宋	9657
		417		9873
		436		14039
呂元膺	中	162	舊唐	3539
		308	新唐	5993
呂原	下	486	明	4673
	下	486		4678
呂頤浩	中	443	宋	14051
呂子溫	下	63	金	1430
呂子羽	下	89	金	1485
呂才	中	92	舊唐	1060
呂正己	下	63	金	1428
呂知誨	中	169	舊唐	3938
		170		3940
呂震	下	472	明	3683
		613		8363
呂忠翰	下	108	金	1865
呂護	上	231	晉	206
		231		207
		292		2835
		295		2839
		300		2848
		300		2849
呂后	上	27	史	2638
		132	後漢	2992
余繼登	下	617	明	8368
余唐弼	下	52	金	1405

項目	二十五史抄		新校本	
余覘	中	496	遼	341
		569		1120
余里也	下	95	金	1562
余巾卞	下	614	明	8365
茹羯=奚王	中	88	舊唐	538
		323	新唐	6175
茹富仇	中	218	舊唐	5362
犁鉏	上	15	史	1505
厲德彪	下	260	元	4629
		410	新元	250-10
厲仲詳	下	81	金	1468
閭丘思子	上	372	舊唐	2394
		527	南	1972
閭丘羨	上	351	晉	3165
閭丘幸	上	281	晉	2816
閭達	上	475	魏	2214
		626	北	3111
閭毗	上	457	魏	1816
		607	北	2674
		608		2675
閭染	上	457	魏	1817
閭英	上	457	魏	1817
		608		2675
閭志	上	190	三	839
閭泰	上	608	北	2675
閭喜	上	457	魏	1817
黎那燕	下	504	明	5602
黎民表	下	507	明	5607
黎秀	下	491	明	5404
餘慶	上	356	宋書	120
		372		2394
		477	魏	2217
		479	魏	2219
		518	南	60
		632	北	3120
		633		3121
餘固	上	379	南齊	1010
餘昆	上	372	宋書	2394
餘句	上	233	晉	223
餘紀	上	372	宋書	2394
		527	南	1972
餘奴	上	476	魏	2216
		627	北	3113
餘大	上	383	梁	36
餘都	上	372	宋書	2394
餘覘	中	434	宋	14023
餘歷	上	379	南齊	1010
餘禮	上	477	魏	2217
		479		2219
		632	北	3124
餘婁	上	372	宋書	2394
餘流	上	372	宋書	2394
餘隆=武寧王[百濟]				
	上	383	梁	65
		387	梁	804
		520	南	202
		527		1972
餘明	上	395	陳	54
		522	南	279
餘毗	上	372	宋書	2394
		387	梁	804
		527	南	1972
餘宣	中	57	隋	1819
餘暎=腆支王[百濟]				
	上	371	宋書	2392
		372		2393
		372		2394
		387	梁	804
		527	南	1972
餘乂	上	372	宋書	2394
餘爵	上	372	宋書	2394
餘璋=武王[百濟]				
	上	633	北	3122
	中	57	隋	1819
餘昌=威德王[百濟]				
	上	498	北齊	103
	上	498		104
		549	北	291
		549		292
		633		3121
		633		3122
	中	56	隋	1818
		57		1819
餘太	上	520	南	185
餘豐	中	133	舊唐	2791
		135	舊唐	2794

項目	二十五史抄		新校本	
餘暉	上	233	晉	235
餘暈	上	372	宋書	2394
麗燮	上	441	魏	952
麗範	上	441	魏	949
力眞	上	561	北	578
亦乞剌思	下	323	新元	119-4
亦乞列思	下	164	元	310
亦納脫脫	下	373	新元	200-8
亦輦眞	下	336	新元	136-17
亦憐眞八剌公主				
	下	400	新元	249-17
亦兒撒合	下	163	元	299
		163		301
		280	新元	11-16
亦只兒不花	下	348	新元	164-9
易勿施莫賀可汗				
	中	269	新唐	4117
易密	中	379	新五	891
易師仁	中	379	新五	891
易紹宗	下	564	明	7418
		565		7418
易之	中	268	新唐	4099
歷谿卿	上	206	三	851
歷山飛	上	598	北	2553
	中	40	隋	1576
酈道元	上	450	魏	1710
	上	585	北	1831
酈範	上	575	北	971
酈生	上	162	三	258
		432	魏	613
酈惲	上	575	北	997
兗	下	53	金	1407
		100		*1746
延=安原王[高句麗]				
	上	387	梁	804
		477	魏	2217
		526	南	1971
		628	北	3114
延年	上	57	漢	1751
延寧	中	477	遼	187
		479		205
延普	上	408	魏	56
		409		59
		434		656
延寶	中	377	新五	178
延璽	下	68	金	1438
延安答理	下	473	明	3691
延陀	中	127	舊唐	2734
		127		2735
延陀設	中	311	新唐	6038
延陀梯眞	中	322	新唐	6174
延煦	中	377	新五	178
宴荔游	上	187	三	838
連南夫	下	44	金	1391
連都敦信	下	81	金	1468
連休	上	128	三	2987
淵穆玄德皇帝				
	下	4	金	3
淵淨土	中	338	新唐	6196
然人	上	198	三	845
燕氏	上	632	北	3120
	中	56	隋	1818
		340	新唐	6198
燕郡公主=慕容嘉賓之女				
	中	79	舊唐	183
		211		5352
		320	新唐	6170
燕郡夫人=李謹行 妻 劉氏				
	中	339	新唐	6198
燕楠	下	214	元	3214
燕丹	上	37	史	3317
燕都=俟斤	上	651	北	3288
燕文進	中	57	隋	1819
燕文侯	上	23	史	2243
燕荔陽	上	128	後漢	2986
		185	三	837
燕然道	中	271	新唐	4122
燕眞=海藍伯				
	下	372	新元	198-5
燕鐵木兒	下	179	元	782
		181	元	829
		217		3326
		290	新元	22-7
		321	新元	114-17
燕帖古思	下	180	元	806
		182		856

項目		二十五史抄	新校本	
		182		857
		240		4242
		290	新元	23-12
		291		23-13
		315		104-22
		321		114-16
		322		114-17
		377		212-4
燕帖木兒	下	365	新元	179-9
		402		249-19
燕頗	中	464	遼	94
		469		146
		522		468
		524		470
閼氏	上	30	史	2889
		68	漢	3750
列周卿	中	363	舊五	653
涅魯古	中	484	遼	262
涅里衮	中	474	遼	176
悅綰	上	271	晉	2794
		292		2835
		295		2840
		302		2852
		303		2853
悅力延	上	408	魏	54
悅明	上	295	晉	2840
悅希	上	300	晉	2849
烈萬華	中	387	宋	32
		447		14128
烈帝[北魏]	上	475	魏	2214
		535	北	7
烈皇帝[北魏]	上	401	魏	11
		402		12
熱蘇	中	212	舊唐	5354
冉閔	上	230	晉	198
		237		374
		244		698
		253		1712
		260		2493
		271		2794
		271		2796
		272		2796
		289		2832

項目		二十五史抄	新校本	
		290		2832
		291		2833
		291		2834
		291		2835
		293		2837
		294		2839
		309		2868
		461	魏	2054
		462		2061
		487		2306
		492		2827
冉叡	上	462	魏	2061
冉仁德	中	333	新唐	6189
冉智	上	271	晉	2796
		272		2797
炎帝	上	505	周	1
炎尊[日本]	中	449	宋	14131
染干	上	457	魏	1812
		569	北	823
		607		2671
	中	27	隋	336
廉斯(金+齒)	上	206	三	851
	上	207		851
廉希憲	下	139	元	63
		211		3085
		211		3086
		275	新元	9-6
		342		*155-11
		394		249-7
閻玄德[字]=閻讓				
	中	125	舊唐	2679
		260	新唐	3941
閻望雲	下	493	明	5407
閻毗	上	592	北	2163
		592		2185
	中	41	隋	1594
		41		1595
閻讓	中	260	新唐	3941
閻柔	上	101	後漢	2363
		102		2365
		127		2984
		156	三	243
		156		247

項目	二十五史抄		新校本	
		183		835
		184		835
		188		835
		189		838
		190		840
閻志	上	190	三	839
閻知微	中	312	新唐	6045
閻蒼舒	下	67	金	1436
令貴[本名]=耿豪				
	上	509	周	494
令狐建	中	165	舊唐	3543
令狐德棻	中	95	舊唐	1323
令狐彰	中	164		3543
		165		3543
永樂公主	中	79	舊唐	178
		210		5351
永明[字]=劉曜				
	上	268	晉	2683
		461	魏	2046
	下	20	金	186
永中	下	113	金	1871
英秀	中	310	新唐	5995
英宗[元]	下	369	新元187-10	
		372	198-13	
		400	249-17	
		401	249-18	
英宗[明]	下	431	明	127
		432		141
		485		4633
		485		4634
		486		4766
		583		8286
		602		8346
		624		8506
寧一山	下	171	元	426
		171		427
		260		4630
寧宗[宋]	中	396	宋	713
寧宗[元]	下	321	新元114-16	
榮安公主=榮安王夫人				
	下	403	新元146-21	
榮安王	下	403	新元146-21	
榮安王夫人	下	403	新元146-21	

項目	二十五史抄		新校本	
榮胤伯	下	142	元	107
榮祖[元]	下	222	元	3535
		222		3536
榮胡	上	291	晉	2835
嬰文=建國公				
	上	426	魏	345
嬰陽王	上	630	北	3117
		630		3118
靈果[日本]	下	408	新元250-7	
靈仙[日本]	中	450	宋	14133
靈帝[後漢]	上	109	後漢	2812
		116		2821
		126		2984
		130		2990
		133		2984
		182	三	834
		187		838
		188		838
		207		851
		386	梁	802
		389		806
		626	北	3111
		643		3135
靈太后[北魏]	上	425	魏	336
		425		337
		450		1710
		452		1714
		459		1831
		477		2216
		585	北	1831
		586		1833
		628		3114
		638		3128
曳莽	中	316	新唐	6138
芮伯	上	6	史	185
芮悉弗	上	477	魏	2216
		628	北	3114
倪謙	下	470	明	2419
倪屬利稽	中	325	新唐	6178
睿謨	中	442	宋	14049
睿宗[唐]	中	128	舊唐	2758
		156		3297
		213		5355

項目	二十五史抄		新校本	
		217		5360
		312	新唐	6047
		326		6180
		448	宋	14129
睿宗[金]	下 106		金	1846
睿宗[元]	下 221		元	3515
睿宗[明]	下 586		明	8290
禮＝朝鮮大夫				
	上 205		三	850
五哥之	中 305		新唐	5959
俉擧	上 20		史	1704
俉端	下 506		明	5606
		507		5607
		527		5874
俉民憲	下 570		明	7614
		571		7615
俉員	上 304		晉	2854
吾魯兀	下 164		元	310
吾而也	下 208		元	2967
		208		2968
		323	新元	119-4
		327		*130-6
吾者野人	下 291		新元	24-3
吾札忽	下 118		元	2015
吳乞買	中 490		遼	326
吳傑	下 425		明	51
吳激	下 9		金	71
		48		1399
吳景賢	上 604		北	2634
	中 33		隋	1512
吳繼芳	下 507		明	5607
		509		5610
		521		5786
		527		5873
吳繼爵	下 507		明	5607
吳琯	下 85		金	1477
吳光陟	下 67		金	1436
吳廣	下 551		明	6408
		624		8507
吳克勤	中 211		舊唐	5353
		286	新唐	4545
		320		6171
吳克忠	下 623		明	8505

項目	二十五史抄		新校本	
吳兢	中 286		新唐	4525
		298		5603
吳祈	下 172		元	454
		172		461
		284	新元	14-9
		399		249-15
吳得興	中 443		宋	14051
吳璘	下 57		金	1417
		57		1418
吳萬五	下 260		元	4629
		410	新元	250-11
吳明徹	上 510		周	497
		594	北	2323
吳武	上 123		後漢	2962
吳文傑	下 577		明	8034
吳勃極烈	下 92		金	1543
吳文梓	下 533		明	6049
吳百朋	下 521		明	5783
		521		5786
		527		5874
吳鳳	上 98		後漢	2102
吳芾	中 398		宋	2407
		444		14052
吳成器	下 500		明	5419
吳淑夫	下 67		金	1436
吳時來	下 467		明	2249
		503		5547
		503		5563
		503		5564
		511	明	5613
吳拭	中 442		宋	14049
吳十	中 494		遼	334
	下 92		金	1543
吳十那也	中 592		遼	1183
吳十撻不也	中 592		遼	1183
吳演	下 399		新元	249-15
吳芮	上 11		史	977
		58	漢	1895
吳友仁	下 473		明	3706
吳祐	上 98		後漢	2098
	下 349		新元	*165-10
吳元濟	中 162		舊唐	3539
吳禕	中 124		舊唐	2651

項目	二十五史抄		新校本	
		124		2652
吳惟忠	下	542	明	6194
		548		6392
		554		6686
		588		8293
		589		8293
		590		8295
吳應天	下	83	金	1474
吳仁永	下	398	新元	249-13
吳子	下	600	明	8343
吳潛	下	401	新元	249-17
吳挺圭	下	399	新元	249-15
吳禎	下	423	明	29
		463		2243
		475		3839
		475		3840
		475		3841
吳濬	下	105	金	1834
吳中	下	566	明	7439
吳祉	上	80	後漢	219
吳志斗	下	261		4667
		262		4668
吳誌斗	下	166	元	350
吳札	上	299	晉	2848
吳太伯	中	602	遼	1210
吳澤	中	281	新唐	4314
吳平	下	506	明	5606
		507		5607
		509		5610
		511		5612
		512		5614
吳河	上	88	後漢	679
吳漢	上	88	後漢	675
吳衡	下	86	金	1480
吳弘濟	下	533	明	6049
吳孝民	下	45	金	1393
吳黑闥	中	333	新唐	6189
吳曦	下	85	金	1476
		86		1478
敖盧幹	中	554	遼	994
		623		1428
烏介	中	187	舊唐	5214
		187		5215

項目	二十五史抄		新校本	
烏古	中	564	遼	1107
烏古倫	下	232	元	3807
烏古論慶壽	下	89	金	1485
烏古論思烈	下	17	金	156
		63		1430
烏古論三合	下	15		135
		59		1420
		106		1846
烏古論元忠	下	60	金	1423
烏古論誼	下	81	金	1469
烏古論粘沒曷				
	下	59	金	1422
烏古孫氏	下	353	新元	174-15
烏古孫澤	下	233	元	3831
烏古出	下	92	金	1541
烏古打	下	192	元	1400
烏瓜乃	下	44	金	1391
烏帶	下	127	金	2783
烏魯	下	4	金	3
烏魯古=大誆譔				
	中	459	遼	23
烏論石準	下	97	金	1632
烏倫	上	129	後漢	2987
		186	三	837
烏里雅	下	59	金	1420
烏林荅復	下	123	金	2623
烏林荅愿	下	67	金	1436
烏林荅天錫	下	63	金	1429
烏林荅蒲盧虎				
	下	127	金	2818
烏林荅與	下	87	金	1481
		87		1482
烏林荅毅		83		1473
烏林荅贊謨	中	495	遼	338
		496		339
		595		1187
		596		1188
烏林野	下	99	金	1737
烏不呂	中	611	遼	1304
烏昭慶=兀惹				
	中	471	遼	154
		578		1144
		579		1145

項目	二十五史抄		新校本	
		580		1147
烏昭度	中	620	遼	1382
烏承玼	中	291	新唐	4596
		291	新唐	4597
烏雅束	中	489	遼	318
烏延	上	126	後漢	2984
		127		2984
		182	三	834
		184		835
烏延查剌	下	68	金	1438
		114		1920
烏延五里補	下	105	金	1837
烏延浦离黑	下	114		1919
烏延蒲轄奴	下	114	金	1919
烏延蒲渾	下	101	金	1803
烏延胡里改	下	105	金	1836
烏越	上	214	三	857
烏有先生	上	35	史	3014
烏至忠	下	45	金	1393
		131		2885
烏知義	中	147	舊唐	3195
	中	286	新唐	4545
		287		4549
		320		6171
		353		6426
烏春	下	95	金	1577
烏太元	中	448	宋	14129
烏玄明	中	447	宋	14128
鄔中涵	下	567	明	7440
鄔知義	中	211	舊唐	5353
奧敦良弼	下	90	金	1488
奧敦世英	下	223	元	3578
		339	新元	*147-10
奧魯赤=西平王				
	下	170	元	417
奧蘇悔落	中	322	新唐	6174
玉呂魯	下	166	元	336
玉速帖木兒	下	228	元	3633
		228		3634
		359	新元	176-8
玉山不花	下	294	新元	26-17
玉昔帖木兒	下	319	新元	105-6
		325		121-5
		363		178-1
		367		184-11
玉典	下	160	元	269
屋地鞬	上	650	北	3276
溫	中	592	遼	1184
溫疥	上	44	漢	586
溫建德	上	345	晉	3130
溫大雅	中	113	舊唐	2359
		253	新唐	3781
溫都斡帶	下	52	金	1406
		53		1407
溫敦斡喝	下	54	金	1410
溫敦蒲制	下	95	金	1580
溫沙多門	中	274	新唐	4144
溫沙門	中	130	舊唐	2781
		516	遼	458
溫詳	上	234	晉	236
溫純	下	521	明	5783
		521		5800
		618		8371
溫彥博=西河郡公				
	中	114	舊唐	2360
		190		5321
		253	新唐	3782
		331		6187
溫子昇	上	450	魏	1710
		453		1715
		585	北	1831
溫迪罕哥不靄				
	下	328	新元	132-1
		333	新元	134-6
溫迪罕思敬	下	85	金	1477
溫迪罕青狗	下	121	元	2281
		332	新元	134-2
溫迪痕	下	6	金	25
溫體仁	下	553	明	6663
溫七	下	506	明	5606
		507		5606
溫統	上	304	晉	2854
兀克	下	584	明	8287
兀奴忽魯帶	下	157	元	252
兀剌帶	下	157	元	249
兀剌阿	下	363	新元	178-1

項目	二十五史抄		新校本	
兀良合台	下	208	元	2975
兀魯思不花	下	288	新元	19-3
兀魯思罕	下	537	明	6184
兀魯失不花	下	274	新元	9-6
兀魯特	下	323	新元	119-4
兀速兒吉氏	下	364	新元	178-8
兀孫孛羅	下	539	明	6188
兀兒	中	361	舊五	559
		374	新五	61
		382		920
兀顏撥魯歡	下	183	元	881
兀顏牙兀格	下	319	新元	105-7
兀愛	下	235	元	3892
		236		3892
		360	新元	176-10
		361		176-11
兀欲=永康王				
	中	380	新五	901
兀者	下	176	元	628
兀迭	中	563	遼	1107
兀迭臺札	中	483	遼	240
兀朮	中	493	遼	332
兀忽兒	下	363	新元	178-1
翁吉剌特	下	323	新元	119-4
翁大立	下	515	明	5618
		526		5863
		526		5867
		566		7439
翁時器	下	510	明	5612
翁正春	下	519	明	5708
臥德忠	下	81	金	1469
臥落紹昌	下	64	金	1431
窊合山	下	13	金	101
		53		1407
訛可	下	122	金	2401
		333	新元	134-6
訛羅世	下	59	金	1421
訛羅紹甫	下	63	金	1430
訛里	中	495	遼	337
訛里野	中	594	遼	1186
訛留元智	下	58	金	1419
訛口移德昌	下	67	金	1436
窩幹	下	106	金	1845

項目	二十五史抄		新校本	
完顏侃	下	86	金	1480
完顏綱	下	85	金	1478
完顏杲	下	99	金	1737
完顏匡	下	22	金	219
		86		1479
完顏奴婢	下	88	金	1484
完顏達紀	下	14	金	110
		55		1411
完顏達吉	下	58	金	1418
完顏婁室	中	501	遼	351
	下	6	金	25
完顏履信	下	91	金	1489
完顏麻潑	下	13	金	99
		52		1406
完顏謀衍	下	108	金	1864
完顏蒲涅	下	17	金	161
		65		1432
完顏蒲剌覩	下	67	金	1437
完顏蒲魯虎	下	68	金	1438
完顏思恭	下	12	金	94
		52	金	1404
		52		1405
完顏賽也	下	61	金	1426
完顏素蘭	下	27	金	336
完顏素蘭	下	122	令	2402
		333	新元	134-6
完顏守道	下	110	金	1867
完顏崇寧	下	63	金	1429
完顏崇肅	下	64	金	1431
		65		1432
		68		1438
完顏習尼烈	下	67	金	1437
完顏阿里不孫	下	120	金	2280
		121		2281
完顏阿實賫	下	7	金	51
完顏襄	下	64	金	1431
完顏讓	下	65	金	1433
完顏烏里也	下	69	金	1440
完顏烏者	下	110	金	1869
完顏兀古出	下	14	金	124
		57		1417
完顏王祥	下	66	金	1434
完顏元宜	下	52	金	1405

項目	二十五史抄		新校本	
		105		1835
完顏銀朮可	下	5	金	23
完顏毅	下	61	金	1426
完顏子淵	下	328	新元	132-1
		332		134-3
		333		134-6
		390		249-1
(完顏)璋	下	15	金	137
		59		1421
完顏覩古速	下	67	金	1436
完顏正臣	下	57	金	1418
完顏靖	下	16	金	143
		16		149
		61		1425
		63		1429
		66		1434
		132		2886
完顏仲	下	59	金	1421
完顏仲德	下	123	金	2605
完顏進兒	下	20	金	186
完顏昌	下	83	金	1473
完顏撒改	下	118	金	2011
完顏鐵哥	下	121	金	2282
完顏尤里古	下	6	金	31
完顏忠	下	96	金	1622
完顏海奴	下	122	金	2366
完顏亨=孛迭[本名]				
	下	100	金	1756
		100		1757
完顏忽剌古	下	7	金	50
完者=老的의 妻				
	下	214	元	3196
完者禿	下	177	元	687
完者篤愿	下	336	新元	136-17
完者拔都	下	345	新元	*160-15
完者不花來	下	403	新元	249-20
完者忽都皇后=奇皇后[元]				
	下	206	元	2880
完哲	下	381	新元	220-8
完澤	下	308	新元	75-7
		411		250-12
琬=榮王	中	150	舊唐	3206
王氏=楊紹宗의 妻				

項目	二十五史抄		新校本	
	中	302	新唐	5820
王可納干	中	167	舊唐	3871
王可道	下	55	金	1411
		112		1869
王家涇	下	464	明	2245
王家屏	下	519	明	5727
		519		5731
王嘉	上	316	晉	2924
		463	魏	2063
		464		2064
		619	北	3069
	中	478	遼	203
		479		204
王(古叚)	中	442	宋	14048
王簡	上	153	三	139
		272	晉	2797
王鑑	下	400	新元	249-16
王江涇	下	439	明	243
		493		5407
		495		5410
		504		5603
		508		5608
		509		5610
		577		7998
		607		8352
王康成	下	81	金	1469
王昍=王暙・忠烈王				
	下	168	元	370
		169		382
		169		383
		169		384
		170		414
		170		420
		170		425
		172		467
		172		470
		173		483
		173		502
		173		503
		209		2743
		239		4138
		255		4622
		282	新元	12-13

項目		二十五史抄		新校本	
			308		78-4
			317		104-28
			342		154-16
			369		187-6
			399		249-14
			400		249-16
王舉	下	52		金	1405
王虔威	中	156		舊唐	3312
		246		新唐	3455
王虔休	中	168		舊唐	3898
王建	上	224		晉	12
		405		魏	27
		405			28
		431			604
		436			709
		436			710
		537		北	15
		565			754
		565			755
	中	361		舊五	553
		363			590
		364			1032
		365			1048
		374		新五	61
		375			84
		381			919
		434		宋	14035
	下	245		元	4607
		390		新元	249-1
		579		明	8279
王建立	中	364		舊五	1018
王儉	上	377		南齊	194
王唊	上	34		史	2988
		72		漢	3877
		73		漢	3867
王景	上	103		後漢	2464
		104			2465
		105			2466
	中	398		宋	2318
	下	457		明	2018
王景崇	中	247		新唐	3457
王景萼	中	247		新唐	3457
王景耀	中	152		舊唐	3255

項目		二十五史抄		新校本	
		283		新唐	4336
王景胤	中	247		新唐	3457
王景暉	上	350		晉	3163
王敬武	中	90		舊唐	738
王敬則	上	523		南	1127
王璟	上	360		新元	176-10
王瓊	下	462		明	2238
王繼遠	中	602		遼	1210
王繼祖	下	625		明	8508
王繼忠	中	475		遼	179
		610			1284
		610			1285
王杲	下	525		明	5855
		536			6184
		537			6184
		539			6187
王翺	下	485		明	4634
王斛斯	中	81		舊唐	213
		296		新唐	5178
王公佐	下	53		金	1408
王公弼	下	69		金	1440
王恭	上	256		晉	2183
		256			2184
王廣	上	319		晉	2943
王廣之	上	377		南齊	501
		378			501
王閎	上	103		後漢	2464
王九言	中	155		舊唐	3295
		271		新唐	4122
王求禮	中	146		舊唐	3154
		178			4884
		277		新唐	4172
		278			4172
王求婁	中	150		舊唐	3252
王國佐	下	260		元	4629
		410		新元	250-10
王國昌	下	144		元	122
		147			135
		236			3926
		250			4614
		250			4615
		253			4618
		253			4619

項目	二十五史抄		新校本	
		257		4624
		259		4627
		271	新元	8-8
		273		8-15
		350		*63-6
		396		249-10
王君愕	中	140	舊唐	2909
		223	新唐	44
		280		4240
王君智	下	411	新元	250-11
王珪	下	67	金	1436
王均	下	349	新元	*164-17
王克敬	下	240	元	4232
王及善=邢國公				
	中	139	舊唐	2898
		140		2909
		279	新唐	4224
		280		4240
		280		4241
王肯堂	下	521	明	5818
王寄	上	174	三	732
王琪	下	57	金	1418
王祺=王顥・伯顏帖木兒・恭愍王				
	下	402	新元	249-20
		403		249-21
		404		249-22
王頎	上	176	三	762
		176		763
		193		842
		200		847
		214		857
		267	晉	2609
		386	梁	803
		626	北	3112
	中	127	舊唐	2734
王冀	下	485	明	4634
王難	上	344	晉	3128
王南撒里	下	126	金	2761
王栖	下	86	金	1479
王俠	中	378	新五	851
		378	新五	852
王德	上	473	魏	2127
		624	北	3079
	中	430	宋	12127
	下	568	明	7435
		568		7440
		568		7441
王德完	下	534	明	6117
		534		6132
		540		6190
王德昌	下	61	金	1425
王道	下	604	明	8349
王道平	中	479	遼	204
王都中	下	181	元	833
		240		4229
		362	新元	177-22
王滔	中	149	舊唐	3205
		149		3206
		289	新唐	4578
王燾=阿剌訥忒失里				
	下	174	元	556
		178		745
		179		799
		205		2761
		245		4607
		256		4623
		256		4624
		400	新元	249-16
		401		249-17
		401		249-18
		402		248-19
王敦	上	276	晉	2808
王同	上	174	三	732
王同皎	中	152	舊唐	3254
王同穎	中	470	遼	150
		634		1520
王同顯	中	477	遼	190
王騰	上	254	晉	1981
		293		2837
		316		2924
		318		2941
		324		3081
王郎	上	277	晉	2809
王勵=梁甫縣公				
	上	507	周	334
		590	北	2164

項目	二十五史抄		新校本	
王烈	上 105		後漢	2696
	106			2697
	169	三		354
	169			355
	169			356
王路俱	中 167		舊唐	3871
	304		新唐	5951
王鹿充宗	上 66		漢	3730
王倫	下 49		金	1400
王淩	上 244		晉	711
王立之	下 91		金	1489
王卍	下 402		新元	249-19
王萬戶	下 409		新元	250-9
王莽	上 50		漢	1625
	51			1626
	52			1626
	53			1626
	54			1627
	56			1635
	73			4077
	74			4115
	74			4130
	74			4131
	107		後漢	2809
	111			2814
	125			2981
	180	三		833
	197			844
	206			851
	282		晉	2819
	386		梁	802
	450		魏	1711
	585		北	1832
	626			3111
王勘=王醜興[字]・王勵				
	上 590		北	2614
王猛	上 232		晉	212
	232			213
	244			698
	302			2852
	303			2853
	304			2854
	305			2857
	310			2891
	311			2892
	312			2893
	322			3078
	323			3079
	462		魏	2061
	463			2062
	471			2077
	492			2827
	618		北	3067
王盟=子作[字]				
	上 506		周	333
	507			333
	508			335
	589		北	2163
	590			2164
	590			2165
王名善	下 564		明	7413
王銘	下 477		明	3904
王毛仲	中 79		舊唐	180
	150			3252
	151			3253
	152			3254
	152			3255
	282		新唐	4335
	283			4336
	283			4337
王沒諾干=王武俊				
	中 294		新唐	4767
王武	中 366		舊五	1111
	375		新五	96
	381			919
	434		宋	14035
王武俊=王沒諾干				
	中 83		舊唐	331
	161			3536
	161			3537
	167			3871
	168			3898
	304		新唐	5951
	305			5959
	307			5991
王茂	上 380		南齊	1012

項目	二十五史抄		新校本	
	下	613	明	8363
王茂元	中	162	舊唐	3539
王懋=小興[字]				
	上	507	周	334
		507		335
		590	北	2164
王文度	中	132	舊唐	2790
		197		5331
		266	新唐	4082
		341		6200
王文同	上	614	北	2903
	中	48	隋	1701
		48		1702
王彌	上	176	三	763
		267	晉	2609
王鐔	下	570	明	7614
王磐	下	231	元	3751
		231		3755
		343	新元	158-6
		368		*185-3
王方慶	中	78	舊唐	125
		139		2896
王方翼	中	268	新唐	4089
王白駒	上	371	宋書	2393
		526	南	1970
		526		1971
王伯當	中	108	舊唐	2210
		251	新唐	3679
王伯龍	中	594	遼	1186
王伯倫	中	293	新唐	4750
王抃	下	59	金	1422
王辯	中	35	隋	1520
王辯那	上	633	北	3121
	中	57	隋	1819
王甫	上	131	後漢	2990
王俌	中	280	新唐	4226
王保	下	545	明	6215
		546		6216
王輔	下	59	金	1421
王本固	下	496	明	5412
		497		5413
		609		8356
王奉孝	上	591	北	2165

項目	二十五史抄		新校本	
		591		2166
王逢規	中	373	新五	46
王鳳	上	282	晉	2819
王符	上	95	後漢	1630
王復	下	433	明	142
王薄	上	598	北	2553
	中	36	隋	1529
		40		1576
		411	宋	8799
王貫	上	7	史	233
		7		234
王羆	上	507	周	333
王彬	中	418	宋	10076
		436		14039
		437		14040
		438		14041
王冰	上	280	晉	1816
王士宏	下	374	新元	*207-7
王士琦	下	527	明	5863
		527		5878
		549		6393
		578		8047
王士騏	下	470	明	2392
王士誠	下	472	明	3684
王士禎	下	617	明	8369
王士清	中	161	舊唐	3537
		168		3898
		307	新唐	5991
王司徒	上	277	晉	2809
王思廉	下	370	新元	*188-6
王思禮	中	156	舊唐	3312
		157		3313
		246	新唐	3455
		292		4749
		293		4750
		353		6421
王師範	中	90	舊唐	738
		90		746
王師信	下	66	金	1434
王三桂	下	597	明	8306
王奭	下	581	明	8283
		582		8283
王錫爵	下	541	明	6191

項目	二十五史抄		新校本	
王先	上	255	晉	2082
		314		2917
		488	魏	2389
王詵	中	322	新唐	6173
王僎	中	435	宋	14037
王涉	中	164	舊唐	3542
王成	下	333	新元	134-7
王世科	下	507	明	5607
王世橋	下	507	明	5607
王世積	上	595	北	2372
	中	22	隋	1173
王世充	中	95	舊唐	1323
		109		2227
		137		2811
		311	新唐	6028
王邵子	上	371	宋書	2392
		526	南	1970
王昭=光宗[高麗]				
	中	367	舊五	1480
		367		1535
		367		1579
		368		1595
		376	新五	113
		381		919
		388	宋	38
		434		14035
		435		14036
王昭祚	中	247	新唐	3457
王紹	上	404	魏	26
王紹懿	中	247	新唐	3458
王紹鼎	中	247	新唐	3457
王誦=穆宗[高麗]				
	中	438	宋	14042
		470	遼	150
		471		154
		472		168
		614		1339
		618		1347
		634		1520
王守慶	中	152	舊唐	3255
王守道	中	152	舊唐	3255
王守廉	中	152	舊唐	3255
王守貞	中	152	舊唐	3255

項目	二十五史抄		新校本	
王洙	中	416	宋	9814
王須拔	上	636	北	3126
	中	59	隋	1822
王垂	上	343	晉	3128
王遂	中	164	舊唐	3541
王叔果	下	529	明	5954
王叔文	中	301	新唐	5745
王淑=齊安侯・齊安公				
	下	147	元	140
		254		4620
		397	新元	249-11
		496	明	5412
王肅	上	358	宋書	537
王珣=廣平公				
	下	142	元	106
		222		3534
		269	新元	8-3
		333	新元	*134-7
		572	明	7718
王舜	上	64	漢	3125
王舜封	中	441	宋	14047
王詢=顯宗[高麗]				
	中	438	宋	14042
		439		14044
		440		14045
		472	遼	168
		473		168
		477		187
		545		854
		614		1339
		617		1345
		618		1347
		634		1520
		635		1520
	下	464	明	2245
		514		5617
王淳=永寧公				
	下	138	元	37
		145		123
		192		1399
		208		2968
		222		3536
		224		3628

項目	二十五史抄		新校本	
	235		3891	
	236		3894	
	247		4610	
	250		4614	
	251		4615	
	251		4616	
	266		新元	4-14
	327			130-6
	333			134-9
	355			176-2
	357			176-5
	359			*176-9
	392			249-4
	393			249-5
王崇古	下	499	明	5416
		505		5604
		524		5833
		524		5838
王崇修	下	568	明	7441
王崇堯	下	568	明	7441
王升朝	中	247	新唐	3457
王承慶	中	310	新唐	5995
王承業	中	169	舊唐	3938
王承宗	中	310	新唐	5995
王(木氏)	下	402	新元	249-20
王ネ直＝王典・忠敬王・元宗[高麗]				
	下	140	元	71
		141	元	85
		141		88
		141		91
		141		93
		141		95
		141		96
		141		97
		142		100
		142		106
		142		107
		142		108
		142		109
		143		112
		143		113
		143		115
		144		117

項目	二十五史抄	新校本	
	144	119	
	144	121	
	144	122	
	145	123	
	145	127	
	146	128	
	146	129	
	146	131	
	146	132	
	147	133	
	147	136	
	147	137	
	147	139	
	147	140	
	148	142	
	148	147	
	149	148	
	149	150	
	149	151	
	149	152	
	149	153	
	149	154	
	150	156	
	225	3629	
	230	3749	
	248	4612	
	249	4613	
	249	4614	
	251	4615	
	251	4616	
	252	4617	
	253	4618	
	254	4619	
	254	4620	
	256	4623	
	256	4624	
	257	4624	
	258	4626	
	259	4628	
	269	新元	7-17
	269		8-1
	269		8-2
	269		8-3

項目	二十五史抄	新校本
	270	8-6
	270	8-7
	271	8-9
	271	8-10
	272	8-11
	272	8-13
	344	158-14
	355	176-3
	396	249-9
	396	249-10
	404	250-1
	405	250-2
王信	下 483	明 4479
	483	4491
	483	4492
	483	4493
王惟=王昛	下 140	元 71
	144	122
	145	123
	146	128
	146	130
	146	131
	147	133
	147	136
	147	137
	148	147
	150	155
	150	156
	150	159
	150	167
	150	169
	151	185
	151	186
	152	207
	205	2760
	248	4612
	249	4613
	250	4615
	251	4615
	252	4617
	252	4618
	253	4620
	255	4624

項目	二十五史抄	新校本
	268	新元 7-10
	271	8-9
	275	9-6
	275	9-17
王審知	中 378	新五 845
	378	851
王諶	下 205	元 2744
	393	新元 249-6
	396	249-10
	396	249-11
	397	249-12
	398	249-13
	398	249-14
	399	249-14
王氏=楊紹宗의 妻		
	中 85	舊唐 408
	182	5144
王阿海	下 44	金 1391
王雅	上 595	北 2371
王渥	下 91	金 1489
王安德	中 124	舊唐 2670
	259	新唐 3903
王安道	下 82	金 1472
王安石	中 398	宋 2324
王安中	下 104	金 1834
王約	下 172	元 454
	239	元 4137
	239	4138
	239	4142
	284	新元 14-9
	369	*187-6
	385	237-7
	399	249-15
王瀹	下 61	金 1425
王襄	中 425	宋 11126
	425	11127
王彦英	中 418	宋 10076
王彦潛	下 117	金 2005
王曦	下 60	金 1422
王汝言	下 515	明 5619
王汝楫	下 68	金 1438
王懙	下 438	明 241
	440	246

項目	二十五史抄		新校本	
		490		5379
		491		5396
		491		5397
		493		5408
		502		5509
		509		5610
		513		5616
		606		8352
		607		8352
王充	上	316	晉	2923
		319		2943
王延羲	中	378	新五	851
王演	中	376	新五	114
王悅	上	590	北	2165
王永	上	318	晉	2941
		319		2943
		319		2945
		431	魏	605
		564	北	732
	下	625	明	8508
王永齡	下	83	金	1473
王榮祖	下	329	新元	132-2
		333		134-9
		334		134-10
王譓=熙宗[高麗]				
	下	25	金	267
		25		268
		82		1472
		83		1473
		133		2888
王汭	下	46	金	1394
王午	上	289	晉	2832
		290		2833
		291		2834
		292		2835
		298		2845
王吳	上	78	後漢	114
		103		2464
		104		2465
	中	398	宋	2318
王禑	下	424	明	42
		425		47
王澉	下	609	明	8355

項目	二十五史抄		新校本	
王溫=承化侯				
	上	339	晉	3106
	下	272	新元	8-12
		273		8-15
		371		191-5
		396		249-10
王尢堂	下	536	明	6184
		538		6186
王顒=肅宗[高麗]				
	中	442	宋	14048
		488	遼	308
		489		314
		636		1522
王堯=懷王	中	442	宋	14048
王遙	下	396	新元	249-11
王瑤=定昌國院君				
	下	425	明	50
		581		8283
		582		8283
		586		8290
王用汲	下	532		5989
		532		5995
王鎔	中	247	新唐	3457
王友	下	480	明	4099
		480		4112
王俁=睿宗[高麗]				
	中	394	宋	410
		442		14049
		446		14054
		489	遼	322
		490		326
		636		1523
王禹珪	下	66	金	1435
		66		1436
王寅	上	281	晉	2818
王昱=獻宗[高麗]				
	中	487	遼	303
		488	遼	308
		636		1522
王郁	中	606	遼	1241
王昻	下	131	金	2885
王惲	下	370	新元	*188-1
王雲	中	426	宋	11229

項目	二十五史抄		新校本	
王運=宣宗[高麗]				
	中	441	宋	14047
		442		14047
		486	遼	291
		487		303
		636		1522
王雄	上	170	三	453
		172		727
		178		832
		190		839
	中	317	新唐	6167
王元	上	95	後漢	1609
		122		2960
王元逵	中	247	新唐	3457
王元德	下	21	金	209
王元輔	中	388	宋	57
王元英	中	304	新唐	5951
王諝=王璋·忠宣王[高麗]				
	下	160	元	265
		166		348
		169		405
		170		414
		170		420
		170		425
		173		510
		205		2701
		239		4138
		255		4622
		256		4624
		369	新元	187-6
		399		249-14
		399		249-15
		400		249-16
		400		249-17
		401		249-17
王威	中	22	隋	1148
王爲亨	下	284	新元	14-4
王蔚	下	55	金	1411
王有慶	中	500	遼	348
王惟屏	下	537	明	6184
王惟紹	下	400	新元	249-16
王融	上	378	南齊	1010
		407	魏	81
王恩	中	376	新五	120
	中	403	宋	3362
王邑	上	92	後漢	1226
王應榮	下	538	明	6186
王褘=信安郡王				
	中	320	新唐	6171
王誼	上	508	周	335
		590	北	2165
		591		2166
王懿	上	368	宋書	1390
王以旂	下	458	明	2115
王貽孫	中	411	宋	8802
王仁	上	624	北	3079
		624		3080
王仁(亻品)	中	418	宋	10076
王仁恭	上	605	北	2638
	中	38	隋	1534
		38		1535
王仁皎	中	283	新唐	4336
王仁翟	中	364	舊五	1018
王子飛[字]=王雲				
	中	426	宋	11229
王子乍[字]=王盟				
	上	507	子	333
王岑	下	355	新元	176-3
王章	上	283	晉	2820
	下	173	元	498
		173		503
		174		510
		176		609
		177		667
王璋	下	174	元	524
		204		2743
		207		2901
		288	新元	19-2
		315		104-14
		400		249-16
王在復	下	570	明	7597
		570		7614
王著	中	417	宋	9871
		417		9872
		435		14037
王積翁	下	160	元	264

項目	二十五史抄		新校本	
	171			426
	181			833
	240			4229
	260			4629
	260			4630
	278		新元	11-7
	361			*177-21
	411			250-12
王全	下	104	金	1834
王佺=新安公				
	下	247	元	4610
	392		新元	249-4
王典	上	270	晉	2768
王偉	下	139	元	63
	139			64
	140			67
	140			71
	211			2087
	222			3536
	247			4610
	248			4612
	268		新元	7-9
	268			7-10
	268			7-11
	334			134-10
	342			155-11
	392			249-4
	393			249-5
	393			249-6
	394			249-6
	394			249-7
	395			249-8
	404			250-1
王翳	上	7	史	233
	24			2338
王顓=恭愍王[高麗]				
	下	318	新元	104-30
	404			249-22
	423		明	23
	579			8279
	580			8280
	580			8281
	581			8282

項目	二十五史抄		新校本	
王廷	下	518	明	5664
王廷芳	中	149	舊唐	3205
王廷湊	中	168	舊唐	3884
	247		新唐	3457
	305			5959
王定	上	46	漢	672
王政	上	155	三	240
王侹=淮安公				
	下	222	元	3536
	246			4609
	329		新元	132-2
	333			134-9
	391			249-2
王庭芬	中	289	新唐	4577
王禎(楨)=忠惠王[高麗]				
	下	178	元	745
	179		元	799
	289		新元	22-2
	401			249-18
	401			249-19
	402			249-19
	402			249-20
王齊	上	347	晉	3134
王濟	中	307	新唐	5991
王朝	下	546	明	6266
王稠	上	83	後漢	262
王調	上	77	後漢	49
	103			2464
王操	上	510	周	497
	594		北	2323
王宗沐	下	527	明	5873
	527			5876
王宗禹	中	88	舊唐	547
王宗義	下	538	明	6186
王從古	下	566	明	7438
王悰=順安公				
	下	149	元	150
王伷=景宗[高麗]				
	中	388	宋	48
	389			69
	435			14036
王肻	上	611	北	2813
	中	49	隋	1741

項目	二十五史抄		新校本	
王峻	上	499		364
		587	北	1981
		587		1997
王浚	上	249	晉	1146
		249		1147
		252		1710
		255		2113
		259		2435
		259		2492
		274		2805
		462	魏	2060
王晙	中	143		2986
		151		3253
		185		5174
		276	新唐	4153
		282		4335
		313		6052
王緯	下	203	元	2570
王遵	上	77	後漢	49
		103		2464
王濬	中	135	舊唐	2794
王仲	上	103	後漢	2464
王仲德[字]=王懿				
	上	368	宋書	1391
王仲伯	上	578	北	1517
		605		2638
	中	38	隋	1535
		43		1616
王仲保	下	579	明	8305
王仲通[字]=王璟				
	上	103	後漢	2464
王之詰	下	525	明	5854
		525		5855
王之望	下	58	金	1420
王之臣	下	556	明	6711
王支	上	565	北	754
王智興	中	163	舊唐	3540
		309	新唐	5994
王珍	上	507	周	333
		589	北	2163
王眞	下	486	明	4655
		623		8505
王進	下	602	明	8345
王震	下	109	金	1865
王縉	下	338	新元	145-13
王澂=帶方侯				
	下	254	元	4620
		396	新元	249-10
王詔	下	507	明	5606
		576		5622
王佐	下	117	金	1997
王次多	上	406	魏	29
		465		2065
王車	上	284	晉	2821
王贊	上	216	三	1139
王昌	上	86	後漢	491
	下	425	明	47
		581		8283
		852		8283
王昶	中	378	新五	852
王湒=安慶公				
	下	144	元	117
		145		123
		146		128
		249		4613
		250		4615
		251		4616
		252		4617
		393	新元	249-5
		395		249-9
		396		249-9
		396		249-10
王瞰=高宗[高麗]				
	下	137	元	20
		137		31
		138		37
		224		3627
		224		3628
		235		3891
		245		4608
		246		4609
		247		4610
		256		4623
		265	新元	3-10
		265		4-4
		266		4-12

項目	二十五史抄		新校本
	266		4-14
	327		130-6
	328		132-1
	329		132-2
	354		176-1
	360		176-9
	390		249-1
	391		249-1
	391		249-2
	392		249-3
	392		249-4
	393		249-5
	393		249-6
王鐵	下 499	明	5418
	565		7435
	565		7437
王添兒	下 112	金	1869
王清溪	下 495	明	5411
	497		5413
	609		8355
王樵	下 521	明	5811
	521		5817
王暙=王賰・王昛・忠烈王[高麗]			
	下 153	元	221
	153		224
	153		226
	154		228
	154		229
	154		230
	155		232
	155		233
	156		239
	156		244
	157		249
	157		253
	160		265
	163		298
	163		300
	164		309
	165		333
	165		334
	166		347
	166		348

項目	二十五史抄		新校本
	167		351
	167		350
	168		370
	193		1562
	255		4620
	256		4622
	408	新元	250-7
	408		250-8
	409		250-8
	411		250-11
王忠	上 268	晉	2688
王忠嗣	中 147	舊唐	3197
	228	新唐	143
	238		1146
	287		4551
	292		4749
王治=成宗[高麗]			
	中 389	宋	69
	389		91
	435		14037
	436		14038
	437		14039
	438		14041
	469	遼	143
	470		148
	616		1342
	634		1519
	634		1520
王治道	下 524	明	5854
	536		6183
	536		6184
王沈	上 249	晉	1147
王綝	中 279	新唐	4223
王晫=神宗[高麗]			
	下 24	金	243
	24		248
	24		249
	25		250
	25		267
	25		268
	82		1472
	133		2888
王台	下 525	明	5855

項目	二十五史抄		新校本	
		537		6184
		539		6187
		539		6188
王泰亨	下	180	元	822
		256		4623
		374	新元	207-7
王通	下	237	元	3926
		351	新元	166-6
王統	上	319	晉	2943
王特兒	上	409	魏	57
王波	上	507	周	333
		589	北	2163
王罷	上	589	北	2163
王播	中	309	新唐	5993
王八	中	473	遼	168
		635		1520
王沛	下	508	明	5608
		568		7441
王覇	上	89	後漢	734
王彭祖	上	279	晉	2812
王襃	上	259	晉	2435
王豐	上	565	北	754
王弼	上	177	三	795
		177		796
		507	周	334
		590	北	2164
	下	476	明	3855
王罕	下	195	元	1695
		310	新元	91-7
		322		118-9
王楷=仁宗[高麗]				
	中	394	宋	458
		442		14049
		443		14050
		444		14051
	下	7	金	55
		11		82
		51		1403
		128		2881
		131		2885
		131		2886
王行瑜	中	306	新唐	5986
王憲	上	286	晉	2824

項目	二十五史抄		新校本	
		287		2825
		571	北	867
王獻可	中	426	宋	11229
王獻臣	下	487	明	4765
		487		4801
王玄志	中	159	舊唐	3534
		169		3938
		170		3940
		292	新唐	4703
王晛	下	11	金	82
		11		84
		16		148
		51		1403
		62		1426
		62		1427
		115		1952
		131		2886
		132		2886
王顯	上	313	晉	2899
		456	魏	1760
		458		1830
		508	周	335
		590	北	2165
		608		2684
	下	570	明	7614
王晧=明宗[高麗]				
	下	16	金	148
		17		156
		17		157
		21		210
		24		248
		62		1427
		63		1428
		63		1430
		64		1431
		66		1435
王晧=翼陽公				
	下	115	金	1952
		132		2887
		133		2888
王昌	下	175	元	572
		204		2744
		205		2761

項目	二十五史抄		新校本	
		256		4623
		392	新元	249-4
		400		249-17
		401		249-17
		401		249-18
		402		249-19
王護留	上	150	三	109
王渾	中	135	舊唐	2794
王化貞	下	555	明	6696
		555		6699
		556		6715
王華	上	269	晉	2767
王歡	上	258	晉	2366
王黃	上	27	史	2638
		58	漢	1892
王恢	中	113	舊唐	2356
		249	新唐	3516
王悔	中	146	舊唐	3194
		211		5353
		287	新唐	4549
		320		6171
王會	上	292	晉	2835
王澮	下	122	金	2366
		122		2367
王孝傑	中	78	舊唐	126
		95		1376
		142		2977
		210		5351
		276	新唐	4148
		312		6045
		319		6169
王孝鄰	中	57	隋	1819
王煦=鷄林郡公				
	下	287	新元	18-4
		402		249-20
王勳=順宗[高麗]				
	中	486	遼	288
		486		291
		636		1522
		636		1523
王徽=文宗[高麗]				
	中	440	宋	14045
		441		14046
		442		14047
		442		14049
		483	遼	246
		486		288
		636		2522
王昕=忠穆王[高麗]				
	上	500	北齊	415
		500		416
	下	402	新元	249-20
王欽=德宗[高麗]				
	中	477	遼	191
		478		203
		482		233
		636		1522
王欽臣	中	417	宋	9817
王欽若	中	407	宋	4640
王(王興)=瑞興侯				
	下	400	新元	249-16
王希文	下	620	明	8415
王晞	上	500	北齊	417
		571	北	890
王熙=肅宗[高麗]				
	中	393	宋	360
		442		14048
王僖	下	140	元	67
		248		4612
		268	新元	7-9
王羲之	中	179	舊唐	4947
		299	新唐	5645
王曦	中	378	新五	851
汪家奴	下	382	新元	224-13
汪(土自)	下	553	明	6621
汪古特	下	323	新元	119-4
汪大猷	下	62	金	1426
汪道昆	下	525	明	5854
		541		6191
汪泗論	下	553	明	6621
汪先岸	下	554	明	6686
汪燒餅	下	568	明	7463
汪汝正	下	498	明	5415
汪敖	下	495	明	5410
汪應蛟	下	546	明	*6265
汪應祖=山南王[琉球]				

項目	二十五史抄		新校本	
	下	426	明	81
		612		8363
		613		8364
汪以時	下	546	明	6215
汪俊	下	470	明	2396
汪直	下	439	明	241
		456		1981
		464		2245
		482		4264
		491		5397
		494		5410
		495		5411
		496		5412
		497		5413
		498		5414
		498		5415
		502		5424
		505		5605
		506		5605
		508		5609
		510		5611
		575		7917
		575		7920
		575		7921
		606		8352
		608		8354
		609		8355
		610		8357
		618		8372
汪罕	下	137	元	10
旺速	下	160	元	268
倭奴	上	404	魏	26
倭隋	上	373	宋書	2395
倭洧	上	529	南	1974
倭濟	上	356	宋書	100
隈敏修	下	86	金	1478
嵬恧執忠	下	63	金	1429
嵬客仁顯	下	68	金	1438
嵬(口執)信	下	58	金	1420
嵬宰師憲	下	66	金	1435
隗囂	上	86	後漢	513
		86		514
		121		2878

項目	二十五史抄		新校本	
		478	魏	2218
麃洛干	上	531	南	1977
姚坤	中	369	舊五	1830
		379	新五	889
姚光	上	81	後漢	233
		92	後漢	1280
		111		2814
		112		2815
		164	三	259
		197		844
姚南仲	中	85	舊唐	392
姚大節	下	538	明	6186
姚里氏	下	220	元	3513
姚伯顏不花	下	206	元	2881
		317	新元	104-25
姚思廉	中	262	新唐	3976
姚緒	上	320	晉	2977
姚昭	上	344	晉	3128
		347		3133
姚紹	上	320	晉	2997
姚燧	下	238	元	4060
		342	新元	157-22
		343		157-22
		400		249-16
姚璹	中	77	舊唐	125
		140		2902
		140		2903
		227	新唐	96
		262	新唐	3979
		278		4172
		318		6169
姚崇	中	144	舊唐	3021
		152		3254
		283	新唐	4336
		284		4381
姚襄	上	271	晉	2794
		292		2835
姚元崇=姚崇[改名]				
	中	143	舊唐	2984
	中	144	舊唐	3021
		275	新唐	4143
姚弋仲	上	269	晉	2767
		271		2794

項目	二十五史抄		新校本	
姚萇	上	236	晉	349
		238		379
		239		380
		240		399
		313		2899
		314		2916
		315		2920
		317		2926
		318		2935
		318		2936
		319		2943
		320		2945
		364	宋書	724
		403	魏	20
		446		1502
		535	北	10
		580		1626
姚宗奭	下	117	金	1997
姚樞	下	259	元	4627
	下	342	新元*	157-22
		370		188-1
		406		250-5
姚平仲	下	45	金	1393
		45		1394
姚弼	上	320	晉	2997
姚憲	下	63	金	1430
姚興	上	350	晉	3163
		351		3165
		404	魏	26
		432		611
		567	北	775
	中	14	隋	350
要只	中	476	遼	185
堯	上	3	史	15
		106	後漢	2807
		583	北	1828
		584		1830
	中	431	宋	12739
		509	遼	437
	下	397	新元	249-12
		600	明	8343
堯骨	中	458	遼	21
		459		23
遙輦昭古牙	下	37	金	997
遙說	下	127	金	2783
廖永忠	下	474	明	3795
		474		3804
廖莊	下	482		4413
曜	中	106	舊唐	2207
耀屈之	中	379	新五	890
用明天皇[日本]	中	346	新唐	6208
		450	宋	14132
勇斛律	上	345	晉	3130
		347		3132
		347		3133
容我	中	512	遼	446
龍端	上	111	後漢	2815
龍大淵	下	59	金	1421
龍敏	中	364	舊五	665
龍氏	中	392	宋	335
龍雲	下	64	金	1431
于簡	上	460	魏	1889
于謙	下	433	明	142
		484		4543
于德昌	下	440	明	245
于仕廉	下	458	明	2116
于西	上	372	宋書	2394
于粟磾	上	437	魏	735
		569	北	837
于順皇后	上	459	魏	1832
于什門[字]=于簡	上	408	魏	54
		460		1889
		460		1890
		472		2126
		612	北	2842
		612		2843
		623		3078
于也孫脫	下	270	新元	8-7
于約蘇圖	下	249	元	4614
		250		4614
于延超	中	435	宋	14037
于玉玄	下	535	明	6157
于(門眞)	中	149	舊唐	3205
于從剛	下	199	元	2379

項目	二十五史抄		新校本	
于仲文	上	555	北	460
		570		851
		570		855
		570		856
		606		2651
	中	9	隋	83
		28		1450
		29		1455
于志文	下	537	明	6184
于闐	下	260	元	4629
		410	新元	250-11
于忠	上	458	魏	1831
牛金	上	423	晉	10
牛德昌	下	61	金	1426
牛都統	下	227	元	3632
		357	新元	176-6
牛諒	下	449	明	1285
牛伯英	下	591	明	8296
牛師獎	中	155	舊唐	3295
牛仙童	中	147	舊唐	3195
		287	新唐	4550
牛僧儒	中	173	舊唐	4469
		173		4471
牛僧孺	中	296	新唐	5229
		296		5230
牛進達	中	192	舊唐	5324
		224	新唐	46
		335		6192
		336		6194
		337		6194
牛天錫	下	510	明	5611
牛弘	上	651	北	3299
	中	14	隋	349
		65		1875
右渠	上	12	史	1055
		33		2986
		33		2988
		34		2989
		34		2990
		42	漢	194
		45		659
		71		3864
		72		3865
		73		3867
		113	後漢	2817
		199	三	846
		206		851
右巴	下	279	新元	11-11
宇文价	下	68	金	1439
宇文愷	上	589	北	2147
		616		2987
	中	41	隋	1578
		41		1581
		42		1598
宇文乞得龜	上	276	晉	2808
		280		2815
宇文屈雲	上	274	晉	2805
宇文貴	上	589	北	2129
宇文歸	上	230	晉	186
		280		2816
		281		2817
		284		2821
		284		2822
		288		2827
		288		2829
宇文莫槐	上	485	魏	2304
		649	北	3267
宇文莫廆	上	486	魏	2304
宇文莫圭	上	274	晉	2805
宇文福	上	442	魏	1000
		573	北	905
		573		929
宇文述	上	555	北	460
		555		461
		570		855
		575		1170
		577		1391
		579		1519
		581		1790
		588		2110
		588		2118
		597		2536
		600		2592
		601		2592
		602		2600
		603		2606

項目		二十五史抄		新校本
		604		2634
		606		2649
		606		2651
		607		2652
		613		2852
	中	8	隋	82
		9		83
		16		613
		20		1121
		21		1121
		21		1125
		29		1455
		30		1463
		30		1466
		31		1467
		32		1500
		33		1512
		34		1516
		36		1529
		37		1534
		46		1643
		47		1700
		107	舊唐	2209
宇文悉獨官	上	275	晉	2806
		275		2807
宇文屋	上	268	晉	2747
宇文屋孤	上	269	晉	2749
宇文泰		505	周	1
宇文(弓攵?)	上	599	北	*2569
	中	28	隋	1389
宇文虛	下	45	金	1394
宇文護	上	591	北	2165
宇文顯=邵惠公				
	上	506	周	153
		588	北	2057
宇文化及	中	114	舊唐	2378
宇文活撥	上	442	魏	1000
		573	北	929
宇仲文	上	570	北	851
		570		855
		570		856
		570		862
	中	29	隋	1455

項目		二十五史抄		新校本
		30		1460
		30		1466
禹	上	4	史	49
		4		52
		17		1611
		48	漢	1315
		270	晉	2768
		586	北	1833
	中	49	隋	1740
		96	舊唐	1393
		434	宋	14035
	下	397	新元	249-12
		457	明	2018
虞慶則	上	596	北	2516
	中	22	隋	1173
虞世基	上	577	北	1391
		611		2797
		611		2798
	中	39	隋	1569
		40		1572
		40		1576
虞世南	中	92	舊唐	1060
虞(舜)=舜	上	3	史	31
		190	三	840
	中	39	隋	1560
虞允文	中	429	宋	11791
虞綽	上	611	北	2811
	中	49	隋	1738
		49		1739
虞仲文	中	499	遼	348
		500		348
虞集	下	315	新元	104-20
		400		249-16
虞出庫眞	上	345	晉	3130
虞玄	上	488	魏	2402
虞胡公	上	22	史	1922
虞孝仁	上	596	北	2518
	中	22	隋	1175
虞姬	中	30	隋	1466
遇惟德	下	83	金	1474
禑王[高麗]	下	580	明	8281
		581		8282
		581		8283

項目	二十五史抄		新校本	
		582		8283
優居	上	198	三	845
刷	下	93	金	1557
鬱龗	上	487	魏	2306
鬱蘭	上	486	魏	2306
		487		2306
		650	北	3270
鬱于=松漠郡王				
	中	211	舊唐	5352
		320	新唐	6170
鬱築鞬	上	190	三	839
熊略天皇[日本]				
	中	346	新唐	6208
		450	宋	14132
熊文燦	下	558	明	6725
熊廷弼	下	542	明	6191
		548		6376
		555		6685
		555		6692
		555		6696
		555		6699
		556		6715
		595		8302
熊朝臣	下	538	明	6186
元虔	上	404	魏	23
		405		26
		405		27
		427		381
		434		684
		466		2067
		537	北	14
		561		574
元結	中	492	新唐	4681
元景=荊王	中	116	舊唐	2423
元景安	上	500	北齊	542
元季方	中	202	舊唐	5338
		301	新唐	5745
		344		6205
元觚	上	404	魏	23
		404		24
		404		25
		406		29
元匡	上	452	魏	1714

項目	二十五史抄		新校本	
		582	北	1826
元丘	上	409	魏	81
元均	下	590	明	8296
元德=泉男生				
	中	271	新唐	4123
元履=高德基				
	下	116	金	1995
元萬頃	中	180	舊唐	5010
		300	新唐	5743
元務本	上	579	北	1519
	中	35	隋	1519
元文都	中	20	隋	1121
元孚	上	448	魏	1708
元傅	下	252	元	4618
元妃[字]=慕容垂　妻　段氏				
	上	260	晉	*2524
元妃	中	496	遼	341
		556		1011
		623		1429
		629		1442
元壽	上	599	北	2582
	中	32	隋	1497
元淑	上	579	北	1521
元順	上	406	魏	29
元延	上	406	魏	29
		487		2312
		650	北	3276
元穎	中	440	宋	14045
元嬰	上	410	魏	86
元銳	下	570	明	7614
元王	下	109	金	1817
元遙	上	458	魏	1830
元郁	中	438	宋	14042
元惟固[字]=元仁基				
	中	292	新唐	4681
元愉	上	459	魏	1831
元儀	上	404	魏	22
		404		26
		405		28
		406		29
		407		30
元頤沖	下	59	金	1421
元仁基	中	292	新唐	4681

項目	二十五史抄		新校本	
元帝[後漢]	上	132	後漢	2993
元帝[晉]	上	228	晉	143
		264		2535
		275		2805
		367	宋書	1146
	下	41	金	1385
元齊	上	409	魏	81
元濟	中	309	新唐	5993
元題	上	407	魏	30
元宗[唐]	下	394	新元	249-6
元遵	上	404	魏	26
		407		30
元證衍	中	438	宋	14042
元珍	中	184	舊唐	5167
		275	新唐	4142
元稹	中	172	舊唐	4356
元天穆	上	509	周	496
元忠	下	179	元	799
元沖甲	下	319	新元	105-7
元鐸	下	570	明	7614
元褒	中	25	隋	1318
		25		1319
元諧	上	592	北	2166
元昊	中	415	宋	9616
元顥	上	451	魏	1713
		453		1715
		582	北	1827
元弘嗣	上	614	北	2902
	中	48	隋	1700
		48		1701
		107	舊唐	2209
元皇	上	278	晉	2810
元皇帝	上	344	晉	3128
元孝矩	中	25	隋	1317
元暉	上	569	北	818
	中	26	隋	1331
元興	上	456	魏	1760
阮監	下	166	元	350
阮鑒	下	261	元	4667
		262		4668
阮敬	下	504	明	5602
阮德榮	下	412	新元	251-10
阮鶚	下	495	明	5411

項目	二十五史抄		新校本	
		496		5412
		498		5415
阮堯氏	下	485	明	4633
阮義全	下	412	新元	251-10
苑丘侯=李景				
	中	37	隋	1531
苑宗儒	下	509	明	5610
袁可立	下	595	明	8303
袁謙	上	274	晉	2805
袁繼忠	中	412	宋	9024
袁繼勳	下	625	明	8508
袁公	上	173	三	730
袁譚	上	154	後漢	206
		173	三	730
		174		731
袁朗	上	310	晉	2876
袁猛	上	587	北	2001
袁翻	上	585	北	1831
袁飜	上	450	魏	1710
袁尚	上	85	後漢	385
		102		2418
		127		2984
		147	三	27
		147		29
		147		30
		148		38
		154		206
		154		207
		158		253
		168		343
		171		618
		174		731
		178		831
		183		835
		184		835
袁賽因不花	下	382	新元	224-13
袁紹	上	101	後漢	2355
		102		2363
		102		2373
		127		2984
		154	三	188
		155		241
		156		241

項目	二十五史抄		新校本	
		156		243
		156		247
		173		730
		175		762
		178		831
		182		834
		183		835
		189		838
		215		873
袁術	上	277	晉	2809
袁崇煥	下	555	明	6685
		556		6711
		556		6715
		557		6716
		557		6717
		558		6718
		561		6974
		598		8306
袁信	上	225	晉	27
袁雙之	上	472	魏	2101
袁安	上	94	後漢	1517
		94		1520
袁盎	中	308	新唐	5992
袁宗	下	27	金	373
袁眞	上	231	晉	209
		303		2853
		304		2854
		472	魏	2101
袁振	中	185	舊唐	5175
		313	新唐	6053
袁進	下	560	明	6939
袁天綱	中	301	新唐	5800
		302		5802
袁充	上	598	北	2554
	中	42	隋	1610
		42		1612
袁七娘	中	162	舊唐	3539
袁弘勛	下	552	明	6482
袁熙	上	85	後漢	385
		102		2418
		147	三	27
		147		29
		147		30

項目	二十五史抄		新校本	
		154		206
		154		207
		178		831
遠披	上	231	晉	208
源乾曜	中	152	舊唐	3254
源恭	上	441	魏	932
源道義	下	601	明	8345
源復	中	217	舊唐	5361
		327	新唐	6180
源義高	下	603	明	8348
源義教	下	602	明	8346
源義滿	下	600	明	8343
源義長	下	496	明	5412
		608		8355
		609		8355
源義政	下	603	明	8347
源義持	下	602	明	8345
源義鎭	下	496	明	5412
		608		8355
		609		8355
源義澄	下	604	明	8348
源義晴	下	605	明	8349
源寂	中	173	舊唐	4392
		202		5339
		297	新唐	5279
		345		6205
		528	遼	477
源賀	上	441	魏	919
圓靜	中	162	舊唐	3539
		308	新唐	5993
圓通大師	中	453	宋	14136
月魯那演	下	360	新元	176-11
月魯不花	下	291	新元	23-13
月魯兒那演	下	235	元	3892
月魯帖木兒	下	288	新元	19-3
月里麻思	下	210	元	3036
		340	新元	*152-1
月仙帖木兒	下	335	新元	136 10
月兒呂那顏	下	348	新元	163-8
月兒魯	下	167	元	353
月也倫	下	177	元	671
月的迷失	下	282	新元	12-11
月闊察兒	下	180	元	806

項目		二十五史抄	新校本
		184	917
月闊察兒希	下 322	新元114-17	
越國公主	中 470	遼	150
	526		474
	615		1342
	634		1520
粤蘇梅落	中 213	舊唐	5355
位居	上 193	三	842
委宛	中 479	遼	206
委正	下 536	明	6183
威順皇后	下 92	金	1541
韋簡	上 234	晉	240
韋貫之	中 172	舊唐	4173
	295	新唐	5152
	295		5153
韋珍	上 340	晉	3107
韋機	中 176	舊唐	4795
韋丹	中 202	舊唐	5338
	298	新唐	5629
	299		.5629
	344		6205
韋達(辶圣)	上 442	魏	1009
韋待價	中 259	新唐	3904
	311		6044
韋得儒	下 397	新元249-11	
韋閬	上 442	魏	1009
韋文恪	中 304	新唐	5936
韋文明	中 299	新唐	5629
韋福嗣	中 107	舊唐	2208
韋世康	中 25	隋	1265
韋世冲	上 630	北	3117
韋諏	上 271	晉	2794
韋氏=東光公主			
	中 213	舊唐	5355
	282	新唐	4335
	下 50	金	1401
韋雲起	中 123	舊唐	2631
	123		2632
	262	新唐	3993
	263		3994
韋銀豹	下 507	明	5607
	508		5608
	516		5624

項目		二十五史抄	新校本
韋挺	中 123	舊唐	2621
	124		2669
	124		2670
	124		2671
	125		2671
	258		3902
	259		3903
	260	新唐	3921
韋霽	中 13	隋	162
韋鍾	上 363	宋書	723
韋俊	中 80	舊唐	198
	217		5361
	228	新唐	136
韋澄	中 151	舊唐	3252
韋冲	上 593	北	2274
	593		2275
	中 25	隋	1270
	55		1816
韋播	中 150	舊唐	3252
	151		3252
	282	新唐	4335
韋抗	中 228	新唐	128
韋弘機	中 261	新唐	3944
韋懷質	中 124	舊唐	2671
	259	新唐	3903
韋孝寬	上 593	北	2259
韋后	中 150	舊唐	3252
	282	新唐	4335
韋休符	中 173	舊唐	4392
	297	新唐	5279
尉景	上 495	北齊	1
尉古諾	上 434	魏	656
尉古眞	上 433	魏	655
尉仇台	上 109	後漢	2812
	112		2815
	193	三	842
尉遲敬德	中 120	舊唐	2495
	120		2500
	252	新唐	3752
	252		3755
尉遲珪	中 169	舊唐	3924
尉遲勝	中 169	舊唐	3924
尉廻	中 30	隋	1460

項目		二十五史抄		新校本
禕=信安王	中	80	舊唐	197
		80		198
		82		239
		145		3080
		211		5353
		213		5356
		285	新唐	4430
		291		4596
		323		6175
衛迦耶夫	中	436	宋	14039
衛公直	上	510	周	497
衛瓘	上	247	晉	964
衛滿	上	32	史	2985
		32		2986
		34		2990
		37		3317
		70	漢	3863
		71		3864
		107	後漢	2809
		113		2817
		115		2820
		199	三	846
		203		848
		205		850
		206		850
	下	579	明	8279
衛文昇	上	589	北	2132
	中	45	隋	1625
		106	舊唐	2208
衛福	上	128	後漢	2986
衛膚敏	中	428	宋	11661
		428		11662
衛山	上	33	史	2987
		33		2988
		34		2990
		71	漢	3865
		72		3866
衛慎	上	160	三	255
衛雙	上	335	晉	3099
		338		3103
		468	魏	2070
衛演	上	224	晉	12
衛俊	中	160	舊唐	3536
		307	新唐	5990
衛辰	上	433	魏	655
		536	北	11
		561		574
		565		754
衛青	上	32	史	2953
		61	漢	2490
	下	485	明	4655
		486		4656
衛玄	上	554	北	459
		578		1519
		602		2601
	中	31	隋	1467
		32		1501
		32		1502
魏杞	下	59	金	1421
魏唐卿	中	126	舊唐	2704
魏德深	上	613	北	2889
	中	47	隋	1678
魏德柔	中	436	宋	14039
魏武	中	107	舊唐	2209
		178		4816
		528	遼	481
魏賽	下	381	新元	220-9
魏守愚	中	472	遼	167
		634		1520
魏時亮	下	522	明	5811
		522		5819
魏氏	中	14	隋	313
		452	宋	14135
魏氏=李師道　妻				
	中	163	舊唐	3541
		164		3541
魏氏=宋庭瑜　妻				
	中	183	舊唐	5146
魏氏=趙元淑　小妻				
	中	44	隋	1622
魏曜	中	201	舊唐	5337
魏元吉	下	515	明	5618
魏元忠	中	141	舊唐	2945
		227	新唐	103
		283		4339
魏子平	下	55	金	1410

項目	二十五史抄		新校本	
		60		1422
		60		1423
魏仲昌	下	60	金	1422
魏眞宰	中	255	新唐	3823
魏徵	中	73	舊唐	63
		92		1060
		108		2465
		127		2734
		219		5364
		258	新唐	3867
		258		3881
		332		6189
	下	109	金	1866
魏初	下	233	元	*3856
		370	新元	*191-3
魏忠賢	下	557	明	6717
魏學曾	下	525	明	5854
魏孝文	中	111	舊唐	2280
由余	上	29	史	2883
		67	漢	3747
有慶	下	172	元	469
有苗	中	39	隋	1560
有隋	中	311	新唐	6041
有貞	下	457	明	2018
攸宜=建安王				
	中	117	舊唐	125
		139		2898
攸哈剌拔都	下	384	新元	*230-2
侑=代王	中	32	隋	1502
		48		1701
乳奴	中	499	遼	347
乳陳	上	344	晉	3128
		345		3129
柳謇之	上	593	北	2289
	中	25	隋	1276
柳俊	上	613	北	2885
柳璥	下	393	新元	249-6
		397		249-11
柳慶休	中	165	舊唐	3553
柳公綽	中	163	舊唐	3540
		309	新唐	5993
柳恭	上	320	晉	2977
柳機	中	25	隋	1271

項目	二十五史抄		新校本	
柳悏	中	165	新唐	3553
柳德容	下	60	金	1424
柳蚪	上	593	北	2278
柳得義	下	69	金	1439
柳得仁	下	68	金	1439
柳甫	上	224	晉	12
柳溥	下	586	明	8289
柳庇	下	398	新元	249-13
柳奭	中	126	舊唐	2681
		278	新唐	4177
柳城李氏	中	243	新唐	3443
		245		3450
柳肅	上	593	北	2288
柳珣	下	582	明	8284
柳升	下	427	明	86
		481		4219
		481		4236
		486		4656
柳約	中	430	宋	12222
		430		12223
		444		14051
柳毅	上	157	三	252
		157		253
柳夷曠[字]=柳渾				
	中	165	舊唐	3553
柳子邵[字]=柳奭				
	中	278	新唐	4177
柳清臣	下	401	新元	249-17
柳則	中	126	舊唐	2681
柳澤	中	278	新唐	4173
柳蒲	上	163	三	258
柳亨	中	126	舊唐	2680
柳渾	中	165	舊唐	3553
柳洪	中	441	宋	14047
俞歸	上	257	晉	2240
俞大猷=志輔[字]				
	下	439	明	243
		440		244
		440		246
		440		248
		441		249
		490		5397
		491		5397

項目	二十五史抄		新校本	
		492		5407
		493		5407
		495		5411
		496		5412
		497		5413
		499		5416
		499		5418
		500		5418
		503		*5601
		510		5611
		511		5612
		511		5613
		513		5616
		515		5619
		516		5622
		516		5624
		517		5627
		524		5834
		524		5838
		578		8253
		609		8356
俞烈	下	82	金	1470
俞士吉	下	602	明	8345
俞咨皋	下	508	明	5608
俞志輔[字]=俞大猷				
	下	503	明	5601
俞洪慎	下	157	元	249
愈泓	下	587	明	8291
柔思義	下	81	金	1470
柔貞	中	603	遼	1211
幽皇帝=慕容德				
	上	306	晉	2858
幽后[北魏]	上	425	魏	337
留哥	下	121	金	2281
留筠	下	88	金	1484
留正	下	64	金	1432
紐璘	下	348	新元	*164-8
紐臥文忠	下	58	金	1420
紐的該	下	218	元	3370
惟康	下	405	新元	250-3
庾季才	中	50	隋	1764
庾亮	上	253	晉	1915
		253		1932

項目	二十五史抄		新校本	
		282		2819
		283		2819
庾文素	中	199	舊唐	5334
		343	新唐	6203
庾冰	上	282	晉	2819
		283		2820
庾純	上	250	晉	1397
庾岳	上	404	魏	25
		406		29
庾業延	上	434	魏	684
庾翼	上	243	晉	697
		254		1932
		282		2819
庾質	中	50	隋	1768
		51		1768
庾希	上	231	晉	207
裕宗	下	379	新元	216-12
游明根	上	444	魏	1213
		576	北	1252
游鰥	上	444	魏	1213
		576	北	1252
游邃	上	275	晉	2806
游雅	上	576	北	1251
游元	上	613	北	2852
	中	46	隋	1643
游幼	上	576	北	1252
游銓	下	573	明	7718
游志遠[字]=游明根				
	上	444	魏	1213
游震得	下	465	明	2245
鈕祜祿納罕→粘合南合<新校>				
	下	140	元	73
楡烈比	中	618	遼	1347
劉賈	上	26	史	2637
		58	漢	1891
劉甲	下	82	金	1472
劉江	下	429	明	98
		464		2244
		482		4251
劉愷	上	81	後漢	232
劉客奴	中	169	舊唐	3938
		354	新唐	6426
劉建=燕王	上	8	史	391

項目	二十五史抄		新校本	
		41	漢	77
		59		1991
劉傑	下	250	元	4614
		250		4615
		257		4624
劉儉	下	614	明	8365
劉潔	上	433	魏	644
		435		686
		435		688
		568	北	806
		572		905
		572		908
劉景韶	下	440	明	246
		500		5420
		501		5420
劉敬同	中	268	新唐	4089
劉洎	中	72	舊唐	57
		73		58
		122		2607
		122		2611
		122		2612
		122		2619
		259	新唐	3917
劉季箎	下	481	明	4157
		481		4165
劉庫仁	上	431	魏	604
		431		605
		437		712
		564	北	732
劉琨	上	228	晉	145
劉公憲	下	24	金	254
劉笞	下	50	金	1401
		107		1862
劉宏	中	495	遼	338
		594		1186
劉九	下	162	元	281
劉國傑	下	161	元	280
		232		3807
		232		3808
		279	新元	11-12
		347		*162-5
劉君卬	中	274	新唐	4140
劉君昂	中	130	舊唐	2780

項目	二十五史抄		新校本	
劉羣	上	248	晉	1087
		269		2767
劉貴	上	295	晉	2840
劉貴妃	下	126	金	2782
劉逵	中	425	宋	11109
		442		14049
劉頎	下	24	金	256
劉筠國	下	81	金	1469
劉瑾	下	604	明	8348
		615		8366
劉錦	下	604	明	8349
劉起安	下	567	明	7439
劉寧	上	272	晉	2797
		292		2835
		362	宋書	711
劉單	中	149	舊唐	3205
劉大夏	下	487	明	*4843
劉度	上	310	晉	2876
劉桃	上	378	南齊	501
劉桃根	上	377	南齊	501
劉燾	下	495	明	5410
		516		5622
		521		5800
劉東山	下	487	明	4849
劉東星	下	527	明	5873
		527		5879
劉牢之	上	233	晉	234
		256		2188
		256		2189
		316		2923
		317		2925
		317		2926
		327		3086
		364	宋書	725
劉武周	中	111	舊唐	2280
劉六符	中	612	遼	1323
劉隆	上	151	三	111
劉沔	中	187	舊唐	5215
劉明	上	286	晉	2824
		287		2825
劉穆	下	604	明	8349
劉武	上	535	北	6
劉武周	中	110	舊唐	2252

項目	二十五史抄		新校本	
		111		2280
		251	新唐	3711
		252		3711
		311		6028
劉茂	上	204	三	849
		207		851
劉文靜	中	111	舊唐	2289
		111		2291
		252	新唐	3733
		252		3734
劉晏	中	111	舊唐	2280
劉敏	下	330	新元	*133-6
劉拔都＝劉覇都				
	下	334	新元	135-5
劉放	上	171	三	456
劉邦	中	108	舊唐	2210
		251	新唐	3679
劉伯林	下	339	新元	146-5
劉伯英	中	74	舊唐	80
		129		2764
		225	新唐	61
		269		4119
		337		6195
		340		6200
		350		6338
劉闢	中	308	新唐	5992
劉丙	下	89	金	1485
		123		2401
劉秉忠	下	226	元	3631
		357	新元	176-5
劉復亨	下	150	元	158
		275	新元	9-6
		337		141-6
劉福通	下	472	明	3683
		472		3684
劉福亨	下	223	元	3595
劉備	上	100	後漢	2263
劉斌	上	250	晉	1399
		281		2817
劉士龍	上	555	北	460
		570		855
	中	9	隋	83
		29		1455

項目	二十五史抄		新校本	
劉思斅	上	378	南齊	1009
		378		1010
劉三吾	下	478	明	3941
		478		3942
劉祥	上	282	晉	2819
劉祥道	中	177	舊唐	4801
劉桑德	上	510	周	497
劉詳	上	328	晉	3087
劉生	上	572	北	908
劉宣	下	237	元	3950
		237		3951
		366	新元	*183-5
劉禪	上	318	晉	2935
		474	魏	2128
劉遄	下	186	元	964
		293	新元	26-6
		411		250-12
劉晟	中	474	遼	177
		475		177
劉昭	下	63	金	1430
		68		1438
劉昭輔	中	364	舊五	901
劉劭	上	171	三	617
		171		618
劉遜	下	614	明	8365
劉守光	中	321	新唐	6172
		412	宋	9124
劉綏	上	268	晉	2688
劉崇	上	272	晉	2797
劉(宗山)	下	65	金	1433
劉崇規	中	375	新五	96
劉襲	上	316	晉	2923
劉式	中	413	宋	9206
		437		14040
		438		14041
		438		14042
劉梳	下	117	金	1997
劉慎行	中	613	遼	1323
		621		1386
		635		1521
劉審禮	中	154	舊唐	3294
		188		5224
		265	新唐	4053

項目		二十五史抄		新校本
		270		4121
		314		6077
劉氏=南通	上	478	魏	2218
劉氏=李謹行의 妻	中	339	新唐	6198
劉氏	下	573	明	7713
劉岳	中	364	舊五	901
劉晏平	中	309	新唐	5993
劉彦輔	下	82	金	1472
劉延構	中	466	遼	115
劉延翰	中	449	宋	14130
劉淵	上	366	宋書	887
		446	魏	1502
		461		2046
劉炎	下	65	金	1433
劉曄	上	170	三	442
		170		448
劉永誠	下	432	明	134
劉英行	中	333	新唐	6189
劉榮	下	482	明	4245
		482		4250
		482		4251
		602		8346
劉預	上	228	晉	90
劉悟	中	163	舊唐	3540
		163		3541
		309	新唐	5994
		310		5995
劉玉	下	614	明	8365
劉隗	上	269	晉	2755
劉堯誨	下	497	明	5413
劉曜	上	268	晉	2683
		268		2688
		404	魏	25
		461		2046
劉禹錫	中	295	新唐	5128
		295		5130
劉虞	上	100	後漢	2353
		101		2355
		101		2359
		102		2363
		126		2984
		155	三	240
		156		241
		156		243
		182		834
劉元進	中	44	隋	1623
劉元海	上	268	晉	2649
		268		2649
		579	北	1626
劉遠	上	231	晉	207
		231		208
	下	505	明	5604
劉瑋	下	110	金	1867
劉禕之	中	314	新唐	6077
劉幼明	上	378	南齊	1009
		378		1910
劉幽求	中	151	舊唐	3252
		151		3253
		282	新唐	4335
劉裕	上	440	魏	810
		470		2072
		471		2072
		567	北	775
		623		3074
	下	61	金	1425
劉胤	上	255	晉	2113
劉閏	下	262	元	4668
		414	新元	253-10
劉隱	中	435	宋	14036
劉應坤	下	556	明	6711
劉應節	下	513	明	5616
		514		5616
劉猗	上	272	晉	2797
劉義隆	上	409	魏	80
		441		960
		473		2127
劉二巴圖爾→劉二拔都兒<新校>				
	下	260	元	4629
劉益	下	294	新元	26-17
劉仁恭	中	90	舊唐	756
		306	新唐	5985
		306		5986
		321		6172
		412	宋	9124
劉仁軌	中	76	舊唐	91

項目	二十五史抄		新校本	
		76		98
		119		2488
		131		2782
		132		2789
		132		2790
		133		2792
		134		2792
		135		2795
		136		2795
		181		5098
		182		5098
		197		5331
		197		5332
		198		5332
		199		5334
		225	新唐	66
		226		71
		240		1643
		240		1644
		240		1646
		264		4052
		265		4052
		266		4081
		266		4082
		267		4083
		268		4084
		270		4121
		275		4141
		313		6077
		341		6200
		343		6204
劉仁願	中	132	舊唐	2790
		134		2792
		197		5331
		198		5332
		198		5333
		199		5334
		266	新唐	4082
		267		4083
		267		4084
		338		6196
		338		6197
		341		6200

項目	二十五史抄		新校本	
		342		6202
劉咨	下	68	金	1439
劉溽	下	624	明	8507
劉長言	下	52	金	1405
劉全諒	中	169	舊唐	3938
劉展	中	296	新唐	5178
劉正臣	中	169	舊唐	3939
		170		3940
		351	新唐	6387
劉政	上	85	後漢	354
		100		2353
		168	三	350
劉程	上	281	晉	2816
劉綎	下	543	明	6195
		545		6201
		548		6389
		549		6392
		549		6393
		549		6395
		550		6396
		550		6405
		551		6406
		551		6408
		554		6687
		578		8047
		588		8293
		589		8293
		589		8294
		590		8295
		592		8298
		592		8299
		595		8302
劉濟	中	84	舊唐	351
		169		3900
劉藻	上	350	晉	3163
劉從一	中	84	舊唐	351
劉俊德	下	84	金	1474
劉準	上	271	晉	2796
		290		2833
劉中敷	下	483	明	4463
劉仲良	中	594	遼	1185
劉仲淵	下	59	金	1422
劉仲誨	下	65	金	1434

項目	二十五史抄		新校本	
劉志	上	335	晉	3099
		468	魏	2070
劉志直	下	62	金	1426
劉志眞	下	60	金	1423
劉祉	上	89	後漢	719
劉智遠	中	107	舊唐	2209
劉讚	上	275	晉	2806
劉泉	下	583	明	8285
劉瞻	上	281	晉	2818
劉清	下	485	明	4633
劉招孫	下	549	明	6395
劉聰	上	461	魏	2043
		492		2827
劉總	中	296	新唐	5230
劉忠亮	下	81	金	1468
劉琥	下	63	金	1429
		67		1436
劉則	上	231	晉	207
劉通	下	223	元	3594
		337	新元	*143-6
劉特	上	294	晉	2839
劉波	上	254	晉	1951
		314		2916
劉佩	上	280	晉	2816
劉覇都	下	221	元	3530
劉怦	中	84	舊唐	349
		84		351
		168		3898
		168		3899
劉夏	上	213	三	857
劉翰	上	228	晉	145
劉亢	下	612	明	8363
劉亢泥	上	405	魏	27
劉亢涅	上	431	魏	604
劉行舉	中	248	新唐	3478
劉向	上	239	晉	388
		246		904
		283		2820
		312		2896
		361	宋書	685
		367		1002
	中	17	隋	665
劉軒	上	345	晉	3130
		347		3132
劉憲	上	103	後漢	2464
劉玄佐	中	307	新唐	5990
劉炫	上	610	北	2763
		610		2765
	中	49	隋	1719
		49		1721
劉顯	上	237	晉	374
		271		2796
		362	宋書	713
		431	魏	606
		432		613
		433		651
	下	440	明	245
		440		248
		500		5420
		501		5420
		501		5423
		507		5607
		508		5608
		510		5612
		511		5612
		514		5618
		515		5619
		517		5627
		524		5834
		609		8356
劉絜	上	568	北	806
劉岵	上	231	晉	208
		231		209
劉虎	上	401	魏	9
劉皥	中	367	舊五	1481
		368		1721
		368		1722
劉弘基	中	112	舊唐	2309
		112		2311
		252	新唐	3765
		253		3765
劉鴻訓	下	552	明	6479
		552		6481
		552		6482
劉和	上	102	後漢	2363
		156	三	243

項目	二十五史抄		新校本	
劉黃裳	下	502	明	5508
		532		6018
劉懷珍	上	378	南齊	501
劉繪	下	502	明	5485
		502		5507
劉訓	上	474	魏	2128
		624	北	3079
劉休文	中	24	隋	1217
劉黑闥	中	215	舊唐	5359
		271	新唐	4122
劉昕	上	207	三	851
劉歆	上	64	漢	3125
劉洽	中	160	舊唐	3536
		164		3542
劉興嗣	下	44	金	1391
劉興祚	下	558	明	6717
劉琦	中	413	宋	9126
儒李都羅	中	348	新唐	6210
六哥	下	102	金	1823
		106		1844
六斤	下	100	金	1757
六十	下	161	元	280
恧恧存忠	下	68	金	1438
陸賈	上	162	三	258
陸季覽	中	111	舊唐	2280
陸瑁	上	219	三	1336
		219		1337
陸文政	下	260	元	4629
		410	新元	250-10
陸炳	下	506	明	5605
陸寶積	中	78	舊唐	126
		210		5351
		227	新唐	97
		319		6169
陸士茂	上	499	北齊	364
		587	北	1997
陸孫	上	219	三	1343
陸遜	上	219	三	1350
陸斑	中	344	新唐	6205
陸知命	上	603	北	2620
	中	39	隋	1560
陸詡	上	397	晉	442
		524	南	1749

項目	二十五史抄		新校本	
允恭天皇[日本]				
	中	346	新唐	6208
		450	宋	14132
允中=趙王	下	111	金	1869
尹公就	下	246	元	4608
		328	新元	132-1
尹國	上	234	晉	240
		323		3080
		404	魏	26
尹農	上	271	晉	2775
尹能達	中	436	宋	14039
尹敦信	下	59	金	1421
尹旻	下	585	明	8288
尹邦寶	下	149	元	150
		257		4624
		274	新元	9-3
尹復昌	下	329	新元	132-2
		391		249-3
尹鳳	下	490	明	5397
		516		5625
尹士恭	中	229	新唐	234
尹思貞	中	145	舊唐	3109
		285	新唐	4459
尹崇誨	下	67	金	1436
尹氏=李孿의 妻·成宗 妃[朝鮮]				
	下	585	明	8288
尹彥頤	中	294	宋	458
		443		14051
尹義立	下	596	明	8303
		597		8304
		597		8305
尹璋	下	64	金	1431
		65		1432
尹齊	上	36	史	3149
尹證古	中	439	宋	14043
尹清	下	472	明	3667
尹弼商	下	585	明	8288
綸直	上	225	晉	12
戎末癀	上	135	後漢	3244
		181	三	833
		182		833
戎朱癀	上	126	後漢	2983
		129		2988

項目	二十五史抄		新校本	
隆祐	中	472	遼	168
		473		169
		553		987
恩勝奴	下	97	金	1633
殷宏	下	270	新元	8-7
		271		8-8
殷尰	上	365	宋書	775
殷士望	下	570	明	7614
殷尚質	下	536	明	6184
殷正茂	下	507	明	5607
		526		5833
		526		5859
殷志瞻	中	218	舊唐	5362
殷浩	上	237	晉	374
		362	宋書	713
		363		715
殷弘	下	143	元	111
		143		115
		144		119
		249		4613
		395	新元	249-8
		404		250-1
		406		250-3
銀朮可	下	5	金	22
		43		1389
		98		1663
銀朮割	中	491	遼	328
隱太子	中	137	舊唐	2811
乙那樓	上	370	宋書	2370
乙力支	上	480	魏	2220
		635	北	3125
		636		3125
乙連	上	280	晉	2816
乙凜	中	473	遼	168
乙塞補	下	97	金	1633
		124		2635
乙薛	中	491	遼	329
		500		349
乙息記可汗	上	650	北	3287
乙信	中	624	遼	1430
乙失鉢	中	205	舊唐	5344
		315	新唐	6134
乙失八斤	中	633	遼	1516
乙失活	中	294	新唐	4767
乙氏	上	335	晉	3099
乙逸	上	280	晉	2816
乙祭	中	200	舊唐	5335
		343	新唐	6203
乙支文德	上	570	北	855
		597		2536
		606		2651
	中	29	隋	1455
		30		1466
		32		1500
乙回	上	269	晉	2768
		270		2768
陰世師	中	22	隋	1149
陰壽	上	597	北	2534
	中	21	隋	1148
		22		1148
應乾	下	551	明	6409
應童	下	173	元	494
應劭	上	94	後漢	1609
應神天皇[日本]				
	中	346	新唐	6208
		450	宋	14132
應天地皇后	中	513	遼	446
應天皇	中	512	遼	446
應房捕獵	下	203	元	2599
依羅	上	262	晉	2532
依慮	上	193	三	842
		262	晉	2532
		273		2804
		274		2804
宜芳公主	中	81	舊唐	219
		228	新唐	144
		323		6175
意烈=遼西公				
	上	427	魏	383
		561	北	578
義渠戎王	上	29	史	2885
		67	漢	3747
義隆	上	567	北	784
義城公主	上	651	北	3298
義成公主	中	65	隋	1874
		115	舊唐	2399

項目	二十五史抄		新校本	
		261	新唐	3949
義信	中	80	舊唐	190
義慈王[百濟]	中	74	舊唐	81
		129		2779
		130		2779
		196		5330
		197		5331
		273	新唐	4139
		274		4139
		340		6199
		341		6200
義帝[楚]	上	10	史	775
義宗[遼]=耶律倍				
	中	601	遼	1209
		603		1211
		603		1222
義智	下	611	明	8358
義天[僧]	中	423	宋	10813
		442		14048
義晴	下	605	明	8350
義興	下	604	明	8349
儀=衛王	上	436	魏	710
		470		2071
儀增	下	91	金	1488
嶷=預章文獻王[齊]				
	上	523	南	1059
懿寧	中	346	新唐	6207
懿德天皇[日本]				
	中	450	宋	14132
懿宗=河內王				
	中	78	舊唐	126
		146		3154
		175		4737
		178		4884
		277	新唐	4172
二哥	中	594	遼	1186
二世皇帝	上	7	史	266
		7		267
以兒鄧	下	537	明	6184
		538		6186
		538		6187
		539		6188
尼厖古達吉不				
	下	117	金	1997
尒朱世隆	上	454	魏	1717
		455		1718
		583		1828
		583		1829
		584		1829
尒朱榮	上	582	魏	1827
		583		1829
尒朱兆	上	455	魏	1718
		584		1829
尒朱天光	上	589	魏	2163
伊嘉	上	66	漢	3730
伊克→也古<新校>				
	下	138	元	46
		267	新元	6-6
		267		6-7
伊瓮生	上	458	魏	1831
伊聲耆	上	214	三	857
伊蘇岱爾→=也速答兒<新校>				
	下	260	元	4630
伊尹	上	216	三	1137
		337	晉	3102
伊獎諾尊	中	449	宋	14131
伊賛	中	343	新唐	6203
夷男	中	205	舊唐	5344
		205		5345
		206		5345
		206		5346
		207		5346
		208		5348
		315	新唐	6135
		316		6135
		316		6137
		316		6138
夷臘萬	中	464	遼	86
夷离底	中	471	遼	157
		579		1146
夷維子	上	25	史	2463
利歌彌多弗利				
	上	644	北	3136
利守信	下	61	金	1424
利利魂尊	中	449	宋	14131
李可久	下	67	金	1437

項目	二十五史抄		新校本	
李家奴	下	293	新元	26-6
		403		249-21
李街喜	下	113	金	1890
李嘉慶	中	158	舊唐	3491
=李懷光		350	新唐	6375
李珏	下	338	新元	145-13
李綱	下	355	新元	176-2
李齐	中	304	新唐	5936
李巨	中	158	舊唐	3346
李巨源	中	435	宋	14037
李去閭	中	99	舊唐	1522
李虔繹	中	272	新唐	4124
李建德	下	82	金	1472
李乾順	下	49	金	1400
李抉	上	347	晉	3133
李謙	下	86	金	1481
李京房	上	366	宋書	922
李景=滑國公				
	上	555	北	461
		602		2604
		602		2605
		603		2605
	中	9	隋	84
		36		1529
		37		1531
		254	新唐	3806
李景和	下	82	金	1471
李敬業	中	119	舊唐	2491
		119		2492
		248	新唐	3478
		255		3822
		255		3823
李敬猷	中	255	新唐	3823
李敬義	下	23	金	234
		120		2206
李敬玄	中	77	舊唐	106
		154		3294
		155		3294
		188		5223
		188		5224
		264	新唐	4052
		265		4053
		270		4121
		313		6077
		314		6077
李經	中	160	舊唐	3530
		245	新唐	3449
	下	500	明	5418
		577		7998
李徹	下	83	金	1473
李慶之	下	117	金	2005
李繼	上	473	魏	2127
李繼佑	下	85	金	1477
李杲	下	624	明	8507
李公度	中	308	新唐	5992
李公老	下	58	金	1419
李過折	中	80	舊唐	202
		147		3194
		147		3195
		211		5353
		212		5353
		287	新唐	4549
		320		6171
李琯	下	541	明	6190
李适	下	596	明	9303
		596		8304
李光	下	437	宋	14039
李光頭	下	491	明	5403
李光顏	中	163	舊唐	3540
		244	新唐	3445
		309		5993
		309		5994
李光琰	中	244	新唐	3445
李光進	中	244	新唐	3445
		293		4750
李光弼	中	156	舊唐	3303
		157		3313
		243	新唐	3444
		291		4583
		293		4750
李廣	上	326	晉	3083
		501	北齊	*608
		611	北	*2788
	下	393	新元	249-5
李宏	上	311	晉	2892
李國鳳	下	244	元	4553

項目		二十五史抄	新校本
		376	新元210-10
		379	216-13
		382	220-10
		389	247-5
李君球	中	175	舊唐 4789
		337	新唐 6195
李君武	下	247	元 4610
李厥都	中	317	新唐 6145
李軌	中	110	舊唐 2249
		110	2251
		110	2252
		311	新唐 6028
李貴	上	135	後漢漢 3239
李貴齡	下	582	明 8284
李歸仁	中	157	舊唐 3312
		351	新唐 6387
李克勤	下	60	金 1423
		117	1997
李克用	中	297	新唐 5449
		306	5986
李克忠	下	352	新元*172-13
李根	上	323	晉 3080
		446	魏 1585
		506	周 239
		580	北 1645
李謹	中	95	舊唐 1369
李謹行=燕國公			
	中	76	舊唐 98
		216	5359
		225	新唐 65
		226	68
		271	4122
		271	4123
		338	6196
		339	6197
		339	6198
		343	6204
李金才[字]=李渾			
	中	20	隋 1120
		21	1121
李琦	下	338	新元145-13
李錡	中	350	新唐 6375
李璣	中	242	新唐 2593

項目		二十五史抄	新校本
李佶	中	245	新唐 3450
李那	上	303	晉 2853
李納	中	83	舊唐 345
		159	3535
		160	3535
		160	3536
		160	3537
		161	3537
		164	3542
		165	3543
		244	新唐 3448
		306	5990
		307	5991
李寧	下	540	明 6189
		541	6191
		542	6193
		543	6194
		548	6392
李多祚	中	77	舊唐 125
		155	3295
		156	3297
		156	3302
		227	新唐 96
		268	4089
		271	4122
		272	4124
		273	4124
		312	6045
		318	6169
		324	6177
李旦=李成桂			
	下	559	明 6818
		587	8291
李壇	下	141	元 90
		235	3891
		338	新元145-13
		360	176-10
		373	199-9
李澹	中	245	舊唐 3450
李唐英	下	90	金 1486
李大諫	下	591	明 8296
		591	8297
李大亮	中	72	舊唐 53

項目	二十五史抄		新校本	
		114		2386
		259	新唐	3910
李大輔	中	78	舊唐	160
		210		5352
		211		5352
		212		5354
		213		5255
李大雄	中	107	舊唐	2209
李大宜	中	157	舊唐	3312
		293	新唐	4749
李大酺	中	265	新唐	4056
		313		6052
		319		6170
		320		6170
		322		6174
李戴	下	528	明	5923
李德廣	下	83	金	1473
李德裕	中	173	舊唐	4509
		173		4511
李裪	下	450	明	1655
		583		8285
		583		8286
李道固	上	378	南齊	1010
李道廣	中	78	舊唐	125
		144		3073
		284	新唐	4418
李道邃	中	217	舊唐	5361
		327	新唐	6180
李道裕	中	125	舊唐	2671
		193		5326
		259	新唐	3903
		337		6195
李犢	上	291	晉	2835
李同	中	272	新唐	4124
李東蒙	中	320	新唐	6171
李樊	中	161	舊唐	3537
		307	新唐	5991
李郎	上	337	晉	3102
		407	魏	36
李良輔	下	43	金	1388
李良臣	下	508	明	5608
李勵希	中	434	宋	14036
李歷	上	294	晉	2839

項目	二十五史抄		新校本	
李令節	中	243	新唐	3444
李冋曜	中	159	舊唐	3535
李冋耀	中	306	新唐	5990
李魯蘇	中	79	舊唐	183
		79		189
		80		195
		213		5355
李(皇頁)	下	585	明	8288
		585		8289
李琳	下	338	新元	145-13
李立	中	473	遼	168
李麻	下	402	新元	249-20
李萬榮	中	95	舊唐	1376
		98		1521
李滿住	下	583	明	8285
		584		8286
李蠻	上	323	晉	3080
李孟	上	269	晉	2797
李明安	中	244	新唐	3448
		310		5995
李牧	上	25	史	2449
		25		2450
		29		2886
		67	漢	3748
		132	後漢	2993
李穆	上	270	晉	2768
		401	魏	11
	中	20	隋	1115
	下	61	金	1424
李苗	上	455	魏	1718
		583	北	1829
李茂芳	下	580	明	8281
李默	下	568	明	7441
李文鳳	下	470	明	2419
李文師	上	500	北齊	416
李文昱	中	170	舊唐	3939
李文蔚	下	63	金	1429
李文政	下	86	金	1480
李文進	下	506	明	5605
李文忠	下	463	明	2243
		473		3741
李文彪	下	521	明	5786
李門炯	下	584	明	8287

項目		二十五史抄	新校本	
李敏	上	157	三	252
		157		253
		250	晉	1253
		588	北	2110
		588		2118
	中	20	隋	1121
		21		1124
李密	上	589	北	2132
		636		3126
	中	37	隋	1534
		44		1624
		45		1625
		59		1822
		106	舊唐	2207
		107		2208
		107		2209
		108		2210
		161		3538
		250	新唐	3677
		250		3678
		250		3679
李磐	下	20	金	192
李攀龍=子相[字]				
	下	564	明	7361
		564		7378
李芳	下	402	新元249-19	
李芳遠	下	450	明	1655
		582		8284
		583		8285
		586		8289
李芳春	下	544	明	6201
		554		6686
李邦鎭	下	473	明	3748
李白	中	301	新唐	5762
李百藥	中	92	舊唐	1060
李伯溫	下	241	元	4377
李伯祐	下	338	新元*145-13	
李璠	上	580	北	1645
李範	中	440	宋	14044
李法良	下	481	明	4234
李璧	下	84	金	1476
		86		1479
李辯	上	351	晉	3165

項目		二十五史抄	新校本	
		470	魏	2071
		623	北	3074
李邴	中	428	宋	11606
李輔	上	651	北	3327
李寶	上	440	魏	885
	中	242	新唐	2593
	下	117	金	1997
李寶臣	中	83	舊唐	330
		159		3535
		164		3541
		245	新唐	3450
		304		5945
		305		5959
		306		5990
李寶正	中	246	新唐	3451
李復基	下	60	金	1422
李福	上	231	晉	208
李本江	下	493	明	5408
李敷	上	476	魏	2215
		627	北	3113
李佛	中	14	隋	350
李彬	中	434	宋	14036
	下	427	明	86
		464		2244
		481		4219
		481		4233
李斌	上	228	晉	90
李賓仲	下	81	金	1469
李士眞	中	160	舊唐	3536
		307	新唐	5990
李思敬	中	143	舊唐	2984
		276	新唐	4144
李思摩	中	191	舊唐	5323
		205		5344
		205		5345
		207		5346
		316	新唐	6135
		316		6137
李思齊	下	381	新元220-8	
李思沖	上	378	南齊	1010
李思忠	中	89	舊唐	593
李師古	中	84	舊唐	375
		160		3536

項目	二十五史抄	新校本
	161	3537
	161	3538
	174	4535
	244 新唐	3448
	307	5991
	308	5991
	308	5992
	310	5995
李師旦	下 64 金	1432
李師度	中 178 舊唐	4816
李師道	中 159 舊唐	3526
	161	3538
	162	3538
	162	3539
	162	3540
	163	3540
	163	3541
	164	3541
	165	3543
	174	4535
	245 新唐	3449
	307	5991
	308	5992
	308	5993
	309	5993
	310	5994
李師白	下 58 金	1420
	60	1423
	62	1427
李師智	中 163 舊唐	3541
	245 新唐	3449
李師賢	中 163 舊唐	3541
	245 新唐	3449
李婆固	中 210 舊唐	5352
	319 新唐	6170
	320	6170
李斯	上 7 史	267
	26	2541
	26	2561
李嗣卿	下 66 金	1434
李嗣業	中 156 舊唐	3302
	353 新唐	6421
李產＝子喬[字]		

項目	二十五史抄	新校本
	上 297 晉	2843
	297	2844
	574 北	983
李常	中 158 舊唐	3491
	350 新唐	6375
李桑	上 343 晉	3128
李象	中 243 新唐	3444
李石	中 500 遼	348
	下 111 金	1869
	114	1911
李奭	中 497 遼	345
	628	1440
李錫	下 507 明	5607
	515	5620
	515	5622
	516	5624
	517	5627
李光	上 439 魏	788
	439	790
李宣古	中 438 宋	14042
李善慶	上 396 晉	405
	中 402 宋	2810
李善衡	上 588 北	2110
	588	2118
	中 20 隋	1121
	21	1125
李成桂	下 425 明	50
	581	8282
	582	8283
	586	8289
	586	8290
李成梁	下 513 明	5616
	524	5849
	524	5854
	525	5855
	526	5858
	528	5916
	531	5982
	536	*6183
	544	6198
	625	8509
李成務	中 160 舊唐	3536
李成瑞	下 404	新元249-22

項目	二十五史抄		新校本	
李成材	下	542	明	6191
李世美	下	62	金	1426
李世儀	下	59	金	1422
李世材	下	393	新元	249-5
李世勣	中	73	舊唐	57
		73		58
		223	新唐	43
		223		44
		224		46
		240		1635
		240		1636
		517	遼	460
		518		461
		522		467
李世昌	下	86	金	1480
李世哲	上	451	魏	1712
		452		1714
		582	北	1827
		586		1833
李召固	中	79	舊唐	189
		80		195
李邵固	中	211	舊唐	5352
		320	新唐	6170
李昭德	中	78	舊唐	126
		312	新唐	6045
李素	中	245	新唐	3450
李紹膺	下	90	金	1487
李愬	中	163	舊唐	3540
李遜	中	309	新唐	5994
李松	下	539	明	6188
		541		6190
		625		8509
李守德=李宜德[本名]				
	中	152	舊唐	3255
		282	新唐	4335
		283		4336
李逖	下	440	明	246
		500		*5419
		502		5424
		508		5609
		515		5618
李珣	下	338	新元	145-13
李順	上	440	魏	829
		440		831
		446		1585
		580	北	1645
李舜臣	下	550	明	6405
		551		6412
李崇	上	409	魏	81
		452		1714
		574	北	983
		588		2109
	中	21	隋	1122
李崇德	下	52	金	1405
李崇福	中	248	新唐	3478
李嵩	下	597	明	8306
李襲譽	中	72	舊唐	53
李承光	中	157	舊唐	3312
		293	新唐	4750
李承務	中	244	新唐	3448
李承白	下	85	金	1477
李承訓	中	156	舊唐	3296
李時	下	409	新元	250-9
李詩	中	167	舊唐	3871
		213		5356
		304	新唐	5951
		323		6175
李植	下	532	明	5984
李信	上	21	史	2536
		250	晉	1253
李信孫	下	150	元	159
		254		4620
李神軌	上	451	明	1712
		586	北	1833
李失活=松漠郡王				
	中	79	舊唐	178
		79		179
		210		5351
		213		5355
		313	新唐	6052
		319		6170
李亞元	下	507	明	5607
		521		5786
李諤	下	145	元	122
		145		123
		250		4615

項目		二十五史抄		新校本	
			271	新元	8-10
			395		249-9
李安上	上	476		魏	2216
			627	北	3113
李安全	下	85		金	1477
李晏	下	110		金	1867
	下	119		金	2125
			120		2125
李黯	中	244		新唐	3445
李若川	下	59		金	1421
李言	下	82		金	1470
李言恭	下	470		明	2419
李彦紳	中	380		新五	901
			602	遼	1211
李鄴	下	45		金	1392
李如桂	下	542		明	6191
李如楠	下	542		明	6191
李如梅	下	531		明	5983
			542		6191
			542		6193
			543		6194
			544		6198
			545		6201
			545		6214
			549		6392
			553		6685
			554		6686
			592		8298
李如柏	下	542		明	6191
			542		6193
			543		6194
			544		6198
			549		6395
			550		6396
李如松	下	442		明	275
			443		276
			528		5921
			535		6157
			542		6191
			542		6192
			542		6193
			542		6194
			543		6194
			543		6195
			543		6196
			544		6198
			547		6286
			548		6392
			588		8292
			588		8293
			592		8298
			611		8358
李如梧	下	542		明	6191
李如樟	下	542		明	6191
李如梓	下	542		明	6191
李如楨	下	542		明	6191
李汝華	下	455		明	1903
李懌	下	585		明	8289
			586		8289
			586		8290
李延	上	333		晉	3096
李延齡	下	145		元	123
			190		1398
			191		1399
			251		4616
李延寵	中	81		舊唐	219
			323	新唐	6175
李昖=宣祖[朝鮮]					
	下	442		明	275
			587		8291
			588		8292
			588		8293
			589		8293
			589		8294
			592		8298
			593		8300
			594		8301
			611		8358
李衍	中	27		隋	1362
李永	上	506		周	239
李英	下	536		明	6183
李詠	上	281		晉	2817
李五	下	387		新元	244-12
李敖	上	476		魏	2215
			627	北	3113
李玉	下	425		明	49

項目	二十五史抄		新校本	
李用敬	下	493	明	5407
		493		5408
李用弓	下	44	金	1391
李用和	下	44	金	1392
李鄘	中	202	舊唐	5339
李祐	中	163	舊唐	3540
		309	新唐	5994
李鬱于	中	79	舊唐	183
李雄	上	446	魏	1502
		580	北	1626
		598		2557
		598		2558
	中	242	新唐	2593
李元紘	中	144	舊唐	3073
		211		5352
		284	新唐	4418
		320		6171
李元吉	下	86	金	1480
李元立	中	246	新唐	3451
李元本	中	246	新唐	3451
李元憑	中	244	新唐	3445
李元素	中	161	舊唐	3538
		307	新唐	5991
		308		5991
李元祐	下	247	元	4610
李元翼	下	544	明	6201
		591		8296
李元質	中	246	新唐	3451
李元忠	下	26	金	272
李元弈	中	244	新唐	3445
李元昊	下	370	新元	188-1
李元護	上	446	魏	1585
		580	北	1645
		580		1657
李垣	上	272	晉	2797
李原名	下	478	明	3925
		478		3938
李愿	中	163	舊唐	3540
		309	新唐	5994
李洎	中	164	舊唐	3542
李禕=信安王				
	中	291	新唐	4596
李子喬[字]=李產				

項目	二十五史抄		新校本	
	上	297	晉	2843
李子相[字]=李攀龍				
	下	564	明	7378
李勣	中	72	舊唐	53
		72		56
		76		90
		76		92
		92		1053
		119		2483
		119		2487
		119		2488
		121		2519
		127		2734
		131		2782
		136		2795
		136		2797
		141		2947
		141		2950
		154		3293
		154		3294
		180		5010
		180		5027
		181		5028
		191		5322
		191		5323
		191		5324
		192		5324
		192		5325
		193		53251
		194		5327
		205		5345
		206		5345
		207		5346
		208		5348
		225	新唐	65
		225		66
		226		67
		230		472
		234		1023
		240		1643
		249		3516
		249	新唐	3416
		255		3817

項目	二十五史抄	新校本
	255	3819
	255	3820
	256	3832
	258	3881
	263	4027
	268	4084
	270	4120
	272	4124
	275	4141
	279	4215
	281	4297
	283	4341
	300	5743
	314	6077
	316	6137
	332	6189
	333	6189
	333	6190
	334	6190
	335	6192
	336	6193
	336	6194
	338	6196
	339	6197
	352	6412
	370	舊五 1844
	434	宋 14035
	下 3	金 1
李勣	上 295	晉 2840
	295	2841
	296	2842
	298	2844
	574	北 983
李佺	中 314	新唐 6085
李梲	下 45	金 1393
李正己＝李懷玉[本名]		
	中 83	舊唐 307
	159	*3534
	170	3943
	244	新唐 3448
	245	3449
	292	4703
	306	5989

項目	二十五史抄	新校本
	307	5990
李廷機	下 617	明 8369
李廷龍	中 228	新唐 144
李挺	下 249	元 4613
李庭	下 155	元 233
	164	308
	164	310
	211	3130
	232	3795
	232	3797
	232	3798
	234	3867
	276	新元 10-8
	277	10-10
	280	12-1
	319	105-6
	319	105-7
	325	121-5
	346	*162-3
	350	166-3
	408	249-7
	409	249-8
	410	249-10
李靖	中 113	舊唐 2356
	119	2475
	119	2481
	127	2734
	141	2947
	254	新唐 3806
	254	3815
	256	3830
	311	6034
	311	6034
	352	6412
	下 44	金 1390
李禎	下 522	明 5811
	523	5827
	523	5828
李齊	中 242	新唐 2593
李齊賢	下 402	新元 249-20
	403	249-20
李際春	下 616	明 8367
李禔	下 450	明 1655

項目	二十五史抄		新校本	
		582		8284
		583		8285
李濟	中	213	舊唐	5355
		322	新唐	6174
李朝隱	中	80	舊唐	195
		82		239
		229	新唐	155
		320		6171
李存勗	中	552	遼	974
		553		974
李宗城	下	443	明	277
		473		3748
		523		5827
		533		6110
		533		6111
		589		8294
		590		8295
李倧=仁祖[朝鮮]				
	下	595	明	8303
		596		8303
		596		8304
		597		8306
		598		8306
李從珂	中	603	遼	1212
李佐	上	440	魏	894
		651	北	3327
李周楨	中	469	遼	146
		634		1520
李籌	下	116	金	1996
李遵頊	下	87	金	1481
李遵宜	中	243	新唐	3444
李遵行	中	243	新唐	3444
李中	下	490	明	5351
		490		5361
李仲諤	下	90	金	1487
李仲元	下	25	金	259
李重旻	中	218	舊唐	5363
李重英	中	243	新唐	3444
李之儀	中	441	宋	14047
李至剛	下	601	明	8345
李至言	中	166	舊唐	3709
李志	上	446	魏	1585
		580	北	1645
李志甫	下	378	新元	214-10
李知白	中	469	遼	147
		634		1520
李知深	下	59	金	1421
李稷	下	352	新元	172-13
李珍	下	521	明	5786
李肆	下	589		8293
		589		8294
李盡滅=李盡忠				
	中	77	舊唐	125
		78		126
		210		5350
李盡忠=李盡滅				
	中	77	舊唐	125
		139		2893
		142		2977
		146		3154
		183		5145
		184		5168
		210		5350
		211		5352
		216		5360
		227	新唐	96
		237		1128
		262		3980
		276		4148
		279		4213
		312		6045
		318		6168
		319		6169
		320		6170
		326		6179
李臻	上	274	晉	2805
李澄	中	291	新唐	4658
	下	60	金	1424
李贊華=東丹慕華				
	中	362	舊五	576
		363		589
		364		665
		602	遼	1211
李昌慶	下	253	元	4619
李昌圖	下	61	金	1425
李敝	上	483	魏	2224

項目	二十五史抄		新校本	
		491		2738
		641	北	3132
李處能	中	628	遼	1440
李處溫	中	628	遼	1440
		628		1442
李天英	下	165	元	319
		281	新元	12-3
李天寵	下	439	明	243
		493		5408
		494		5409
		494		5410
		607		8352
		607		8353
李聽	中	309	新唐	5994
李超	上	82	後漢	253
		129		2988
	下	507	明	5606
		511		5612
李椿	中	293	新唐	4750
李忠	下	560	明	6939
李忠臣	中	170	舊唐	3939
		170		3940
		351	新唐	6387
		354		6437
李沈	上	406	魏	29
		407		31
		446		1585
		538	北	16
		580		1645
李鐸	下	587	明	8291
李通	下	54	金	1408
		105		1835
		127		2783
李平胡	下	539	明	6187
		540		6188
		541		6191
		548		6392
李抱眞	中	168	舊唐	3898
李豊	上	167	三	303
李泌	中	165	舊唐	3620
		165		3621
	下	183	元	883
		317	新元	104-26
李弼	上	506	周	239
		589	北	2129
	中	76	舊唐	98
		343	新唐	6204
李旱	上	335	晉	3099
		337		3103
		338		3103
		468	魏	2070
		622	北	3072
李含珠	中	317	新唐	6145
		322		6174
李咸	中	351	新唐	6387
李海刺孫	下	280	新元	11-15
李海岸	中	336	新唐	6194
李楷	下	490	明	5363
李楷固=燕國公				
	中	139	舊唐	2893
		216		5360
		279	新唐	4213
		319		6169
		319		6170
		326		6179
李楷洛=蘇郡公				
	中	78	舊唐	160
		213		5355
		227	新唐	119
		265		4056
		291		4583
		322		6174
李楷落	中	234	新唐	3444
		321		6172
李行禕	中	314	新唐	6085
李珦=文宗[朝鮮]				
	下	583	明	8285
		583		8286
		584		8286
李獻誠	中	216	舊唐	5359
		325	新唐	6178
	下	3	金	1
李玄邃[字]=李密				
	中	106	舊唐	2207
李玄蘊	中	615	遼	1341
		617		1347

項目	二十五史抄		新校本	
李玄奘	中	170	舊唐	3939
李賢	上	588	北	2103
李姪=成宗[朝鮮]				
	下	585	明	8287
		585		8288
李好文	下	185	元	962
李虎	上	507	周	334
李胡	中	460	遼	31
		601		1200
李岾=仁宗[朝鮮]				
	下	586	明	8289
		586		8290
李浩	下	612	明	8361
李瑚	下	497	明	5413
		497		5414
		506		5605
李晷	上	446	魏	1502
		580	北	1626
李渾	上	588	北	2118
	中	20	隋	1120
		21		1121
		21		1125
李琿=光海君[朝鮮]				
	下	445	明	301
		587		8291
		589		8294
		594		8301
		595		8302
		595		8303
李弘=孝敬皇帝[唐]				
	中	250	新唐	3588
李弘基[字]=李廣				
	上	501	北齊	607
		611	北	2787
李弘方	中	245	新唐	3449
		309		5993
		310		5994
李弘巽	中	163	舊唐	3541
李弘暐=端宗[朝鮮]				
	下	584	明	8286
李洪	上	231	晉	209
		281		2818
李洪兒=李敏				

項目	二十五史抄		新校本	
	上	588	北	2110
	中	21	隋	1124
李化龍	下	530	明	*5975
李峘=明宗[朝鮮]				
	中	296	新唐	5178
	下	586	明	8290
		587		8291
李晄=睿宗[朝鮮]				
	下	584	明	8287
		585		8287
李繪	上	454	魏	1716
		582	北	1827
李懷光=李嘉慶[改名]				
	中	158	舊唐	*3491
		165		3543
		350	新唐	6375
李懷仙	中	164	舊唐	3541
		168		3895
		305	新唐	5967
李懷秀=崇順王				
	中	320	新唐	6172
李懷玉[本名]=李正己				
	中	159	舊唐	3534
		244	新唐	3448
		306		5989
李懷節	中	81	舊唐	219
		228	新唐	144
李孝功	下	6	金	32
李孝逸	中	255	新唐	3823
		314		6077
李後智	上	580	北	1645
李訓	上	345	晉	3130
李勛	中	448	宋	14130
李彙	中	243	新唐	3444
李黑	上	294	晉	2839
李訢=李元盛[字]・李眞奴				
	上	574	北	983
李興	下	540	明	6180
		541		6191
李興祐	中	387	宋	12
		434		14036
李希烈	中	160	舊唐	3536
		170		3943

項目	二十五史抄		新校本	
		307	新唐	5990
		307		5991
		354		6437
李希宗	上	454	魏	1716
		582	北	1827
李喜喜	下	472	明	3684
里玄獎	中	190	舊唐	5322
泥㪍處羅可汗	中	313	新唐	6056
泥敦策斤	中	206	舊唐	5345
泥禮	中	212	舊唐	5353
泥利可汗	中	65	隋	1874
泥里吉	中	467	遼	119
移剌捏兒	下	221	元	3529
		334	新元	*135-4
移剌撻不也	下	22	金	216
移剌都	下	332	新元	134-2
移剌道	下	15	金	137
		59		1422
		60		1423
移剌履	下	20	金	190
移剌買奴	下	334	新元	135-5
移剌邴	下	22	金	212
移剌神獨斡	下	61	金	1425
移剌按荅	下	15	金	139
		60		1423
移剌彥拱	下	21	金	203
移剌窩斡	下	128	金	2849
		128		2860
移剌子敬	下	62	金	1427
移剌子元	下	18	金	165
		67		1436
移剌慥	下	69	金	1439
移剌天佛留	下	15	金	132
		58		1419
移剌蒲阿	下	90	金	1487
移剌照載	下	60	金	1423
移烈	中	491	遼	328
移室懑	下	118	金	2015
尒朱榮	上	452	魏	1714
		453		1715
		454		1716
		455		1718
爾朱天光	上	507	周	333
		509		496
履中	中	346	新唐	6208
		450	宋	14132
離班	上	235	後漢	261
		341	晉	3109
		343		3128
彝震	中	514	遼	456
禰植	中	130	舊唐	2779
		274	新唐	4139
益都	下	199	元	2379
匿物尼	上	406	魏	29
匿舍朗	中	323	新唐	6175
仁德天皇[日本]	中	346	新唐	6208
		450	宋	14132
仁明天皇[日本]	中	347	新唐	6209
		450	宋	14133
仁宗[宋]	中	391	宋	175
仁宗[元]	下	196	元	1938
		203		2565
		256		4623
		363	新元	178-7
		370		188-1
		400		249-16
		401		249-18
仁宗[明]	下	430	明	107
		482		4239
		613		8364
		623		8505
仁賢天皇[日本]	中	346	新唐	6208
		450	宋	14132
		451		14133
仁孝	下	67	金	1437
仁孝皇后	下	602	明	8345
印侯	下	411	新元	250-12
因末	上	265	晉	2537
寅底石	中	551	遼	969
		606		1237
一克灰正	下	540	明	6189
一山[僧]	下	283	新元	14-1

項目	二十五史抄		新校本	
		411		250-12
日歸	上	270	晉	2769
日律推演	上	187	三	838
日拔也稽	上	648	北	3250
日烜	下	412	新元	251-10
逸豆歸	上	280	晉	2815
		486	魏	2305
		619	北	3070
		650		3268
逸隱啜	中	187	舊唐	5215
壹芝惟離	上	265	晉	2536
壹衍鞮	上	180	三	833
壹興	上	214	三	858
鎰	中	164	舊唐	3542
任敬德	下	116	金	1956
任德聽	下	61	金	1425
任得敬	下	21	金	203
		60		1424
		62		1427
		62		1428
任得仁	下	60	金	1424
任尙	上	79	後漢	179
		122		2956
		135		3235
任賞	上	185	三	837
任純忠	下	57	金	1418
任卒	下	85	金	1478
任雅	中	217	舊唐	5361
任雅相	中	75	舊唐	82
		75		83
		193		5326
		225	新唐	61
		240		1642
		301		5767
		315		6113
		327		6180
任吳	上	277	晉	2809
任応徴	下	541	明	6190
任懿	中	442	宋	14048
任個	下	19	金	176
任環	下	439	明	243
		464		2245
		499		5416

項目	二十五史抄		新校本	
		500		5418
		502		5424
		505		5603
		509		5609
		565		7437
		566		7439
任孝城	中	341	新唐	6200
任興	上	87	後漢	608
任希古	中	452	宋	14135
林枏	下	81	金	1469
林暨	中	442	宋	14048
林拱	下	85	金	1477
林恭	下	456	明	1981
林德元	下	82	金	1472
林道乾	下	618	明	8377
林伯成	下	83	金	1473
林懋和	下	492	明	5404
林碧川	下	508	明	5609
林壽	下	573	明	7719
林彥	中	374	新五	58
林衍	下	145	元	123
		146		128
		146		129
		147		133
		165		334
		200		2521
		225		3629
		226		3631
		230		3749
		235		3891
		251		4615
		252		4616
		253		4618
		257		4624
		258		4626
		271	新元	8-10
		272		8-11
		273		8-13
		273		8-14
		312		98-22
		336		138-8
		344		158-14
		352		174-12

項目	二十五史抄		新校本	
		355		176-3
		357		176-5
		371		191-5
		395		249-9
		396		249-9
		397		249-12
林永祖	下	86	金	1480
林英	中	161	舊唐	3538
林堯兪	下	595	明	8303
林元	下	172	元	461
		284	新元	14-11
林元來	下	399	新元	249-16
林惟茂	下	146	元	129
		252		4617
		252		4618
		253		4619
		396	新元	249-10
林惟袇	下	252	元	4617
林潤	下	503	明	5547
		503		5572
		575		7919
林邑	中	199	舊唐	5335
林仁碩	下	83	金	1474
林材	下	547	明	6277
		547		6291
林朝曦	下	506	明	5606
林柱材	下	86	金	1479
林仲虎	下	84	金	1476
林咸	下	567	明	7440
林賢	下	575	明	7907
		575		7908
		601		8344
林希	中	423	宋	10913
		424		10913

［ 자 ］

項目	二十五史抄		新校本	
子讓→孟讓＜新校＞				
	中	35	隋	1519
子重	上	277	晉	2809
子砥	中	411	宋	8745
柘柏	下	221	元	3522
訾嘉珍	中	162	舊唐	3539
		308	新唐	5993
		309		5993
慈粉	下	608	明	8354
芍陂	下	214	元	3214
酌古	中	635	遼	1521
岑大祿	下	578	明	8253
岑大壽	下	578	明	8253
岑文本	中	73	舊唐	57
		121		2535
		121		2539
		128		2761
		262	新唐	3965
		350		6336
狀骨里	中	480	遼	221
長＝神王[古朝鮮]				
	上	33	史	2986
		34		2989
		71	漢	3864
		73		3867
長禿	下	513	明	5615
		513		5616
長樂公主	上	424	魏	335
		459		1831
		609	北	2686
長命＝樂浪王				
	上	418	魏	201
		421		239
		429		443
		543	北	136
		563		643
長沙	上	27	史	2638
		277	晉	2809
長孫道生	上	409	魏	58
		410		84
		434		656
		439		790
		473		2126
		539		2126
		539	北	31
		623		3078
長孫覽	中	26	隋	1327
長孫漫	上	561	北	579
長孫無忌	中	73	舊唐	57
		116		2453
		192		5324
		192		5325
		263	新唐	4017
		332		6188
		333		6190
		335		6192
		336		6193
		337		6195
長孫肥	上	406	魏	29
		406		30
		433		651
		564	北	746
長孫師	中	190	舊唐	5321
		331	新唐	6187
長孫晟	上	568	北	817
	中	26	隋	1329
		26		1331
		27		1336
長孫順德	中	112	舊唐	2308
		263	新唐	4023
長孫崇	上	568	北	805
長孫秩	上	402	魏	12
		423		323
		557	北	491
長孫賀	上	403	魏	21
長昂	下	513	明	5615
		531		5983
		532		5984
		536		6184
		540		6189
		541		6191
		625		8509
		626		8509
長眞	中	349	新唐	6326

項目	二十五史抄		新校本	
長忠	上	421	魏	239
		422		305
莊賈	中	145	舊唐	3099
		285	新唐	4429
莊浪義顯	下	61	金	1425
莊烈帝[明]	下	445	明	309
		446		325
		597		8306
莊聖皇后	下	372	新元	198-5
莊帝[北魏]	上	447	魏	1590
		451		1713
		453		1715
		580	北	1660
莊宗[後唐]	中	358	舊五	411
		359		453
		379	新五	889
		602	遼	1210
張可大	下	560	明	6933
張佳允	下	526	明	5833
		526		5857
		526		5858
張家奴	中	493	遼	334
張(阝各)	上	12	史	1057
		13		1057
		46	漢	661
張覺	下	44	金	1390
		104		1834
張柬之	中	156	舊唐	3296
張剛	上	215	三	1134
張康	下	242	元	4539
		242		4540
		386	新元*	242-6
張去萃	中	418	宋	10107
張居敬	下	297	新元	32-62
張居正	下	513	明	5616
		514		5616
		517		5627
		525		5855
張琚	中	464	遼	94
張舉	上	85	後漢	354
		100		2353
		290	晉	2832
		362	宋書	711
	中	111	舊唐	2280
張建章	中	239	新唐	1508
		409	宋	5155
		411		8802
張虔勗	中	268	新唐	4089
張乾	上	272	晉	2797
張騫	上	190	三	840
張傑	中	479	遼	204
張儉=皖城郡公				
	中	72	舊唐	53
		129		2775
		129		2776
		207		5347
		223	新唐	43
		249		3515
		273		4132
		273		4133
		316		6135
		332		6189
		333		6189
張(土自)	中	144	舊唐	3057
		284	新唐	4411
張格	上	46	漢	661
張見素[字]=張楫				
	中	426	宋	11219
張兼	下	68	金	1439
張兼善	下	62	金	1427
張謙	下	428	明	97
	中	500	遼	348
張景福	下	625	明	8508
張景仁	下	57	金	1417
張敬達	中	607	遼	1249
張經	下	439	明	242
		439		243
		464		2244
		464		2245
		492		5406
		493		5407
		494		5408
		494		5410
		495		5410
		502		5424
		504		5603

項目	二十五史抄		新校本	
		509		5610
		607		8352
		607		8353
張憬藏	中	181	舊唐	5097
		181		5098
		301	新唐	5802
張鯨	下	326	新元	125-2
張泊	中	388	宋	60
		413		9208
		432		13049
		435		14037
張高兒	中	495	遼	337
張谷	下	500	明	5420
張轂	中	498	遼	345
		498	遼	346
		499		348
		500		348
張袞	上	432	魏	612
		432		613
		794	北	568
張匡	下	111	金	1868
張光	上	470	魏	2072
張光輔	中	195	舊唐	5328
		272	新唐	4124
張九齡	中	145	舊唐	3097
		177		4815
		284	新唐	4424
		285		4429
張九思	下	68	金	1438
		112		1870
張九節	中	210	舊唐	5351
		319	新唐	6169
張歐	上	31	史	2950
張國	上	129	後漢	2988
張君乂	中	140	舊唐	2950
		141		2950
		223	新唐	44
		249		3516
		283		4341
		334		6190
張君劭	中	126	舊唐	2704
張群	上	216	三	1139
		217		1139
張軌	上	257	晉	2221
		446	魏	1502
		580	北	1626
張珪	下	277	新元	10-10
		409		250-8
張芹	下	502	明	5485
		604		8349
張根	中	426	宋	11217
張僅言	下	62	金	1427
張金樹	中	120	舊唐	2516
		256	新唐	3829
張金稱	上	597	北	2537
		598		2553
		607		264
	中	32	隋	1500
		32		1501
		40		1576
		68		1899
張岐	上	101	後漢	2355
		156	三	241
張南	上	147	三	27
		154	後漢	206
張甯	下	470	明	2385
		487		4801
張寧	下	486	明	4765
		486		4766
張道	上	364	宋書	725
張道濬	下	552	明	6482
張同休	中	140	舊唐	2919
張騰	上	465	魏	2065
張良	上	22	史	2034
		57	漢	2023
		57		2029
張良相	下	550	明	6405
張良顯	下	81	金	1469
張亮	中	72	舊唐	57
		120		2514
		120		2515
		190		5322
		191		5323
		193		5325
		223	新唐	43
		255		3828

項目	二十五史抄		新校本	
		256		3829
		333		6189
		336		6193
張璉	下	490	明	5347
		498		5414
		506		5605
張靈碩	上	378	南齊	501
張鹵	下	499	明	5417
張掄	下	57	金	1418
張利貞	中	352	新唐	6412
張林	下	157	元	253
		158		253
		278	新元	11-5
		411		250-11
張琳	中	493	遼	334
		494		334
		628		1441
張馬留	中	474	遼	174
張邈	上	168	三	354
張晚	下	596	明	8304
張晚公	下	133	金	2888
張萬紀	下	560	明	6938
張萬福	中	171	舊唐	4074
		296	新唐	5178
張買成	上	345	晉	3130
張孟	上	312	晉	2896
張萌	上	280	晉	2816
		281		2817
張鳴岡	下	621	明	8433
張牧	上	269	晉	2767
張穆	上	347	晉	3133
		473	魏	2126
		623	北	3078
張茂	上	477	魏	2217
		632	北	3120
	下	487	明	4801
張懋=英國公				
	下	585	明	8288
張文幹	中	224	新唐	44
		333		6189
張文謙	下	362	新元	177-21
張文瓘	中	136	舊唐	2798
		137		2814

項目	二十五史抄		新校本	
		137		2815
		278	新唐	4186
		278		4187
張文龍	下	366	新元	182-4
張文成[字]=張鷟				
	中	294	新唐	4779
		294		4780
張文收	中	343	新唐	6204
張文儼	中	320	新唐	6171
張文虎	下	166	元	350
張文休	中	217	舊唐	5361
		327	新唐	6181
張彌	上	149	三	101
		160		253
		171		618
		216		1138
		216		1139
		218		1223
		237	晉	362
		361	宋書	682
張謐	中	294	新唐	4767
張樸	中	426	宋	11219
張攀	上	439	魏	778
張拔都	下	408	新元	250-7
張拔突	下	276	新元	10-8
張方平	中	420	宋	10353
		420		10358
張邦昌	中	399	宋	2552
	下	45	金	1393
張百戶	下	260	元	4629
		410	新元	250-11
張保皋	中	345	新唐	6206
張普惠	上	456	魏	1727
		456		1742
張輔之	下	588	明	8293
張芬	中	374	新五	57
張貔	上	168	三	354
張彬	中	374	新五	61
張斌	下	487	明	4801
張士貴	中	130	舊唐	2780
		191		5322
		274	新唐	4139
		333		6189

項目	二十五史抄		新校本	
		349		6327
張士誠	下 463		明	2243
		599		8341
張氾	上 103		後漢	2464
張師德	中 418		宋	10110
		418		10111
張嗣古	下 83		金	1473
張祥	下 615		明	8366
張塞	上 380		南齊	1012
張生	下 487		明	4849
張瑄	下 157		元	253
		278	新元	11-5
		366		*182-2
張說	中 144		舊唐	3049
		151		3254
		152		3254
		183		5146
		211		5352
		282	新唐	4335
		284		4381
		320		6171
	下 60		金	1423
張涉	上 363		宋書	723
張成	中 499		遼	346
張世傑	下 153		元	225
		227		3632
		357	新元	176-6
張世臣[字]=張元勳				
	下 517		明	5625
張昭	上 218		三	1219
		218		1223
張劭	上 228		晉	90
張邵	下 50		金	1402
張孫無忌	中 116		舊唐	2446
張孫晟	上 569		北	823
張孫順德	中 111		舊唐	2308
張孫崇	上 410		魏	81
張孫秩	上 535		北	7
張松	上 217		三	1139
張鑠高	中 245		舊唐	3450
張守珪	中 80		舊唐	202
		81		208
		145		3099

項目	二十五史抄		新校本	
		146		3193
		146		3194
		147		3194
		147		3195
		211		5353
		228	新唐	138
		228		139
		285		4429
		285		4430
		287		4548
		287		4549
		287		4550
		314		6085
		320		6171
		323		6175
		351		6411
		353		6421
張守智	下 165		元	319
		281	新元	12-3
張秀實	中 457		遼	15
張須陀	中 46		隋	1645
		46		1646
張宿	中 309		新唐	5993
張純	上 85		後漢	354
		92		1193
		100		2353
		101		2353
		101		2358
		123		2964
		126		2984
		155	三	239
		155		240
		182		834
張順	上 335		晉	3100
張崇	上 254		晉	1951
		314		2916
		316		2923
		328		3087
		329		3088
		465	魏	2065
	中 494		遼	336
		594		1186
	下 14		金	115

項目	二十五史抄		新校本	
		56		1413
張承廕	下	543	明	6196
張勝	上	27	史	2638
		27		2639
		58	漢	1892
		58		1893
張子眞[字]=張玄素				
	下	111	金	1868
		111		1869
張貞觀	下	457	明	2057
張仲佐[字]=張汝弼				
	下	111	金	1869
張氏	上	344	晉	3128
	中	393	宋	351
張氏=羅舉의 妻				
	下	572	明	7718
張氏=游銓의 妻				
	下	573	明	*7718
張阿勞=張孝忠[字]				
	中	294	新唐	4767
張安世	上	63	漢	2647
		63		2656
張巖	下	86	金	1479
張養蒙	下	534	明	6117
		534		6125
張讓	下	244	元	4553
		389	新元	247-5
張驤	上	406	魏	28
		407		30
		407		31
		537	北	15
		538		16
張焉豆伐	上	481	魏	2221
張梟	下	514	明	5618
張汝霖=張仲澤[字]				
	下	64	金	1431
		108		*1865
張汝猷	下	22	金	225
張汝弼	下	64	金	1430
		108		1864
		111		*1869
張旟	下	486	明	4655
張易之	中	140	舊唐	2919
		156		3296
張延師	中	92	舊唐	1047
張燕	上	102	漢	2382
張曄	上	88	後漢	705
張永	上	463	魏	2061
張銳昌	下	117	金	1997
張烏豆伐	上	639	北	3129
張鏊	下	501	明	5421
		514		5618
張玉	下	624	明	8507
張溫	上	100	後漢	2353
		101		2358
		272	晉	2796
張用直	下	52	金	1406
		53		1407
張禹	上	283	晉	2820
張祐	下	111	金	1868
張遇	上	257	晉	2189
張雲	下	83	金	1473
張元勳=張世臣[字]				
	下	517	明	*5625
		526		5859
張位	下	520	明	*5777
		547		6291
		554		6686
		554		6687
張威	上	372	宋書	2394
		527	南	1972
張偉	上	460	魏	1844
張暐	下	354	新元	176-1
張惟岳	中	160	舊唐	3536
張惟賢	下	543	明	6196
張奫	上	604	北	2632
	中	33	隋	1510
張應古	中	594	遼	1185
張彝	下	64	金	1432
張耳	上	58	漢	1895
		151	三	111
	中	107	舊唐	2209
張翼	上	432	魏	612
	下	221	元	3530
		334	新元	135-5
張翼明	下	63	金	1429

項目	二十五史抄		新校本	
		132		2887
張仁囧	下	398	新元	249-12
		398		249-13
張仁貴	中	501	遼	351
張仁愿	中	351	新唐	6411
張仁銓	中	438	宋	14041
張鎰	中	164	舊唐	3542
	下	248	元	4612
		249		4613
		250		4615
張子顏	下	65	金	1433
張子正	下	67	金	1437
張蚝	上	255	晉	2082
		310		2891
		311		2892
		314		2916
		314		2917
		314		2919
		316		2923
		318		2941
		319		2944
		323		3080
張鷟	中	171	舊唐	4023
		294	新唐	4979
張藏	下	508	明	5608
張載	上	296	晉	2842
張翥	下	243	元	4552
		389	新元	247-4
張銓＝永定侯				
	下	425	明	51
張定邊	下	384	新元	226-9
張政	上	214	三	857
		214		858
張貞明	下	591	明	8296
張庭珍	下	236	元	3919
		351	新元	*172-1
張鼎思	下	514	明	5616
		517		5627
張靜	上	224	晉	11
張宗元	下	66	金	1435
張周鎮	中	35	隋	1519
張浚	下	58	金	1418
張駿	上	253	晉	1932
張仲軻	下	126	金	*2780
張仲慮	上	460	魏	1844
張仲武	中	174	舊唐	4677
		187		5215
		212		5354
		305	新唐	5980
		305		5981
		321		6172
		323		6175
張仲舒	下	81	金	1470
張仲愈	下	38	金	1096
		60		1423
張仲澤[字]＝張汝霖				
	下	108	金	1865
張重華	上	257	晉	2240
張支	上	282	晉	2818
張眞	上	334	晉	3099
		335		3099
		468	魏	2070
張進	下	262	元	4668
		414	新元	253-10
張鎭州	上	552	北	454
		643	北	3134
	中	5	隋	74
		18		687
		61		1825
張鎭周	上	605	北	2644
		606	北	2644
	中	35	隋	1519
張澄	中	365	舊五	1053
張澂	中	443	宋	14051
張漸	中	301	新唐	5768
張敞	上	207	三	851
張千秋	上	63	漢	2656
張天綱	下	90	金	1487
張天麟	下	366	新元	182-4
張天祥	下	487	明	4801
張天錫	上	232	晉	212
張薦	中	170	舊唐	4023
		294	新唐	4979
張哲	上	310	晉	2876
張喆	下	13	金	107
		54		1410

項目	二十五史抄		新校本	
張超	上	406	魏	29
張春	下	568	明	7453
		568		7463
張忠輔	下	114	金	1890
張忠志	中	161	舊唐	3538
張狪	下	604	明	8349
張治	下	499	明	5418
張熾	上	347	晉	3132
張俌	下	25	金	268
張卓	上	432	魏	612
張鐸	下	147	元	140
		253		4619
		259		4627
		274	新元	8-18
		343		158-7
		344		158-8
		406		250-4
		525	明	5855
張耽	上	123	後漢	2962
		126		2983
張泰	上	168	三	354
		343	晉	3128
張通	上	335	晉	3100
張通古	下	49	金	1399
張通儒	中	353	新唐	6421
張統	上	319	晉	2942
張擺失	下	536	明	6183
張覇	下	106	金	1862
張平	上	294	晉	2839
		295		2839
張蒲	上	439	魏	778
張必先	下	384	新元	226-9
張學顏	下	524	明	*5853
張鶴鳴	下	540	明	6190
		548		6396
		578		8046
張行簡	下	121	金	*2329
張行岌	中	217	舊唐	5360
		326	新唐	6180
張行本	中	40	隋	1576
張行成	中	72	舊唐	57
		126		2703
		126		2704

項目	二十五史抄		新校本	
張行信	下	122	金	*2366
張憲臣	下	459	明	2166
張赫=航海侯・恩國公				
	下	475	明	*3832
張玄素=子眞[字]				
	下	111	金	*1868
		112		1869
張玄遇	中	77	舊唐	125
		210		5351
		227	新唐	96
		318		6169
張玄徵	下	111	金	1869
張顯	上	79	後漢	196
		128		2986
		185	三	837
		339	晉	3105
張亨	下	63	金	1430
		67		1436
張衡	上	281	晉	2816
		597	北	2548
	中	28	隋	1391
張浩=秦國公・浩然[字]				
	下	106	金	*1862
張浩	下	262	元	4668
		604	明	8349
張豪	上	335	晉	3099
張泓	上	282	晉	2818
張洪	下	601	明	8344
張華	上	247	三	1068
		248	晉	1070
		273		2803
		351		3164
		359	宋書	587
		470	魏	2071
	中	135	舊唐	2794
張奐	上	83	後漢	304
		84		317
		84		318
		98		*2138
		123		2963
		126		2983
		130		2989
		187	三	837

項目	二十五史抄		新校本	
		373	宋書	2399
張煥	下 150		元	156
		275	新元	9-6
張豁	上 470		魏	2072
張淮	下 46		金	1395
張孝舉[字]=張薦				
	中 294		新唐	4979
張孝曾	下 83		金	1472
		83		1473
張孝忠	中 294		新唐	4767
張欽	下 487		明	4801
張興	上 300		晉	2849
		340		3107
		344		3128
		346		3132
張希	上 291		晉	2834
張希皐	下 514		明	5616
		517		5627
張希道	下 64		金	1431
張希聖	下 68		金	1439
張禧	下 234		元	3865
		234		3867
		350	新元	*166-3
		361		177-18
		410		250-10
章氏	下 572		明	7717
章銀兒	下 571		明	7690
章帝[後漢]	上 107		後漢	2809
		121		2952
		126		2983
章宗[金]	下 21		金	207
		23		227
		29		553
		109		1866
		113		1871
		120		2216
		121		2329
		133		2887
蔣幹	上 271		晉	2796
		272		2797
		291		2833
		291		2834
蔣伯祥	下 402		新元	249-19

項目	二十五史抄		新校本	
蔣儼	中 176		舊唐	4801
		181		5097
		261	新唐	3943
		302		5802
蔣琬	下 466		明	2248
蔣濟	上 170		三	450
蔣洲	下 456		明	1981
		495	明	5410
		495		5411
		496		5412
		608		8354
		609		8355
臧宮	上 88		後漢	*695
臧茶	上 7		史	316
		8		320
		8		366
		8		381
		9		775
		10		777
		10		783
		26		2637
		27		2638
		41	漢	28
		41		31
		41		58
		57		1810
		58		1891
		58		1892
		58		1895
臧旻	上 85		後漢	339
		123		2964
		132		2993
		136		3319
		187	三	838
臧哀伯	中 128		舊唐	2735
臧衍	上 58		漢	1892
臧荼	上 44		漢	586
宰賽	下 531		明	5983
載斯	上 214		三	857
抵=燕大將	上 23		史	2070
		28		2657
		59	漢	2053
姐瑾	上 379		南齊	1010

項目	二十五史抄		新校本
		380	1011
沮渠牧犍=河西王			
	上	448	魏 1707
		540	北 51
		540	52
沮渠蒙遜	上	446	魏 1502
		450	1710
		580	北 1626
		585	北 1831
苴羅侯	上	174	三 732
著古與	下	224	元 3627
		265	新元 4-4
		328	132-1
		354	176-1
		391	249-2
		392	249-3
著大勳=平王・玄宗			
	中	151	舊唐 3253
褚匡	上	345	晉 3130
		345	3131
褚亮	中	13	隋 162
		92	舊唐 1060
		121	2578
		122	2582
		262	新唐 3975
		262	3976
褚哀	上	237	晉 374
		258	2414
褚遂良	中	122	舊唐 2582
		122	2612
		125	2674
		126	2729
		126	2733
		127	2734
		128	2735
		262	新唐 3976
		263	4024
		263	4027
		264	4027
		264	4045
		332	6189
赤心	中	186	舊唐 5214
狄故保	中	491	遼 328
狄仁傑	中	138	舊唐 2885
		138	2889
		139	2891
		139	2892
		139	2893
		173	4523
		278	4120
		278	4207
		279	4210
		279	4213
迪古乃	下	5	金 24
		6	29
		96	1631
迪烈	中	467	遼 119
寂照	中	453	宋 14136
	下	257	新元 4625
籍羆	上	272	晉 2797
田璟	中	247	新唐 3458
田穀	下	106	金 1862
田公懿	下	63	金 1430
田拱之	中	473	遼 171
		635	遼 1521
田譚	上	74	漢 4130
		111	後漢 2814
		197	三 844
田大益	下	536	明 6167
田令孜	中	303	新唐 *5884
田令孜	下	244	元 4553
		389	新元 247-5
田武名	中	607	遼 1249
田文徽	下	81	金 1470
		86	1480
田生	上	324	晉 3082
田緒	中	161	舊唐 3537
		307	新唐 5991
田錫	中	416	宋 9787
田詔	上	157	三 252
田守義	中	247	新唐 3458
田秀穎	下	52	金 1406
田承嗣	中	159	舊唐 3535
		160	3536
		164	3541
		167	3838

項目	二十五史抄		新校本	
		167		3848
		247	新唐	3458
		304		5923
		306		5990
田神功	中	165	舊唐	3543
田晏	上	85	後漢	339
		131		2990
		131		2991
		132		2993
		136		3319
		187	三	838
田揚名	中	312	新唐	6045
田興信	下	126	金	2782
田延惲	中	167	舊唐	3848
田悅	中	160	舊唐	3536
		306	新唐	5990
		307		5990
田預	上	168	三	342
		170		453
田豫	上	170	三	453
		171		458
		172		726
		172		727
		173		728
		175		732
		175		733
		178		832
		188		836
		189		839
		190		839
		215		1136
田完	中	247	新唐	3458
田王建	中	247	新唐	3458
田饒	上	159	三	255
田維	中	247	新唐	3458
田銀	上	189	三	838
田二	下	162	元	281
田仁琬	中	147	舊唐	3203
		148		3203
		288	新唐	4576
田仁會	中	176	舊唐	4793
		298	新唐	5623
田子泰[字]=田疇				
	中	247	新唐	3458
田朝	中	248	新唐	3458
田疇	上	168	三	340
		168		341
		168		342
	中	247	新唐	3458
田重進	中	411	宋	*9024
田次之	上	256	晉	2189
田忠良	下	242	元	4535
		242		4537
		386	新元	*242-3
田治	下	516	明	5624
田豊	下	383	新元	225-7
		472	明	3684
田楷	上	215	三	873
田香	上	272	晉	2797
田顗	中	499	遼	346
田弘	上	510	予	497
田弘正	中	163	舊唐	3540
		167		3848
		309	新唐	5994
		310		5995
田和	中	247	新唐	3458
田横	上	432	魏	613
田興=田弘正[改名]				
	中	167	舊唐	*3848
全大眷	下	521	明	5786
典(木英)	下	575	明	7921
傳燈大法師	中	452	宋	14135
傳末波	上	231	晉	206
傳容	上	175	三	733
傳縡	上	396	陳	400
傳佐	下	194	元	1659
傳玄	上	360	宋書	647
錢傑	中	33	隋	1512
錢謙益	下	470	明	2346
錢良臣	下	68	金	1438
錢鏐	中	368	舊五	1766
		377	新五	835
		377		840
	下	89	金	1485
錢薇	下	502	明	5485
錢泮	下	565	明	7437

項目	二十五史抄		新校本	
錢溥	下	470	明	2419
錢士雄	上	555	北	459
		604		2634
	中	8	隋	82
		33		1512
錢象祖	下	86	金	1479
錢鏄	下	565	明	7435
		565		7437
		566		7438
錢元瓘	中	368	舊五	1768
		377	新五	840
錢惟演	中	420	宋*10341	
錢沖之	下	68	金	1439
錢勰	中	420	宋	10349
		441		14047
錢桓	下	617	明	8369
顓頊	上	274	晉	2804
苫徹拔都兒	下	209	元	3031
		341	新元*152-5	
玷厥	上	568	北	817
		568		818
	中	26	隋	1330
		26		1331
粘罕	中	490	遼	326
		491		328
		493		332
		498		346
粘割斡特剌	下	64	金	1430
		112		1870
黏罕	中	434	宋	14023
丁建	上	350	晉	3163
丁敬子	上	372	宋書	2394
		527	南	1972
丁繼嗣	下	465	明	2246
丁師周	下	81	金	1468
丁常任	下	81	金	1470
丁守弼	下	67	金	1437
丁順	下	226	元	3631
		357	新元 176-6	
丁信	上	338	晉	3104
		339		3125
丁氏=慕容全의 妃				
	上	335	晉	3100
丁元薦	下	535	明	6141
		535		6156
丁焴	下	88	金	1482
丁應起	下	57	金	1418
丁應泰	下	544	明	6198
		554		6686
		554		6687
		590		8295
		592		8298
正成	下	591	明	8296
正哉吾勝速日天押穗耳尊				
	中	449	宋	14131
定公	上	367	宋書	932
定安君=王琮				
	下	401	新元	249-18
定王[渤海]=大元瑜				
	中	327	新唐	6181
定宗[元]	下	138	元	38
		208		2979
		224		3628
		247		4610
貞=憲德王妃[新羅]				
	中	344	新唐	6205
貞=越王	中	452	宋	14135
貞氏=金彥昇 妻				
	中	202	舊唐	5338
貞懿皇后	下	111	金	1869
貞和宮主	下	397	新元	249-11
淨源	中	423	宋	10813
程公濟	下	58	金	1419
程同	上	427	魏	374
程名振	中	74	舊唐	74
		74		78
		130		2781
		131		2784
		191		5323
		223	新唐	44
		224		56
		224		58
		225		61
		274		4140
		276		4146
		276		4147

項目	二十五史抄		新校本	
		333		6189
		333		6190
		337		6195
程務挺	中	131	舊唐	2784
		268	新唐	4089
		276		4146
程伯獻	中	320	新唐	6171
程鵬	下	614	明	8365
程鵬飛	下	158	元	253
		209	元	3004
		327	新元	129-4
程紹祿	下	506	明	5606
程氏	中	393	宋	351
程瑀	中	429	宋	11742
程駿	上	445	魏	1345
		445		1346
		476	魏	2215
		577	北	1441
		577		1451
		578		1452
		627		3113
程振	中	522	遼	467
程陳僧	下	87	金	1482
		88		1482
程千里	中	149	舊唐	3205
		289	新唐	4578
程輝	下	63	金	1429
鄭卿甫	下	395	新元	249-8
鄭繼之	下	528	明	5911
		528		5923
鄭公順	下	81	金	1469
		81		1470
鄭公徵	中	310	新唐	5995
鄭光習	下	86	金	1479
鄭槐	下	68	金	1438
鄭權	中	163	舊唐	3540
		309	新唐	5994
鄭牟	中	345	新唐	6200
鄭道傳	下	582	明	8284
鄭同	下	584	明	8287
鄭斗源	下	598	明	8306
鄭洛	下	535	明	6158
鄭梅	下	596	明	8303

項目	二十五史抄		新校本	
鄭夢周	下	580	明	8280
鄭茂	下	470	明	2385
鄭文表	中	340	新唐	6199
鄭聞	下	61	金	1425
鄭白	下	476	明	3900
鄭庇	下	580	明	8281
鄭生	上	290	晉	2833
鄭善果	中	114	舊唐	2378
鄭世雲	下	292	新元	26-5
鄭舜功	下	608	明	8355
鄭繩	下	604	明	8349
鄭心	中	487	遼	300
鄭氏	中	452	宋	14135
鄭溫	下	148	元	147
		229		3643
		229		3644
		348	新元	*163-13
鄭王幹賽	下	95	金	1565
鄭勖	下	85	金	1476
鄭元	中	487	遼	300
		588		1172
鄭毅	下	266	新元	4-7
		354		176-1
		392		249-3
鄭仁德	中	452	宋	14135
鄭仁泰	中	337	新唐	6194
鄭子聃	下	67	金	1437
鄭子默	上	500	北齊	416
鄭子璵	下	252	元	4617
		253		4619
鄭灼	上	397	陳	441
		524	南	1748
鄭作	中	453	宋	14137
鄭材	下	533	明	6049
鄭戩	上	89	後漢	719
鄭鼎	下	229	元	3634
		347	新元	*163-8
鄭制宜	下	229	元	3636
		348	新元	163-8
鄭藻	下	52	金	1405
鄭之演	下	398	新元	249-12
鄭總	下	582	明	8284
鄭沖	上	226	晉	42

項目	二十五史抄		新校本	
鄭沖夫	下	132	金	2887
鄭擢	下	583	明	8284
鄭玄	上	246	晉	921
鄭迥	下	610	明	8357
鄭孝俉	下	58	金	1420
鄭曉	下	488	明	5255
		616		8368
鄭興裔	下	64	金	1431
鄭熙	上	153	三	139
靜樂公主	中	81	舊唐	219
		228	新唐	144
		320		6172
第五倫	上	93	後漢	*1395
祭肜	上	77	後漢	73
		77		76
		78		99
		89		744
		90		747
		107		2809
		111		2814
		127		2985
		128		2986
		181	三	833
		185		837
祭遵	上	89	後漢	738
祭參	上	79	後漢	183
		90		746
		128		2986
		135		3236
齊國大長公主=忽都魯堅迷失				
	下	205	元	2760
		400	新元	249-16
齊嵩	下	566	明	7438
葵=齊 王子	上	226	晉	68
齊恩	下	439	明	244
		566		7438
齊齊克圖→徹徹都<新校>				
	下	252	元	4617
齊周	上	156	三	243
齊天皇后	中	480	遼	211
齊桓	中	196	舊唐	5330
		340	新唐	6199
	下	519	明	5731

項目	二十五史抄		新校本	
諸葛亮	上	172	三	698
諸葛驤	上	295	晉	2840
諸葛攸	上	238	晉	376
		294		2838
		296		2841
		301		2851
諸葛元遜	上	299	晉	2847
諸葛誕	上	248	晉	1123
諸葛太妃	上	248	晉	1122
諸洛固阿跌	中	186	舊唐	5214
諸龍光	下	528	明	5921
醍醐天皇[日本]				
	中	451	宋	14133
濟=倭王	上	373	宋書	2395
		389	梁	807
		529	南	1974
		529		1975
濟=雜辣公	下	52	金	1405
刁雲	上	319	晉	2945
		329		3088
		329		3089
		464	魏	2064
		465		2065
		619	北	3069
朝臣仲滿	中	204	舊唐	5341
祖大壽	下	558	明	6718
祖來	下	600	明	8342
祖承訓	下	442	明	275
		522		5822
		542		6193
		543		6194
		548		6392
		588		8292
		611		8358
祖約	上	283	晉	2819
祖逖	上	297	晉	2843
祖眞	上	483	魏	2224
祖闡	下	600	明	8342
晁崇=晁子業[字]				
	上	404	魏	27
		407		30
		461		*1943
		537	北	14

項目	二十五史抄		新校本	
		538		16
		615		2923
晁子業[字]=晁崇				
	上	461	魏	1943
晁清	上	460	魏	1893
		612	北	2846
祚乾	中	452	宋	14135
造父	上	6	史	175
		21		1779
條攸	上	272	晉	2797
組尙德	下	85	金	1476
(大周)然	中	449	宋	14131
		451		14134
		452		14135
	下	257	元	4625
曺介	中	597	遼	1190
曺介升	下	259	元	4626
曺敬方[字]=曺義				
	下	485	明	4634
曺繼叔	中	129	舊唐	2764
		350	新唐	6338
曺瞉	上	308	晉	2861
曺公達	下	60	金	1422
曺光壽	下	83	金	1473
曺咎	上	44	漢	586
曺國長公主	下	205	元	2761
曺克新	下	500	明	5420
		505		5604
曺吉祥	下	432	明	134
		486		4766
曺達	上	373	宋書	2394
		529	南	1974
曺大家	中	183	舊唐	5146
曺磨你	中	187	舊唐	5214
曺萬	中	432	宋	13235
曺芳[齊]	上	152	三	117
曺邦輔=子忠[字]				
	下	439	明	234
		495		5410
		498		*5416
		502		5424
		505		5604
		524		5838

項目	二十五史抄		新校本	
		607		8353
曺變蛟	下	561	明	6973
曺篑	下	537	明	6184
		537		6185
		538		6187
曺伏	上	270	晉	2768
曺伏駒	上	271	晉	2796
曺彬	中	615	遼	1342
曺士元	下	17	金	162
		65		1433
		67		1437
曺爽	上	167	三	272
		167		282
		167		286
		244	晉	711
曺世貞	下	352	新元174-12	
曺恂	上	268	晉	2688
曺勇義	中	499	遼	348
		500		348
曺友聞	中	432	宋	13233
		432		13235
曺義	下	485	明	4634
		623		8506
曺益清	下	402	新元249-19	
曺仁師	中	77	舊唐	125
		95		1376
		210		5351
		227	新唐	96
		318		6169
曺佾	中	433	宋*13572	
曺子忠[字]=曺邦輔				
	下	498	明	5416
曺臧	上	299	晉	2848
曺操	上	85	後漢	384
		86		384
		100		2272
		102		2365
		102		2418
		103		2419
		106		2697
		127		2984
		173	三	730
		173		731

項目	二十五史抄		新校本	
		215		877
	中	166	舊唐	3786
		321	新唐	6173
曹參	上	277	晉	2809
曹脫不台	下	175	元	584
		320	新元	113-11
曹學程	下	533	明	6091
		533		6111
		534		6111
曹勛	下	50	金	1401
棗嵩	上	249	晉	1147
朝臣仲滿	中	347	新唐	6209
朝衡=朝臣仲滿				
	中	204	舊唐	5341
		347	新唐	6209
趙可	下	20	金	199
趙峕	下	440	明	248
趙愨	下	229	元	3743
趙堪	中	147	舊唐	3195
		287	新唐	4549
趙居任	下	601	明	8344
趙高	下	244	元	4553
		389	新元	247-5
趙高伊	下	401	新元	249-19
趙公良	下	83	金	1474
趙狅	下	480	明	4157
		480		4158
		480		4159
趙構	下	105	金	1835
		107		1863
		110		1867
趙珪	下	150	元	169
趙岐	上	98	後漢	2121
		98		2123
趙鼐	下	68	金	1439
趙犢	上	147	三	27
趙惇	下	81	金	1468
趙洛生	上	340	晉	3107
趙攬	上	270	晉	2768
趙良	下	57	金	1418
趙良嗣	下	42	金	1388
		43		1390
趙良弼=輔之[字]				

項目	二十五史抄		新校本	
	下	147	元	140
		149		150
		229		*3743
		252		4617
		253		4619
		258		4626
		259		4629
		269	新元	7-17
		272		8-12
		273		8-13
		274		8-18
		343		*158-4
		394		249-6
		406		250-4
		407		250-5
		599	明	8341
趙萬功	中	320	新唐	6171
趙孟頫	下	385	新元	237-7
		400		249-16
趙夢麟	下	626	明	8509
趙文華	下	439	明	243
		489		5337
		493		5407
		495		5410
		495		5412
		499		5417
		501		5423
		504		5603
		505		5604
		509		5610
		575		7917
		575		7921
		576		7922
		577		7998
		607		8353
		608		8354
趙文翽	中	77	舊唐	125
		177		4814
		227	新唐	96
		285		4494
		318		6168
趙胖	下	582	明	8283
趙槃	上	232	晉	212

項目		二十五史抄	新校本	
		252		1981
趙邦彥	下	393	新元	249-5
趙伯驌	下	63	金	142
趙璧	下	145	金	123
		230	元	3747
		230		3749
		251		4615
		271	新元	8-10
		344		*158-14
		352		174-12
趙卞	下	254	元	4620
趙抃	下	408	新元	250-8
趙炳然	下	465	明	2246
		490		5348
		490		5349
趙保忠	中	433	宋	13985
趙普	中	411	宋	8802
趙輔	下	482	明	4245
		482		4263
		482		4264
趙不艱	下	82	金	1471
趙妃[高麗]=王諝의 妃				
	下	399	新元	249-15
趙祕校	中	500	遼	348
趙賓	上	66	漢	3599
趙士葆	下	67	金	1437
趙思	上	350	晉	3164
		351		3165
	下	68	金	1438
趙三	中	490	遼	326
趙瑞章	下	247	元	4609
趙善湘	下	91	金	1489
趙善義	下	81	金	1468
趙盛之	上	314	晉	2917
趙世模	中	22	隋	1148
趙昭容	中	496	遼	341
趙率教	下	556	明	6711
		560		6951
		560		6963
趙鎖羅骨	下	538	明	6186
趙修	下	247	元	4610
趙修羅	中	22	隋	1148
趙叔章	下	246	元	4609
趙叔昌	下	391	新元	249-4
趙淑	下	81	金	1470
趙崇道	下	68	金	1438
趙崇玭	中	148	舊唐	3204
		288	新唐	4576
趙湜	下	61	金	1425
趙什住	中	110	舊唐	2278
		254	新唐	3806
趙氏=大嵩璘의 妃				
	中	85	舊唐	408
趙安仁	中	415	宋	9655
		416		9657
		632	遼	1481
趙襄子	上	67	漢	3747
趙憶	上	232	晉	212
趙延燾	下	401	新元	249-17
趙延壽	中	380	新五	901
		607	遼	1249
趙衍	下	60	金	1422
		60		1424
趙悅	上	472	魏	2101
趙永	上	88	後漢	705
趙永仁	下	66	金	1435
趙榮	下	433	明	142
趙完	下	525	明	5855
		536		6184
趙隗	中	38	隋	1540
趙堯	上	27	史	2638
趙燿	下	588	明	8293
趙雄	下	63	金	1428
趙元淑	中	43	隋	*1620
趙位寵	下	17	金	162
		18		163
		18		166
		21		203
		66		1434
		67		1436
		115		1952
		132		2887
趙有開	中	402	宋	2810
趙應熊	下	60	金	1424
趙彝	下	257	元	4625
		270	新元	8-5

項目	二十五史抄		新校本	
		395		249-8
		404		250-1
趙益	下	66	金	1433
趙仁貴	下	60	金	1422
趙仁規	下	170	元	425
		255		4622
		283	新元	14-1
		408		250-8
趙仁瑤	下	398	新元	249-13
趙子玉	下	175	元	584
		287	新元	17-9
		320	新元	113-10
趙綽	上	592	北	2167
趙才	上	606	北	2645
	中	38	隋	1540
趙稠	上	130	後漢	2988
趙遵禮	中	435	宋	14037
趙楫	下	541	明	6191
趙之傑	下	85	金	1476
趙之遴	中	438	宋	14042
趙志皋	下	520	明	5769
		520		5774
		520		5776
		522		5827
		532		6007
		534		6111
		547		6291
		554		6687
趙珍	中	168	舊唐	3898
趙秩	下	599	明	8342
		600		8342
趙次興	上	371	宋書	2393
		526	南	1970
趙參魯	下	522	明	5811
		522		5824
		610		8357
趙青雀	上	590	北	2163
趙樞	下	46	金	1394
趙充國	上	64	漢	2971
		64		2972
		64		2987
		69		3784
趙沖	上	95	後漢	1609
	下	246	元	4608
		265	新元	3-10
		328		132-1
		332		134-3
		390		249-1
趙佗	中	108	舊唐	2210
趙含章	中	80	舊唐	195
		80		197
		146		3194
		211		5353
		213		5356
		287	新唐	4549
		291		4596
		320		6171
		323		6175
趙玄默	中	203	舊唐	5341
		347	新唐	6209
趙玄習	下	247	元	4610
趙鎬	中	161	舊唐	3537
		307	新唐	5991
趙化成	中	437	宋	14040
趙煥	下	528	明	5911
趙懷義	上	578	北	1517
	中	43	隋	1616
趙懷節	中	155	舊唐	3295
		226	新唐	89
		271		4122
趙翽	中	210	舊唐	5350
		326	新唐	6179
趙興祥	下	108	金	1864
趙希贊	中	467	遼	120
趙熹	上	91	後漢	912
		91		914
鼂錯	上	61	漢	2276
拙赤	下	623	明	8505
		623		8506
宗幹	下	6	金	24
		33		832
		99		1741
		100		1742
		125		2714
宗望	下	44	金	1390
		45		1392

項目	二十五史抄		新校本	
		45		1393
		45		1394
		46		1395
		103		1823
		104		1834
宗輔	下	46	金	1395
		47		1396
宗設	下	456	明	1981
		604		8348
		604		8349
		605		8349
		605		8350
宗秀	下	94	金	1560
宗敍	下	98	金	1643
		98		1644
宗臣	下	564	明	7378
宗安	下	11	金	84
宗睿	中	451	宋	14133
宗禮	下	439	明	244
宗雄	下	99	金	1678
		99		1679
		100		1742
宗員	上	98	後漢	2118
宗尹	下	57	金	1418
宗逸	下	611	明	8358
宗澤	中	427	宋	*11275
		434		14022
宗弼	下	47	金	1396
		49		1400
		49		1401
		103		1823
宗翰	下	46	金	1395
		47		1396
宗賢	下	95	金	1566
宗浩	下	86	金	1478
		86		1479
從珂	中	602	遼	1211
種蠡	上	277	晉	2809
鍾葵	上	404	魏	26
鍾普福	下	603	明	8346
鍾紹京	中	151	舊唐	3252
鍾英	下	451	明	1683
鍾會	上	176		784
		177		788
		177		795
禝弘	上	162	三	257
		162		258
左光慶	下	19	金	172
		68		1438
		69		1439
左企弓	中	499	遼	348
		500		348
左難當	中	333	新唐	6189
左犁汗王咸	上	70	漢	3822
左輔	下	556	明	6711
左瀛	下	53	金	1407
		104		1834
左駿伯	上	162	三	258
主父偃	上	32	史	2953
		35		3128
		62	漢	2524
		131	後漢	2991
朱浬	下	496	明	5412
朱寬	上	552	北	447
		642		3134
		643		3134
	中	5	隋	67
		61		1825
	下	413	新元	253-9
朱國祚	下	546	明	6231
		546		6249
朱珪	中	357	舊五	137
朱克用=太祖[後唐]				
	中	357	舊五	331
朱瑾	上	267	晉	2577
		472	魏	2101
朱璣	下	507	明	5606
朱滔	中	160	舊唐	3536
		160		3537
		168		*3896
		305	新唐	5968
		305		5972
		307		5991
朱梅	下	556	明	6711
朱買臣	上	31	史	2950
		62	漢	2619

項目	二十五史抄	新校本
	73	3868
朱鳴陽	下 604	明 8349
朱蒙	上 475	魏 2213
	475	2214
	476	2215
	511	周 884
	512	885
	625	北 3110
	626	3111
	629	3116
	630	3116
	中 53	隋 1813
	334	新唐 6191
	434	宋 14036
朱文德	下 561	明 6979
朱弁	下 50	金 1402
朱輔	上 231	晉 208
	231	209
	232	213
	267	2577
	472	魏 2101
朱復	下 613	明 8363
朱浮	上 91	後漢 1137
朱袞	下 566	明 7435
朱斌	上 231	晉 208
	231	209
朱序	上 234	晉 236
	303	2853
	313	2899
	363	宋書 723
朱先	下 514	明 5617
朱燮	上 579	北 1522
	中 109	舊唐 2227
朱邵伯	上 371	宋書 2392
	526	南 1970
朱脩之	上 368	宋書 1969
	368	1970
	369	1970
	574	北 988
朱勝非	中 443	宋 14050
朱植	下 471	明 3579
	471	3586
	471	3587
朱然	上 239	晉 388
	246	893
朱鳶	中 116	舊唐 2441
朱悅	下 151	元 186
	254	4620
朱永壽	下 540	明 6189
朱英亮	下 141	元 91
朱榮	下 484	金 4633
朱勇=成國公		
	下 432	明 134
	459	2177
	485	4634
	623	8505
朱元旭	上 447	魏 1624
朱應轂	下 541	明 6190
朱巇	上 306	晉 2858
朱仁紹	中 438	宋 14042
朱子奢	中 179	舊唐 4948
	190	5321
	195	5329
	300	新唐 5647
	331	6187
朱子容	中 95	舊唐 1333
朱左車	上 275	晉 2806
朱徽	上 135	後漢 3235
朱清	下 157	元 253
	278	新元 11-5
	366	182-5
朱憲	上 472	魏 2101
朱衡	下 526	明 5863
	526	5865
朱縞	下 604	明 8348
朱泓	上 472	魏 2101
朱紈	下 456	明 1981
	491	5403
	502	5424
	504	5602
	508	5608
	605	8350
	605	8351
	606	8351
周公	上 6	史 133
	16	1518

項目	二十五史抄		新校本	
		107	後漢	2808
		264	晉	2535
		336		3100
		336		3101
		337		3102
	中	178	舊唐	4941
		299	新唐	5636
		345		6207
周葵	下	58	金	1420
周德興	下	425	明	44
		463		2243
		601		8344
周道務	中	142	舊唐	2978
		276	新唐	4149
周羅睺	上	602	北	2596
	中	36	隋	1523
周來保	下	602	明	8346
周良	下	491	明	5404
		492		5405
		605		8350
		606		8351
周亮	下	492	明	5405
		606		8351
周麻十	下	378	新元	214-11
周勃	上	8	史	391
		23		2070
		41	漢	77
		59		2050
		59		2053
周發	中	6	隋	79
周法尙	上	600	北	2591
		600		2592
		602		2598
	中	36	隋	1526
周福	下	152	元	215
		361	新元	177-18
		408		250-7
周福兒	下	107	金	1863
		108		1863
周師銳	下	88	金	1482
周生	上	452	魏	1714
周世昌	中	453	宋	14136
周述學	下	571	明	7634
周氏	下	572	明	7717
周亞夫	中	29	隋	1455
周彥	下	464	明	2244
周如斗	下	455	明	1902
		499		5417
周詠先	下	537	明	6185
周于德	下	499	明	5418
		505		5603
周雲翔	下	515	明	5621
周應楨	下	439	明	242
周誼	下	476	明	3901
		580		8281
		581		8282
周以悌	中	78	舊唐	160
		213		5355
		227	新唐	119
		265		4057
		322		6174
周益昌	下	518	明	5656
周才雄	下	516	明	5624
周全	下	602	明	8345
周楨	下	478	明	3963
周刁	上	345	晉	3130
周俊	下	624	明	8507
周之望	下	531	明	5983
		538		6186
周次	上	233	晉	234
周處	上	377	南齊	194
周琥	下	493	明	5408
		494		5409
		607		8353
周佖	中	157	舊唐	3312
		292	新唐	4749
周賀	上	159	三	255
		160		255
		171		457
		215		1136
周弘謨	下	388	明	8292
周孝文	下	479	明	3968
周孝思	下	479	明	3698
周興	中	155	舊唐	3295
		271	新唐	4122
	下	425	明	52

項目	二十五史抄		新校本	
周僖王	中	450	宋	14132
注思板	下	4	金	2
注吾合素	中	317	新唐	6150
紂	上	5	史	105
		5		108
		5		121
		8		509
		13		1164
		15		1479
		15		1480
		16		1609
		16		1610
		16		1611
		20		1620
		20		1704
		24		2435
		37		3307
		47	漢	1015
		107	後漢	2808
	中	311	新唐	6041
珠格爾朮合兒				
	下	255	元	4622
竹貞	下	472	明	3683
俊宇多天皇[日本]				
	下	407	新元	250-5
浚=忠王	中	80	舊唐	195
		228	新唐	136
		320		6171
準王	上	113	後漢	2817
[古朝鮮]		115		2820
		205	三	850
		206		850
遵=常山王	上	427	魏	374
		561	北	565
遵=略陽公	上	466	魏	2067
中林	下	604	明	8349
中山王[琉球]				
	下	519	明	5708
		612		8362
		614		8365
		616		8368
中宗[晉]	上	338	晉	3104
中宗[唐]	中	93	舊唐	1070

項目	二十五史抄		新校本	
		150		3252
		217		5360
		326	新唐	6180
		382	三	920
		514	遼	456
仲尼=孔子	上	22	史	1922
		49	漢	1463
		117	後漢	2823
		165	三	260
		290	晉	2832
		448	魏	1707
仲武	中	315	新唐	6133
仲哀天皇[日本]				
	中	346	新唐	6208
		450	宋	14132
仲丁	上	107	後漢	2808
仲回[僧]	中	453	宋	14137
重貴	中	377	新五	178
重耳	上	165	三	260
重華=舜	上	3	史	31
重喜	下	228	元	3634
即墨移風砦	下	27	金	333
曾開	中	429	宋	11769
曾幾	中	429	宋	11767
曾魯	下	477	明	3925
曾顏	中	410	宋	5167
曾偉芳	下	589	明	8293
曾一本	下	507	明	5607
		509		5610
		515		5621
		516		5622
		517		5625
		609		8356
		618		8372
曾覿	下	59	金	1421
		62		1427
		63		1430
支曇猛	上	329	晉	3089
支雄	上	269	晉	2767
只魯瓦歹	下	225	元	3630
只兒瓦歹	下	356	新元	176-4
池歸泥	上	188	三	836
池利中	下	86	金	1480

項目	二十五史抄		新校本	
池義深	下	329	新元	132-2
		391		249-4
池義源	下	246	元	4609
池資深	下	81	金	1468
地保奴	下	425	明	45
		621		8466
志淨	中	187	舊唐	5215
知伯	上	67	漢	3747
持明	下	600	明	8342
持總天皇[日本]				
	中	450	宋	14132
智鬱築鞬	上	171	三	458
智通[僧]	中	450	宋	14132
遲受信	中	133	舊唐	2792
		134		2792
		267	新唐	4083
摯虞	上	251	晉	1419
直古魯	下	335	新元	136-10
直力鞮	上	433	魏	655
直胡失荅	下	93	金	1544
珍=倭王	上	356	宋書	85
		373		2394
		373		2395
		529	南	1974
黃珍夫[字]=黃釗				
	下	567	明	*7439
秦開	上	29	史	2885
		67	漢	3748
		205	三	850
秦豈	上	303	晉	2853
秦繼旻	中	380	新五	901
秦瑾	下	402	新元	249-20
秦旦	上	216	三	1139
		217		1140
秦得倚	下	537	明	6184
		541		6191
		626		8509
秦郎	上	149	三	100
		189		836
秦穆	中	113	舊唐	2356
秦舜陽	上	29	史	2886
		67	漢	3748
秦昭	上	282	晉	2819

項目	二十五史抄		新校本	
秦始皇	上	7	史	223
		22		2034
		24		2338
		59	漢	2023
		117	後漢	2822
		241	晉	406
		245		823
	中	137	舊唐	2815
		175		4790
	下	108	金	1864
秦與	上	338	晉	3104
秦雍	上	309	晉	2874
秦檜	中	429	宋	11770
秦興	上	338	晉	3104
		339		3105
晉文衍	中	110	舊唐	2287
		254	新唐	3806
晉海	上	363	宋書	718
眞金太子	下	360	新元	176-10
眞德王[新羅]				
	中	73	舊唐	62
		200		5335
		200		5336
眞德秀	下	87	金	1482
		88		1482
眞氏[新羅]=金彥昇의 妻				
	中	86	舊唐	443
眞人興能	中	347	新唐	6209
眞宗[宋]	中	390	宋	103
		440		14045
眞珠毗伽可汗				
	中	73	舊唐	58
眞平王	上	634	北	3123
陳=東華公主				
	中	320	新唐	6170
陳可願	下	456	明	1981
		495		5410
		495		5411
		608		8354
陳哥	中	603	遼	1212
陳侃	下	615	明	8367
陳甲	下	610	明	8357
陳乾	下	625	明	6507

項目		二十五史抄	新校本	
陳見	下	567	明	7440
陳景	下	581	明	8282
		581		8283
陳景俊	中	85	金	1476
陳經孚	下	570	明	7614
陳敬之	中	248	新唐	3478
陳季若	下	613	明	8364
陳繼盛	下	558	明	6717
陳光	下	408	新元	250-7
陳九德	下	456	明	1981
陳龜	上	96	後漢	1692
		96		1693
陳珪	上	224	晉	11
陳起	上	246	晉	921
陳猱頭	下	472	明	3684
陳女諒	下	472	明	3687
陳大德	中	331	新唐	6187
陳大任	中	532	遼	540
		532		543
		533		554
		534		567
		534		568
		534		612
陳敦	上	97	後漢	1858
陳東	下	456	明	1981
		494		5410
		496		5412
		606		8352
		608		8354
陳得	下	587	明	8291
陳厲公	中	347	新唐	3457
陳力升	下	59	金	1421
陳令英	中	312	新唐	6045
陳雷	下	67	金	1436
陳稜	上	552	北	454
		579		1519
		605		2643
		606		2644
		643		3134
	中	5	隋	74
		35		1519
		61		1825
	下	413	新元	253-9
陳理	下	384	新元	226-9
		423	明	26
		473		3691
陳璘	下	444	明	280
		545		6201
		549		6392
		549		6393
		550		6389
		550		6405
		551		6406
		551		6408
		551		6411
		578		8047
		592		8298
		592		8299
陳萬春	下	88	金	1484
陳明	上	380	南齊	1012
陳睦	中	441	宋	14047
陳武	上	14	史	1242
陳邦光	下	47	金	1396
陳伯之	上	524	南	1493
陳伯震	下	89	金	1485
陳璧	下	85	金	1478
陳奉	上	217	三	1140
陳奉忠	中	149	舊唐	3205
		289	新唐	4578
陳傅	下	618	明	8365
陳師古	下	58	金	1420
陳瑞	下	516	明	5624
		610		8357
陳恕	中	413	宋	9198
陳瑄	下	427	明	86
		481		4203
		481		4236
陳禪	上	96	後漢	1684
		96		1685
陳涉	上	107	後漢	2809
陳洙	下	494	明	5409
陳叔寶	中	54	隋	1816
		197	舊唐	5331
		341	新唐	6200
陳順	上	66	漢	3730
陳恂	上	217	三	1140

項目	二十五史抄		新校本	
陳舜	下	625	明	8508
陳升	下	62	金	1426
陳勝	上	203	三	848
		205		850
	中	107	舊唐	2209
陳沈	上	289	晉	2831
陳氏=惠勝의 妻				
	下	573	明	7718
陳巖	下	161	元	280
		279	新元	11-12
		357		176-6
		361		177-18
		362		*177-25
陳演	下	552	明	6529
陳銳	下	481	明	4209
陳友諒	下	383	新元	*226-9
陳祐	上	231	晉	209
		257		2317
		300		2849
		363	宋書	717
	下	351	新元	*169-17
陳愚衷	下	544	明	6201
		591		8296
陳鉞	下	624	明	8507
陳有功	下	82	金	1471
陳宜中	下	227	元	3632
		357	新元	176-6
陳義	下	159	元	258
		278	新元	11-6
陳仁	下	463	明	2244
陳寅	下	544	明	6198
		554		6686
陳子昂	中	105	舊唐	2144
		180		5018
		180		5024
		265	新唐	4067
		266		4077
陳鼉	下	550	明	6405
陳井	下	250	元	4615
陳正元	下	508	明	5608
陳靖	中	413	宋	9206
		431		12692
		437		14040
		438		14041
陳祖仁	下	244	元	4553
		376	新元	210-10
		378		*216-11
		389		247-4
陳宗夔	下	493	明	5408
陳宗召	下	82	金	1470
陳仲登	下	528	明	5921
陳增	下	574	明	7799
陳志	下	480	明	4099
		480		4112
		501		5421
陳天祥	下	351	新元	169-17
陳泉	下	516	明	5624
陳春	下	587	明	8291
陳忠	上	112	後漢	2815
陳通事	下	625	明	8508
陳平	上	59	漢	2038
		159	三	255
陳軒	中	424	宋	10985
陳奕	下	226	元	3631
		357	新元	176-6
陳玄光	下	61	金	1425
陳玄禮	中	151	舊唐	3252
		152		3255
		153		3255
		282	新唐	4335
陳峴	下	69	金	1440
陳洪範	下	561	明	6968
		561		6970
		598		8306
		598		8307
陳渙	下	83	金	1473
陳懷	下	432	明	134
		623		8505
陳效	下	552	明	6547
		591		8297
陳輝	下	262	元	4668
		414	新元	253-10
陳豨	上	8	史	391
		27		2638
		41	漢	77
		58		1891

項目	二十五史抄		新校本	
		58		1892
		60		2233
震王[渤海]=大祚榮				
	中	514	遼	456
鎭海	下	208	元	*2963
		330	新元	*133-1
鎭火奴	下	182	元	881
		291	新元	24-10
叱奴根	上	406	魏	29
叱洛侯	上	649	北	3252
迭里	中	458	遼	22
迭刺	中	458	遼	22
		459		23
		606		1238
跌思太	中	79	舊唐	175
質帝[後漢]	上	112	後漢	2815
執失思力	中	176	舊唐	4793
		207		5347
		269	新唐	4116
		298		5623
		316		6138
		333		6189
澄[僧]	中	450	宋	14133

項目	二十五史抄		新校本	

[차]

項目	二十五史抄		新校本	
叉漢塔塔兒	下	540	明	6189
車紐	上	123	後漢	2961
		123		2962
車富民	下	83	金	1473
車鼻可汗	中	172	舊唐	4077
		296	新唐	5180
車鼻施	中	289	新唐	4578
車仁揆	下	65	金	1432
嵯峨天皇[日本]				
	中	347	新唐	6209
		450	宋	14133
遮母	中	482	遼	233
		563		1106
贊=倭王	上	389	梁	807
贊首流	上	379	南齊	1011
		380		1012
贊婆	中	77	舊唐	106
		155		3295
		188		5224
		270	新唐	4121
		270		4122
		314		6077
		314		6078
讚=倭王	上	373	宋書	2394
		529	南	1974
爨寶璧	中	155	舊唐	3295
		184		5167
		271	新唐	4122
爨亮	上	472	魏	2101
札古雅=着古歟				
	下	246	元	4608
		247		4609
札古也來	下	391	新元	249-2
札剌	下	137	元	20
		224		3627
		265	新元	3-10
札剌兒	下	164	元	310
札剌兒帶	下	267	新元	6-6
		267		6-7
		267		6-8
札剌亦兒	下	323	新元	249-2
札剌亦兒台	下	329	新元	132-2
		332		134-3
		332		134-5
		333		134-6
		334		135-5
		390		249-1
		391		249-2
札剌台	下	215	元	3223
		221		3515
		224		3628
		295	新元	28-37
		318		105-3
札剌台豁兒赤				
	下	318	新元	105-3
札拉	下	245	元	4607
		247		4609
札拉台→札剌兒帶<新校>				
	下	139	元	46
札馬剌丁	下	147	元	136
札亦兒台豁兒赤				
	下	327	新元	130-6
札台火兒赤	下	337	新元	144-13
札忽台	下	364	新元	179-1
扎拉台 ›剳剌觲<新校>				
	下	139	元	48
		139		51
察乃鐵哥	下	321	新元	114-10
察鄰	中	464	遼	95
察剌	中	500	遼	349
察罕腦兒	下	185	元	948
察罕帖木兒	下	218	元	3384
		219		3391
		380	新元	*220-5
		381		220-9
		382		220-10
察罕土門汗	下	524	明	5854
察忽	下	162	元	281
		270	新元	11-12
參=尼谿相	上	12	史	1055
		34		2988
		34		2989
		45	漢	659
		72		3867

項目	二十五史抄		新校本	
		73		3867
昌=撻懶[本名]				
	下	100	金	*1762
彰=鄢陵侯	上	189	三	838
蔡京	中	431	宋	12739
蔡璟	下	614	明	8365
蔡洸	下	66	金	1434
蔡福	下	428	明	96
蔡斌	下	580	明	8281
蔡祥正	下	63	金	1430
蔡松年	下	53	金	1407
蔡叔	上	15	史	1480
		15		1518
		16		1524
		17		1611
		37		3307
		107	後漢	2808
蔡叔度	上	5	史	126
蔡順禧	下	66	金	1435
蔡邕	上	131	後漢	2990
蔡元銳	下	570	明	7614
蔡進	下	615	明	8366
蔡哲	下	614	明	8365
蔡忠順	中	473	遼	170
		635		1521
蔡取和	下	360	新元	176-10
蔡風	上	197	三	844
		386	梁	802
		626	北	3111
蔡諷	上	81	後漢	232
		111		2814
		112		2815
蔡瀚	下	605	明	8349
笮咨	上	217	三	1140
翟檀	上	324	晉	3082
翟絿	下	63	金	1430
翟斌	上	312	晉	2893
		315		2919
		323		3080
		324		3081
		326		3082
		326		3084
		327		3085

項目	二十五史抄		新校本	
翟鼠	上	290	晉	2833
翟成	上	327	晉	3086
翟釗	上	234	晉	236
		257		2189
		328		3088
		329		3088
		438	魏	757
		465		2064
		465		2065
		619	北	3069
翟崇	上	327	晉	3085
		347		3132
翟讓	中	108	舊唐	2210
		251	新唐	3679
翟汝文	中	428	宋	11543
		428		11544
		443		14050
翟永固	下	52	金	1405
翟遼	上	233	晉	232
		234		236
		236		349
		238		379
		239		380
		240		399
		327		3086
		328		3087
		328		3088
		364	宋書	724
		364		725
		466	魏	2066
		620	北	3071
翟眞	上	327	晉	3085
		327		3086
翟黑子	上	443	魏	1069
		575	北	1119
翟欽	下	566	明	7438
處羅	上	651	北	3302
	中	26	隋	1331
		66		1879
		111	舊唐	2280
		205		5343
處羅可汗	中	111	舊唐	2280
		186		5180

項目	二十五史抄		新校本	
		205		5343
		269	新唐	4111
處木昆執米啜				
	中	313	新唐	6052
處溫	中	497	遼	344
拓拔珪	上	234	晉	241
拓拔章	上	350	晉	3162
		350		3163
拓跋觚	上	427	魏	374
		560	北	565
拓跋燾	上	368	宋書	1970
拓跋丕	上	426	魏	359
拓跋謂	上	426	魏	357
拓跋儀	上	426	魏	370
		426		371
		427		374
		560	北	561
拓王奉	中	314	新唐	6077
戚景通	下	509	明	5610
戚繼光	下	440	明	248
		441		249
		465		2245
		468		2260
		469		2209
		490		5349
		498		5414
		506		5605
		507		5606
		508		5608
		509		5610
		514		*5617
		515		5619
		517		5625
		517		5627
		523		5834
		527		5874
		529		5954
		538		6186
		545		6215
		609		8356
		618		8377
戚拱	下	84	金	1475
天鑑尊	中	449	宋	14131
天慶天皇[日本]				
	中	451	宋	14133
天國排開廣庭天皇[日本]				
	中	450	宋	14132
天穆	上	453	魏	1715
天武天皇[日本]				
	中	346	新唐	6208
		450	宋	14132
天彌聞尊[日本]				
	中	449	宋	14131
天賜＝汝陰王				
	上	563	北	639
天錫皇帝	中	501	遼	352
		628		1440
天安[日本]	中	346	新唐	6207
天御中主	中	346	新唐	6207
		449	宋	14131
天彥尊[日本]				
	中	449	宋	14131
天忍勝尊[日本]				
	中	449	宋	14131
天籍辣忠穀				
	下	82	金	1472
天祚皇帝[遼]				
	中	489	遼	317
		492		331
		496		341
		497		344
		499		348
		500		348
		501		351
		502		353
		502		355
		531		539
		540		756
		546		882
		554		994
		556		1010
		568		1118
		589		1178
		601		1206
		622		1414
		623		1428

項目	二十五史抄		新校本	
		624		1430
		625		1434
		626		1436
		627		1437
		627		1440
		628		1440
		629		1442
		631		1460
		633		1516
		636		1523
天照大神尊[日本]				
	中	449	宋	14131
天智天皇[日本]				
	中	346	新唐	6208
		450	宋	14132
天村雲尊	中	449	宋	14131
天炘天皇[日本]				
	中	450	宋	14133
天八重雲尊[日本]				
	中	449	宋	14131
天豊財[日本]				
	中	346	新唐	6208
天豊財重日是姫天皇				
	中	450	宋	14132
泉男生	中	130	舊唐	2782
		225	新唐	65
		271	新唐	4123
		272		4124
		275		4141
泉氏	中	331	新唐	6187
泉獻誠	中	226	新唐	92
		272		4123
遷善可汗	中	312	新唐	6045
哲宗[宋]	中	392	宋	317
		393		339
		442		14048
哲垤	下	6	金	24
徹里鐵木兒	下	166	元	337
徹里帖木兒	下	213	元	3196
		319	新元	105-7
		363		178-2
		373		201-10
徹里台	下	312	新元	99-10

項目	二十五史抄		新校本	
徹爾特穆爾→徹里帖木兒<新校>				
	下	260	元	4629
撒喝	下	130	金	2884
撒改	下	94	金	1561
		94		1562
撒八	下	102	金	1819
鐵哥	下	210	元	3074
		266	新元	4-6
		372		*199-3
鐵勒	中	65	隋	1874
鐵邁赤	下	209	元	3003
		327	新元	*129-4
鐵木兒	下	280	新元	12-2
鐵木兒達識	下	373	新元	200-8
鐵木兒塔識	下	218	元	3372
		218		3373
鐵木耳	下	318	新元	105-6
鐵伐	上	496	北齊	57
		547	北	250
		649		3266
鐵七雄=武强侯				
	中	33	隋	1512
瞻波尊	中	449	宋	14131
帖哥	下	215	元	3224
		224		3627
		318	新元	105-4
		329		132-3
		333		134-6
		354		176-2
帖古歹	下	215	元	3224
帖木哥斡赤斤				
	下	320	新元	*105-10
帖木兒不花	下	284	新元	14-9
帖木迭兒	下	314	新元	100-17
		315		104-19
		369		187-10
帖用林沙	下	382	新元	220-10
青狗	下	220	元	3513
青托果斯→慶都忽思<新校>				
	下	246	元	4608
青把都	下	524	明	5849
		540		6189
清佳砮	下	536	明	6184

項目	二十五史抄		新校本	
		539		6188
		540		6189
清啓	下	603	明	8347
清寧天皇[日本]				
	中	346	新唐	6208
清授[僧]	下	608	明	8355
清苑男	中	73	舊唐	58
清和天皇[日本]				
	中	347	新唐	6209
		450	宋	14133
清憲[諡]=王泰亨				
	下	180	元	822
抄兒赤	下	215	元	3224
招布哈→抄不花<新校>				
	下	251	元	4615
初眞	上	638	北	3128
炒蠻	下	509	明	5610
		513		5616
炒戶兒	下	538	明	6187
炒花	下	443	明	277
		524		5849
		536		6184
		537		6184
		537		6185
		538		6187
		539		6187
		539		6188
		540		6189
		543		6196
		544		6198
焦景顏	下	57	金	1418
		59		1420
		60		1423
		62		1427
焦宏	下	432	明	133
焦逵	上	317	晉	2925
焦蹈	下	65	金	1432
焦思元	下	81	金	1470
焦禮	下	485	明	4634
		623		8506
焦天翼	下	146	元	128
		249		4612
		254		4619
		254		4620
		272	新元	8-12
焦觸	上	147	三	27
		154	後漢	206
焦八	下	401	新元	249-19
楚繼功	下	561	明	6970
楚鼎	下	236	元	*3907
		341	新元	*153-9
礁國夫人	中	52	隋	1800
葱勿雅	中	217	舊唐	5361
總持	中	346	新唐	6208
總陳鵬	下	538	明	6187
崔敬	下	240	元	4241
		240		4242
		291	新元	23-13
		322		114-17
		377		*212-4
崔敬邕	上	576	北	1186
崔公義	中	491	遼	328
崔廓	中	50	隋	1755
崔光	上	579	北	1615
崔光涉	下	62	金	1427
崔光遠	中	293	新唐	4750
	下	67	金	1437
崔宏	上	566	北	769
崔君肅	上	601	北	2592
	中	34	隋	1516
		36		1529
崔群	中	164	舊唐	3541
崔均	下	64	金	1432
崔克遇	下	83	金	1473
崔南敷	下	81	金	1470
崔燾	上	276	晉	2806
		276		2807
崔敦禮	中	208	舊唐	5348
崔東秀	下	144	元	119
		250		4614
崔東植	下	392	新元	249-4
崔亮	下	448	明	1279
崔逞=叔祖[字]				
	上	406	魏	29
		438		757
		537	北	15

項目	二十五史抄		新校本	
		571		867
崔靈思	上	397	陳	442
		524	南	1749
崔柳	上	628	北	3115
崔林	上	566	北	769
崔萬生	下	586	明	8290
崔美	下	67	金	1437
崔甫淳	下	85	金	1476
崔辯	上	575	北	1159
崔惢	上	249	晉	1147
		275		2806
		275		2807
		276		2807
		279		2812
		279		2813
		297		2842
崔聘	上	409	魏	81
崔士順	上	500	北齊	416
崔思訓	中	441	宋	14046
崔庠	上	446	魏	1506
崔(臣責)	上	614	北	2911
		614		2914
	中	50	隋	1755
		50		1757
崔(亻胥)	下	61	金	1425
崔宣道	中	143	舊唐	2984
		275	新唐	4143
崔暹	上	501	北齊	608
崔承度	中	309	新唐	5994
崔承寵	中	161	舊唐	3538
崔侁	下	62	金	1427
崔實	上	246	晉	921
崔岳	上	268	晉	2688
崔安	下	584	明	8287
崔安潛	中	90	舊唐	738
崔鄩	中	435	宋	14036
崔餘慶	中	322	新唐	6174
崔延佰	上	452	魏	1714
崔涓	下	581	明	8282
崔悅	下	269	晉	2767
崔琰	上	571	北	867
崔瑩	下	403	新元	249-22
		581	明	8282

項目	二十五史抄		新校本	
		581		8283
崔烏斯	中	448	宋	14129
崔祐甫	下	110	金	1867
崔瑀	下	266	新元	4-7
		329		132-2
		391		249-3
		392		249-3
崔彧	下	158	元	254
		238		4038
		367	新元	*184-7
崔元信	中	439	宋	14044
崔元佐	下	82	金	1472
崔沅	下	393	新元	249-5
崔垣	下	301	新元	47-4
		302		47-4
崔原	下	580	明	8281
崔有涍	下	146	元	132
		400	新元	249-16
崔惟清	中	444	宋	14051
崔濡	下	403	新元	249-22
		404		249-22
崔融	中	143	舊唐	2996
崔隱甫	中	286	新唐	4497
崔羲	下	83	金	1474
崔仁師	中	123	舊唐	2620
		123		2621
		124		2670
		260	新唐	3920
		260		3921
崔仁著	下	408	新元	250-7
崔駰	上	97	後漢	1722
崔逸	下	246	元	4608
		328	新元	132-1
崔逸甫	中	286	新唐	4497
崔滋溫	下	391	新元	249-3
崔潛	上	566	北	769
崔廷	中	202	舊唐	5339
		344	新唐	6205
崔廷勳	中	413	宋	9126
崔程	中	164	舊唐	3542
崔挺	上	576	北	1159
崔宗紹	下	252	元	4617
崔智(凡言)	中	268	新唐	4089

項目	二十五史抄		新校本	
崔帖木兒	下	185	元	962
		206		2881
		293	新元	26-6
		316		104-25
崔椿	下	60	金	1423
崔充	上	446	魏	1487
崔沖紹	下	170	元	425
		255		4622
		283	新元	14-1
崔致遠	中	240	新唐	1617
		410	宋	5337
崔坦	下	145	元	123
		190		1398
		251		4615
	下	271	新元	8-10
		395		249-9
		396		249-10
崔誕	下	470	魏	2070
崔八	中	479	遼	205
崔誧	下	64	金	1430
崔罕	中	436	宋	14039
		437		14041
		438		14041
崔儇	下	60	金	1424
崔浩	上	440	魏	807
		440		810
		567	北	772
		575		1135
崔弘度	上	575	北	1170
	中	47	隋	1698
崔弘昇	中	47	隋	1700
崔洪宰	中	443	宋	14050
崔鴻	上	446	魏	1502
		579	北	1626
		580		1626
崔孝求	下	68	金	1438
崔孝溫	下	58	金	1420
崔通	上	571	北	880
崔訢	中	217	舊唐	5360
崔希逸	中	81	舊唐	209
最	上	12	史	1057
		34		2989
		46	漢	661

項目	二十五史抄		新校本	
		73		3867
秋田城次郎	下	409	新元	250-9
推古天皇[日本]				
	中	450	宋	14132
椎古[日本]→雄古<新校>				
	中	346	新唐	6208
鄒繼芳	下	492	明	5407
鄒丹	上	101	後漢	2363
		156	三	243
鄒保英	中	183	舊唐	5145
		302	新唐	5826
鄒陽	上	25	史	2469
鄒應龍	下	86	金	1480
鄒靖	上	95	後漢	1609
醜善	上	434	魏	676
醜阿	下	4	金	14
醜興	上	507	周	334
騶	上	74	漢	4130
		386	梁	802
		626	北	3111
竺瑤	上	232	晉	210
		267		2577
		472	魏	2101
祝昂	下	103	金	1823
尢甲法心	卜	26	金	282
尢乃	中	486	遼	287
尢魯	下	95	金	1565
尢里補	中	576	遼	1140
尢不里	中	466	遼	116
尢赤尢	下	183	元	910
尢赤台	下	325	新元*	124-2
尢孛	下	7	金	32
		42		1387
		131		2884
尢虎蒲杏	下	59	金	1421
出伏	中	503	遼	378
出帝[魏]	上	477	魏	2217
出帝[五代・晉]				
	中	375	新五	89
出燭你	中	579	遼	1146
忠[謚]=許欽寂				
	中	253	新唐	3772
忠=阿史那泥孰				

項目	二十五史抄	新校本
	中 311	新唐 6041
忠敬王[高麗]	下 403	新元249-21
忠烈[謚]=楊師道・安德郡公		
	中 73	舊唐 57
忠烈王[高麗]		
	下 400	新元249-16
	403	249-22
忠武[謚]=耶律留哥		
	下 334	新元135-2
忠宣王[高麗]下=王諴		
	401	新元249-17
忠肅王[高麗]	下 402	新元249-19
忠憲[謚]=洪福源		
	下 224	元 3628
	354	新元*176-1
裵貞吉	下 467	明 2249
种暠	上 97	後漢 1826
則天	中 95	舊唐 1376
	97	1511
	139	2893
	140	2910
	140	2912
	142	2983
	144	3021
	144	3073
	145	3109
	146	3154
	150	3252
	184	5167
	184	5168
	195	5328
	201	5336
	201	5337
	203	5340
	208	5349
	210	5350
	216	5360
	448	宋 14129
則天順聖皇后武氏		
	中 248	新唐 *3474
郗慮	上 148	後漢 37
蚩尤	上 14	史 1348
置鞬落羅	上 187	三 838

項目	二十五史抄	新校本
七那樓	上 484	魏 2233
	647	北 3178
七十堅	下 401	新元249-18
稱海	下 201	元 2547

項目	二十五史抄		新校本	

[타]

項目	二十五史抄		新校本	
它人	上	58	漢	1894
打來孫	下	518	明	5656
打哈	下	625	明	8508
他魯每	下	613	明	8364
妥懽帖木兒	下	401	新元	249-19
妥懽帖木兒	下	619	明	8402
陀古	中	498	遼	345
陀失	中	473	遼	168
朵羅干	下	624	明	8506
朵欒帖木兒	下	623	明	8505
朵刺帶	下	160	元	876
朵刺歹	下	396	新元	249-10
朵郎吉兒	下	182	元	876
朵列禿	下	282	新元	12-11
朵里不花	下	241	元	4422
		385	新元	*231-14
朵兒只的斤	下	175	元	601
朵兒朵臥	下	623	明	8505
朵兒台	下	279	新元	11-12
朵顔董狐狸	下	513	明	5615
朵歹	下	403	新元	249-21
朵赤	下	402	新元	249-20
朵歡大王	下	235	元	3892
托克托岱爾→脫朵兒<新校>				
	下	252	元	4617
拓拔氏	上	507	周	334
	中	528	遼	481
托跋禧=咸陽王				
	上	458	魏	1829
		458		1830
托雲→突欲<新校>				
	中	362	舊五	575
卓思正	中	473	遼	168
		617		1346
		635		1520
卓榮	中	444	宋	14051
橐駝	下	378	新元	216-11
		379		216-12
橐離王	上	385	梁	801
鐸剌	中	494	遼	334
		592		1183
	下	43	金	1389
		97		1632
		97		1633
脫欒	下	326	新元	125-2
脫卜赤顔	下	290	新元	23-1
脫兒火察	下	622	明	8504
脫因納	下	209	元	3004
		327	新元	132-4
脫因帖木兒	下	381	新元	220-8
脫察剌	下	295	新元	28-56
脫朵兒	下	144	元	119
		144		122
		271	新元	8-8
		356		176-4
		395		249-9
脫脫	下	177	元	671
		374	新元	*209-4
		382		224-13
		383		224-13
		402		249-19
脫脫不花	下	183	元	889
		184		916
		184		917
		292	新元	25-10
脫脫帖木兒	下	284	新元	14-9
脫脫朵兒	下	146	元	128
		272	新元	8-12
脫脫合兒魯	下	171	元	426
脫脫禾孫	下	291	新元	24-10
脫台	下	228	元	3633
脫忽思	下	201	元	2547
脫火赤	下	623	明	8505
脫歡	下	209	元	3032
		228		3633
		235		3892
		244		4552
		321	新元	*114-11
		341		152-5
		359		176-8
		360		176-11
		389		247-4
		397		249-11
脫歡答剌罕	下	286	新元	16-10

項目	二十五史抄		新校本	
貪至王[烏丸]				
	上	155	三	239
塔匣剌	下	149	元	151
塔答	下	347	新元	162-3
塔剌兒	下	318	新元	105-4
塔剌赤	下	160	元	268
		180		819
塔剌海	下	172	元	470
塔拉爾→塔剌兒<新校>				
	下	138	元	43
塔魯忽台	下	172	元	470
塔本	下	210	元	3043
		328	新元	*131-9
塔不帶	下	163	元	298
塔不歹	下	235	元	3892
塔不台	下	228	元	3633
		358	新元	176-8
		359		176-8
		360		176-11
塔思	下	207	元	2937
		207		2939
		323	新元	119-11
塔思帖木兒	下	185	元	962
		293	新元	26-6
		316		104-25
		403		249-22
塔兒赤	下	154	元	231
塔二郎	下	258	元	4626
塔的失	下	368	新元	184-12
塔齊爾→塔察兒<新校>				
	下	249	元	4612
		256		4623
塔次郎	下	406	新元	250-3
		406		250-4
塔察兒	下	267		6-6
		284		14-4
		284		14-9
		352		174-12
		399		249-15
塔察而	下	172	元	454
塔出	下	163	元	299
		215		3223
		215		3224

項目	二十五史抄		新校本	
		228		3633
		319	新元	105-8
		329		*132-3
		359		176-8
		398		249-13
塔塔兒	下	279	新元	11-14
塔塔兒帶	下	161	元	280
		163		292
塔海	下	166	元	346
		168		375
湯[殷]	上	107	後漢	2808
		131		2990
		216	三	1137
		270	晉	2768
		586	北史	1833
	中	311	新唐	6041
		431	宋	12739
	下	397	新元	249-12
		600	明	8343
湯慶	下	509	明	5609
湯克寬	下	490	明	5397
		492		5407
		499		5418
		504		5603
		507		5606
		507		5607
		508		5609
		509		5610
		513		5616
		527		5874
湯邦彦	下	67	金	1436
湯思退	下	58	金	1419
湯和	下	424	明	41
=信國公		463		2243
		463		2244
		473		*3751
		601		8344
太甲[商]	上	337	晉	3102
太康	上	106	後漢	2807
太公望=姜太公				
	上	15	史	1477
		15		1480
		585	北	1832

項目	二十五史抄	新校本		項目	二十五史抄	新校本
太奈郎嬉大神[日本]					374	2399
	中 450	宋 14132		太祖[南齊]	上 378	南齊 1009
太答	下 212	元 3164		太祖[北魏]	上 426	魏 370
太武[北魏・晉]					427	371
	上 568	北 806			427	374
	572	906			431	604
	574	983			432	611
	574	988			432	613
	575	1119			433	651
	575	1135			433	652
	578	1467			434	676
	624	3079			435	683
	624	3080			435	684
	627	3112			435	686
	627	3113			436	709
太伯	上 389	梁 806			436	710
太史公=司馬遷					437	712
	上 20	史 1633			438	760
	34	2990			439	778
太史慈=子義[字]					440	782
	上 100	後漢 2263			440	792
	218	三 *1186			442	1000
太史子義[字]=太史慈					444	1259
	上 218	三 *1186			457	1812
太撒拔都兒	下 215	元 3224			466	2066
太祖[魏]	上 154	三 207			466	2067
	156	247			467	2067
	158	252			467	2068
	158	253			468	2069
	168	342			468	2069
	169	354			470	2071
	169	355			472	2126
	169	356			482	2222
	173	730			486	2304
	174	731		太祖[北周]	上 505	周 1
	178	831			506	153
	183	835		太祖[唐]	中 357	舊五 103
	184	835			357	331
	189	838			366	1477
	190	840		太祖[五代・周]		
太祖[宋]	上 371	宋書 2393			中 376	新五 109
	372	2394		太祖[宋]	中 387	宋 1
	373	2394			388	37

項目		二十五史抄		新校本	
			411		8802
太祖[遼]	中	457		遼	2
			459		24
			460		27
			493		334
			502		355
			503		362
			504		384
			507		417
			509		437
			511		439
			513		446
			513		447
			515		456
			516		458
			521		466
			522		467
			524		470
			527		475
			528		481
			529		487
			532		540
			536		710
			537		711
			538		742
			547		899
			549		930
			551		964
			552		973
			553		974
			557		1078
			570		1125
			601		1199
			602		1209
			604		1223
			605		1230
			606		1239
			607		1241
			607		1249
			624		1430
			634		1519
太祖[金]	下	5		金	21
			5		23

項目		二十五史抄		新校本	
			6		24
			28		534
			29		551
			31		558
			41		1385
			42		1386
			96		1587
			97		1633
			98		1635
			99		1679
			99		1741
			100		1762
			106		1862
			123		2634
			130		2883
			130		2884
太祖[元]	下	137		元	1265
			209		3024
			204		3196
			220		3511
			222		3564
			224		3627
			245		4607
			249		4614
			272		新元 8-11
			328		132-1
			330		132-4
			334		135-2
			339		146-5
太祖[明]	下	423		明	19
			467		2249
			469		2275
			476		3586
			579		8279
			600		8342
			613		8363
			621		8466
太祖也速于皇后					
	下	315		新元	*104-7
太祖道武皇帝[魏]					
	上	535		北	9
太宗[宋]	上	372		宋書	2393
			372		2394

項目	二十五史抄	新校本		項目	二十五史抄	新校本
太宗[北魏] 上	440	魏 810		140		2909
	460	1889		141		2950
	539	北 25		150		3252
太宗[唐] 中	74	舊唐 65		153		3289
	92	1053		154		3293
	92	1059		176		4793
	111	2291		176		4801
	111	2300		177		4801
	112	2308		179		4948
	112	2311		179		4954
	112	2334		184		5165
	113	2356		186		5188
	114	2383		187		5222
	114	2390		190		5322
	115	2402		191		5322
	116	2444		192		5324
	116	2453		193		5325
	117	2462		193		5326
	118	2466		195		5329
	119	2481		196		5330
	119	2487		199		5335
	120	2500		200		5335
	120	2515		201		5337
	120	2516		203		5340
	121	2519		205		5344
	121	2539		205		5345
	122	2582		207		5346
	122	2611		208		5348
	122	2612		209		5349
	123	2622		209		5350
	124	2670		215		5359
	125	2671		219		5364
	125	2674		231	新唐 510	
	125	2679		232		865
	126	2704		248		3472
	126	2733		249		3563
	128	2735		252		3744
	128	2736		253		3766
	128	2761		256		3832
	129	2776		260		5345
	130	2780		260		5346
	131	2784		261		3943
	137	2813		262		3976

項目	二十五史抄	新校本		項目	二十五史抄	新校本
	264	4045			461	43
	273	4133			507	417
	274	4140			508	421
	276	4146			509	437
	280	4240			510	438
	292	4681			512	443
	298	5623			513	447
	300	5647			521	465
	300	5656			521	466
	317	6146			523	468
	318	6168			529	482
	322	6173			529	484
	331	6187			531	517
	340	6199			538	742
	343	6203			547	899
	346	6208			548	918
	349	6298			558	1084
	370	舊五 1844			572	1129
	515	遼 457			601	1200
	517	460			602	1210
	518	460			603	1212
	522	467			606	1238
	528	481			607	1249
	下 3	金 1		太宗[金]	下 28	金 551
	16	150			30	555
	109	1866			44	1390
	230	元 3745			131	2886
	237	3952		太宗[元]	下 138	元 40
	343	新元 158-7			208	2968
	394	249-6			212	3165
	480	明 4127			229	3636
	613	8363			246	4608
太宗[宋]	中 388	宋 53			250	4614
	413	9209		太宗[明]	下 586	明 8289
	414	9443			598	8306
	419	10114		太宗賢妃徐氏[唐]		
	435	14037			中 106	舊唐 2167
	436	14038		太平	下 206	元 2880
	447	14128			218	*3367
	448	14130			244	4552
	451	14134			316	新元 104-24
	452	14135			316	104-25
太宗[遼]	中 459	遼 27			353	175-6

項目		二十五史抄		新校本		項目		二十五史抄		新校本
			389		247-4	特爾格→鐵哥<新校>				
太和公主	中	187	舊唐	5214			下	246	元	4609
		187		5215						
泰久	下	614	明	8365						
泰期	下	612	明	8361						
泰不花	下	184	元	917						
泰不華	下	384	新元	227-2						
泰定帝[元]	下	401	新元	249-17						
土墨台猪	下	540	明	6189						
土門	上	650	北	3287						
土不申	下	623	明	8504						
土土哈	下	318	新元	105-6						
		319		105-7						
		364		*179-1						
吐谷渾	上	265	晉	*2537						
		369	宋書	*2369						
		391	梁	810						
		514	周	*912						
		531	南	1977						
		647	北	*3178						
	中	312	新唐	6048						
吐萬緒	中	38	隋	1537						
		109	舊唐	2227						
吐于	中	211	舊唐	5352						
		320	新唐	6170						
通罕	下	625	明	8508						
統古與	下	220	元	3513						
統特勒	中	205	舊唐	5344						
		311	新唐	6038						
		315		6135						
投鹿侯	上	130	後漢	2989						
特訥克→頭輦哥<新校>										
	下	251	元	4615						
		252		4617						
		253		4618						
特烈	中	491	遼	329						
特末	中	594	遼	1186						
特母哥	中	499	遼	346						
		499		347						
		502		353						
		600		1193						
特爾格→帖哥<新校>										
	下	137	元	19						

項目	二十五史抄	新校本

[파]

項目	二十五史抄	新校本
巴圖	下 138	元 34
巴思荅兒	下 140	元 72
巴延特穆爾	下 245	元 4554
巴而朮阿而忒斤	下 335	新元136-10
巴而朮阿而忒的斤	下 322	新元*116-6
巴輒	中 633	遼 1516
把當亥	下 625	明 8508
把都兒	下 518	明 5656
把里	下 44	金 1391
把兒孫	下 625	明 8507
	625	8508
把匝剌瓦兒密[元]=梁王	下 424	明 39
把冤兒	下 539	明 6188
	540	6189
	541	6191
把漢大成	下 540	明 6189
把胡魯	下 88	金 1483
芭里慶祖	下 67	金 1437
芭里安仁	下 64	金 1431
	65	1432
芭里直信	下 63	金 1430
芭里昌祖	下 58	金 1418
	60	1424
	62	1428
怕尼芝	下 612	明 8362
坡里括	中 500	遼 349
波立兒	下 358	新元176-7
破頭潘	下 185	元 945
	292	新元 26-4
	293	26-5
	383	225-7
	472	明 3683
破六汗拔陵	上 507	周 333
破六韓拔陵	上 589	北 2163
婆固	中 323	新唐 6175
婆羅門	上 485	魏 2300
婆盧大	下 5	金 24
婆非	上 636	北 3125
婆毘設	中 65	隋 1867
婆閨	中 315	新唐 6113
擺賽	下 544	明 6198
擺寨	下 591	明 8297
八丹	下 336	新元*136-17
八都馬辛	下 400	新元249-16
八禿麻朵兒只	下 182	元 870
	291	新元 24-4
八剌哈赤	下 228	元 3633
	359	新元 176-8
	360	176-11
八里帶	下 282	新元 12-11
八不沙	下 180	金 815
	290	新元 23-1
	291	23-12
	309	78-11
	315	104-21
八忽帶	下 157	元 251
孛古剌	下 101	金 1803
孛徒古兒干	下 323	新元 119-4
孛羅	下 472	明 3684
孛羅兒	下 357	新元 176-6
孛羅帖木兒	下 186	元 963
	186	969
	194	1659
	206	2881
	242	4513
	293	新元 26-8
	317	104-25
	331	133-14
	331	133-15
	348	164-8
	349	164-12
	376	200-10
	380	220-7
	381	220-8
	381	220-9
	384	227-1
	387	246-10
	389	247-5
	390	247-6
孛羅旱	下 357	新元176-6

項目	二十五史抄		新校本	
李蘭英	下	295	新元	28-56
李蘭奚	下	219	元	3391
李魯	下	338	新元	145-13
李魯古歹	下	190	元	1396
李魯兀	下	399	新元	249-15
李魯罕	下	226	元	3631
		357	新元	176-6
李魯歡	下	331	新元	*133-11
李术魯德	下	377	新元	211-7
李术魯狪	下	377	新元	*211-7
李术魯子元	下	22	金	222
彭孔	下	575	明	7920
彭明輔	下	576	明	7994
		577		7994
彭翅	下	577	明	7998
彭信古	下	545	明	6214
彭蓋臣	下	577	明	7998
彭黯	下	494	明	5409
彭吳	上	15	史	1421
		47	漢	1157
彭友德	下	544	明	6201
彭越	上	27	史	2638
		58	漢	1895
彭應參	下	457	明	2047
彭翼南	下	576	明	7993
		576		7994
彭超	上	363	宋書	723
彭寵	上	91	後漢	1137
扁鵲	上	162	三	258
偏何	上	90	後漢	745
		128		2985
		128		2986
平甲	中	592	遼	1183
平規	上	327	晉	3086
		431	魏	605
		564	北	732
平濼黑塌兒	下	225	元	3630
平文皇帝[魏]				
	上	401	魏	9
		535	北	6
		565		754
平秀嘉	下	543	明	6194
平秀吉	下	443	明	277

項目	二十五史抄		新校本	
		443		278
		545		6201
		549		6393
		550		6405
		563		7285
		587		8291
		588		8292
		590		8295
		592		8298
		593		8299
		594		8300
		594		8301
		610		8357
		610		8358
		611		8358
平顏	上	313	晉	2902
平義智	下	594	明	8300
平帝[後漢]	上	103	後漢	2464
平熙	上	282	晉	2818
		293		2838
		294		2839
廢帝[陳]	上	522	南	282
廢帝[齊]	上	548	北	263
		628		3115
廢帝[唐]	中	374	新五	71
		380		901
布達	下	246	元	4608
布達實哩	下	256	元	4623
布里	下	614	明	8365
布爾察克	下	140	元	71
		248		4612
布哈	下	253	元	4619
蒲家奴	下	5	金	23
		92		1543
蒲甲	下	119	金	2044
蒲殿里斯	中	619	遼	1368
蒲撚	中	473	遼	170
		581		1152
蒲奴里	中	614	遼	1336
		623		1421
蒲頭	上	190	三	839
蒲輦	中	482	遼	238
		563		1106

項目	二十五史抄		新校本	
蒲領	中	465	遼	112
蒲盧毛朵	中	481	遼	233
		618		1347
蒲盧渾	下	47	金	1396
蒲里岱完	下	390	新元	249-1
		391		249-1
蒲馬	中	478	遼	200
	下	42	金	1387
		130		2884
蒲山公寬	中	291	新唐	4658
蒲鮮萬奴	下	121	金	2281
		137	元	19
		137		32
		192		1400
		208		2975
		265	新元	3-9
		266		4-6
		318		105-5
		323		119-4
		328		132-1
		329		132-2
		332		134-2
		333		*134-5
		334		135-6
		390		249-1
		391		249-2
		392		249-3
蒲蘇	中	591	遼	1182
蒲速越	下	95	金	1562
蒲延	中	484	遼	270
蒲察	下	6	金	29
		96		1623
		96		1631
蒲察思忠	下	121	金	2299
蒲察莎魯窩	下	60	金	1424
蒲察世傑	下	119	金	2020
		119		2021
蒲察五斤	下	27	金	335
		88		1483
		121		2281
蒲察訛里剌	下	65	金	1432
蒲察移剌都	下	121	金	2281
蒲察狄古迺	下	93	金	1547

項目	二十五史抄		新校本	
蒲察鼎壽	下	68	金	1439
蒲察通	下	67	金	1436
蒲察蒲速越	下	62	金	1427
		62		1428
蒲呼盧眥	上	70	漢	3822
鮑時秀	下	516	明	5624
鮑氏	上	294	晉	2838
鮑遵	上	465	魏	2064
杓合	下	97	金	1632
馮傑	上	317	晉	2926
馮緄	上	92	後漢	*1280
=鴻卿[字]				
馮技	上	341	晉	3108
馮年	上	356	宋書	84
馮唐	上	28	史	2757
		28		2758
馮睹	上	346	晉	3131
馮郎	上	424	魏	328
		474		2129
		624	北	3079
		625		3080
馮邈	上	474	魏	2129
		624	北	3079
		625		3080
馮萬泥	上	340	晉	3107
		343		3127
		472	魏	2126
馮買	上	346	晉	3131
馮明達[字]=馮盎				
	中	269	新唐	*4112
馮文起[字]=馮跋・乞直伐				
	上	343	晉	*3127
		472	魏	*2126
馮文昇	下	540	明	6189
馮文通	上	409	魏	78
		409		80
		409		81
		410		81
		410		87
		411		87
		411		88
		435		690
		436		700

項目	位	二十五史抄	書	新校本
		437		720
		439		777
		441		960
		441		962
		460		1890
		473		2127
		473		2128
		474		2129
		476		2215
		487		2355
		488		2402
		624	北	3078
馮跋=文起[字]				
	上	235	晉	260
		235		261
		243		428
		340		3107
		341		3108
		341		3109
		343		3127
		348		3134
		371	宋書	2393
		408	魏	50
		408		54
		408		56
		408		57
		409		58
		409		78
		425		337
		433		644
		434		656
		435		687
		439		790
		444		1213
		445		1399
		446		1502
		460		1889
		460		1890
		472		*2126
		485		2291
		485		2292
		539	北	26
		539		31

項目	位	二十五史抄	書	新校本
		539		45
		568		806
		580		1626
		612		2842
		612		2843
		622		3073
		623		3077
		623		3078
		624		3078
		649		3251
馮璧	下	89	金	1485
馮柄	下	89	金	1485
馮寶	中	52	隋	1801
馮本	中	180	舊唐	5010
馮丕=常山公				
	上	347	晉	3132
		472	魏	2126
馮士貴	中	340	新唐	6200
馮師本	中	300	新唐	5743
		301		5745
馮昭儀	上	424	魏	335
馮素弗	上	343	晉	3127
		343		3128
		344		3129
		345		3130
		347		3133
		348		3134
		472	魏	2126
馮宿	中	173	舊唐	4389
		297	新唐	5277
馮崇	上	473	魏	2127
		539	北	48
		624		3079
馮僧	下	113	金	1890
馮氏	上	445	魏	1344
		478		2217
		577	北	1450
		577		1451
		632		3120
	中	15	隋	380
馮氏=沈信魁의 妻				
	下	572	明	7717
馮安	上	343	晉	3127

項目	二十五史抄		新校本	
		472	魏	2126
		623	北	3077
馮盎	中 156		舊唐	3302
		269	新唐	4112
馮喬	上 230		晉	203
馮野夫	上 372		宋書	2394
		527	南	1972
馮業	中 52		隋	1801
		269	新唐	4112
馮延林	中 478		遼	204
		479		204
馮延休	中 548		遼	926
馮永	上 623		北	3078
馮王仁	上 473		魏	2127
		474		2128
		624	北	3078
馮瑤	下 466		明	2248
馮元規	中 345		新唐	6206
馮元興=子盛[字]				
	上 456		魏	*1760
馮融	上 617		北	3005
	中 52		隋	1801
		269	新唐	4112
馮懿	上 346		晉	3131
馮羽→馮翊<新校>				
	上 317		晉	2926
馮翼	上 347		晉	3133
		623	北	3078
		624		3078
馮子盛[字]=馮元興				
	上 456		魏	1760
馮慈明	中 46		隋	1644
馮長寧	下 104		金	1834
馮定	中 173		舊唐	4390
		173		4392
		297	新唐	5278
		297		5279
馮從吾	下 547		明	6297
馮柱	上 79		後漢	179
		122	後漢	2956
馮樽	下 64		金	1431
馮仲	下 118		金	2005
馮仲纓	下 591		明	8296

項目	二十五史抄		新校本	
馮該	上 233		晉	235
馮鄉	上 343		晉	3127
馮弘	上 344		晉	3129
		345		3129
		347		3133
		355	宋書	83
		368		1970
		369		1970
		369		2346
		371		2393
		428	魏	414
		517	南	44
		526		1970
		539	北	48
		539		49
		540		50
		540		51
		562		602
		572		905
		572		910
		574		987
		574		988
		578		1467
		612		2843
		616		3005
		624		3078
		624		3079
		624		3080
		627		3113
	中 52		隋	1801
		269	新唐	4112
馮洪	上 472		魏	2126
馮鴻卿[字]=馮緄				
	上 92		後漢	1280
馮和	上 343		晉	3127
馮煥	上 81		後漢	232
		92		1280
		93		1280
		111		2814
		164	三	259
馮皇后	中 377		新五	178
馮熙	上 474		魏	2129
		625	北	3080

項目	二十五史抄		新校本	
豊坊	下	470	明	2346
豊相之[字]=豊稷				
	中	420	宋	*10423
豊臣秀吉	下	590	明	8295
豊潤伯	下	485	明	4634
豊稷	中	420	宋	10423
		421		10423
		470	明	2346
皮景和	上	586	北	1899
		586		1925
匹帝	中	322	新唐	6174
必蘭	下	123	金	2401
苾悉頡力	中	312	新唐	6048
弼	中	106	舊唐	2207
畢高	下	510	明	5612
畢軌	上	149	三	99
		178		832
		190		839
畢萬	上	343	晉	3127
畢士安	中	414	宋	9517
畢思琛	中	149	舊唐	3205
		149		3206
		289	新唐	4578
畢盛	上	224	晉	12
畢自嚴	下	552	明	6605
		552		6609
畢仲衍	中	414	宋	9522
畢賢甫	下	266	新元	4-7
		354		176-1
		392		249-3

項目	二十五史抄		新校本	
			[하]	
何可剛	下	558	明	6718
何迦密	中	227	新唐	97
何暇	下	401	新元	249-18
何龕	上	262	晉	2532
		263		2533
		265		2537
		274		2804
何謙	上	231	晉	207
何卿	下	499	明	5416
何娃	下	455	明	1902
何喬遠	下	547	明	6286
		589		8294
何均善	下	564	明	7413
何棟	下	625	明	8508
何老猫	下	504	明	5602
何萬通	中	412	宋	9024
何蠻	上	642	北	3134
	中	61	隋	1824
		61		1825
	下	413	新元	253-9
何文著	下	150	元	161
		259		4628
		275	新元	9-8
		408		250-6
何蕤臺	上	645	北	3137
何伯祥	下	339	新元	*148-6
何思德	中	352	新唐	6415
何劭	上	177	三	795
何承之	中	534	遼	567
何承天	中	534	遼	567
何阿小	中	175	舊唐	4737
		210		5351
		319	新唐	6169
何如寵	下	617	明	8370
何瑋	下	339	新元	148-6
何融	上	272	晉	2797
何稠	上	616	北	2985
	中	42	隋	1596
		42		1598
		51		1770
何鑄	下	50	金	1401
何曾	上	151	三	111
何進	上	283	晉	2820
何纂	上	345	晉	3130
何添兒	下	133	金	2888
何淸朝	中	89	舊唐	593
何充	上	284	晉	2821
何熙	上	89	後漢	719
		94		1592
		126		2983
		181	三	833
河間	上	341	晉	3108
	下	103	金	1823
河間子	上	457	魏	1829
		608	北	2684
河東縣男=蘇定方				
	中	275	新唐	4141
河伯	上	475	魏	2213
		511	周	884
		512		885
		625	北	3110
		630		3116
	中	53	隋	1813
夏開	中	6	隋	79
夏貴	下	226	元	3631
		240		4161
		326	新元	127-12
		361		177-18
		408		250-7
夏舍	上	190	三	839
夏栻	下	499	明	5417
夏氏=莊宗后				
	中	602	遼	1210
		603		1211
夏言	下	454	明	1848
		456		1981
		467		2248
		604		8349
夏育	上	84	後漢	336
		85		339
		130		2990
		131		2991
		132		2993
		136		3319

項目	二十五史抄		新校本	
		187	三	838
夏子陽	下	617	明	8369
夏正	下	495	明	5411
		496		5413
		497		5413
夏行美	中	479	遼	204
		482		239
		614		1336
夏侯藩	上	70	漢	3822
夏侯勝	上	65	漢	3155
夏侯淵	上	167	三	*270
夏侯澄	上	314	晉	2919
	中	163	舊唐	3541
		310	新唐	5995
夏侯澄之	上	254	晉	1946
夏侯覇	上	167	三	272
夏侯獻	上	162	三	257
夏侯玄	上	167	三	295
		167		299
荷勿啜	中	187	舊唐	5214
荷知	上	380	南齊	1012
賀耕	上	328	晉	3087
賀訥	上	457	魏	1812
		607	北	2671
賀多羅	上	409	魏	81
賀達	上	216	三	1138
賀蘭詳	上	510	周	497
賀蘭誼	中	110	舊唐	2278
		254	新唐	3806
賀魯	中	92	舊唐	1053
		231	新唐	510
賀賴頭	上	294	晉	2838
賀賴盧	上	350	晉	3163
賀婁餘潤	中	148	舊唐	3204
賀文達	下	152	元	215
		346	新元	161-5
		361		177-18
賀勿于	上	483	魏	2223
賀拔岳	上	507	周	333
		589	北	2163
賀允中	下	56	金	1412
賀義忠	下	57	金	1418
		60		1423

項目	二十五史抄		新校本	
賀仁傑	下	353	新元	*175-6
霞末=奚王	中	497	遼	342
		497		343
		597		1190
郝景	上	327	晉	3086
郝旦	上	125	後漢	2982
郝萬戶	下	384	新元	227-1
郝三聘	下	545	明	6214
郝越	上	345	晉	3130
郝且	上	181	三	833
郝處俊	中	119	舊唐	2488
		136		2797
		136		2798
		279	新唐	4215
郝稚	上	316	晉	2924
		317		2924
郝孝德	上	607	北	2664
	中	107	舊唐	2209
		108		2209
郝休	下	522	明	5811
汗盧維	上	182	三	834
罕友通	中	379	新五	891
罕只	中	379	新五	891
漢卿[字]=虎都鐵木祿				
	下	209	元	3004
韓康	下	155	元	233
韓綱	下	14	金	131
		58		1419
		62		1428
韓景	上	575	北	997
韓景懋	下	20	金	196
韓景山[字]=韓恒				
	上	296	晉	2842
韓慶民	下	103	金	1823
韓慶和	中	594	遼	1186
韓高	上	292	晉	2835
韓匡嗣	中	466	遼	115
韓廣	上	7	史	316
		8		320
		8		366
		9		764
		10		777
		10		783

項目	二十五史抄		新校本	
		41	漢	28
		41		31
		41		58
		43		366
		57		1810
韓矯	上	277	晉	2810
		280		2816
韓國華	中	414	宋	9442
		414		9443
		435		14038
		436		14038
韓軌	上	496	北齊	57
		638	北	3128
韓擒虎	中	27	隋	1339
韓杞	中	416	宋	9657
		472	遼	168
		634		1520
韓奇	下	85	金	1477
韓琦	中	419	宋	10221
		419		10227
韓暨	上	361	宋書	685
韓麒麟	上	445	魏	1331
		577	北	1441
韓內	上	457	魏	1829
		608	北	2684
韓德容	下	62	金	1426
		62		1427
韓陶	上	45	漢	659
		72		3867
		73		3867
韓蘭卿	中	436	宋	14039
韓龍	上	190	三	839
韓履氷	中	148	舊唐	3204
韓林兒	下	383	新元	*225-7
		472	明	3681
		472		3683
韓明璉	下	596	明	8303
		597		8305
韓默	上	296	晉	2842
韓文	下	614	明	8365
韓昉	下	124	金	2714
		125		2715
韓範	上	351	晉	3165

項目	二十五史抄		新校本	
韓別駕	上	350	晉	3163
韓馥	上	101	後漢	2355
		155	三	241
		156		241
韓斌	下	624	明	8507
韓師正	下	83	金	1472
		83		1473
韓世能	下	519	明	5701
韓世忠	下	103	金	1823
韓紹勳	中	478	遼	203
		478		204
		479		204
		548		926
		605		1232
韓秀	上	575	北	971
		575		997
韓遂	上	94	金	1609
韓遂齡	中	435	宋	14037
		436		14038
韓壽	上	281	晉	2818
韓純	中	242	新唐	2859
韓承慶	下	83	金	1473
韓僧壽	中	27	隋	1342
韓申	中	381	新五	919
韓信	上	27	史	2642
		37		3315
		58	漢	1895
		60		2233
		151	三	111
		437	魏	735
韓氏=齊 高祖의 母				
	上	495	北齊	1
韓安之	中	242	新唐	2859
韓彥敬	中	470	遼	150
		634		1520
韓彥卿	中	376	新五	122
		381		919
韓彥恭	中	437	宋	14040
韓彥直	下	65	金	1433
韓業	上	347	晉	3134
		348		3134
韓汝嘉	下	56	金	1413
韓延	上	619	北	3069

項目	二十五史抄		新校本	
韓延徽	中	458	遼	22
		605		1230
韓衍	中	443	宋	14050
韓恬	中	242	新唐	2859
韓元功	下	539	明	6188
韓元吉	下	64	金	1431
韓元靚	下	85	金	1477
韓潤	下	596	明	8303
		596		8304
		597		8305
		597		8306
韓陰	上	12	史	1055
		34		2959
		34		2988
韓宜可	下	479	史	3981
		479		3982
韓子	中	141	舊唐	2950
韓(言卓)	上	350	晉	3162
韓潛	中	242	新唐	2859
韓宰	上	575	北	997
韓全義	中	296	新唐	5161
韓廷	上	464	魏	2064
韓祚	中	439	宋	14044
韓朝陽	中	169	舊唐	3938
韓朝歿	中	292	新唐	4703
韓稠	上	306	晉	2858
韓仲通	中	444	宋	14052
韓知古	中	605	遼	1230
		605		1233
韓鎮	下	117	金	1997
韓肖胄	下	49	金	1400
韓忠	上	173	三	730
		173		731
韓取善	下	531	明	5982
韓就	下	141	元	95
		249	元	4613
		395	新元	249-8
韓七	中	592	遼	1183
韓侂胄	下	84	金	1475
		85		1477
		86		1479
		86		1480
韓卓	上	95	後漢	1609

項目	二十五史抄		新校本	
韓澤	下	597	明	8305
韓恒	上	291	晉	2834
		296		2842
		297		2843
韓玄珪	中	375	新五	96
韓顯宗	上	445	魏	1344
		577	北	1450
韓弘	中	309	新唐	5994
韓確	下	583	明	8283
韓黃	上	323	晉	3080
韓希愈	下	319	新元	105-8
韓喜孫	中	473	遼	168
		635		1520
翰林主人	上	65	漢	3559
喊舍	下	221	元	3513
		332	新元	134-3
		333		134-6
合丹	下	282	新元	12-11
合達	下	226	元	3631
		357	新元	176-5
合剌合孫	下	282	新元	12-11
合魯燥	下	103	金	1823
合迷	下	166	元	350
合思罕	卜	167	元	360
合散出	下	285	新元	15-4
合撒兒脫侖	下	326	新元	124-2
合剌章	下	375	新元	209-5
合住	下	94	金	1562
哈怯來	下	184	元	917
哈敬	下	399	新元	249-15
哈克徹	下	256	元	4623
哈丹	下	213	元	3196
		215		3224
		226		3630
		228		3633
		228		3634
		281	新元	12-6
		281		12-7
		281		12-8
		283		13-1
		318		105-6
		319		105-6
		319		105-7

項目	二十五史抄		新校本	
		320		105-11
		330		132-4
		331		133-11
		356		176-5
		359		176-8
		359		176-9
		361		176-11
		363		178-20
		398		249-14
哈丹禿魯干	下	228	元	3634
		232		3798
		235		3892
		280	新元	12-1
		281		12-5
		325		121-5
		347		162-4
		359		176-8
		359		176-9
		362		178-1
哈答	下	232	元	3798
哈喇赤	下	364	新元	179-3
哈剌帶	下	168	元	367
哈剌觶	下	214	元	*3215
		346	新元	*161-5
哈剌不花	下	294	新元	26-17
哈剌歹	下	214	元	3217
		215		3217
哈剌亦哈赤北魯				
	下	335	新元	*136-10
哈剌哈孫	下	623	明	8505
哈麻	下	375	新元	209-5
		375		209-8
		382		*224-13
哈伯	下	397	新元	249-12
哈撒兒	下	318	新元	*105-3
哈兒兀歹	下	623	明	8504
哈兒哈麻	下	539	明	6188
哈赤吉	下	224	元	3627
哈齊濟→哈只吉 <新校>				
	下	245	元	4607
哈舟兒	下	625	明	8508
哈準	下	318	新元	*105-5
哈眞	下	137	元	265

項目	二十五史抄		新校本	
		328	新元	132-1
		332		134-3
		333		134-6
		354		176-1
		390		249-1
		391		249-2
哈塔海	下	279	新元	11-12
哈八兒禿	下	184	元	917
抗徐	上	93	後漢	1286
項羽[字]=項籍				
	上	205	三	850
		578	北	1519
	中	108	舊唐	2210
		251		3679
項籍=羽[字]				
	上	26	史	2637
		57	漢	1795
		58		1891
	中	30	隋	1466
孩里	中	622	遼	1408
海達[日本]	中	346	新唐	6208
海東曾子=義慈王[百濟]				
	中	340	新唐	6199
海里	中	476	遼	185
		576		1139
奚觀	上	409	魏	58
奚斤	上	409	魏	81
		435		697
		436		700
		564	北	746
		649		3252
奚道宜	中	110	舊唐	2251
		110		2252
奚物牧	上	405	魏	28
奚世亮	下	511	明	5612
		567		7440
奚氏=鄒保英의 妻				
	中	183	舊唐	*5145
奚牙赤	下	330	新元	132-3
奚辱	上	406	魏	29
奚忠信	中	297	新唐	5449
解禮昆	上	379	南齊	1011
		380		1012

項目		二十五史抄		新校本
解里	中	465	遼	108
		529		484
解明道	下	499	明	5418
解生	下	544	明	6201
		545		6201
		554		6686
解儁	上	172	三	727
劾古活你苗	下	93	金	1547
劾孫	下	92	金	1543
行賀[僧]	中	450	宋	14133
向敘	下	570	明	7614
向海公	中	32	隋	1500
向欽之	上	257	晉	2189
		364	宋書	725
許謙	上	404	魏	26
		431		610
		432		611
		566	北	768
許敬宗	中	92	舊唐	1047
		94		1320
		95		1320
		125		2674
		128		2761
		128		2762
		129		2764
		193		5325
		253	新唐	3771
		264		4045
		350		6335
		350		6336
許珙	下	150	元	169
許竑	下	54	金	1410
許國=維楨[字]				
	下	520	明	5773
		522		5819
		541		6191
許棟	下	491	明	5403
		492		5404
許霖	下	53	金	1408
		127		2783
許孚遠	下	465	明	2246
		563		7285
		616		8368

項目		二十五史抄		新校本
		618		8371
許思祖	上	447	魏	159
		580	北	1660
許善心	上	611	北	2801
		611		2803
許勢修	下	58	金	1419
許紹=嗣宗[字]				
	中	112	舊唐	*2327
		253	新唐	*3770
許晏	上	149	三	101
		160		253
		216		1138
		216		1139
		218		1223
許圉師	中	92	舊唐	1047
		253	新唐	3771
許完	下	604	明	8349
許允	上	167	三	303
許恩	下	530	明	5956
許儀	下	589	明	8294
許朝光	下	515	明	5619
許翰	中	425	宋	11137
		427		11343
許亢宗	下	44	金	1392
許奕	下	86	金	1480
許衡	下	259	元	4627
		344	新元	158-8
		374		207-7
		406		250-5
許欽澹	中	210	舊唐	5352
		211		5352
		319	新唐	6170
		320		6170
許欽明	中	78	舊唐	125
許欽寂	中	112	舊唐	2329
		253	新唐	3772
		318		6169
許熙	下	585	明	8288
軒遠	中	39	隋	1560
憲宗[唐]	中	161	舊唐	3538
		163		3540
		164		3541
		165		3543

項目	二十五史抄		新校本	
		174		4535
		308	新唐	5992
		323		6175
憲宗[元]	下	138	元	267
		224		355
		224		3628
		235		3891
		236		3919
		247		4610
		327	新元	130-6
		352		172-1
		355		176-2
		377		211-7
		392		249-4
		393		249-6
		394		249-6
憲宗[明]	下	434	明	161
		435		173
獻明皇后賀氏				
	上	423	魏	*324
		558	北	*492
獻文	上	627	北	3113
		632		3120
獻誠	中	75	舊唐	90
		194		5327
		195		5328
		338	新唐	6196
		339		6197
獻帝[後漢]	上	109	後漢	2812
		126		2984
		133		2994
		364	宋書	736
獻忠	中	272	新唐	4132
獻侯	上	505	周	1
奕洛壞	上	461	魏	2060
奕洛瓌	上	273	晉	2803
		618	北	3067
奕洛韓	上	369	宋書	2369
		484	魏	2233
		647	北	3178
赫德	下	250	元	4614
		251		4615
		254		4616
		257		4625
		258		4626
赫連屈丐	上	408	魏	43
赫連屈子	上	446	魏	1502
		580	北	1626
赫連定	上	567	北	784
赫連鐸	中	297	新唐	5449
赫石	中	478	遼	199
赫辰	下	246	元	4608
玄明	上	349	晉	3161
		469	魏	2071
		622	北	3074
玄昉	中	450	宋	14133
玄蘇	下	611	明	8358
玄元烈	下	190	元	1398
玄宗[唐]	中	91	舊唐	900
		93		1073
		124		2652
		143		2984
		144		3058
		148		3203
		148		3204
		150		3206
		150		3252
		151		3253
		152		3254
		153		3255
		177		4814
		185		5175
		217		5360
		233	新唐	920
		238		1146
		285		4494
		290		4582
		293		4749
		319		6170
		325		6178
		326		6180
		344		6204
		352		6412
玄縱	上	578	北	1517
顯祖[北魏]	上	442	魏	1051
		443		1197

項目		二十五史抄	新校本	
		445		1346
		448		1707
		473		2127
		476		2215
		478		2218
		482		2223
顯宗[後漢]	上	103	後漢	2464
顯宗[元]	下	205	元	2761
顯宗天皇[日本]				
	中	346	新唐	6208
		450	宋	14132
夾古撒喝	下	5	金	22
夾古阿里補	下	62	金	1428
夾谷查刺	下	60	金	1423
		115		1925
夾谷謝奴	下	102	金	1817
夾谷常哥	下	339	新元	146-5
夾谷守中	下	87	金	1481
		124		2642
夾谷吾里補	下	102	金	1819
夾谷之奇	下	370	新元	*188-13
夾谷清臣	下	64	金	1430
夾谷必蘭	下	89	金	1485
(足夾)思泰	中	185	舊唐	5172
		185		5173
邢玠	下	443	明	279
		520		5778
		521		5778
		544		6201
		545		6214
		549		6392
		554		6686
		590		8295
		590		8296
		591		8296
		591		8297
		592		8297
		592		8298
		593		8299
邢拳	上	127	後漢	2984
		183	三	835
邢璹	中	81	舊唐	207
		201		5337

項目		二十五史抄	新校本	
		344	新唐	6205
邢巒	上	446	魏	1437
邢順	中	375	新五	84
邢穎	中	491	遼	328
邢子明	上	454	魏	1716
		582	北	1827
邢豹	上	458	魏	1831
邢懷明	上	368	宋書	1970
陘	上	23	史	2070
		59	漢	2053
荊軻	上	24	史	2338
		25		2526
		29		2886
		56	漢	1657
		67		3748
荊節	下	394	新元	249-7
滎保	上	281	晉	2817
惠賈皇后	上	247	晉	963
惠愍皇帝=慕容寶·烈宗				
	上	334	晉	3097
惠勝	下	573	明	7718
惠帝[晉]	上	241	晉	425
		241		426
		246		899
		249		1147
惠宗[元]	下	295	新元	31-16
		315		104-19
		316		104-24
		317		104-26
		321		114-17
		388		247-3
		402		249-19
		411		250-12
嵇曄	上	500	北齊	416
慧深	上	390	南	808
		391		809
		529		1976
尸來	上	206	三	851
		207		851
狐突	上	159	三	255
呼圖克	下	138	元	34
呼圖克庫哩頁額實=王惟 妻				
	下	254	元	4620

項目	二十五史抄		新校本	
呼圖克岱爾	下	253	元	4619
呼延晃	上	282	晉	2818
呼尤徽	上	122	後漢	2959
呼廚泉	上	123	後漢	2965
		177	三	83
虎都鐵木祿	下	209	元	3003
		209		3004
		209		3005
		327	新元	129-4
虎兒罕	下	539	明	6187
		540		6189
張浩然[字]=張浩				
	下	106	金	1862
浩爾齊→忽林赤<新校>				
	下	253	元	4618
		253		4619
		259		4627
胡嶠	中	380	新五	906
		511	遼	441
胡克儉	下	540	明	6190
胡獨鹿	中	382	新五	920
胡突古	下	97	金	1632
		98		1635
		124		2634
胡突袞	中	495	遼	337
		594		1186
胡蠡	中	443	宋	14050
胡陸	上	266	晉	2576
		303		2853
胡麻谷	下	100	金	1798
		101		1815
胡莫離	中	209	舊唐	5350
胡母翼	上	275	晉	2806
胡陸	上	271	晉	2794
胡文	上	309	晉	2868
胡昉	下	58	金	1419
胡福	上	473	魏	2126
		473		2127
胡奮	上	252	晉	1556
胡彬	上	313	晉	2916
胡沙保	下	5	金	23
胡沙補	下	6	金	29
		97		1632

項目	二十五史抄		新校本	
		123		2634
		124		2635
胡舍	中	490	遼	326
		491		328
胡石來	下	129	金	2882
胡松	下	490	明	5323
		490		5345
		490		5347
胡順之	中	418	宋	10045
胡舜陟	中	442	宋	14049
胡失答	下	92	金	1541
胡十門	下	94	金	1561
		94		1562
		95		1562
胡氏=劉平의 妻				
	下	387	新元	*244-3
胡元質	下	61	金	1425
胡原	下	429	明	100
		482		4239
胡源	下	623	明	8506
胡衛	上	150	三	107
胡惟庸	下	575	明	7906
		575		7907
		575		7908
		601		8344
		620		8407
胡刺古	下	7	金	33
		130		2884
		131		2885
胡宗禮	下	495	明	5411
胡宗憲	下	439	明	243
		439		244
		456		1981
		464		2245
		465		2246
		493		5407
		493		5408
		494		5409
		494		5410
		498		5415
		499		5417
		500		5419
		501		5423

項目	二十五史抄		新校本	
		502		5424
		504		5603
		505		5605
		506		5605
		508		5609
		510		5611
		514		5617
		518		5696
		571		7654
		575		7917
		577		7998
		607		8353
		608		8354
		608		8355
		609		8355
		609		8356
胡遵	上	166	三	254
		223	晉	10
胡質	上	246	晉	893
胡土	下	220	元	3515
胡八	下	101	金	1816
胡花亦	下	392	新元	249-4
護野肱	上	499	北齊	376
護遼	上	486	魏	2306
		650	北	3270
護留	上	175	三	762
護留葉	上	184	三	835
渾城	中	166	舊唐	3700
		172		4077
		296	新唐	5180
渾光中	下	86	金	1479
渾都古	下	220	元	3511
渾都僕速	下	5	金	22
渾瀰道	中	37	隋	1531
渾進忠	下	61	金	1425
渾敏	中	504	遼	392
渾坦	下	100	金	1798
		101		1798
		101		1815
渾解樓	中	374	新五	48
忽哥赤	下	321	新元	*114-7
忽都	下	235	元	3891
		360	新元	176-10

項目	二十五史抄		新校本	
忽都揭里迷失				
	下	396	新元	249-11
忽都答兒	下	147	元	133
		273	新元	8-14
忽都禿魯干	下	363	新元	178-1
忽都禿兒干	下	319	新元	105-7
忽都魯揭里迷失公主				
	下	150	元	155
		167		351
		169		384
		275	新元	9-4
		282		12-10
忽都魯堅迷失公主				
	下	317	新元	104-28
忽都不花	下	168	元	362
		310	新元	80-6
忽都干思	下	195	元	1696
忽都帖木兒	下	158	元	255
		411	新元	250-11
忽都哈思	下	210	元	3037
		340	新元	152-1
		410		250-10
忽都虎	下	162	元	281
忽篤海明哥	下	283	新元	13-2
忽敦	下	150	元	158
		225		3629
		275	新元	9-6
		356		176-4
		396		249-11
		407		250-6
		408		250-6
忽鄰	下	172	元	461
		284	新元	14-12
忽憐	下	399	新元	249-16
		400		249-16
忽林赤	下	147	元	135
		273	新元	8-15
		396		249-10
忽斜虎	下	123	金	2605
忽剌班胡	下	623	明	8504
忽剌歹	下	396	新元	249-11
忽剌出	下	148	元	144
		215		3223

項目	二十五史抄	新校本
	232	3808
	274	新元 8-19
	347	162-7
忽察	下 150	元 158
弘毅	下 90	金 1488
洪巨源	下 246	元 4609
	329	新元 132-2
洪适	下 59	金 1421
洪君祥	下 168	元 371
	170	420
	171	449
	224	3628
	226	3631
	227	3632
	295	新元 31-10
	297	32-25
	355	176-3
	357	176-5
	358	176-6
	358	176-7
洪茶丘	下 145	元 123
	148	147
	149	154
	151	187
	151	188
	153	222
	154	226
	154	228
	154	229
	154	230
	155	233
	161	280
	163	301
	203	2570
	224	3628
	226	3631
	251	4618
	252	4619
	253	4619
	253	4616
	254	4616
	257	4624
	259	4627

項目	二十五史抄	新校本
	259	4628
	260	4629
洪茶邱	274	新元 9-1
	274	9-4
	275	9-6
	276	10-8
	277	10-10
	296	32-11
	296	32-13
	349	165-15
	355	176-5
	356	176-4
	356	176-5
	396	249-10
	397	249-11
	397	249-12
	398	249-13
	407	250-5
	407	250-6
	408	250-7
	409	250-8
	409	250-9
	410	250-10
洪大宣	下 223	元 3627
	224	3627
	245	4607
洪大純	下 328	新元 131-1
	354	176-1
	392	249-3
洪都統	下 227	元 3632
洪龍	下 432	魏 612
洪倫	下 586	明 8290
洪萬	中 440	宋 14046
	441	14046
	下 226	元 3630
	227	3633
	228	3633
	358	新元 176-8
洪邁	下 57	金 1418
	358	新元 176-8
洪模	下 357	新元 176-6
洪文係	下 252	元 4617
	396	新元 249-10

項目	二十五史抄		新校本	
洪文衡	下	547	明	6277
洪百壽	下	354	新元	176-1
		356		176-4
		392		249-3
洪福源	下	139	元	47
		139		48
		191		1399
		192		1399
		223		3627
		226		3630
		246		4608
		247		4609
		266	新元	4-7
		301		47-4
		302		47-5
		318		105-3
		328		132-1
		329		132-2
		354		*176-1
		392		249-3
		392		249-4
洪師範	下	580	明	8280
洪彝敍	中	444	宋	14051
		444		14052
洪子藩	下	239	元	4138
		369	新元	187-7
洪滋	下	228	元	3134
		359	新元	176-9
洪俊奇	下	224	元	3628
		225		3629
		225		3630
		355	新元	176-3
洪遵	下	58	金	1419
洪重喜	下	173	元	510
		174		510
		285	新元	15-13
		295		28-56
		296		32-14
		296		32-15
		296		32-17
		297		32-18
		~		~
		297		32-23

項目	二十五史抄		新校本	
		297		25
		297		26
		358		176-8
		359		176-8
		401		249-18
洪察球爾	下	139	元	49
洪察忽	下	216	元	3243
		281	新元	12-7
洪瞻祖	下	617	明	8369
洪澤	下	214	元	3214
洪皓	下	50	金	1402
火魯火	下	182	元	881
火魯火孫	下	280	新元	12-2
		318		105-6
		362		178-1
火魯火赤	下	291	新元	24-10
火拔石失畢	中	313	新唐	6052
火斌	下	479	明	4091
火兒赤	下	208	元	2968
火兒忽答	下	182	元	875
		291	新元	24-7
和	上	3	史	16
和你限	下	93	金	1547
和你齊	下	139	元	47
和連	上	133	後漢	2994
		188	三	838
和禮霍孫	下	149	元	151
		406	新元	250-5
和禮和孫	下	344	新元	158-8
和魯斡	中	501	遼	352
和朔奴	中	469	遼	146
=奚王		470		148
		504		387
		612		1316
		612		1317
		616		1342
		620		1382
和尚	下	89	金	1484
和氏=金重熙의 母				
	中	85	舊唐	406
和爾果斯	下	259	元	4627
和帝[後漢]	上	107	後漢	2809
		111		2814

項目	二十五史抄		新校本	
		126		2983
		128		2986
		185	三	837
和解熱素	中	215	舊唐	5358
花當	下	624	明	8507
		625		8508
花大	下	531	明	5983
		539		6188
		540		6189
華藥	下	126	金	2782
華容公主	上	648	北	3215
	中	65	隋	1847
擴廓	下	472	明	3684
擴廓帖木兒	下	219	元	3311
		294	新元	26-17
		317		104-25
		331		133-14
		348		164-9
		380		*220-7
		389		247-5
擴帖木兒	下	219	元	3311
桓公[齊]	上	6	史	185
		14		1361
		15		1488
		15		1491
		16		1552
		29		2881
	中	128	舊唐	2735
桓權	中	331	新唐	6187
桓武天皇[日本]				
	中	347	新唐	6209
桓石虔	上	254	晉	1951
桓石民	上	254	晉	*1946
		254		1951
		314		2916
桓石越	上	254	晉	1951
桓溫	上	231	晉	208
		231		209
		232		212
		236		348
		243		697
		253		1803
		255		2125

項目	二十五史抄		新校本	
		256		2148
		266		2568
		266		2576
		267		2576
		267		2577
		300		2849
		303		2853
		304		2854
		310		2891
		322		3078
		462	魏	2061
		466		2066
		469		2071
		471		2101
		472		2101
		620	北	3070
桓彝	上	254	晉	*1939
桓壯[諡]=高彪				
	下	104	金	*1824
桓帝[後漢]	上	96	後漢	1696
		99		2191
		107		2810
		109		2812
		112		2815
		116		2821
		126		2983
		130		2989
		187	三	837
		198		845
		204		849
		207		851
		278	晉	2811
		365	宋書	775
	中	61	隋	1825
桓沖=幼子[字]				
	上	254	晉	*1948
		254		1951
		266		2576
		303		2853
		314		2916
		314		2917
		325		3083
桓玄	上	236	晉	349

項目	二十五史抄		新校本	
桓豁	上	232	晉	212
歡撻新查剌	中	498	遼	345
歡斯渴剌兜	上	605	北	2644
	中	35	隋	1519
		59		1823
歡斯島槌	上	606	北	2644
	中	35	隋	1519
歡斯老模	上	606	北	1823
	中	35	隋	1519
驩兜	上	3	史	28
活骨德	中	467	遼	134
闊里吉思	下	169	元	382
		171		427
		171		438
		217		3261
		217		3262
		284	新元	14-4
		308		78-4
		342		*154-16
		399		249-15
闊里帖木兒	下	360	新元	176-10
闊闊=子清[字]				
	下	216	元	*3250
闊闊不花	下	399	新元	249-15
闊闊歹	下	399		249-15
闊闊帖木兒	下	235	元	3892
		360	新元	176-11
闊闊出=寧遠王				
	下	177	元	648
		210	元	3077
		285	新元	15-17
		321		*114-10
		372		199-3
皇極天皇[日本]				
	中	346	新唐	6208
		450	宋	14132
皇甫岌	上	275	晉	2806
皇甫軌	上	347	晉	3133
皇甫斌	下	83	金	1473
		85		1476
皇甫崇	上	94	後漢	1609
皇甫眞	上	282	晉	2818
		291		2834
		299		2848
		302		2852
		304		2854
		304		2855
		308		2860
		308		2861
皇甫楚季[字]=皇甫眞				
	上	308	晉	2860
黃艮	下	467	明	2248
黃彊	上	216	三	1139
		217		1140
黃綰	下	488	明	5201
		488		5219
		488		5221
黃光昇	下	506	明	5605
黃謹	中	422	宋	10646
		423		10646
黃紀賢	下	533	明	6049
黃龍	上	586	北	1925
	下	560		*2968
		560		6951
		598		8306
黃謨	下	91	金	1489
黃葆光	中	424	宋	11028
黃福	下	470	明	2419
黃鳳翔	下	519	明	5693
		519		5699
黃石公	中	621	遼	1393
黃成俱	下	366	新元	182-4
黃孫茂	下	561	明	6969
黃順	下	482	明	4264
黃承元	下	560	明	6939
黃氏=沙縣王珣의 妻				
	下	572	明	*7713
		572		7718
黃應甲	下	516	明	5622
		516		5624
黃應賜	下	591	明	8297
黃夷行	下	66	金	1435
黃潛善	中	443	宋	14050
黃庭堅	中	426	宋	11229
黃帝	上	63	漢	2720
		505	周	1

項目	二十五史抄		新校本	
	中	9	隋	86
		10		87
		13		162
	下	122	金	2366
		122		2367
黃朝猛	下	507	明	5607
		508		5608
黃朝太	下	609	明	8356
黃宗慤	中	442	宋	14048
黃宗山	下	576	明	7990
黃眞	中	440	宋	14046
		441		14046
黃震	下	85	金	1477
黃釗	下	567	明	7435
		567		*7439
		567		7440
黃沈	上	259	晉	2492
黃卓然	下	82	金	1471
黃台吉	下	536	明	6184
		537		6184
		537		6185
		538		6186
		540		6189
黃𩖁	中	478	遼	199
		479		204
黃泓=始長[字]	上	259	晉	*2492
黃華	下	232	元	3808
		347	新元	162-7
黃孝卿	下	83	金	1473
慌忽太	下	537	明	6185
		539		6188
回离保[奚]	下	95	金	*1587
回離保[奚]=按瀨[字]	中	495	遼	337
		499		347
		633		*1516
回回=子淵[字]	下	372	新元	*198-13
回回=回回哈剌乞台氏	下	377	新元	*214-4
洄=延王	中	80	舊唐	191
淮[古朝鮮]=準				

項目	二十五史抄		新校本	
	上	203	三	848
淮南公主	中	183	舊唐	5610
		311	新唐	6038
悔落拽何	中	212	舊唐	5354
會邁	上	379	南齊	1011
懷都	下	214	元	*3196
懷帝[晉]	上	274	晉	2805
孝景帝[漢]	上	58	漢	1894
孝敬皇帝[唐]				
	中	138	舊唐	2828
		250	新唐	3588
孝德天皇[日本]				
	中	346	新唐	6208
		450	宋	14132
孝靈天皇[日本]				
	中	346	新唐	6207
		450	宋	14132
孝明天皇[日本]				
	中	347	新唐	6209
		450	宋	14133
孝明皇帝[漢]				
	上	94	後漢	1520
孝明高皇帝[唐]				
	中	139	舊唐	2898
		279	新唐	4224
孝武皇帝[漢]				
	上	32	史	2953
		64	漢	3126
		65		3156
		74		4268
		177	三	831
		450	魏	1711
		585	北	1832
孝武帝[晉]	上	233	晉	224
		236		349
		241		425
		246		881
		256		2148
		341		3107
		386	梁	803
孝武帝	上	365	宋書	873
[南北朝·宋]		518	南	55
		526		1971

項目	二十五史抄		新校本	
		527		1972
		529		1974
孝武帝[魏]	上	507	周	333
		509		496
		545	北	170
		589		2163
		609		2686
		610		2686
		628		3114
孝文昭皇后	上	424	魏	335
		425		336
		528	北	501
		559		502
孝文帝[漢]	上	14	史	1242
孝文帝[北魏]				
	上	558	北	501
		627		3113
		638		3127
		651		3327
孝文皇[遼]	中	503	遼	370
孝閔帝[北周]				
	上	510	周	496
孝殤皇帝[漢]				
	上	79	後漢	195
孝昭天皇[日本]				
	中	347	新唐	6207
		450	宋	14132
孝昭皇帝[北齊]				
	上	548	北	266
孝順皇帝[漢]				
	上	82	後漢	249
孝安皇帝[漢]				
	上	80	後漢	203
孝元天皇[日本]				
	中	346	新唐	6207
		450	宋	14132
孝元皇帝[漢]	上	132	後漢	2992
趙孝才[字]=趙才				
	上	606	北	2645
	中	38	隋	1540
孝宗[宋]	中	395	宋	615
		395		667
孝宗[明]	下	435	明	183

項目	二十五史抄		新校本	
孝靜帝[魏]	上	545	北	184
孝帝[後漢]	上	121	後漢	2952
孝天皇[日本]				
	中	450	宋	14132
孝質皇帝[漢]				
	上	83	後漢	276
孝惠[漢]	上	32	史	2986
		71	漢	3864
孝和	中	150	舊唐	3252
孝和皇帝	上	79	後漢	165
侯龕	上	269	晉	2767
		290		2833
侯檠	中	493	遼	334
		624		1429
侯景	上	528	南	1973
		532		1993
		532		2008
侯繼高	下	470	明	2419
侯君集	中	127	舊唐	2734
		141		2947
		263	新唐	4027
侯歸豆	上	550	北	311
侯尼支	上	480	魏	2220
		636	北	3125
侯豆歸	上	505	周	1
侯力歸	上	480	魏	2221
		636	北	3125
侯莫陳悅	上	507	周	333
侯味虛	中	177	舊唐	4808
		281	新唐	4314
侯史充	上	250	晉	1289
侯先春	下	540	明	6190
侯英	下	584	明	8297
侯溫裕	中	357	新五	137
侯應	上	69	漢	3803
侯廷佩	下	534	明	6112
侯仲金	下	466	明	2248
侯忠信	下	88	金	1482
侯玄嗣	上	250	晉	1290
侯希逸	中	159	舊唐	3534
		159		3535
		164		3541
		165		3543

項目		二十五史抄		新校本	
		292	新唐	4703	
		306		5989	
後伏見天皇[日本]					
	下	411	新元	250-12	
後二天皇[日本]					
	下	411	新元	250-12	
後主[陳]	上	396	晉	405	
後主=叔寶[南朝陳]					
	上	522	南	301	
後主[北齊]	上	549	北	286	
		633		3121	
後廢帝[宋]	上	372	宋書	2393	
後廢帝[北魏]					
	上	526	南	1971	
徽宗[宋]	中	393	宋	357	
		394		403	
		402		2810	
		426		11163	
		428		11606	
		442		14248	
休闍=于闐王					
	中	92	舊唐	1047	
眭邃→眭邃＜新校＞					
	上	261	晉	2525	
眭邃	上	331	晉	3094	
		468	魏	3069	
		621	北	3072	
酅公	中	102	舊唐	1832	
黑獺[字]=宇文泰・文帝					
	上	505	周	1	
黑石炭	下	536	明	6183	
		537		6184	
		537		6185	
		538		6186	
		538		6187	
黑的	下	143	元	111	
		144		119	
		145		123	
		249		4613	
		270	新元	8-5	
		271		8-8	
		271		8-9	
		271		8-10	

項目		二十五史抄		新校本	
		395		249-8	
		404		250-1	
		405		250-2	
		406		250-3	
黑特勒	中	313	新唐	6052	
黑齒常之	中	77	舊唐	106	
		95		1369	
		133		2792	
		154		*3294	
		156		3302	
		184		5167	
		188		5224	
		226	新唐	75	
		226		76	
		226		84	
		226		86	
		226		89	
		248		3478	
		255		3823	
		265		4053	
		267		4083	
		268		4089	
		270		*4121	
		311		6044	
		314		6077	
		314		6078	
黑歡方石	下	4	金	16	
		130		2883	
忻都	下	146	元	131	
		147		134	
		147		135	
		148		147	
		149		150	
		149		154	
		150		158	
		151		187	
		153		222	
		154		226	
		154		229	
		154		230	
		155		232	
		155		233	
		272	新元	8-13	

項目	二十五史抄		新校本	
		273		8-15
		274		9-1
		274		9-4
		276		10-8
		277		10-10
		279		11-11
		293		20-5
		336		138-8
		396		249-10
		397		249-11
		397		249-12
		407		250-5
		408		250-7
		409		250-8
		409		250-9
		410		250-10
		599	明	8341
欣都	下	225	元	3629
		225		3630
痕孚	中	494	遼	334
		592		1183
紇根	上	561	北	574
紇石烈良弼	下	115	金	*1949
紇石烈撒合輦				
	下	53	金	1407
紇石烈阿踈	下	5	金	22
紇石烈奧也	下	65	金	1434
紇石烈子仁	下	84	金	1476
紇石烈珵	下	23	金	230
紇石烈志寧	下	57	金	1418
		58		1419
		108		1864
紇石烈哲	下	64	金	1430
紇石烈尤列速				
	下	20	金	183
紇石烈忠定	下	81	金	1469
紇石烈七斤	下	82	金	1471
紇石保	中	591	遼	1182
紇支可汗	中	65	隋	1867
紇何辰	上	482	魏	2223
		637	北	3127
欽德	中	321	新唐	6172
欽明天皇[日本]				
	中	346	新唐	6208
		450	宋	14132
欽哀皇后	中	484	遼	256
欽宗[宋]	中	394	宋	421
		442		14049
歆志貫	上	128	後漢	2985
		128		2986
欽志貫	上	181	三	833
		185		837
欽察	下	291	新元	24-10
恰不慎	下	540	明	6189
興=倭國世子				
	上	357	宋書	129
		373	梁	807
		519	南	65
		529		1974
劉興居=濟北王				
	上	103	後漢	2464
興國	上	281	晉	2817
興宗[遼]	中	480	遼	211
		481		225
		482		237
		484		252
		501		352
		508		429
		510		438
		527		476
		528		477
		535		631
		561		1102
		583		1158
		624		1430
		636		1522
	下	31	金	557
		192		1399
喜=燕王	上	7	史	233
		7		234
		9		756
		9		757
		16		1561
		24		2338
		25		2536
喜因[僧]	中	452	宋	14135

項目		二十五史抄	新校本	
熙宗[金]	下	9	金	69
		30		554
		35		868
		37		993
		110		1867
		113		1889
		445	明	297
		597		8306
僖[謚]	中	36	隋	*1529
＝周法尚				
僖王[渤海]	中	327	新唐	6181
羲	上	3	史	16
羲權	上	3	史	16
羲仲	上	3	史	16
		106	後漢	2807
頡利	中	183	舊唐	5160
		184		5160
		185		5172
		311	新唐	6029
		311		6034
		311		6038
		331		6187
		339		6198
頡利發伊健啜				
	中	319	新唐	6170
黠戛斯	中	187	舊唐	5215
		315	新唐	6133

地　名

項目		二十五史抄		新校本

[가]

項目		二十五史抄		新校本
加羅	上	373	宋書	2395
		380	南齊	1012
		529	南	1974
		529		1975
加羅國	上	380	南齊	*1012
加林城	中	133	舊唐	2791
		266	新唐	4082
加尸	中	334	新唐	6191
加尸城	中	192	舊唐	5324
加賀	中	451	宋	14133
可可毋林	下	540	明	6189
可敦城	中	513	遼	451
		514		451
可流伽	上	418	魏	205
伽羅	上	389	梁	807
		634	北	3123
伽師達	上	418	魏	205
呵羅單	上	517	南	41
迦羅國	中	57	隋	1820
迦羅舍國	中	5	隋	71
迦羅含國	上	552	北	450
		557		478
柯梅	下	497	明	5413
		506		5605
		609		8356
柯枝	下	428	明	89
		428		95
哥論	中	269	新唐	4117
哥勿城	中	272	新唐	4123
哥勿州	中	237	新唐	1129
哥忽州	下	302	新元	47-5
訶陵國	中	87	舊唐	465
葭城	下	327	新元	130-6
椵島	下	302	新元	47-5
嘉	下	464	明	2244
		464		2245
嘉郡	下	459	明	2166
嘉利縣	中	518	遼	461
嘉善	下	493	明	5408
		607		8352
嘉峪	下	462	明	2235
嘉定	下	439	明	242
		500		5418
		509		5610
		570		7614
		607		8352
嘉州	中	520	遼	464
嘉興	下	439	明	242
		463		2243
		493		5407
		493		5408
		494		5410
		500		5418
		505		5603
		588		8292
		607		8352
		611		8358
簡州	中	426	宋	11229
曷懶	下	4	金	15
		37		998
		40		1310
		95		1565
		115		1940
曷懶路	下	8	金	63
		9		65
		20		198
		28		535
		28		551
		37		997
		39		1121
		40		1305
		40		1310
		66		1434
		101		1803
		105		1836
		105		1837
		106		1845
		106		1846
		118		2015
		119		2021
		120		2280
		127		2784
		128		2881
曷懶水	下	101	金	1798

項目	二十五史抄		新校本	
曷懶甸	下	4	金	16
		7		33
		93		1547
		95		1586
		96		1623
		101		1798
		102		1816
		129		2882
		130		2883
		131		2885
曷懶河	中	481	遼	233
		482		233
		563		1106
曷懶合打	下	121	金	2282
曷木部→曷朮部<新校>				
	中	507	遼	414
曷山	中	337	新唐	6195
曷蘇館	中	473	遼	170
		474		174
		476		186
		477		186
		478		200
		481		225
		483		241
		494		335
		508		431
		540		756
		559		1097
		560		1101
		561		1102
		564		1108
		569		1121
	下	31	金	555
		31		556
		94		1561
		95		1562
		131		2885
		302	新元	47-6
曷蘇館部	中	474	遼	176
		478		200
		561		1102
曷蘇館女直	中	474	遼	174
曷蘇路	下	127	金	2784

項目	二十五史抄		新校本	
渴盤陀國	上	411	魏	90
		412		120
		540	北	52
		540		53
		540		67
		540		71
渴野州	中	235	新唐	1126
		322		6173
渴奚那頡	中	67	隋	1881
		550	遼	952
葛埠	下	523	明	5834
碣	上	36	史	3265
		56	漢	1657
		56		1669
	中	10	隋	86
		49		1739
		104		2085
		117		2465
		509	遼	437
碣石	上	4	史	52
		7		267
		63	漢	2832
		223	晉	10
		380	南齊	1012
		605	北	2642
	中	6	隋	79
		45		1635
		94	舊唐	1312
碣石道	上	554	北	458
		606		2645
	中	7	隋	81
		35		1518
		38		1541
碣石山	上	49	漢	1524
		496	北齊	57
羯	上	229	晉	185
		276		2808
		277		2809
		278		2810
		293		2837
羯胡	上	461	魏	2047
	中	104	舊唐	1958
		142		2978

項目	二十五史抄		新校本	
甘路國	上	209	三	853
甘眉流	中	402	宋	2813
甘松	上	539	北	31
	中	64	隋	1842
甘肅	下	188	元	1079
		202		2553
		245		4554
		293	新元	26-7
		313		100-1
		313		100-3
		331		133-14
		349		164-10
		375		209-5
		390		247-6
		449	明	1285
		462		2235
甘肅省	下	304	新元	55-30
甘州	中	208	舊唐	5349
	下	375	新元	209-5
		375		209-6
甘泉	上	29	史	2885
		67	漢	3747
甘巴里	下	428	明	95
感恩	下	504	明	5602
感奚國	上	205	三	850
澂浦	下	201	元	2542
		312	新元	99-5
		600	明	8342
闍麻羅華	下	414	新元	253-11
鑑湖	中	398	宋	2407
龕山	下	500	明	5419
甲襄	中	451	宋	14133
甲子	下	507	明	5606
		527		5874
甲向城	下	139	元	49
		224		3628
		355	新元	176-2
江=楊子江	上	4	史	58
	中	61	隋	1824
		76	舊唐	92
		307	新唐	5990
		394	宋	457
		422		10645
	下	466	明	2248
		467		2249
		509		5609
		515		5618
		607		8353
江南	中	35	隋	1519
		109	舊唐	2227
		139		2891
		167		3786
		193		5326
		279		4211
		337		6195
	下	49	金	1399
		156	元	246
		313	新元	100-3
		314		102-8
		400		249-17
		455	明	1902
		459		2166
		492		5407
		518		5696
		575		7917
		592		8297
江南道	中	226	新唐	84
		248		3478
江寧	中	424	宋	10985
江寧鎭	下	607	明	8356
江都	上	598	北	2558
		601		2593
		603		2605
		636		3126
	中	5	隋	75
		17		641
		35		1519
		37		1531
		43		1620
		65		1860
		109	舊唐	2227
		114		2378
		255	新唐	3823
	下	393	新元	249-5
江東	上	219	三	1350
		275	晉	2806

項目	二十五史抄		新校本	
	下	302	新元	47-5
		448	明	1280
江東城	中	491	遼	328
	下	137	元	20
		245		4607
		265	新元	3-10
		328		132-1
		332		134-3
		354		176-1
		390		176-1
		392		249-1
江陵	上	231	晉	208
		510	周	497
江北	下	439	明	243
		440		246
		484		4541
		492		5407
		497		5414
		500		5420
		501		5420
		508		5609
		514		5618
		515		5618
		518		5664
江西	下	276	新元	10-5
		278		11-7
		462	明	2236
		506		5605
		510		5611
		515		5618
		565		7437
		613		8386
江西縣	下	302	新元	47-4
江原道	下	588	明	8292
江源道	下	543	明	6194
江陰	下	458	明	2104
		463		2243
		466		2148
		475		3841
		501		5423
		505		5603
		505		5604
		565		7437

項目	二十五史抄		新校本	
		576		7921
		606		8352
		607		8353
江浙	下	588	明	8293
江左	下	41	金	1385
江州	中	427	宋	11343
		440		14045
江河	中	167	舊唐	3834
江夏	上	239	晉	388
		246		893
	中	242	新唐	2387
江華	下	393	新元	249-5
		396		249-10
		398		249-14
		403		249-20
		597	明	8306
		598		8306
江華島	下	137	元	31
		224		3627
		225		3629
		230		3749
		236		3919
		252		4617
		266	新元	4-5
		329		132-2
		344		158-14
		352		172-1
		354		176-1
		355		176-1
		371		191-5
		391		249-3
江淮	上	3	史	28
	中	18	隋	687
		76	舊唐	92
		160		3535
		307	新唐	5990
		339		6197
		394	宋	457
		422		10645
	下	276	新元	10-5
		278		11-7
		509	明	5609
羌	上	3	史	43

項目	二十五史抄		新校本			項目	二十五史抄		新校本	
		30		2913		開京	中	473	遼	168
		31		2940				474		174
		42	漢	160				610		1281
		61		2490				615		1341
		65		3156				620		1373
		68		3751				635		1520
		80	後漢	210		開封	中	434	宋	14022
		91		815		開山	下	593	明	8300
		94		1609		開城	中	439	宋	14043
		95		1609			下	208	元	2968
		121		2876				398		249-13
		123		2961				520	明	5778
		135		3239				543		6194
		143		3626				543		6196
		318	晉	2936				588		8292
		366	宋書	887				611		8358
		544	北	146		開元女直	下	140	元	73
	中	102	舊唐	1834		開元	下	319	新元	105-7
		110		2251				333		134-6
羌僰	上	32	史	2959				408		249-7
		63	漢	2813		開元郡	下	180	元	823
羌戎	上	86	後漢	517				187		1053
羌中	上	7	史	239		開元路	下	153	元	226
羌胡	上	88	後漢	695				168		363
		122		2956				187		1055
		122		2960				187		1061
羌胡固	上	409	魏	81				188		1076
降聖州	中	513	遼	447				269	新元	8-4
康干河	中	316	新唐	6140				300		47-2
康居(國)	上	191	三	840				302		47-5
		313	晉	2904				310		80-16
	中	166	舊唐	3786				314		100-18
康國	中	72	舊唐	51		開元城	下	300	新元	47-2
		82		301				448	明	957
		231	新唐	479		開原	下	447	明	952
康州	中	344	新唐	6204				526		5856
		520	遼	464				539		6188
絳州	中	130	舊唐	2780				541		6191
		274	新唐	4139				555		6692
	下	472	明	3683				584		8286
介林縣	下	385	新元	230-14				622		8504
介州	下	392	新元	249-3				624		8507
价州	下	302	新元	47-5		開遠縣	中	516	遼	458

項目	二十五史抄		新校本	
開義縣	中	521	遼	465
	下	300	新元	47-3
		301		47-3
開州	中	445	宋	14053
		516	遼	458
		517		459
	下	94	金	1562
		130		2884
		221	元	3530
		334	新元	135-6
		585	明	8288
開平	下	370	新元	188-1
		397		249-11
		429	明	101
		469		2275
		471		3586
蓋	下	466	明	2247
蓋州	中	336	新唐	6193
蓋葛牟城	下	31	金	556
蓋馬大山	上	112	後漢	2816
		199	三	846
蓋馬道	上	554	北	457
		605		2639
	中	7	隋	80
		38		1538
蓋牟	中	119	舊唐	2487
		238	新唐	1147
		334		6191
蓋牟道	上	613	北	2852
	中	46	隋	1634
蓋牟城	中	73	舊唐	57
		112		2334
		113		2356
		125		2671
		191		5323
		192		5324
		223	新唐	44
		249		3516
		254		3792
		255		3819
		259		3903
		333		6190
		517	遼	460

項目	二十五史抄		新校本	
蓋牟州	中	101	舊唐	1527
		237	新唐	1128
蓋水	上	481	魏	2221
蓋羊州	下	302	新元	47-5
蓋州	中	191	舊唐	5322
		333	新唐	6190
		515	遼	456
		517		460
	下	31	金	556
		39		1146
		40		1305
		121		2281
		189	元	1396
		294	新元	26-17
		299		47-1
蓋州城	下	476	明	3855
巨濟	下	395	新元	249-9
		593	明	8300
巨濟島	下	155	元	231
巨濟縣	下	404	新元	250-1
去旦州	中	238	新唐	1129
居骨	中	325	新唐	6177
居密	上	544	北	149
居拔城	上	631	北	3118
	中	56	隋	1818
居素州	中	237	新唐	1129
居延	中	317	新唐	6145
居延州	中	317	新唐	6145
		322		6174
居庸	上	129	後漢	2987
	中	498	遼	345
	下	517	明	5634
居庸關	上	81	後漢	233
	中	497	遼	342
		499		346
		598		1191
		633		1516
	下	96	金	1587
		471	明	3586
居就	上	52	漢	1626
		242	晉	427
居鄉	上	198	三	845
契丹	上	339	晉	3105

項目	二十五史抄		新校本
339			3106
340			3106
346			3131
412	魏		113
412			128
412			129
413			130
414			141
414			142
414			144
414			147
416			171
418			206
419			209
419			213
419			214
420			223
420			225
421			238
421			283
422			284
422			299
438			764
472			2126
480			2220
481			2221
496	北齊		56
496			57
496			58
497			62
498			92
498			98
498			100
498			102
500			537
500			540
501			542
501			547
513	周		899
514			909
540	北		52
540			67
541			90

項目	二十五史抄		新校本
541			91
541			92
541			94
541			96
542			109
542			111
544			151
545			171
545			173
545			185
546			195
547			249
547			250
548			251
548			253
549			284
549			287
549			290
551			410
551			411
551			417
551			419
553			457
563			701
569			818
586			1925
588			2109
593			2275
597			2534
603			2605
617			3049
623			3078
630			3117
636			3125
639			3129
639			3130
649			3266
651			3287
中 3	隋		21
3			22
4			35
4			37
5			45

項目	二十五史抄	新校本
6		80
10		88
21		1123
22		1148
25		1270
26		1331
37		1531
54		1815
59		1821
59		1822
65		1864
65		1866
65		1869
66		*1881
71	舊唐	36
73		61
77		125
78		126
79		172
79		178
79		179
79		183
79		189
80		195
80		197
80		198
80		199
80		202
81		208
81		219
81		225
81		228
82		239
82		301
83		312
86		424
86		455
86		458
87		487
87		513
89		609
91		868
91		900

項目	二十五史抄	新校本
95		1357
95		1376
96		1387
97		1511
97		1512
97		1520
98		1521
98		1522
99		1522
99		1523
99		1524
100		1524
100		1525
100		1526
103		1957
105		2113
111		2280
112		2329
123		2631
123		2632
124		2652
128		2758
130		2781
139		2892
139		2893
139		2898
140		2903
140		2910
140		2912
142		2977
142		2978
142		2984
143		2984
144		3021
144		3058
144		3073
145		3080
145		3099
145		3109
146		3154
146		3194
147		3194
156		3303

項目	二十五史抄	新校本		項目	二十五史抄	新校本
	167	3837			228	138
	167	3871			228	139
	168	3895			228	145
	168	3898			229	148
	173	4471			229	150
	174	4675			229	155
	174	4678			229	234
	175	4737			233	920
	177	4808			233	930
	177	4814			234	1023
	177	4815			235	1119
	178	4816			235	1126
	178	4884			238	1146
	180	5024			242	3443
	182	5124			250	3568
	183	5145			253	3772
	183	5153			261	3946
	184	5168			262	3980
	184	5172			262	3993
	185	5173			263	3994
	185	5174			265	4077
	187	5214			272	4123
	197	5331			273	4133
	209	*5349			275	4140
	211	5353			275	4143
	212	5353			276	4148
	212	5354			276	4150
	213	5355			277	4171
	213	5356			277	4172
	214	5356			278	4210
	214	5357			279	4213
	216	5360			279	4224
	217	5360			280	4226
	219	5363			280	4241
	223	新唐 43			280	4243
	225	60			280	4258
	225	61			281	4314
	227	96			284	4381
	227	97			284	4412
	228	123			284	4419
	228	125			285	4429
	228	128			285	4430
	228	136			285	4459

項目	二十五史抄	新校本
285		4494
286		4494
286		4545
287		4549
291		4583
291		4596
297		5230
297		5449
298		5533
298		5603
302		5826
303		5839
303		5840
303		5887
304		5923
304		5951
305		5980
306		5986
311		6028
311		6038
312		6045
312		6048
313		6052
313		6053
316		6135
316		6145
317		*6146
321		6173
322		6174
323		6175
324		6176
326		6179
328		6182
329		6183
332		6188
332		6189
333		6190
337		6195
340		6199
348		6264
351		6412
352		6412
352		6414

項目	二十五史抄	新校本
353		6426
358	舊五	439
359		441
360		468
362		575
363		589
364		665
366		1126
369		*1827
373	新五	14
377		178
378		*885
380		901
381		911
382		920
389	宋	88
390		111
395		603
400		2803
408		4641
411		8745
412		9024
413		9126
415		9616
416		9695
418		10111
419		10227
421		10532
422		10790
427		11276
435		14038
436		14038
436		14039
438		14042
439		14043
440		14045
441		14046
442		14049
443		14049
445		14052
447		14128
449		14130
480	遼	219

項目	二十五史抄	新校本
	482	234
	491	328
	493	332
	498	346
	503	378
	505	396
	507	417
	509	437
	511	442
	512	446
	513	447
	514	455
	528	481
	529	483
	534	568
	538	744
	540	754
	542	784
	545	854
	546	855
	550	950
	620	1373
	632	1481
	633	1516
下	3	金 1
	6	29
	10	73
	36	991
	41	1385
	42	1387
	98	1643
	127	2783
	137	元 20
	144	118
	160	268
	166	337
	172	458
	191	1399
	192	1399
	197	2052
	204	2640
	208	2964
	220	3511

項目	二十五史抄	新校本
	221	3522
	222	3577
	224	3627
	245	4607
	247	4609
	265	新元 3-10
	271	8-8
	306	65-18
	322	116-17
	326	125-2
	328	132-1
	330	132-1
	330	132-6
	331	134-1
	333	134-7
	334	135-4
	335	135-11
	354	176-1
	390	249-1
	391	249-3
	579	明 8279
	579	8280
	622	8504
契丹國 上	411	魏 87
	413	138
	413	139
	414	144
	418	204
	418	208
	419	211
	419	212
	420	226
	421	289
	423	312
	480	2221
	482	*2223
	637	北 *3127
	639	3129
中	380	新五 906
	400	宋 2804
莒城 上	470	魏 2072
渠廈 上	3	史 43
渠搜 上	3	史 44

項目	二十五史抄		新校本	
		42	漢	160
鉅鹿	上	168	三	354
		315	晉	2920
		509	周	494
		537	北	15
鉅野	上	266	晉	2576
鉅野縣	上	509	周	496
巾子山	中	522	遼	467
建	下	524	明	5834
建康	上	471	魏	2072
		623	北	3074
	中	304	新唐	5935
建寧	下	232	元	3808
		510	明	5611
建德	上	270	晉	2768
		409	魏	81
	中	531	遼	501
建德郡	上	578	北	1467
建部	下	524	明	5854
建安	上	337	晉	3103
	中	255	新唐	3829
		335		6193
	下	31	金	556
建安郡	上	641	北	3132
	中	59	隋	1823
		210	舊唐	5351
建安道	上	554	北	457
	中	7	隋	80
建安城	中	129	舊唐	2776
		193		5325
		238	新唐	1147
		273		4133
建安州	中	238	新唐	1129
	下	302	新元	47-5
建安縣	中	517	遼	460
	下	198	元	1396
建鄴	上	276	晉	2807
		276		2808
		291		2834
		293		2837
建州	中	328	新唐	6182
		453	宋	14136
		501	遼	349
		503		370
		600		1193
	下	215	元	3224
		300	新元	47-2
		301		47-4
		330		132-4
		398		249-13
		525	明	5855
		537		6184
		583		8285
		584		8286
		584		8287
		585		8288
		596		8303
		623		8505
		623		8506
建州女直	下	585	明	8288
建平	上	368	宋書	1146
建平縣	下	301	新元	47-4
虔州	中	602	遼	1211
健跳所	下	504	明	5603
乾馬國	上	205	三	850
乾州	中	498	遼	346
		520		465
		521		465
		598		1191
揵山	中	205	舊唐	5344
劍門縣	中	519	遼	462
劍南	中	314	新唐	6077
		314		6085
		349		6327
黔州	中	166	舊唐	3768
		194		5327
		339	新唐	6197
		529	遼	484
乞烈賓	下	200	元	2509
格川	中	516	遼	458
湡頭	上	271	晉	2794
畎戎	上	67	漢	3747
畎夷	上	106	後漢	2807
堅昆	中	313	新唐	6052
		317		6149
		348		6264

項目	二十五史抄		新校本	
鄴城	上	254	晉	1981
		257		2189
		316		2923
京口	下	467	明	2248
		570		7614
京東路	中	395	宋	603
涇	上	29	史	2883
		67	漢	3747
涇縣	下	607	明	8353
景雲山	上	339	晉	3105
景州	中	244	新唐	3445
		499	遼	347
慶尙	下	550	明	6405
		554		6686
慶尙道	下	589	明	8293
慶雲	下	175	元	574
		624	明	8507
慶雲縣	中	522	遼	467
	下	30	金	554
		302	新元	47-6
慶元	下	160	元	264
		172		469
		201		2542
		202		2548
		212		3148
		214		3217
		215		3217
		225		3630
		345	新元	160-9
		346		161-5
		356		176-4
		409		250-9
		411		250-12
慶元路	下	168	元	363
		277	新元	10-10
慶懿	下	32	金	560
慶州	中	328	新唐	6182
		421	宋	10532
		491	遼	328
		493		333
		512		444
		513		447
		516		458

項目	二十五史抄		新校本	
		624		1430
	下	544	明	6201
		545		6201
		554		6686
		590		8296
		591		8297
瓊郡	下	610	明	8356
瓊崖	下	516	明	5624
瓊州	中	328	新唐	6182
	下	504	明	5602
		527		5874
瓊華島	下	388	新元	247-3
界嶺	下	513	明	5615
		623		8505
桂婁	中	216	舊唐	5360
桂林	中	47	隋	1676
啟	中	260	新唐	3933
揭陽	下	465	明	2245
階州	中	376	新五	120
溪彈州	中	208	舊唐	5349
稽落水	中	313	新唐	6052
稽落河	中	185	舊唐	5174
稽胡	上	500	北齊	537
		586	北	1925
薊	上	7	史	233
		7		316
		8		366
		9		756
		9		764
		10		779
		16		1561
		23		2070
		24		2338
		28		2657
		41	漢	28
		43		366
		56		1657
		59		2053
		60		2072
		100	後漢	2353
		101		2358
		137		3527
		225	晉	12

項目	二十五史抄	新校本
	234	250
	237	371
	241	426
	243	427
	269	2767
	272	2796
	272	2797
	279	2812
	289	2832
	293	2837
	312	2893
	327	3086
	332	3095
	333	3097
	350	3163
	362 宋書	708
	362	711
	405 魏	27
	431	605
	468	2069
	487	2306
	501 北齊	547
	537 北	15
	564	732
	589	2132
	618	3067
	621	3072
	650	3270
	中 27 隋	1336
	37	1534
	45	1625
	106 舊唐	2208
	167	3871
	251 新唐	3678
	304	5951
	369 新五	1830
	448 宋	14130
	528 遼	481
	下 440 明	246
	442	275
	443	279
	466	2247
	499	5417

項目	二十五史抄	新校本
	501	5423
	513	5616
	522	5823
	524	5899
	528	5916
	542	6193
	550	6405
	589	8293
	590	8295
	625	8508
薊門	中 178 舊唐	4816
	261 新唐	3946
	412 宋	9124
	下 468 明	2252
	511	5613
	513	5615
	513	5616
薊城	上 284 晉	2821
	292	2835
	294	2838
	318	2941
	442 魏	1009
	462	2061
	中 11 隋	160
薊州	中 105 舊唐	2113
	228 新唐	136
	233	1022
	412 宋	9123
	457 遼	15
	499	347
	509	437
	511	441
	513	447
	521	466
	下 462 明	2235
	462	2236
	505	5603
	512	5614
	524	5854
	526	5867
薊中	上 155 三	239
薊鎭	下 512 明	5614
	514	5617

項目	位	二十五史抄	版本	新校本
		518		5656
		550		6405
薊縣	中	100	舊唐	1524
闕賓	上	412	魏	113
		417		195
		418		206
		540	北	67
鷄鹿州	中	97	舊唐	1415
		208		5349
鷄籠	下	618	明	*8361
鷄籠山	下	617	明	8369
鷄林	中	82	舊唐	236
		172		4357
		281	新唐	4304
		443	宋	14050
鷄林道	中	76	舊唐	98
		77		100
		131		2783
		136		2795
		226	新唐	71
		240		1646
		268		4084
		275		4142
		343		6204
鷄林州	中	202	舊唐	5338
		343	新唐	6204
鷄鳴山	下	429	明	101
		480		4127
鷄田州	中	97	舊唐	1415
		208		5349
古桂→骨嵬<新校>				
	下	142	元	100
古桂部→骨嵬<新校>				
	下	142	元	100
古朦國	上	205	三	850
古勒	下	539	明	6187
古里	下	427	明	82
		427		87
		428		95
古離國	上	205	三	849
古麻剌朗	下	430	明	110
古北	下	623	明	8505
		624		8507

項目	位	二十五史抄	版本	新校本
古北口	中	421	宋	10532
		498	遼	345
	下	96	金	1588
		471	明	3586
		518		5656
古寺島	中	238	新唐	1147
古沙城	上	512	周	886
		631	北	3118
古淳是國	上	209	三	853
古欲	中	492	遼	331
古資彌凍國	上	209	三	853
古田	下	510	明	5611
古誕者國	上	205	三	849
古蒲國	上	205	三	850
考城	中	309	新唐	5994
固麻	上	388	梁	804
		527	南	1972
固麻城	上	512	周	886
		631	北	3118
固城	下	201	元	2542
		312	新元	99-5
		545	明	6214
		592		8298
固始	中	418	宋	10076
固安	中	97	舊唐	1512
固原	下	462	明	2235
苦苫	下	222	元	3536
孤山	下	539	明	6187
孤山口	下	518	明	5656
孤山堡	下	525	明	5855
		541		6191
孤竹	上	5	史	116
		6		185
		7		286
		14		1361
		15		1488
		15		1491
		223	晉	10
		514	周	899
	中	94	舊唐	1316
		100		1524
		232	新唐	825
孤竹國	中	41	隋	1581

項目	二十五史抄			新校本
		115	舊唐	2407
		260	新唐	3933
		531	遼	501
孤竹城	上	50	漢	1625
		138	後漢	3528
姑藏	上	268	晉	2644
姑繒	上	69	漢	3814
故東阿縣	中	163	舊唐	3540
故安	上	56	漢	1657
沍水	上	407	魏	31
庫婁國	上	480	魏	2221
		636	北	3125
庫莫奚	上	338	晉	3104
		345		3130
		346		3131
		404	魏	22
		412		128
		413		129
		413		130
		414		141
		414		142
		414		144
		414		147
		416		166
		418		204
		419		208
		419		210
		419		212
		419		213
		419		214
		420		223
		429		447
		430		517
		433		651
		433		655
		434		676
		481		2221
		482		2223
		496	北齊	56
		496		57
		497		61
		497		62
		497		64

項目	二十五史抄			新校本
		497		83
		498		92
		500		421
		500		537
		501		542
		513	周	*899
		536	北	11
		540		67
		541		89
		541		90
		541		91
		541		92
		541		94
		541		96
		542		105
		542		111
		544		150
		544		151
		544		154
		545		171
		547		248
		547		249
		547		250
		548		250
		548		253
		548		254
		548		270
		549		284
		562		636
		571		890
		586		1925
		636		3126
		637		3127
		639		3129
	中	66	隋	1881
		378	新五	885
庫莫奚國	上	412	魏	113
		413		137
		413		139
		414		141
		414		142
		414		144
		418		206

項目	二十五史抄		新校本
	421		235
	421		238
	421		243
	421		283
	421		284
	482		*2222
	495	北齊	54
	540	北	67
	576		1186
庫伏眞國	上 480	魏	2221
	636	北	3125
庫眞奚	中 321	新唐	6173
	322		6173
部	中 128	舊唐	2735
	264		4027
高開道	上 603	北	2605
	中 215	舊唐	5359
高渠谷	上 80	後漢	213
	126		2983
高雞泊	中 251	新唐	3696
高橋	下 494	明	5409
高句麗	上 110	後漢	2813
	139		3529
	162	三	257
	191		840
	191		841
	196		843
	199		846
	203		848
	235	晉	264
	242		427
	268		2747
	270		2768
	276		2806
	284		2821
	284		2822
	287		2826
	288		2829
	306		2858
	307		2859
	312		2893
	313		2902
	385	梁	801

項目	二十五史抄		新校本
	385		802
	386		802
	426	魏	359
	474		2213
	475		2214
	476		2216
	477		2217
	478		2217
	479		2219
	480		2220
	483		2223
	509	周	495
	511		884
	511		885
	512		885
	512		886
	525	南	1969
	527		1972
	625	北	3110
	626		3111
	631		3118
	636		3125
	638		3127
	中 53	隋	1813
	404	宋	3609
	434		14035
	550	遼	951
	下 245	明	4607
	251		4616
高句麗	上 53	漢	1626
	73		4115
	74		4130
	77	後漢	75
	79		193
	80		212
	81		228
	81		232
	81		234
	81		235
	88		695
	90		745
	96		1696
	103		2418

項目	二十五史抄		新校本
		107	2810
		111	2814
		112	2816
		113	2817
		150	三 109
		153	121
		157	252
		175	762
		229	晉 180
		229	186
		275	2806
		327	3086
		335	3100
		338	3103
		339	3105
		340	3106
		341	3108
		347	3132
		347	3133
		371	宋書 2392
		385	梁 *801
	中	434	宋 14022
		618	遼 1347
	下	189	明 1395
		190	1398
下句麗	上	197	三 844
下句驪	上	386	梁 802
高闕	上	67	漢 3747
高闕州	中	208	舊唐 5349
高涼	中	52	隋 1801
高麗(國)=高句麗			
	上	355	宋書 64
		355	65
		356	84
		356	85
		356	86
		356	88
		356	91
		356	100
		356	103
		356	107
		357	122
		357	125
		357	127
		357	132
		357	162
		357	167
		358	179
		358	183
		358	198
		365	873
		369	2346
		372	2393
		373	2394
		377	南齊 36
		378	501
		378	*1009
		383	梁 36
		383	52
		383	56
		383	63
		384	70
		384	77
		384	79
		384	85
		386	802
		388	805
		388	806
		395	陳 54
		395	66
		395	79
		396	86
		396	112
		410	魏 85
		410	86
		410	87
		411	87
		411	88
		411	89
		411	90
		412	120
		412	122
		412	126
		412	128
		413	129
		413	130

項目	二十五史抄	新校本		項目	二十五史抄	新校本
	413	135			420	227
	413	136			420	283
	413	137			420	284
	413	138			420	289
	413	139			420	299
	413	140			421	301
	414	141			～	～
	414	142			421	306
	414	144			422	308
	414	146			422	310
	414	147			422	311
	414	154			422	312
	415	155			428	414
	415	156			430	563
	415	161			435	688
	415	162			435	690
	415	163			437	720
	416	163			438	764
	～	～			438	765
	416	166			440	894
	416	168			442	1019
	417	169			444	1259
	417	172			445	1346
	417	173			446	1506
	417	174			447	1590
	417	176			447	1621
	417	177			447	1624
	417	184			448	1707
	417	191			456	1725
	～	～			456	1760
	417	194			457	1829
	418	197			459	1832
	418	203			461	2060
	418	205			462	2060
	418	207			474	2128
	418	209			477	2216
	418	210			478	2218
	418	212			479	2219
	～	～			481	2222
	418	215			486	2305
	419	221			488	2402
	420	223			495	北齊 51
	420	225			496	55

項目	二十五史抄	新校本	項目	二十五史抄	新校本
496		61	540		71
498		93	541		73
498		98	541		89
499		107	541		90
511	周	*884	541		91
513		886	541		92
517	南	30	541		94
517		44	542		100
518		45	~		~
518		47	542		104
518		48	542		107
518		53	542		109
518		59	542		111
518		61	542		113
518		64	542		115
519		66	542		119
519		111	543		113
519		112	543		119
520		185	543		131
520		191	543		132
520		193	543		133
520		201	543		135
521		204	543		137
521		205	545		171
521		209	545		173
521		211	545		185
521		216	545		187
521		219	~		~
522		283	545		190
522		293	546		191
522		295	~		~
523		304	546		195
523		1127	547		248
525		1901	547		249
526		1970	548		253
527		1972	549		285
527		1973	549		287
528		1973	549		295
531		1983	551		408
539	北	50	551		410
540		51	551		417
540		52	552		422
540		53	552		452

項目	二十五史抄	新校本		項目	二十五史抄	新校本
	552	455			634	3122
	555	459			635	3124
	555	461			636	3125
	556	463			638	3128
	556	464			640	3131
	556	465			648	3215
	562	602			650	3268
	570	855			651	3292
	572	898			651	3299
	572	906			651	3302
	572	910			651	3327
	576	1391		中	3	隋 16
	577	1405			3	18
	577	1451			3	19
	579	1521			3	21
	580	1661			4	35
	580	1677			4	36
	581	1780			4	42
	588	2110			5	45
	589	2132			5	75
	593	2247			6	79
	593	2275			8	82
	594	2322			9	84
	600	2592			10	86
	601	2592			10	87
	602	2605			14	284
	603	2620			16	613
	604	2635			17	636
	605	2642			18	687
	606	2651			19	688
	608	2684			21	1124
	610	2686			22	1149
	615	2950			23	1189
	616	2987			25	1270
	616	3005			29	1455
	618	3067			30	1466
	624	3079			34	1513
	624	3080			34	1516
	625	*3109			35	1518
	632	3119			37	1531
	632	3120			39	1560
	633	3121			40	1576
	633	3122			41	1581

項目	二十五史抄	新校本	項目	二十五史抄	新校本
	41	1582		93	1069
	41	1595		93	1074
	42	1598		94	1320
	44	1622		96	1385
	45	1625		96	1415
	45	1633		100	1526
	46	1644		101	1526
	50	1748		101	1527
	50	1768		102	1834
	52	*1801		106	2208
	56	1817		109	2235
	57	1818		112	2334
	58	1821		114	2360
	59	1822		115	2399
	65	1847		115	2407
	65	1867		115	2408
	65	1874		116	2441
	66	1879		116	2444
	67	1881		116	2453
	68	1882		117	2464
	71	舊唐　14		117	2465
	71	32		118	2466
	72	41		119	2481
	72	51		119	2487
	72	52		119	2492
	72	54		120	2500
	72	57		120	2515
	73	57		120	2518
	73	58		120	2519
	73	63		123	2632
	74	66		124	2670
	74	74		125	2671
	74	78		125	2679
	75	82		126	2681
	75	83		126	2733
	75	90		127	2734
	76	92		128	2735
	76	98		128	2761
	77	102		129	2764
	82	298		129	2776
	87	465		130	2781
	91	900		130	2782
	92	1053		131	2782

項目	二十五史抄	新校本		項目	二十五史抄	新校本
131		2783		199		5335
132		2784		200		5335
132		2790		200		5336
133		2791		207		5346
134		2792		209		5349
135		2794		209		5350
136		2795		215		5358
136		2797		216		5359
136		2798		216		5360
140		2909		217		5360
140		2919		217		5361
141		2950		223	新唐	32
143		2987		223		43
147		3203		～		～
150		3252		223		47
154		3293		223		56
156		3312		223		58
159		3534		225		61
175		4789		225		62
176		4790		225		65
176		4795		225		66
176		4801		226		67
177		4801		226		68
178		4941		230		*471
179		4947		234		1023
179		4948		239		1163
179		4954		244		3448
180		5010		246		3455
180		5011		249		3515
181		5098		249		3516
185		5172		251		3678
186		5180		252		3755
186		5188		253		3782
186		5197		254		3792
187		5222		254		3815
188		*5319		255		3819
195		5328		255		3829
196		5329		256		3832
196		5330		256		3839
197		5331		256		3840
198		5332		257		3856
198		5333		258		3881
199		5334		258		3903

項目	二十五史抄	新校本
	259	3904
	260	3926
	260	3933
	261	3943
	261	3944
	261	3950
	263	3994
	263	4020
	264	4034
	266	4082
	267	4083
	267	4084
	268	4084
	268	4099
	269	4112
	269	4117
	269	4119
	270	4120
	271	4123
	272	4124
	273	4133
	273	4137
	274	4139
	274	4140
	275	4141
	275	4142
	277	4155
	278	4177
	279	4215
	280	4240
	281	4297
	282	4335
	283	4341
	288	4576
	289	4577
	292	4749
	299	5636
	300	5647
	300	5656
	301	5767
	306	5989
	312	6048
	313	6056

項目	二十五史抄	新校本
	313	6064
	313	6075
	314	6077
	315	6113
	316	6137
	316	6138
	317	6167
	318	6168
	322	6173
	324	6176
	325	6177
	325	6178
	326	6179
	327	6180
	328	6182
	329	6183
	330	6185
	331	6187
	332	6188
	333	6189
	333	6190
	334	6190
	334	6191
	335	6192
	337	6195
	338	6196
	339	6197
	339	6198
	340	6199
	341	6201
	342	6202
	343	6203
	346	6208
	348	6264
	349	6298
	350	6335
高麗 中	357 舊五	331
	359	459
	363	590
	364	1018
	365	1048
	365	1053
	366	1111

項目	二十五史抄	新校本		項目	二十五史抄	新校本
367		1480		426		11163
368		1595		427		11343
369		*1843		428		11544
374	新五	49		429		11742
374		64		430		12223
375		84		431		12692
375		96		433		13572
378		886		433		13981
381		*919		434		*14022
387	宋	12		435		14037
388		38		439		14043
388		60		439		14044
390		113		442		14049
391		167		447		14128
392		301		448		14129
392		320		449		14131
393		351		457	遼	10
394		410		457		21
394		415		458		22
395		497		461		41
395		603		462		44
396		725		465		112
398		2324		466		115
400		2803		468		143
400		2804		469		143
401		2809		470		147
403		3019		471		154
406		3935		471		157
407		4558		472		161
409		5136		473		168
413		9206		474		174
414		9289		475		177
415		9617		475		179
416		9657		476		184
417		9817		477		187
418		10045		477		190
419		10114		479		204
420		10349		480		211
421		10532		481		228
422		10646		481		230
423		10808		482		233
424		10913		483		241
425		11109		484		252

項目	二十五史抄	新校本		項目	二十五史抄	新校本
	485	271			581	1150
	486	286			582	1154
	487	292			583	1159
	487	303			583	1160
	488	307			584	1161
	489	317			586	1168
	496	339			587	1170
	503	376			589	1179
	508	433			595	1187
	509	437			596	1189
	514	455			603	1211
	515	457			607	1249
	516	458			609	1268
	517	459			610	1281
	518	461			611	1290
	519	462			612	1313
	521	466			612	1316
	522	467			613	1323
	523	468			614	1339
	524	470			615	1340
	526	474			616	1342
	527	475			616	1344
	528	481			617	1345
	529	483			617	1346
	530	496			620	1373
	531	518			620	1382
	532	543			621	1386
	533	554			630	1446
	534	612			634	*1519
	535	636		下	3	金 1
	536	657			4	15
	536	678			5	22
	538	742			6	29
	543	812			6	30
	544	842			7	32
	546	867			7	33
	549	929			7	50
	550	952			7	51
	553	988			7	55
	564	1108			8	57
	570	1126			～	～
	577	1142			8	65
	579	1146			9	70

項目	二十五史抄	新校本
9	71
10	71
10	72
10	73
10	75
10	76
10	78
10	79
11	79
～	～
11	84
12	85
12	94
12	95
12	96
12	98
13	100
13	102
13	103
13	105
～	～
13	108
14	109
14	110
14	112
14	130
15	133
15	135
～	～
15	139
15	141
16	143
16	144
16	146
16	148
16	149
17	155
17	156
17	160
18	163
18	164
18	166
18	169

項目	二十五史抄	新校本
18	170
19	172
19	174
19	179
19	180
19	181
19	183
20	183
20	185
20	191
20	197
20	200
21	200
21	203
21	209
21	210
21	211
22	213
22	216
22	217
22	219
22	220
22	223
22	225
23	230
23	231
23	233
23	234
23	237
23	238
24	240
24	242
24	243
24	250
24	251
24	252
24	254
24	255
25	257
～	～
25	261
25	267
26	269

項目	二十五史抄	新校本		項目	二十五史抄	新校本
	26	270			115	1952
	26	272			120	2206
	26	273			121	2281
	26	277			122	2367
	26	279			125	2714
	26	281			125	2715
	26	282			126	2782
	26	285			128	*2881
	27	291			140	元 72
	27	293			141	91
	27	335			143	111
	27	336			144	119
	27	377			146	128
	29	552			149	131
	29	553			150	171
	30	555			152	201
	31	556			152	208
	31	557			153	221
	33	832			154	225
	33	839			155	231
	34	866			155	233
	36	909			156	234
	41	1386			156	239
	42	1387			157	246
	42	1388			157	249
	44	1390			157	250
	45	1393			160	265
	51	1404			160	266
	53	1407			160	268
	57	1417			161	277
	58	1419			161	280
	58	1420			162	281
	59	1421			163	290
	60	1422			163	293
	66	1434			163	298
	94	1561			163	300
	95	1565			164	308
	96	1622			164	309
	96	1631			165	313
	100	1746			165	316
	102	1816			165	318
	112	1870			165	319
	114	1920			165	333

項目	二十五史抄	新校本
165	334	
166	336	
166	337	
166	343	
166	347	
167	348	
167	351	
167	353	
167	359	
168	366	
168	370	
169	381	
169	383	
169	393	
169	394	
169	405	
170	414	
170	417	
170	420	
170	425	
171	438	
172	454	
172	461	
172	467	
172	470	
173	482	
173	498	
173	502	
173	503	
173	510	
174	510	
174	541	
174	556	
174	558	
175	572	
175	574	
175	584	
176	643	
177	648	
177	667	
177	684	
177	687	
177	719	

項目	二十五史抄	新校本
178	727	
178	728	
179	765	
179	782	
180	806	
180	815	
180	821	
180	822	
180	825	
181	839	
181	845	
181	852	
182	856	
182	857	
182	861	
183	883	
183	889	
183	901	
184	929	
185	945	
185	962	
186	963	
187	990	
187	1000	
187	1051	
187	1071	
188	1345	
188	1346	
191	1398	
192	1399	
192	1400	
193	1562	
195	1695	
195	1756	
196	1944	
197	2088	
200	2521	
201	2547	
203	2555	
203	2558	
204	2634	
204	2743	
205	2744	

項目	二十五史抄	新校本
206	2880	
206	2881	
207	2939	
208	2968	
211	3087	
212	3165	
213	3196	
215	3223	
215	3224	
216	3243	
216	3249	
217	3262	
218	3373	
219	3433	
219	3460	
220	3485	
221	3513	
221	3515	
221	3530	
221	3531	
222	3536	
223	3627	
224	3627	
225	3629	
225	3630	
227	3632	
228	3634	
231	3771	
232	3797	
232	3798	
233	3848	
233	3858	
234	3883	
235	3891	
235	3892	
236	3908	
236	3919	
237	3926	
238	4060	
239	4142	
240	4242	
243	4551	
245	*4607	

項目	二十五史抄	新校本
249	4613	
257	4625	
258	4626	
260	4629	
265	新元 3-10	
265	4-4	
265	4-5	
266	4-5	
266	4-6	
266	4-9	
266	4-12	
～	～	
266	4-15	
270	8-5	
270	8-6	
270	8-7	
271	8-9	
271	8-10	
272	8-11	
272	8-12	
272	8-13	
273	8-13	
273	8-14	
273	8-16	
274	9-1	
274	9-3	
274	9-4	
275	9-6	
275	9-7	
275	9-11	
275	9-17	
293	26-7	
295	31-16	
298	43-1	
298	43-12	
301	47-4	
302	47-5	
310	91-7	
311	93-10	
311	95-13	
311	95-14	
311	98-3	
312	98-7	

項目	二十五史抄	新校本		項目	二十五史抄	新校本
312	98-22			371	191-5	
312	99-4			372	199-3	
312	99-10			377	212-4	
313	100-5			383	225-7	
314	100-21			384	226-9	
314	101-16			384	226-12	
314	102-8			388	247-3	
315	104-7			390	*249-1	
316	104-24			404	250-1	
317	104-28			406	250-3	
318	105-4			407	250-4	
319	105-7			408	250-7	
320	105-10			409	250-9	
321	114-10			411	250-11	
322	114-17			423	明 23	
323	119-11			423	26	
325	121-5			423	29	
329	132-3			423	31	
332	134-3			423	32	
333	134-6			424	33	
334	134-9			424	34	
335	135-6			424	43	
336	138-8			424	44	
337	144-13			425	45	
338	145-30			‥	～	
340	148-12			425	48	
341	153-9			425	50	
342	157-22			447	957	
343	158-6			448	1280	
344	158-14			449	1285	
347	162-3			452	1696	
349	165-10			471	3586	
350	166-6			472	3683	
351	166-14			472	3684	
352	172-1			474	3788	
352	172-13			475	3850	
354	176-1			476	3856	
360	176-9			476	3900	
361	176-11			477	3935	
364	178-8			478	3938	
365	180-13			553	6664	
369	187-11			563	7249	
370	188-1			563	7354	

項目		二十五史抄	新校本	
		579		8279
		579		8280
		580		8280
		580		8281
		581		8282
		582		8283
		586		8290
		597		8306
		619		8397
		620		8402
高麗山	下	32	金	612
高麗城	上	601	北	2592
高麗雜夷	上	407	魏	32
		538	北	17
高麗莊	下	194	元	1659
高柳	上	82	後漢	239
		129		2988
		130		2989
		132		2993
		172	三	727
		187		837
高密	中	94	舊唐	1312
高沙	下	521	明	5786
高城	上	290	晉	2833
高陽	上	261	晉	2524
		284		2821
		312		2893
		462	魏	2060
		468		2068
		592	北	2185
		621		3072
		636		3126
	中	18	隋	688
		59		1822
		107	舊唐	2209
高郵	下	382	新元	224-13
		608	明	8354
高運國	下	66	金	1434
高州	中	269	新唐	4112
		328		6182
		493	遼	334
		504		391
		514		451
		529		483
	下	300	新元	47-3
		301		47-4
		478	明	3938
		564		7413
高州蠻	中	390	宋	113
高車	上	404	魏	23
		418		206
		419		210
		421		227
		487		2307
		536	北	12
		544		149
		649		3252
		650		3270
高昌	上	419	魏	208
		419		212
		420		223
		421		227
		541	北	89
		544		149
		545		171
		548	遼	929
		648	北	3212
	中	65	隋	1846
		72	舊唐	51
		141		2947
		178		4941
		183		5153
		231	新唐	479
		239		1163
		257		3856
		263		4027
		299		5636
		311		6028
		433	宋	13981
	下	453	明	1797
		531	南	1983
高華嶼	上	643	北	3134
	中	61	隋	1825
	下	413	新元	253-9
高平	上	230	晉	204
		232		211

項目		二十五史抄	新校本	
		507	周	333
高坪	下	578	明	8047
高浦	下	463	明	2244
高顯縣	上	52	漢	1626
		140	後漢	3529
		153	三	139
		242	晉	427
高惠之境	下	103	金	1823
皐蘭州	中	96	舊唐	1415
		208		5348
皐林	上	121	後漢	2949
鼓山嶺	中	477	遼	192
藁離國	中	523	遼	468
曲江	下	29	明	551
		302	新元	47-5
曲先	下	430	明	120
曲水亭	上	281	晉	2817
曲陽	上	331	晉	3094
曲沃	中	157	舊唐	3313
谷州	下	300	新元	47-2
谷渾	中	156	舊唐	3302
斛薛(部)	中	204	舊唐	5343
		208		5349
		311	新唐	6038
		317		6145
穀城	上	123	後漢	2962
	中	420	宋	10423
穀水	中	95	舊唐	1357
		233	新唐	930
昆明	上	65	漢	3156
	中	72	舊唐	51
		88		548
		88		609
昆陽	上	223	晉	11
		225		12
	下	545	明	6214
昆吾	中	39	隋	1576
袞州	上	363	宋書	723
崏丘	中	106	舊唐	2168
		248	新唐	3472
崑崙	中	61	隋	1825
		91	舊唐	900
	下	413	新元	253-11

項目		二十五史抄	新校本	
崑山	下	487	明	5116
		488		5116
崑夷道	中	74	舊唐	80
		74		81
緄戎	上	29	史	2883
骨都	上	191	三	840
骨利幹	中	204	舊唐	5343
		208		5349
骨嵬	下	159	元	255
		163		292
		269	新元	8-2
		278		11-6
		279		11-10
骨嵬部	下	149	元	151
鶻實荅	下	131	金	2885
公孫氏	上	170	三	448
		244	晉	702
		264		2536
		251		1540
		273		2803
		618	北	3067
公州	下	591	明	8296
邛部川蠻	中	391	宋	189
邛莋	上	177	二	831
邛州	中	102	舊唐	1834
		194		5328
		337	新唐	6195
		339		6198
		349		6327
空峒	中	219	舊唐	5364
貢珍縣	中	525	遼	471
貢海葱	下	29	金	552
鞏	中	34	隋	1516
	下	138	元	34
鞏昌	下	255	元	4622
		283	新元	14-1
鞏縣	下	566	明	7438
贛	下	506	明	5606
		527		5874
贛榆	下	607	明	8353
贛州	下	152	元	208
		506	明	5605
		515		5621

項目	二十五史抄		新校本	
		521		5786
瓜	下	466	明	2248
		500		5420
瓜陵江	下	510	明	5611
瓜哇	下	351	新元	169-18
		423	明	31
		424		33
		424		34
		424		35
		424		40
		425		51
		425		52
		426		82
		427		82
		427		84
		427		86
		427		88
		428		89
		429		102
		430		116
		430		117
		430		120
		431		120
		431		122
		433		147
		433		148
		434		157
		434		163
		449		1285
瓜州	中	275	新唐	4142
		358	新五	331
瓜洲	下	608	明	8354
瓜洲渡	下	56	金	1414
郭山	下	597	明	8306
郭州	中	438	宋	14043
		474	遼	174
		621		1386
	下	302	新元	47-4
廓州	下	103	金	1829
		329	新元	132-2
霍	上	177	三	831
霍國	中	293	新唐	4750
霍州	中	473	遼	168

項目	二十五史抄		新校本	
		635		1520
官渡	上	156	三	247
官屯寨	下	556	明	6715
冠頭嶺	下	504	明	5602
寬佃	下	525	明	5855
		541		6191
		549		6395
寬奠	下	466	明	2247
		528		5916
		538		6186
		554		6687
		590		8295
		595		8302
		595		8302
寬河	下	166	元	348
		430	明	119
管城	上	351	晉	3165
關	上	589	北	2132
		589		2163
		590		2163
		590		2164
	中	23	隋	1188
		31		1466
		40		1576
		45		1625
		51		1768
		607	遼	1249
	下	557	明	6715
關內	中	102	舊唐	1834
		157		3313
		250	新唐	3568
		293		4750
關內道	中	235	新唐	1119
關東	上	36	史	3149
		317	晉	2928
		463	魏	2062
	中	127	舊唐	2734
		132	後漢	2993
		155	三	241
關隴	上	302	晉	2852
關西	中	292	新唐	4749
關右	中	223	新唐	2
關中	上	189	三	838

項目	二十五史抄		新校本	
		237	晉	374
		241		407
		269		2754
		312		2893
		507	周	334
	中	95	舊唐	1357
		106		2208
		107		2209
		233	新唐	930
		293		4750
		408	宋	4809
灌奴部	上	110	後漢	2813
		195	三	843
		198		845
		525	南	1970
灌津	上	296	晉	2842
括州	中	287	新唐	4550
括蒼	中	248	新唐	3478
光州	上	476	魏	2216
		477		2217
		627	北	3113
	中	429	宋	11793
	下	139	元	48
		224		3628
		318	新元	105-3
		355		176-2
光化	中	436	宋	14038
匡義軍	中	513	遼	447
洭口	上	593	北	2290
	中	25	隋	1276
廣	下	464	明	2245
		506		5605
		506		5606
		510		5611
		516		5622
		526		5859
		592		8298
廣固	上	293	晉	2837
		470	魏	2072
		471		2072
		487		2306
		623	北	3074
		650		3270

項目	二十五史抄		新校本	
	中	14	隋	350
廣南西路	中	440	宋	14045
廣寧	上	138	後漢	3528
		565	北	754
廣寧	上	183	三	835
		289	晉	2832
	下	51	金	1404
		95		1566
		121	元	2281
		168		363
		170		416
		180		823
		187		1055
		187		1061
		188		1079
		190		1396
		269	新元	8-4
		332		134-2
		440	明	248
		466		2247
		476		3586
		485		4634
		531		5983
		532		5984
		538		6187
		541		6191
		622		8504
		624		8507
廣寧(右屯)	下	528	明	5916
廣東	下	463	明	2243
		465		2245
		465		2246
		466		2247
		482		4239
		486		4679
		490		5347
		497		5414
		506		5605
		506		5606
		514		5616
		514		5617
		515		5619
		515		5620

項目		二十五史抄		新校本
		516		5624
		521		5786
		521		5800
		524		5834
		550		6405
		601		8344
		609		8356
		610		8356
廣鹿島	下	551	明	6469
		560		6968
廣陵	中	94	舊唐	1316
廣陵三河	上	363	宋書	723
廣陵城	上	267	晉	2517
廣武	上	31	史	2944
		62	漢	2492
		174	三	732
	下	506	明	5605
廣西	下	448	明	1280
		449		1285
		509		5610
		516		5622
		517		5627
廣城	上	282	晉	2818
廣順	中	451	宋	14134
	下	32	金	560
廣順關	下	448	明	957
廣洋	下	463	明	2243
廣陽	上	111	後漢	2815
		127		2984
		137		3527
		181	三	833
		183		835
		235	晉	310
		456	魏	1742
		574	北	974
	中	231	新唐	824
廣陽國	中	94	隋	1316
廣陽郡	上	137	後漢	3527
廣陽城	中	100	舊唐	1525
		624	遼	1429
廣齊	下	466	明	2248
廣濟湖	中	549	遼	930
廣州	上	241	晉	408
		253		1932
	中	238	新唐	1146
		328		6182
		331		6187
		493	遼	334
		521		466
		549		930
	下	199	元	2378
		456	明	1980
		621		8433
廣平	上	275	晉	2806
		287		2826
		444	魏	1213
		576	北	1252
廣平淀	中	493	遼	333
		500		349
		624		1431
廣海衛	下	441	明	256
廣化郡	中	320	新唐	6170
獷平	上	147	三	27
鄺垈	下	483	明	4501
		483		4503
槐山	下	548	明	6392
宏政縣	下	300	新元	47-3
		301		47-3
交阯	上	3	史	43
	中	392	宋	331
		400		2808
		401		2809
交阯	下	195	元	1695
		195		1756
		237		3951
		260		4630
		310	新元	91-7
		311		93-10
		351		169-18
		367		183-5
		412		251-10
咬(口留)吧	下	559	明	6818
膠州	下	423	明	26
		458		2116
		600		8342
九江	中	94	舊唐	1316

項目	二十五史抄		新校本	
	下	466	明	2248
		467		2248
九曲	中	157	舊唐	3312
		292	新唐	4749
九都	中	329	新唐	6183
九都山	上	525	南	1969
九都縣	中	239	新唐	1147
九聯城	下	466	明	2247
九靈山	下	386	新元	238-8
九里山	下	566	明	7438
九門	上	407	魏	30
九山洋	下	492	明	5404
九獺府	下	584	明	8287
九原	上	23	史	2243
		29		2886
		67	漢	3748
		126	後漢	2983
九夷	上	22	史	1922
		26		2542
		57	漢	1658
		107	後漢	2808
		117		2823
		206	三	2807
		309	晉	2875
		598	北	2557
		645		3138
		648		3240
	中	156	舊唐	3302
九州	中	96	舊唐	1393
九河	中	94	舊唐	1312
		94		1316
		231	新唐	824
		232		825
久末陁	上	421	魏	227
久知下城	上	512	周	886
		631	北	3118
句麗(國)	上	193	三	842
		196		843
		196		844
		198		845
		199		846
		200		846
		201		847

項目	二十五史抄		新校本	
		203		848
		204		849
		285	宋書	2823
		285		2824
		312	晉	2893
		527	南	1972
		528		1973
		529		1974
		626	北	3111
		627		3112
	中	45	隋	1636
		514	遼	455
		515		457
句驪(國)	上	56	漢	1658
		111	後漢	2814
		112		2816
		113		2816
		113		2817
		114		2818
		176	三	762
		251	晉	1534
		341		3108
		373	宋書	2395
		385	梁	801
		385		802
		386		803
		387		804
		388		805
句驪國	上	176	三	762
句龍	上	123	後漢	2961
		126		2983
句注	上	29	史	2885
		67	漢	3747
		405	魏	27
臼斯烏旦國	上	205	三	850
具伏弗	上	412	魏	128
		636	北	3125
拘奴國	上	117	後漢	2822
		211	三	855
		214		857
拘邪韓國	上	116	後漢	2820
		210	三	854
狗盧國	上	205	三	850

項目	二十五史抄		新校本	
狗素國	上	205	三	850
狗邪國	上	209	三	853
狗河	下	30	金	554
狗奚國	上	205	三	850
胸山	中	309	新唐	5994
胸衍	上	29	史	2883
		67	漢	3747
韭山	下	610	明	8356
俱倫	中	324	新唐	6177
俱倫山	中	205	舊唐	5344
俱倫水	中	315	新唐	6135
俱倫泊	中	214	舊唐	5357
		215		5358
		324	新唐	6176
韭町	上	344	晉	3129
寇莫汗國	上	265	晉	2536
寇漫汗國	上	263	晉	2534
緱嶺	下	516	明	5624
甌	上	65	漢	3156
龜德	下	46	金	1395
龜德郡	中	98	舊唐	1521
		235	新唐	1126
龜德軍	中	530	遼	489
		598		1191
龜城	下	596	明	8304
龜茲(國)	上	191	三	840
		411	魏	90
		414		147
		419		210
		540	北	52
		540		54
		541		91
		541		95
		541		96
	中	14	隋	377
龜州	中	438	宋	14043
	下	302	新元	47-5
		390		249-1
龜歆島	中	238	新唐	1147
龜髻嶼	中	61	隋	1825
	下	413	新元	253-9
衢郡	下	484	明	4592
國內城	上	511	周	884
		629	北	3115
	中	53	隋	1814
		119	舊唐	2487
		191		5323
		194		5327
		272	新唐	4123
		330		6185
		334		6190
		338		6196
國氏	上	632	北	3120
	中	56	隋	1818
		340	新唐	6198
君子國	上	106	後漢	2807
軍彌國	上	209	三	853
郡利	中	325	新唐	6178
		326		6179
群山島	中	444	宋	14052
群舒	中	232	新唐	825
群支國	上	211	三	854
屈烈部	中	280	新唐	4226
屈烈兒河	下	429	明	102
		481		4237
屈烈河	下	623	明	8505
屈利	上	481	魏	2221
		639	北	3129
屈說	中	325	新唐	6178
窟說部	中	325	新唐	6178
躬臣國	上	211	三	855
厥稽部	中	530	遼	496
鬼國	下	157	元	247
		277	新元	11-3
鬼奴國	上	211	三	855
鬼方	上	131	後漢	2990
貴端城	中	130	舊唐	2781
		274	新唐	4140
貴端水	中	74	舊唐	74
		224	新唐	56
貴德州	中	464	遼	95
		521		465
		575		1137
	下	31	金	556
		125		2758
		299	新元	47-1

項目	二十五史抄		新校本	
貴德縣	中	521	遼	465
	下	299	新元	47-1
貴列兒河	下	319	新元	105-7
		363		178-1
貴列河	下	228	元	3634
		359	新元	176-8
貴州	中	455	遼	1901
		455		1903
		473		168
		473		169
		505		5604
		635		1520
	下	543	明	6196
		550		6402
		578		8047
歸誠郡	中	323	新唐	6175
歸誠州	中	210	舊唐	5350
		227	新唐	96
		236		1127
歸順	下	492	明	5407
歸順州	中	97	舊唐	1520
		236	新唐	1127
歸勝(鎭)	下	31	金	557
歸勝(縣)	中	527	遼	475
歸信州	下	354	新元	176-2
歸安	下	493	明	5408
歸義	中	97	舊唐	1512
		100		1525
歸義州	中	100	舊唐	1525
		235	新唐	1126
		323		6175
歸義縣	中	520	遼	464
歸仁縣	中	516	遼	458
		523		468
	下	30	金	554
		302	新元	47-6
歸州	中	328	新唐	6182
		464	遼	95
		474		172
		527		475
		530		489
		629		1442
	下	224	元	3628

項目	二十五史抄		新校本	
		354	新元	176-2
歸化	下	43	金	1389
歸化郡	中	97	舊唐	1520
		236	新唐	1127
		530	遼	496
奎騰敖拉	下	318	新元	105-3
嬀	中	247	新唐	3457
嬀州	中	322	新唐	6173
		323		6176
		358	新五	427
		509	遼	437
	下	43	金	1389
潙水	中	518	遼	461
均谷(縣)	中	518	遼	461
棘城	上	237	晉	371
		270		2768
		273		2803
		274		2805
		275		2806
		276		2806
		281		2816
		282		2818
		293		2838
		362	宋書	708
		461	魏	2060
		486		2304
		618	北	3067
		649		3267
棘津	上	272	晉	2797
契苾	中	208	舊唐	5348
		208		5349
今津	下	337	新元	143-6
		407		250-6
金(國)	中	394	宋	455
		394		468
		395		603
		401		2810
		411		874b
		428		11544
		442		14049
		443		14049
		443		14050
		444		14052

項目		二十五史抄		新校本
		494	遼	336
		495		337
		495		338
		496		338
		497		342
		498		345
		499		346
		500		348
		501		349
		502		353
		548		925
		549		932
		554		995
		556		1010
		569		1121
		593		1185
		594		1185
		594		1186
		595		1187
		596		1188
		597		1189
		598		1191
		599		1192
		600		1193
		621		1394
		622		1414
		623		1427
		625		1434
		626		1434
		628		1440
		631		1474
		633		1516
		633		1517
		636		1523
	下	28	金	534
		30		554
		32		560
		41		1385
		41		1386
		137	元	10
		182		881
		183		881
		188		1079

項目		二十五史抄		新校本
		195		1695
		291	新元	24-10
		310		91-7
		377		211-7
		463	明	2244
		466		2247
		550		6405
		555		6696
金剛山	下	287	新元	18-5
金蓋	下	4	金	15
金涇	下	505	明	5604
金谿	下	515	明	5618
金口河	下	194	元	1659
金郡	下	560	明	5611
金塘	下	465	明	2247
金臺	上	269	晉	2767
金德縣	中	515	遼	457
金漣	中	341	新唐	6200
金陵	上	342	晉	3109
金馬郡	中	445	宋	14053
金門	下	463	明	2244
		619		8377
金方道	中	358	新五	331
金山	中	131	舊唐	2782
		187		5215
		205		5344
		275	新唐	4141
		315		6134
		315		6135
		338		6196
		510	遼	438
	下	220	元	3511
		354	新元	176-2
		364		179-1
		400		249-17
		448	明	957
		504		5603
		624		8507
金山道	中	269	新唐	4116
		313		6052
金山衛	下	492	明	5407
		493		5407
		509		5609

項目	二十五史抄		新校本	
		606		8352
金山縣	下	99	金	1737
		100		1742
金錫都	下	507	明	5606
金城	中	199	舊唐	5334
		342	新唐	6202
		357	舊五	331
		415	宋	9616
金城郡	中	293	新唐	4749
金水河	下	448	明	957
金牙山	中	315	新唐	6113
金埔	上	269	晉	2754
		300		2849
		304		2854
		310		2891
金源	下	224	元	3627
		300	新元	47-3
金州	中	445	宋	14053
	下	31	金	557
		156	元	235
		201		2542
		225		3630
		236		3908
		252		4618
		253		4618
		255		4621
		259		4627
		260		4629
		294	新元	26-17
		341		153-9
		356		176-4
		458	明	2116
		481		4207
		481		4236
金津	下	343	新元	158-7
金津島	下	230	元	3745
金鄉	上	266	晉	2576
		471	魏	2101
	中	309	新唐	5994
	下	601	明	8344
		602		8346
金鄉衛	下	428	明	97
金華	下	495	明	5411
		510		5611
錦	下	528	明	5916
		531		5982
		531		5983
		532		5984
		537		6185
		538		6186
		622		8504
錦囊所	下	610	明	8356
錦山	下	551	明	6405
錦州	中	377	新五	178
		498	遼	346
		503		362
		530		487
		598		1191
	下	300	新元	47-3
		301		47-4
		525	明	5855
		538		6186
		556		6711
		561		6979
錦川	下	625	明	8509
汲郡	上	578	北	1517
	中	43	隋	1616
急蘭丹	下	428	明	89
急水門	中	444	宋	14052
		446		14055
岐	上	28	史	2881
		29		2883
		49	漢	1524
		67		3747
		164	三	259
岐州	上	591	北	2166
沂(水)	上	4	史	56
沂(州)	中	159	舊唐	3535
		160		3536
		164		3542
		306	新唐	5989
		307		5990
		394	宋	468
淇水	中	519	遼	462
奇首八部	中	503	遼	376
祁馬臺國	上	389	梁	806

項目	二十五史抄		新校本	
祁黎山	上	479	魏	2220
		635	北	3124
祁黎州	中	235	新唐	1126
		322		6173
祁連	中	96	舊唐	1415
紀南城	上	510	周	497
		594	北	2323
紀州	中	328	新唐	6182
紀土城	下	528	明	5916
崎頭城	下	523	明	5834
崎離營	上	207	三	851
崎沙	下	507	明	5606
		527		5874
幾	上	12	史	1057
祺州	中	495	遼	337
		522		467
		594		1186
	下	30	金	554
箕城	上	136	後漢	3523
箕子國	中	253	新唐	3782
冀	上	172	三	727
		278	晉	2810
		300		2849
		363	宋書	715
		363		718
冀寧	下	186	元	969
		206		2881
		472	明	3683
冀陽	上	287	晉	2826
		409	魏	81
冀陽郡	上	275	晉	2806
冀州	上	4	史	52
		49	漢	1524
		85	後漢	354
		93		1286
		101		2354
		123		2962
		126		2984
		155	三	240
		182		834
	中	210	舊唐	5351
		227	新唐	97
		230	晉	203

項目	二十五史抄		新校本	
		238		375
		238		377
		240		398
		241		423
		241		425
		242		426
		270		2768
		270		2770
		271		2771
		271		2794
		272		2796
		275		2806
		278		2811
		333		3097
		350		3163
		568	北	797
		575		1135
		575		1170
	中	78	舊唐	126
		175		4737
		241	新唐	1835
		278		4210
		319		6169
		434	宋	14035
		509	遼	437
		526		473
		528		481
機張營	下	590	明	8295
蘄縣	下	312	新元	99-11
		313		99-11
蘄州	中	253	新唐	3772
		425	宋	11137
羈縻州	中	235	新唐	1119
吉理縣	中	517	遼	459
吉理郡	中	517	遼	459
吉陽(縣)	上	367	宋書	1146
		368		1146
吉州	中	526	遼	473
金海	下	545	明	6214
		592		8298

[ㄴ]

項目	二十五史抄		新校本	
俣	下	550	明	6396
那竭	上	419	魏	210
那江	下	235	元	3892
		360	新元	176-11
那禮部	中	214	舊唐	5357
		324	新唐	6177
那林孛羅	下	531	明	5983
那沙	中	473	遼	171
		581		1152
那兀江	下	228	元	3633
		359	新元	176-8
那地	下	492	明	5407
那河	中	215	舊唐	5357
		215		5358
		324	新唐	6177
		348		6210
裸國	上	117	後漢	2822
	·	213	三	856
		390	梁	807
		529	南	1975
羅羅	下	199	元	2378
羅旁	下	517	明	5627
羅浧河女直	中	460	遼	28
羅雄	下	550	明	6396
羅殿	中	394	宋	415
		402		2813
羅州	中	52	隋	1801
		474	遼	174
羅州道	下	225	元	3629
		356	新元	176-3
羅刹	中	349	新唐	6298
羅婆	上	417	魏	195
洛	上	29	史	2883
		167	三	261
		437	魏	712
		584	北	1829
		501		2165
		592		2185
	中	41	隋	1595
		110	舊唐	2252
		143		2999

項目	二十五史抄		新校本	
		252	新唐	3711
		364	舊五	901
		413	宋	9126
洛澗	上	255	晉	2082
洛孤水	上	480	魏	2220
		636	北	3125
洛城	中	162	舊唐	3539
		308	新唐	5993
洛水	上	159	三	255
		292	晉	2835
洛陽	上	100	後漢	2353
		155	三	240
		162		258
		166		254
		231	晉	206
		231		209
		232		210
		233		232
		233		233
		236		348
		241		407
		249		1147
		257		2317
		258		2318
		268		2683
		269		2754
		300		2849
		303		2853
		304		2854
		310		2889
		310		2891
		311		2892
		314		2916
		314		2919
		315		2919
		323		3080
		324		3081
		326		3083
		424	魏	335
		448		1708
		449		1709
		466		2066
		471		2077

項目		二十五史抄		新校本
		509	周	496
		581	北	1826
		584		1830
		600		2592
		620		3070
		635		3124
		639		3129
	中	19	隋	688
		39		1560
		42		1613
		72	舊唐	57
		105		2146
		125		2671
		129		2776
		141		2945
		180		5027
		205		5344
		205		5345
		230	新唐	472
		259		3903
		316		6135
		333		6189
		333		6190
		364	舊五	901
		369		1830
		379	新五	889
		603	遼	1212
洛邑	上	104	後漢	2466
		361	宋書	686
	中	115	舊唐	2402
		128		2735
洛州	上	271	晉	2770
洛瓖水	上	635	北	3124
洛瓖州	中	235	新唐	1126
		322		6173
落昆髓	中	498	遼	345
		597		1190
落坦部	中	324	新唐	6177
落馬河	下	31	金	558
落俎室韋	中	215	舊唐	5358
雒	中	34	隋	1516
樂郊	下	302	新元	47-5
樂郊縣	中	521	遼	466

項目		二十五史抄		新校本
樂都	上	141	後漢	3530
樂浪	上	56	漢	1657
		57		1658
		63		2832
		64		3126
		73		3867
		73		4115
		77	後漢	49
		77		72
		77		75
		90		745
		95		1636
		103		2464
		105		2466
		111		2814
		113		2817
		113		2818
		115		2820
		136		3316
		153	三	148
		166		254
		167		303
		191		840
		199		846
		203		848
		204		849
		206		851
		207		851
		208		852
		235	晉	310
		241		425
		242		427
		278		2810
		365	宋書	808
		371		2392
		409	魏	81
		456		1742
		473		2127
		478		2218
		507	周	333
		576	北	1252
		588		2057
		589		2163

二十五史抄		新校本	
	624		3079
	634		3122
中	38	隋	1540
	57		1820
	94	舊唐	1316
	166		3786
	188		5319
	199		5334
	231	新唐	824
	342		6202
	398	宋	2318
	514	遼	455
	531		501
下	190	元	1398
	192		1400
	457	明	2018
	579		8279
上	42	漢	194
	48		1306
	54		1627
	115	後漢	2820
	116		2820
	140		3529
	167	三	272
	167		299
	206		850
	242	晉	427
	490	魏	2492
	490		2495
	539	北	48
	643		3135
中	61	隋	1825
	71	舊唐	14
	188		5319
	200		5336
	330	新唐	6185
	343		6203
	369	舊五	1843
下	245	元	4607
上	554	北	458
	570		855
中	7	隋	80
	29		1455

項目	二十五史抄		新校本	
樂陵	上	447	魏	1624
樂鮮	上	54	漢	1627
樂城郡	中	136	舊唐	2795
樂城鄉	中	268	新唐	4084
樂安	上	321	晉	3077
		456	魏	1742
樂安郡	中	247	新唐	3457
樂游	中	329	新唐	6183
樂清	下	510	明	5611
		603		8346
		607		8353
樂就	上	242	晉	427
諾眞水	中	206	舊唐	5345
駱	上	65	漢	3156
駱丹部	中	324	新唐	6176
駱駝口	中	492	遼	332
駱駝室韋	中	214	舊唐	5357
難彌離彌湅國				
	上	209	三	853
難水	上	483	魏	2224
		641	北	3132
難地	上	419	魏	210
難河	上	480	魏	2220
蘭陵	上	275	晉	2806
蘭陵郡	中	479	遼	205
蘭秀山	下	463	明	2243
蘭州	中	27	隋	1342
		102	舊唐	1834
蘭池	上	83	後漢	265
蘭池城	上	126	後漢	2983
欒河	中	500	遼	348
灤水	中	261	新唐	3944
		275		4144
		529	遼	483
灤河	中	143	舊唐	2984
		176		4795
		228	新唐	123
	下	227	元	3632
灤河縣	中	503	遼	363
南	下	515		5621
		521		5786
		527		5874
南家鼐	下	509	明	5610

項目	二十五史抄		新校本	
南京	中	328	新唐	6182
		445	宋	14053
		460	遼	29
		479		204
		498		345
		498		346
		501		352
		502		358
		508		421
		510		438
		515		456
		515		457
		530		493
		597		1189
		597		1190
		602		1210
		603		1212
		616		1343
		620		1373
		628		1442
		631		1460
	下	30	金	554
		30		555
		44		1390
		56		1413
		189	元	2378
		300	新元	47-2
		439	明	243
		447		952
		484		4541
		498		5416
		501		5421
		501		5423
		516		5625
		557		6716
		575		7919
		586		8290
		604		8348
		607		8353
		615		8366
		616		8368
南京道	中	530	遼	493
南京女直	中	508	遼	431
		580		1147
南關	下	537	明	6184
		539		6188
南交	上	3	史	16
南郡	上	255	晉	2125
	下	506	明	5606
南麂	下	465	明	2247
		492		5404
		492		5405
南剋部	中	506	遼	411
南岐州	上	590	北	2164
南畿	下	455	明	1902
		501		5423
南丹	下	492	明	5407
南唐	中	462	遼	45
		509		437
南樓	中	512	遼	446
南陵	下	439	明	243
		607		8353
南蠻	上	3	史	28
		226	晉	40
	中	19	隋	798
		64		1831
		92	舊唐	1069
		93		1079
		143		2999
		310	新唐	6027
		349		6267
	下	523	明	5834
南巫里	下	428	明	89
南渤利	下	428	明	90
		428		95
南沙	下	439	明	242
		439		243
		499		5418
		505		5603
		509		5609
南山	中	208	舊唐	5348
		495	遼	338
南蘇	上	287	晉	2826
		338		3103
	中	527	遼	475
南蘇道	上	554	北	457

項目	二十五史抄		新校本	
		600		2589
	中	7	隋	80
		29		1459
南蘇城	中	131	舊唐	2782
		154		3293
		224	新唐	46
		226		66
		270		4120
		272		4123
		275		4141
		337		6194
		338		6196
南蘇水	上	53	漢	1626
南蘇州	中	101	舊唐	1527
		237	新唐	1128
	下	302	新元	47-5
南新縣	上	242	晉	427
南室韋	上	639	北	3129
		639		3130
	中	67	隋	1882
		68		1883
南安	上	290	晉	2833
	下	516	明	5625
		609		8356
		614		8365
南陽	上	87	後漢	585
		237	晉	374
	下	241	元	4369
南女直	中	479	遼	204
		486		290
		517		460
		526		473
		527		475
		624		1429
	下	31	金	556
南燕	上	268	晉	2644
南營州	上	490	魏	2491
南澳	下	507	明	5606
		507		5607
		510		5611
南沃沮	上	113	後漢	2816
		200	三	847
南原	下	443	明	279

項目	二十五史抄		新校本	
		544		6201
		548		6392
		554		6686
		590		8295
		590		8296
		591		8296
南越	上	14	史	1242
		36		3149
		45	漢	655
		74		4268
		87	後漢	585
	中	138	舊唐	2890
		407	宋	4558
南夷	上	15	史	1421
		32		2959
		47	漢	1158
		47		1288
		63		2813
		228	晉	91
	中	16	隋	591
南日山	下	464	明	2245
		464		2246
		465		2246
南詔	中	85	舊唐	400
		86		424
		86		455
		89		609
		231	新唐	479
	下	188	元	1345
		195		1695
		310	新元	91-7
南詔蠻	中	87	舊唐	465
南州	上	226	晉	2576
南直	下	465	明	2246
南昌	下	514	明	5618
		575		7920
南天竺	上	418	魏	195
		418		205
南平獠	中	349	新唐	*6325
南豐縣	上	152	三	119
南皮	上	156	三	247
		174		731
南河	中	167	舊唐	3871

項目		二十五史抄	新校本	
南韓	上	387	梁	804
		527	南	1972
南海	中	94	舊唐	1316
		329	新唐	6183
		458	遼	22
		459		23
		518		462
		521		465
	下	261	元	4667
南海道	中	451	宋	14134
南鄉	上	313	晉	2899
南陜	上	475	魏	2214
		627	北	3112
南和	下	498	明	5416
南匯	下	491	明	5397
南匯嘴城	下	463	明	2244
南匈奴	上	82	後漢	237
		84		317
		84		318
		96		1696
		98		2123
		99		2139
		126		2983
		129		2988
		130		2988
南匈奴左部	上	83	後漢	274
		126		2983
南黑水靺鞨	中	215	舊唐	5358
涅川	中	265	新唐	4053
捏怯烈女直	下	168	元	369
捺祿山	中	228	新唐	139
覽邦	下	423	明	32
藍夷	上	107	後漢	2808
藍田	上	322	晉	3078
納葛濼	中	495	遼	337
納尾部	中	510	遼	438
納北支部→訥比支部<新校>				
	中	324	新唐	6177
納兀河	下	213	元	3195
		363	新元	178-1
浪港	下	505	明	5603
郎山	上	230	晉	200
狼	下	467	明	2248

項目		二十五史抄	新校本	
狼山	中	519	遼	462
		522		467
	下	465	明	2246
		467		2248
		515		5619
		518		5664
琅邪	上	35	史	3015
		103	後漢	2464
		254	晉	1981
		275		2806
		329		3089
朗州	中	310	新唐	5995
閬州	中	244	新唐	3448
內稽	中	98	舊唐	1522
內蒙古	下	196	元	2021
內卑離國	上	205	三	850
內會雞部	中	510	遼	438
來蘇縣	中	527	遼	475
來遠	中	100	舊唐	1524
		517	遼	459
	下	37	金	998
來遠城	中	439	宋	14043
		473	遼	169
		509		434
		518		460
來遠州	下	299	新元	47-1
來遠縣	中	517	遼	459
來流城	下	6	金	25
來州	中	499	遼	346
		500		349
		530		489
		561		1102
洒縣	中	97	舊唐	1512
淶流河	下	29	金	551
		29		552
萊	上	15	史	1480
		15		1505
	中	76	舊唐	92
		444	宋	14052
	下	466	明	2247
		529		5941
		551		6469
		555		6696

項目		二十五史抄		新校本
		556		6715
		558		6718
		561		6968
		561		6969
		561		6970
		590		8296
萊陽	下	32	金	612
萊夷	上	4	史	55
		49	漢	1526
萊州	中	72	舊唐	57
		120		2518
		159		3535
		191		5322
		306	新唐	5989
		336		6194
		337		6195
		357	舊五	137
		407	宋	4561
	下	32	金	612
		423	明	29
		458		2116
		596		8303
		598		8306
		600		8342
梜祿山	中	81	舊唐	208
梜水	上	481	魏	2221
		639	北	3129
冷陘	中	322	新唐	6174
		510	遼	437
冷陘山	中	209	舊唐	5349
		227	新唐	119
		316		6145
		317		6167
		322		6173
		550	遼	952
冷口	下	625	明	8508
冷硎	中	265	新唐	4056
奴古達嶺	中	473	遼	168
奴古達北嶺	中	620	遼	1373
奴國	上	211	三	854
		211		855
		389	梁	806
		643	北	3135
奴兒干	下	204	元	2634
		288	新元	19-3
奴兒干城	下	300	新元	47-2
老鸛觜	下	505	明	5604
老鶴口	下	338	新元	145-13
老萬山	下	516	明	5624
老河	下	624	明	8507
怒皆部	中	167	舊唐	3871
		304	新唐	5951
怒藍國	上	205	三	849
猫越河	中	214	舊唐	5356
		215		5358
		323	新唐	6176
		324		6177
魯	上	15	史	1505
		15		1524
		24		2269
		25		2463
		164		259
		238	晉	379
		364	宋書	724
		366		932
	中	108	舊唐	2214
		128		2735
		164		3541
		264	新唐	4027
魯口	上	290	晉	2833
		291		2834
		292		2835
		298		2845
		331		3094
		405	魏	28
		406		28
		407		30
		433		652
魯口城	上	537	北	15
魯國	上	275	晉	2806
魯郡	上	232	晉	211
		291		2835
魯芟國	上	480	魏	2221
		636	北	3125
魯迷	下	442	明	264
		442		267

項目	二十五史抄		新校本	
魯陽	上	231	晉	207
		300		2849
		305		2856
		313		2899
魯州	中	96	舊唐	1415
盧奴	上	406	魏	29
盧龍	上	289	晉	2832
		462	魏	2061
	中	20	隋	858
		304	新唐	5923
		306		5986
		323		6175
	下	463	明	2243
盧龍道	上	613	北	2881
盧龍嶺	下	96	金	1588
盧龍塞	中	22	隋	1148
盧思臺	中	124	舊唐	2670
		124		2671
		259	新唐	3903
盧城	中	329	新唐	6183
盧州	中	328	新唐	6182
		517	遼	460
	下	31	金	556
盧河縣	中	98	舊唐	1521
潞	上	101	後漢	2363
	下	472	明	3683
潞北	上	156	三	243
潞城	中	99	舊唐	1523
潞州	中	150	舊唐	3252
		282	新唐	4335
		293		4750
		457	遼	12
潞川	上	232	晉	213
		253		1806
		311		2891
		318		2941
		329		3088
		331		3094
		465	魏	2065
潞河	上	147	三	27
	中	319	新唐	6169
潞縣	中	99	舊唐	1523
		511	遼	439

項目	二十五史抄		新校本	
廬	下	58	金	1419
廬陵	中	142	舊唐	2983
廬溥鎮	上	243	晉	428
廬州	中	296	新唐	5178
	下	49	金	1400
瀘州	中	72	舊唐	57
		426	宋	11229
瀘河	中	98	舊唐	1521
瀘河鎮	上	595	北	2370
	中	24	隋	1217
鹿島	下	277	新元	10-10
鹿川	上	592	北	2167
鹿渾海	上	404	魏	23
		536	北	12
淥州	中	519	遼	462
		519		463
祿州	中	241	新唐	1835
綠城	中	518	遼	461
綠野淀	下	29	金	551
麓州	中	526	遼	474
麓川	中	522	遼	467
麓波	中	521	遼	465
隴	上	29	史	2883
		233	晉	232
		435	魏	688
		531	南	1977
	中	10	隋	86
		18		688
		64		1842
隴西	上	29	史	2883
		67	漢	3747
		88	後漢	695
		237	晉	371
		364	宋書	724
		391	梁	810
	中	166	舊唐	3786
		337	新唐	6195
隴西郡	中	307	新唐	5991
隴右	中	107	舊唐	2209
		150		3206
		292	新唐	4749
		293		4749
		293		4750

項目		二十五史抄		新校本
		339		6198
		357	舊五	331
隴州	中	268	新唐	4084
雷	下	441	明	258
		516		5624
雷郡	下	610	明	8356
雷首	中	231	新唐	817
雷州	中	163	舊唐	3541
	下	425	明	49
		530		5956
瀨浦	下	409	新元	250-9
蓼	中	232	新唐	825
婁	中	218	舊唐	5362
婁國	中	603	遼	1211
婁敦	上	150	三	109
婁門	下	505	明	5603
婁室	中	629	遼	1443
	下	43	金	1388
樓煩	上	21	史	1806
		21		1809
		23		2243
		29		2883
		29		2885
		67	漢	3747
		149	三	100
		190		839
	中	22	隋	1149
樓煩郡	中	312	新唐	6048
鏤方	上	242	晉	427
鏤方道	上	55	漢	1627
		141	後漢	3530
		554	北	457
	中	7	隋	80
		225	新唐	61
鏤芳縣	中	516	遼	457
訥北	中	324	新唐	6176
訥北室韋	中	214	舊唐	5357
訥北支室韋	中	215	舊唐	5357
凜州	中	237	新唐	1128
廩丘	上	234	晉	240
		257		2189
凌雲柵	中	309	新唐	5993
凌河	中	529	遼	487
	下	531	明	5983
凌漢	下	597	明	8306
能登州	中	451	宋	14133
尼步伽	上	420	魏	221
泥八剌	下	426	明	54
泥八剌國	下	428	明	94
泥河	中	326	新唐	6179
		515	遼	456
藺	上	21	史	1806

[다]

項目	二十五史抄		新校本	
多覽葛	中	204	舊唐	5343
		208		5348
多濫葛	中	317	新唐	6145
多(示執)島	中	451	宋	14134
茶山	下	505	明	5604
		560		6940
茶(河)	中	476	遼	185
		610		1281
		615		1342
		635		1521
丹丹	上	396	陳	80
		522	南	293
丹丹國	上	384	梁	79
		521	南	211
丹徒	下	570	明	7614
丹陵	上	96	後漢	1670
丹馬令國	下	414	新元	253-11
丹水	上	478	魏	2218
丹陽	上	93	後漢	1286
		363	宋書	723
	中	94	舊唐	1316
	下	608	明	8354
丹波	中	451	宋	14133
丹浦	中	6	隋	79
丹彼	中	451	宋	14133
段國	上	275	晉	2806
		278		2811
段部	上	274	晉	2804
		285	宋書	2824
單單大嶺	上	114	後漢	2817
單單大山嶺	上	203	三	848
椴島	下	395	新元	249-9
團山堡	下	538	明	6187
端門	上	366	宋書	932
澶洲	上	117	後漢	2822
澶湖	下	523	明	5833
檀丘	上	231	晉	207
檀州	中	176	舊唐	4795
		210		5351
		214		5356
		243	新唐	3444
		275		4143
		319		6169
		323		6175
		499	遼	347
		509		437
		522		467
		524		470
	下	30	金	554
		170	元	416
檀州道	中	143	舊唐	2984
達稽	中	318	新唐	6168
達稽部	中	510	遼	438
達姤	中	215	舊唐	5357
		348	新唐	6250
達靼	中	369	舊五	1827
		381	新五	911
達達	下	213	元	3195
		363	新元	178-1
達盧古	中	572	遼	1129
達魯古	下	6	金	29
達盧古部	中	460	遼	27
達魯古部	下	6	金	24
達魯古城	中	492	遼	331
	下	124	金	2634
達魯骨部	中	471	遼	156
		559		1096
		579		1146
達魯號	中	504	遼	391
達魯號部	中	504	遼	388
達馬鼻古德部				
	中	506	遼	413
		507		413
達末婁	中	348	新唐	6210
達槃	上	420	魏	221
達(州)	中	328	新唐	6182
達奚	中	290	新唐	4579
撻離河	中	477	遼	192
噠舍	上	418	魏	195
韃靼	下	621	明	8463
		622		8504
		623		8505
		624		8506
		624		8507

項目	二十五史抄		新校本	
		625		8508
		625		8509
		626		8509
淡路(州)	中	451	宋	14134
聃羅國	中	63	隋	1827
聃牟羅國	中	57	隋	1819
		57		1820
潭頭	下	560	明	6940
潭州	中	425	宋	11127
潭洲	下	516	明	5624
儋羅	下	267	新唐	4084
儋耳	上	116	後漢	2820
		389	梁	806
		643	北	3135
儋耳(郡)	上	43	漢	223
澹林	上	28	史	28
沓氏	上	53	漢	1626
		139	後漢	3529
答陪	下	414	新元	253-11
踏頓道	上	554	北	458
	中	7	隋	81
蹋頓道	上	592	北	2190
		603		2606
	中	32	隋	1496
		37		1543
蹋頓城	上	270	晉	2768
唐(國)	中	96	舊唐	1393
		111		2280
		185		5174
		185		5175
		191		5324
		197		5332
		200		5336
		206		5346
		814		5357
		217		5361
		230	新唐	478
		231		817
		238		1146
		270		4121
		271		4123
		272		4124
		274		4139

項目	二十五史抄		新校本	
		310		6028
		313		6053
		316		6138
		318		6168
		320		6171
		321		6172
		325		6177
		326		6180
		327		6180
		329		6183
		334		6191
		335		6192
		341		6200
		343		6203
		348		6264
		350		6338
		357	舊五	331
		362		575
		369		1827
		369		1832
		370		1844
		378	新五	886
		379		889
		379		890
		380		901
		381		911
		382		920
		407	宋	4558
		418		10045
		433		13981
		434		14035
		446		14054
		448		14129
		449		14131
		450		14132
		451		14134
		460	遼	32
		505		393
		507		417
		508		433
		510		437
		511		441
		513		447

項目	二十五史抄		新校本	
		516		457
		517		460
		518		461
		524		470
		529		483
		531		539
		538		742
		543		812
		547		899
		550		952
		552		973
		601		1200
		602		1210
		603		1212
		607		1249
	下	3	金	1
		122		2366
		129		2881
		219	元	3391
		230		3745
		257		4625
		260		4629
		270	新元	8-5
		343		158-7
		413		253-9
		599	明	8341
		610		8357
		610		8358
		622		8504
唐國郡	上	275	晉	2806
唐城	上	290	晉	2833
		431	魏	605
	下	223	元	3627
		354	新元	176-1
唐兀	下	144	元	118
		197		2052
		208		2964
		222		3577
唐恩浦	中	238	新唐	1147
堂邑	上	363	宋書	723
棠項城	中	340	新唐	6199
塘頭	下	566	明	7438
塘棲	下	495	明	5411

項目	二十五史抄		新校本	
		607		8352
塘河	下	458	明	2104
當山縣	中	521	遼	466
黨州	中	283	新唐	4336
黨項	中	71	舊唐	32
		89		593
		171		4058
		235	新唐	1119
		303		5885
		405	宋	3903
		413		9126
		457	遼	12
		458		22
		460		27
		538		742
		571		1126
		601	遼	1199
		602		1209
		606		1238
		607		1243
黨項城	中	196	舊唐	5330
大	下	455	明	1901
		590		8295
大江	下	465	明	2246
		469		2275
		479		3983
大沽	下	466	明	2247
大口	中	515	遼	456
大丘	下	589	明	8293
大邱	下	548	明	6392
大衢	下	464	明	2245
大棘城	上	274	晉	2804
		386	梁	803
		626	北	3112
大崎山	下	414	新元	253-11
大寧	上	401	魏	11
		535	北	7
	下	177	元	674
		180		823
		187		1053
		187		1054
		188		1079
		314	新元	101-16

項目	二十五史抄		新校本	
		426	明	53
		462		2236
		462		2238
		462		2239
		469		2275
		476		3900
		622		8504
		624		8507
大寧路	下	176	元	619
		190		1397
		292	新元	26-2
		293		26-6
		300		47-3
		301		47-4
大寧堡	下	528	明	5916
		538		6187
		539		6188
大寧城	下	326	新元	124-2
大寧鎮	下	31	金	556
大泥	下	559	明	6818
大都	下	149	元	151
		158		253
		158		254
		188		1076
		194		1588
		194		1659
		199		2378
		314	新元	100-17
		395		249-8
		399		249-14
		400		249-17
大同	中	186	舊唐	5214
		238	新唐	1146
	下	165	元	334
		244		4553
		380	新元	220-7
		389		247-5
		462	明	2235
		469		2275
		471		3586
		472		3683
		513		5615
		517		5634

項目	二十五史抄		新校本	
		623		8505
		624		8506
大同江	下	332	新元	134-3
		542	明	6193
		543		6194
		588		8292
		590		8296
大同驛	中	529	遼	482
大東丹國	中	536	遼	710
大洛泊	中	322	新唐	6173
大梁水	中	515	遼	456
	下	447	明	952
大閭洋	下	384	新元	227-1
大凌(城)	下	556	明	6711
大凌河	下	476	明	3586
		538		6186
大剌	下	505	明	5604
大理(國)	中	393	宋	397
		402		2813
	下	139	元	47
		478	明	3938
大莫盧國	上	480	魏	2221
		636	北	3125
大莫婁	上	498	北齊	100
		498		102
		549	北	289
		549		291
大梅	中	436	宋	14039
大名	下	40	金	1310
大名路	下	105	金	1837
大勃律	中	148	舊唐	3205
		288	新唐	4577
大寶山	中	521	遼	465
大夫營	下	333	新元	134-6
		390		249-1
大拂涅	中	326	新唐	6179
大查牙山	中	530	遼	487
大謝島	中	238	新唐	1147
大山	上	364	宋書	725
	中	197	舊唐	5332
		215		5357
大石索國	上	205	三	849
大石河	中	618	遼	1347

項目	二十五史抄		新校本	
大城	上	122	後漢	2956
大松	下	463	明	2244
大水	上	196	三	844
大崇	下	602	明	8346
大崇所	下	432	明	133
大食	中	82	舊唐	301
		91		900
		289	新唐	4577
		289		4578
		392	宋	320
		393		397
大食國	中	390	宋	113
大室韋	上	639	北	3129
		640		3131
	中	68	隋	1883
		187	舊唐	5214
		215		5357
		324	新唐	6177
大安德門	下	607	明	8353
大如者部	中	324	新唐	6176
大如者室韋	中	214	舊唐	5357
大燕	上	240	晉	398
		291		2833
		292		2836
		294		2838
		299		2848
		304		2855
		341		3108
		363	宋書	715
		403	魏	21
		462		2061
		463		2062
		618	北	3067
大凹城	下	226	元	3631
		357	新元	176-6
大遼水	上	51	漢	1626
大隅島	下	495	明	5411
		496		5412
大隅州	中	451	宋	14134
大宛	上	28	史	2767
		60	漢	2197
		69		3814
		131	後漢	2990

項目	二十五史抄		新校本	
		177	三	831
		313	晉	2904
大元	上	461	魏	2054
大琉球	下	620	明	8407
大琉球國	下	587	明	8291
大人城	中	333	新唐	6189
大田	下	510	明	5611
大定	中	529	遼	482
		630		1459
	下	190	元	1397
		300	新元	47-3
		301		47-4
大州	下	427	明	87
大眞(國)	下	137	元	19
		265	新元	3-9
		390		249-1
大晉	上	276	晉	2808
		277		2810
大秦	上	373	宋書	2399
大陳山	下	508	明	5608
大鎭堡	下	538	明	6186
大青島	下	180	元	815
		287	新元	17-6
		288		19-3
		320		113-11
		397		249-11
		400		249-17
大清堡	下	537	明	6185
		540		6189
		625		8508
大清河	下	448	明	957
大阪	下	590	明	8295
大河	上	324	晉	3081
大賀氏	中	209	舊唐	5349
		321	新唐	6173
		510	遼	438
大漢國	上	390	梁	807
		390		808
		529	南	1975
		530		1976
大行城	中	154	舊唐	3294
		256	新唐	3832
		270		4120

項目		二十五史抄		新校本
		338		6197
大峴	上	470	魏	2072
		623	北	3074
大胡僧山	中	530	遼	487
大和	中	451	宋	14133
大和關	中	293	新唐	4750
大和嶺	下	155	元	232
大和州	中	346	新唐	6207
大灰艾州	下	152	元	208
		254		4621
大興	中	21	隋	1124
大喜峰口	下	625	明	8508
代	上	8	史	381
		11		802
		21		1809
		21		1821
		27		2638
		29		2885
		33		2988
		36		3265
		41	漢	58
		44		393
		56		1657
		67		3747
		71		3866
		137	後漢	3527
		269	晉	2767
		279		2812
		458	魏	1830
		460		1889
		488		2389
		501	北齊	547
		558	北	501
		564		748
		566		759
		566		768
		595		2394
		609		2685
		612		2842
	中	28	隋	1390
		139	舊唐	2891
		364	舊五	901
		543	遼	812

項目		二十五史抄		新校本
代郡	上	29	史	2885
		30		2901
		56	漢	1657
		67		3748
		80	後漢	213
		81		229
		82		253
		83		263
		83		279
		90		810
		125		2981
		125		2982
		126		2983
		129		2988
		135		3244
		137		3527
		181	三	833
		186		837
		189		838
		275	晉	2806
		289		2832
		294		2838
		431	魏	605
		496	北齊	56
		547	北	249
		564		732
		574		980
代郡鮮卑	上	128	後漢	2987
代郡烏丸	上	147	三	30
		148		47
		188		835
		189		838
		189		839
代那州	中	101	舊唐	1527
		237	新唐	1128
	下	302	新元	47-5
代都	上	483	魏	2224
		641	北	3132
代武川	上	505	周	1
代北	中	419	宋	10227
		513	遼	447
代山	上	278	晉	2810
代州	中	207	舊唐	5347

項目		二十五史抄		新校本
		275	新唐	4142
		279		4211
		316		6138
		509	遼	437
代川	上	501	北齊	542
台	下	456	明	1981
		497		5414
		498		5414
台郡	下	605	明	8350
		610		8356
台州	中	452	宋	14135
		453		14137
	下	523	明	5833
		523		5834
		567		7440
		599		8342
		602		8346
岱	上	4	史	55
		4		56
		49	漢	1526
		50		1527
		107	後漢	2808
岱山	上	124	後漢	2980
岱岳	上	598	北	2557
	中	42	隋	1613
帶	中	237	新唐	1128
帶方	上	54	漢	1627
		140	後漢	3530
		166	三	254
		191		840
		204		849
		207		851
		210		854
		228	晉	90
		242		427
		246		889
		247		964
		247		1047
		248		1123
		262		2533
		264		2535
		264		2536
		380	南齊	1012
		387	梁	803
		389		806
		409	魏	81
		473		2127
		490		2492
		490		2495
		512	周	886
		624	北	3079
		631		3118
		643		3135
	中	56	隋	1818
		127	舊唐	2735
		263	新唐	4027
		267		4083
帶方郡	上	207	三	851
		213		856
		242	晉	427
		498	北齊	103
		539	北	48
		643		3135
	中	61	隋	1825
		71	舊唐	14
		77		102
		199		5334
		340	新唐	6199
		342		6201
帶方道	上	554	北	458
	中	7	隋	81
		75	舊唐	81
帶方州	中	135	舊唐	2795
		240	新唐	1643
		266		4082
		267		4084
帶州	中	99	舊唐	1524
		236	新唐	1127
貸勃	中	67	隋	1882
貸勃山	上	639	北	3130
臺岐	下	601	明	8345
臺灣	下	617	明	8369
對馬	中	451	宋	14134
對馬國	上	210	三	854
對馬島	下	155	元	231
		225		3629

項目	二十五史抄		新校本	
		230		3745
		258		4626
		271	新元	8-9
		356		176-4
		362		177-21
		395		249-9
		404		250-1
		406		250-4
		407		250-6
		409		250-9
		587	明	8291
		588		8292
		593		8300
		594		8300
		594		8301
		601		8345
		611		8358
對曼	上	541	北	73
對曼國	上	412	魏	122
對蘇國	上	211	三	854
蹛林	中	208	舊唐	5348
蹛林州	中	208	舊唐	5349
德理鎮	中	238	新唐	1147
德米河	中	436	宋	14038
德成	中	436	宋	14038
	下	328	新元	132-1
德順州	下	56	金	1413
		570	明	14182
德勝縣	中	527	遼	476
德安	中	341	新唐	6200
德州	上	579	北	1521
	中	159	舊唐	3535
		160		3536
		161		3537
		241	新唐	1835
		306		5989
		307		5990
		307		5991
	下	302	新元	47-5
德昌	中	436	宋	14038
德(寨)	中	607	遼	1249
德清	下	439	明	243
		493		5408

項目	二十五史抄		新校本	
德清縣	下	607	明	8352
德化	下	521	明	5786
刀光城	上	512	周	886
		631	北	3118
到獸山	上	316	晉	2924
度稽	中	322	新唐	6173
度遼營	上	129	後漢	2987
島山	下	544	明	6198
		545		6201
		554		6686
		591		8297
		592		8299
島夷蠻貊	中	232	新唐	825
徒門水	下	8	金	62
		101		1798
徒太山	上	480	魏	2220
	中	58	隋	1821
		325	新唐	6177
徒何	上	401	魏	7
		461		2060
		464		2064
		486		2305
		538	北	17
		573		971
		650		3268
徒何部	上	408	魏	56
徒何氏	中	106	舊唐	2207
徒何州	中	236	新唐	1127
徒河	上	142	後漢	3530
		274	晉	2804
		280		2816
		321		3077
		407	魏	32
		436		710
		572	北	915
		595		2365
		618		3067
		619		3069
徒河州	中	318	新唐	6168
		510	遼	438
桃谷山	中	98	舊唐	1521
桃林	下	513	明	5615
桃林口	下	568	明	7463

項目	二十五史抄		新校本	
桃源	下	607	明	8353
桃渚	下	483	明	4463
		510		5611
		602		8346
桃川	上	592	北	2167
桃花浦	中	238	新唐	1147
淘河島	中	530	遼	487
陶得里	中	483	遼	239
		563		1107
陶宅	下	439	明	243
		494		5409
		495		5410
		499		5416
		607		8353
陶宅鎮	下	505	明	5604
都梁	中	255	新唐	3823
都倫紇斤	中	219	舊唐	5363
都里	中	238	新唐	1147
都里鎮	中	238	新唐	1147
都泗堰	中	398	宋	2407
都斯麻國	上	645	北	3137
	中	63	隋	1827
都山	中	80	舊唐	199
		211		5353
		228	新唐	137
		286		4545
		320		6171
都尉楗山	中	205	舊唐	5344
		315	新唐	6135
都爾本→朵魯班<新校>				
	下	137	元	10
都亭西驛	中	405	宋	3903
都昌	上	218	三	1187
都播	中	204	舊唐	5343
都鄉城	中	99	舊唐	1522
屠大山	下	494	明	5409
塗河	下	31	金	558
道乾港	下	619	明	8377
道隱谷	中	603	遼	1211
道州	中	283	新唐	4336
圖盧部	中	506	遼	411
闍婆	中	402	宋	2813
	下	424	明	33

項目	二十五史抄		新校本	
瀆盧國	上	209	三	853
禿荅	下	4	三	15
禿城	下	426	明	53
禿黎山	中	13	隋	162
獨邏水	中	315	新唐	6135
獨邏河	中	205	舊唐	5344
獨山	中	131	舊唐	2784
		276	新唐	4147
	下	509	明	5609
獨石	下	623	明	8505
		625		8509
獨奚那頡	中	503	遼	378
獨護山	中	142	舊唐	2978
		276	新唐	4149
獨活部	中	318	新唐	6168
		510	遼	438
瀆盧國	上	210	三	853
犢了山	上	481	魏	2221
		639	北	3129
敦煌	上	64	漢	2989
		95	後漢	1636
		130		2990
		485	魏	2291
燉煌	上	185	三	837
		187		838
	中	462	遼	46
		573		1132
突厥	上	498	北齊	99
		498		100
		499		106
		513	周	899
		549	北	288
		549		289
		549		294
		549		295
		551		406
		551		410
		551		418
		551		422
		557		465
		569		823
		576		1391
		588		2109

項目	二十五史抄	新校本	項目	二十五史抄	新校本
	591	2166		142	2978
	601	2593		142	2983
	601	2595		142	2985
	611	2798		144	3073
	630	3117		145	3080
	638	3128		147	3194
	639	3129		155	3295
	650	3285		185	5173
	651	3292		185	5174
中	3	隋 21		185	5175
	5	45		190	5321
	10	88		195	5328
	19	688		204	5343
	21	1123		205	5343
	22	1148		205	5344
	27	1336		206	5345
	31	1492		207	5347
	40	1572		208	5349
	41	1581		209	5350
	42	1612		210	5351
	55	1816		211	5352
	59	1823		212	5354
	65	1863		213	5355
	65	1866		213	5356
	66	1881		214	5357
	67	1881		215	5358
	67	1882		216	5360
	71	舊唐 32		217	5360
	79	175		217	5361
	80	195		219	5363
	91	900		219	5364
	108	2210		226	新唐 86
	111	2280		228	143
	114	2378		235	1119
	115	2399		251	3679
	115	2400		254	3815
	115	2407		257	3856
	115	2408		260	3933
	117	2464		261	3945
	123	2631		262	3950
	123	2632		262	3993
	127	2734		263	3994
	141	2947		263	4027

項目	二十五史抄		新校本	
		269		4116
		271		4122
		271		4123
		275		4142
		275		4143
		276		4149
		277		4150
		284		4418
		287		4549
		291		4596
		310		6023
		310		6027
		311		6028
		311		6041
		312		6045
		313		6052
		313		6053
		315		6135
		316		6138
		317		6145
		317		6146
		317		6167
		318		6168
		319		6169
		320		6171
		321		6173
		322		6174
		323		6175
		324		6176
		324		6177
		325		6177
		326		6179
		326		6180
		327		6180
		331		6187
		335		6192
		339		6198
		339		6198
		348		6264
		351		6411
	中 359	舊五	444
		374	新五	48
		382		920

項目	二十五史抄		新校本	
		503	遼	376
		550		951
		606		1238
突騎施	中 185	舊唐	5173
突門嶺	上 409	魏	59
突呂不部	中 506	遼	411
		570		1122
突便部	中 318	新唐	6168
		510	遼	438
同羅	中 72	舊唐	53
		204		5343
		205		5344
		208		5348
		311	新唐	6035
		315		6134
		316		6140
		316		6145
同安	下 553	明	6621
		609		8356
		610		8357
同州	上 590	北	2165
	中 227	新唐	96
	下 29	金	553
同昌縣	下 299	新元	47-2
		300		47-3
		301		47-5
東江	下 542	明	6194
		551		6469
		556		6715
		558		6718
		559		6853
		562		7091
		595		8302
東羌	上 99	後漢	2139
東京	中 127	舊唐	2735
		150		3206
		157		3313
		293	新唐	4750
		327		6181
		328		6182
		395	宋	603
		445		14053
		462	遼	48

項目	二十五史抄	新校本
	464	95
	474	175
	475	177
	476	184
	478	199
	478	202
	478	203
	479	205
	481	225
	493	333
	494	334
	503	363
	508	421
	510	438
	511	440
	514	455
	515	457
	516	458
	517	459
	518	460
	520	463
	521	466
	525	471
	526	474
	527	475
	530	489
	539	750
	555	1004
	603	1211
	605	1232
	610	1281
	610	1282
	610	1285
	612	1313
	613	1331
	613	1332
	614	1336
	615	1341
	616	1343
	617	1346
	620	1373
	621	1396
	624	1429

項目	二十五史抄	新校本
	631	1460
	633	1516
	634	1519
	635	1521
	下 6	金 29
	30	555
	37	1003
	39	1146
	40	1305
	96	1623
	97	1632
	98	1633
	98	1640
	115	1940
	127	2784
	149	元 151
	151	205
	152	208
	201	2544
	247	4610
	251	4615
	251	4616
	254	4619
	254	4621
	269	新元 7-4
	299	47-1
	333	134-6
	392	249-3
	393	249-5
	579	明 8279
東京道	中 514	遼 455
	543	814
東京路	下 30	金 554
東皋蘭	中 96	舊唐 1415
東關縣	上 367	宋書 1146
東甌	上 74	漢 4268
東郡	中 251	新唐 3679
東郡縣	中 519	遼 463
東耐縣	中 519	遼 463
東寧路	下 190	元 1398
	301	新元 47-4
	579	明 8279
東寧州	下 307	新元 69-6

項目	二十五史抄		新校本	
東丹	中	362	舊五	576
		379	新五	891
		462	遼	48
		519		463
		602		1210
東丹國	中	379	新五	890
		458	遼	22
		459		22
		459		23
		463		64
		515		456
		552		973
		571		1129
		604		1224
		606		1238
東丹王國	中	515	遼	456
東沓縣	上	152	三	118
東都	上	555	北	460
		557		461
		557		465
		578		1519
		589		2132
		601		2594
	中	8	隋	83
		9		84
		10		88
		30		1466
		31		1491
		37		1534
		45		1625
		48		1761
		51		1768
		80	舊唐	202
		92		1053
		98		1520
		98		1521
		101		1526
		107		2208
		107		2209
		108		2210
		130		2781
		147		3194
		169		3938
		210		5351
		218		5361
		231	新唐	510
		248		3478
		255		3824
		261		3944
		274		4139
		275		4141
		291		4597
		308		5993
		318		6168
		319		6169
		320		6171
		327		6181
		444	宋	14052
	下	292	新元	26-4
		605	明	8349
東洛	下	517	明	5625
東蘭	下	492	明	5407
東萊	上	100	後漢	2263
		103		2419
		158	三	252
		176		763
		218		1186
		255	晉	2113
		267		2609
		287		2826
		479	魏	2219
		578	北	1517
		599		2558
		600		2592
		602		2598
		614		2902
		633		3121
	中	34	隋	1516
		36		1525
		43		1616
		48		1701
		94	舊唐	1313
		120		2516
		255	新唐	3829
		331		6187
東萊郡	下	32	金	612

項目	二十五史抄		新校本		項目	二十五史抄		新校本	
東梁	中	515	遼	456			427	宋	11276
東梁水	下	447	明	952	東女眞	中	390	宋	159
東梁河	中	515	遼	456	東燕	上	255	晉	2125
	下	30	金	555			266		2576
		31		555	東營澳	下	510	明	5612
東流里	下	414	新元	253-11	東獩	上	111	後漢	2813
東牟	中	437	宋	14040			196	三	844
東牟山	中	216	舊唐	5360			204		849
		326	新唐	6179			386	梁	802
		514	遼	455			526	南	1970
	下	3	金	1	東沃沮	上	112	後漢	2816
		129		2881			199	三	846
東武城	上	571	北	867	東莞	下	492	明	5407
東番	下	560	明	6938			527		5874
東北招討司路					東倭	上	225	晉	13
	下	39	金	1146	東遼	中	478	遼	203
東山	下	555	明	6696	東湧	下	610	明	8356
東山道	中	451	宋	14133	東垣	上	233	晉	235
東勝	中	497	遼	344	東元	上	507	周	334
		500		349			628	北	3114
	下	462	明	2236			633		3121
		469		2275			638		3128
		471		3586			639		3129
東室韋	中	215	舊唐	5358	東魏郡	上	456	魏	1760
		324	新唐	6177	東夷	上	3	史	28
東阿	上	230	晉	204			6		133
		238		379			20		1704
		254		1981			42	漢	169
		296		2841			47		1288
		312		2893			57		1658
		324		3082			65		3560
		364	宋書	724			77	後漢	72
	中	309	新唐	5994			78		84
東安	下	31	金	555			107		2808
東安衛	下	607	明	8353			107		2809
東安州	下	240	元	4242			107		2810
		290	新元	23-12			108		2811
		321		114-17			108		2812
		377		212-4			109		2812
東冶	上	116	後漢	2820			110		2813
		264	晉	2536			117		2822
東冶縣	上	117	後漢	2822			190	三	840
東陽	中	35	隋	1519			191		840

項目	二十五史抄	新校本
	191	841
	195	843
	202	848
	215	858
	219	1337
	226	晉 40
	226	42
	226	65
	226	66
	226	68
	226	69
	226	72
	227	72
	227	73
	227	77
	227	78
	227	79
	227	80
	228	91
	233	231
	235	335
	242	427
	248	1071
	252	1540
	252	1705
	261	2532
	268	2649
	279	2813
	365	宋書 803
	365	828
	371	2392
	378	南齊 1009
	380	1012
	384	梁 500
	387	804
	410	魏 86
	440	831
	479	2219
	525	南 1969
	527	1971
	540	北 50
	543	137
	543	138
	543	139
	543	140
	544	142
	544	144
	544	146
	544	147
	631	3118
	635	3123
	635	3124
	648	3239
	651	3291
	中 16	隋 590
	19	798
	52	1813
	56	1818
	65	1866
	92	舊唐 1068
	92	1069
	93	1070
	93	1079
	143	2999
	170	4016
	171	4024
	179	4948
	219	5364
	231	新唐 478
	232	893
	310	6027
	330	6185
	下 188	元 1345
	208	2968
	231	3754
	236	3926
	243	4549
	327	新元 130-6
	449	明 1574
	450	1651
東暆	上 55	漢 1627
東暆道	上 554	北 458
	中 7	隋 81
	39	1560
東井	上 238	晉 379
東鯷	上 117	後漢 2822

項目	二十五史抄		新校本	
東州	中	445	宋	14053
		526	遼	473
	下	139	元	47
		224	元	3628
		267	新元	6-7
		318		105-3
		355		176-2
東州道	中	136	舊唐	2798
		226	新唐	68
		339		6197
東秦	上	470	魏	2071
東昌堡	下	528	明	5916
		537		6185
東治	上	212	三	855
東平	中	43	隋	1620
		159	舊唐	3526
		460	遼	29
		522		467
		602		1210
	下	29	金	553
		30		554
		189	元	1395
		472	明	3684
東平郡	中	457	遼	15
		460		29
		515		456
		548		929
東平寨	中	523	遼	469
	下	29	金	553
東平縣	中	523	遼	469
東夏(國)	下	137	元	19
		333	新元	134-6
東海	上	15	史	1477
		97	後漢	1858
	中	94	舊唐	1316
		309	新唐	5994
	下	257	元	4625
		599	明	8341
東海道	中	451	宋	14133
東奚	中	323	新唐	6176
東硤谷	中	142	舊唐	2977
		210		5351
		276	新唐	4148
東硤石	中	319	新唐	6169
東胡	上	11	史	1021
		21		1806
		21		1809
		21		1821
		25		2450
		28		2758
		29		2883
		29		2886
		30		2887
		30		2889
		67	漢	3747
		67		3748
		68		3750
		121	後漢	2876
		124		2979
		127		2985
		178	三	832
		184		836
		273	晉	2803
		274		2804
		312		2896
		485	魏	2289
	中	212	舊唐	5354
		317	新唐	6167
		321		6173
		323		6176
		323		6176
		512	遼	445
東懷	中	495	遼	338
東懷國	中	495	遼	338
洞州	下	224	元	3628
		354	新元	176-2
桐	中	232	新唐	825
桐城	下	498	明	5415
桐鄉	下	495	明	5411
		608		8354
凍末河	中	348	新唐	6210
凍沫江	中	328	新唐	6182
凍沫鞨	中	99	舊唐	1522
棟格澤→董哥澤<新校>				
	下	137	元	10
董貫	中	497	遼	344

項目	二十五史抄		新校本	
董邦	下	505	明	5604
董鄂	下	549	明	6395
董秦	中	351	新唐	6387
銅鼓	下	526	明	5859
銅鼓石	下	517	明	5627
		610		8356
銅山	下	29	金	553
		463	明	2244
		465		2245
		465		2246
		560		6938
銅山縣	中	523	遼	469
	下	29	金	553
		302	新元	47-5
銅州	中	328	新唐	6182
		472	遼	168
		473		168
		525		472
		615		1340
		617		1345
		635		1520
潼關	中	150	舊唐	3206
		157		3312
		289	新唐	4578
		293		4749
		293		4750
		351		6387
	下	382	新元	220-10
		394		249-6
斗門	中	309	新唐	5994
杜莊	中	309	新唐	5994
豆莫婁(國)	上	479	魏	2220
		481	魏	2221
		635	北	3124
		640		*3131
		645		3138
陡橋	下	490	明	5349
頭痛之山	上	373	宋書	2399
頭下城	下	302	新元	47-5
屯有	上	55	漢	1627
		141	後漢	3530
		242	晉	427
屯有縣	上	207	三	851

項目	二十五史抄		新校本	
得物島	中	238	新唐	1147
得安城	上	512	周	886
		631	北	3118
登	中	444	宋	14052
	下	529	明	5941
		551		6469
		555		6696
		556		6715
		558		6718
		561		6968
		561		6969
		561		6970
		590		8296
		594		8300
登州	中	80	舊唐	198
		159		3526
		159		3535
		201		5337
		217		5361
		228	新唐	136
		238		1146
		238		1147
		306		5989
		327		6181
		344		6205
		357	舊五	137
		360		512
		382	新五	920
		427	宋	11276
		438		14042
		439		14043
		439		14044
		440		14045
		441		14046
		443		14050
	下	142	元	100
		199		2379
		319	新元	105-7
		398		249-14
		423	明	29
		458		2116
		552		6482
		556		6715

項目	二十五史抄		新校本	
		557		6716
		560		6939
		595		8302
		595		8303
		596		8303
		596		8304
		597	明	8306
		598		8306
		600		8342
鄧	上	363	宋書	723
鄧城	上	314	晉	2916
鄧至國	上	416	魏	168
		416		169
		419		213
		420		225
		542	北	107
		542		109
		542		111
		542		115

[마]

項目	二十五史抄	新校本	
馬家	下 549	明	6395
馬崗	下 523	明	5834
馬紀嶺	下 4	金	16
	29		551
	130		2883
馬都山	中 291	新唐	4597
馬圖	下 505	明	5604
馬頭山	上 257	晉	2189
馬蘭谷	下 625	明	8507
馬蘭峪	下 528	明	5916
馬浪	下 507	明	5607
馬石山	中 238	新唐	1147
馬城	上 81	後漢	230
	81		233
	89		719
	129		2987
	130		2989
	137	後漢	3527
	172	三	727
	178		832
	186		837
	190		839
馬首山	中 223	新唐	44
	334		6190
馬延國	上 209	三	853
馬嵬	中 152	舊唐	3255
馬盂山	中 529	遼	482
馬雄島	下 482	明	4251
	602		8346
馬邑	上 123	後漢	2962
	171	三	458
	252	新唐	3734
	311		6034
	431	魏	606
	537	北	14
	中 111	舊唐	2291
馬邑山	中 274	新唐	4139
	337		6196
馬邑城	上 175	三	732
馬耳澳	下 516	明	5622
馬訾水	上 53	漢	1626
	中 330	新唐	6185
馬蹟山	下 500	明	5418
	505		5604
馬擦	中 310	新唐	5995
馬韓	上 81	後漢	234
	112		2815
	114		2818
	115		2819
	115		2820
	204	三	849
	208		852
	209		853
	227	晉	77
	248		1071
	262		2533
	263		2534
	384	梁	800
	387		804
	388		805
	512	周	886
	525	南	1969
	527		1971
	631	北	3118
	634		3122
	中 195	舊唐	5328
	197		5331
	447	宋	14128
	529	遼	483
	下 31	金	558
麻里嚕	下 415	新元	253-11
麻林	下 428	明	95
麻逸國	下 414	新元	253-11
麻田島	中 238	新唐	1147
摩阿史那	中 91	舊唐	900
摩會	中 550	遼	952
磨米州	中 101	舊唐	1527
	237	新唐	1128
	下 302	新元	47-5
磨環川	中 157	舊唐	3312
	293	新唐	4749
莫多回國	上 480	魏	2221
	636	北	3125
莫盧國	上 205	三	849

項目	二十五史抄		新校本	
		205		850
莫府山	中	39	隋	1569
莫曳皆部	中	326	新唐	6179
莫曳靺鞨	中	347	新唐	6210
莫賀弗	上	513	周	899
		637	北	3127
	中	214	舊唐	5357
莫汗	上	265	晉	2536
漠	中	66	隋	1881
鄚州	中	328	新唐	6182
		523	遼	468
鄚頡	中	329	新唐	6183
		458	遼	22
		552		970
		558		1082
邈黎國	中	402	宋	2813
曼栢	上	82	後漢	237
萬橋山	下	509	明	5610
萬年	中	281	新唐	4297
		299		5629
萬年縣	中	141	舊唐	2950
萬丹州	中	236	新唐	1127
		318		6168
		510	遼	438
萬盧國	上	205	三	850
萬歲城	上	314	晉	2916
萬壽山	下	226	元	3631
		357	新元	176-5
萬安	下	463	明	2244
萬安縣	中	523	遼	468
萬全	下	429	明	101
		429		102
萬遮嶺	下	595	明	8302
蔓栢	上	129	後漢	2988
滿離	上	90	後漢	745
滿夷谷	上	122	後漢	2956
滿剌加	下	427	明	82
		427		85
		427		87
		428		89
		428		90
		428		91
		428		95

項目	二十五史抄		新校本	
		430		110
		430		117
		431		129
		431		131
		433		149
		433		156
		434		165
		434		166
		435		170
滿剌撒丁	下	430	明	116
滿浦江	下	585	明	8288
饅頭山	中	512	遼	442
蠻	上	107	後漢	2810
		159	三	255
		583	北	1829
蠻貊	上	16	史	1561
		27		2642
蠻夷	上	121	後漢	2878
		131		2992
蠻赤興	下	176	元	612
		310	新元	80-13
蠻荊	上	131	後漢	2990
末盧國	上	211	三	854
抹眞	中	464	遼	86
秣陵關	下	607	明	8353
靺鞨	上	498	北齊	92
		498		93
		498		99
		498		100
		498		102
		498		104
		499		107
		499		108
		501		547
		511	周	884
		549	北	284
		549		285
		549		287
		~		~
		549		290
		549		292
		549		295
		549		296

項目	二十五史抄	新校本
	551	406
	551	410
	551	411
	551	417
	553	418
	553	419
	553	457
	557	465
	577	1405
	593	2275
	597	2534
	600	2589
	603	2605
	628	3115
	630	3117
	635	3123
	639	3130
	651	3292
	中 3	隋 19
	3	21
	4	36
	4	37
	4	38
	6	80
	10	88
	22	1148
	25	1270
	30	1460
	37	1531
	45	1633
	54	1815
	55	1816
	58	1821
	65	1867
	66	1881
	67	1882
	71	舊唐 33
	72	53
	82	285
	82	301
	83	312
	85	375
	86	458

項目	二十五史抄	新校本
	91	900
	96	1387
	98	1521
	99	1523
	111	2280
	154	3293
	158	3491
	188	5319
	192	5324
	192	5325
	194	5328
	195	5328
	197	5331
	199	5334
	200	5336
	201	5337
	205	5344
	207	5346
	209	5350
	215	5358
	216	5360
	219	5363
	219	5364
	228	新唐 136
	235	1119
	236	1127
	258	3881
	270	4120
	271	4122
	272	4123
	273	4124
	273	4133
	311	6038
	315	6135
	316	6138
	317	6145
	317	6146
	317	6147
	318	6168
	324	6176
	324	6177
	325	6178
	326	6179

項目	二十五史抄		新校本	
		326		6180
		330		6185
		332		6188
		332		6189
		334		6191
		335		6192
		337		6195
		339		6198
		340		6200
		343		6204
		348		6264
		350		6375
		369	舊五	1844
		378	新五	888
		381		911
		382		919
		458	遼	22
		462		44
		508		429
		510		438
		529		484
		549		929
		550		952
		571		1128
	下	3	金	1
		129		2881
		245	元	4607
邙山	上	509	周	496
望建河	中	215	舊唐	5358
望都	上	407	魏	32
		538	北	17
望平	上	51	漢	1626
		139	後漢	3529
		242	晉	427
望平縣	中	515	遼	456
		516		457
		520		464
		525		472
	下	190	元	1396
		299	新元	47-2
望海鎭	中	13	隋	162
望海堝	下	429	明	98
		464		2244

項目	二十五史抄		新校本	
		482		4251
		602		8346
魍港	下	619	明	8377
眛谷	上	4	史	48
		514	周	899
梅頭	下	568	明	7441
梅嶺	下	507	明	5606
梅河	中	436	宋	14038
梅花	下	463	明	2244
梅花洋	下	517	明	5625
買溝	上	176	三	762
買肖城	中	344	新唐	6204
麥州	下	624	明	8507
貊	上	74	漢	4130
		77	後漢	76
		79		194
		80		210
		88		706
		88		719
		92		1227
		107		2809
		111		2814
		111		2815
		112		2815
		135		3238
		159	三	255
		187		838
		197		844
		359	宋書	583
		366		887
		633	北	3122
	中	57	隋	1820
貉	上	14	史	1347
		21		1795
		26		2561
		48	漢	1289
孟城	下	328	新元	132-1
孟諸	上	35	史	3015
		62	漢	2545
孟州	下	302	新元	47-5
		383		225-7
猛骨孛羅	下	531	明	5983
孟津	上	300	晉	2849

項目	二十五史抄		新校本	
	下	493	明	5408
緬	下	425	明	52
		550		6396
緬國	下	157	元	248
		158		254
		278	新元	11-4
		351		169-19
緜諸	上	29	史	2883
		67	漢	3747
澠池縣	中	95	舊唐	1357
滅藏	中	415	宋	9617
明	下	451	明	1663
		579		8279
		598		8306
		598		8307
		599		8341
		599		8342
		606		8352
		611		8358
		619		8402
明郡	下	600	明	8342
明倫安城	下	363	新元	178-2
明王山	中	515	遼	457
明州	中	407	宋	4560
		420		10423
		426		11163
		428		11662
		439		14044
		441		14046
		441		14047
		442		14049
		444		14052
		445		14053
		446		14055
		453		14136
	下	47	金	1396
		599	明	8342
明州衛	下	575	明	7907
明珠	中	415	遼	9617
明歙	下	494	明	5410
洺州	中	140	舊唐	2909
		241	新唐	1835
		276		4146

項目	二十五史抄		新校本	
		631	遼	1461
溟州	中	344	新唐	6204
鳴沙縣	中	96	舊唐	1415
鳴鶴場	下	567	明	7439
毛國國嶺	中	477	遼	192
毛喇關	下	487	明	4801
毛里孩	下	624	明	8506
毛憐衛	下	584	明	8286
		585		8288
毛人	上	373	宋書	2395
		529	南	1974
	中	347	新唐	6208
毛人國	中	449	宋	14131
毛婆羅	中	232	新唐	893
牟奴國	上	265	晉	2536
牟盧卑離國	上	205	三	850
牟水國	上	205	晉	849
母納	下	624	明	8506
牡丹峯	下	542	明	6194
茅花墩	下	515	明	5618
慕容	中	119	舊唐	2481
慕容部	上	401	魏	11
		535	北	7
慕容氏	上	241	晉	425
		244		816
		246		881
		257		2189
		267		2644
		341		3108
		369	宋書	2369
		391	梁	810
		456	魏	1723
		475		2214
		488		2389
		488		2404
		492		3012
		495	北齊	1
		531	南	1977
		546	北	209
		595		2365
		647		3178
	中	53	隋	1813
		64		1843

項目	二十五史抄		新校本	
		66		1881
慕州	中	328	新唐	6182
		519	遼	463
慕韓	上	373	宋書	2395
		529	南	1974
		529		1975
慕化縣	中	519	遼	463
模盧國	上	265	晉	2536
木毘	上	513	周	899
		637	北	3127
木骨不剌	下	359	新元	176-8
木骨兒抄喇	下	359	新元	176-8
木骨兒抄剌	下	228	元	3634
木里門甸	下	101	金	1798
木氏	上	632	北	3120
	中	56	隋	1818
		340	新唐	6198
木葉山	中	440	宋	14045
		458	遼	21
木底	上	627	北	3112
	中	131	舊唐	2782
		226	新唐	66
		275		4141
		337		6194
		338		6196
		475	魏	2214
木底城	上	340	晉	3106
	中	224	新唐	46
木底州	中	101	舊唐	1527
		237	新唐	1128
	下	302	新元	47-5
木井關	上	465	魏	2065
木津	上	274	晉	2805
木八蘭	下	228	元	3634
目支國	上	114	後漢	2818
沐陽	下	607	明	8353
牧師城	上	122	後漢	2956
穆陵	上	15	史	1481
穆州	中	328	新唐	6182
		516	遼	458
		517		459
沒辱孤	中	323	新唐	6175
蒙可山	下	228	元	3633
		235		3892
	下	359	新元	176-8
		360		176-11
蒙古	下	160	元	268
		164		314
		171		427
		172		458
		178		728
		200		2515
		204		2640
		215		3223
		258		4625
		388	新元	247-1
		390		249-1
		392		249-4
		405		250-2
		408		250-7
		409		250-8
		453	明	1797
		543		6196
		595		8302
		599		8342
		601		8344
		622		8499
札剌兒氏	下	215	元	3223
蒙山	上	4	史	56
蒙兀室韋	中	215	舊唐	5358
蒙瓦部	中	324	新唐	6177
蒙州	中	328	新唐	6182
		522	遼	467
濛陽	中	246	新唐	3451
苗	下	578	明	8047
苗氏	上	632	北	3120
	中	56	隋	1818
墓田谷	下	625	明	8508
廟灣	下	440	明	246
		466		2247
		500		5420
		501		5420
		608		8355
武功	中	293	新唐	4750
	下	566	明	7438
武丘	上	267	晉	2577

項目	二十五史抄		新校本	
武寧	中	309	新唐	5994
武當	上	254	晉	1951
		313		2899
		314		2916
武都	上	517	南	44
		518		45
		518		56
武厲邏	上	630	北	3117
武厲城	中	37	隋	1531
武牢	上	310	晉	2891
武遂津	上	284	晉	2821
武安郡	中	246	新唐	3451
武列城	上	602	北	2605
武威	上	90	後漢	745
		99		2139
	中	289	新唐	4578
武邑	上	295	晉	2840
		327		3086
		578	北	1467
武藏州	中	451	宋	14133
武州	中	344	新唐	6204
		348		6210
		500	遼	349
		509		437
	下	43	金	1389
		44		1390
武進	下	528	明	5916
		607		8353
武次	上	52	漢	1626
		281	晉	2816
武昌	上	253	晉	1932
		366	宋書	932
	下	29	金	552
武昌縣	中	524	遼	470
武川	上	507	周	333
		589	北	2163
武平	下	31	金	558
		166	元	348
		503	明	5602
		508		5608
武平路	下	300	新元	47-3
武興	上	281	晉	2817
武興國	上	542	北	104
茂名縣	下	610	明	8356
茂州	中	102	舊唐	1834
		349	新唐	6327
無慮	上	139	後漢	3529
		142		3530
無慮城	上	130	後漢	2988
無慮縣	上	51	漢	1626
		80	後漢	223
		128		2986
	中	520	遼	464
		520		465
		530		487
無逢州	中	236	新唐	1127
		318		6168
		510	遼	438
無錫	下	505	明	5603
		570		7614
		607		8353
無若沒(部)	中	317	新唐	6145
無鹽	上	104	後漢	2465
無爲州	下	439	明	244
		566		7438
無終	上	8	史	320
		8		366
		10		779
		10		783
		43	漢	366
		288	晉	2828
		289		2831
		307		2860
		337		3103
	中	232	新唐	825
無棣	上	15	史	1481
舞陽	上	223	晉	10
蕪湖	下	439	明	243
		607		8353
撫寧	下	624	明	8507
撫順	下	525	明	5855
		539		6187
墨斗嶺	中	440	宋	14045
墨山	中	446	宋	14055
墨刺	下	425	明	48
默啜	中	213	舊唐	5355

項目		二十五史抄		新校本
		265	新唐	4057
		294		4980
		319		6169
		353		6415
文	上	52	漢	1626
文身國	上	390	梁	*807
		529	南	*1975
文州	上	510	周	497
	下	478	明	3938
汶	上	139	後漢	3529
		152	三	119
		242	晉	427
汶(水)	上	4	史	55
		50	漢	1526
		255	晉	2125
聞喜	上	278	晉	2811
閺鄉	上	601	北	2592
	中	9	隋	84
		31		1467
		107	舊唐	2209
勿吉	上	401	魏	9
		418		205
		419		208
		419		213
		420		221
		421		227
		423		308
		423		310
		477		2216
		480		2221
		499	北齊	106
		535	北	6
		542		102
		542		104
		542		111
		544		149
		545		187
		545		189
		545		190
		546		192
		546		193
		546		194
		549		294

項目		二十五史抄		新校本
		628		3114
		636		3125
		639		3129
		640		3131
	中	215	舊唐	5358
		325	新唐	6177
		382	新五	920
	下	3	金	1
勿吉國	上	414	魏	146
		415		161
		415		164
		416		171
		418		196
		418		204
		419		209
		419		211
		420		212
		420		214
		420		223
		420		225
		421		228
		421		232
		422		300
		422		305
		422		307
		479	魏	2219
		481		2222
		543	北	134
		635		3123
未耐婁	上	401	魏	6
未盧國	上	389	梁	806
		643	北	3135
尾張(州)	中	451	宋	14133
美濃(州)	中	451	宋	14133
美洛居	下	618	明	8370
美州	中	328	新唐	6182
		522	遼	467
美竹(州)	中	451	宋	14133
美稷	上	122	後漢	2956
美縣	中	517	遼	459
眉(州)	中	337	新唐	6195
		349		6327
湄沱湖	中	329	新唐	6183

項目	二十五史抄		新校本		項目	二十五史抄		新校本	
鄜(州)	中	328	新唐	6182	密雲山	上	269	晉	2767
彌奴國	上	211	三	854			282		2818
彌烏邪馬國	上	209	三	853	密雲縣	中	522	遼	467
彌離彌凍國	上	209	三	853	密州	中	159	舊唐	3535
(山昏)	上	277	晉	2810			161		3538
岷(州)	中	102	舊唐	1834			164		3542
閩	中	445	宋	14053			306	新唐	5989
	下	455	明	1902			308		5992
		463		2243			407	宋	4561
		463		2244					
		464		2245					
		465		2246					
		466		2247					
		467		2249					
		490		5347					
		491		5403					
		491		5404					
		497		5413					
		506		5605					
		515		5618					
		516		5622					
		550		6402					
		559		6818					
		606		8351					
		610		8357					
		614		8364					
		615		8366					
		618		8377					
閩越	上	74	漢	4268					
閩港	下	493	明	5407					
閩	中	418	宋	10076					
		422		10646					
澠池	中	233	新唐	930					
密城	上	231	晉	208					
密雲	上	409	魏	81					
		436		700					
		482		2223					
		638	北	3127					
	中	20	隋	859					
		522	遼	467					
	下	30	金	554					
		462	明	2239					
		466		2247					

項目	二十五史抄		新校本	
[ㅂ]				
泊咄部	中	325	新唐	6177
泊汋口	中	238	新唐	1147
泊汋城	中	121	舊唐	2518
		121		2519
		238	新唐	1147
		256		3832
		337		6195
泊灼城	中	193	舊唐	5326
		224	新唐	47
博多	下	275	新元	9-6
		337		143-6
		407		250-6
		408		250-7
博浪沙	上	22	史	2034
		59	漢	2023
博陸	上	573	北	971
博陵	上	319	晉	2943
		331		3094
		406	魏	28
	中	298	新唐	5533
博(州)	中	241	新唐	1835
博興縣	下	38	金	1096
薄句固	上	470	魏	2072
半社	上	418	魏	205
半頂山	中	529	遼	4183
潘垤	中	67	隋	1882
班朱尼河	下	209	元	3024
畔城	上	406	魏	29
般陽	下	314	新元	100-17
盤	下	492	明	5405
盤盤(國)	上	396	晉	80
		522	南	293
		523		304
盤山驛	下	536	明	6184
		538		6187
盤石	下	602	明	8345
盤安郡	中	519	遼	463
拔金山	下	224	元	2628
拔但	上	420	魏	221
拔大何國	上	480	魏	2221
拔野古(部)	中	204	舊唐	5343

項目	二十五史抄		新校本	
		205		5344
		208		5348
		311	新唐	6035
		315		6134
		316		6139
		317		6145
拔野固	中	316	新唐	6139
拔曳固	中	316	新唐	6139
勃利州	中	325	新唐	6178
勃野淀	下	29	金	551
勃海	上	35	史	3015
		36		3265
		45	漢	659
		56		1657
		71		3865
		101	後漢	2358
		444	魏	1259
		546	北	209
		561		566
		571		892
		578		1467
		611		2788
	中	6	隋	79
勃澥	上	62	漢	2545
		554	北	457
渤恪(縣)	中	519	遼	463
渤泥	中	402	宋	2813
	下	449	明	1285
浡泥	下	423	明	26
		427		82
		427		86
		427		88
		427		90
		428		97
		430		116
		619		8377
		619		8397
		620		8407
		620		*8411
		621		8433
渤州	中	328	新唐	6182
		525	遼	471
渤錯水	中	336	新唐	6194

項目	二十五史抄		新校本		項目	二十五史抄	新校本
渤海	上 33	史	2987			158	3491
	235	晉	310			159	3526
	259		2492			159	3535
	275		2806			165	3553
	279		2812			165	3621
	287	宋書	2826			170	3943
	427	魏	375			171	4051
	437		751			199	5334
	438		760			201	5337
	445		1399			216	5359
	448		1707			217	5361
	457		1829			228	新唐 136
	465		2064			229	184
	495	北齊	1			231	824
	501		608			237	1128
	511	周	670			238	1146
	596	北	2487			238	1147
	597		2537			239	1147
	608		2684			241	1836
	中 32	隋	1500			254	3806
	81	舊唐	214			291	4597
	82		285			295	5161
	82		301			306	5990
	83		307			317	6150
	83		310			325	6177
	83		320			326	6179
	83		345			326	6180
	84		375			327	6181
	85		381			350	6375
	86		419			352	6412
	86		424			358	舊五 427
	86		425			360	468
	86		458			362	587
	87		465			368	1768
	87		479			369	1830
	87		507			373	新五 14
	88		547			374	64
	88		548			374	74
	89		609			378	889
	94		1312			379	889
	94		1316			380	907
	116		2441			381	911
	157		3328			381	919

項目	二十五史抄	新校本
	382	919
	395	宋 603
	396	683
	403	3052
	407	4586
	408	4641
	412	9124
	413	9125
	416	9695
	418	10045
	421	10532
	430	12126
	430	12127
	432	13235
	433	13981
	436	14039
	447	14128
	448	14129
	449	14130
	457	遼 12
	458	21
	460	27
	462	48
	465	108
	467	121
	469	146
	471	158
	473	168
	476	185
	478	202
	479	204
	482	234
	484	262
	491	328
	492	331
	493	333
	493	334
	494	334
	503	362
	505	396
	507	417
	508	421
	509	437

項目	二十五史抄	新校本
	511	439
	511	440
	512	442
	513	447
	514	451
	514	455
	515	456
	516	457
	517	459
	517	460
	518	460
	519	462
	520	464
	521	465
	522	467
	523	468
	524	470
	525	471
	526	473
	527	475
	529	482
	530	488
	537	715
	538	744
	543	812
	546	878
	547	899
	548	929
	549	930
	552	970
	552	974
	567	1113
	570	1126
	580	1147
	593	1184
	594	1186
	602	1209
	602	1210
	603	1211
	604	1224
	605	1230
	606	1237
	606	1238

項目	二十五史抄	新校本
	607	1241
	609	1260
	610	1281
	614	1336
	615	1341
	616	1343
	618	1347
	622	1404
	624	1431
	625	1431
	630	1446
	632	1481
	632	1498
	633	1502
	633	1516
下	3	金 1
	3	2
	5	23
	6	24
	6	25
	6	29
	6	31
	10	73
	12	86
	16	144
	18	169
	25	269
	29	552
	30	554
	31	556
	32	560
	36	992
	38	1032
	38	1096
	95	1562
	96	1588
	97	1632
	97	1633
	99	1679
	100	1757
	100	1763
	102	1822
	104	1833

項目	二十五史抄	新校本
	113	1889
	117	2005
	120	2216
	124	2635
	125	2758
	126	2760
	127	2783
	127	2784
	129	2881
	189	元 1395
	191	1399
	192	1399
	192	1400
	221	3522
	237	3978
	300	新元 47-2
	370	188-1
	384	230-2
	385	230-14
	387	244-3
	387	244-12
渤碣	中 232	新唐 825
渤海國	中 218	舊唐 5363
	359	舊五 446
	360	496
	362	575
	362	576
	363	653
	366	1126
	369	1830
	374	新五 48
	377	178
	448	宋 14129
	510	遼 439
	515	457
	537	711
	571	1129
渤海郡	中 217	舊唐 5360
	218	5362
	296	新唐 5161
	296	5180
	326	6180
渤海靺鞨	中 80	舊唐 190

項目	二十五史抄		新校本	
		80		198
		81		210
		216		5360
		342	新唐	6201
		344		6205
		370	舊五	1844
渤海州	中	528	遼	477
渤海縣	中	179	舊唐	4947
		291	新唐	4681
		511	遼	440
		520		464
		523		468
	中	7	隋	80
發	上	3	史	43
發盧河	中	339	新唐	6198
鉢室韋	上	640	北	3130
		640		3131
	中	67	隋	1882
		68		1883
撥換	中	148	舊唐	3204
		288	新唐	4576
撥換城	中	148	舊唐	3203
		288	新唐	4576
潑猪(江)	下	584	明	8287
方夷	上	106	後漢	2807
防(州)	中	514	遼	451
房	上	51	漢	1626
		142	後漢	3530
枋頭	上	272	晉	2796
		303		2853
		310		2891
		312		2893
		318		2941
		322		3078
		349		3161
		462	魏	2061
		466		2066
		469		2071
		472		2101
		620	北	3070
傍都里	下	130	金	2883
榜葛剌	下	427	明	86
		427		87

項目	二十五史抄		新校本	
		427		88
		428		89
		428		90
		428		94
		431		120
		431		130
		431		131
拜漠州	中	237	新唐	1128
襄氏堡	上	310	晉	2876
白葛達	下	430	明	117
白江	中	133	舊唐	2791
		198		5332
		225	新唐	63
		267		4083
白江口	中	341	新唐	6201
白溝	中	510	遼	438
白駒場	下	501	明	5421
		515		5618
白道	上	495	北齊	1
	中	316	新唐	6138
白道川	中	65	隋	1869
		72	舊唐	53
		205		5345
		316	新唐	6135
白同	上	271	晉	2796
白蘭山	中	64	隋	1842
白狼	上	243	晉	428
		280		2816
		335		3099
		344		3129
	中	503	遼	378
白狼城	上	496	北齊	57
白狼水	上	483	魏	2223
		638	北	3127
	中	503	遼	378
		550		951
白狼河	上	563	北	701
	中	212	舊唐	5354
		321	新唐	6173
白連州	中	236	新唐	1127
白虜	上	619	北	3069
白鹿山	上	329	晉	3088
		339		3106

項目	二十五史抄		新校本	
白馬	上	230	晉	203
白馬灤	中	492	遼	332
白茅港	下	505	明	5604
白茆港	下	459	明	2166
白浮	下	194	元	1588
白貔河	中	67	隋	1881
白沙	下	567	明	7439
白沙港	下	560	明	6940
白山	上	125	後漢	2982
		636	北	3125
	中	325	新唐	6177
		325		6178
		330		6185
	下	245	元	4607
白山島	下	481	明	4207
		481		4236
白山部	中	216	舊唐	5359
	下	3	金	1
白石	中	518	遼	461
白石山	上	603	北	2606
	中	37	隋	1534
	中	515	遼	457
白城	中	291	新唐	4596
白水	下	286	新元	16-7
白水灤	中	554	遼	996
		597		1190
		599		1192
白水灤	中	497	遼	343
		499		347
白水部	中	58	隋	1821
白霫	中	204	舊唐	5343
		208		5349
		315	新唐	6134
		316		6145
白巖	中	517	遼	460
白巖城	中	223	新唐	44
		256		3832
		521	遼	466
白巖縣	中	521	遼	466
白崖	中	119	舊唐	2487
		255	新唐	3819
白崖城	中	154	舊唐	3293
		191		5323
		269	新唐	4119
		334		6191
白楊(縣)	中	516	遼	458
白屋	上	366	宋書	912
白夷	上	106	後漢	2807
白州	中	129	舊唐	2764
白翟	上	29	史	2883
		67	漢	3746
白河	下	45	金	1395
		104		1834
		194	元	1588
百道原	下	337	新元	143-6
		407		250-6
百蠻	上	22	史	1922
百越	上	26	史	2561
		131	後漢	2990
	中	94	舊唐	1316
百濟(國)	上	233	晉	224
		233		233
		285		2824
		313		2902
		356	宋書	88
		356		91
		356		98
		357		162
		357		169
		371		2392
		372		*2393
		373		2395
		379	南齊	*1010
		383	梁	36
		383		52
		383		65
		384		78
		384		85
		384		105
		385		801
		387		*804
		395	陳	68
		395		91
		396		111
		396		113
		397		442

項目	二十五史抄	新校本
	413	魏 137
	476	2214
	476	2216
	477	*2215
	480	2220
	498	北齊 100
	499	106
	505	周 104
	506	117
	511	884
	512	*886
	517	南 41
	518	46
	518	48
	518	51
	519	111
	520	185
	520	193
	520	202
	521	210
	521	216
	521	230
	522	284
	522	297
	523	304
	523	1075
	524	1749
	525	1969
	527	*1971
	528	1973
	529	1974
	529	1975
	532	2008
	541	北 88
	549	289
	549	294
	550	370
	550	374
	551	408
	552	450
	557	455
	627	3112
	628	3114

項目	二十五史抄	新校本
	628	3115
	631	3118
	633	3121
	633	3122
	634	3122
	634	3123
	636	3125
	643	3135
	644	3137
	645	3137
中	3	隋 16
	5	71
	5	75
	50	1748
	53	1814
	56	*1817
	57	1820
	61	1825
	62	1827
	63	1827
	71	舊唐 14
	71	32
	72	48
	72	49
	74	80
	74	81
	77	102
	91	900
	93	1069
	96	1385
	129	2779
	132	2790
	133	2791
	133	2792
	134	2792
	134	2793
	135	2794
	136	2795
	154	3294
	178	4941
	179	4948
	188	5319
	190	5321

項目	二十五史抄	新校本	項目	二十五史抄	新校本
	195	*5328	百濟城	中 341	新唐 6200
	199	5334	百支國	上 211	三 854
	199	5335	百花	下 424	明 33
	200	5335		620	8407
	200	5336	伯耆(州)	中 451	宋 14133
	225	新唐 60	伯德部	中 506	遼 411
	225	62	伯咄部	上 635	北 3124
	225	63		中 58	隋 1821
	231	478		下 3	金 1
	239	1163	伯濟(國)	上 114	後漢 2818
	266	4082		205	三 849
	267	4083	柏肆	上 331	晉 3094
	270	4121		434	魏 683
	273	4138	柏嵩嶺	下 506	明 5605
	274	4139	柏崖城	中 41	隋 1595
	299	5636	栢肆	上 468	魏 2069
	300	5647		487	2312
	314	6077	栢肆塢	上 436	魏 710
	330	6185		537	北 15
	331	6187	半路國	上 209	三 853
	333	6190	番	中 492	遼 332
	334	6190		627	1439
	337	6195	番禺	上 74	漢 4268
	339	*6198		中 269	新唐 4112
	342	6202		下 567	明 7440
	343	6203	番汗	上 52	漢 1626
	346	6208		139	後漢 3529
	347	6209	蕃部	中 405	宋 3903
	348	6210		412	9124
	363	舊五 657		413	9126
	369	1844	蕃(州)	中 512	遼 442
	374	新五 74	樊	上 363	宋書 723
	445	宋 14053	繁畤	中 124	舊唐 2671
	450	14132	藩漢	中 505	遼 397
	下 143	元 113	伐奴城	中 339	新唐 6198
	212	3165	凡城	上 184	三 835
	245	4607		243	晉 428
	251	4616		282	2818
	270	新元 8-6		289	2832
	579	明 8279		291	2833
	613	8363		624	北 3079
百濟郡	上 527	南 1972	范陽	上 56	漢 1657
百濟西部	中 154	舊唐 3294		294	晉 2839

項目		二十五史抄		新校本
		297		2843
		406	魏	29
		433		651
		441		949
		488		2402
		501	北齊	607
		571	北	880
		574		983
	中	104	舊唐	1958
		124		2652
		150		3206
		173		4471
		214		5356
		229	新唐	155
		250		3568
		285		4429
		291		4597
		296		5230
		298		5533
		304		5945
		320		6171
		321		6172
		323		6175
		351		6387
		351		6411
		352		6412
		352		6414
		530	遼	496
范陽郡	中	233	新唐	1019
范河	中	515	遼	456
	下	30	金	554
		447	明	957
范河城	下	447	明	957
辟卑離國	上	205	三	850
辟陽	上	8	史	391
		324	晉	3082
		418	魏	4069
辟閭渾	上	352	晉	3185
碧蹄	下	543	明	6195
劈山	下	526	明	5856
		537		6185
壁谷	中	516	遼	458
壁州	中	283	新唐	4336
闞登水	下	129	金	2883
弁軍彌國	上	209	三	853
弁樂奴國	上	209	三	853
弁辰	上	114	後漢	2818
		115		2820
		208	三	852
		210		853
		263	晉	2534
弁韓	上	204	三	849
		207		851
		209		853
		262	晉	2533
		387	梁	804
		527	南	1971
	中	199	舊唐	5334
		326	新唐	6180
		342		6202
		382	舊五	920
		529	遼	483
	下	31	金	558
汴	上	103	後漢	2464
	中	398	宋	2324
		602	遼	1210
	下	45	金	1393
		46		1394
		46		1395
汴京	中	519	遼	463
		531		517
	下	41	金	1385
汴梁	下	472	明	3683
		472		3684
汴城	下	104	金	1834
汴州	中	144	舊唐	3073
		159		3535
		284	新唐	4419
		306		5990
汴河	下	457	明	2018
邊城	上	274	晉	2805
別島	中	449	宋	14131
別失八里	下	425	明	49
		426		82
		427		84
		427		85

項目	二十五史抄		新校本	
		428		89
		428		90
		428		91
		428		97
別十八里	下	304	新元	56-7
繁子門	下	464	明	2245
并	上	363	宋書	715
	中	76	舊唐	92
并門	中	448	宋	14130
并州	上	84	後漢	329
		84		331
		84		333
		~		~
		84		336
		85		343
		85		344
		85		346
		85		352
		85		353
		96		1693
		99		2139
		123		2962
		130		2990
		136		3526
		149	三	100
		178		831
		182		834
		184		835
		187		836
		189		838
		190		839
		228	晉	123
		238		375
		240		398
		255		2082
		270		2770
		275		2806
		291		2833
		304		2854
		314		2919
		327		3086
		331		3094
		332		3095

項目	二十五史抄		新校本	
		427	魏	371
		436		710
		443		1069
		466		2066
		487		2312
		489		2466
		565	北	755
		575		1119
		589		2163
		591		2165
		650		3276
		651		3287
	中	73	舊唐	58
		74		66
		111		2280
		211		5352
		253	新唐	3766
		256		3829
		272		4124
		286		4497
		509	遼	437
		511		441
步奚	中	528	遼	481
保	中	474	遼	175
保大柵	中	89	舊唐	593
保安	下	439	明	243
保定	中	292	新唐	4703
	下	426	明	79
		442		275
		443		279
		462		2236
		472		3683
		499		5417
		511		5613
		522		5823
		524		5849
		527		5880
		528		5916
		542		6193
		546		6266
		547		6171
		550		6405
保靖	下	493	明	5407

項目		二十五史抄		新校本		項目		二十五史抄		新校本
			508		5608				555	6696
			576		7994	復州	中	527	遼	476
			577		7994		下	31	金	556
			577		7998			188	元	1079
保州	中	479	遼	204				294	新元	26-17
		517		459				299		47-1
		614		1336				476	明	3855
		635	遼	1521		福	下	240	元	4229
	下	6	金	29				467	明	2248
		6		30		福建	中	417	宋	9871
		42		1387				440		14046
		45		1393			下	178	元	719
		47		1397				261		4667
		94		1562				262		4668
		130		2884				276	新元	10-5
		131		2885				413		253-9
		131		2886				423	明	24
保和縣	中	510	遼	439				425		44
保活里	下	3	金	2				440		245
普寧州	下	321	新元	114-7				441		249
普嵐	上	412	魏	128				448		1280
普壁壘	上	291	晉	2835				449		1285
普述水	上	475	魏	2214				456		1981
		626	北	3111				463		2243
普陀	下	464	明	2245				464		2245
		504		5603				466		2247
補陀山	下	479	明	4091				489		5339
寶山	下	499	明	5418				492		5407
		505		5604				497		5414
		509		5610				504		5602
		543		6194				508		5608
寶應	中	321	新唐	6172				510		5611
	下	608	明	8354				514		5617
寶坻	下	463	明	2243				515		5619
卜寨	下	531	明	5983				519		5708
卜花兒	下	429	明	102				520		5773
伏	中	318	新唐	6168				522		5824
伏羅	上	544	北	149				523		5834
伏部	中	510	遼	438				559		6818
伏弗郁部	上	482	魏	2223				560		6938
		637	北	3127				560		6939
伏牛	下	468	明	2252				563		7285
復	下	466	明	2247				564		7378

項目	二十五史抄	新校本
	590	8295
	592	8298
	599	8342
	600	8342
	601	8344
	605	8350
	609	8356
	610	8356
	613	8364
	614	8365
	615	8366
	615	8367
	616	8367
	616	8368
	617	8369
	618	8370
	619	8397
福建省	下 465	明 2245
福郡	下 605	明 8350
福寧	下 463	明 2244
	464	2245
	465	2246
	491	5404
	510	5611
	511	5612
	523	5834
福寧州	下 609	明 8356
福(路)	下 464	明 2245
福府	下 463	明 2243
	490	5397
	605	8350
福山港	下 464	明 2245
福城	中 309	新唐 5994
福城縣	中 163	舊唐 3540
福安	下 517	明 5625
	609	8356
福餘	下 531	明 5982
	622	8497
	622	8504
	623	8505
	623	8506
福餘衛	下 623	明 8504
福全	下 463	明 2244

項目	二十五史抄	新校本
福州	中 328	新唐 6182
	380	新五 906
	下 261	元 4667
	292	新元 26-4
	403	249-21
	427	明 87
	440	246
	465	2246
	465	2247
	498	5415
	609	8356
	614	8365
福寧州	下 240	元 4229
福濤	下 440	明 248
	491	5404
	510	5611
	510	5612
	516	5625
	567	7440
福濤城	下 609	明 8356
福興	下 413	新元 253-9
僕幹水	下 3	金 2
僕骨	中 72	舊唐 53
	204	5343
	205	5344
	208	5348
	311	新唐 6035
	315	6134
	316	6139
	316	6140
	316	6145
僕散部	下 129	金 2882
濮	下 47	金 1396
濮陽	中 160	舊唐 3536
	307	新唐 5990
	309	5994
濮陽縣	中 163	舊唐 3540
濮(州)	中 159	舊唐 3535
	160	3536
	245	新唐 3450
	306	5990
	307	5990
覆鐘國	上 480	魏 2221

項目	二十五史抄		新校本	
			636	北 3125
本州	中	323	新唐	6175
奉德州	中	521	遼	465
奉德縣	中	521	遼	465
奉陵	中	477	遼	190
奉陵縣	中	520	遼	465
奉先縣	中	520	遼	464
奉聖	下	43	金	1389
奉聖州	中	498	遼	345
		597		1190
奉集	下	31	金	556
		299	新元	47-1
奉集縣	中	521	遼	466
	下	447	明	987
奉天	中	172	舊唐	4077
		296	新唐	5180
奉化	下	509	明	5609
		567		7439
		607		8353
逢龍	中	99	舊唐	1522
逢龍縣	中	99	舊唐	1522
鳳	下	467	明	2248
		500		5420
鳳翔	中	157	舊唐	3312
		246	新唐	3450
		293		4750
	下	37	金	998
鳳陽	下	452	明	1773
		500		5420
鳳州	上	590	北	2165
	中	513	遼	448
	下	203	元	2570
		224		3628
		225		3629
		307	新元	69-6
		354		176-2
鳳集	下	125	金	2758
鳳凰山	下	507	明	5607
鳳凰城	下	447	明	952
		595		8302
蓬萊神山	上	117	後漢	2822
蓬州	下	186	元	964
		411	新元	250-12

項目	二十五史抄		新校本	
夫黎營	上	80	後漢	223
		128		2986
夫餘(國)	上	36	史	3265
		56	漢	1657
		74		4130
		84	後漢	335
		100		2353
		107		*2810
		109		2812
		110		2813
		130		2989
		191	三	*841
		195		843
		196		844
		199		846
		201		847
		202		848
		261	晉	*2352
		263		2534
		385	梁	801
		475	魏	2213
		476		2215
		477		2216
		478		2217
		511	周	884
		512		886
		525	南	1970
		554	北	457
		625		3110
		626		3111
		627		3113
		628		3114
		631		3118
		632		3120
	中	7	隋	80
		52		1813
夫餘夷	上	80	後漢	217
夫租	上	56	漢	1627
扶南(國)	上	227	晉	77
		243		690
		356	宋書	85
		359		586
		383	梁	52

項目		二十五史抄		新校本
		383		63
		518	南	45
		520		193
		520		201
	中	231	新唐	479
扶羅	中	524	遼	471
扶桑(國)	上	252	晉	1540
		380	南齊	1019
		385	梁	801
		390		*808
		525	南	1969
		530		*1976
	下	599	明	8342
扶餘	上	73	漢	4115
		112	後漢	2816
		173	三	731
		187		837
		187		838
		273	晉	2804
		274		2804
		287		2826
		306		2858
		307		2859
		412	魏	116
		525	南	1969
		556	北	464
		557		1421
		625		3110
	中	10	隋	87
		72	舊唐	53
		188		5319
		195		5328
		226	新唐	66
		270		4120
		275		4141
		326		6180
		328		6182
		329		6183
		330		6185
		331		6187
		338		6197
		339		6198
		360	舊五	512

項目		二十五史抄		新校本
		369		1843
		379	新五	890
		381		919
		434	宋	14035
		448		14129
		458	遼	21
		459		24
		510		438
		510		439
		529		483
	下	29	金	552
		245	元	4607
		579	明	8279
扶餘道	上	554	北	458
		605		2638
		606		2651
	中	7	隋	80
		38		1535
		39		1566
		225	新唐	61
扶餘城	中	131	舊唐	2782
		190		5321
		275	新唐	4141
		338		6196
		360	舊五	512
		459	遼	24
		512		443
		522		468
		530		496
		553		974
		602		1210
		604		1224
		606		1237
扶餘川	中	131	舊唐	2782
扶餘縣	中	508	遼	418
		512		443
		522		468
扶(州)	中	328	新唐	6182
扶風	上	91	後漢	842
		168	三	354
	中	17	隋	676
		32		1500
		157	舊唐	3312

項目	二十五史抄		新校本	
		293	新唐	4750
阜俗縣	下	301	新元	47-4
枹罕	上	268	晉	2644
		349		3161
		531	南	1977
剖阿里	中	471	遼	159
		476		183
		549		932
		559		1096
		560		1100
剖阿里國	中	504	遼	392
浮	上	91	後漢	1137
浮渝靺鞨	中	100	舊唐	1524
釜山	下	523	明	5828
		543		6195
		548		6392
		551		6412
		587		8291
		588		8293
		589		8293
		590		8295
		590		8296
		591		8297
		593		8300
		594		8301
		611		8358
釜山浦	下	548	明	6392
涪城	上	314	晉	2916
部落稽	中	231	新唐	479
部阿里部	中	484	遼	269
部衆	下	5	金	22
富利	中	524	遼	471
富利縣	中	510	遼	439
富山	上	198	三	845
富庶縣	下	300	新元	47-3
富壽縣	中	523	遼	469
富安	下	500	明	5420
富義縣	中	512	遼	444
富州	中	328	新唐	6182
		523	遼	469
富察	下	549	明	6395
淦	上	21	史	1806
淦口	上	329	晉	3088

項目	二十五史抄		新校本	
	中	111	舊唐	2280
北假	上	30	史	2886
		67	漢	3748
北京	下	40	金	1305
		127		2784
		408	新元	250-
		484	明	4541
		610		8357
北京路	下	31	金	557
		299	新元	47-1
		299		47-2
		300		47-3
		301		47-4
北谷	中	148	舊唐	3204
		288	新唐	4576
北關	下	539	明	6187
		539		6188
		555		6692
		595		8302
北剋部	中	506	遼	411
北琴海	下	4	金	16
北唐古部	中	506	遼	412
北虜	上	88	後漢	695
		88		716
北陸道	中	451	宋	14133
北賴山	上	650	北	3287
北邙	上	579	北	1519
北貊	上	41	漢	46
北發	上	3	史	43
		42	漢	160
北夫餘	上	640	北	3131
北扶餘	上	481	魏	2222
	中	348	新唐	6210
北城	下	448	明	957
北新關	下	493	明	5408
		607		8353
北新城	上	56	漢	1657
北室韋	上	630	北	3129
		639		3130
		640		3131
	中	67	隋	1882
		68		1883
北安州	中	497	遼	343

項目	二十五史抄		新校本	
北安平	上	52	漢	1626
	中	510	遼	438
北安平縣	中	513	遼	447
北洋	下	508	明	5609
北女直	中	468	遼	140
		479		204
		482		233
		508		431
		522		467
		523		468
		523		469
		524		470
		525		472
		527		476
		612		1316
		633		1516
北女直部	中	576	遼	1141
北黎州	中	99	舊唐	1523
北燕	上	344	晉	3128
		488	魏	2402
		539	北	26
		616		3005
		623		3077
	中	52	隋	1801
		94	舊唐	1316
		232	新唐	825
		269		4112
北豫州	上	584	北	1829
北烏魯虎克	中	515	遼	456
北沃沮	上	109	後漢	2812
		200		847
		201		847
北遼	中	501	遼	352
北元	下	294	新元	26-17
北原	上	339	晉	3105
(北)魏	上	329	晉	3089
		330		3089
		331		3093
		331		3094
		333		3095
		333		3096
		338		3103
		342		3110
		346		3131
		347		3133
		350		3162
		350		3163
		445	魏	1346
		474		2128
		594	北	2322
		608		2684
		618		3067
		633		3121
北魏	中	407	宋	4558
北義州	中	97	舊唐	1512
北夷	上	24	史	2269
		47	漢	1288
		108	後漢	2810
		273	晉	2803
		385	梁	801
		651	北	3291
北狄	上	3	史	28
		65	隋	1863
		226	晉	40
		543		138
		543		140
		543		144
		543		147
	中	19	隋	798
		92	舊唐	1069
	下	188	元	1345
北廷	中	296	新唐	5180
		315		6113
		353		6415
北庭	中	185	舊唐	5174
北齊	中	97	舊唐	1510
		230	新唐	478
		503	遼	376
		550		951
北(州)	上	126	後漢	2984
	中	522	遼	467
北地	上	29	史	2885
		67	漢	3747
		84	後漢	336
		130		2990
		133		2994

項目	二十五史抄		新校本	
		188	三	838
		235	晉	310
		312		2893
北平	上	147	三	29
		269	晉	2767
		271		2770
		275		2806
		337		3103
		501	北齊	547
		603	北	2605
	中	10	隋	87
		22		1148
		37		1531
		97	舊唐	1511
		247	新唐	3458
		254		3806
		353		6426
	下	448	明	1280
北平郡	上	491	魏	2496
	中	20	隋	858
		212	舊唐	5353
		320	新唐	6171
北豊	上	474	魏	2128
		624	北	3080
北豊縣	上	152	三	110
北河	下	536	明	6184
北海	上	275	晉	2806
		287		2826
		641	北	3132
	中	94	舊唐	1312
		241	新唐	1805
北奚	中	291	新唐	4596
北戶	上	514	周	899
北匈奴	上	96	後漢	1685
		121		2951
		128		2985
北黑水靺鞨	中	215	舊唐	5358
分黎山	上	55	漢	1627
分水東嶺	下	448	明	957
分水西嶺	下	448	明	957
汾水	上	598	北	2557
	中	42	隋	1613
汾陰	中	112	舊唐	2309

項目	二十五史抄		新校本	
		253	新唐	3765
汾(州)	上	591	北	2165
	中	328	新唐	6182
		511	遼	441
汾川	上	507	周	334
芬問	中	318	新唐	6168
芬阿部	中	510	遼	438
盆奴里國	中	504	遼	392
墳山	中	529	遼	487
不其	上	103	後漢	2464
不其城	上	377	南齊	501
不耐	上	199	三	846
	中	57	隋	1820
		166	舊唐	3785
不耐城	上	176	三	762
		199		846
		386	梁	803
		626	北	3112
不耐濊	上	203	三	848
不連	中	97	舊唐	1510
不崙	上	417	魏	195
不彌國	上	205	三	850
		211		854
		389	梁	806
		643	北	3135
不斯國	上	208	三	853
不斯濱邪國	上	205	三	850
不雲國	上	205	三	850
不而(縣)	上	55	漢	1627
不咸山	上	263	晉	2534
不呼國	上	211	三	854
弗波女提	上	417	魏	195
佛泥	中	402	宋	2813
佛堂原	中	296	新唐	5161
佛郎機	下	437	明	212
		491		5403
		610		8357
		621		8411
拂涅	中	58	隋	1821
		325	新唐	6177
		326		6179
拂涅國	中	516	遼	457
		522		467

項目	二十五史抄		新校本	
拂涅部	上	635	北	3124
	中	58	隋	1821
	下	3	金	1
拂菻	中	289	新唐	4577
		402	宋	2813
拂林	中	433	宋	13981
拂湟	中	328	新唐	6182
拂湟州	中	237	新唐	1128
沸流	上	386	梁	803
		626	北	3112
沸流郡	中	519	遼	463
沸流水	上	175	三	762
		198		845
	中	519	遼	463
比羅	上	418	魏	205
比沙	上	418	魏	205
比沙杖國	上	419	魏	210
畀兀郎哈	下	426	明	79
邳州衛	下	509	明	5609
肥口	上	472	魏	2101
肥(水)	上	254	晉	1946
肥如	上	79	後漢	183
		101		2353
		243	晉	428
		270		2768
		273		2804
		340		3106
		473	魏	2127
		624	北	3079
肥如縣	上	128	後漢	2986
肥前	中	451	宋	14134
肥前鷹島	下	410	新元	250-10
肥河衛	下	623	明	8506
肥鄉	上	229	晉	177
		456	魏	1760
肥後	中	451	宋	14134
卑離國	上	205	三	849
卑彌國	上	205	三	850
卑奢城	中	34	隋	1516
卑列道	中	267	新唐	4084
毗舍那國	中	447	宋	14127
飛驒	中	451	宋	14133
飛狐	中	412	宋	9024

項目	二十五史抄		新校本	
脾室	下	99	金	1737
		100		1742
備前	中	451	宋	14134
備中	中	451	宋	14134
備後	中	451	宋	14134
鼻骨德	中	463	遼	69
鼻骨德部	中	565	遼	1108
裨離	上	265	晉	2536
裨離國	上	265	晉	2536
賓徒	上	142	後漢	3530
		242	晉	427
賓州	中	473	遼	171
		491		329
		524		470
		581		1152
頻沒部	中	510	遼	438
嬪州	中	519	遼	462
濱州	下	175	元	574
		300	新元	47-2
		385		230-14
濱海	中	100	舊唐	1524
		518	遼	461
	下	398	新元	249-13
濱海女直	中	467	遼	131
瀕海城	下	425	明	44
瀕海女直	中	467	遼	131

項目	二十五史抄		新校本	

[사]

項目	二十五史抄		新校本	
乍浦	下	439	明	244
		466		2247
		491		5397
		493		5407
		494		5410
		495		5411
		496		5412
		509		5609
		509		5610
		606		8352
		607		8352
		608		8354
乍浦峽	下	464	明	2245
四明	中	444	宋	14052
	下	168	元	367
		240		4232
四闢沙	中	504	遼	390
四部族	中	569	遼	1121
四岳橋	中	617	遼	1346
四營屠各	上	102	後漢	2382
四裔	下	520	明	5773
四鎭	中	138	舊唐	2890
		138		2891
		173		4523
		279	新唐	4211
		288		4576
		348		6265
四川	下	278	新元	11-7
		389		247-5
		440	明	245
		455		1901
		505		5604
		515		5620
		549		6392
四頗儦	中	504	遼	390
司兗	上	244	晉	816
司州	上	238	晉	377
		241		408
		262		2533
		269		2768
		270		2770

項目	二十五史抄		新校本	
		291		2834
		363	宋書	718
		380	南齊	1012
汜水	中	150	舊唐	3206
沙南	上	126	後漢	2983
		136		3319
		137		3525
沙樓國	上	265	晉	2537
沙里佛來安	下	415	新元	253-11
沙灣	下	457	明	2018
		516		5624
沙門島	下	366	新元	182-4
		458	明	2116
		481		4207
沙埠	下	490	明	5365
沙卑城	中	120	舊唐	2516
		131		2784
		191		5323
		223	新唐	44
		255		3829
		276		4147
沙城	中	336	新唐	6193
沙氏	上	632	北	3120
	中	56	隋	1818
		340	新唐	6198
沙苑	上	507	周	334
		509		496
		590	北	2164
沙子湖	下	458	明	2104
沙磚道	中	225	新唐	60
沙井	中	197	舊唐	5332
沙亭	上	306	晉	2858
沙州	中	275	新唐	4142
		415	宋	9617
沙陀	中	88	舊唐	593
		89		593
		412	宋	9124
		413		9126
		458	遼	22
		571		1128
沙河	中	515	遼	456
		520		463
	下	566	明	7438

項目	位置	二十五史抄	史書	新校本
沙河堡	下	625	明	8508
沙縣	下	572	明	7718
社崙	上	648	北	3250
邪古	中	347	新唐	6209
邪頭昧	上	55	漢	1627
邪馬國	上	211	三	855
邪馬臺	上	643	北	3135
	中	61	隋	1825
邪馬臺國	上	116	後漢	2820
		211	三	854
		643	北	3135
邪摩堆	上	643	北	3135
邪靡堆	中	61	隋	1825
邪(州)	中	328	新唐	6182
舍利州	中	237	新唐	1129
舍衛	上	541	北	94
泗	下	500	明	5420
泗濱	下	195	元	1696
泗(水)	上	4	史	56
		4		58
		50	漢	1527
泗夷	上	107	後漢	2809
泗州	下	440	明	245
		514		5618
		545		6214
		592		8298
思結	中	204	舊唐	5343
		208		5348
		208		5349
		317	新唐	6145
思慕部	中	325	新唐	6178
思恩	下	492	明	5407
思厭於師	上	412	魏	120
		540	北	71
娑葛	中	184	舊唐	5172
		312	新唐	6048
娑夷河	中	148	舊唐	3204
		288	新唐	4577
射陽	上	523	南	1127
師子(國)	上	517	南	41
		521		204
師州	中	98	舊唐	1521
		99		1523
		236	新唐	1127
		237		1128
		353		6426
		354		6426
斜橋	下	566	明	7438
蛇水	中	225	新唐	62
		337		6196
斯羅	上	388	梁	805
		417	魏	195
		418		205
		528	南	1973
	中	57	隋	1820
斯盧國	上	209	三	853
斯馬國	上	211	三	854
奢卑(城)	上	601	北	2592
莚王(國)	上	540	北	71
		541		73
駟盧國	上	205	三	850
駟望(縣)	上	54	漢	1627
		140	後漢	3530
		242	晉	427
謝(風日)	中	91	舊唐	900
朔	中	14	隋	313
朔霧	下	618	明	8371
朔方	上	31	史	2950
		82	後漢	257
		122		2959
		123		2962
		129		2988
		136		3319
		181	三	833
		270	晉	2768
		401	魏	9
		404		26
		444		1201
		535	北	6
		560		562
	中	10	隋	88
		72	舊唐	53
		150		3206
		157		3312
		158		3491
		172		4077

項目		二十五史抄		新校本
		243	新唐	3444
		246		3455
		285		4459
		289		4578
		292		4749
		293		4750
		296		5180
		345		6206
		350		6375
		352		6415
朔方道	中	282	新唐	4335
		312		6045
		313		6052
朔方烏桓	上	98	後漢	2139
		126		2983
朔州	中	28	隋	1372
		28		1390
		155	舊唐	3295
		184		5167
		226	新唐	86
		276		4149
		311		6044
		316		6135
		316		6138
		344		6204
		412	末	9124
		467	遼	120
		467		121
		509		437
		515		456
	下	43	金	1389
		44		1390
		224		3628
		247		4610
		302	新元	47-5
		327		130-6
		354		176-2
		499	明	5417
山	下	590	明	8295
山口	下	496	明	5412
		608		8355
山南	中	76	舊唐	92
		314	新唐	6077

項目		二十五史抄		新校本
		339		6197
		613	明	8363
		614		8364
山東	上	31	史	2950
		62	漢	2619
		101	後漢	2355
		315	晉	2920
		352		3175
		464	魏	2064
		547	北	249
		552		455
		598		2553
	中	5	隋	76
		18		688
		40		1576
		109	舊唐	2235
		139		2892
		140		2910
		251	新唐	3696
		280		4241
		443	宋	14050
	下	41	金	1385
		423	明	22
		423		24
		428		96
		432		137
		432		141
		439		243
		440		245
		442		275
		447		937
		448		1280
		462		2229
		463		2243
		464		2244
		466		2247
		472		3684
		484		4541
		486		4655
		490		5397
		492		5407
		494		5409
		509		5610

項目		二十五史抄		新校本
		527		5878
		530		5970
		542		6193
		550		6405
		560		6939
		568		7441
		590	北	2164
	下	593	明	8299
		595		8302
		598		8306
		599		8341
		599		8342
		604		8348
		607		8353
		614		8365
山東東路	下	32	金	609
山東東西路	下	40	金	1310
山東路	下	29	金	552
山東西路	下	40	金	1310
山東縣	中	520	遼	464
山頭關	下	448	明	957
山北	中	324	新唐	6176
	下	613	明	8364
山北室韋	中	214	舊唐	5357
山西	上	552	北	455
	中	5	隋	76
	下	448	明	1280
		455		1901
山城	下	597	明	8306
山城州	中	451	宋	14133
	下	610	明	8357
山陽	上	80	後漢	211
		177	三	795
		267	晉	2576
	中	517	遼	460
山戎	上	3	史	43
		6		185
		7		286
		14		1361
		16		1552
		28		2881
		29		2881
		29		2883

項目		二十五史抄		新校本
		67	漢	3747
山陰	中	500	遼	349
山陰道	中	451	宋	14133
山荏	上	230	晉	203
		295		2840
	中	94	舊唐	1312
山河縣	中	522	遼	467
山海	下	512	明	5614
		548		6376
		623		8505
山海關	下	447	明	952
		466		2247
		528		5916
		550		6405
		574		7809
		626		8509
山海衛	下	471	明	3586
		575		7921
山後	中	412	宋	9124
散水原	中	494	遼	334
蒜山	中	255	新唐	3823
		518	遼	461
撒葛山	中	458	遼	21
撒里	下	423	明	31
撒馬兒罕	下	427	明	85
		427		86
		427		87
		428		95
		433		149
		435		173
		435		176
		435		185
		436		186
		436		196
		436		202
		437		204
		437		208
		437		225
		442		264
		442		267
撒思	下	375	新元	207-5
薩勒珠特→散口兀<新校>				
	下	137	元	10

項目	二十五史抄		新校本	
薩摩島	下	495	明	5411
薩摩州	中	451	宋	14134
	下	587	明	8291
		603		8354
		610		8357
薩摩甑島	下	411	新元	250-12
薩毗播仙	中	169	舊唐	3924
薩水	上	555	北	460
		570		855
		606		2651
	中	8	隋	82
		29		1455
		30		1466
薩賀水	中	338	新唐	6197
三角山	下	139	元	47
		224		3628
		318	新元	105-4
		355		176-2
三江	下	463	明	2244
		465		2246
		467		2248
三郡	上	49	漢	1435
三郡烏丸	上	147	三	27
		147		28
		147		29
		156		247
		158		253
		178		831
		182		834
三臺	上	272	晉	2797
三道溝	下	625	明	8509
三登	下	302	新元	47-5
三浪	下	590	明	8296
三里橋	下	495	明	5411
三苗	上	3	史	28
三輔	上	43	漢	231
		91	後漢	842
		94		1609
三佛齊	中	302	宋	331
	下	423	明	26
		423		29
		424		33
		449		1285

項目	二十五史抄		新校本	
		619		8397
		620		8383
		620		8407
三山	下	463	明	2244
		625		8509
三沙	下	501	明	5420
		501		5423
		508		5609
		515		5618
		515		5620
三十部女直	中	473	遼	170
三吳	下	488	明	5116
三危	上	3	史	28
		443	魏	1197
	中	231	新唐	817
三潺水	下	130	金	2883
三丈浦	下	505	明	5603
		565		7437
三州山	中	530	遼	489
三柱里	中	136	舊唐	2795
三汊	中	161	舊唐	3537
		307	新唐	5991
三汊城	中	160	舊唐	3537
三汊口城	中	161	舊唐	3537
三岔	下	466	明	2247
三岔河	下	556	明	6711
		560		6963
三板沙	下	500	明	5418
		505		5603
		505		5604
三河	下	104	金	1834
		462	明	2236
三河縣	中	234	新唐	1022
三河州		523	遼	468
三韓	上	114	後漢	2818
		380	南齊	1012
		645	北	3138
	中	45	隋	1635
		49		1740
		64		1828
		127	舊唐	2734
		156		3297
		196		5330

項目	位	二十五史抄	史書	新校本
		232	新唐	825
		396	宋	1013
		443		14050
	下	31	金	558
		222	元	3536
		223		3627
		581	明	8283
三韓縣	中	529	遼	483
	下	300	新元	47-3
三合鎮	中	100	舊唐	1525
三胡	上	21	史	1809
三和	下	302	新元	47-4
杉盧	中	517	遼	460
杉盧郡	中	517	遼	460
插漢	下	513	明	5615
		536		6183
上京	上	107	後漢	2809
	中	327	新唐	6181
		328		6182
		465	遼	112
		474		174
		475		177
		494		336
		495		337
		496		339
		498		345
		498		346
		500		349
		507		417
		510		438
		511		440
		514		451
		518		462
		519		462
		526		474
		543		801
		594		1186
		596		1189
		603		1212
		606		1238
		609		1268
		613		1333
		613		1336

項目	位	二十五史抄	史書	新校本
		614		1340
		616		1344
		622		1414
		624		1430
		624		1431
		626		1435
		627		1440
		628		1442
	下	20	金	188
		28		551
		29		552
		37		997
		37		1002
		39		1121
		39		1139
		40		1305
		127		2784
		141	元	94
		226		3631
上京道	中	510	遼	438
上京路	下	28	金	549
		28		550
上谷	上	23	史	2070
		29		2886
		30		2891
		30		2895
		36		3265
		56	漢	1657
		60		2053
		67		3748
		68		3751
		68		3754
		77	後漢	76
		80		213
		90		745
		90		810
		111		2814
		125		2981
		125		2982
		126		2983
		126		2984
		128		2985
		129		2987

項目	二十五史抄		新校本	
		130		2990
		135		3238
		137		3527
		181	三	833
		187		838
		189		839
		235	晉	310
		241		425
		246		895
		269		2767
		289		2832
		330		3090
		367	宋書	992
		403	魏	21
		405		27
		431		605
		432		612
		467		2068
		537	北	14
		564		732
		621		3072
	中	94	舊唐	1316
		231	新唐	824
		530	遼	496
上谷郡	上	137	後漢	3528
	中	19	隋	857
上谷烏丸	上	182	三	834
上館城	上	174	三	732
上郡	上	26	史	2542
		29		2885
		67	漢	3747
		68		3751
		99	後漢	2139
		123		2962
		126		2983
		295	晉	2839
		305		2856
	中	415	宋	9616
上郡烏丸	上	147	三	30
上黨	上	21	史	1809
		230	晉	203
		232		213
		268		2644
		295		2839
		306		2858
		311		2891
		311		2892
		324		3082
		343		3127
上黨郡	上	489	魏	2477
上都	下	151	元	188
		166		348
		174		558
		176		609
		185		945
		186		963
		227		3632
		249		4613
		270	新元	8-6
		287		18-4
		314		100-17
		341		152-8
		357		176-5
		358		176-7
		359		176-9
		365		179-11
		398		249-13
		404		249-22
		472	明	3683
		472		3684
上蘭	上	23	史	2070
		60	漢	2053
上林	上	314	晉	2916
上順里女直	中	624	遼	1431
上野	中	451	宋	14133
上庸	上	246	晉	895
		367	宋書	992
上虞	下	494	明	5409
		607		8353
上殷台	上	53	漢	1626
		140	後漢	3529
上總	中	451	宋	14133
上河	下	448	明	957
上海	下	201	元	2542
		312	新元	99-5
		473	明	3754

項目	二十五史抄		新校本	
		491		5397
		495		5411
		499		5418
		505		5604
		509		5610
上海縣	下	606	明	8352
尚州	中	344	新唐	6204
		523	遼	469
		526		473
	下	360	新元	176-10
		548	明	6392
尚湖	下	565	明	7437
相模	中	451	宋	14133
相州	上	452	魏	1714
		582	北	1827
		586		1833
		591		2165
	中	157	舊唐	3313
		175		4737
		241	新唐	1835
		280		4258
		293		4750
		419	宋	10221
桑乾	上	188	三	836
		427	魏	381
	中	142	舊唐	2978
桑乾川	上	405	魏	27
		537	北	14
桑乾河	中	11	隋	160
		124	舊唐	2670
		147		3198
		287	新唐	4552
		497	遼	342
桑植	下	505	明	5604
桑外國	上	205	三	849
商	上	13	史	1229
		15		1480
		22		1922
		49	漢	1463
		591	北	2165
	中	531	遼	501
商嶺	中	458	遼	21
祥丹	下	129	金	2883

項目	二十五史抄		新校本	
祥州	中	491	遼	329
		528		477
常	下	467	明	2248
常郡	下	459	明	2166
常道城	中	100	舊唐	1525
常樂縣	中	515	遼	457
常陸	中	451	宋	14133
常山	上	21	史	1809
		102	後漢	2382
		122		2957
		272	晉	2797
		290		2833
		316		2923
		319		2943
		405	魏	28
		406		28
		406		29
		407		30
		436		710
		462		2061
		566	北	770
	中	231	新唐	817
		292		4681
常山郡	中	247	新唐	3457
常熟	下	495	明	5411
		499		5418
		505		5603
		565		7437
		576		7921
		607		8352
常州	中	176	舊唐	4801
		328	新唐	6182
		458	明	2104
常鎮	下	524	明	5838
常豊	中	518	遼	461
象郡	中	82	舊唐	236
象山	下	523	明	5834
		602		8346
象山縣	下	564	明	7418
象州	中	131	舊唐	2783
		259	新唐	3904
		275		4142
湘陰	中	500	遼	348

項目	二十五史抄		新校本	
湘鄉縣	中	440	宋	14045
霜岩	中	517	遼	460
霜岩縣	中	521	遼	466
雙島	下	557	明	6716
		598		8306
雙墩	下	525	明	5855
雙林	下	607	明	8352
雙山	中	529	遼	482
雙嶼	下	491	明	5403
		492		5404
雙城	下	160	元	267
		168		366
		199		2379
		281	新元	12-7
		300		47-2
		307		70-2
		319		105-7
		365		180-13
		398		249-14
		403		249-21
雙城縣	中	523	遼	468
雙魚	下	526	明	5859
雙魚城	下	517	明	5627
雙魚所	下	610	明	8356
雙州	中	494	遼	336
		495		337
		516		458
		523		468
		594		1186
雙塔	下	194	元	1588
賽里	中	466	遼	113
(王爾)島	下	147	元	135
		147		136
索頭	上	278	晉	2811
		293		2837
索離國	上	631	北	3118
塞曷支	中	214	舊唐	5357
		324	新唐	6177
塞剌	中	579	遼	1146
塞州	中	96	舊唐	1415
生女直	中	627	遼	1439
生女直部	中	489	遼	318
生女眞	下	95	金	1586

項目	二十五史抄		新校本	
西	中	543	遼	812
西羌	上	131	後漢	2991
		133		2994
		215	三	858
		252	晉	1705
		279		2813
西蓋馬	上	53	漢	1626
西京	中	50	隋	1768
		127	舊唐	2735
		157		3313
		328	新唐	6182
		445	宋	14053
		473	遼	168
		496		338
		519		462
		569		1121
		597		1190
		626		1435
		634		1520
	下	42	金	1388
		43		1388
		43		1389
		145	元	123
		146		127
		148		141
		221		3541
		226		3630
		247		4609
		251		4615
		251		4616
		252		4617
		266	新元	4-7
		271		8-10
		272		8-11
		301		47-4
		302		47-5
		329		132-2
		334		135-6
		390		249-1
		394		249-8
		396		249-10
		403		249-21
		579	明	8279

項目	二十五史抄		新校本	
		581		8282
西京路	下	127	金	2784
西南番	中	389	宋	90
		392		335
		393		351
西南夷	上	31	史	2940
		31		2950
		61	漢	2490
		62		2619
		73		3868
		227	晉	80
		313		2915
西突厥	中	66	隋	1876
		72	舊唐	51
		205		5343
		269	新唐	4111
		313		6055
		313		6077
西樂	上	281	晉	2816
西樂縣	中	530	遼	487
西樓	中	379	新五	889
		511	遼	441
	下	221	元	3513
西樓邑	中	369	舊五	1830
西番	中	297	新唐	5279
	下	184	元	917
		185		962
		424	明	41
		453		1797
		476		3855
西部鮮卑	上	171	三	458
		190		839
西北路契丹部族				
	下	128	金	2849
西山	上	406	魏	29
		538	北	16
	中	209	舊唐	5349
		419	宋	10228
	下	194	元	1659
		484	明	4633
西生浦	下	548	明	6392
		588		8293
西室韋	中	215	舊唐	5358

項目	二十五史抄		新校本	
西安平	上	52	漢	1626
		53		1626
		112	後漢	2815
		139		3529
		152	三	119
		198		845
		242	晉	427
		475	魏	2214
		626	北	3112
	中	53	隋	1813
		510	遼	438
西安平縣	上	196	三	844
西洋瑣里	下	619	明	8397
西域	上	121	後漢	2950
		185	三	836
		190		840
		191		840
		262	晉	2533
		319		2942
		543	北	137
		543		139
		543		140
		543		141
		543		142
		544		144
		544		146
		544		147
	中	17	隋	641
		64		1841
		138	舊唐	2890
		141		2947
		143		2987
		143		2999
		207		5347
		238	新唐	1146
		289		4578
		310		6027
		323		6175
		348		6265
	下	138	元	40
		188		1345
		195		1695
		219		3460

項目		二十五史抄	新校本	
		310	新元	91-7
		324		120-14
		330		133-1
		375		209-5
西魏	上	628	北	3114
		651		3288
西戎	上	3	史	28
		3		43
		29		2883
		67	漢	3747
		91	後漢	815
		190	三	840
		226	晉	40
		268		2649
		308		2861
	中	19	隋	798
		65		1866
		92	舊唐	1069
		93		1079
	下	188	元	1345
		449	明	1574
西夷	上	47	漢	1288
		121	後漢	2952
	中	16	隋	591
西津	上	328	晉	3088
西站	下	166	元	348
西天	下	453	明	1797
西天竺	上	541	北	94
西蜀	下	194	元	1695
		310	新元	91-7
西竺	中	91	舊唐	900
西浦	下	545	明	6201
		592		8299
西河	上	29	史	2885
		67	漢	3746
		67		3747
		123	後漢	2962
		235	晉	310
		275		2806
		294		2839
		527	南	1972
	中	111	舊唐	2291
		252	新唐	3734

項目		二十五史抄	新校本	
		313		6177
西夏	中	395	宋	603
		489	遼	317
		538		742
		549		932
		606		1239
		629		1443
	下	126	金	2782
		188	元	1345
		195		1695
		207		2939
		310	新元	91-7
		317		104-26
西奚	中	323	新唐	6176
西海道	中	451	宋	14134
	下	332	新元	134-3
西硤石	中	77	舊唐	125
		318	新唐	6169
西硤石谷	中	210	舊唐	5351
西會州	中	96	舊唐	1415
徐	上	21	史	1705
		367	宋書	1146
	中	237	新唐	1128
	下	439	明	242
徐東洲	下	506	明	5606
徐無	上	282	晉	2818
		289		2832
徐方	上	44	漢	635
徐戎	上	15	史	1524
徐夷	上	107	後漢	2808
徐州	上	4	史	56
		50	漢	1527
		92	後漢	1227
		104		2466
		126		2984
		128		2986
		155	三	240
		182		834
		185		837
		270	晉	2770
		329		3088
	中	99	舊唐	1522
		99		1523

項目	二十五史抄		新校本	
		143		2987
		159		3535
		160		3535
		160		3536
		164		3542
		237	新唐	1128
		306		5990
		307		5990
		310		5995
	下	440	明	245
		473		3706
徐中	上	267	晉	2576
徐海	中	245	新唐	3449
敍南	下	515	明	5620
舒(州)	中	296	新唐	5178
黍谷	上	234	晉	240
棲霞(縣)	下	199	元	2379
瑞愼(州)	中	602	遼	1211
瑞安	下	510	明	5611
瑞安縣	下	301	新元	47-4
瑞州	中	100	舊唐	1525
		362	舊五	576
		379	新五	891
		602	遼	1211
	下	300	新元	47-3
		301		47-4
石家山寨	下	103	金	1823
石見(州)	中	451	宋	14133
石國	中	82	舊唐	301
		149		3206
		289	新唐	4578
石那(國)	上	412	魏	120
		540	北	71
石窟堡	中	98	舊唐	1522
石塘灣	下	493	明	5407
		576		7994
		577		7998
石頭	上	244	晉	816
石葦驛	中	498	遼	345
		597		1190
石葦鐸	中	633	遼	1517
石茅洲	下	516	明	5624
石門	上	101	後漢	2358

項目	二十五史抄		新校本	
		266	晉	2576
		296		2841
		303		2853
		304		2854
		324		3081
		325		3082
		326		3084
		342		3109
		472	魏	2101
石堡城	中	157	舊唐	3312
石山(縣)	中	517	遼	459
石城	中	130	舊唐	2781
		224	新唐	46
		274		4140
		337		6194
		516	遼	458
	下	515	明	5618
		530		5956
		561		6968
		561		6970
石城縣	下	31	金	555
		299	新元	47-1
		609	明	8356
石首	下	533	明	6110
石熊山	中	520	遼	464
石人汪	中	238	新唐	1147
石晉	中	413	宋	9126
		509	遼	437
	下	42	金	1387
石坪	下	490	明	5349
石湖	下	560	明	6938
昔畢罕	下	130	金	2883
析枝	上	3	史	43
析木崖	下	599	明	8342
析木縣	中	508	遼	421
		516		457
		525		472
席島(鎭)	下	302	新元	47-5
錫蘭山	下	434	明	156
錫山驛	下	458	明	2103
仙居	下	508	明	5609
		510		5611
		523		5833

項目	二十五史抄		新校本	
		607		8353
仙岩	中	519	遼	462
仙遊	下	441	明	249
		511		5612
		524		5834
仙人關	中	432	宋	13235
	下	103	金	1824
仙(州)	中	328	新唐	6182
仙鄉縣	中	508	遼	421
		515		457
先零	上	99	後漢	2139
宣	下	455	明	1901
		513		5615
		590		8295
宣德	下	166	元	348
		383	新元	225-7
宣武	中	309	新唐	5994
宣城	上	93	後漢	1286
	下	208	元	2968
		221		3530
		327	新元	130-6
		329		132-2
		334		135-6
		401		249-18
宣義	中	474	遼	175
		635		1521
宣氏(縣)	下	301	新元	47-3
宣州	中	517	遼	459
		521		465
	下	302	新元	47-5
		329		132-2
		395		249-9
		462	明	2236
		462		2238
宣漢	上	367	宋書	1146
宣化縣	中	511	遼	440
單于城	中	460	遼	27
善水	上	639	北	3129
善陽嶺	中	205	舊唐	5345
善玉山	上	479	魏	2220
		635	北	3124
鄯善	上	191	三	840
		313	晉	2904

項目	二十五史抄		新校本	
		411	魏	90
		539	北	50
		540		52
		540		53
鄯善國	上	410	魏	85
鄯州	中	77	舊唐	106
		265	新唐	4052
		265		4053
		313		6077
禪嶺	下	105	金	1837
禪定州	下	213	元	3196
		319	新元	105-7
禪州	下	363	新元	178-2
禪春	下	228	元	3634
鮮	中	237	新唐	1128
鮮卑	上	77	後漢	73
		78		99
		78		157
		79		157
		79		179
		79		183
		79		189
		79		196
		80		213
		81		226
		81		229
		81		230
		81		232
		81		233
		81		234
		81		236
		82		237
		82		239
		82		253
		82		254
		82		255
		82		257
		83		258
		83		260
		83		262
		83		263
		83		279
		83		302

項目	二十五史抄	新校本		項目	二十五史抄	新校本
83	304			99		2140
84	312			99		2145
84	317			99		2191
84	329			100		2353
84	331			101		2358
84	333			102		2363
84	334			107		2810
85	335			111		2815
85	336			112		2815
85	338			121		2950
85	339			121		2951
85	340			121		2952
85	342			122		2956
85	343			~		~
85	344			122		2960
85	346			123		2962
85	352			123		2963
85	353			123		2964
87	608			126		2982
88	695			126		2983
88	715			127		2984
88	716			127		2985
89	695			128		2986
88	715			129		2987
88	716			129		2988
89	719			130		2988
89	724			130		2989
89	744			130		2990
90	744			131		2991
90	745			133		2994
90	746			135		3235
91	810			135		3239
91	914			135		3244
93	1281			136		3319
93	1287			147	三	28
94	1520			148		38
94	1592			148		84
95	1609			149		98
95	1610			149		100
96	1693			150		109
96	1696			153		120
98	2123			154		239
98	2139			155		240

項目	二十五史抄	新校本
156		243
156		247
162		254
168		341
172		727
174		731
178		831
178		832
181		833
183		835
184		835
185		836
186		837
188		838
189		838
190		839
191		841
193		842
208		852
215		858
225	晉	13
226		68
227		73
227		76
227		79
228		152
230		186
238		375
248		1087
252		1710
257		2240
261		2532
265		2537
269		2755
269		2768
270		2768
272		2796
273		2803
274		2804
274		2805
280		2816
290		2833
293		2837

項目	二十五史抄	新校本
306		2858
313		2902
315		2919
317		2924
317		2925
318		2936
324		3081
348		3134
363	宋書	715
368		1970
369		2322
371		2393
386	梁	803
391		810
461	魏	2060
462		2061
463		2062
464		2063
485		2304
486		2306
495	北齊	1
505	周	1
513		899
531	南	1977
537	北	15
547		209
619		3068
626		3112
649		3267
650		3270
中 15	隋	537
64		1842
169	舊唐	3900
209		5349
212		5354
219		5363
231	新唐	478
316		6145
321		6173
378	新五	886
396	宋	1013
407		4558
509	遼	437

項目	二十五史抄		新校本	
	下	622	明	8504
鮮卑山	上	127	後漢	2985
		184	三	836
	中	209	舊唐	5350
		317	新唐	6167
鮮虞縣	中	97	舊唐	1510
鮮州	中	99	舊唐	1522
		99		1523
		235	新唐	1126
契箇部	上	513	周	899
		637	北	3127
契骨	上	514	周	909
		651	北	3287
		651		3292
契嘟	上	412	魏	120
		540	北	71
契(州)	中	96	舊唐	1415
契苾	中	204	舊唐	5343
		205		5344
雪林	中	475	遼	178
薛羅	上	313	晉	2902
薛城	上	470	魏	2071
薛延陀	中	204	舊唐	5343
		205		5344
		206		5346
		208		5348
		358	舊五	331
嚳(國)	上	542	北	109
陝	上	349	晉	3161
	下	455	明	1901
		590		8295
陝郡	中	289	新唐	4578
		290		4582
		353		6421
陝西	中	395	宋	603
		408		4809
	下	39	金	1140
		49		1400
		58		1418
		440	明	248
		442		275
		448		957
		448		1280

項目	二十五史抄		新校本	
		449		1285
		462		2229
		469		2274
		475		3850
陝城	上	310	晉	2889
	中	157	舊唐	3313
陝州	中	150	舊唐	3206
		337	新唐	6195
暹羅	下	423	明	26
		424		29
		424		31
		424		33
		424		34
		424		41
		424		42
		424		43
		424		44
		425		46
		~		~
		425		49
		425		51
		425		53
		426		54
		427		84
		427		86
		427		87
		427		88
		428		89
		428		90
		428		97
		430		117
		430		120
		431		129
		431		130
		432		135
		432		137
		433		149
		434		155
		434		159
		435		169
		435		170
		435		174
		435		176

項目	二十五史抄		新校本	
		435		177
		435		184
		435		185
		440		245
		442		262
		442		264
		445		302
		445		319
		446		334
		449		1285
		451		1677
		456		1980
		530		5965
		610		8357
		619		8377
		619		8397
		619		8401
		620		8407
		620		8415
		621		8433
暹羅斛國	下	619	明	8397
涉羅	上	628	北	3114
涉勒	上	296	晉	2841
		477	魏	2216
涉弈于城	上	285	晉	2822
葉被沽兄李二部				
	中	187	舊唐	5214
攝津	中	451	宋	14133
	下	610	明	8357
成皋	上	300	晉	2849
成德	中	245	新唐	3450
		246		3450
		247		3457
成都	上	35	史	2999
	中	303	新唐	5885
		344		6205
成山	上	35	史	3015
		215	三	1136
成州	中	102	舊唐	1834
		498	遼	346
	下	302	新元	47-5
成周	上	287	宋書	2826
		347	晉	3132
		409	魏	81
		473		2127
		624	北	3079
成周郡	上	275	晉	2806
城山	中	129	舊唐	2779
		273	新唐	4138
城周郡	上	539	北	48
星顯	下	8	金	62
星顯河	下	114	金	1919
盛吉縣	中	518	遼	461
		529		487
盛樂	上	405	魏	27
細柳	中	56	隋	79
細河	下	30	金	554
小葛蘭	下	427	明	85
小官場	下	463	明	2244
小屯臺	下	626	明	8509
小凌河	下	538	明	6186
小梅(河)	中	436	宋	14039
小貊	上	378	南齊	1009
小勃律	中	148	舊唐	3205
小勃律國	中	147	舊唐	3203
小石山	上	478	魏	2218
小石索國	下	205	二	849
小水貊	上	111	後漢	2814
		196	三	844
小陽道	中	451	宋	14133
小魚濼	下	92	金	1544
小如者部	中	324	新唐	6176
小如者室韋	中	214	舊唐	5357
小烏口	下	505	明	5603
小遼水	下	447	明	952
小垻	下	464	明	2245
小垻澳	下	465	明	2246
小濤河	下	447	明	957
		448		957
小平津	上	231	晉	207
小海	上	476	魏	2215
		477		2215
少林	下	468	明	2252
少遼	中	330	新唐	6185
少胡僧山	中	530	遼	487
召陵	上	15	史	1491

項目	二十五史抄		新校本	
邵	下	524	明	5834
邵陵	上	295	晉	2840
邵武	下	523	明	5834
昭明	上	55	漢	1627
		141	後漢	3530
素謂乾國	上	205	三	849
素和國	上	480	魏	2221
		636	北	3125
消奴部	上	110	後漢	2813
		385	梁	801
		525	南	1970
紹	下	464	明	2245
		510		5610
紹郡	下	610	明	8356
紹興	下	463	明	2244
		493		5408
		498		5416
		504		5603
		604		8349
掃里關	中	498	遼	345
		569		1121
疏勒	上	191	三	840
		411	魏	90
		412		120
		417		195
		418		205
		419		212
		420		225
		421		227
		540	北	52
		540		53
		540		67
		540		71
	中	72	舊唐	51
		138		2889
		148		3203
		148		3204
		231	新唐	479
		279		4210
		288		4576
疏木河	中	478	遼	199
霄	上	588	北	2109
蕭頤	上	415	魏	155
蕭海里	中	489	遼	320
	下	5	金	21
		99		1679
		129		2882
蕭縣	下	357	新元	176-6
蘇	中	321	新唐	6172
	下	439	明	242
		464		2244
		509		5610
		514		5618
		576		7993
		577		7998
蘇奴國	上	211	三	854
蘇祿	下	430	明	110
蘇摩黎	上	518	南	47
蘇門答剌	下	427	明	82
		427		85
		427		87
		428		90
		428		95
		430		117
		431		122
		431		125
		435		176
		620		8407
蘇靡黎國	上	356	晉	88
蘇毗	中	293	新唐	4749
蘇濱水	下	4	金	16
蘇州	中	214	舊唐	5356
		323	新唐	6175
		511	遼	439
		527		475
	下	31	金	557
		439	明	242
		463		2244
		493		5407
		499		5418
		578		8253
		604		8348
		607		8352
		607		8353
蘇鎮	下	509	明	5610
涑州	中	328	新唐	6182

項目	二十五史抄		新校本	
		525	遼	472
速盧不斯國	上 205		三	849
速末水	上 479		魏	2220
		635	北	3124
速頻	下 39		金	1121
		39		1146
		40		1305
		115		1940
速頻路	下 114		金	1919
		121		2282
		127		2784
粟皆靺鞨	中 98		舊唐	1521
粟末	上 636		北	3125
	中 325		新唐	6177
粟末靺鞨	中 326		新唐	6179
		530	遼	496
	下 3		金	1
		129		2881
粟末部	上 635		北	3124
	下 3		金	1
粟末水	中 325		新唐	6177
		328		6182
粟特	上 411		魏	90
		540	北	52
		540		53
		541		91
		541		96
粟特國	上 412		魏	128
屬國故城	上 89		後漢	719
		94		1592
率教	下 558		明	6718
率賓	中 328		新唐	6182
		329		6183
率賓國	中 525		遼	472
率賓縣	中 520		遼	464
		630		1459
率州	中 527		遼	476
宋	上 24		史	2269
		347	晉	3133
		365	宋書	775
		367		1146
		378	南齊	1009
		379		1011
		385	梁	801
		387		803
		387		804
		388		805
		391		808
		478	魏	2218
		513	周	887
		525	南	1969
		526		1970
		527		1972
		528		1973
		529		1974
		574	北	987
		574		988
		632		3119
		633		3121
		643		3136
	中 52		隋	1801
		56		1818
		92	舊唐	1069
		237	新唐	1128
		433	宋	13982
		449		14131
		467	遼	120
		467		121
		469		146
		471		157
		472		161
		480		211
		483		241
		484		252
		485		277
		489		317
		494		337
		497		344
		499		347
		499		348
		501		353
		508		433
		511		441
		529		482
		531		539
		532		548

項目	二十五史抄	新校本		項目	二十五史抄	新校本
	533	554			18	163
	534	567			18	164
	534	626			18	166
	536	657			18	170
	536	678			19	172
	538	742			19	174
	544	841			19	179
	545	855			19	181
	577	1142			19	183
	595	1186			20	183
	615	1341			20	188
	617	1346			20	191
	633	1516			20	197
	634	1520			20	200
下	8 金	57			21	200
	11	79			21	203
	～	～			21	209
	11	82			21	210
	11	84			21	211
	12	85			22	213
	12	94			22	216
	12	96			22	217
	12	98			22	219
	13	100			22	220
	13	102			22	223
	13	103			22	225
	13	105			23	230
	～	～			23	231
	13	108			23	233
	14	109			23	234
	14	110			23	237
	14	112			23	238
	15	136			24	240
	～	～			24	242
	15	139			24	251
	15	141			24	252
	15	143			24	254
	16	144			24	255
	16	146			25	257
	17	155			～	～
	17	156			25	261
	17	158			25	267
	17	160			26	269

項目	二十五史抄		新校本	
		26		270
		26		272
		26		273
		26		285
		27		293
		32		612
		33		839
		41		1385
		42		1387
		42		1389
		44		1390
		44		1391
		44		1392
		45		1393
		45		1394
		46		1395
		47		1396
		49		1399
		49		1401
		50		1401
		51		1404
		52		1405
		53		1407
		57		1417
		58		1419
		58		1420
		59		1421
		100		1740
		188	元	1345
		257		4625
		500	明	349
		599		8341
		622		8504
宋金剛	中	92	舊唐	1053
宋瓦	下	179	元	767
宋瓦江	下	187	元	1054
宋州	中	99	舊唐	1522
		100		1524
		100		1525
		164		3542
		237	新唐	1128
松	中	66	隋	1881
	下	439	明	242

項目	二十五史抄		新校本	
		464		2244
		466		2248
		495		5410
		505		5604
		509		5610
		514		5618
		576		7993
		577		7998
松坎	下	578	明	8047
松江	下	439	明	242
		439		244
		463		2244
		468		2252
		477		3904
		486		4655
		504		5603
		566		7439
		576		7994
		607		8352
		607		8353
松溪	下	510	明	5611
		573		7718
松郡	下	459	明	2166
松漠	上	482	魏	2222
		482		2223
		636	北	3126
		637	北	3127
	中	73	舊唐	61
		100		1524
		100		1525
		210		5350
		227	新唐	96
		312		6045
		321		6172
		322		6174
		528	遼	481
		570		1125
松漠郡	中	319	新唐	6170
松漠州	中	212	舊唐	5353
松門	下	463	明	2244
		523		5833
		602		8346
松門衛	下	429	明	97

項目	二十五史抄		新校本		項目	二十五史抄		新校本	
松山	下	31	金	558			200		2475
		538	明	6186			200		2509
松山縣	下	300	新元	47-3			203		2566
松岳	中	245	元	4607			215		3224
		579	明	8279			217		3286
松陽	下	504	明	5603			273	新元	8-15
松州	下	300	新元	47-3			276		10-6
		493	明	5407			291		24-7
松花江	下	448	明	957			303		47-6
		484		4633			320		105-11
松陘嶺	中	238	新唐	1146			361		176-11
送誠縣	中	517	遼	459			408		250-7
碎葉	中	290	新唐	4580	水達達路	下	178	元	734
鎖里	下	449	明	1285			302	新元	47-6
水開洞	下	625	明	8508	水源	下	549	明	6393
水口城	中	200	舊唐	5335	水澳	中	447	宋	14127
		343	新唐	6203		下	413	新元	253-9
水岐	中	517	遼	459	手山	中	515	遼	457
水達達	下	140	元	73			613		1331
		143		110			613		1335
		144		121			615		1340
		147		136	秀水	下	493	明	5408
		151		198	秀巖	下	31	金	556
		152		215	秀巖縣	下	299	新元	47-1
		158		255	秀容	上	404	魏	25
		159		258	秀州	中	424	宋	10913
		161		277			453		14137
		163		295	受亭	上	52	漢	1626
		163		296	首山	上	166	三	254
		166		344			362	宋書	686
		167		352		下	98	金	1640
		168		362			447	明	952
		168		366	首陽山	上	24	史	2264
		174		517	修	上	511	周	670
		176		619	須文達那	下	424	明	41
		179		767	須彌	下	596	明	8303
		182		874			597		8305
		182		881	隋	上	628	北	3115
		187		1054			630		3116
		188		1076			633		3121
		192		1400			634		3123
		193		1400			636		3125
		199		2378			638		3128

項目	二十五史抄	新校本		項目	二十五史抄	新校本
	642	3134			263	4017
	644	3136			269	4111
	645	3138			271	4172
中	21	隋 1121			278	4177
	59	1822			291	4658
	62	1826			302	5820
	63	1828			311	6028
	65	1860			311	6038
	72	舊唐 41			322	3173
	96	1415			331	6187
	97	1510			332	6188
	97	1511			334	6190
	98	1520			346	6208
	98	1521			349	6298
	99	1522			407	宋 4558
	105	2146			433	13981
	106	2207			449	14131
	107	2209			450	14132
	108	2225			451	14134
	109	2227			503	遼 378
	112	2308			530	496
	114	2360			547	899
	116	2441			550	952
	123	2632		下	3	金 1
	124	2670			188	元 1345
	126	2681			230	3745
	126	2733			236	3926
	137	2815			257	4625
	182	5144			343	新元 158-7
	183	5153			406	250-4
	183	5160			412	253-8
	186	5180			413	253-9
	199	5334		睢	下 103	金 1823
	209	5350		蓨	上 279	晉 2812
	215	5358			352	3185
	219	5364			437	魏 751
	223	新唐 32			438	760
	223	44			448	1707
	230	469			457	1829
	230	478			546	北 209
	251	3696			571	892
	253	3765			596	2487
	254	3806			608	2684

項目	二十五史抄		新校本	
	中	116	舊唐	2441
		158		3328
葆縣	上	445	魏	1399
		578	北	1467
逢成(縣)	上	54	漢	1627
逢城(縣)	上	140	後漢	3530
		242	晉	427
	中	20	隋	858
逢州	中	522	遼	467
愁思嶺	中	99	舊唐	1523
壽寧	下	510	明	5611
		524		5834
壽陽	上	231	晉	208
		244		698
		266		2576
		304		2854
		304		2855
		472	魏	2101
壽州	中	296	新唐	5178
壽春	上	306	晉	2858
		314		2917
	中	108	舊唐	2214
		430	宋	12126
隨州	中	426	宋	11163
樹德鎮	下	302	新元	47-5
宿軍	上	243	晉	428
		340		3106
宿州	中	243	新唐	3444
		426	宋	11219
	下	58	金	1419
		302	新元	47-5
		312		99-11
孰女直	中	518	遼	460
	下	3	金	2
肅慎	上	22	史	1922
		35		3015
		35		3016
		42	漢	160
		49		1463
		62		2545
		62		2546
		100	後漢	2272
		107		2808
		109		2812
		177	三	788
		190		840
		191		840
		225	晉	37
		226		70
		228		152
		243		690
		252		1540
		265		2536
		268		2747
		309		2875
		313		2904
		359	宋書	586
		359		589
		370		2373
		386	梁	803
		443	魏	1197
		496	北齊	58
		518	南	62
		548	北	251
	中	39	隋	1570
		215	舊唐	5358
		325	新唐	6177
		328		6182
		448	宋	14129
		524	遼	471
	下	3	金	1
		129		2881
		192	元	1399
肅慎國	上	153	三	149
		357	宋書	125
		479	魏	2219
肅慎道	上	554	北	458
		597		2536
	中	7	隋	81
		32		1500
肅慎城	中	238	新唐	1147
肅慎氏	上	149	三	107
		176		762
		202		848
		263	晉	2534
		371	宋書	2393

項目		二十五史抄		新校本		項目		二十五史抄		新校本
			526	南	1791				495	5411
			635	北	3124				607	8352
	中	58		隋	1821	崇德縣	下	607	明	8352
			382	新五	920	崇明	下	439	明	242
肅愼縣	中	516		遼	458				501	5420
肅州	中	480		遼	222				501	5423
			527		476				509	5609
	下	597		明	8305				515	5620
肅特	上	518		南	47				606	8352
肅特國	上	356		宋書	88				607	8352
徇忠縣	中	97		舊唐	1511	崇明縣	下	566	明	7438
淳安	下	607		明	8353	崇武	下	463	明	2244
順國女直	中	493		遼	333	崇山	上	3	史	28
順奴部	上	110		後漢	2813	崇山縣	中	521	遼	465
			195	三	843	崇信縣	中	518	遼	461
順睦	上	51		漢	1626	崇州	中	98	舊唐	1521
順城	下	328		新元	132-1				99	1522
順安縣	中	526		遼	474				99	1523
	下	299		新元	47-2				112	2329
順義	下	462		明	2236				235	新唐	1126
順州	中	98		舊唐	1521				253	3772
			499	遼	347				318	6169
			509		437	崇平(縣)	中	519	遼	463
			530		496	崇山	中	162	舊唐	3539
	下	170		元	416				308	新唐	5993
			302	新元					518	遼	461
順天	下	440		明	246	崇(山+敖)	上	296	晉	2841
			485		4634	滕州	下	477	明	3921
			524		5849	隰壞	中	519	遼	463
			549		6393	隰州	中	479	遼	206
			550		6405				499	346
			565		7437				598	1191
			591		8297	霤	上	551	北	419
順化	中	517		遼	459				569	818
順化城	中	526		遼	474				569	823
順化州	中	235		新唐	1126				593	2275
			352		6412		中	4	隋	37
順化縣	中	516		遼	458				21	1123
	下	302		新元	47-5				25	1270
崇	中	237		新唐	1128				26	1331
崇德	下	439		明	243				27	1336
			439		244				65	1874
			493		5408				72	舊唐	53

項目	二十五史抄		新校本	
		111		2280
		184		5160
		205		5344
		212		5354
		219		5363
		273	新唐	4133
		311		6035
		311		6038
		316		6135
		316		6140
		321		6173
		412	宋	9124
		413		9126
		457	遼	2
	下	113	金	1890
昇羅州	中	438	宋	14043
昇平	中	518	遼	461
承營	上	327	晉	3086
承風嶺	中	188	舊唐	5224
		265	新唐	4053
		314		6077
勝州	中	311	新唐	6041
		316		6138
		474	遼	174
嵊縣	下	607	明	8353
澠池	上	269	晉	2755
		323		3080
繩餘國	上	265	晉	2537
始畢	中	205	舊唐	5344
施掩水	上	194	三	842
施州	下	576	明	7984
漸泉(縣)	中	518	遼	462
息慎	上	3	史	43
		6		133
識利州	中	237	新唐	1128
臣濆活國	上	205	三	849
臣蘇塗國	上	205	三	850
臣雲新國	上	205	三	850
臣釁國	上	205	三	849
辛橋	下	227	元	3632
迅河	下	539	明	6187
神丘	中	74	舊唐	91
神丘道	中	74	舊唐	80
		273	新唐	4138
		340		6200
神鹿(縣)	中	519	遼	462
神武川	上	509	周	494
神兵道	中	224	新唐	60
		227		97
		319		6169
神山	下	194	元	1588
神山嶺	下	625	明	8507
神山縣	下	300	新元	47-3
神水縣	下	301	新元	47-4
神嵩(山)	中	445	宋	14053
神陽(縣)	中	519	遼	462
神電衛	下	441	明	258
		610		8356
神州	中	239	新唐	1147
		328		6182
		519	遼	462
神鄉縣	中	519	遼	462
神虎軍城	中	509	遼	435
神化縣	中	519	遼	462
		511		440
信濃(州)	中	451	宋	14133
信都	上	306	晉	2858
		319		2943
		321		3078
		343		3127
		405	魏	28
		406		28
		424		328
		436		710
		468		2069
		472		2126
		537	北	15
		558		495
		565		755
		572		908
		575		1170
		621		3072
		623		3077
信城	中	272	新唐	4124
信安郡	中	320	新唐	6171
信州	中	100	舊唐	1526

項目		二十五史抄		新校本
		236	新唐	1127
		237		1128
		440	宋	14045
		524	遼	470
		529		483
	下	29	金	552
		224	元	3628
		354	新元	176-2
慎奴部	上	525	南	1970
慎州	中	98	舊唐	1521
		99		1522
		100		1524
		237	新唐	1127
		369	舊五	1830
		379	新五	889
		529	遼	484
新	中	510	遼	438
新江口	下	466	明	2248
新寧縣	下	610	明	8356
新沓縣	上	152	三	118
新羅	上	373	宋書	2395
		380	南齊	1012
		383	梁	65
		388		805
		389		807
		395	陳	69
		396		78
		396		80
		396		92
		498	北齊	93
		498		94
		499		106
		511	周	884
		512		886
		520	南	202
		522		285
		522		293
		522		298
		528		1973
		529		1974
		529		1975
		549	北	285
		549		294

項目		二十五史抄		新校本
		557		465
		598		2558
		628		3115
		629		3115
		631		3118
		632		3119
		633		3122
		634		3122
		634		3123
		643		3135
		645		3137
	中	10	隋	88
		43		1620
		53		1814
		56		1818
		57		1819
		57		1820
		61		1825
		63		1827
		71	舊唐	14
		71		32
		72		51
		73		62
		76		97
		76		98
		77		100
		80		203
		83		307
		83		320
		83		345
		84		375
		86		419
		86		455
		87		479
		87		486
		87		502
		87		520
		91		900
		100		1525
		118		2466
		132		2790
		133		2790
		133		2791

項目	二十五史抄	新校本
136		2795
137		2815
137		2816
159		3526
170		3943
170		4016
171		4024
172		4173
178		4941
179		4948
181		5049
188		5319
190		5321
190		5322
195		5329
196		5329
197		5331
197		5332
198		5332
199		5333
199		5334
199		5335
200		5335
200		5336
201		5337
202		5338
203		5339
217		5360
217		5361
225	新唐	60
226		71
229		184
238		1147
239		1163
239		1252
241		1805
257		3856
266		4082
267		4084
268		4084
278		4187
291		4597
294		4980

項目	二十五史抄	新校本
294		5036
295		5153
297		5279
299		5629
299		5636
300		5647
301		5745
328		6182
330		6185
331		6187
332		6188
333		6190
337		6195
339		6198
341		6200
342		6201
342		6202
343		6203
344		6205
345		6206
346		6207
347		6209
348		6210
357	舊五	137
361		519
368		1768
369		1843
370		1844
370		1845
373	新五	46
378		840
382		920
407	宋	4561
415		9617
418		10045
445		14053
457	遼	10
457		21
458		22
460		29
474		172
508		430
516		457

項目		二十五史抄		新校本
		518		462
		529		482
		529		483
		571		1127
		571		1128
		611		1294
	下	212	元	3165
		245		4607
		251		4616
		579	明	8279
		586		8289
		586		8290
		613		8363
新羅城	中	81	舊唐	209
新梁	上	331	晉	3094
新盧	上	388	梁	805
		528	南	1973
新潔	中	557	遼	1051
新汶	上	152	三	119
新彌(國)	上	248	晉	1071
新城	上	231	晉	207
		231		209
		243		428
		317		2926
		327		3085
		327		3086
		338		3103
		350		3162
		588	北	2110
		605		2638
	中	38	隋	1535
		77	舊唐	102
		125		2671
		129		2776
		131		2782
		131		2784
		191		5323
		194		5327
		225	新唐	66
		234		1023
		238		1147
		259		3903
		270		4120

項目		二十五史抄		新校本
		273		4133
		275		4141
		275		4142
		337		6195
		338		6196
		339		6198
		501	遼	351
		522		467
		600		1193
新城道	中	21	隋	1124
		337	新唐	6194
新城州	中	237	新唐	1129
	下	302	新元	47-5
新市	上	333	晉	3096
		407	魏	30
		407		31
		487		2347
		488		2389
		538	北	16
	下	607	明	8352
新安	上	198	三	845
		312	晉	2893
	下	448	明	957
		541		6191
新安衛	下	516	明	5622
新安平縣	中	528	遼	481
		529		482
新安縣	中	523	遼	468
		526		474
新野	上	87	後漢	585
		254	晉	1951
		314		2916
新場	下	500	明	5418
		576		7994
		577		7998
新店	中	157	舊唐	3313
新州	中	203	舊唐	5340
		346	新唐	6208
		358	舊五	427
		509	遼	437
新昌	上	51	漢	1626
		56		1657
		111	後漢	2815

項目	二十五史抄		新校本		項目	二十五史抄		新校本	
		138		3529			549		284
		242	晉	427			549		289
		281		2816			551		419
		445	魏	1399			552		454
		490		2492			569		823
		490		2495			640		3131
		491		2497		中	4	隋	37
		578	北	1467			27		1336
新柵	上	296	晉	2841			67		1882
新村	下	578	明	8047			82	舊唐	301
新平	上	317	晉	2926			83		312
新河	下	463	明	2244			84		365
新河口	下	500	明	5420			85		375
新會	中	52	隋	1801			88		593
新興	上	256	晉	2189			89		609
		272		2797			89		650
		295		2839			96		1387
		367	宋書	1146			98		1521
	下	30	金	554			99		1523
		503	明	5602			145		3080
新興郡	上	367	宋書	1146			169		3938
新興縣	下	302	新元	47-6			171		4058
失剌幹耳朵	下	228	元	3633			183		5153
失剌幹政耳朵							186		5214
	下	359	新元	176-8			187		5215
失剌思	下	428	明	95			205		5344
失韋	上	481	魏	2222			209		5349
		499	北齊	364			213		5356
		639	北	3129			214		5356
失韋國	上	480	魏	2221			215		5358
失畢	中	79	舊唐	175			273	新唐	4125
失活	中	100	舊唐	1526			311		6028
室建河	中	324	新唐	6177			315		6133
室得	上	513	周	899			315		6135
		637	北	3127			317		6167
室韋	上	423	魏	308			321		6172
		423		312			323		6175
		498	北齊	92			323		6176
		498		100			324		6176
		546	北	192			324		6177
		~		~			325		6177
		546		195			326		6179
		547		249			348		6210

項目		二十五史抄	新校本	
		369	舊五	1827
		378	新五	886
		382		920
		413	宋	9126
		421		10532
		458	遼	22
		500		344
		510		438
		513		451
		549		932
		550		952
		601		1199
		606		1238
	下	6	金	29
室韋國	上	422	魏	307
		495	北齊	55
		496		56
		497		91
		549	北	283
		639		3129
室韋部	中	506	遼	411
室偽山	上	52	漢	1626
室偽水	上	52	漢	1626
室活部	中	529	遼	483
悉居半(國)	上	411	魏	90
		412		120
		540	北	71
悉萬斤	上	418	魏	205
		540	北	53
		541		90
		541		92
		541		96
		542		103
		542		107
悉萬丹	上	412	魏	128
悉萬丹部	上	482	魏	2223
		637	北	3127
實活部	中	510	遼	438
沈氏	上	99	後漢	2139
深末怛室韋	上	639	北	3129
		640		3131
	中	67	隋	1882
		68		1883

項目		二十五史抄	新校本	
		247	新唐	3457
深州	中	294	新唐	4979
深澤	上	406	魏	28
深河	下	549	明	6395
潘	中	328	新唐	6182
	下	526	明	5856
		531		5983
		539		6188
		555		6692
		581		8282
潘陽	下	175	元	602
		176		606
		177		674
		180		823
		182		853
		187		1053
		187		1055
		199		2308
		224		3628
		361	新元	176-11
		526	明	5858
		537		6185
		539		6187
		539		6188
		540		6189
		584		8286
		622		8504
潘陽路	下	188	元	1078
		188		1079
		302	新元	47-5
		314		100-18
潘州	中	479	遼	204
		494		334
		503		370
		521		466
		591		1183
		630		1460
	下	97	金	1632
		98		1640
		113		1889
		142	元	110
		163		299
		168		363

項目	二十五史抄		新校本	
		187		1051
		187		1061
		191		1399
		249		4613
		269	新元	8-4
		299		47-1
		302		47-5
		309		79-8
		354		176-2
十三山	中	520	遼	463
十三山驛	下	538	明	6187
十地→北地＜新校＞				
	中	166	舊唐	3786
十八里口	下	58	金	1420

[아]

項目	二十五史抄		新校本	
阿弩越城	中	148	舊唐	3204
		288	新唐	4577
阿弩越胡	中	148	舊唐	3204
		288	新唐	4577
阿大何	上	412	魏	128
阿東→河東<新校>				
	上	92	後漢	1139
阿魯	下	5	金	24
		427	明	85
		428		89
阿里部	中	565	遼	1110
阿里軫斗	中	501	遼	352
阿每氏	中	203	舊唐	5340
阿蒙	上	349	晉	3161
阿房	上	267	晉	2644
		463	魏	2062
		618	北	3068
阿薩蘭回鶻	中	472	遼	161
		580		1148
阿蘇山	上	644	北	3137
	中	62	隋	1827
阿襲(國)	上	412	魏	126
阿柴虜	上	369	宋書	2369
阿喩陀	上	417	魏	195
阿夷乂多	上	418	魏	205
阿敵音	中	497	遼	345
阿跌	中	204	舊唐	5343
		205		5344
		208		5349
		315	新唐	6134
阿尤滸	下	29	金	551
阿陁	上	418	魏	205
阿布達里岡	下	549	明	6395
阿布思	中	168	舊唐	3884
		247	新唐	3457
		305		5959
阿合束	下	93	金	1558
阿海	下	93	金	1558
		201	元	2530
		311	新元	98-3
阿會部	中	322	新唐	6173
阿會氏	上	637	北	3127
	中	66	隋	1881
兒林國	上	205	三	850
亞魯城	下	95	金	1565
雅(州)	中	102	舊唐	1834
		337	新唐	6195
		349		6327
雅州道	中	349	新唐	6327
鴉鶻關	下	497	明	4844
		595		8302
岳山	下	543	明	6194
岳陽縣	下	402	新元	249-20
嶽陽	上	49	漢	1524
握瑟德	中	148	舊唐	3203
		288	新唐	4576
樂會	下	463	明	2243
安康郡	上	367	宋書	1146
安居骨部	中	216	舊唐	5359
		325	新唐	6177
		325		6178
安慶	下	462	明	2229
		466		2248
		467		2248
		524		5838
安溪	下	567	明	7439
安國	中	72	舊唐	51
		166		3786
安國縣	中	97	舊唐	1511
安南	中	231	新唐	479
		238		1146
		347		6209
	下	180	元	822
		233		3858
		237		3951
		272	新元	8-13
		366		80-5
		367		50-5
		374		104-7
		412		*251-9
		423	明	23
		423		26
		423		32
		424		34

項目	二十五史抄	新校本
	424	35
	424	42
	424	43
	424	44
	425	45
	425	46
	425	47
	426	53
	426	54
	426	80
	430	120
	431	129
	431	131
	433	145
	433	147
	433	148
	433	155
	434	157
	434	158
	434	159
	435	163
	435	166
	435	168
	435	170
	435	174
	435	175
	435	179
	435	184
	436	186
	436	193
	436	194
	436	202
	437	206
	437	208
	437	236
	442	264
	442	267
	444	285
	445	305
	445	319
	445	321
	447	882
	448	1280

項目		二十五史抄		新校本
		449		1285
		452		1696
		474		3788
		487		4849
		488		5221
		504		5602
		509		5610
		598		8309
		615		8366
		616		8367
		618		8371
		619		8397
		619		8402
		620		8407
安寧郡	中	513	遼	448
安德郡	中	73	舊唐	57
安同	上	536	北	11
安東	上	465	魏	2065
		591	明	8297
		627	北	3113
	中	112	舊唐	2329
		131		2782
		138		2890
		138		2891
		169		3938
		173		4523
		194		5328
		195		5328
		212		5353
		227	新唐	104
		234		1023
		238		1129
		238		1146
		241		1833
		241		1835
		253		3772
		275		4142
		276		4150
		279		4211
		292		4703
		296		5180
		298		5533
		320		6171

項目	二十五史抄		新校本	
		325		6178
		339		6198
		343		6204
	下	440	明	245
		458		2115
		514		5618
安東道	中	142	舊唐	3983
		227	新唐	103
安東城	中	194	舊唐	5328
安樂	上	284	晉	2821
		367	宋書	1146
安樂郡	上	490	魏	2486
	中	20	隋	858
安樂城	上	271	晉	2770
安樂州	下	448	明	957
安理	中	458	遼	22
安民縣	中	513	遼	448
		527		475
安房(州)	中	451	宋	14133
安邊	中	458	遼	22
		552		970
		557		1082
	下	465	明	2245
安思→安息<新校>				
	中	166	舊唐	3786
安邪國	上	209	三	853
安西	中	147	舊唐	3203
		148		3203
		187		5215
		217		5361
		238	新唐	1146
		288		4576
		289		4577
		313		6077
		327		6180
	下	170	元	425
		172		461
		283	新元	14-1
		284		14-11
安城	下	139	元	48
		224		3628
		355	新元	176-2
安市	上	51	漢	1626

項目	二十五史抄		新校本	
		52		1626
		139	後漢	3529
		242	晉	427
		490	魏	2486
	中	73	舊唐	57
		325	新唐	6178
		330		6185
		334		6191
		335		6192
		336		6193
		339		6198
	下	3	金	1
安市城	中	73	舊唐	57
		73		58
		113		2356
		136		2798
		192		5324
		193		5325
		223	新唐	44
		232		865
		249		3516
		260		3941
		274		4140
		330		6185
		518	遼	460
安市州	中	101	舊唐	1527
		237	新唐	1128
	下	302	新元	47-5
安市縣	中	518	遼	460
安息	上	63	漢	2832
安岳縣	下	302	新元	47-4
安嶽州	下	393	新元	249-6
安陽	上	311	晉	2892
		311		2893
安藝(州)	中	451	宋	14134
安遠州	中	524	遼	471
安遠縣	中	522	遼	468
安戎鎮	下	302	新元	47-5
安銀堡	下	506	明	5605
安夷縣	中	523	遼	469
安定	上	275	晉	2806
		308	梁	2860
		364	宋書	724

項目	二十五史抄		新校本	
		456	魏	1742
		568	北	797
	中	32	隋	1500
安定郡	中	523	遼	468
安定縣	中	522	遼	467
安州	上	482	魏	2223
		489		2485
		580	北	1660
		637		3126
	中	328	新唐	6182
		440	宋	14044
		473	遼	168
		527		476
		597		1190
		635		1520
	下	390		249-1
		597	明	8305
		597		8306
安地	中	121	舊唐	2519
		274	新唐	4140
安地城	中	130	舊唐	2780
安晉	上	280	晉	2815
		281		2817
		367	宋書	1146
安次	上	56	漢	1657
		269	晉	2767
安次縣	中	100	舊唐	1525
安車骨	中	58	隋	1821
安車骨部	上	635	北	3124
	中	58	隋	1821
	下	3	金	1
安昌縣	下	301	新元	47-4
安平	上	217	三	1140
安平縣	中	238	新唐	1147
安豐	上	456	魏	1742
	中	519	遼	463
	下	176	金	629
		375	新元	209-5
安港	下	566	明	7438
安香浦	中	438	宋	14042
安化郡	中	157	舊唐	3312
安侯河	上	121	後漢	2952
安喜	上	290	晉	2833

項目	二十五史抄		新校本	
	中	97	舊唐	1510
		97		1511
按出虎河	下	29	金	551
雁門	中	17	隋	641
雁門嶺	下	510	明	5611
雁門烏丸	上	181	三	833
雁門烏桓	上	80	後漢	213
		102		2382
		126		2983
鞍山驛	下	556	明	6715
鴈門	上	11	史	801
		29		2885
		44	漢	393
		56		1657
		66		3730
		67		3748
		81	後漢	236
		83		304
		85		339
		89		719
		90		810
		123		2964
		129		2988
		130		2989
		132		2993
		175	三	733
		181		833
		187		838
		295	晉	2839
		431	魏	605
		564	北	732
		601		2593
		601		2395
		611		2798
	中	10	隋	96
		19		688
		31		1491
		40		1572
		111	舊唐	2291
		114		2378
		115		2399
		252	新唐	3734
		261		3945

項目	二十五史抄		新校本	
		298		5533
		413	宋	9126
		415		9616
鴈門關	下	471	明	3586
鴈門郡	上	137	後漢	3525
		188	三	836
	中	248	新唐	3458
		312		6048
鴈門道	中	312	新唐	3045
軋犖山	中	351	新唐	6411
幹難河=鄂諾河				
	下	138	元	46
		267	新元	8-6
幹禿魯塞	下	235	元	3892
幹魯(部)	中	481	遼	229
幹鄰濼	中	491	遼	329
幹麻站	下	363	新元	178-1
幹塞	下	28	金	534
幹朵(部)	中	562	遼	1103
幹脫剌兒城	下	222	元	3577
		337	新元	145-6
幹淮部	下	4	金	16
幹豁	下	4	金	16
遏陘山	上	272	晉	2797
頻根河	上	648	北	3250
謁懶甸	中	557	遼	1051
巖母部	中	478	遼	200
巖淵	中	518	遼	462
巖淵縣	中	518	遼	462
巖州	中	192	舊唐	5324
		334	新唐	6191
		503	遼	370
		521		466
	下	31	金	555
押兒撒	下	213	元	3195
鴨淥	中	300	新唐	5743
		328		6182
		330		6185
		334		6190
		336		6193
		337		6195
		338		6197
		508	遼	434

項目	二十五史抄		新校本	
	下	462	明	2235
鴨淥江	中	238	新唐	1147
		439	宋	14043
		445		14052
		457	遼	10
		462		47
		469		143
		472		168
		473		169
		474		174
		481		225
		485		280
		509		434
		557		1061
		586		1169
		613		1336
		630		1446
		634		1519
		635		1520
	下	17	金	162
鴨淥道	中	338	新唐	6196
鴨淥水	上	597	北	2536
		606		2651
		607		2652
	中	29	隋	1455
		30		1466
		32		1500
		119	舊唐	2487
		120		2518
		120		2519
		154		3293
		154		3294
		193		5326
		256	新唐	3832
		270		4119
		330		6185
	下	190	元	1398
		206		2881
鴨綠	中	180	舊唐	5011
	下	529	明	5941
鴨綠江	下	8	金	64
		66		1434
		128		2881

項目	二十五史抄		新校本	
		131		2886
		132		2887
		140	元	72
		141		85
		167		353
		168		371
		185		962
		193		1562
		213		3196
		245		4607
		316	新元	104-25
		318		105-3
		319		105-7
		328		132-1
		332		134-3
		363		178-2
		390		249-1
		391		249-2
		403		249-21
		447	明	952
		463		2243
		469		2275
		471		3586
		478		3938
		487		4844
		502		5508
		556		6711
		556		6715
		560		6968
		561		6974
		581		8282
		582		8254
		583		8285
		584		8287
		588		8292
		590		8295
		591		8296
		593		8300
鴨綠水	上	570	北	855
鴨綠柵	中	154	舊唐	3294
鴨山	下	567	明	7440
鴨子	中	524	遼	470
鴨子河	中	624	遼	1430

項目	二十五史抄		新校本	
	下	29	金	551
昂吉→汪吉＜新校＞				
	下	139	元	47
盎魯塔斯	下	318	新元	105-3
乂州	下	292	新元	26-2
艾河	下	448	明	957
艾州	下	581	明	8283
崖州	下	504	明	5603
		508		5608
愛也窟河	下	106	金	1846
愛州	下	588	明	8292
靉陽	下	525	明	5855
		538		6186
		595		8302
鶯脰湖	下	499	明	5418
		505		5603
櫻桃園	下	602	明	8346
也烈河	下	325	新元	121-5
耶盧椀	下	95	金	1580
耶懶	下	4	金	15
夜郎	上	32	史	2959
		63	漢	2813
		177	三	831
		524	南	1496
夜河	中	512	遼	445
野谷	下	43	金	1388
野人女直	下	583	明	8286
		584		8286
若狹(州)	中	451	宋	14133
羊腸河	中	522	遼	467
良德	中	269	新唐	4112
良非川	中	77	舊唐	106
		155		3295
		188		5224
		226	新唐	76
		270		4121
		314		6077
		314		6078
良(州)	中	344	新唐	6204
良鄉	上	56	漢	1657
	中	630	遼	1460
良鄉縣	中	98	舊唐	1522
		99		1522

項目		二十五史抄		新校本
		100		1525
兩廣	下	498	明	5414
		498		5415
		618		8371
		619		8401
兩蕃	中	351	新唐	6411
		352		6412
兩奧	上	73	漢	3868
兩越	上	28	史	2767
		31		2940
		60	漢	2197
		61		2490
		65		3156
		69		3814
		177	三	831
		215		858
兩井	中	155	舊唐	3295
		271	新唐	4122
兩河	中	164	舊唐	3541
兩漢	中	547	遼	899
洋水	上	377	南齊	501
洋州	中	270	新唐	4121
梁	上	52	漢	1626
		67		3747
		266	晉	2576
		385	梁	801
		513	周	887
		524	南	1749
		525		1969
		526		1971
		527		1972
		528		1973
		529		1975
		628	北	3114
		633		3121
		643		3136
	中	52	隋	1801
		61		1826
		165	舊唐	3553
		318	新唐	6169
		346		6208
		448	宋	14129
		451		14133

項目		二十五史抄		新校本
		451		14134
		508	遼	433
		531		539
		534		568
		538		742
	下	41	金	1385
		212	元	3165
梁口	上	175	三	762
梁國	上	292	晉	2835
		299		2847
梁父	上	470	魏	2072
梁山	上	29	史	2883
		49	漢	1524
		306	晉	2858
	下	590	明	8296
梁水	上	224	晉	12
	中	95	舊唐	1323
		330	新唐	6185
		606	遼	1238
梁莊	下	496	明	5412
梁州	上	241	晉	408
		452	魏	1713
浪白	下	621	明	8433
涼	上	268	晉	2644
		364	宋書	724
涼國	上	450	魏	1710
		585	北	1831
涼州	上	96	後漢	1693
		99		2139
		100		2353
		101		2358
		123		2962
		130		2990
		154	三	239
		232	晉	212
		235		310
		253		1932
		255		2082
		257		2240
		391	梁	810
		531	南	1977
	中	72	舊唐	53
		76		92

項目	二十五史抄		新校本	
		78		125
		208		5349
		274	新唐	4139
涼馬佃	下	554	明	6687
涼淀	中	512	遼	442
揚	中	11	隋	96
	下	464	明	2244
		466		2247
		466		2248
		500		5420
		502		5424
揚根城	下	398	新元	249-14
揚州	上	4	史	58
		50	漢	1528
		255	晉	2082
		364	宋書	723
	中	394	宋	457
	下	46	金	1396
		56		1413
		56		1414
		152	元	209
		156		246
		157		252
		168		370
		226		3631
		336	新元	138-16
		349		165-10
		357		176-6
		408		250-7
		440	明	245
		501		5420
		516		5622
		527		5873
		566		7438
		608		8354
揚村	下	193	元	1562
陽江	下	530	明	5956
陽江縣	下	610	明	5356
陽京	上	281	晉	2817
陽曲	上	405	魏	27
		537	北	15
陽曲道	中	311	新唐	6044
陽穀	中	309	新唐	5994

項目	二十五史抄		新校本	
陽根	下	319	新元	105-7
陽都	上	293	晉	2837
陽洛城	中	549	遼	930
陽樂	上	138	後漢	3528
陽樂縣	中	530	遼	489
陽陵	中	247	新唐	3458
陽武	上	574	北	987
陽師水	上	496	北齊	57
陽山	上	30	史	2886
		67	漢	3748
陽城	上	329	晉	3089
陽嚴	下	302	新元	47-5
陽劉	中	163	舊唐	3540
		309	新唐	5994
陽邑	上	136	後漢	3523
陽儀道	上	231	晉	209
陽夷	上	106	後漢	2807
陽湖	下	226	元	3631
		357	新元	176-6
		515	明	5618
陽和谷	下	429	明	102
楊根城	下	139	元	47
		224		3628
楊林	下	459	明	2166
楊師鎮	中	99	舊唐	1523
楊城	上	406	魏	28
		406		29
楊州	上	236	晉	348
		237		371
	中	119	舊唐	2492
		263	新唐	4020
楊振	下	355	新元	176-2
暘谷	上	3	史	16
		106	後漢	2807
		117		2823
	中	440	宋	14046
養善木	下	528	明	5916
養雲國	上	265	晉	2536
襄國	上	241	晉	425
		269		2754
		270		2768
		271		2794
		271		2796

項目	二十五史抄		新校本		項目	二十五史抄		新校本	
		290		2832			461		1943
襄陽	上 232	晉	210			490		2495
		277		2809			506	周	239
		313		2899			556	北	464
		314		2916			580		1645
		363	宋書	723			615		2923
	中 254	新唐	3806			中 10	隋	87
	下 149	元	151			27		1362
		338	新元	145-13			106	舊唐	2207
		394		249-6			165		3620
襄陽城	上 363	宋書	723			242	新唐	2593
襄邑	上 232	晉	212			291		4658
		266		2576			364	新五	901
		303		2853	襄平道	上 554	北	458
		472	魏	2101		中 7	隋	81
襄州	上 510	周	497	襄平城	上 224	晉	12
		591	北	2165			362	宋書	686
	中 165	舊唐	3553		中 238	新唐	1146
		254	新唐	3806	襄平市	上 157	三	252
襄平	上 29	史	2886	襄平縣	中 518	遼	461
		51	漢	1626			520		465
		52		1626			521		466
		67		3748			523		469
		103	後漢	2419		下 29	金	553
		138		3529	濱州	中 283	新唐	4336
		150	三	111	淤島	中 238	新唐	1147
		151		113	魚臺縣	中 163	舊唐	3539
		156		252			309	新唐	5994
		157		252	御河	下 194	元	1659
		158		252	漁谷縣	中 523	遼	468
		166		254	漁陽	上 23	史	2070
		166		260			29		2886
		175		762			56	漢	1657
		216		1139			60		2053
		223	晉	10			64		3748
		224		11			74		4121
		240		396			77	後漢	76
		242		427			79		189
		250		1253			79		196
		281		2816			82		255
		362	宋書	686			85		354
		367		945			90		810
		446	魏	1585			101		2358

項目	二十五史抄		新校本	
		111		2814
		111		2815
		125		2981
		128		2985
		128		2986
		129		2988
		135		3238
		155	三	239
		156		243
		175		733
		181		833
		190		840
		241	晉	425
		271		2770
	中	94	舊唐	1316
		98		1521
		231	新唐	824
		234		1022
		234		1023
		235	晉	310
		265	新唐	4077
		286		4494
漁陽郡	上	147	三	27
		233	新唐	1022
漁陽嶺	中	500	遼	349
漁陽城	中	177	舊唐	4814
		285	新唐	4494
漁陽塞	下	622	明	8504
漁陽烏桓	上	126	後漢	2983
漁陽縣	中	521	遼	466
彥陽	下	591	明	8297
焉耆	上	148	三	58
		225	晉	13
		411	魏	90
		485		2291
		540	北	52
		540		53
	中	72	舊唐	51
		289	新唐	4577
鄢	上	26	史	2542
奄	上	6	史	133
奄遏大水	中	500	遼	349
奄蔡	中	45	隋	1635
奄答	下	513	明	5615
		513		5616
		536		6183
奄都淮	下	428	明	95
奄水	中	56	隋	1818
奄滯水	上	385	梁	801
		631	北	3118
嚴	下	498	明	5416
嚴郡	下	484	明	4592
		510		5011
嚴州	中	283	新唐	4336
		530	遼	488
業	上	325	晉	3082
		326		3084
		326		3085
鄴	上	148	後漢	37
		232	晉	213
		233		232
		241		426
		244		698
		256		2189
		267		2644
		270		2768
		271		2796
		272		2797
		291		2833
		294		2838
		300		2848
		306		2858
		308		2861
		311		2892
		312		2893
		316		2923
		318		2941
		322		3078
		327		3086
		～		～
		328		3088
		340		3106
		349		3161
		～		～
		350		3163
		363	宋書	716

項目		二十五史抄		新校本		項目		二十五史抄		新校本
		405	魏	28				461		33
		406		29				463		70
		431		605				464		86
		436		605				465		99
		436		710				466		113
		462		2061				467		124
		465		2065				468		139
		466		2066				469		143
		471		2077				470		149
		492		2827				471		153
		501	北齊	547				472		161
		537	北	15				483		170
		538		15				474		174
		564		732				477	遼	189
		618		3067				478		199
		622		3074				478		200
	中	14	隋	350				480		211
鄴城	上	270	晉	2770				481		226
		291		2834				482		233
		315		2919				484		258
		317		2925				486		285
		317		2926				487		295
		319		2943				488		307
		462	魏	2061				489		320
女古	中	494	遼	335				490		326
		593		1184				491		328
女古底倉	中	497	遼	343				492		331
女固	下	99	金	1737				493		332
		100		1742				494		334
女國	上	113	後漢	2817				504		390
		200	三	847				507		413
		391	梁	809				508		433
		530	南	1976				509		434
		551	北	411				513		447
女女直	中	490	遼	326				514		451
女王國	上	117	後漢	2822				527		476
		211	三	854				530		489
		211		855				540		756
		213		856				547		882
女直	中	433	宋	13982				549		929
		434		14023				549		931
		457	遼	2				558		1084
		460		28				562		1106

項目	二十五史抄	新校本		項目	二十五史抄	新校本
	574	1135			166	337
	589	1178			166	348
	590	1181			167	353
	591	1182			167	359
	593	1184			167	360
	601	1206			168	362
	613	1335			168	366
	616	1344			168	369
	621	1396			168	370
	622	1414			168	375
	624	1430			170	417
	625	1431			171	427
	627	1437			172	458
	627	1439			174	550
	~	~			175	574
	629	1442			175	602
	630	1446			176	621
下	5	金 21			177	671
	5	24			180	821
	6	25			192	1400
	6	29			195	1696
	10	73			197	2052
	40	1304			197	2088
	40	1310			198	2180
	41	1386			200	2512
	42	1386			201	2547
	104	1833			201	2547
	124	2634			203	2565
	127	2783			203	2566
	129	2882			204	2634
	140	元 73			208	2964
	144	118			209	3024
	147	136			210	3033
	151	198			213	3195
	152	215			214	3196
	157	247			215	3224
	158	255			217	3286
	159	259			219	3456
	160	268			222	3577
	161	277			222	3578
	161	280			229	3642
	163	295			229	3743
	163	296			246	4608

項目		二十五史抄	新校本
	271	新元	8-8
	277		11-3
	305		57-3
	306		65-18
	330		132-4
	339		146-5
	343		158-4
	346		161-10
	361		176-11
	368		184-12
	420		考證41-1
	453	明	1797
	579		8279
	579		8280
	582		8284
	583		8285
女直國	中 387	宋	10
	540	遼	756
	572	遼	756
	572		1129
	573		1131
	574		1136
	575		1137
	576		1140
	577		1141
	578		1143
	580		1147
	581		1152
	582		1153
	583		1158
	584		1162
	585		1168
	～		～
	588		1171
	590		1181
	592		1184
	616		1343
	625		1434
	634		1519
女直三十部	中 477	遼	189
女直水達達	下273	新元	8-15
	276		10-6
	330		132-3

項目		二十五史抄	新校本
女眞	中 359	舊五	441
	360		468
	374	新五	48
	374		49
	376		123
	378		889
	380		906
	388	宋	67
	389		88
	405		3903
	408		4809
	411		2845
	413		9126
	415		9617
	421		10532
	427		11276
	429		11793
	430		12127
	432		13235
	436		14043
	442		14049
	443		14050
	447		14128
	448		14129
	下 94	金	1561
	98		1643
	98		1644
	下 142	元	100
	166		345
	188		1345
	192		1399
	220		3511
	221		3514
	232		2807
	233		3831
	311	新元	98-3
	319		105-7
	324		120-2
	330		132-4
	331		134-1
	333		134-5
	353		174-15
女眞國	中 367	新五	1579

項目	二十五史抄		新校本	
		436	宋	14038
	下	208	元	2979
汝	中	162	舊唐	3539
汝南	上	136	後漢	3316
		231	晉	208
汝寧	下	508	明	5608
		524		5838
汝羅水捉	中	238	新唐	1146
汝州	下	57	金	1418
汝皐	下	493	明	5408
		500		5420
		608		8354
如洛瓖水	上	479	魏	2220
如湛國	上	209	三	853
如來卑離	上	205	三	850
呂	上	103	後漢	2464
呂宋	下	427	明	88
		610		8357
		618	明	8361
		618		8371
呂宋島	下	415	新元	253-11
呂永	中	417	宋	9872
余覩	中	497	遼	342
茹(氏)	中	350	新唐	6375
茹茹	上	495	北齊	54
		496		57
		507	周	333
	中	65	隋	1864
旅	下	594	明	8300
旅順	下	447	明	952
		458		2116
		590		8296
黎	下	159	元	257
黎蠻	下	365	新元	180-13
黎部	上	482	魏	2223
		637	北	3127
黎山	上	20	史	1704
黎山州	中	101	舊唐	1527
		237	新唐	1128
	下	302	新元	47-5
黎陽	上	87	後漢	608
		93		1286
		327	晉	3086

項目	二十五史抄		新校本	
		~		~
		329		3088
		333		3097
		342		3109
		350		3164
		351		3165
		555	北	461
		578		1571
		579		1519
		579		1521
		589		2132
		615		2951
	中	9	隋	84
		10		96
		16		613
		21		1124
		34		1516
		35		1519
		43		1616
		43		1620
		44		1624
		51		1768
		51		1769
		106	舊唐	2208
		250	新唐	3678
		304		5936
黎陽營	上	129	後漢	2987
黎陽津	上	328	晉	3088
黎陽縣	中	43	隋	1616
		578	北	1517
黎州	中	99	舊唐	1524
		102		1834
		237	新唐	1127
		237		1128
		529	遼	484
黎桓	中	389	宋	82
閰達	中	53	隋	1813
閰山	中	521	遼	465
		629	遼	1442
閰陽	下	190	元	1396
		299	新元	47-2
閰峽澳	下	508	明	5608
餘氏				

項目	二十五史抄	新校本
	上 631	北 3118
餘姚	下 567	明 7439
	607	8353
餘杭	上 579	北 1521
麗州	中 96	舊唐 1415
蘆周	下 313	新元 100-4
蘆	中 232	新唐 825
蘆江	上 105	後漢 2466
	374	宋書 2399
	中 94	舊唐 1316
蘆陵	中 248	新唐 3478
蘆州	中 424	宋 10985
臚朐河	中 510	遼 438
驪山	上 464	魏 2063
驪城縣	中 529	遼 484
驪水	上 372	宋書 2394
驪戎	上 261	晉 2524
力城	上 242	晉 427
亦乞不薛	下 313	新元 100-4
亦乞烈	下 166	元 336
亦都護	下 146	元 128
亦力把里	下 4301	明 120
	431	122
	431	124
	434	158
亦母兒乞嶺	下 187	元 1054
亦剌思	下 174	元 517
亦集乃路	下 188	元 1079
易定	中 88	舊唐 593
歷山	上 586	北 1833
嶧縣	下 470	明 3511
繹幕	上 290	晉 2833
瀝表	下 608	明 8354
瀝海	下 463	明 2244
年呂國	上 420	魏 226
延	下 521	明 5786
	524	5834
延慶縣	中 525	遼 472
延里	上 157	三 252
延綏	下 462	明 2235
	462	2238
延壽	上 367	宋書 1146
延安	下 37	金 998

項目	二十五史抄	新校本
	476	明 3855
	623	8505
延州	下 300	新元 47-2
	302	47-5
延津	中 523	遼 469
延津州	中 101	舊唐 1527
	237	新唐 1128
	下 302	新元 47-5
延津縣	中 523	遼 469
延昌縣	中 520	遼 465
延陀	中 117	舊唐 2464
	156	302
	184	5160
	206	5345
	208	5348
	209	5349
	257	新唐 3856
	311	6038
	311	6041
	317	6145
延平	下 506	明 5606
	567	7440
研城戌	上 433	魏 61
衍水	上 25	史 2536
衍州	中 526	遼 475
	下 31	金 555
兗	中 399	宋 2551
兗州	上 104	後漢 2465
	239	晉 381
	246	881
	269	2768
	271	2770
	301	2851
	316	2921
	中 159	舊唐 3535
	160	3536
	163	3540
	360	新唐 5990
	~	~
	367	5990
連江	下 510	明 5611
連山關	下 447	明 952
連嶼	下 490	5349

項目	二十五史抄		新校本		項目	二十五史抄		新校本	
連雲堡	中	148	舊唐	3204			29		2881
		148		3205			29		2883
		288	新唐	4576			29		2885
		288		4577			29		2886
連州	中	527	遼	475			32		2985
硯臺	中	37	新五	96			33		2988
漣水	中	345	新唐	6206			34		2990
	下	141	元	90			36		3265
蓮池	中	519	遼	462			41	漢	28
燕	上	7	史	233			41		46
		7		234			41		77
		7		316			43		366
		8		366			44		393
		8		381			44		586
		8		387			47		1157
		8		391			47		1288
		9		756			56		1657
		9		757			57		1658
		9		764			57		1810
		9		775			58		1892
		10		775			58		1893
		10		777			60		2072
		10		779			60		2073
		10		800			60		2233
		11		802			67		3747
		11		1021			67		3748
		13		1119			70		3863
		15		1421			70		3864
		15		1488			71		3866
		16		1552			74		4268
		16		1561			107	後漢	2809
		21		1730			113		2817
		21		1806			117		2823
		21		1809			199	三	846
		22		1901			203		848
		23		2243			205		850
		24		2338			206		850
		27		2637			208		852
		～		～			230	晉	198
		27		2639			235		261
		28		2657			235		310
		28		2659			239		394
		28		2881			240		398

項目	二十五史抄	新校本
	240	398
	241	425
	241	426
	243	690
	251	1540
	252	1540
	267	2768
	276	2808
	278	2810
	279	2812
	298	2845
	308	2861
	309	2874
	310	2876
	310	2891
	361	宋書 684
	364	725
	364	736
	365	803
	445	魏 1346
	488	2389
	509	周 494
	509	495
	536	北 10
	550	311
	560	561
	560	562
	577	1451
	594	2322
	595	2365
	中 8	隋 82
	37	1531
	39	1560
	98	舊唐 1520
	101	1527
	230	新唐 472
	241	1833
	294	4767
	338	6196
	369	舊五 1830
	412	宋 9121
	415	9616
	419	10227

項目	二十五史抄	新校本
	478	遼 204
	498	346
	~	~
	500	348
	502	355
	513	447
	514	455
	518	460
	528	481
	543	812
	548	926
	549	930
	615	1342
	618	1347
	下 43	金 1389
	579	明 8279
	622	8504
燕京	中 479	遼 206
	549	929
	下 42	金 1388
	~	~
	43	1390
	104	1834
	107	1863
	138	元 39
	330	新元 133-6
	338	145-13
燕薊	中 416	宋 9695
	438	14042
燕國	上 101	後漢 2363
	156	三 243
	216	1138
	236	晉 349
	249	1147
	250	1253
	287	2826
燕郡	上 294	晉 2839
	340	3106
	408	魏 36
	437	751
	457	1817
	593	北 2290
	608	2675

項目	二十五史抄		新校本	
	中	25	隋	1276
燕郡城	中	238	新唐	1146
燕岐山	下	319	新元	105-7
燕南	下	12	金	86
		127		2818
燕代	上	273	晉	2803
燕文進	上	633	北	3122
燕未山	中	205	舊唐	5344
燕山	中	97	舊唐	1415
		443	宋	14051
		500	遼	349
	下	41	金	1385
		45		1395
燕山郡	中	313	新唐	6052
燕山道	中	76	舊唐	98
		226	新唐	68
		339		6197
燕然	中	97	舊唐	1415
燕然道	中	226	新唐	86
		311		6044
燕雲	中	428	宋	11544
		434		14023
		443		14050
燕州	中	98	舊唐	1521
		124		2670
		215		5359
		259	新唐	3903
		271		4122
		325		6178
		354		6437
燕支城	中	98	舊唐	1522
燕支河	中	214	舊唐	5357
		324	新唐	6177
燕地	中	552	遼	973
燕熙城	上	619	北	3069
蠕蠕	上	408	魏	54
		409		80
		414		142
		422		304
		422		305
		～		～
		422		307
		422		311

項目	二十五史抄		新校本	
		422		312
		430		516
		448		1708
		452		1714
		478		2218
		483		2223
		485		2289
		519	南	66
		521		216
		541	北	91
		541		92
		541		94
		～		～
		541		96
		542		100
		542		102
		545		171
		545		187
		545		190
		545		191
		～		～
		545		195
		547		229
		547		248
		～		～
		547		250
		568		806
		586		1925
		590		2163
		617		3063
		638		3127
		648		3249
	中	503	遼	376
		550		951
蠕蠕國	上	422	魏	302
		422		307
		422		308
		543	北	137
列口	上	34	史	2989
		54	漢	1627
		73		3867
		141	後漢	3530
		242	晉	427

項目	二十五史抄		新校本	
列水	上	55	漢	1627
列表	下	495	明	5411
悅般	上	540	北	52
涅哥	中	635	遼	1521
涅陽	上	12	史	1057
		13		1057
蠕蠕塞	上	284	晉	2821
冉路國	上	205	三	850
冉奚國	上	209	三	853
炎州	中	82	舊唐	236
廉	下	516	明	5624
廉郡	下	610	明	8356
廉臺	上	462	魏	2061
廉斯	上	115	後漢	2820
廉州	下	504	明	5602
閬州	中	437	宋	14041
鹽難水	上	53	漢	1626
	中	330	新唐	6185
鹽城縣	中	202	舊唐	5339
鹽州	中	328	新唐	6182
		516	遼	458
	下	392	新元	249-4
葉護	中	205	舊唐	5344
葉護突厥	中	315	新唐	6135
□獻嚖	上	419	魏	212
		419		213
		420		225
		421		227
		421		238
		421		284
		544	北	151
		545		171
		651		3287
獵嶺	上	330	晉	3089
獵雪騎	中	603	遼	1211
令支	上	50	漢	1625
		138	後漢	3528
		154	三	239
		243	晉	428
		269		2767
		270		2768
		276		2807
		282		2818

項目	二十五史抄		新校本	
		287		2827
		327		3086
		335		3099
		337		3103
		362	宋書	708
		408	魏	39
		487		2306
		650	北	3270
永嘉	下	568	明	7440
永嘉末	中	241	新唐	2223
永康	下	299	新元	47-1
永寧	上	158	三	253
	中	440	宋	14045
	下	463	明	2244
		511		5613
永寧縣	上	500	北齊	537
	中	524	遼	471
		527		476
永德	下	301	新元	47-3
永洛	上	490	魏	2495
永樂	上	490	魏	2492
	中	20	隋	858
永莫(奠)堡	下	528	明	5916
永福(城)	下	609	明	8356
永順	下	493	明	5407
		576		7993
		~		~
		577		7994
永安	中	513	遼	447
		516		458
永安縣	上	367	宋書	1146
永奠	下	538	明	6186
永州	中	512	遼	445
	下	300	新元	47-2
永昌縣	上	312	晉	2893
	中	523	遼	469
永清	下	302	新元	47-5
永初郡國	上	367	宋書	1146
永春	下	521	明	5786
		545		6214
永覇	下	301	新元	47-4
永平	下	187	元	1055
		188		1079

項目	二十五史抄	新校本
	440	明 246
	462	2236
	466	2247
	512	5614
	536	6183
	623	8505
	624	8506
永平寨	中 523	遼 469
永平縣	中 523	遼 469
	524	471
永豐縣	中 515	遼 457
	516	457
	520	464
永和	下 300	新元 47-3
永興	中 484	遼 252
英利	下 530	明 5956
英州	中 426	宋 11229
泠陘	中 312	新唐 6047
郢	上 26	史 2542
郢州	中 328	新唐 6182
	525	遼 472
零陵	中 283	新唐 4336
榮安	下 30	金 554
	302	新元 47-6
榮州	中 328	新唐 6182
	527	遼 476
寧	上 137	後漢 3528
	下 464	明 2245
	498	5414
	498	5416
	510	5610
	557	6715
寧江州	中 484	遼 270
	491	328
	493	332
	528	477
	622	1414
	625	1434
	626	1434
	627	1439
	下 5	金 23
	～	～
	6	25

項目	二十五史抄	新校本
	28	534
	93	1544
	95	1565
	97	1633
	98	1663
	99	1679
	124	2634
	124	2635
寧郡	下 504	明 5603
	605	8350
	610	8356
寧德	下 510	明 5611
	609	8356
寧都	上 367	宋書 1146
寧貊	上 186	三 837
寧邊	中 497	遼 344
	500	349
寧邊州	中 622	遼 1414
寧塞	中 292	新唐 4681
寧城	上 126	後漢 2982
	128	2986
	186	三 837
寧遠	下 188	元 1076
	540	明 6190
	542	6192
	551	6469
	561	6974
	624	8507
寧前	下 531	明 5983
	532	5984
寧州	上 241	晉 408
	中 296	新唐 5161
	328	6182
	473	遼 168
	476	186
	526	474
	530	489
	635	1520
寧集縣	上 287	晉 2826
寧昌	下 98	金 1643
寧昌縣	中 526	遼 474
寧波	下 439	明 243
	456	1980

項目		二十五史抄		新校本
		456		1981
		463		2244
		491		5403
		504		5603
		505	明	5604
		510		5611
		520		5755
		601		8345
		～		～
		606		8351
		608		8354
寧夏	下	462	明	2235
		469		2275
		471		3586
		534		6132
		543		6196
		574		7805
寧夏路	下	184	元	917
寧海	下	426	明	55
		509		5609
		510		5611
寧海關	下	464	明	2245
寧海縣	中	452	宋	14135
潁	上	234	晉	236
潁口	上	255	晉	2082
潁川	上	37	史	3315
		303	晉	2853
		579	北	1521
嶺	中	61		1824
		94	舊唐	1316
嶺南	中	25	隋	1276
		104	舊唐	1088
		217		5361
		337	新唐	6196
		623	遼	1428
		625		1434
		631		1474
	下	517	明	5627
		568		7441
嶺北	下	245	元	4554
		293	新元	26-7
		331		133-14
		349		164-10

項目		二十五史抄		新校本
嶺西	中	324	新唐	6176
		324		6177
嶺西室韋	中	214	舊唐	5357
		215		5357
嶺外	中	180	舊唐	5011
		300	新唐	5743
營丘	上	287	宋書	2826
		345	晉	3130
		347		3132
		348		3134
		409	魏	81
		473	魏	2127
		624	北	3078
	中	531	遼	501
營丘郡	上	275	晉	2806
		490	魏	2492
		539	北	48
營邱	上	5	史	1480
營城	下	401	新元	249-18
營州	上	490	魏	2494
		496	北齊	57
		499		364
		526	南	1970
		526		1971
		576	北	1186
		586		1833
		587		1997
		597		2529
		628		3115
		630		3117
	中	28	隋	1372
		55		1816
		72	舊唐	53
		74		74
		76		92
		77		125
		95		1357
		95		1376
		98		1520
		100		1525
		101		1527
		123		2631
		129		2776

項目	二十五史抄		新校本
	131		2784
	156		3302
	168		3895
	177		4814
	177		4815
	188		5319
	207		5347
	209		5349
	210		5350
	210		5352
	212		5354
	215		5358
	~		~
	217		5360
	223	新唐	43
	224		44
	224		56
	225		65
	227		96
	233		930
	234		1023
	237		1128
	238		1146
	241		1833
	241		1835
	249		3515
	258		3903
	262		3993
	271		4122
	271		4123
	273		4133
	276		4147
	285		4475
	286		4494
	291		4583
	292		4703
	292		4749
	303		5840
	305		5967
	306		5989
	316		6135
	317		6167
	318		6168

項目		二十五史抄		新校本
		322		6174
		326		6179
		328		6182
		329		6183
		330		6185
		333		6189
		337		6194
		~		~
		338		6196
		351		6411
		352		6412
		369	舊五	1830
		369		1843
		378	新五	886
		500	遼	349
		509		437
		524		470
		528		481
		531		501
		550		952
	下	245	元	4607
		622	明	8504
營州城	中	77	舊唐	125
		156		3312
瀛	中	146	舊唐	3154
		178		4884
瀛州	中	78	舊唐	126
		319	新唐	6169
靈丘＝靈斤	上	587	北	1997
靈武	中	96	舊唐	1415
		304	新唐	5935
靈武郡	中	96	舊唐	1415
		97		1415
灵峰	中	518	遼	461
	下	32	金	560
灵武縣	中	521	遼	465
灵山	下	32	金	560
灵山縣	中	501	遼	465
灵州	中	27	隋	1342
		96	舊唐	1415
		97		1415
		206		5346
		207		5347

項目		二十五史抄	新校本	
		312	新唐	6045
		316		6138
		412	宋	9024
灵州都	中	72	舊唐	53
灵泉	中	518	遼	461
曳橋	下	549	明	6393
		592		8298
		592		8299
芮芮	上	362	宋書	2346
芮芮國	上	357	宋書	132
		358		179
芮奚部	中	318	新唐	6168
		510	遼	438
濊	上	107	後漢	2809
		108		2810
		112		2815
		113		2817
		115		2819
		115		2820
		200	三	846
		203		848
		209		853
		243	晉	690
		359	宋書	586
		553	北	456
		598		2557
		634		3122
濊貊	上	78	後漢	100
		84		329
		86		517
		105		2600
		110		2813
		～		～
		114		2818
		130		2989
		148	三	58
		153		121
		153		148
		162		257
		172		727
		173		731
		182		834
		195		843
		199		846
		401	魏	12
		640	北	3131
	中	231	新唐	817
		458	遼	22
		516		457
		571		1128
濊貉	上	56	漢	1658
		65		3156
		68		3773
濊城	上	193	三	842
濊州	上	32	史	2959
澧陽	中	165	舊唐	3621
獩	中	6	隋	79
		57		1820
		525	南	1969
豫章	中	94	舊唐	1316
		232	新唐	825
豫章郡	中	94	舊唐	1316
豫州	上	104	後漢	1465
		269	晉	2768
		271		2770
		275		2806
		324		3081
		325		3083
薉州	上	63	漢	2813
禮成江	中	446	宋	14055
穢	上	169	三	355
穢貊	上	47	漢	1157
		81	後漢	228
		81		232
		81		234
		82		234
		100		2353
		193	三	842
		262	晉	2532
		385	梁	801
		481	魏	2222
		535	北	7
穢貉	上	30	史	2891
		30		2893
		36		3265
		68	漢	3751

項目	二十五史抄		新校本	
		74		4130
穢城		262	晉	2532
貜貊	中	328	新唐	6182
五季	中	433	宋	13981
五溪蠻夷	上	226	晉	68
五官水	上	281	晉	2817
五橋澤	上	233	晉	234
		256		2189
		327		3086
五國	中	465	遼	113
		480		214
		483		240
		484		269
		488		313
		504		391
		504		392
		558		1091
		561		1102
		563		1106
		565		1108
		567		1113
		619		1370
	下	4	金	15
五臺	中	450	宋	14133
	下	468	明	2252
五臺山	中	450	宋	14133
	下	157	元	252
		174		510
		207		2901
		315	新元	104-14
五島	下	494	明	5410
		～		～
		495		5411
五嶺	中	279	新唐	4210
五龍山	下	260	元	4629
		361	新元	177-18
		410		250-11
		599	明	8341
五里山	下	222	元	3536
五師	上	123	後漢	2961
五斯	上	126	後漢	2983
五識匿國	中	148	舊唐	3203
		288	新唐	4576

項目	二十五史抄		新校本	
五阮關	上	125	後漢	2982
五原	上	68	漢	3784
		122	後漢	2956
		123		2983
		178	三	831
		181		833
		186		837
		404	魏	26
		427		371
		467		2067
		560	北	562
	中	305	新唐	5980
五原關	上	181	三	833
五原郡	上	80	後漢	213
五丈澗	上	256	晉	2189
		327		3086
五木橋	上	327	晉	3086
五將山	上	464	魏	2063
		619	北	3068
五罩湖	下	560	明	6940
五指山	下	504	明	5602
午門	下	444	明	281
伍城	上	314	晉	2916
吾獨婉	中	549	遼	932
吾斯	上	123	後漢	2962
吾者野人	下	182	元	874
		182		875
		182		877
		183		910
		184		910
吳	上	21	史	1705
		162	三	257
		～		～
		165		260
		171		457
		173		728
		174		731
		237	晉	362
		239		388
		241		408
		243		690
		246		893
		251		1540

項目		二十五史抄	新校本	
		276		2808
		277		2809
		364	宋書	736
		366		932
		377	南齊	194
		574	北	987
	中	12	隋	160
		16		613
		28		1390
		44		1623
		94	舊唐	1316
		109		2227
		135		2794
		232	新唐	825
		254		3815
		333		6189
		416	宋	9657
		443		14050
		457	遼	12
	下	126	金	2782
		566	明	7439
吳江	下	499	明	5418
		607		8352
吳郡	上	579	北	1522
吳林	上	207	二	851
吳淞	下	491	明	5397
		518		5664
		590		8295
吳淞江	下	466	明	2247
		496		5411
吳越	中	423	宋	10813
		428		11544
		462	遼	48
		509		437
吳越國	中	368	舊五	1768
吳川縣	下	610	明	8356
吳縣	上	287	晉	2826
吳會	上	251	晉	1540
	中	119	舊唐	2481
		444	宋	14052
浯嶼	下	465	明	2245
		465		2246
		497		5413

項目		二十五史抄	新校本	
		560		6938
		609		8356
烏古	中	458	遼	22
		462		53
		483		240
		499		347
		565		1108
		601		1209
		625		1431
烏古敵昏山	下	101	金	1803
烏骨	中	121	舊唐	2519
		336	新唐	6193
烏骨江	中	238	新唐	1147
烏骨城	上	570	北	855
		603		2606
	中	29	隋	1455
		37		1534
		335	新唐	6193
烏奴國	上	211	三	855
烏羅護	中	214	舊唐	5357
		215		5357
		219		5364
		324	新唐	6177
烏羅渾	中	219	舊唐	5364
		316	新唐	6145
		317		6146
烏羅渾國	中	219	舊唐	5364
烏洛侯國	上	411	魏	95
		483		2223
		491		2738
		641	北	3132
烏林荅部	下	130	金	2883
烏蠻	下	479	明	3983
烏牧島	中	238	新唐	1147
烏舍城	中	448	宋	14130
烏斯藏	下	423	明	28
		423		32
		424		33
		424		40
		425		45
		425		52
		～		～
		426		54

項目		二十五史抄		新校本
		428		94
		430		116
		430		117
		431		132
		433		149
		433		155
		433		157
		433		159
		433		163
		～		～
		434		167
		434		170
		435		173
		～		～
		435		177
		435		184
		435		185
		435		187
		436		190
		436		192
		436		196
		436		204
		436		209
		436		227
		436		236
		442		264
		442		267
		443		272
		443		277
		444		284
		445		304
		445		305
		449		1285
烏山	中	458	遼	21
		516		458
烏薩扎部	下	92	金	1541
烏昭度	中	469	遼	146
		470		148
烏素固	中	99	舊唐	1522
		100		1524
		214		5357
		324	新唐	6176
烏速集	下	30	金	554

項目		二十五史抄		新校本
烏孫	上	125	後漢	2980
		130		2989
		130		2990
		180	三	833
		187		837
		187		838
		191		840
		401	魏	9
		535	北	6
		540		52
	中	348	新唐	6264
		462	遼	44
烏氏	上	29	史	2883
		67	漢	3747
烏隈部	中	506	遼	410
烏隈于厥	中	465	遼	113
烏萇	中	417	魏	195
		544	北	149
烏猪洋	下	509	明	5610
烏州	中	512	遼	445
烏蠱	下	93	金	158
		94		1561
烏鎭	下	608	明	8354
		94		1561
烏鎭	下	608	明	854
烏集秦水	上	133	舊唐	2783
		275	新唐	4142
烏海城	中	131	舊唐	2783
		275	新唐	4142
烏胡島	中	193	舊唐	5326
		337	新唐	6195
烏湖海	中	238	新唐	1147
烏泪	中	91	舊唐	900
烏丸	上	56	漢	1657
		147	三	27
		147		28
		148		29
		148		38
		150		109
		154		207
		156		243
		157		252
		168		341

項目		二十五史抄		新校本
		168		342
		173		730
		174		731
		178		831
		178		832
		180		833
		181		833
		183		835
		185		836
		186		837
		191		840
		215		858
		215		877
		312	晉	2893
		313		2902
		315		2919
		335		3099
		407	魏	30
		536	北	11
		538		16
	中	15	隋	537
		215	舊唐	5357
		215		5358
		219		5364
		317	新唐	6146
		324		6177
		512	遼	445
烏丸國	中	215	舊唐	5357
烏丸山	上	178	三	832
	中	321	新唐	6173
		512	遼	445
烏丸城	上	280	晉	2816
烏丸川	中	512	遼	445
烏桓	上	13	史	1146
		36		3265
		43	漢	230
		43		232
		46		668
		48		1307
		63		2656
		64		2973
		64		2990
		68		3784

項目	二十五史抄		新校本
	69		3784
	69		3790
	69		3814
	69		3820
	70		3822
	77	後漢	73
	77		75
	78		100
	79		179
	80		213
	81		226
	83		265
	83		274
	84		317
	84		318
	85		384
	86		384
	88		679
	88		695
	88		705
	88		706
	88		715
	88		716
	89		724
	89		737
	90		745
	90		746
	91		810
	91		815
	91		841
	91		842
	91		914
	92		1196
	93		1286
	94		1520
	94		1609
	96		1670
	96		1693
	97		1828
	98		2123
	98		2139
	99		2140
	100		2272

項目	二十五史抄		新校本		項目	二十五史抄		新校本	
		111		2353	襖郎兎	下	538	明	6187
		101		2358	玉果	下	139	元	49
		101		2359			224		3628
		102		2365			318	新元	105-3
		102		2418			355		176-2
		103		2418	玉門	中	45	隋	1635
		105		2600	玉壁	上	507	周	334
		121		2949			509		496
		121		2952	玉田	下	30	金	554
		122		2956			234	新唐	1022
		122		2960	玉泉	下	194	元	1588
		～		～	玉環	下	465	明	2247
		123		2963	沃里活水	下	97	金	1632
		123		2979			98		1640
		125		2981	沃野	上	650	北	3287
		～		～	沃沮	上	110	後漢	2813
		126		2983			111		2813
		127		2985			112		2816
		129		2988			～		～
		135		3235			114		2817
		135		3239			176	三	763
		136		3319			191		840
	中	169	舊唐	3900			195		843
		396	宋	1013			196		844
		407		4558			199		846
烏桓胡	上	143	後漢	3626			～		～
烏侯秦水	上	188	三	838			200		847
梧桐川	下	232	元	3808			203		848
梧州	下	507	明	5607			262	晉	2532
塢塔	下	4	金	16			385	梁	801
塢塔城	下	101	金	1815			～		～
奧婁河	中	326	新唐	6179			386		803
奧里	中	559	遼	1096			525		1969
奧里米	中	471	遼	158			526		1970
		476		183			626	北	3112
		549		932		中	15	隋	537
		560		1100			57		1820
		580		1147			326	新唐	6180
奧里米國	中	504	遼	392			328		6182
奧里部	中	506	遼	411			518	遼	461
奧失	中	322	新唐	6173	沃沮國	中	518	北	458
奧州	中	449	宋	14131	沃沮道	上	554	北	458
奧支水	中	316	新唐	6145			603		2606

項目	二十五史抄		新校本	
	中	7	隋	80
		37		1534
		225	新唐	61
		256		3830
沃沮城	上	199	三	846
沃州	中	100	舊唐	1524
		236	新唐	1127
		328		6182
		329		6183
		518	遼	461
溫	上	223	晉	10
	下	463	明	2244
		~		~
		465		2246
		497		5414
		498		5414
溫郡	下	610	明	8356
溫城	下	492	明	5405
溫州	下	362	新元	177-12
		438	明	241
		442		267
		444		287
		490		5397
		509		5609
		510		5611
		567		7439
		599		8342
		610		8356
溫泉山	中	351	新唐	6387
溫渝河	中	528	遼	481
兀良合部	下	188	金	1076
兀良哈	下	425	明	46
		426		53
		426		79
		429		102
		430		110
		432		134
		432		135
		450		2177
		462		2236
		462		2239
		481		4237
		485		4634

項目	二十五史抄		新校本	
		621		8469
		622		8499
		622		8504
兀魯忽必剌	下	30	金	55
兀魯灰河	下	319	新元	105-6
		362		178-1
兀惹	中	468	遼	142
		469		146
		470		149
		471		154
		471		170
		473		171
		478		199
		491		329
		504		387
		508		429
		524		470
		561		1102
		577		1142
		578		1144
		579		1145
		580		1147
		581		1152
		582		1156
		590		1181
		612		1316
		612		1318
		616	遼	1342
		620		1382
	下	6	金	29
兀朮站	下	228	元	3634
兀木站		359	新元	176-8
翁源	下	501	明	5607
雍	上	43	漢	366
		410	魏	82
雍吉剌氏	下	216	元	3243
擁州	上	269	晉	2768
		270		2770
		271		2770
		380	南齊	1012
		507	周	334
		584	北	1829
		590	北	2163

項目	二十五史抄		新校本	
		590		2164
	中	253	新唐	3765
		298		5623
		525	遼	471
甕山	下	194	元	1588
甕子城	下	222	元	3536
甕津	下	135	舊唐	2794
甕津口	中	437	宋	14040
瓦橋	中	421	宋	10532
瓦法	下	281	新元	12-7
		319		105-7
瓦城	上	410	魏	82
瓦氏	下	492	明	5407
瓦剌	下	427		86
		429		102
		430		110
		430		116
		430		120
		431		122
		～		～
		431		125
		431		129
		～		～
		431		131
		432		133
		432		137
		433		145
		433		146
		433		147
		433		163
		437		210
		583		8285
		622		8497
		623		8505
		624		8506
訛謨罕	下	93	金	1558
訛莎烈	中	497	遼	344
		569		1121
完睹路	下	5	金	24
完水	上	483	魏	2224
		641	北	3132
完顏	下	6	金	25
完顏婁室	中	600	遼	1193
完顏部	下	41	金	1386
		122		2367
		129		2882
		130		2883
完州	下	472	明	3683
王家山島	下	602	明	8346
王京	下	203	元	2570
		221		3531
		225		3629
		307	新元	69-6
		329		132-2
		354		176-1
		356		176-3
		442	明	275
		443		277
		443		279
		～		～
		444		280
		523		5828
		543		6194
		544		6201
		548		6392
		554		6686
		587		8291
		～		～
		588		8293
		590		8296
		～		～
		592		8297
		596		8303
		611		8358
王道	下	543	明	6195
王城	中	31	隋	1491
王屋	中	231	新唐	817
王兀堂部	下	525	明	5855
王郁	下	458	遼	22
王邑	上	223	晉	10
王倉坪	下	511	明	5612
		524		5834
王罕	下	195	元	1695
		310	新元	91-7
王險	上	32	史	2985
		70	漢	3864

項目	二十五史抄		新校本
			~
	71		3865
王險城	上 34	史	2989
	34		2990
	73	漢	3867
倭	上 57	漢	2809
	107	後漢	2809
	114		2818
	~		~
	116		2820
	117		2822
	133		2994
	204	三	849
	207		851
	209		853
	~		~
	214		857
	264	晉	2535
	264		2506
	373	宋書	2394
	380	南齊	1012
	383	梁	36
	388		805
	~		~
	390		807
	517	南	41
	518		41
	518		45
	518		65
	520		185
	527		185
	527		1973
	529		1974
	529		1975
	552	北	450
	557		450
	632		3119
	645		3137
	中 5	隋	71
	63		1827
	133	舊唐	2791
	135		2794
	~		~

項目	二十五史抄		新校本
	136		2795
	198	舊唐	5332
	266	新唐	4082
	~		~
	268		4084
	339		6198
	341		6201
	347		6208
	453	宋	14136
	下 172	元	469
	177		661
	186		964
	206		2881
	209		3005
	221		3130
	223		3595
	240		4232
	367	新元	183-4
	423	明	22
	423		24
	423		26
	423		29
	424		41
	425		44
	425		49
	425		51
	426		55
	427		86
	427		89
	428		96
	~		~
	429		98
	429		100
	431		129
	432		133
	432		141
	438		240
	~		~
	439		243
	440		246
	440		248
	~		~
	441		249

項目	二十五史抄	新校本
441	256
441	258
442	267
442	275
443	279
444	280
444	281
452	1778
452	1779
454	1848
455	1902
459	2143
465	2243
468	2252
473	3748
474	3806
480	4112
481	4207
481	4234
482	4251
483	4493
483	4503
488	5116
490	5349
490	5365
490	5397
491	5397
491	5403
491	5404
492	5407
～	～
493	5408
495	5410
496	5412
497	5414
～	～
498	5416
500	5419
501	5423
502	5486
503	5563
504	5602
504	5603

項目	二十五史抄	新校本
506	5605
～	～
507	5606
509	5609
～	～
509	5610
510	5612
514	5617
～	～
515	5618
515	5620
517	5634
518	5664
518	5696
519	5708
521	5800
522	5824
523	5833
～	～
524	5834
524	5838
526	5859
527	5880
529	5941
529	5954
530	5956
530	5970
532	5984
532	5995
533	6109
534	6132
535	6169
542	6193
～	～
543	6196
544	6198
544	6201
545	6201
545	6214
547	6286
548	6392
～	～
549	6393

項目	二十五史抄	新校本
	550	6396
	550	6405
	551	6405
	551	6408
	551	6411
	552	6547
	553	6621
	553	6686
	554	6686
	560	6938
	560	6940
	563	7285
	564	7378
	564	7418
	565	7437
	~	~
	568	7441
	569	7596
	570	7614
	571	7654
	571	7707
	572	7717
	~	~
	574	7719
	575	7907
	575	7908
	575	7917
	575	7921
	576	7990
	576	7993
	~	~
	577	7994
	577	7998
	578	8046
	~	~
	578	8047
	578	8280
	579	8280
	583	8285
	588	8288
	~	~
	594	8301
	600	8342

項目		二十五史抄		新校本
		~		~
		611		8358
		614		8365
		616		8367
		~		~
		617		8369
		618		8372
		618		8377
		619		8377
		621		8433
倭寇	下	183	元	901
		490	明	5397
		615		8367
倭國	上	80	後漢	208
		116		2821
		213	三	856
		~		~
		214		857
		235	晉	264
		256	宋書	85
		256		91
		357		126
		358		195
		373		2394
		380	南齊	1012
		389	梁	806
		518	南	48
		518		63
		528		1973
		552	北	454
		642		3134
		643		3135
		645		3137
	中	5	隋	74
		14		377
		61		1825
		63		1827
		74	舊唐	73
		133		2791
		135		2795
		195		5329
		197		5331
		~		~

項目	二十五史抄		新校本	
		198		5333
		203		5339
		301	新唐	5768
	下	156	元	245
		234		3872
		237		3952
		413	新元	253-9
		470	明	2346
倭奴	中	346	新唐	6207
倭奴國	上	78	後漢	84
		116	後漢	2821
		643	北	3135
	中	61	隋	1825
		61		1826
		203	舊唐	5339
		449	宋	14130
	下	257	元	4625
		599	明	8341
倭人國	上	133	後漢	2994
外羅山	中	603	遼	1212
畏吾兒	下	160	元	268
		197		2052
畏兀	下	144	元	118
畏兀兒	下	330	新元	133-1
隗烏古部	中	633	遼	1517
隗古部	中	633	遼	1517
隗離郡	中	521	遼	466
姚家寨館	中	511	遼	441
姚家蕩	下	440	明	246
		500		5420
		501		5423
姚州	中	338	新唐	6197
窈爪部	中	507	遼	414
堯山	上	407	魏	32
		538	北	17
腰鋪	下	457	明	2062
遙輦	中	476	遼	185
		537		711
		604		1227
		635		1521
	下	37	金	1002
遙輦氏	中	509	遼	437

項目	二十五史抄		新校本	
		510		438
		537		711
遙里部	中	506	遼	411
澆水	上	486	魏	2304
獠	中	349	新唐	6327
遼口	上	166	三	254
遼隊	上	51	漢	1626
		53		1626
		111	後漢	2815
遼隊縣	中	515	遼	457
		516		457
遼東	上	7	史	233
		7		234
		7		239
		7		267
		8		320
		8		366
		9		756
		9		757
		10		775
		13		1140
		16		1561
		21		1730
		22		1901
		23		2070
		23		2243
		24		2338
		25		2536
		26		2565
		26		2570
		29		2886
		30		2901
		32		2985
		33		2987
		35		3128
		36		3265
		41	前漢	31
		42		159
		43		231
		43		366
		48		1331
		48		1332
		49		1472

項目	二十五史抄	新校本		項目	二十五史抄	新校本
56		1657		147	三	29
57		1658		150		109
60		2053		150		111
64		2989		151		113
67		3748		152		118
68		3762		152		119
69		3784		154		207
69		3803		156		252
70		3863		158		253
77	後漢	73		159		254
77		76		160		254
81		232		165		255
83		254		166		255
83		260		166		260
83		304		167		286
86		492		168		338
88		706		168		343
89		724		168		350
90		744		169		356
90		745		170		358
90		746		171		453
91		1139		171		457
94		1520		172		698
96		1685		173		728
102		2418		173		730
~		~		174		731
103		2419		175		733
103		2464		175		762
106		2697		180		833
109		2812		184		835
~		~		~		~
112		2815		185		837
113		2817		187		838
124		2980		191		840
126		2984		193		842
~		~		195		843
128		2986		197		844
129		2988		198		845
130		2988		205		850
135		3238		215		1134
135		3244		215		1136
136		3364		216		1139
140		3529		218	三	1187

項目	二十五史抄	新校本
218		1223
218		1253
218		1254
219		1350
225	晉	13
225		27
227		76
228		152
228		154
229		177
233		222
239		388
241		425
242		427
245		827
245		842
246		895
246		904
248		1087
248		1123
250		1253
251		1534
252		1557
253		1932
254		1933
255		2113
256		2148
259		2435
260		2493
267		2644
273		2803
274		2805
275		2805
279		2812
280		2816
281		2816
287		2826
294		2839
297		2842
307		2859
327		3086
340		3106
361	宋書	682

項目	二十五史抄	新校本
365		775
365		792
365		808
366		891
366		912
367		932
369		992
369		1002
372		2393
385	梁	801
～		～
387		804
396	陳	80
401		6
408		51
409		81
424		335
437		712
441		933
445		1399
446		1585
448		1707
460		1893
461		1943
462		2060
473		2127
474		2128
475		2214
～		～
476		2215
485		2304
499	北齊	376
501		607
501		608
506	周	239
509		494
511		670
511		884
525	南	1969
527		1972
553	北	456
555		459
555		461

項目	二十五史抄	新校本	項目	二十五史抄	新校本
	557	472		610	2787
	558	501		611	2788
	565	750		611	2798
	565	751		611	2812
	575	1170		611	2813
	576	1391		612	2846
	578	1467		613	2886
	578	1517		614	2902
	579	1521		614	2903
	580	1645		615	2923
	581	1790		615	2950
	581	1826		~	~
	586	1900		616	2952
	588	2110		616	2955
	588	2118		618	3067
	589	2147		624	3079
	592	2185		626	3111
	592	2190		~	~
	593	2246		627	3113
	593	2247		629	3115
	593	2288		630	3117
	593	2290		645	3138
	595	2394		649	3267
	596	2490	中	5	隋 76
	597	2537		8	82
	597	2549		9	84
	598	2556		11	99
	599	2571		11	160
	599	2575		17	641
	599	2583		17	665
	600	2589		18	688
	602	2598		20	1120
	602	2601		22	1149
	602	2605		22	1173
	~	~		23	1182
	603	2607		23	1188
	604	2632		23	1189
	604	2635		24	1217
	605	2640		24	1223
	606	2644		25	1244
	607	2652		25	1274
	607	2664		25	1319
	610	2765		~	~

項目	二十五史抄	新校本
26	1320	
27	1342	
27	1362	
28	1372	
28	1390	
28	1393	
29	1455	
29	1459	
29	1460	
30	1466	
31	1491	
31	1492	
32	1498	
32	1500	
33	1502	
33	1510	
33	1512	
34	1514	
34	1515	
35	1519	
36	1520	
36	1525	
36	1529	
～	～	
37	1531	
37	1534	
38	1535	
38	1538	
38	1540	
39	1560	
40	1572	
41	1581	
41	1593	
41	1595	
42	1598	
42	1612	
43	1616	
43	1620	
～	～	
44	1623	
44	1636	
45	1643	
45	1645	

項目	二十五史抄	新校本
45	1676	
46	1684	
46	1687	
47	1700	
～	～	
48	1702	
49	1721	
49	1739	
49	1742	
50	1757	
50	1768	
～	～	
52	1770	
52	1777	
55	1816	
56	1818	
～	～	
57	1819	
63	1828	
64	1829	
65	1860	
66	1879	
68	1899	
71	舊唐	2
74	79	
76	94	
77	101	
77	102	
92	1060	
94	1316	
95	1323	
106	2207	
108	2210	
109	2235	
110	2252	
112	2308	
112	2311	
114	2360	
114	2390	
115	2399	
115	2400	
115	2402	
115	2408	

項目 二十五史抄	新校本		項目 二十五史抄	新校本
117	2462		257	3856
117	2465		258	3903
119	2481		259	3912
119	2487		259	3919
119	2488		260	3921
122	2582		261	3950
122	2619		262	3966
123	2619		263	4027
123	2621		269	4112
124	2670		269	4114
125	2674		269	4116
127	2734		272	4124
129	2776		273	4133
130	2780		274	4139
130	2781		274	4140
131	2783		276	4147
132	2783		280	4297
140	2909		283	4341
141	2947		291	4658
141	2950		292	4681
154	3293		296	5178
165	3620		298	5623
166	3786		331	6187
171	4074		～	～
176	4801		334	6190
180	5027		335	6193
184	5165		336	6193
187	5222		337	6195
190	5321		338	6196
～	～		339	6198
191	5324		349	6326
193	5326		364 舊五	901
207	5346		379 新五	891
207	5347		382	920
223 新唐	2		403 宋	3054
225	65		415	9789
230	472		434	14035
231	824		448	14129
242	2593		457 遼	15
251	3696		479	205
253	3771		500	348
253	3782		507	417
254	3806		511	440

項目	二十五史抄	新校本
	514	455
	515	456
	520	464
	530	487
	531	501
	543	812
	548	926
	613	1332
	614	1336
	620	1373
	630	1460
	下 36	金 992
	37	993
	121	2281
	122	2401
	137	元 19
	165	334
	171	427
	172	456
	182	881
	183	910
	199	2379
	200	2509
	208	2975
	209	3024
	214	3196
	219	3455
	232	3798
	265	新元 3-8
	266	4-7
	267	5-1
	307	70-2
	318	105-5
	319	105-7
	323	119-11
	328	132-1
	330	132-4
	347	162-3
	390	249-1
	425	明 52
	443	277
	449	1285
	458	2116

項目	二十五史抄	新校本
	462	2235
	463	2243
	464	2244
	469	2275
	471	3586
	475	3832
	475	3850
	476	3855
	477	3901
	478	3938
	484	4633
	～	～
	485	4634
	522	5819
	524	5849
	528	5921
	529	5941
	531	5982
	531	5983
	536	6183
	541	6191
	543	6196
	544	6198
	546	6216
	554	6686
	555	6692
	556	6715
	580	8281
	～	～
	585	8288
	586	8290
	588	8293
	593	8299
	602	8346
	623	8505
	624	8507
	625	8509
遼東高廟	上 367	宋書 932
遼東國	上 242	晉 427
	308	2860
遼東郡	上 51	漢 1625
	138	後漢 3529
	153	三 149

項目	二十五史抄	新校本
	157	252
	158	252
	274　晉	2805
	347	3132
	371　宋書	2392
	387　梁	803
	490　魏	2492
	490	2495
	539　北	48
	614	2914
	630	3117
	中　53　隋	1814
	55	1817
	101　舊唐	1526
	234　新唐	1023
	234　新唐	1023
	331	6187
	332	6188
	510　遼	438
遼東道	上　554　北	457
	595	2370
	中　7　隋	80
	24	1217
	72　舊唐	56
	73	57
	75	81
	76	90
	76	91
	180	5010
	223　新唐	43
	223	44
	224	46
	225	61
	225	65
	225	66
	240	1635
	240	1636
	240	1643
	240	1644
	255	3819
	255	3820
	269	4119
	270	4120

項目	二十五史抄	新校本
	274	4139
	333	6189
	338	6196
遼東鮮卑	上　80　後漢	223
	128	2986
	129	2988
	135	3236
	135	3237
	369　宋書	2369
	484　魏	2233
	514　周	912
	647　北	3178
遼東城	上　43　漢	232
	48	1307
	592　北	2185
	599	2575
	601	2592
	607	2652
	中　26　隋	1320
	30	1466
	34	1516
	41	1595
	55	1816
	73　舊唐	57
	191	5325
	223　新唐	44
	334	6190
遼東屬國	上　84　後漢	312
	130	2988
	130	2989
	141	3530
	153　三	120
	157	252
	181	833
	182	834
遼東烏桓	上　43　漢	229
	97　後漢	1828
遼東州	中　339　新唐	6198
遼濱	下　302　新元	47-5
遼濱縣	中　522　遼	467
遼山	上　53　前漢	1626
	139　後漢	3529
	385　梁	801

項目	二十五史抄	新校本
	525	南 1969
	中 128	舊唐 2735
	330	新唐 6185
遼西	上 23	史 2070
	29	2886
	56	前漢 1657
	67	3748
	81	後漢 226
	85	340
	88	706
	102	2418
	103	2419
	126	2984
	129	2987
	133	2994
	141	3530
	142	3530
	147	三 29
	154	207
	154	239
	158	252
	175	762
	181	833
	184	835
	185	836
	190	840
	227	晉 73
	229	182
	235	310
	241	425
	252	1712
	261	2524
	269	2767
	270	2768
	271	2770
	273	2803
	273	2804
	278	2811
	282	2818
	337	3102
	~	~
	338	3104
	345	3131

項目	二十五史抄	新校本
	372	宋書 2393
	387	梁 804
	408	魏 39
	409	81
	410	81
	434	656
	461	2060
	468	2068
	469	2071
	473	2127
	486	2306
	505	周 1
	527	南 1972
	539	北 48
	550	311
	553	457
	618	3067
	621	3072
	622	3073
	624	3079
	630	3117
	638	3128
	650	北 3270
	中 18	隋 688
	37	1531
	55	1816
	64	1842
	67	1882
	98	舊唐 1521
	101	1426
	129	2776
	138	2891
	215	5359
	231	新唐 824
	234	1023
	273	4133
	275	4142
	279	4211
	302	5820
	354	6437
	507	遼 417
	517	459
	528	481

項目	二十五史抄		新校本
		529	487
		628	1442
	下 333	新元	134-7
遼西郡	上 50	漢	1625
	81	後漢	226
	138		3528
	556	北	463
	中 9	隋	86
	20		859
	98	舊唐	1521
	234	新唐	1023
	312		6048
	520	遼	464
	529		487
	531		501
遼西道	上 598	北	2553
	中 40	隋	1576
遼西鮮卑	上 81	後漢	232
	128		2987
	269		2767
遼西屬國	上 155	三	239
遼西烏丸	上 150	三	109
	154	後漢	206
	155	三	239
	182		834
	184		835
遼西烏桓	上 125	後漢	2982
	135		3238
遼西州	中 520	遼	464
遼城	中 114	舊唐	2378
	191		5323
	513	遼	448
	516		457
	522		467
遼城州	中 237	新唐	1129
	下 302	新元	47-5
遼水	上 53	漢	1626
	139	後漢	3529
	150	三	109
	150		111
	166		254
	178		831
	185		836

項目	二十五史抄		新校本
	223	晉	10
	253		1712
	385	梁	801
	511	周	884
	525	南	1969
	596	北	2471
	630		3117
	630		3118
	中 8	隋	82
	10		87
	25		1244
	55		1816
	55		1817
	108	舊唐	2214
	113		2356
	124		2670
	129		2776
	154		3293
	188		5319
	191		5323
	232	新唐	825
	238		1146
	270		4120
	272		4124
	326		6179
	330		6185
	333		6190
	334		6190
	369	舊五	1843
	377	新五	178
	514	遼	455
	下 102	金	1819
	215	元	3224
	245		4607
	447	明	952
遼水橋	上 555	北	459
	616		2987
	中 42	隋	1598
	162	三	253
遼隧	上 165	三	254
	175		762
	197		845
	223	晉	10

項目		二十五史抄		新校本
遼陽	上	11	史	802
		44	前漢	393
		52		1626
		140	後漢	3529
		252	晉	1540
		377	新五	178
	中	500	遼	349
		507		417
		515		456
		515		457
		539		745
		630		1459
	下	12	金	86
		30		554
		~		~
		31		555
		101		1807
		108		1864
		125		2758
		164	元	314
		165		321
		166		336
		167		352
		167		353
		168		363
		170		416
		172		461
		176		621
		177		657
		177		674
		182		874
		182		875
		183		889
		185		945
		187		1054
		187		1055
		187		1061
		188		1346
		189		1395
		196		2021
		200		2475
		211		3130
		219		3433

項目		二十五史抄		新校本
		224		3628
		302	新元	47-5
		309		79-8
		310		80-16
		314		101-16
		408		250-8
		472	明	3683
		525		5855
		531		5982
		536		6183
		536		6184
		538		6187
		540		6189
		552		6481
		592		8298
		593		8300
		624		8507
遼陽郡	中	320	新唐	6170
遼陽路	下	299	新元	47-1
		447	明	952
遼陽府縣	下	447	明	952
遼陽縣	中	508	遼	421
		515		457
遼外	中	106	舊唐	2208
遼陰	上	52	漢	1626
遼籍女直	下	6	金	29
遼左	中	68	隋	1899
		120	舊唐	2500
		182		5144
		219		5344
	下	212	元	3142
		541	明	6191
		555		6692
		595		8302
遼州	中	191	舊唐	5325
		209		5350
		297	新唐	5449
		334		6191
		457	遼	15
		522		467
		539		750
		594		1186
	下	354	新元	176-2

項目	二十五史抄		新校本	
		625	明	8508
遼地	下	37	金	1002
遼澤	中	125	舊唐	2679
		197		5331
		223	新唐	44
		260		3941
		334		6190
遼土	上	163	三	258
遼河	上	371	宋書	2392
		553	北	456
		554		458
		554		459
		555		461
		555		463
		556		464
	中	476	遼	186
		477		192
		478		200
		512		445
		515		456
		522		467
	下	29	金	554
		30		554
		175	元	574
		221		3513
		447	明	952
		447		957
		448		957
		537		6185
		539		6188
		622		8504
		624		8506
遼海	上	312	晉	2893
		482	魏	2223
		514	周	909
		637	北	3126
		651		3287
	中	96	舊唐	1385
		105		2146
		106		2168
		108		2225
		127		2735
		134		2793

項目	二十五史抄		新校本	
		136		2795
		248	新唐	3472
		251		3679
		267		4084
		275		4141
		436	宋	14039
		509	遼	437
	下	448	明	957
饒樂	中	73	舊唐	61
		213		5356
		322	新唐	6173
		322		6174
		511	遼	442
饒樂郡	中	213	舊唐	5355
饒樂水	上	127	後漢	2985
	中	212	舊唐	5354
饒樂	中	213	舊唐	5355
饒樂河	中	528	遼	481
饒陽	下	111	金	1868
饒陽郡	中	306	新唐	5990
饒州	中	492	遼	331
		493		333
		494		334
		511		441
		513		448
		568		1120
		613	明	8363
饒州渤海	中	494	遼	334
		568		1120
		624		1431
		625		1434
饒平	下	506	明	5605
		507		5607
		508		5608
耀州	中	426	宋	11219
		518	遼	462
		538	明	6185
		556		6715
辱夷	中	154	舊唐	3294
		270	新唐	4120
辱夷城	中	338	新唐	6197
辱紇主	上	513	周	899
		637	北	3127

項目	二十五史抄		新校本		項目	二十五史抄		新校本	
茸松	上	409	魏	58			466		2065
容城	上	56	漢	1657			468		4069
	中	97	舊唐	1512			472		2126
容州	中	299	新唐	5629			539	北	31
龍岡	下	247	元	4609			621		3072
		302	新元	47-4		下	208	元	2968
龍崗	下	224	元	3628			221		3530
龍南	下	521	明	5786			327	新元	130-6
龍陵	上	296	晉	2842			623	北	3078
龍灣	下	568	明	7441	龍城鎮	上	424	魏	335
龍門	中	130	舊唐	2780			558	北	501
		274	新唐	4139	龍城縣	上	284	晉	2821
	下	457	明	2018	龍巖	下	510	明	5611
龍蕃	中	392	宋	331	龍原	中	328	新唐	6182
龍山	上	287	宋書	2825			516	遼	458
	中	100	隋	1525	龍原縣	中	516	遼	458
		518	遼	461	龍庭	中	513	遼	447
	下	301	新元	47-4	龍州	中	328	新唐	6182
		463	明	2244			329		6183
		510		5611			438	宋	14043
		542		6194			510	遼	439
		543		6194			522		468
		588		8292			524		470
龍城	上	271	晉	2794		下	395	新元	249-9
		272		2797			476	明	3900
		284		2821	龍支	中	314	新唐	6077
		284		2822	龍珍	中	518	遼	460
		290		2833	龍川	下	516	明	5624
		327		3086	龍河	中	516	遼	458
		328		3087	龍河郡	中	516	遼	458
		329		3989	龍化州	中	495	遼	337
		331		3093			513		447
		332		3095			594		1185
		~		~	龍化縣	中	513	遼	447
		335		3099	于骨里	中	467	遼	124
		337		3102	于厥	中	549	遼	927
		339		3106	于厥里	中	460	遼	27
		340		3107	于離末利國	上	265	晉	2537
		343		3127	于已尼大水	上	483	魏	2224
		347		3132	于已尼[水]	上	641	北	3132
		350		3163	于夷	上	106	後漢	2807
		350		3164	于闐	上	412	魏	116
		409	魏	59			412		126

項目	二十五史抄	新校本
	413	205
	418	205
	419	212
	419	213
	中 72	舊唐 51
	289	新唐 4577
	392	宋 331
	394	415
	433	13981
	下 427	明 84
	427	86
	430	110
于寘	上 191	三 840
	313	晉 2904
牛家莊	下 448	明 957
牛都	上 457	魏 1812
	607	北 2671
牛毛	下 549	明 6395
牛毛賽	下 595	明 8302
牛田	下 510	明 5611
	560	5612
牛川	上 404	魏 23
	536	北 12
右江	下 448	明 1280
右大部	中 512	遼 446
右屯	下 538	明 6186
右北平	上 23	史 2070
	29	2886
	56	漢 1657
	60	2053
	67	2053
	67	3748
	77	後漢 76
	79	189
	90	810
	111	2814
	111	2815
	125	2981
	126	2984
	128	2986
	129	2987
	130	2990
	135	3237

項目	二十五史抄	新校本
	135	3239
	150	三 109
	150	239
	155	240
	175	762
	181	833
	187	838
	190	840
	235	晉 310
右北平	上 241	晉 425
	288	2828
	307	2860
	中 94	舊唐 1316
	231	新唐 824
	529	遼 484
右北平郡	上 242	晉 426
右北平烏丸	上 182	三 834
	184	835
右北平胡	上 126	後漢 2983
右皮室	中 472	遼 168
	476	185
	635	1520
	635	1521
宇文	上 274	晉 2804
	275	2806
	275	2807
	284	2822
	285	2824
	462	魏 2060
	482	2222
	492	3012
	636	北 3126
宇文國	上 505	周 1
宇文別部	上 281	晉 2816
	281	2817
宇文鮮卑	上 273	晉 2804
羽厥	中 514	遼 451
羽陵部	上 482	魏 2223
羽陵州	中 236	新唐 1127
	318	6168
	510	遼 438
羽山	上 3	史 28
	4	456

項目	二十五史抄		新校本		項目	二十五史抄		新校本	
羽眞氏	上	509	周	495	雲從島	下	596	明	8303
		594	北	2322	雲州	上	542	北	108
羽眞侯國	上	480	魏	2221		中	14	隋	313
		636	北	3125			275	新唐	4142
盱眙	中	248	新唐	3478			412	宋	9124
	下	58	金	1419			500	遼	349
		440	明	245			503		363
崛夷	上	49	漢	1526			509		437
		117	後漢	2833			~		~
		514	周	899			510		438
崛夷道	中	224	新唐	60			549		930
		343		6204			551		970
虞	中	528	遼	481		下	302	新元	47-5
虞婁	中	326	新唐	6179			429	明	101
優富縣	中	523	遼	469	雲州縣	中	521	遼	465
優中國	上	209	三	853	雲中	上	23	史	2243
優休牟涿國	上	205	三	849			29		2885
郁文閭氏	上	485	魏	2289			30		2901
郁射施	中	312	新唐	6048			67	漢	3748
郁羽陵	上	412	魏	128			83	後漢	265
郁羽陵國	上	480	魏	2221			83		302
		636	北	3125			85		339
郁夷	上	3	史	16			99		2191
		4		48			126		2983
雲南	中	323	新唐	6175			130		2989
	下	202	元	2553			132		2993
		288	新元	19-3			137		3525
		313	明	5859			174	三	732
		549		6392			178		831
雲內	中	497	遼	344			330	晉	3090
		499		347			405	魏	27
		500		349			482		2223
		502		353			574	北	987
雲屯	下	504	明	5602			574		988
雲龍門	上	458	魏	1830		中	212	舊唐	1146
雲碧店	中	552	遼	974			238	新唐	1146
雲城	下	221	元	3530			321		6172
		334	新元	135-6			415	宋	9616
雲陽	上	29	史	2886			497	遼	342
		67	漢	3748			500		349
	中	254	新唐	3806			627		1440
雲郜	下	54	漢	1627			628		1442
雲從	下	597		8306	雲中郡	上	136	後漢	3525

項目	二十五史抄		新校本	
	中	312	新唐	6048
郫州	中	159	舊唐	3535
		~		~
		160		3536
		162		3538
		163		3540
		165		3543
		202		5338
		306	新唐	5990
		307		5990
		368	舊五	1722
郿西	下	566	明	7438
郿城	上	314	晉	2919
		325		3083
郿州	上	591	北	2165
蔚山	下	591	明	8297
		592		8298
		593		8300
蔚州	中	337	新唐	6195
		412	宋	9024
		498	遼	345
		509		437
		597	金	1190
	下	43		1389
鬱督軍山	中	205	舊唐	5334
		208		5348
		315	新唐	6134
		315		6135
鬱折	中	330	新唐	6186
雄武城	中	352		6412
雄州	中	548	遼	929
熊山	上	15	史	1491
	中	516	遼	458
熊山縣	中	520	遼	464
熊氏	上	273	晉	2803
熊岳	下	31	金	556
		126		2760
		299	新元	47-1
熊岳山	中	517	遼	460
熊岳縣	中	517	遼	460
[熊]州	中	344	新唐	6204
熊津	中	74	舊唐	81
		132		2790

項目	二十五史抄		新校本	
		~		~
		133		2791
		135		2795
		197		5331
		~		~
		199		5334
		266	新唐	4082
		~		~
		267		4083
		341		6200
		~		~
		342		6201
熊津江	中	129	舊唐	2779
		133		2791
		197		5331
		198		5332
		341	新唐	6220
		341		6221
熊津口	中	274	新唐	4138
		340		6200
熊津道	中	129	舊唐	2779
		136		2795
		225	新唐	62
		268		4084
熊津城	上	512	周	886
		631	北	3118
	中	198	舊唐	5333
		341	新唐	6201
熊津州	中	77	舊唐	102
熊川	下	590	明	8296
元	下	447	明	952
		447		957
		448		957
		458		2115
		472		3683
		473		3691
		543		6194
		575		7907
		579		8279
		~		~
		581		8282
		586		8290
		599		8341

項目	二十五史抄		新校本	
		619		8402
		621		8466
		622		8504
元鳳	下	355	新元	176-2
元侯折部	中	322	新唐	6173
元城	中	296	新唐	5178
	下	498	明	5416
元魏	中	317	新唐	6167
		321		6173
		325		6177
		433	宋	13981
		503	遼	376
		510		376
		510		437
		514		455
		531		501
		550		950
	下	3	金	1
洹水	中	160	舊唐	3536
		307	新唐	5990
員闊	上	541	北	94
原州	上	507	周	333
		589	北	2163
	中	111	舊唐	2280
	下	57	金	1418
		319	新元	105-7
		582	明	8283
袁紇部	上	404	魏	23
		536	北	12
遠江	中	451	宋	14133
圓山	下	514	明	5617
鴛鴦濼	中	496	遼	339
		497		342
貑	上	29	史	2883
月氏	上	14	史	1347
		30		2887
		48	漢	1289
		67	·	3748
		121	後漢	2876
		191	三	840
月氏國	上	205	三	849
		205		850
越	上	14	史	1349

項目	二十五史抄		新校本	
		21		1730
		48	漢	1306
		49		1472
		86	後漢	517
		132		2992
		151	三	111
		241	晉	406
		276		2808
		277		2809
	中	11	隋	96
		16		613
		94	舊唐	1316
		108		2210
		232	新唐	825
		443	宋	14050
		444		14052
		457	遼	12
		566	明	7439
越古里	中	471	遼	158
越棘	中	480	遼	219
越棘郡	中	480	遼	219
越里吉	中	580	遼	1147
越里吉國	中	504	遼	392
越里篤	中	471	遼	158
		476		183
		549		932
		560		1100
		580		1147
越里篤國	中	504	遼	392
越里部	下	96	金	1588
越裳氏	上	73	漢	4077
越州	中	94	舊唐	1316
		195		5329
		328	新唐	6182
		337		6195
		339		6198
		347		6209
		398	宋	2406
		440		14045
		451		14133
越後	中	451	宋	14133
越喜	中	326	新唐	6179
		328		6182

項目	二十五史抄		新校本	
		524	遼	470
越喜州	中	237	新唐	1129
越喜鞨鞨	中	217	舊唐	5360
粵	下	463	明	2244
		621		8433
粵喜縣	中	523	遼	468
	下	30	金	554
危須	下	64	漢	2973
		225	晉	13
位城	中	329	新唐	6183
		518	遼	460
威德城	上	285	晉	2822
威州	中	98	舊唐	1522
		235	新唐	1126
		237		1128
		525	遼	3628
	下	224	元	2628
		355	新元	176-2
威化	中	98	舊唐	1522
		436	宋	14038
威化道	中	312	新唐	6045
爲吾國	上	211	三	855
尉厥里	中	413	宋	9126
尉黎	上	64	漢	2973
尉佗	上	74	漢	4268
		162	三	258
渭	上	590	舊唐	2163
渭[州]	中	102	舊唐	1834
葦島	中	75	舊唐	83
圍頭	中	447	宋	14127
	下	413	新元	253-9
衛	上	24	史	2269
		177	三	831
		519	明	5731
衛樂州	中	237	新唐	1129
衛州	中	241	新唐	1835
魏	上	29	史	2885
		43	漢	366
		47		1288
		67		3747
		158	三	254
		159		254
		162		258

項目	二十五史抄	新校本	
	163		258
	168		354
	178		832
	189		838
	189		839
	191		840
	214		857
	215		858
	215		1136
	217		1140
	218		1223
	224	晉	11
	225		13
	234		250
	237		374
	238		379
	239		394
	240		396
	241		407
	241		425
	242		427
	243		428
	244		701
	245		827
	245		851
	264		2535
	267		2609
	272		2796
	273		2803
	277		2809
	278		2810
	289		2832
	361	宋書	684
	363		718
	366		891
	366		912
	366		922
	367		945
	378	南齊	1009
	378		1010
	384	梁	800
	385		801
	388		805

項目		二十五史抄		新校本
		389		807
		437	魏	712
		461		2060
		475		2214
		476		2215
		480		2220
		491		2738
		495	南齊	1
		505	周	1
		507		333
		~		~
		508		335
		509		494
		~		~
		509		496
		511		670
		525		1969
		~		~
		526		1971
		528		1973
		571	北	867
		571		892
		572		908
		573		929
		575		997
		577		1451
		579		1626
		589		2163
		590		2164
		626		3112
		627		3115
		632		3135
	中	6	隋	79
		14		350
		38		1540
		53		1813
		57		1820
		61		1825
		92	舊唐	1053
		93		1069
		106		2207
		114		2360
		190		5321

項目		二十五史抄		新校本
		247	新唐	3458
		269		4112
		317		6167
		331		6187
		345		6206
		403	宋	3054
		434		14035
		449		14131
		457	遼	12
		514		455
	下	257	元	4625
魏國	中	493	遼	332
魏郡	上	259	晉	2492
		287		2826
魏代	中	127	舊唐	2734
魏虜	上	378	南齊	1009
		379		1011
魏博	中	161	舊唐	3537
		163		3540
		163		3541
		247	新唐	3458
		304		5935
		307		5991
		309		5994
		310		5995
魏州	中	247	新唐	3458
		278		4120
		280		4241
		296		5178
		306		5986
		379	新五	889
魏昌	上	462	魏	2061
魏興郡	上	367	宋書	1146
有鬼國	上	211	三	855
有隋	中	6	隋	79
攷	下	564	明	7418
酉陽	中	166	舊唐	3786
泖潊	下	566	明	7439
泖湖	下	493	明	5407
乳水縣	中	524	遼	470
幽	上	363	宋書	715
		363		718
	中	37	隋	1531

項目	二十五史抄		新校本			項目	二十五史抄		新校本	
		37		1534				240		398
		448	宋	14130				241		425
幽蘇	中	435	宋	14037				～		～
幽都	上	491	魏	2738				242		426
	中	233	新唐	1019				243		428
幽陵	上	3	史	28				252		1712
幽部	上	87	後漢	608				255		2082
幽州	上	50	漢	1541				255		2113
		50		1625				259		2492
		51		1625				269		2767
		53		1626				270		2770
		54		1627				271		2771
		84	後漢	329				272		2796
		84		336				273		2804
		84		338				274		2804
		85		343				279		2812
		85		344				300		2849
		85		346				317		2926
		85		352				321		3078
		～		～				327		3086
		85		354				329		3089
		93		1286				331		3094
		99		2139				332		3095
		123		2962				405	魏	27
		125		2981				408		57
		126		2984				409		59
		130	後漢	2990				410		81
		131		2990				436		700
		137		3530				467		2067
		147	三	28				473		2127
		149		98				501	北齊	547
		150		107				537	北	15
		155		240				539		48
		172		727				547		250
		175		762				588		2109
		178		831				603		2605
		182		834				620		3071
		184		835				624		3079
		187		838				637		3126
		216		1138			中	21	隋	1123
		235	晉	310				37		1531
		238		375				45		1624
		238		377				73	舊唐	57

二十五史抄		新校本
73		58
80		197
87		487
90		756
97		1512
98		1521
～		～
100		1525
101		1527
106		2208
111		2280
121		2539
124		2670
124		2671
140		2909
146		3154
158		3491
169		3938
171		4051
173		4471
177		4818
184		5160
186		5214
～		～
187		5215
193		5326
210		5351
211		5353
～		～
213		5356
214		5356
215		5359
216		5359
217		5361
223	新唐	44
224		44
227		104
227		119
228		128
229		234
233		920
233		1019
233		1022

二十五史抄		新校本
237		1128
243		3444
250		3678
258		3903
259		3903
262		3965
265		4057
271		4122
271		4123
277		4172
280		4240
285		4429
286		4545
291		4596
295		5161
296		5230
301		5764
311		6038
317		6167
319		6169
320		6171
～		～
323		6175
325		6178
327		6181
329		6183
333		6190
336		6194
350		6375
351		6411
352		6412
353		6426
358	舊五	427
369		1827
377	新五	178
379		890
411	宋	8802
412		9123
412		9125
413		9126
448		14130
457	遼	12
509		437

項目	二十五史抄		新校本	
		510		438
		~		~
		511		441
		514		455
		520		464
		528		481
		550		956
幽州道	中 80		舊唐 199	
幽州烏丸	上 125		三 873	
幽州烏桓	上 100		後漢 2353	
		123		2962
幽州縣	中 98		舊唐 1522	
柔遠	下 302		新元 47-5	
俞山	下 464		明 2245	
柳石	下 152		元 208	
		254		4621
柳城	上 85		後漢 384	
		86		384
		127		2984
		147	三	28
		147		29
		158		253
		173		730
		174		731
		183		835
		273	晉	2803
		280		2816
		281		2816
		284		2821
		287		2827
		595	北	2372
		603		2605
		603		2606
		636		3126
	中 20		隋 859	
		22		1173
		25		1319
		37		1531
		59		1822
		72	舊唐	56
		98		1520
		98		1521
		111		2278

項目	二十五史抄		新校本	
		177		4814
		213		5355
		234	新唐	1023
		242		3443
		254		3806
		263		3994
		285		4494
		291		4583
		305		5967
		324		6176
		336		1194
		351		6411
		352		6412
柳城郡	中 98		舊唐 1520	
		98		1521
		123		2632
		214		5357
		234	新唐	1023
柳城縣	中 49		隋 1739	
柳城胡	中 168		舊唐 3895	
柳營	中 18		隋 688	
柳州	中 248		新唐 3478	
		351		6387
柳州路	下 308		新元 77-8	
柳泉	上 470		魏 2072	
柳河	下 30		金 554	
柳河縣	中 523		遼 468	
流江	下 464		明 2245	
流求	上 552		北 454	
		643		3134
		647		3165
	中 5		隋 74	
		18		687
		35		1519
		45		1635
		61		1825
		64		1838
	下 281		新元 12-8	
		372		198-9
流求國	上 552		北 447	
		605		2644
		641		3132
		642		3134

項目	二十五史抄	新校本
	中 5	隋 67
	59	1823
	61	1825
	446	宋 14127
流鬼	中 347	新唐 6209
流沙	中 510	遼 438
惟水	中 49	漢 1526
琉求	下 412	新元 253-1
	414	253-10
琉球	下 378	新元 214-10
	423	明 26
	423	31
	423	32
	424	33
	424	35
	424	40
	~	~
	424	44
	425	45
	425	48
	~	~
	426	54
	427	84
	430	110
	430	117
	430	120
	431	122
	~	~
	431	125
	431	131
	434	163
	~	~
	435	170
	435	173
	~	~
	435	177
	435	179
	435	184
	~	~
	435	188
	435	190
	436	192
	~	~

項目	二十五史抄	新校本
	436	194
	436	196
	436	201
	436	202
	436	205
	436	208
	~	~
	437	210
	437	212
	437	219
	437	222
	437	223
	437	225
	~	~
	437	227
	437	229
	437	230
	~	~
	438	236
	438	238
	~	~
	438	240
	439	242
	439	243
	440	245
	440	248
	441	255
	441	256
	441	258
	442	262
	~	~
	442	267
	442	269
	442	272
	442	274
	443	277
	443	280
	~	~
	444	287
	445	302
	445	304
	445	305
	445	319

項目	二十五史抄	新校本
	445	321
	446	326
	446	327
	446	334
	449	1285
	451	1677
	456	1980
	475	3832
	475	3841
	486	4679
	486	4771
	503	5564
	520	5773
	530	5967
	559	6733
	602	8346
	604	8349
	610	8357
	611	8361
	613	8364
	~	~
	617	8369
	619	8397
	620	8415
	621	8433
	621	8466
琉球國	下 450	明 1655
琉球山南	下 425	明 50
	426	80
	426	82
	426	84
	~	~
	427	88
	428	90
	428	91
	428	95
	428	97
琉球山北	下 426	明 80
	427	82
	428	95
琉球中山	下 425	明 50
	426	80
	426	82

項目	二十五史抄	新校本
	426	84
	~	~
	427	87
	428	90
	428	91
	428	94
	~	~
	429	99
	429	102
	429	103
	430	116
	431	129
	431	130
	431	132
	432	133
	432	135
	~	~
	432	137
	433	143
	433	145
	433	146
	~	~
	433	149
	433	155
	~	~
	434	159
琉球中山國	下 444	明 289
鄈	中 68	隋 1899
楡關	中 211	舊唐 5352
	213	5356
楡溪州	中 208	舊唐 5349
楡關	中 286	新唐 4545
	320	6170
	323	6175
	369	舊五 1827
	377	新五 178
	510	遼 437
楡關道	中 140	舊唐 2903
	227	新唐 96
	262	3980
	303	5840
	318	6169
楡里底乃部	中 618	遼 1347

項目	二十五史抄		新校本	
榆林	上	552	北	450
		569		823
		651		3298
	中	5	隋	70
		27		1336
		186	舊唐	5214
		251	新唐	3678
	下	166	元	348
		540	明	6189
榆陰	上	280	晉	2815
榆州	中	523	遼	468
		529		484
榆河	下	194	元	1588
維州	中	514	遼	451
瑠求	下	166	元	350
		169		409
		170		414
		170		417
		261		4667
		262		4668
蝡蠕	上	345	晉	3130
		347		3132
		347		3133
劉家口	下	623	明	8505
		625		8509
劉家莊	下	440	明	246
		515		5618
劉家河	下	459	明	2166
		464		2245
劉澳	下	465	明	2246
劉莊	下	501	明	5420
儒峒	下	517	明	5627
		526		5859
儒州	中	509	遼	437
	下	43	金	1389
遺山	中	255	新唐	3823
濡水	上	408	魏	56
		409		81
		410		81
濡源	下	409	魏	58
		436		709
灅水	上	4	史	55
類拔部	上	404	魏	25

項目	二十五史抄		新校本	
六	中	232	新唐	825
六國	上	29	史	2886
		56	漢	1657
六盤山	下	394	新元	249-6
六十	下	157	元	247
六鰲	下	463	明	2244
六狄	中	166	舊唐	3785
六州山	中	530	遼	489
六胡州	中	96	舊唐	1415
陸城	上	472	魏	2101
陸奧	中	451	宋	14133
陸澤	中	294	新唐	4979
陸渾	中	162	舊唐	3539
		308	新唐	5993
尹城	中	197	舊唐	5331
閏州	中	479	遼	2067
潤州	中	255	新唐	3823
		499	遼	346
		530		489
		598		1191
輪臺	中	348	新唐	6265
栗林	下	592	明	8298
栗末	中	58	隋	1821
		59		1822
栗末部	中	58	隋	1821
栗陽婆	上	541	北	94
溧水	下	498	明	5416
		567		7440
		607		8353
戎	上	28	史	2881
		107	後漢	2810
		123		2961
戎狄	上	26	史	2565
		93	後漢	1287
戎翟	上	29	史	2883
		29		2885
		67	漢	3746
		67		3747
隆安路	下	121	金	2299
隆州	下	29	金	552
		39		1146
		40		1305
隆興	下	156	元	246

項目	二十五史抄		新校本	
融	中	52	隋	1801
殷	上	3	史	16
		5		126
		6		131
		6		133
		13		1229
		17		1610
		17		1611
		20		1620
		20		1633
		47	漢	1015
		48		1315
		56		1657
		56		1658
		59		2029
		107	後漢	2808
		117		2822
		241	晉	425
	中	63	隋	1828
		73	舊唐	57
		137		2815
殷州	下	302	新元	47-5
殷虛	上	20	史	1620
圁	上	29	史	2883
恩州	中	529	遼	482
銀燈	下	359	明	6188
		540		6188
銀城	中	192	舊唐	5325
		335	新唐	6192
銀州	中	523	遼	469
鄞	中	420	明	5409
鄞縣	下	604	明	8348
隱伎	中	451	宋	14133
隱甫	中	286	新唐	4497
嵒州	下	447	明	956
乙連	上	333	晉	3097
		335		3099
乙連城	上	439	魏	790
乙離骨	卜	4	金	14
乙離骨嶺	下	4	金	14
		129		2882
乙離骨水	下	130	金	2883
乙山	下	444	明	280
		551		6405
乙失革	中	99	舊唐	1524
乙室	中	537	遼	711
乙實奧隗部	中	507	遼	413
乙室活部	中	510	遼	438
乙典女直部	中	504	遼	391
		506		413
		537		728
乙隻村	下	130	金	2883
陰館	上	406	周	29
陰密	上	320	晉	2997
陰山	上	7	史	239
		29		2285
		69	漢	2803
		266	晉	2537
		330		3090
		370	宋書	2370
		403	魏	21
		484		2233
		505	周	1
		536	北	11
		550		311
		561		579
		647		3179
	中	381	新五	911
		500	遼	349
		502		353
	下	44	金	1390
		499	明	5418
陰山郡	中	312	新唐	6048
陰平	上	416	魏	171
		542	北	104
		542		106
		542		111
挹怛	中	65	隋	1864
挹婁	上	107	後漢	2810
		109		2812
		110		2812
		112		2816
		113		2816
		191	三	841
		199		846
		～		～

項目	二十五史抄		新校本	
		202		848
		263	晉	2534
	中	325	新唐	6177
		326		6179
		514	遼	455
		523		468
	下	191	元	1399
		302	新元	47-5
挹婁國	中	521	遼	466
		525		472
凝神殿	中	520	遼	475
應	下	467	明	2248
應城	下	493	明	5408
應龍	下	457	明	2057
應州	中	467	遼	121
		501		351
		509		437
		556		1010
		600		1193
	下	43	金	1389
應昌	下	429	明	101
應天	下	498	明	5416
		515		5618
		526		5867
		607		8353
宜君	中	292	新唐	4681
宜寧	下	545	明	6201
宜蠻	下	225	元	3629
		356	新元	176-4
宜城	下	591	明	8297
宜水	下	458	明	2104
宜陽	上	36	史	3149
宜州	中	498	遼	346
		529		487
		598		1191
宜春	下	29	金	551
		302	新元	47-5
宜豊	下	31	金	555
		299	新元	47-1
宜豊縣	中	527	遼	475
宜禾	上	319	晉	2942
宜興	下	498	明	5416
		607		8353

項目	二十五史抄		新校本	
依[州]	中	96	舊唐	1415
意辛山	上	536	北	12
義	下	528	明	5916
		531		5982
		~		~
		532		5984
		537		6185
		538		6186
		622		8504
義渠	上	29	史	2883
		29		2885
		67	漢	3747
義臺	上	488	魏	2389
義臺	上	407	魏	31
義都	下	516	明	5624
義成	中	307	新唐	5991
		310		5995
義城	中	163	舊唐	3541
義安	上	605	北	2644
		643		3134
	中	35	隋	1519
		61		1825
	下	413	新元	253-9
義安郡	下	237	元	3926
		350	新元	166-6
義烏	下	468	明	2251
		510		5611
		564		7413
義州	中	328	新唐	6182
		495	遼	337
		512		444
	下	32	金	560
		190	元	1397
		299	新元	47-2
		333		134-7
		403		249-22
		419	考證	10-1
		442	明	275
		524		5849
		531		5983
		538		6187
		539		6187
		540		6189

項目		二十五史抄	新校本	
		555		6696
		556		6715
		584		8287
		587		8291
		593		8300
		595		8302
		597		8305
		597		8306
		611		8358
		624		8507
義州江	下	392	新元	249-3
義州路	下	66	金	1434
義豊	中	97	舊唐	1511
義豊縣	中	512	遼	444
		512		446
義興	中	176	舊唐	4801
儀	下	466	明	2248
		500		5420
儀坤州	中	512	遼	446
		602		1210
儀眞	下	485	明	4634
醫巫閭	中	519	遼	463
		520		464
		603		1211
醫巫閭山	中	519	遼	463
		602		1211
		603		1211
醫無閭山	上	50	漢	1541
懿州	中	495	遼	337
		495		338
		498		346
		526		474
		594		1186
		598		1191
	下	32	金	560
		39		1146
		163		299
		164	元	309
		164		310
		188		823
		189		1396
		215		3224
		221		3513

項目		二十五史抄	新校本	
		269	新元	8-4
		299		47-2
		308		75-7
二儀殿	中	607	遼	1249
已柢國	上	208	三	853
伊闕	中	162	舊唐	3539
		308	新唐	5993
	下	457	明	2018
伊紀	中	451	宋	14134
伊都國	上	211	三	854
		213		856
		389	梁	806
		643	北	3135
伊豆	中	451	宋	14133
	下	411	新元	250-12
伊麗道	中	315	新唐	6113
伊里裕	下	142	元	100
伊西	中	293	新唐	4750
伊勢	中	451	宋	14133
伊水	中	162	舊唐	3539
伊邪國	上	211	三	854
伊豫	中	451	宋	14134
伊吾	上	552	北	452
	中	18	隋	688
伊吾道	中	26	隋	1331
伊爾默支	下	139	元	47
伊州	中	328	新唐	6182
		522	遼	467
伊賀	中	451	宋	14133
夷	上	106	後漢	2697
		106		2807
		107		2810
夷貊	上	36	史	3218
		112	後漢	2816
		113		2816
		199	三	846
夷賓州	中	99	舊唐	1523
		237	新唐	1127
		237		1128
夷邪久國	中	61	隋	1825
夷安	上	56	漢	1635
夷狄	上	107	後漢	2808
夷洲	上	117	後漢	2822

項目	二十五史抄		新校本	
		645	北	3137
	中	63	隋	1827
利稽察	上	651	北	3292
	中	65	隋	1867
利涉	下	29	金	552
利州	下	300	新元	47-3
		301		47-4
利津	下	175	元	584
易	上	56	漢	1657
易京	上	156	三	243
		269	晉	2767
		270		2768
易俗顯	中	511	遼	440
		519		462
易水	上	23	史	2243
		147	三	30
易州	中	97	舊唐	1513
		124		2670
		224	新唐	44
		258		3903
		261		3945
		484	遼	270
		499		347
		626		1435
移鹿古水	下	29	金	552
移懶路	下	28	金	535
		37		997
移塞沒	中	214	舊唐	5357
		324		6177
貳師	上	177	三	831
離石	上	123	後漢	2962
離枝	上	15	史	1491
盆都	下	39	金	1140
		201	元	2530
		313	新元	100-5
		314		100-17
		472	明	3684
盆州	上	313	晉	2915
		368	宋書	1146
	中	262	新唐	3980
		314		6077
		328		6182
		524	遼	471
弱洛水	上	482	魏	2222
弱水	上	107	後漢	2810
		225	晉	13
		261		2532
		263		2534
		637	北	3126
	中	148	舊唐	3204
		288	新唐	4577
弱水州	中	235	新唐	1126
		322		6173
翼陽	中	531	遼	501
翼[州]	中	102	舊唐	1834
刃水	上	481	魏	2221
		639	北	3129
仁和	下	556	明	6715
印莊	下	440	明	246
		550		5420
因幡	中	451	宋	14133
麟州	下	224	元	3627
		301	新元	47-4
		403		249-21
一郡國	上	265	晉	2536
一岐	下	225	元	3629
		225		3630
		356		3630
一岐島	下	260	元	4629
		396	新元	249-11
		408		250-7
一離國	上	205	三	850
一畝	下	194	元	1588
一山	下	341	新元	153-9
一松山	中	529	遼	482
一支國	上	389	梁	806
		643	北	3135
		645		3137
	中	63	隋	1827
一片石	下	528	明	5916
日南	中	48	隋	1701
		91	舊唐	900
日南郡	中	96	舊唐	1393
日羅夏治	下	427	明	82
日麗國	下	415	新元	253-11
日本	中	91	舊唐	900

項目	二十五史抄	新校本		項目	二十五史抄	新校本
	171	4024			214	3214
	203	5340			214	3215
	239	新唐 1252			215	3217
	264	4042			218	3373
	294	4980			223	3595
	327	6181			223	3624
	328	6182			225	3629
	342	6202			229	3636
	346	6207			229	3745
	347	6208			230	3746
	396	宋 725			231	3754
	402	2813			231	3755
	408	4641			232	3797
	441	14047			234	3867
	449	14130			234	3872
	453	14136			236	3926
	453	14137			237	3926
下	143	元 111			237	3951
	143	115			237	3952
	144	119			238	3990
	149	150			240	4161
	150	161			240	4229
	150	162			242	4537
	152	215			249	4613
	154	229			250	4614
	157	248			251	元 4616
	158	253			253	4618
	160	264			255	4621
	163	292			256	4624
	163	293			257	4624
	165	319			～	～
	168	363			260	4630
	168	367			270	新元 8-5
	171	426			276	9-3
	171	427			277	10-10
	172	461			282	12-12
	177	671			283	14-2
	178	719			288	19-10
	181	833			307	74-12
	183	901			312	99-11
	198	2307			313	99-11
	201	2542			324	120-4
	202	2548			326	127-12

項目	二十五史抄	新校本	項目	二十五史抄	新校本
	327	129-4		443	278
	343	158-7		444	287
	344	158-8		451	1677
	346	161-5		456	1980
	350	166-3		456	1981
	361	177-18		466	2247
	362	177-22		474	3788
	366	182-4		479	3983
	367	183-5		520	5773
	368	185-5		522	5823
	373	200-8		522	5827
	378	214-10		530	5965
	395	249-8		532	6007
	397	249-11		533	6109
	404	250-1		533	6111
	408	250-7		535	6156
	410	250-10		536	6171
	411	250-12		544	6198
	415	考證1-4		544	6201
	416	考證3-1		546	6249
	420	明　26		550	6402
	420	31		559	6818
	423	32		560	6938
	424	34		563	7285
	424	35		569	7596
	426	80		575	7921
	426	82		579	8279
	427	84		587	8290
	～	～		587	8291
	427	86		589	8294
	431	129		590	8295
	433	147		599	8341
	434	165		599	8342
	435	174		601	8344
	435	179		～	～
	435	190		606	8351
	435	204		608	8354
	436	206		609	8355
	436	229		610	8359
	～	～		615	8366
	437	230		616	8368
	438	238		617	8369
	438	239		618	8371

項目		二十五史抄	新校本	
		619		8377
		619		8401
日本國	中	78	舊唐	131
		83		310
		85		400
		88		576
		89		620
		203		5340
		204		5341
		218		5362
		449	宋	14130
		452		14135
		453		14136
		457	遼	21
		487		300
		571		1127
		588		1172
	下	27	金	333
		147	元	140
		152		206
		156		246
日連	上	412	魏	128
日連部	上	482	魏	2223
		637	北	3127
	中	510	遼	438
日連州	中	318	新唐	6168
日照	下	607	明	8353
日率國	上	205	三	849
日向	中	451	宋	14134
壹伎	中	451	宋	14134
壹岐島	下	407	新元	250-6
		409		250-9
任那	上	373	宋書	2395
		380	南齊	1012
		389	梁	807
		529	南	1974
		529		1975
任雅相	中	92	舊唐	1047
任存	中	267	新唐	4083
任存山	中	154	舊唐	3294
		270	新唐	4121
任存城	中	132	舊唐	2790
		133		2792

項目		二十五史抄	新校本	
		134		2792
		197		5331
		266	新唐	4082
		267		4083
林邑	上	517	南	41
		518		45
		518		47
		518		61
		520		193
		521		204
		521		205
		647	北	3165
	中	64	隋	1838
		72	舊唐	51
		343	新唐	6203
		349		6298
		349		6326
林邑國	上	356	宋書	85
		356		86
		356		88
		383	梁	52
林渚	上	266	晉	2576
		303		2853
林河	下	30	金	554
林胡	上	21	史	1806
		23	史	2243
		25		2450
		29		2883
		29		2885
		67	漢	3747
荏	上	21	史	1806
臨朐	上	623	北	3074
臨屯	上	32	史	2986
		42	漢	194
		71		3864
		73		3867
		113	後漢	2817
	中	514	遼	455
		579	明	8279
臨屯道	上	554	北	458
	中	7	隋	81
臨溟	下	299	新元	47-1
臨山	下	504	明	5603

項目	二十五史抄		新校本		項目	二十五史抄		新校本	
臨城	下	470	明	3511			512		442
臨素半國	上	205	三	850		下	40	金	1310
臨安	中	444	宋	14051			233	元	3831
	下	357	新元	176-6	臨潢館	中	511	遼	442
臨漳	上	240	晉	398	臨淮	上	523	南	1127
		363	宋書	715		中	94	舊唐	1316
臨洮	上	7	史	239	立節縣	中	97	舊唐	1511
		26		2565					
		26		2570					
		29		2886					
		49	漢	1472					
		67		3748					
		267	晉	2643					
臨晉	上	619	北	3069					
臨津	下	30	金	554					
		543	明	6194					
		587		8191					
		611		8358					
臨川	下	515	明	5618					
臨清	下	603	明	8347					
臨菑	上	152	三	119					
臨渝	上	579	北	1521					
		615		2950					
	中	43	隋	1622					
		50		1768					
臨渝關	上	630	北	3117					
	中	55	隋	1816					
		73	舊唐	58					
		224	新唐	44					
		336		6194					
臨渝縣	中	529	遼	484					
臨平山	下	227	元	3632					
臨河縣	中	513	遼	448					
臨海	中	248	新唐	3478					
	下	510	明	5611					
		523		5833					
臨海頓	上	611	北	2812					
	中	24	隋	1217					
		49		1739					
		518	遼	462					
臨潢	中	465	遼	112					
		507		417					
		509		437					

項目	二十五史抄		新校本	

[자]

項目	二十五史抄		新校本	
剌葛	中	604	遼	1226
		607		1243
剌郡	下	31	金	556
剌泥	下	426	明	80
		427		82
剌離水	中	626	遼	1436
咨離牟盧國	上	205	三	849
柘林	下	492	明	5407
		494		5410
		495		5410
		498		5416
		499		5416
		504		5603
		505		5604
		509		5610
		607		8352
		~		~
		608		8354
柘林澳	下	516	明	5622
柘城縣	下	103	金	1823
者舌	上	540	北	52
紫乾河	中	228	新唐	143
紫蒙州	中	287	新唐	4549
紫蒙之野	上	273	晉	2803
紫蒙川	中	147	舊唐	3194
紫蒙縣	中	508	遼	421
		516		457
紫燕島	中	420	宋	10349
紫河	中	5	隋	70
	下	29	金	554
		30		554
紫荊	下	517	明	5634
紫荊關	下	471	明	3586
慈谿	下	495	明	5411
		567	明	7439
		570		7614
		571		7707
		572		7717
慈嶺	下	579	明	8279
慈悲嶺	下	66	金	1434
		132		2887
		146	元	127

項目	二十五史抄		新校本	
		251		4616
		272	新元	8-11
		301		47-4
慈州	下	224	元	3628
		302	新元	
		392		
赭圻	上	231	晉	209
鷦鴣	中	403	宋	3051
芍陂	上	104	後漢	2466
	下	170	元	627
		310	新元	80-13
酌古	中	476	遼	185
鵲川縣	中	522	遼	468
傷蠱	下	8	金	62
岑岡	下	521	明	5786
岑港	下	496	明	5412
		497		5413
		505		5605
		506		5605
		510		5611
		609		8355
		609		8356
蠶	下	550	明	6405
蠶支落	上	111	後漢	2814
蠶台	上	55	後漢	1627
長江	上	474	魏	2128
	中	45	隋	1636
		54		1816
		55		1816
	下	247	元	4610
		394	新元	249-7
長慶縣	中	520	遼	464
		525		471
長谷	上	343	晉	3127
		345		3130
		472	魏	2126
		623	北	3077
長口鎮	中	238	新唐	1147
長寧縣	中	512	遼	446
		516		457
長潭	下	573	明	7718
		573		7719
長樂	上	343	晉	3127

項目		二十五史抄		新校本
		346		3131
		347		3132
		367	宋書	1146
		424	魏	328
		472		2126
		558	北	495
		572	北	908
		623		3077
	下	510	明	5611
長樂縣	中	513	遼	448
		520		464
長灤	中	622		1414
	下	106	金	1845
長領	中	238	新唐	1147
		328		6182
	下	541	明	6191
長領散	下	525	明	5855
長蘆	下	271	晉	2794
長陵	下	425	魏	336
長命	下	302	新元	47-4
長武城	中	296	新唐	5161
長門	中	451	宋	14134
長白山	中	36	隋	1529
		473	遼	170
		482		239
		563		1106
	下	29	金	551
		556	明	6715
長白山部	中	505	遼	393
長社	中	301	新唐	5802
長城=萬里長城				
	上	26	史	2565
		27		2639
		29		2885
		29		2886
		49	漢	1472
長城島	下	561	明	6968
長松島	下	97	金	1632
		125		2758
長安	上	74	漢	4130
		104	後漢	2466
		111		2814
		197	三	844
		245	晉	842
		258		2366
		267		2644
		269		2754
		269		2755
		270		2769
		306		2858
		311		2892
		314	晉	2916
		315		2919
		316		2923
		323		3080
		349		3161
		366	宋書	912
		410	魏	82
		424		328
		431		605
		454		1717
		463		2062
		～		～
		464		2064
		492		2827
		507	周	333
		558	北	495
		564	北	732
		589		2163
		619		3068
		619		3069
	中	106	舊唐	2207
		106		2208
		150		3252
		151		3253
		193		5326
		195		5328
		282	新唐	4335
		293		4750
		298		5623
		321	新唐	6172
		333		6189
		336		6194
		353		6421
		441	宋	14046
		449		14131

項目	二十五史抄		新校本	
長安堡	下	538	明	6187
長安城	上	629	北	3115
	中	53	隋	1814
		330	新唐	6185
長說	上	51	漢	1626
長澳	下	456	明	1981
長遼	中	127	舊唐	2735
長勇堡	下	537	明	6184
長宜	下	31	金	555
長夷	下	3	史	43
長子	上	234	晉	240
		329		3088
		329		3089
		334		3098
		349		3162
		404	魏	25
		431		606
		434		684
		465		684
		619	北	3069
		~		~
		620		3071
長岑	上	54	漢	1627
		97	後漢	1722
		141		3530
		242	晉	427
長岑道	上	554	北	457
		601		2594
	中	7	隋	80
		31		1491
長岑縣	中	518	遼	461
長佃	下	525	明	5855
		541		6191
長定堡	下	528	明	5916
		537		6185
長春	中	500	遼	349
		628		1442
長春州	中	631	遼	1460
長泰館	中	511	遼	442
長泰縣	中	510	遼	439
長平	上	231	晉	208
		300		2849
長平縣	中	510	遼	439

項目	二十五史抄		新校本	
		524		471
長興	中	448	宋	14129
將陵	下	109	金	1865
牂柯	中	85	舊唐	375
		86		419
		86		424
		86		455
		86		458
		88		548
		89		609
		91		900
牂牁	中	82	舊唐	301
章陵	上	232	晉	212
章武	上	248	晉	1087
章武郡	上	345	晉	3130
章義	下	302	新元	47-5
張基哈剌田	下	541	明	6191
張基哈佃	下	525	明	5855
張福堤	下	457	明	2047
張掖	上	99	後漢	2139
		391	梁	810
		485	魏	2291
張掖酒泉	中	38	隋	1540
漳	上	21	史	1806
	下	491		5404
		521		5786
		550		6405
		559		6818
漳口	上	254	晉	1946
		314		2919
漳郡	下	605	明	8350
漳南	中	109	舊唐	2245
漳路	下	464	明	2245
漳水	上	259	晉	2491
		296		2841
		466	魏	2066
漳州	下	261	元	4667
		297	新元	32-26
		359		176-9
		465	明	2246
		523		5834
		609		8356
漳浦	下	511	明	5612

項目	二十五史抄		新校本	
宰賽	下	595	明	8302
氏	上	3	史	43
		42	漢	160
		46		668
		65		3156
		68		3751
		91	後漢	815
		135		3239
		302	晉	2852
		323		3080
		324		3081
		363	宋書	718
		363		723
		366		887
		544	北	146
低沒檀洞	上	605	北	2644
	中	35	隋	1519
底柱	中	231	新唐	817
沮江	上	554	北	458
沮陽	上	23	史	2070
		60	漢	2053
		330	晉	3090
		432	魏	612
姐奴國	上	211	三	854
邸閣國	上	213	三	856
渚林	下	524	明	5834
著骨里	中	480	遼	211
滁	下	58	金	1419
滁州	下	384	新元	226-9
楮特部	中	507	遼	413
楮特奧陣部	中	507	遼	414
赤阬	上	98	後漢	2139
赤嶺	中	314	新唐	6085
赤壁	上	277	晉	2809
赤烽鎮	中	224	新唐	58
赤佛	中	288	新唐	4576
		288		4577
赤佛堂	中	148	舊唐	3204
		149		3205
赤沙烏桓	上	87	後漢	608
赤山	上	90	後漢	745
		124		2980
		180	三	833

項目	二十五史抄		新校本	
	中	318	新唐	6168
		510	遼	438
赤山烏桓	上	78	後漢	99
		89		744
		90		745
		128		2985
赤山州	中	236	新唐	1127
赤城	上	457	魏	1812
		607	北	2671
	中	607	遼	1249
赤水	上	391	梁	810
		531	南	1977
赤巖寨	下	232	元	3808
		347	新元	162-7
赤夷	上	106	後漢	2807
赤翟	上	29	史	2883
		67	漢	3746
赤土	上	552	北	450
		557		454
	中	5	隋	71
赤坂	下	407	新元	250-6
狄	上	107	後漢	2810
	下	519	明	5731
狄道	上	362	宋書	711
狄獠	上	67	漢	3747
迪烈于	中	467	遼	124
滴河	中	161	舊唐	3537
		307	新唐	5991
翟	上	29	史	2883
		43	漢	366
摘星山	中	321	新唐	6172
敵烈	中	565	遼	1108
敵魯	中	607	遼	1243
磧	中	2	隋	1148
積利道	中	338	新唐	6196
積利城	中	337	新唐	694
積利州	中	101	舊唐	1527
		237	新唐	1128
	下	302	新元	47-5
積石	中	117	舊唐	2464
		231	新唐	817
積石道	中	216	舊唐	5359
		271	新唐	4123

項目	二十五史抄		新校本	
積水潭	下	194	元	1588
績縠	下	607	明	8353
田氏	中	247	新唐	3457
田州	下	492	明	5407
		578		8229
		578		8253
全慶	下	589	明	8293
		591		8296
全羅	下	154	元	231
		155		231
		254		4621
		548	明	6392
		550		6405
		554		6686
		588		8293
		590		8296
		591		8297
全羅道	下	147	元	134
全羅州	下	201	元	2542
		312	新元	99-4
全州	中	344	新唐	6201
		554		6686
		586		8286
		591		8296
全忠縣	中	97	舊唐	1512
前屯	下	537	明	6184
		538		6186
		551		6469
		623		8505
前莫	上	55	漢	1627
前燕	上	274	晉	2804
		302		2852
		312		2896
		324		3081
		341		3107
		342		3110
		507	周	333
		589	北	2163
	中	334	新唐	6191
		531	遼	501
前秦	上	302	晉	2852
		312	晉	2896
		322		3079

項目	二十五史抄		新校本	
		323		3079
		324		3081
		325		3082
		334		3097
		351		3165
前漢	中	96	舊唐	1393
電白	下	526	明	5859
		530		5956
		610		8356
塤州	中	96	舊唐	1415
滇池	下	524	南	1496
		233		3848
箭笴山	中	530	遼	489
		633		1516
箭縠山	下	624	明	8506
磚橋	下	495	明	5410
甀橋	下	607	明	8353
		608		8354
錢塘	下	248	元	4611
		496	明	5411
錢倉	下	463	明	2244
闐顏	上	131	後漢	2990
纏春	下	235	元	3892
		361	新元	176-11
折怯呆兒	下	313	新元	100 3
折頭	下	510	明	5611
折連怯呆兒	下	203	元	2555
浙	下	455	明	1902
		456		1981
		463		2243
		464		2245
		466		2247
		467		2249
		510		5612
		511		5612
		550		6402
		587		8291
		590		8295
		591		8297
		592		8298
		606		8351
		607		8353
		610		8357

項目	二十五史抄		新校本	
浙江	下	423	明	24
		432		133
		438		240
		438		241
		438		244
		439		244
		440		245
		463		2243
		465		2245
		465		2246
		484		4592
		490		5397
		491		5403
		491		5404
		492		5407
		494		5410
		501		5423
		510		5611
		515		5619
		517		5625
		528		5921
		550		6402
		567		7440
		576		7990
		601		8344
		604		8348
		～		～
		606		8351
		608		8354
		609		8356
		610		8356
		614		8364
		615		8366
		615		8367
		617		8369
浙東	中	202	舊唐	5339
		443	宋	14049
	下	440	明	246
		448		1280
		463		2243
		465		2247
		474		3755
		477		3921

項目	二十五史抄		新校本	
		479		4091
		504		5603
		523		5833
		523		5834
		601		8344
		608		8355
		～		～
		610		8356
浙東路	中	443	宋	14050
浙閩	下	482	明	4251
浙西	中	422	宋	10646
		448	明	1280
		474		3754
		608		8354
浙水	中	444	宋	14052
絶奴部	上	110	後漢	2813
		195	三	843
		385	梁	801
		525	南	1970
占離卑國	上	205	三	849
占蟬	上	140	後漢	3530
占城	中	391	宋	189
		392		335
		393		397
	下	157	元	248
		158		254
		162		281
		238		3930
		278	新元	11-4
		351		169-19
		423	明	23
		423		26
		423		31
		～		～
		424		35
		424		40
		～		～
		425		48
		426		54
		426		82
		426		84
		427		86
		～		～

項目	二十五史抄		新校本	
		427		88
		428		90
		428		91
		428		95
		428		97
		429		102
		430		110
		430		116
		430		120
		431		120
		431		122
		~		~
		431		125
		431		129
		~		~
		432		133
		432		136
		432		137
		433		147
		433		155
		434		157
		434		164
		436		185
		436		202
		437		204
		437		212
		449		1280
		449		1285
		452		1696
		456		1980
		615		8366
		616		8367
		619		8397
		619		8402
		620		8407
		620		8415
		621		8433
漸迦澤	上	407	魏	31
鮎魚關	下	625	明	8507
黏蟬	上	54	漢	1627
		55		1627
黏蟬道	上	554	北	458
	中	7	隋	81

項目	二十五史抄		新校本	
接海	中	516	遼	458
丁令	上	121	後漢	2952
		125		2980
		180	三	833
		187		837
丁零	上	100	後漢	2272
		121		2950
		130		2989
		148	三	38
		290	晉	2833
		293		2838
		312		2893
		315		2919
		316		2923
		319		2942
		323		3080
		325		3082
		326		3082
		327		3085
		327		3086
		332		3095
		333		3096
		335		3099
		407	魏	30
		409		81
		431		605
		436		700
		466		2066
		471		2077
		538	北	16
		564		732
		619		3069
		620		3071
	中	323	新唐	6176
丁堰	下	458	明	2104
		500		5420
丁字泊	下	528	明	5916
		537		6185
井陘	上	427	魏	381
		436		710
井陘路	上	437	魏	735
井邑	下	544	明	6201
		591		8296

項目	二十五史抄		新校本	
汀	下	521	明	5786
		524		5834
汀郡	下	506	明	5606
汀路尾澳	下	262	元	4668
汀漳	下	503	明	5602
汀州	下	414	新元	253-10
正安保	下	525	明	5854
正陽門	下	448	明	1280
正州	中	328	新唐	6182
		519	遼	462
		519		463
正平郡	上	509	周	496
定陶	下	498	明	5416
定東	中	517	遼	459
定東縣	中	517	遼	459
定陵	上	328	晉	3087
定理	中	458	遼	22
		459		23
		552		970
		558		1082
定武縣	中	524	遼	470
定霜縣	中	510	遼	439
定安國	中	387	宋	31
		447		14128
定襄	上	81	後漢	236
		129		2988
	中	66	隋	1875
		207	舊唐	5346
		225	新唐	60
		316		6135
定襄郡	上	90	後漢	810
定遼	下	580	明	8281
定遠	中	474	遼	175
		635		1521
定戎	下	302	新元	47-5
定州	中	72	舊唐	57
		73		58
		74		66
		97		1510
		120		2500
		122		2611
		125		2674
		126		2704

項目	二十五史抄		新校本	
		128		2761
		183		5145
		191		5323
		215		5359
		223	新唐	43
		224		44
		252		3755
		256		3840
		258		3900
		264		4045
		271		4122
		275		4143
		328		6182
		333		6190
		350		6335
		457	遼	12
		517		459
		529		487
		552		973
	下	66	金	1434
		392	新元	249-3
		419		考證10-3
		478	明	3938
定海	中	441	宋	14047
		446		14055
	下	172	元	457
		225		3630
		356	新元	176-4
		463	明	2244
		567		7439
		610		8356
定海縣	中	444	宋	14051
		453		14137
征東	下	176	元	628
		176		641
政和	下	510	明	5611
		524		5834
		573		7718
貞氏	中	56	隋	1818
		340	新唐	6198
程鄉	下	506	明	5606
旌德	下	607	明	8353
靖江	下	524	明	5838

項目	二十五史抄		新校本	
晴州	中	328	新唐	6182
鄭	上	224	晉	12
		277		2809
鄭德堡	中	97	舊唐	1511
鄭城	上	320	晉	2997
鄭州	中	159	舊唐	3534
		247	新唐	3458
靜江	下	95	金	1562
靜蕃戍	中	100	舊唐	1525
靜封	下	31	金	558
		300	新元	47-3
靜州	下	301	新元	47-4
		403		249-21
靜海	下	527	明	5880
梯己山	中	633	遼	1517
提奚	上	55	漢	1627
		141	後漢	3530
		242	晉	427
提奚道	上	554	北	458
	中	7	隋	81
齊	上	6	史	185
		7		286
		15		1421
		15		1481
		15		1480
		15		1488
		15		1552
		16		1561
		24		2269
		25		2463
		28		2881
		29		2881
		32		2985
		33		2987
		35		3015
		35		3016
		36		3265
		43	漢	366
		45		659
		46		661
		47		1157
		47		1288
		56		1657

項目	二十五史抄		新校本	
		62		2546
		70		3864
		～		～
		71		3866
		113	後漢	2817
		159	三	255
		164		259
		203		848
		205		850
		208		852
		215		873
		240	晉	398
		252		1540
		278		2810
		363	宋書	715
		385	梁	801
		387		803
		387		804
		389		807
		390		808
		495	北齊	1
		513	周	887
		523		1059
		525		1969
		526		1971
		527		1972
		529		1975
		530		1976
		546	北	209
		591		2165
		628		3114
		628		3115
		633		3121
		636		3125
		639		3129
		640		3131
		643		3136
		645		3138
	中	22	隋	1148
		61		1826
		93	舊唐	1069
		164		3541
		247	新唐	3458

項目	二十五史抄		新校本	
		296		5180
		307		5991
		341		6201
		433	宋	13981
	下	8	金	62
		~		~
		9		65
		9		70
		10		71
齊郡	上	152	三	118
		571	北	867
		578		1467
	中	36	隋	1529
		46		1645
		94	舊唐	1312
齊州	中	159		3535
		159		3536
		163		3540
		306	新唐	5989
諸北州	中	237	新唐	1128
濟南	上	293	晉	2837
	下	314	新元	100-17
		472	明	3683
		164	元	314
		187		1051
		603	明	8348
濟喇敏	下	142	元	100
濟北郡	中	94	舊唐	1312
濟水	上	4	史	55
		253	晉	1803
		293		2837
	中	94	舊唐	1312
濟陰	上	80	後漢	211
		453	魏	1715
	中	159	舊唐	3535
		309	新唐	5990
濟州	上	452	魏	1713
	下	29	金	552
		115		1940
		148	元	141
		254		4619
濟川	上	255	晉	2125
輥轆氏	上	358	宋書	538

項目	二十五史抄		新校本	
	中	92	舊唐	1068
鯷海	中	82	舊唐	2367
爪哇	下	619	明	8383
		619		8397
		620		8407
		620		8415
		621		8433
皀林	下	495	明	5411
		608		8354
阻泒水	上	538	北	16
阻卜	中	457	遼	12
		461		35
		489		318
		538		742
		549		932
		571		1126
		589		1178
		630		1446
祖馬	中	451	宋	14133
洮水	中	64	隋	1842
洮州	下	476	明	3855
洮河	中	314	新唐	6077
河洮道	中	265	新唐	4052
		313		6077
祖	中	517	遼	460
祖陵	下	457	明	2057
祖州	中	493	遼	333
		503		362
		511		442
		512		442
		624		1430
條支	中	166	舊唐	3785
曹涇	下	468	明	2252
曹利	上	413	魏	140
		541	北	90
曹娥江	下	500	明	5419
曹子谷	下	539	明	6187
曹州	中	159	舊唐	3535
		160		3536
		162		3538
		217		5361
		306	新唐	5990
鳥嶺	下	548	明	6392

項目	二十五史抄		新校本	
		591		8296
		591		8297
鳥夷	上	3	史	43
		4		52
		49	漢	1524
		50		1528
造城	上	166	三	254
造陽	上	29	史	2886
		67	漢	3748
		267	晉	2643
釣魚嶺	下	567	明	7440
詔安	下	465	明	2245
朝那	上	308	晉	2860
朝鮮	上	7	史	239
		8		479
		12		1054
		12		1055
		12		1057
		13		1140
		14		1242
		14		1349
		14		1400
		15		1421
		20		1620
		23		2243
		28		2767
		30		2891
		30		2893
		31		2945
		32		2985
		33		2987
		～		～
		34		2988
		34		2990
		36		3265
		42	漢	193
		42		194
		45		655
		45		659
		46		661
		47		1157
		47		1242
		48		1306

項目	二十五史抄		新校本	
		49		1435
		54		1627
		56		1658
		61		2462
		61		2490
		62		2492
		64		3126
		65		3156
		66		3660
		68		3751
		68		3773
		69		3814
		70		3863
		～		～
		73		3868
		74		4268
		87	後漢	585
		107		2809
		110		2813
		112		2816
		113		2817
		116		2820
		117		2822
		131		2990
		140		3530
		177	三	831
		195		843
		199		846
		203		848
		205		850
		206		850
		215		858
		242	晉	427
		244		711
		251		1424
		268		2683
		268		2688
		384	梁	800
		385		801
		461	魏	2043
		485		2291
		491		2497
		524	南	1496

項目	二十五史抄		新校本
	525		1969
	626	北	3111
	645		3138
	648		3251
中	63	隋	1828
	108	舊唐	2214
	138		2890
	231	新唐	817
	232		825
	326		6180
	514	遼	455
	544		833
下	192	元	1400
	426	明	53
	~		~
	426		55
	426		80
	433		142
	434		164
	442		275
	~		~
	443		276
	443		278
	443		279
	444		281
	445		293
	445		306
	446		370
	447		882
	447		952
	452		1779
	473		3748
	479		3698
	481		4165
	486		4766
	488		5221
	502		5508
	519		5731
	520		5778
	521		5818
	522		5819
	522		5823
	523		5827

項目	二十五史抄	新校本
	523	5828
	527	5878
	527	5880
	528	5923
	529	5941
	530	5965
	530	5970
	533	6110
	~	~
	534	6112
	534	6125
	534	6132
	535	6168
	536	6183
	542	6193
	543	6194
	543	6196
	544	6198
	544	6201
	545	6214
	~	~
	546	6216
	546	6249
	546	6265
	546	6266
	547	6271
	547	6286
	548	6376
	548	6392
	~	~
	549	6392
	549	6395
	~	~
	550	6396
	550	6402
	550	6405
	551	6408
	551	6411
	551	6412
	551	6469
	552	6481
	552	6482
	552	6547

項目	二十五史抄	新校本
	552	6609
	553	6620
	553	6685
	～	～
	554	6687
明	555	6692
	555	6696
	555	6698
	556	6711
	556	6715
	～	～
	557	6716
	559	6853
	560	6938
	560	6963
	560	6968
	561	6970
	562	7028
	562	7029
	562	7091
	563	7285
	569	7528
	574	7805
	574	7805
	574	7809
	578	8046
	579	8279
	582	8283
	～	～
	584	8287
	587	8291
	～	～
	596	8304
	597	8306
	～	～
	598	8307
	598	8327
	603	8347
	～	～
	604	8349
	610	8357
	611	8358
	614	8366

項目		二十五史抄		新校本
		619		8401
		622		8499
朝鮮國	上	643	北	3135
	下	582	明	8284
		586		8289
朝鮮郡	中	77	舊唐	102
		339	新唐	6198
朝鮮道	上	554	北	458
		602		2600
	中	36	隋	1529
朝陽	中	135	舊唐	2794
照散城	下	97	金	1632
趙	上	7	史	316
		9		764
		21		1779
		24		2435
		29		2885
		29		2886
		36		3265
		43	漢	366
		47		1288
		56		1657
		57		1810
		67		3748
		113	後漢	2817
		151	三	111
		159		255
		203		848
		205		850
		237	晉	374
		241		4125
		278		2810
		285		2823
		310		2891
		362	宋書	711
	中	242	新唐	2593
		294		4767
		338		6196
		345		6206
趙國	上	86	後漢	492
趙郡	中	32	隋	1500
		95	舊唐	1376
趙城	上	21	史	1779

項目	二十五史抄		新校本	
趙宋	中	509	遼	437
趙州	中	175	舊唐	4737
	下	175	金	574
		343	新元	158-6
肇州	下	28	金	551
		178	元	728
		190		1396
		198		2237
		300	新元	47-2
潮	中	418	宋	10076
	下	465	明	2245
		550		6405
潮水	下	507	明	5607
潮陽	下	509	明	5610
潮州	下	440	明	246
		441		249
		506		5606
		507		5606
		515		5621
		527		5873
潮河	下	206	元	2881
潮河川	下	625	明	8508
雕題	中	91	舊唐	900
宗像海	下	409	新元	250-9
宗州	中	520	遼	464
		524		470
宗周	上	6	史	133
		107	後漢	2808
從太山	上	635	北	3124
終南	中	231	新唐	817
終寧陵	上	425	魏	335
		425		336
鍾溪水	下	458	明	2104
鍾山	下	479	明	3983
鍾祥	下	536	明	6170
		565		7437
鍾秀	下	299	新元	47-2
縱城	上	152	三	118
左江	下	448	明	1280
左尹眥部	上	128	後漢	2985
佐渡	中	451	宋	14133
佐慕	中	524	遼	471
佐越費實	上	420	魏	221

項目	二十五史抄		新校本	
主隈	下	4	金	15
州鮮國	上	209	三	853
州逸	上	541	北	96
州胡國	上	115	後漢	2820
朱崖	上	116	後漢	2820
		389	梁	806
		389	隋	1223
	중	24	隋	1223
	下	187	元	990
		233		3848
朱耶氏	中	357	舊五	331
朱儒國	上	117	後漢	2822
舟山	下	495	明	5411
		～		～
		497		5413
		505		5604
		505		5605
		608		8354
		～		～
		609		8355
走馬溪	下	465	明	2245
周	上	6	史	175
		15		1480
		17		1610
		20		1620
		47	漢	1315
		131	後漢	2990
		133		2994
		190	三	840
		205		850
		216		1137
		252	晉	1705
		361	宋書	686
		576	北	1391
		585		1832
		628		3115
		633		3121
		645		3138
	中	8	隋	83
		41		1581
		53		1814
		63		1828
		93	舊唐	1069

項目	二十五史抄		新校本
	106		2207
	108		2214
	114		2360
	115		2407
	190		5321
	230	新唐	478
	253		3782
	260		3933
	370	舊五	1844
	433	宋	13981
	434		14035
	448		14129
	451		14133
	451		14134
	508	遼	433
	511		441
	528		481
	531		539
	534		567
	538		742
	547		899
	570		1125
周留	中 133	舊唐	2791
周留城	中 133	舊唐	2791
	197		5331
	198		5332
	267	新唐	4083
	341		6200
	341		6201
周防	中 451	宋	14134
周浦	下 505	明	5604
	608		8354
注葦	中 402	宋	2813
注阿門水	下 4	金	14
珠儒國	上 213	三	856
	389	梁	807
	529	南	1975
珠崖	上 132	後漢	2993
珠崖郡	上 132	後漢	2992
	130		2993
酒泉	上 85	後漢	342
	133		2994
	185	三	837

項目	二十五史抄		新校本
酒泉郡	上 30	史	2913
駐蹕	中 119	舊唐	2487
	125		2674
	153		3289
	179		4954
	207		5346
	264	新唐	4045
	300		5656
駐蹕山	中 73	舊唐	58
	112		2311
	120		2500
	128		2762
	140		2909
	192		5325
	253	新唐	3766
	255		3819
	280		4240
	335		6193
	350		6335
	515	遼	457
竹島	上 645	北	3137
	中 63	隋	1827
	下 211	元	3130
	232		3797
	347	新元	162-3
	385		237-7
竹嶺	下 593	明	8300
竹林寨	下 222	元	3536
竹斯國	上 645	北	3137
	中 63	隋	1827
浚儀	中 398	宋	2318
浚儀渠	中 398	宋	2318
浚儀縣	中 398	宋	2318
遵化	下 462	明	2236
濬州	下 46	金	1394
駿河	中 451	宋	14133
中京	中 328	新唐	6182
	472	遼	163
	475		177
	491		328
	493		334
	494		336
	497		342

項目	二十五史抄	新校本
	500	349
	510	438
	511	441
	515	456
	528	481
	529	482
	531	517
	597	1190
	626	1435
	628	1440
	628	1442
	630	1459
	634	1520
中京道	中 528	遼 481
中郭縣	中 238	新唐 1147
中國	上 14	史 1347
	28	2747
	31	2950
	60	漢 2197
	62	2619
	64	3126
	88	後漢 716
	95	1609
	107	2810
	124	2979
	127	2984
	127	2985
	132	2992
	133	2994
	157	三 252
	163	258
	172	727
	177	831
	～	～
	180	833
	184	835
	185	836
	189	838
	191	841
	206	850
	208	852
	211	855
	212	855

項目	二十五史抄	新校本
	218	1254
	262	2532
	263	2534
	264	2535
	285	2823
	285	2824
	291	2834
	384	梁 801
	388	804
	388	805
	390	808
	391	809
	480	魏 2221
	530	南 1976
	531	1977
	598	北 2558
	599	2575
	629	3116
	633	3121
	636	3125
	643	3135
	644	3136
	中 601	遼 1209
	下 27	金 333
	236	元 3926
	237	3952
	240	4232
	258	4626
	270	新元 8-5
	367	183-6
	373	200-8
	395	249-8
	406	250-4
	449	明 1285
	492	5404
	492	5405
	520	5778
	523	5827
	554	6686
	562	7029
	569	7596
	580	明 8280
	582	8283

項目	二十五史抄	新校本
	582	8284
	583	8285
	～	～
	584	8287
	586	8289
	～	～
	587	8291
	589	8294
	594	8301
	595	8303
	597	8306
	599	8341
	599	8342
	601	8345
	603	8347
	604	8347
	604	8349
	606	8351
	608	8355
	609	8355
	610	8357
	610	8358
	611	8361
	615	8366
	～	～
	616	8368
	619	8377
中國市	上 172	三 727
中都	下 39	金 1139
	107	1863
中都城	中 519	遼 462
中山	上 21	史 1806
	122	後漢 2957
	186	三 837
	230	晉 198
	233	235
	234	250
	241	425
	271	2796
	290	2833
	～	～
	291	2835
	316	2923

項目	二十五史抄	新校本
	327	3085
	～	～
	328	3087
	329	3089
	331	3094
	～	～
	333	3096
	342	3109
	350	3163
	369	宋書 2322
	371	2393
	403	魏 21
	404	26
	～	～
	406	29
	407	31
	424	325
	427	371
	427	374
	427	383
	431	606
	432	613
	433	651
	433	652
	435	686
	436	710
	437	735
	439	778
	439	782
	444	1259
	462	2061
	465	2065
	466	2066
	466	2067
	468	2069
	470	2071
	473	2127
	487	2312
	492	2827
	505	周 1
	507	333
	536	北 10
	537	14

項目	二十五史抄		新校本		項目	二十五史抄		新校本	
		～		～	支羅城	中	197	舊唐	5332
		538		17			341	新唐	6201
		558		492	支半國	上	205	三	850
		560		562	支惟國	上	211	三	855
		560		565	支侵國	上	205	三	849
		565		755	只溫	下	208	元	2964
		570		837	只刺里	中	477	遼	187
		575		1135	池	下	466	明	2248
		589		2163	池陽	中	253	新唐	3765
		620		3070	地豆干	上	496	北	58
		621		3072			541	北	89
		650		3276			541		91
	中	14	隋	313			541		96
		123	舊唐	2622			542		98
		242	新唐	2593			542		105
		519		5708			544		151
		613	明	8363			546		192
		～		～			546		193
		614		8365			546		195
中山國	中	97	舊唐	1510			548		251
		97		1511			637		3126
中山城	上	406	魏	30			638		3127
		407		30			641		3132
中受降城	中	238	新唐	1146			645		3138
中遼郡	上	103	後漢	2419	地豆干國	上	640	北	3131
		158	三	252	地豆于	上	413	魏	137
中渭橋	中	293	新唐	4750			414		141
中赤國	上	542	北	104			414		147
中左城	下	556	明	6711			416		166
中州	上	291	晉	2834			421		238
	下	139	元	49			423		308
中和	下	597	明	8306			423		312
中華	下	600	明	8343			482		2223
		602		8346			～		～
中後所	下	626	明	8509			483		2224
重慶	下	578	明	8046			485		2300
衆夷六十六國						中	550	遼	951
	上	373	宋書	2395	地豆于國	上	415	魏	151
增地	上	140	後漢	3530			422		307
增地道	上	602	北	2601			481		2222
	中	32	隋	1502			495	北	44
增土	上	54	漢	1627	地豆和	上	420	魏	221
之罘	上	35	史	3015	芝岡島	中	437	宋	14040

項目	二十五史抄		新校本	
芝州	中	328	新唐	6182
志摩	中	451	宋	14133
志賀（島）	下	409	新元	250-9
知南	中	260	新唐	3921
砥柱山	中	17	隋	665
軹關	上	310	晉	2876
直	下	456	明	1981
		464		2245
		587		8291
		592		8298
		607		8353
直朧	中	402	宋	2813
直部	下	464	明	2245
直不古	中	549	遼	932
直直	中	480	遼	214
直千嶺	中	293	新唐	4750
稷山	下	544	明	6201
		591		8296
		591		8297
職德部	下	4	金	16
辰國	上	71	漢	3864
		114	後漢	2818
		204	三	849
		206		851
辰州	中	517	遼	460
	下	31	金	556
		102		1822
		126		2760
辰韓	上	114	後漢	2818
		～		～
		115		2820
		203	三	848
		204		849
		206		851
		208		852
		～		～
		210		853
		262	晉	2533
		263		2534
		384	梁	800
		387		804
		388		805
		525	南	1969

項目	二十五史抄		新校本	
		527	南	1969
		527		1971
		634	北	3122
	中	517	遼	460
		529		483
	下	31	金	558
辰韓六國	上	388	梁	805
辰韓十二國	上	387	梁	804
		388		805
辰韓八國	上	207	三	851
珍島	下	146	元	129
		146		133
		150		167
		220		3485
		225		3629
		252		4617
		253		4619
		272	新元	8-12
		273		8-14
		336		138-8
		350		166-6
		355		176-3
		396		249-10
珍島城	下	237	新元	3926
珍原	下	139	元	49
		224		3628
		355	新元	176-2
振武	中	171	舊唐	4058
		186		5214
		213		5356
		323	新唐	6175
		324		6177
振州	中	283	舊唐	4336
晉	上	14	史	1347
		16		1562
		21		1795
		29		2883
		29		2885
		67	漢	3747
		241	晉	407
		245		827
		251		1424
		272		2797

項目	二十五史抄		新校本
	282		2819
	291		2835
	300		2849
	310		2876
	314		2916
	317		2926
	334		3097
	349		3161
	365	宋書	792
	365		803
	366		887
	366		891
	367		1002
	385	梁	801
	387		803
	387		804
	426	梁	370
	437		712
	438		760
	446		1585
	448		1707
	457		1829
	462		2060
	462		2061
	495	北齊	1
	513	周	887
	525	南	1969
	～		～
	526		1970
	527		1972
	529		1974
	571	北	867
	571		892
	579		1626
	580		1645
	608		2684
	626		3112
	633		3121
	643		3136
中	14	隋	313
	92	舊唐	1053
	95		1323
	111		2280

項目	二十五史抄		新校本
	114		2360
	135		2794
	190		5321
	241	新唐	2223
	242		2387
	242		2859
	269		4112
	331		6187
	345		6207
	349		6298
	377	新五	178
	380		901
	382		920
	403	宋	3054
	433		13981
	434		14035
	435		14037
	438		14042
	444		14051
	449		14131
	457	遼	12
	462		44
	507		417
	508		433
	514		455
	531		517
	531		539
	538		742
	539		930
	602		1211
	607		1249
下	41	金	1385
	257	元	4625
晉陵 上	255	晉	2082
	579	北	1522
中	109	舊唐	2227
晉安 上	391	梁	808
	531	南	1977
晉安寨 中	607	遼	1249
晉陽 上	272	晉	2797
	305		2857
	311		2892
	316		2924

項目	二十五史抄		新校本	
		318		2924
		318		2941
		329		3088
		329		3089
		331		3094
		405	魏	27
		433		651
		453		1715
		465		2065
		487	魏	2312
		537	北	15
		650		3276
	中	448	宋	14130
晋州	下	529	明	5941
		545		6214
		548		6392
		588		8293
		589		8293
		592		8298
晋昌郡	上	367	宋書	1146
晋川	上	405	魏	28
		434		683
晋平	上	387	梁	804
		527	南	1972
晋平郡	上	372	宋書	2393
晋平縣	上	372	宋書	2393
眞德	中	343	新唐	6203
眞都	中	129	舊唐	2779
眞都城	中	273	新唐	4138
		340		6200
眞臘	中	348	新唐	6264
		393	宋	397
	下	423	明	26
		423		29
		424		33
		424		35
		424		45
		~		~
		425		48
		426		82
		427		84
		428		94
		428		97

項目	二十五史抄		新校本	
		449		1285
		619		8397
		620		8407
眞番	上	32	史	2985
		32		2986
		36		3265
		37		3317
		56	漢	1657
		70		3863
		71		3864
		73		3867
		113	後漢	2817
	中	514	遼	455
	下	579	明	8279
眞番郡	上	42	漢	194
		43		223
眞城城	中	197	舊唐	5332
眞定	上	405	魏	28
		537	北	15
	下	103	金	1823
		338	新元	145-14
		551	明	6469
眞平	中	343	新唐	6203
眞峴	中	341	新唐	6201
眞峴城	中	266	新唐	4082
眞現城	中	133	舊唐	2791
秦	上	14	史	1242
		14		1347
		16		1561
		21		1806
		21		1809
		22		1902
		24		2338
		25		2536
		26		2561
		26		2565
		28		2758
		28		2881
		29		2883
		29		2885
		29		2886
		32	史	2985
		47	漢	1288

項目	二十五史抄		新校本	
		50		1625
		56		1657
		61		2284
		67		3747
		70		3863
		107	後漢	2809
		132		2992
		177	三	831
		203		848
		205		850
		208		852
		237	晉	374
		241		406
		241		425
		243		690
		263		2534
		～		～
		264		2535
		267		2643
		～		～
		268		2644
		306		2857
		362	宋書	715
		364		724
		410	魏	82
		527	南	1973
		585	北	1832
	中	64	隋	1838
		108	舊唐	2210
		137		2813
		247	新唐	3458
		278		4172
		351		6387
		415	宋	9616
		514	遼	455
		528		481
		530		496
		531		501
		543		812
		547		899
	下	138	元	34
秦國	上	304	晉	2854
秦都	上	345	晉	3130
秦隴	上	507	周	333
		507		334
		589	北	2163
		590		2164
秦水	上	133	後漢	2994
秦王國	上	645	北	3137
	中	63	隋	1827
秦王石橋	中	238	新唐	1147
秦王水	中	439	宋	14044
秦州	上	241	晉	408
	中	102	舊唐	1834
	中	414	宋	9289
		593	遼	1184
秦韓	上	115	後漢	2819
		208	三	852
		263	晉	2534
		373	宋書	2395
		380	南齊	1012
		388	梁	805
		529	南	1974
		529		1975
		634	北	3122
陳	上	22	史	1922
		234	晉	236
		277		2809
		364	宋書	725
		591	北	2165
		630		3116
		633		3121
		643		3136
	中	54	隋	1815
		55		1816
		56		1819
		57		1819
		93	舊唐	1069
		230	新唐	478
陳國	中	45	隋	1636
		55		1816
陳郡	上	231	晉	208
陳留	上	266	晉	2576
		312		2893
陳城	上	300	晉	2849
陳錢	下	465	明	2247

項目	二十五史抄		新校本	
	中	160	舊唐	3536
陳錢山	下	464	明	2245
陳州	中	307	新唐	5991
陳河	下	214	元	3196
		363	新元	178-2
陳許	中	303	新唐	5885
		309		5994
溱水	上	509	周	496
蓁峴	下	491	明	5397
震國	中	326	新唐	6180
鎮箪	下	506	明	5605
鎮江	下	464	明	2245
		466		2248
		467		2248
		555		6699
		556		6715
		594		8300
		595		8302
鎮江堡城	下	447	明	952
鎮江城	下	466	明	2247
鎮溪	下	505	明	5604
鎮南	中	204	舊唐	5341
鎮東	中	523	遼	469
	下	29	金	551
		29		553
		463	明	2244
鎮武	下	531	明	5982
鎮邊	下	253	元	4619
		255		4621
鎮邊堡	下	540	明	6189
鎮北關	下	448	明	957
		539		6188
鎮西	下	537	明	6184
鎮西堡	下	544	明	6198
鎮城	中	549	遼	930
鎮安	下	30	金	554
鎮夷堡	下	539	明	6187
		540		6189
		540		6190
鎮靜堡	下	537	明	6185
鎮州	中	362	舊五	576
		379	新五	890
		445	宋	14053
		457	遼	12
		504		391
		513		451
		514		451
		529		484
鎮洲	中	360	舊五	512
鎮海	中	368	舊五	1768
		377	新五	840
	下	463	明	2244
叱突隣	上	433	魏	655
叱六手	上	412	魏	128
迭達迭剌部	中	506	遼	413
迭剌部	中	509	遼	437
		604		1226
迭烈部	中	513	遼	447
蒺藜山	中	494	遼	336
		593		1184
集鮮部	中	510	遼	438
集州	中	521	遼	466
徵	下	498	明	5416

[차]

項目	二十五史抄		新校本	
且末	中	17	隋	669
		18		688
次對	中	324	新唐	6176
此夷邪國	上	643	北	3134
車多羅	上	541	北	94
車師	上	191	三	840
		313	晉	1904
		540	北	52
車仗	下	468	明	2252
遮浪	下	515	明	5619
鑿齒	中	91	舊唐	900
讚者	中	451	宋	14134
札拉爾部	下	139	元	47
札剌麻禿	下	228	元	3633
察罕腦兒	下	469	明	2275
		471		3186
擦崖	下	625	明	8508
參河	中	451	宋	14133
參合	上	329	晉	3089
		330		3089
		330		3090
		432	魏	613
		436		697
		437		751
		461		1943
		564	北	746
		565	北	746
		565		754
		568		794
參合頗	上	467	魏	2067
參合陂	上	404	魏	26
		433		655
		436		710
		440		792
		537	北	14
		621		3071
		621		3072
參縣	中	529	遼	487
昌	中	237	新唐	1128
	下	37	金	998
昌黎	上	227	晉	73
		230		186
		242		427
		270		2768
		273		2803
		273		2804
		275		2805
		281		2817
		285	宋書	2822
		294	晉	2839
		297		2842
		306		2858
		344		3128
		345		3130
		386	梁	803
		408	魏	51
		456		1723
		461		2060
		472		2126
		486		2305
		571	北	880
		572		915
		573		971
		573		973
		575		997
		595		2365
		618		3067
		623		3077
		626		3112
		650		3268
	中	99	舊唐	1523
		531	遼	501
昌黎郡	上	242	晉	427
		281		2817
		490	魏	2494
	中	531	遼	501
昌黎縣	上	153	三	120
	中	99	舊唐	1523
昌城	上	272	晉	2796
		330		3090
		595	明	8302
		596		8303
昌遼	上	141	後漢	3530
昌義縣	中	522	遼	466

項目	二十五史抄		新校本	
昌亭國	上	413	魏	137
昌朝	中	631	遼	1461
昌州	中	98	舊唐	1521
		100		1524
		100		1525
		235	新唐	1126
	下	224	元	3628
		247		4610
		300	新元	47-2
		302		47-5
		327		130-6
		354		176-2
		596	明	8305
昌平	上	51	漢	1626
		137	後漢	3527
		174	三	731
		188		836
	中	169	舊唐	3938
		184		5167
		226		4123
		311		6044
	下	166	元	348
		194		1588
		227		3633
		358	新元	176-7
		511	明	5613
昌平城	中	215	舊唐	5359
昌平鎮	下	513	明	5616
昌平縣	中	100	舊唐	1524
昌海	上	524	南	1496
昌化	下	427	明	89
		504		5602
倉舒	上	295	晉	2840
倉岩	中	272	新唐	4123
倉岩州	中	101	舊唐	1527
		237	新唐	1128
倉垣	中	266	晉	2576
	上	272		2797
滄	中	146	宋	3154
		178		4884
		549	遼	930
滄籐州	下	302	新元	47-5
滄州	上	455	魏	1718

項目	二十五史抄		新校本	
		581	北	1826
	中	291	新唐	4679
		607	遼	1249
	下	527	明	5880
滄海	上	31	史	2950
		340	晉	3106
		599	北	2558
		600		2591
		602		2591
		602		2600
	中	18	隋	687
		34		1515
		36		1529
		43		1620
滄海郡	上	15	史	1421
		47	漢	1157
		47		1158
滄海道	上	598	北	2553
		600		2592
	中	34	隋	1516
		40		1576
		120	舊唐	2516
蒼山	中	518	遼	460
蒼岩	中	131	舊唐	2782
		275	新唐	4141
		338		6196
蒼岩城	中	226	新唐	66
蒼梧	中	94	舊唐	1316
蒼海	上	62	漢	2619
蒼海郡	上	42	漢	169
		42		171
		113	後漢	2817
彰德	下	381	新元	220-8
採淘港	下	509	明	5610
採蕪澳	下	516	明	5622
蔡	中	308	新唐	5992
		309		5993
蔡涇閘	下	566	明	7438
蔡丕領	下	511	明	5612
		524		5834
蔡州	中	162	舊唐	3538
蔡港	下	505	明	5604
柵城	上	476	魏	2215

項目	二十五史抄		新校本	
		627	北	3113
	中	329	新唐	6183
		516	遼	458
柵浦	下	523	明	5833
幀溝婁	上	385	梁	802
		626	北	3111
處	下	465	明	2245
		465		2246
		468		2252
處仁城	下	224	元	3628
		246		4609
		266	新元	4-6
		329		132-3
		354		176-1
		391		249-3
處州	下	492	明	5405
		613		8363
處和	中	322	新唐	6173
斥丘	上	259	晉	2492
川	下	526	明	5859
		590		8295
		592		8298
川東	下	578	明	8047
川沙	下	608	明	8354
川沙窪	下	492	明	5407
		494		5410
		505		5604
		607		8352
川[州]	中	498	遼	346
		598		1191
川州	中	624	遼	1429
	下	32	金	560
		300	新元	47-3
		301		47-4
千鹿圖	中	603	遼	1211
千山	下	447	明	952
千乘	上	104	後漢	2465
	中	94	舊唐	1312
天德	中	89	舊唐	593
		187		5215
		500	遼	349
		501		351
天龍	下	139	元	47

項目	二十五史抄		新校本	
		222		3536
		224		3628
天龍城	下	355	新元	176-2
天門	上	330	晉	3090
天門嶺	中	216	舊唐	5360
		326	新唐	6179
		352		6415
天方	下	436	明	186
		436		208
		437		210
		437		225
		442		264
		442		267
天寶	中	326	新唐	6179
		458	遼	22
		515		456
		602		1210
天福城	中	458	遼	22
		572		1129
天山	上	123	後漢	2962
		267	晉	2643
	中	208	舊唐	5348
天水	上	88	後漢	695
天遼	上	141	後漢	3530
天雲	中	476	遼	185
		635		1521
天長	下	440	明	245
		500		5420
天津	中	396	宋	1009
	下	458	明	2116
		465		2246
		527		5880
		546		6265
		546		6266
		547		6271
		552		6609
		554		6687
		558		6718
		590		8295
		590		8296
		592		8297
		593		8299
天津橋	中	147	舊唐	3194

項目	二十五史抄		新校本			項目	二十五史抄		新校本	
		218		5361				518		462
天晴	中	519	遼	462		遷州	中	479	遼	206
天竺	上	270	晉	2768				499		346
		313		2904				530		489
		373	宋書	2395				598		1191
		396	陳	80		哲特	下	114	金	1919
		522	南	293		啜仇水	上	187	三	837
	中	231	新唐	479		歠仇水	上	130	後漢	2989
		238		1146		啜水	上	480	魏	2221
		433	宋	13981				639	北	3129
天台	中	453	宋	14137		啜河	中	214	舊唐	5357
天台山	中	450	宋	14133				324	新唐	6177
天河渠	上	339	晉	3105		徹徹兒山	下	426	明	53
泉	下	491	明	5403		撒馬兒罕	下	425	明	46
		491		5404				425		49
		521		5786				425		52
		559		6818				427		86
泉郡	下	605	明	8350				428		97
泉[路]	下	464	明	2245				430		117
泉山	中	339	新唐	6198				430		120
泉州	中	373	新五	46				431		122
		407	宋	4561		撒爾河	下	556	明	6715
		446		14127		鐵	下	531	明	5983
		567	明	7440		鐵驪	中	458	遼	22
		609		8356				461		33
	下	152	元	208				461		41
		156		246				462		46
		169		409				463		69
		261		4667				468		142
		262		4668				468		145
		412	新元	253-8				470		148
		413		253-9				471		153
		414		253-11				472		161
		439	明	243				473		171
		456		1980				474		174
		465		2246				476		183
		523		5834				477		190
泉浦	上	374	宋書	2399				480		222
圌山	下	464	明	2245				482		237
		467		2248				486		286
		566		7438				489		314
遷民縣	中	524	遼	471				491		329
遷遼縣	中	511	遼	440				508		429

項目		二十五史抄		新校本
		528		477
		549		932
		559		1097
		560		1100
		571		1128
		572		1129
		573		1131
		574		1133
		577		1142
		578		1143
		582		1153
		583		1159
		584		1162
		586		1170
		589		1178
		590		1181
		612		1318
	下	6	金	29
鐵驪部	下	6	金	25
鐵嶺	下	319	新元	105-7
		398		249-14
鐵嶺城	下	447	明	956
		447		957
		478		3938
		537		6184
		539		6188
		581		8282
		595		8302
		622		8504
鐵勒	中	96	舊唐	1415
		117		2464
		204		5343
		205		5343
		206		5346
		~		~
		208		5348
		257	新唐	3856
		269		4117
		316		6140
	下	187	元	990
		187		1000
		233		3848
鐵利	中	326	新唐	6179
		328		6182
鐵利國	中	525	遼	472
鐵利郡	中	521	遼	466
鐵利州	中	549	遼	930
鐵离	中	549	遼	929
鐵不得國	中	508	遼	429
鐵山	中	515	遼	456
		518		461
	下	122	金	2402
		325	新元	121-20
		333		134-6
		556	明	6715
		557		6717
		561		6970
		596		8303
		597		8306
		598		8306
鐵甸	中	380	新五	906
鐵州	中	328	新唐	6182
		377	新五	178
		438	宋	14042
		494	遼	336
		518		460
	下	31	金	556
		302	新元	47-5
		329		132-2
		391		249-2
尖山	中	518	遼	462
檐魯	上	388	梁	804
檐檻	上	25	史	2450
帖里揭	下	319	新元	105-6
		363		178-2
捷盧國	上	205	三	850
貼溝哈處	下	228	元	3634
貼滿哈	下	359	新元	178-8
貼列可	下	228	元	3634
貼列河	下	359	新元	176-8
疊伏羅	上	544	北	154
青	上	363	宋書	715
	中	237	新唐	1128
	下	439	明	242
青丘	上	35	史	3015
	中	6	隋	80

項目		二十五史抄		新校本
		15		552
靑丘道	中	120	舊唐	2518
		193		5326
		224	新唐	46
		224		47
		256		3832
		337		6195
靑泥浦	中	238	新唐	1147
靑領	上	339	晉	3106
	下	29	明	551
靑山	上	274	晉	2804
		330		3090
		461	魏	2060
		496	北齊	57
		618	北	3067
		638		3128
	中	205	舊唐	5345
		209		5350
	下	492	明	5404
		544		6201
		591		8296
		591		8297
靑山口	下	512	明	5614
靑山州	中	236	新唐	1127
靑城	下	46	金	1395
靑松	下	393	新元	249-6
靑田	下	490	明	5363
靑州	上	4	史	55
		49	漢	1526
		92	後漢	227
		101		2354
		126		2984
		128		2986
		155	三	240
		173		728
		182		834
		185		837
		216		1138
		238	晉	375
		240		398
		254		1981
		256		2184
		270		2768
		270		2770
		275		2806
		312	晉	2893
		575	北	1135
		580		1645
	中	90	舊唐	738
		99		746
		99		1522
		100		1525
		100		1526
		143		2987
		159		3526
		159		3535
		165		3543
		237	新唐	1128
		277		4155
		292		4703
		306		5989
		～		～
		307		5991
		357	舊五	137
		360		512
		382	新五	920
		418	宋	10045
		509	遼	437
		514		455
	下	228	元	3634
		359	新元	176-9
		427	明	86
		481		4236
靑村	下	463	明	2244
靑塚	中	499	遼	346
		598		1191
靑塚灤	中	554	遼	997
靑塚寨	中	502	遼	353
靑海	中	188	舊唐	5224
		216		5359
		265	新唐	4053
		270		4122
		314		6077
淸江	中	473	遼	168
		635		1521
淸疾池	上	339	晉	3105

項目	二十五史抄		新校本	
清邊道	中	139	舊唐	2898
		142		2977
		210		5351
		227	新唐	96
		227		97
		276		4148
		279		4224
		303		5839
		319		6169
清邊中道	中	227	新唐	97
清兵	下	445	明	306
		445		320
清細河	下	531	明	5982
清水	上	266	晉	2576
清水窪	下	505	明	5604
清水店	中	100	舊唐	1524
清水河	中	233	新唐	920
清安	下	30	金	554
		302	新元	47-6
清安縣	中	527	遼	476
清州	中	99	舊唐	1523
		99		1524
		159		3534
		525	遼	471
	下	321	新元	114-11
清泰	中	448	宋	14129
清河	上	101	後漢	2354
		447	魏	1621
		566	北	769
		580		1677
		597		2537
	中	32	隋	1500
		68		1899
		515	遼	456
	下	29	金	554
		245	元	4554
		349	新元	164-9
		357		176-6
		390		247-6
		448	明	957
		525		5855
		607		8353
清河郡	上	571	北	867
	中	245	新唐	3450
清海	中	65	隋	1860
		155	舊唐	3295
		271	新唐	4123
		345		6206
晴州	中	518	遼	461
		519		462
涕	上	50	漢	1526
棣州	中	159	舊唐	3535
		~		~
		161		3537
		306	新唐	5989
		~		~
		307		5991
招寶	下	466	明	2247
招州	中	514	遼	451
峭落州	中	236	新唐	1127
		318		6168
		510	遼	438
瑣理	下	423	明	28
椒島	中	238	新唐	1147
	下	302	新元	47-5
椒山	中	518	遼	462
椒州	中	328	新唐	6182
		518	遼	461
稍瓦部	中	507	遼	414
貂嶺	中	518	遼	462
楚	上	7	史	316
		37		3315
		43	漢	366
		47		1288
		57		1810
		60		2233
		224	晉	12
		239		388
		276		2808
		361	宋書	682
		365		775
	中	16	隋	613
		51		1768
		92	舊唐	1053
		416	宋	9657
	下	41	金	1385

項目	二十五史抄		新校本	
楚久	下	519	明	5731
楚國	上	277	晉	2809
楚離弓	上	205	三	850
楚山塗卑離國				
	上	205	三	850
楚州	中	202	舊唐	5339
		248	新唐	3478
	下	58	金	5420
礁門	下	492	明	5404
譙	上	266	晉	2576
		365	宋書	775
蜀	上	66	漢	3599
		152	三	118
		165		260
		167		272
		177		788
		243	晉	690
		313		2816
		458	魏	1830
	中	104	舊唐	1957
		153		3255
		337	新唐	6195
		344		6205
	下	126	金	2782
		514	明	5618
		549		6395
蜀郡	上	35	史	2999
		367	宋書	992
蜀莫郡	中	445	宋	14053
蜀川	中	161	舊唐	3538
蜀漢	上	255	晉	2082
燭龍	中	97	舊唐	1415
葱嶺	中	148	舊唐	3203
		288	新唐	4576
總材山	中	311	新唐	6044
秋山	中	495	遼	337
萩苴	上	12	史	1055
鄒	上	399	宋	2551
鄒塘	下	507	明	5606
		527		5873
墜斤	中	318	新唐	6168
墜斤部	中	510	遼	438
錐子河	中	522	遼	467

項目	二十五史抄		新校本	
雛訛只	下	114	金	1911
筑陽	上	254	晉	1951
筑紫城	中	346	新唐	6207
筑前	中	451	宋	14134
	下	406	新元	250-4
		410		250-10
築九城	下	102	金	1816
春水	中	631	遼	1460
春州	中	163	舊唐	3541
		490	遼	326
		491		328
		493		332
		494		335
		593		1184
	下	93	金	1544
		139	元	47
		224		3628
		267	新元	6-7
		318		105-4
		363		178-2
春州渤海	中	494	遼	335
出伏	上	638	北	3128
	中	67	北	1881
出襄平道	中	22	隋	1149
出羽	中	451	宋	14133
出雲	中	451	宋	14133
出河店	中	491	遼	328
		627		1439
	下	102	金	1822
尢不姑	中	461	遼	41
		538		742
尢不直	中	466	遼	113
尢者達魯虢部				
	中	506	遼	411
尢哲達魯虢部				
	中	504	遼	391
忠州	下	224	元	3628
		355	新元	176-2
		360		17609
		548	明	6392
		590		8295
		～		～
		591		8297

項目	二十五史抄		新校本	
		593		8300
忠清	下	254	元	4621
		550	明	6405
忠清道	下	544	明	6201
		591		8296
臭泊	中	601	遼	1199
溴水	上	206	三	850
翠巒閣	下	112	金	1869
鷲巖	中	518	遼	461
層檀	中	402	宋	2813
治河	中	464	遼	95
致利鞠國	上	205	三	850
淄[水]	上	4	史	55
		49	漢	1526
淄[州]	中	99	舊唐	1522
		159		3526
		159		3535
		202		5339
		237	新唐	1128
		306		5989
		307		5990
		357	舊五	137
		426	宋	11219
淄川	中	94	舊唐	1312
淄青	中	163	舊唐	3540
		286	新唐	4494
		292		4703
雉門	上	366	宋書	932
雉獄城	下	319	新元	105-7
置溝漊	上	200	三	847
置州	中	527	遼	475
寘顏州	中	208	舊唐	5349
		317	新唐	6145
勅勒	上	293	晉	2838
		300		2849
		541	北	91
勅勒國	上	347	晉	3132
七金山	中	528	遼	481
		529		482
七子港	下	464	明	2245
七戎	中	166	舊唐	3785
七子山	下	32	金	612
七重城	中	77	舊唐	100
		136		2795
		226	新唐	71
		268		4084
		343		6204
七礁	下	517	明	5625
七浦	下	459	明	2166
漆	上	29	史	2883
		67	漢	3747
沈莊	下	496	明	5412
		505		5604

項目	二十五史抄		新校本	
[타]				
它漏河	中	325	新唐	6177
		348		6210
打箭爐	下	424	明	41
朶甘	下	425	明	45
		425		52
朶思麻之地	下	401	新元	249-17
朶顔	下	531	明	5982
		531		5983
		536		6184
		537		6184
		622		8497
		622		8504
		～		～
		625		8509
沱[州]	中	328	新唐	6182
沱河	中	521	遼	465
陀魯城	下	102	金	1816
陀拔羅	上	417	魏	195
陀山	中	522	遼	467
陀[州]	中	476	遼	185
		522		467
陀河	中	610	遼	1281
		615		1342
		635		1521
駝吉城	下	102	金	1816
駝羅口	中	467	遼	120
駝門	中	493	遼	333
駝準城	中	618	遼	1347
駝回山	下	94	金	1562
托吾兒河	下	319	新元	105-6
拓林[城]	下	464	明	2244
拓跋	中	93	舊唐	1069
卓山	下	525	明	5854
		536		6184
涿郡	上	56	漢	1657
		80	後漢	213
		129		2988
		181	三	833
		235	晉	310
		241		425
		552	北	455

項目	二十五史抄		新校本	
		553		456
		555		461
		556		464
		569		823
		575		1170
		579		1521
		592	北	2185
		593		2190
		611		2803
		613		2886
		651		3299
	中	5	隋	75
		5		76
		6		79
		9		83
		10		87
		18		687
		22		1149
		23		1188
		23		1274
		27		1336
		31		1491
		32		1498
		37		1534
		41		1595
		44		1622
		47		1684
		66		1875
		68		1899
		110	舊唐	2278
		111		2291
		231	新唐	824
		252		3734
		254		3806
涿郡屬國	上	111	後漢	2815
涿鹿	上	441	魏	949
涿邪山	上	121	後漢	2949
涿州	中	98	舊唐	1522
		467	遼	120
		499		347
		509		437
		613		1336
涿縣	中	56	漢	1657

項目	二十五史抄		新校本	
啄評	上	528	南	1973
託紇臣水	上	638	北	3128
	中	67	隋	1882
槀離國	中	513	遼	448
呑列	上	55	漢	1627
坦駒嶺	中	148	舊唐	3204
彈汗山	上	130	後漢	2989
		187	三	837
彈汗州	中	97	舊唐	1520
		209		5350
		318	新唐	6168
		510	遼	438
脫幹隣	下	192	元	1400
脫剌河	下	225	元	3630
		356	新元	176-4
耽羅	中	136	舊唐	2795
	下	144	元	199
		144		122
		147		136
		148		140
		148		141
		148		143
		148		149
		148		150
		150		167
		150		168
		153		224
		154		230
		155		231
		155		234
		156		246
		160		268
		163		289
		165		333
		165		334
		167		352
		168		371
		170		419
		175		583
		176		619
		180		819
		193		1562
		202		2553

項目	二十五史抄		新校本	
		203		2555
		203		2558
		225		3629
		235		3891
		239		4138
		253		4619
		254		4619
		256		4624
		257		4624
		271	新元	8-9
		274		8-17
		281		12-6
		287		17-9
		288		18-10
		313		100-1
		313		100-3
		320		113-11
		321		114-7
		341		152-8
		355		176-3
		356		176-4
		360		176-10
		383		225-7
		396		249-10
		408		250-7
		418		考證8-1
		424	明	39
		425		46
耽羅國	上	645	北	3137
	中	133	舊唐	2792
耽牟羅國	上	633	北	3121
		633		3122
貪資	上	140	後漢	3530
貪汗山	中	205	新唐	5344
塔出亦剌兒氏				
	下	295	新元	*28-37
塔塔兒	下	208	元	2964
		208		2968
塔塔爾	下	137	元	10
榻前	下	364	新元	179-1
宕渠	上	92	後漢	1280
宕昌	上	415	魏	156
		416		168

左欄

項目		二十五史抄		新校本
		416		171
		418		204
		419		209
		420		225
		421		227
		521	南	216
		541	北	92
		542		101
		542		104
		542		106
		542		107
		542		111
		544		150
惕德	中	549	遼	932
湯谷	上	35	史	3015
		62	漢	2545
湯[州]	中	328	新唐	6182
		518	遼	461
湯池	下	31	金	556
		299	新元	47-1
湯池縣	中	518	遼	461
湯河	中	517	遼	460
		526		473
		527	遼	475
蕩姐	上	69	漢	3815
太梁水	上	52	漢	1626
太魯水	上	479	魏	2220
太魯州	中	235	新唐	1126
		322	南齊	6173
太淶河	上	480	魏	2220
		635	北	3125
太白山	中	326	新唐	6179
		329		6183
太山	上	257	晉	2189
		275		2806
		288		2829
		329		3089
	中	193	舊唐	5327
		205		5345
		267	新唐	4084
		348		6210
太室韋	中	67	隋	1882
太岳魯水	上	635	北	3124

項目		二十五史抄		新校本
太原	上	11	史	801
		31	史	2944
		49	漢	1524
		62		2492
		77	後漢	76
		81		236
		90		810
		111		2814
		129		2988
		181	三	833
		188		836
		226	晉	42
		295		2839
		437	魏	735
		569	北	837
	中	17	隋	669
		19		688
		88	舊唐	593
		111		2291
		112		2308
		127		2735
		129		2779
		252	新唐	3734
		263		4017
		283	新唐	4336
		293		4750
		380	新五	901
		388	宋	64
		448		14130
		607	遼	1249
	下	317	新元	104-25
		380		220-7
		381		220-8
		462	明	2235
太原郡	上	136	後漢	3523
太原倉	中	150	舊唐	3206
		289	新唐	4578
太子河	中	515	遼	456
	下	30	金	555
		447	明	952
太倉	下	456	明	1980
		477		3907
		499		5418

項目	二十五史抄		新校本
			501	5423
		570	明	7614
		606		8352
		607		8352
太平	上 490	魏	2492
	下 439	明	243
	466		2248
	498		5416
	517		5625
太平橋	下 241	元	4423
	385	新元	231-14
太平堡	下 540	明	6189
太行	中 231	新唐	817
	下 472	明	3683
太湖	下 499	明	5416
	505		5603
	607		8353
太和關	中 157	舊唐	3312
太和州	中 450	宋	14132
太華	中 231	新唐	817
太皇	上 480	魏	2220
太皇[山]	上 635	北	3124
台	下 463	明	2244
	464		2245
	468		2254
	510		5610
台郡	下 504	明	5603
	600		8342
台州	下 202	元	2548
	439	明	243
	508		5608
	508		5609
泰	下 439	明	242
	464		2245
	466		2248
泰寧	下 524	明	5849
	526		5856
	531		5982
	536		6184
	622		8504
	623		8506
	625		8508
泰山	上 168	三	338

項目	二十五史抄		新校本
			180	833
	中 136	舊唐	2795
	316	新唐	6135
	337		6196
泰城	下 221	元	3530
	327	新元	130-6
	334		135-6
泰申必剌	下 120	金	2280
泰州	中 453	宋	14137
	494	遼	335
	512		446
	下 37	金	1002
	39		1139
	40		1305
	93		1544
	99		1737
	99		1742
	127		2784
	302	新元	47-5
	500	明	5420
澤州	中 217	舊唐	5361
	426	宋	11229
	497	遼	342
	503		363
	518		462
	597		1190
	下 381	新元	220-10
土骨論	下 4	金	15
土魯番	下 428	明	95
	429		102
	430		117
	430		120
	431		120
	431		122
	434		166
	435		170
	435		184
	435		186
	435		187
	435		192
	436		193
	436		196
	436		197

項目	二十五史抄		新校本	
		436		199
		437		202
		437		204
		437		212
		437		225
		437		229
		441		256
		441		258
		442		264
		442		267
		446		326
		626		8511
土蠻	下	513	明	5615
		513		5616
		525		5854
		526		5856
		526		5858
		528		5916
		531		5982
		531		5983
		536		6183
		～		～
		540		6189
		541		6191
		625		8509
土番	下	313	新元	100-3
土城	下	433	明	142
土佐	中	451	宋	14134
土河	中	466	遼	115
		466		116
		476		186
		528		481
		529		482
	下	116	金	1996
吐谷渾	上	410	魏	81
		413		140
		414		141
		414		146
		414		147
		415		156
		416		168
		418		204
		418		206

項目	二十五史抄		新校本	
		419		209
		419		211
		～		～
		419		214
		420		223
		421		227
		422		307
		426		359
		484		2233
		541	北	91
		541		94
		541		96
		542		98
		542		101
		～		～
		542		104
		542		106
		542		107
		542		109
		542		115
		543		132
		543		133
		545		173
		545		190
		～		～
		545		195
		547		248
		550		370
		551		417
		551		418
		552		452
	中	3	隋	21
		4		37
		16		613
		64		1842
		65		1874
		157	舊唐	3312
		183		5153
		231	新唐	479
		235		1119
		254		3815
		256		3830
		274		4139

項目	二十五史抄	新校本
	293	4749
	311	6028
	462	遼 44
	508	429
	下 622	明 8504
吐谷渾國	上 415	魏 161
	415	162
	417	163
	417	177
	422	306
	422	308
	422	311
	422	312
吐六于	上 482	魏 2223
吐六千部	上 637	北 3127
吐萬緒	上 605	北 2639
吐蕃	中 77	舊唐 106
	78	125
	81	209
	82	301
	85	380
	86	424
	87	465
	87	513
	88	548
	137	2815
	141	2945
	147	3203
	~	~
	149	3204
	154	3294
	~	~
	155	3295
	156	3302
	178	4941
	185	5175
	187	舊唐 5214
	187	5219
	188	5224
	216	5359
	226	新唐 76
	239	1163
	264	4052

項目	二十五史抄	新校本
	265	4052
	270	4121
	~	~
	271	4123
	274	4139
	277	4170
	278	4187
	288	4576
	288	4577
	293	4749
	299	5636
	310	6027
	313	6053
	313	6071
	313	6077
	314	6077
	314	6085
	348	6264
	362	舊五 587
	405	宋 3903
	419	10227
	432	13235
	458	遼 22
	571	1128
	下 212	元 3165
	400	新元249-17
	401	249-18
	415	考證1-1
	447	明 882
吐蕃撒思吉之地		
	下 400	新元249-17
吐護眞水	中 125	舊唐 2671
	259	新唐 3904
	322	6173
吐護眞河	中 229	新唐 148
	352	6415
吐渾	中 88	舊唐 593
	117	2464
	257	新唐 3856
	412	宋 9124
	413	9126
	538	遼 742
吐火羅	中 72	舊唐 51

項目	二十五史抄		新校本	
吐紇山	上	639	北	3130
	中	68	隋	1883
兎兒咟	下	102	金	1819
通	下	439	明	242
		464		2245
		466		2248
通江	中	451	宋	14133
通元	上	499	北齊	376
通遠縣	中	522	遼	468
通定鎮	上	630	北	3117
	中	55	隋	1817
通濟渠	中	5	隋	75
通州	中	438	宋	14042
		464	遼	95
		495		337
		522		468
		594		1186
	下	30	金	554
		194	元	1659
		432	明	141
		440		246
		462		2229
		466		2247
		493		5408
		500		5420
		515		5619
		516		5622
		518		5664
		608		8354
通漢鎮	中	42	隋	1613
通海	下	302	新元	47-5
通惠河	下	194	元	1588
投坑谷	中	332	新唐	6188
投馬國	上	211	三	854
		389	梁	806
		643	北	3135
特勒萬川	中	148	舊唐	3203
		288	新唐	4576

項目	二十五史抄		新校本	
[파]				
巴	上	367	宋書	1146
	中	104	舊唐	1957
		153		3255
		337	新唐	6195
巴渠郡	上	367	宋書	1146
巴郡	上	92	後漢	1280
	中	166	舊唐	3786
巴東	上	367	宋書	1146
巴弄吉	下	414	新元	253-11
巴利國	上	211	三	855
波邪	中	347	新唐	6209
波斯	上	412	魏	126
		413		128
		414		142
		420		225
		541	北	92
		544		149
	中	72	舊唐	51
		348	新唐	6264
派水	上	290	晉	2833
破那	上	540	北	53
破洛那	上	401	魏	12
		411		90
		535	北	7
		540		52
婆那伽	上	418	魏	205
婆羅	下	427	明	84
		427		85
婆羅捺	上	417	魏	195
婆盧火	下	98	金	1635
婆勒川	中	148	舊唐	3204
		149		3205
		288	新唐	4577
婆利	中	349	新唐	6298
婆非	上	480	魏	2221
婆速	下	37	金	998
		39		1139
		39		1146
		40		1310
婆速路	下	37	金	997
		40		1305
		40		1350
		121		2281
		127		2784
		132		2886
婆速府路	下	31	金	557
婆莴	中	324	新唐	3176
婆莴室韋	中	214	舊唐	5357
播	下	548	明	6392
		550		6396
播麼	中	451	宋	14133
播密川	中	148	舊唐	3203
		149		3205
		288	新唐	4576
播州	下	534	明	6132
		574		7805
灞上	上	302	晉	2852
	中	33	隋	1513
板橋	中	407	宋	4561
板場谷	下	625	明	8507
版泉	中	6	隋	79
八角島	下	260	元	4629
		366	新元	182-2
		410		250-11
八角海	中	437	宋	14040
八國=漢諸侯				
	上	11	史	977
八飯口	下	97	金	1632
八里里答蘭答八思				
	下	323	新元	119-11
八狄	中	45	隋	1635
八族[백제]	上	632	北	3120
	中	56	隋	1818
孛苦江	下	192	元	1400
孛落	下	152	元	208
		254		4621
孛來	下	624	明	8506
孛台	下	485	明	4634
貝江	中	238	新唐	1147
貝弗伏國	上	480	魏	2221
貝州	中	168	舊唐	3898
		241	新唐	1835
貝(寨)	中	607	遼	1249
沛	上	365	宋書	775

項目	二十五史抄		新校本	
沛國郡	中	357	舊五	137
沛水	上	52	前漢	1626
浿江	中	7	隋	81
		225	新唐	61
		268		4084
		274		4139
		337		6195
		593	明	8300
浿江道	中	75	舊唐	82
		75		83
		136		2795
		136		2797
		225	新唐	61
		225		66
		240		1642
		240		1644
		269		4119
		279		4215
浿水	上	32	史	2985
		32		2986
		33		2987
		33		2988
		33		2988
		54	前漢	1627
		70		3863
		71		3864
		71		3865
		140	後漢	3530
		511	周	884
		556	北	464
		557		464
		600		2591
		629		3115
		629		3116
	中	10	隋	87
		34		1515
		53	隋	1814
		330	新唐	6185
		515	遼	456
浿水縣	中	515	遼	457
覇郎兒	下	319	新元	105-7
		363		178-1
覇州	下	103	金	1823
彭溪	下	508	明	5609
彭蠡	上	4	史	58
	中	94	舊唐	1316
彭山洋	下	560	明	6938
彭城	上	231	晉	209
		234		236
		257		2189
		291		2835
		314		2917
		363	宋書	723
		364		725
		567	北	775
	中	35	隋	1519
		38		1540
		160	舊唐	3536
彭亨	下	424	明	33
		428		89
		428		94
		620		8407
彭湖	中	446	宋	14127
	下	261	元	4667
		262		4668
		560	明	6938
		619		8377
澎湖	下	413	新元	253-10
		414		253-10
		465	明	2246
		610		8356
便橋	中	157	舊唐	3312
		293	新唐	4750
偏頭	下	462	明	2235
偏嶺	下	429	明	101
平	上	526	南	1971
平岡山	上	486	魏	2306
		650	北	3270
平堈	上	280	晉	2816
平谷	下	462	明	2236
平郭	上	52	前漢	1626
		139	後漢	3529
		276	晉	2808
		280		2815
		281		2817
		462	魏	2060

項目	二十五史抄		新校本	
		474		2128
		624	北	3080
	下	29	金	553
		30		554
		302	新元	47-6
平郭縣	中	516	遼	457
平棘	上	440	魏	829
平南縣	中	526	遼	473
平度州	下	458	明	2115
平陶	上	434	魏	683
平陶城	上	405	魏	28
		537	北	15
平澤	下	156	元	246
		157		252
		158		254
		187		1053
平澤黑塢兒	下	356	新元	176-4
平涼	下	448	明	957
平虜	下	543	明	6196
平虜渠	中	178	舊唐	4816
		261	新唐	3945
平虜堡	下	537	明	6185
		540		6189
平虜城	下	224	元	3628
		355	新元	176-2
平盧	中	159	舊唐	3534
		212		5353
		244		3448
		245		3449
		292		4703
		295		5161
		298		5533
		307		5991
		321		6172
		323		6175
		352		6412
		352		6415
		353		6426
		354		6426
平廬	中	305	新唐	5972
平陸	上	234	晉	240
平緬	下	478	明	3938
平山	中	478	遼	204
		500		348
		548		926
		603		1211
	下	45	金	1393
平山大安峒	下	515	明	5621
平舒城	上	294	晉	2838
平城	上	132	後漢	2992
		294	晉	2838
		330	晉	3090
		405	魏	27
		431		604
平城郡	中	312	新唐	6048
平安	下	543	明	6184
		588		8292
平陽	上	274	晉	2805
		295		2840
		465	魏	2064
		381	新元	220-10
		382		220-10
	下	463	明	2244
		464		2245
		570		7614
		601		8344
		602		8346
平陽堡	下	525	明	5854
平陽縣	中	526	遼	474
平壤	上	479	魏	2219
		554	北	458
		575		1170
		597		2536
		600		2589
		600		2591
		601		2593
		603		2606
		606		2652
		616		2952
	中	7	隋	81
		9		84
		18		687
		29		1460
		30		1466
		32		1500
		34		1516

項目	二十五史抄	新校本
37		1534
47		1700
51		1770
72	舊唐	57
75		81
76		98
119		2488
131		2782
132		2790
133		2791
134		2793
135		2794
141		2950
154		3294
191		5322
192		5325
216		5359
266	新唐	4082
267		4083
270		4120
272		4124
274		4139
275		4141
283		4341
300		5743
325		6177
330		6185
331		6187
333		6189
336		6193
338		6196
339		6198
382	新五	919
440	宋	14046
515	遼	456
下 190	元	1398
222		3536
230		3749
237		3952
245		4607
248		4611
334	新元	134-9
344		158-14

項目	二十五史抄	新校本
367		183-6
371		191-6
394		249-8
442	明	275
502		5508
520		5778
523		5828
529		5941
542		6193
542		6194
543		6195
543		6196
547		6291
579		8279
587		8291
588		8292
591		8296
593		8300
597		8306
611		8358
平壤道 上 600	北	2591
604		2634
中 33	隋	1512
72	舊唐	57
75		82
131		2784
223	新唐	43
224		44
225		61
255		3829
274		4139
276		4147
333		6189
337		6195
338		6196
平陽城 上 445	魏	1346
476		2215
511	周	884
555	北	461
577		1451
578		1517
602		2598
606		2651

項目		二十五史抄		新校本
		627		3113
		628		3115
	中	30	隋	1466
		36		1525
		43		1616
		53		1814
		75	舊唐	83
		76		92
		101		1526
		119		2487
		255	新唐	3829
		274		4139
		276		4147
		333		6189
		337		6195
		338		6196
平壤城	上	445	魏	1346
		476		2215
		511	周	884
		555	北	461
		577		1451
		578		1517
		602		2598
		606		2651
		627		3113
		628		3115
	中	30	隋	1466
		36		1525
		43		1616
		53		1814
		75	舊唐	83
		76		92
		101		1526
		119		2487
		131		2782
		154		3294
		188		5319
		194		5327
		234	新唐	1023
		238		1146
		330		6185
		369	舊五	1843
		434	宋	14035

項目		二十五史抄		新校本
		514	遼	455
		518		462
平壤縣	中	313	新唐	6064
平原	上	101	後漢	2354
		101		2358
		169	三	354
		275	晉	2806
	中	68	隋	1899
		84	舊唐	1312
		107		2209
平原(郡)	上	571	北	867
平遠臺	下	510	明	5612
平恩	中	276	新唐	4146
平陰	中	94	舊唐	1312
		163		3540
		309	新唐	5994
平州	上	12	史	1054
		241	晉	408
		242		426
		243		427
		306		2858
		491	魏	2496
		496	北齊	57
		547	北	250
		620		3070
	中	101	舊唐	1526
		209		5350
		234	新唐	1023
		242		2223
		258		3903
		302		5826
		304		5923
		318		6169
		321		6172
		323		6175
		329		6183
		369	舊五	1830
		377	新五	178
		498	遼	346
		499		348
		500		348
		503		378
		509		437

項目	二十五史抄		新校本	
		524		470
		530		500
		615		1341
	下	43	金	1390
		103		1823
		329	新元	132-2
平州撫寧縣	下	133	金	2887
		133		2888
平海	下	463	明	2244
		511		5612
平戶	下	225	元	3630
		356	新元	176-4
		410		250-10
平戶島	下	409		250-9
		410		250-11
平湖	下	496	明	5412
平湖島	下	234	元	3867
		350	新元	166-3
布多縣	中	522	遼	468
枹多縣	上	391	梁	810
浦口	下	514	明	5618
浦東	下	505	明	5604
浦子口	下	466	明	2248
浦田	下	465	明	2246
		510		5611
平禧	下	463	明	2244
蒲甘	中	402	宋	2813
蒲奴里	中	471	遼	159
		476		183
		482		239
		483		239
		508		432
		549		932
		559		1096
		560		1100
		563		1106
		619		1356
		621		1392
浦都國	上	265	晉	2537
蒲盧毛朵	中	482	遼	233
		508		432
蒲盧毛朵部	中	478	遼	199
		481		225

項目	二十五史抄		新校本	
		482		238
		483		241
		488		310
		505		393
		561		1102
		564		1108
		567		1117
		611		1304
		616		1343
		619		1368
蒲里咑	下	414	新元	253-11
蒲山	中	291	新唐	4658
蒲水	中	613	遼	1331
		615		1340
蒲興	下	37	金	998
		39		1121
		39		1139
		39		1146
		40		1305
蒲興路	下	28	金	551
		37		997
		127		2784
蒲州	中	302	新唐	5802
		328		6182
蒲池	上	205	晉	2840
蒲察部	下	101	金	1816
蒲泉	上	433	魏	651
蒲坂	上	269	晉	2755
		315		2920
		507	周	334
蒲阪	上	302	晉	2852
蒲河	中	515	遼	456
	下	539	明	6188
		540		6189
豹山縣	中	524	遼	470
漂陽	下	607	明	8353
漂渝津	上	269	晉	2767
驃國	中	231	新唐	479
品達魯號部	中	504	遼	388
		506		413
		537		727
		622		1408
品部	中	506	遼	413

項目	二十五史抄		新校本	
風達郡	中	270	新唐	4121
風月樓	下	542	明	6193
		542		6194
風夷	上	106	後漢	2807
馮嘉施蘭	下	427	明	86
		427		88
馮翊	上	312	晉	2893
楓樹嶺	下	567	明	7439
豊	上	6	史	133
		26		2637
		58	前漢	1890
豊德	下	588	明	8292
		611		8358
豊都	中	8	隋	83
豊城	上	526	南	1970
豊水	中	524	遼	471
豊安道	中	312	新唐	6045
豊永縣	中	513	遼	448
豊前	中	451	宋	14134
豊州	中	328	新唐	6182
		519	遼	462
		519		463
		549		930
豊海	下	393	新元	249-6
豊後	中	451	宋	14134
	下	496	明	5412
豊後島	下	608	明	8355
皮島	下	556	明	6715
		557		6716
		560		6968
		561		6970
		561		6974
		595		8302
		598		8306
		598		8307
皮室	中	494	遼	335
		593		1184
		626		1435
匹繫部	上	482	魏	2223
匹潔部	上	637	北	3127
匹黎	中	318	新唐	6168
		510	遼	438
匹黎尒	上	412	魏	128

項目	二十五史抄		新校本	
匹黎尒國	上	480	魏	2221
疋黎州	中	236	新唐	1127
泌州	中	293	新唐	4750
	下	472	明	3683
芯里海水	下	95	金	1562
畢里圍	下	131	金	2885
畢列道	中	338	新唐	6196
蹕雲州	下	374	新元	209-4

項目	二十五史抄		新校本	

[하]

項目		二十五史抄	新校本	
下野	中	451	宋	14133
下殷	上	53	前漢	1626
下察	上	230	晉	204
		314		2916
下八	下	492	明	5404
下澮	下	509	明	5610
何	上	367	宋書	1146
何家洲	下	229	元	3636
何大何部	上	482	魏	2223
		637	北	3126
河		15	史	1480
		29		2886
		49	前漢	1524
		50		1527
		67		3741
		67		3748
		78	後漢	116
		103		2464
		104		2465
		107		2808
		159	三	255
		216		1137
		253	晉	1803
		363	宋書	715
	中	5	隋	76
		17		665
		45		1635
		161	舊唐	3573
		163		3540
		167		3834
		185		5172
	中	298	新唐	5623
		307		5991
		309		5994
		310		5995
		311		6041
		312		6048
	中	379	新五	889
		415	宋	9617
		499	遼	347
		515		456
		570		1122
		633		1517
河間	上	101	後漢	2358
		189	三	838
		287	宋書	2826
		345	晉	3130
		363	宋書	723
		433	魏	652
		456		1742
	中	48	隋	1702
		94	舊唐	1316
		231	新唐	824
	下	527	明	5880
河曲	上	329	晉	3088
		342		3109
河冀	上	541	北	96
河橋	上	509	周	496
河南	上	26	史	2565
		29		2886
		36		3149
		67	前漢	3748
		231	晉	209
		233		232
		246		881
		292		2835
		394		2838
		299		2848
		315		2919
		316		2923
		329		3089
		391	梁	810
		404	魏	26
		518	南	45
		518		46
		518		47
		521		204
		531		1977
	中	9	隋	84
		17		670
		18		688
		31		1491
		40		1576
		42		1613

項目		二十五史抄		新校本
		75	舊唐	81
		123		2621
		126		2704
		144		3073
		160		3535
		180		5027
		211		5353
		237	新唐	1128
		284		4419
		286		4497
		307		5990
		308		5992
		327		6181
		339		6198
		369	舊五	1830
		395	宋	603
	下	39	金	1140
		41		1385
		49		1399
		49		1400
		195	元	1695
		310	新元	91-7
		432	明	141
		448		1280
		551		6469
河南國	上	356	宋書	85
		356		86
		356		88
河內	上	324	晉	3081
		453	魏	1715
	中	451	宋	14133
河內郡	上	582	北	1827
	中	319	新唐	6169
河端	中	518	遼	460
河東	上	46	前漢	661
		234	晉	236
		275		2806
		278		2811
		315		2920
		466	魏	2067
		618	北	3068
	中	165	舊唐	3553
		187		5215
		211		5353
		242	新唐	2859
		293		4750
		298		5533
		321		6172
		352		6414
		369	舊五	1830
		395	宋	603
		408		4809
河東道	中	320	新唐	6171
河東東西路	下	40	金	1305
河董城	中	514	遼	451
河洛	中	168	舊唐	3895
河伯	上	625	北	3110
河北	上	178	三	831
		183		835
		189		838
		230	晉	203
		257		2189
	中	48	隋	1702
		75	舊唐	81
		124		2670
		139		2891
		140		2892
		142		2983
		144		3021
		144		3073
		146		3154
		175		4737
		211		5353
	中	228	新唐	128
		235		1119
		241		1833
		258		3903
		277		4172
		278		4120
		280		4226
		280		4243
		281		4314
		284		4381
		284		4419
		352		6412
		354		6437

項目		二十五史抄		新校本
		395	宋	603
		415		9625
		416		9789
		419		10228
	下	41	金	1385
		448	明	1280
河北道	中	80	舊唐	195
		124		2652
		211		5353
		250	新唐	3568
		261		3946
		320		6171
		352		6414
河北東西	下	40	金	1310
河北西路	下	40	金	1310
河朔	下	101	舊唐	1527
		145		3109
		164		3542
		408	宋	4809
	下	103	金	1823
河上	上	238	晉	379
河西	上	29	史	2883
		518	南	48
	中	77	舊唐	106
		81		209
		149		3205
		150		3206
		156		3312
		184		5168
		264	新唐	4052
		288		4576
		288		4577
		289		4578
		292		4749
		293		4750
		314		6085
		405	宋	3903
	下	160	元	268
		208		2964
		429	明	102
		469		2275
		471		3586
河西國	上	356	宋書	91

項目		二十五史抄		新校本
河西郡	中	286	新唐	4527
河西部	中	504	遼	391
		506		411
河西四郡	上	88	後漢	695
河西鮮卑	上	174	三	732
河陽	上	579	北	1519
	中	31	隋	1466
		157	舊唐	3313
		293	新唐	4750
河源	上	190	三	840
	中	18	隋	688
		77	舊唐	106
		270	新唐	4121
		314		6077
	下	507	明	5607
河源道	中	270	新唐	4121
河陰	上	238	晉	377
		300		2849
		363	宋書	717
		448	魏	1708
		584	北	1830
	中	308	新唐	5992
河宗	上	21	史	1795
河州	中	102	舊唐	1834
		328	新唐	6182
		528	遼	477
	下	433	明	142
荷州	中	528	遼	476
夏	上	86	後漢	517
		131		2990
		131		2992
		264	晉	2535
		527	南	1973
	中	63	隋	1828
		400	宋	2804
		433		13981
		472	遼	164
		477		189
		480		211
		483		252
		494		337
		528		481
		529		482

項目	二十五史抄	新校本		項目	二十五史抄	新校本
	534	567			18	166
	595	1187			18	169
	629	1443			18	170
	633	1517			19	172
下	8 金	56			19	174
	8	58			19	179
	8	60			~	~
	~	~			19	181
	9	65			19	183
	10	75			20	191
	10	76			20	197
	10	78			20	200
	~	~			21	203
	10	82			21	209
	11	84			~	~
	12	85			21	211
	12	94			22	213
	12	96			22	216
	12	98			~	~
	13	100			22	220
	13	102			22	223
	13	103			22	225
	13	105			23	230
	14	106			~	~
	14	112			23	234
	14	130			23	237
	15	133			~	~
	15	135			23	240
	~	~			24	242
	15	139			24	251
	15	141			~	~
	16	143			24	255
	~	~			25	257
	16	144			~	~
	16	143			25	261
	16	144			25	267
	16	146			26	269
	17	155			~	~
	17	156			26	273
	17	158			26	279
	17	160			26	281
	18	163			26	282
	18	164			26	285

項目		二十五史抄		新校本
		27		293
		34		866
		43		1388
		44		1390
		44		1391
		51		1404
		53		1407
		57		1417
		58		1418
	下	100	金	1740
		112		1870
夏國	中	394	宋	415
		400		2808
		401		2809
		433		13981
		434		14022
		434		14023
		441		14046
		442		14049
		484	遼	256
		485		275
		489		317
		498		345
		508		429
		509		437
		544		842
		546		867
		577		1142
		585		1168
		597		1190
	下	33	金	832
		41		1386
		49		1400
夏陽	上	123	後漢	2962
夏州	中	207	舊唐	5347
		238	新唐	1146
		311		6040
		390	宋	157
夏港	下	524	明	5838
夏后氏	上	106	後漢	2807
賀蘭	上	296	晉	2841
		433	魏	655
賀蘭部	上	403	魏	21
		406		29
		433		651
		434		676
		536	北	11
		536		12
		561		579
賀蘭山	下	600	明	8343
賀魯	中	315	新唐	6113
賀州	中	328	新唐	6182
		516	遼	458
		517		459
瑕州	中	328	新唐	6182
蝦蛦	中	346	新唐	6208
鰕子港	下	501	明	5420
郝里太保城	中	524	遼	470
鶴野	下	31	金	555
		299	新元	47-1
鶴野縣	中	508	遼	421
		516		457
汗	上	188	三	838
汗國	上	188	三	838
汗畔	上	418	魏	206
汗州	中	448	宋	14129
罕東	下	431	明	122
邯鄲	上	27	史	2638
		58	前漢	1892
		327	晉	3085
	中	107	舊唐	2209
		140		2909
閑山	下	443	明	279
		590		8296
		544		6201
		590		8296
漢	上	10	史	800
		12		1054
		12		1055
		12		1057
		27		2638
		27		2642
		28		2767
		30		2913
		31		2940
		32		2985

項目	二十五史抄	新校本	項目	二十五史抄	新校本
	33	2986		206	850
	34	2989		210	854
	37	3315		241 晉	406
43 前漢		366		242	426
	45	659		244	701
	46	661		250	1253
	48	1306		261	2525
	60	2197		264	2535
	61	2462		264	2536
	61	2490		289	2832
	68	3773	367 宋書		932
	69	3784		373	2399
	69	3820	380 南齊		1012
	70	3822	385 梁		801
	70	3863	437 魏		751
	71	3864		626 北	3111
	74	4268		634	3122
88 後漢		679	漢(後漢) 上 100 後漢		2353
	91	842		101	2363
	101	2353		103	2419
	108	2811		112	2815
	109	2812		115	2820
	113	2817		122	2956
	116	2820		122	2960
	121	2876		123	2962
	124	2979		126	2983
	125	2981	147 三		28
	127	2985		157	252
	131	2990		164	259
	133	2994		178	832
158 三		252		181	833
	158	254		182	834
	158	254		183	834
	159	255		185	836
	170	448		186	837
	177	831		187	837
	178	831		193	842
	190	840		202	848
	191	840		204	849
	196	843		214	857
	197	844	281 晉		2817
	199	846	364 宋書		736
	203	848	525 南		1969

項目	二十五史抄	新校本
	576	北 1391
	585	1832
	631	3118
中　6		隋　79
	10	86
	41	1581
	56	1818
	57	1820
	61	1825
	64	1838
	93	舊唐 1074
	94	1312
	94	1316
	108	2210
	115	2407
	138	2890
	188	5319
	231	新唐 824
	238	1146
	247	3458
	253	3782
	260	3933
	278	4172
	321	6173
	330	6185
	330	6186
	342	6202
	348	6264
	369	舊五 1843
	398	宋 2318
	407	4558
	413	9126
	423	10815
	433	13981
	434	14035
	435	14037
	444	14051
	452	14135
	457	遼 179
	477	187
	481	225
	492	332
	495	337

項目	二十五史抄	新校本
	500	349
	507	417
	508	433
	510	438
	513	447
	514	451
	514	455
	515	456
	515	457
	516	457
	517	459
	518	460
	519	519
	520	464
	521	465
	522	466
	524	470
	525	472
	526	474
	527	475
	528	481
	529	481
	530	487
	531	501
	534	501
	538	742
	538	744
	543	812
	545	854
	570	1125
	594	1186
	602	1210
	603	1211
	605	1233
	625	1434
	627	1439
	628	1441
	633	1516
下　6		金　29
	29	553
	41	1385
	42	1387
	122	2366

項目		二十五史抄		新校本	項目		二十五史抄		新校本
		188	元	1345			115		2820
		270	新元	8-5			153	三	148
		579	明	8279			204		849
		583		8285			206		850
		590		8295			208		852
		622		8504			209		853
漢家	中	114	舊唐	2360			243	晉	690
漢江	下	543	明	6195			262		2533
		588		8293			263		2534
		590		8296			359	宋書	586
		591		8296			527	南	1973
漢盧奴縣	中	97	舊唐	1510			634	北	3122
漢武臺	中	224	新唐	44		中	57	隋	1820
漢城	上	511	周	884	韓國	上	77	後漢	72
		629	北	3115			115		2819
	中	53	隋	1814			207	三	251
		330	新唐	6185			208		852
		515	遼	456			210		854
漢水	上	374	宋書	2399			213		856
	下	543	明	6194			387	梁	804
漢室	上	163	三	258			389		806
		277	晉	2809			527	南	1971
漢兒	中	542	遼	784	韓那奚	上	153	三	121
漢陽	上	94	後漢	1609	韓貊	上	251	晉	1424
		313	晉	2899	韓氏	上	206	三	850
		269	新唐	4112	韓州	中	513	遼	448
		517	遼	460			516		458
漢朝	中	127	舊唐	2734			523		468
漢州	中	344	新唐	6204		下	30	金	554
		512	遼	442	瀚海	上	131	後漢	2990
漢中	上	26	史	252			211	三	854
		363	宋書	723			211	三	854
	下	473	明	3706			389	梁	806
漢縣	中	97	舊唐	1511			643	北	3135
		97		1512		中	205	舊唐	5344
		98		1521			208		5348
韓	上	21	史	1806			315	新唐	6135
		21		1809	瀚海道	中	207	舊唐	5347
		43	前漢	366			312	新唐	6045
		47		1288	瞎征	中	393	宋	351
		67		3747	含國部	下	4	金	16
		107	後漢	2809	含寧州	下	28	金	551
		114		2818	含資	上	242	晉	427

項目	二十五史抄		新校本	
含資道	上	554	北	458
	中	7	隋	81
含資縣	上	206	三	851
函谷	上	609	北	2686
咸鏡	下	543	明	6194
咸寧館	中	511	遼	441
咸安	下	548	明	6392
		588		8293
		589		8293
咸陽	上	255	晉	2082
		314		2917
	下	548	明	6392
咸從	下	224	元	3628
		247		4609
		354	新元	176-2
咸州	中	490	遼	326
		491		329
		509		434
		523		469
	下	29	金	553
咸州路	中	633	遼	1516
	下	29	金	553
		96		1631
		131		2885
咸平	下	29	金	553
		39		1139
		163	元	299
		166		344
		171		427
		215		3224
		333	新元	134-6
咸平路	下	29	金	553
		302	新元	47-6
咸平縣	中	524	遼	470
	下	302	新元	47-6
合國	上	427	魏	375
合丹	下	165	元	333
		165		334
		166		336
合懶	上	39	金	1139
		39		1146
合懶路	下	29	金	552
		114		1919

項目	二十五史抄		新校本	
		123		2605
合猫里	下	427	明	82
合肥	上	231	晉	209
合城	下	150	元	154
合州	中	96	舊唐	1415
合浦	下	162	元	281
		201		2542
		225		3630
		236		3908
		253		4619
		279	新元	11-12
		312		99-4
		341		153-9
		356		176-4
		398		249-13
		407		250-5
		408		250-7
		409		250-9
		410		250-10
哈烈	下	427	明	87
		428		95
		428		97
		431		123
哈梅里	下	425	明	48
		425		50
哈密	下	428	明	95
哈密回回	下	428	明	116
哈剌	下	322	新元	116-6
哈剌愼	下	568	明	7463
哈剌溫	下	319	新元	105-7
哈剌河	下	228	元	3633
		358	新元	176-8
哈州	下	300	新元	47-2
哈塔錦	下	137	元	10
陝川	下	548	明	6392
杭	中	423	宋	10813
	下	464	明	2244
		464		2245
杭愛山	下	325	新元	121-5
杭州	中	424	宋	10913
		424		10985
		442		14048
		443		14050

項目	二十五史抄		新校本	
	下	47	金	1396
		103		1823
		495	明	5411
		498	明	5415
		498		5416
		607		8353
		609		8355
		609		8356
項	上	364	宋書	725
項高	下	491	明	5404
項城	上	255	晉	2082
		314		2917
海	中	94	舊唐	1316
		232	新唐	825
	下	466	明	2247
海谷道	中	338	新唐	6196
海口	下	193	元	1562
海南	下	288	新元	19-3
		448	明	1280
		504		5603
海寧	下	463	明	2243
		533		6110
		602		8346
		607		8352
海壇山	下	465	明	2247
海島	下	392	新元	249-3
		397		249-12
		399		249-15
		401		249-17
海都	下	318	新元	105-4
		398		249-13
海東	中	141	舊唐	2949
		170		4016
		180		5098
	下	138	元	40
		504	明	5602
海陵	中	255	新唐	3823
	下	12	金	91
		95		1580
		116		1195
		116		1196
海里	中	635	遼	1521
海冥	上	54	漢	1627

項目	二十五史抄		新校本	
		141	後漢	3530
		242	晉	427
海冥道	上	554	北	457
	中	7	隋	80
海冥縣	中	518	遼	461
海門	下	464	明	2245
		491		5404
		500		5420
		608		8354
海部	下	524	明	5854
海北	下	448	明	1280
海北九十五國				
	上	373	宋書	2395
海北州	中	377	新五	178
		495	遼	337
		521		465
海濱	下	301	新元	47-3
		414		253-11
海濱縣	中	530	遼	489
海西	下	525	明	5855
		531		5983
		584		8286
		624		8506
		624		8507
海西諸部	下	484	明	4633
海安	下	500	明	5420
海陽	中	516	遼	458
		549		930
	下	165	元	334
		166		336
		301	新元	47-3
海陽縣	中	530	遼	488
海鹽	下	463	明	2243
		509		5609
		600		8342
海夷	上	472	魏	2126
海州	中	159	舊唐	3535
		160		3536
		164		3542
		306	新唐	5989
		307		5990
		309		5994
		328	新唐	6182

項目	二十五史抄	新校本	項目	二十五史抄	新校本
	437	宋 14041		84	365
	491	遼 328		86	424
	518	461		86	455
	～	～		86	458
	519	462		87	465
	下 224	元 3628		87	487
	354	新元 176-2		87	513
	538	明 6186		91	900
	540	6189		96	1387
	546	6216		98	1521
海澄	下 465	明 2246		99	1523
海豐	下 441	明 249		103	1957
	507	5606		105	2113
	509	5610		111	2280
	515	5621		124	2652
	521	5786		142	2978
	527	5874		142	2984
海豐縣	下 610	明 8356		143	2984
海桓	上 54	漢 1627		144	3058
奚	上 547	北 229		145	3080
	569	818		145	3099
	569	823		146	3194
	588	2109		147	3195
	593	2275		147	3198
	636	3126		167	3837
	中 4	隋 37		173	4471
	21	1123		174	4678
	25	1270		178	4816
	26	1331		184	5160
	27	1336		184	5172
	65	1874		185	5172
	66	1881		～	～
	73	舊唐 61		185	5175
	78	160		187	5215
	79	172		209	5350
	79	177		～	～
	79	183		211	5352
	80	195		212	5354
	81	219		213	5356
	82	239		214	5356
	82	301		216	5360
	83	312		223	新唐 43
	84	349		225	61

項目	二十五史抄	新校本
	227	119
	228	123
	228	125
	228	136
	228	138
	228	143
	~	~
	228	145
	229	155
	229	233
	229	234
	235	1119
	235	1126
	238	1146
	245	3450
	261	3946
	265	4056
	273	4133
	275	4056
	273	4133
	275	4143
	276	4149
	284	4412
	285	4429
	285	4430
	285	4494
	~	~
	286	4495
	286	4497
	287	4549
	287	4552
	291	4596
	292	4703
	294	4767
	297	5230
	298	5533
	301	5764
	302	5826
	304	5923
	304	5935
	304	5936
	304	5945
	305	5972
	305	5980
	305	5981
	311	6035
	311	6038
	312	6047
	312	6048
	313	6052
	313	6053
	315	6133
	316	6135
	316	6140
	317	6167
	~	~
	319	6169
	320	6171
	~	~
	323	6175
	324	6177
	332	6189
	~	~
	333	6190
	351	6387
	352	6412
	352	6414
	353	6421
	369	舊五 1827
	378	新五 888
	381	911
	412	宋 9124
	413	9126
	421	10532
	475	遼 2
	467	121
	470	148
	477	186
	479	205
	491	328
	493	334
	510	438
	511	442
	517	459
	528	481
	529	484

項目		二十五史抄		新校本
		537		711
		538		744
		550		952
		597		1190
		604		1226
		612		1317
		635		1521
	下	6	金	29
		37		1002
		96		1588
		101		1807
		103		1823
		113		1890
奚結	中	204	舊唐	5343
		208		5349
		317	新唐	6145
奚國	中	209	舊唐	5349
		212		5354
		378	新五	886
奚部	中	458	遼	22
	下	190	元	1397
奚嗢部	中	510	遼	438
奚六部	中	479	遼	204
		482		233
		633		1516
奚池國	上	205	三	850
解氏	上	632	北	3120
	中	56	隋	1818
		340	新唐	6198
諧領	中	477	遼	193
行唐	上	327	晉	3086
杏山	下	538	明	6186
杏花浦	中	238	新唐	1147
香閣	下	112	金	1870
香山	下	621	明	8433
香寮	下	521	明	5786
香河	下	462	明	2236
香閣	下	109	金	1865
許昌	上	231	晉	208
		231		209
		257		2317
		258		2318
		300		2849

項目		二十五史抄		新校本
許浦	下	505	明	5604
軒	中	49	隋	1740
薜芋灤	中	515	遼	457
獫狁	上	131	後漢	2990
		277	晉	2810
		380	南齊	1011
		426	魏	359
險瀆	上	52	漢	1626
		142	後漢	3530
		280	晉	2815
險瀆縣	中	521	遼	466
險山	下	525	明	5855
		536		6183
		541		6191
險山堡	下	541	明	6191
玁狁	上	177	三	831
		182		834
	中	396	宋	1013
赫連	上	369	宋書	2346
		568	北	806
祝峴	上	626	北	3112
玄闕州	中	208	舊唐	5349
玄菟	上	56	漢	1657
		56		1658
		63		2832
		64		3126
		66		3730
		73		3867
		73		4115
		80	後漢	211
		81		228
		81		234
		82		239
		82		254
		84		319
		90		745
		97		1858
		102		2418
		107		2810
		109		2812
		111		2814
		112		2815
		113		2817

項目		二十五史抄		新校本
		129		2988
		156	三	252
		157		252
		159		255
		166		264
		175		762
		191		840
		193		842
		197		844
		~		~
		198		845
		199		846
		235		310
		241		425
		242		427
		261		2532
		267		2643
		327		3086
		386	梁	802
		386		803
		409	魏	81
		473		2127
		511	隋	884
		546	北	209
		556		464
		626		3111
		626		3112
		629		3115
	中	10	隋	87
		94	舊唐	1316
		127		2735
		231	新唐	825
		241		2223
		242		2359
		242		2387
		242		2593
		263		4027
		438	宋	14042
		514	遼	455
	下	190	元	1398
		579	明	8279
玄菟郡	上	42	漢	194
		48		1306

項目		二十五史抄		新校本
		53		1626
		83	後漢	261
		108		2811
		112		2816
		139		3529
		153	三	139
		193		842
		196		843
		199		846
		216		1139
		242	晉	427
		385	梁	801
		385		802
		539	北	48
		624		3079
		626		3111
	中	114	舊唐	2360
		190		5321
		253	新唐	3782
		338		6196
		434	宋	14035
玄菟道	上	554	北	457
	中	7	隋	80
玄菟城	上	43	漢	232
		48		1307
		81	後漢	234
玄菟亭	上	53	漢	1627
玄菟州	中	366	新五	1111
		367		1535
玄武	中	299	新唐	5636
玄鳳	下	139	元	49
		224		3628
玄夷	上	106	後漢	2807
玄鐘	下	463	明	2244
		465		2245
玄州	中	99	舊唐	1522
		235	新唐	1126
		237		1128
		318		6168
		510	遼	438
		550		953
峴	上	386	梁	803
懸瓠	上	231	晉	209

項目	二十五史抄		新校本	
		300		2849
顯陵	中	519	遼	463
		520		463
顯理縣	中	508	遼	418
		512		443
		239	新唐	1147
縣州	中	239	新唐	1147
		328		6182
		329		6183
		494	遼	336
		498		346
		519		463
		520		464
		593		1185
		598		1191
	下	104	金	1833
		302	新元	47-5
顯賢里	上	295	晉	2840
碟里	下	427	明	82
夾岡	下	607	明	8353
夾山	中	497	遼	343
		500		348
		500		349
		627		1440
		628		1440
		629		1443
峽內	中	337	新唐	6195
峽(州)	中	440	宋	14045
硤石	中	519	遼	463
硤石谷	中	78	舊唐	126
跰跌	中	312	新唐	6048
邢山	中	413	宋	9125
邢(州)	中	241	新唐	1835
荊	上	277	晉	2809
		399	宋	2551
荊南	中	165	舊唐	3621
荊揚	上	426	魏	359
荊州	上	3	史	28
		102	後漢	2418
		380	南齊	1012
		390	梁	808
	中	526	遼	474
	下	471	明	3587

項目	二十五史抄		新校本	
荊礎	上	243	晉	690
荊湖	下	278	新元	1107
陘北	上	174	三	732
		178		832
陘(水)	上	190	三	839
硎山	中	78	舊唐	160
滎陽	上	78	後漢	114
		78		116
		104		2465
		230	晉	203
		231		207
		251		1534
		295		2840
		300		2849
		304		2854
		310		2891
		324		3082
		349		3162
		364	宋書	725
		453	魏	1715
		574	北	987
衡水	下	493	明	5408
衡陽	中	380	南齊	1012
惠	下	465	明	2245
		509		5610
惠郡	下	506	明	5606
惠寧	下	622	明	8504
惠來	下	509	明	5610
惠來縣	下	610	明	8356
惠山	下	607	明	8353
惠安	下	567	明	7440
		609		8356
惠潮	下	527	明	5874
惠州	下	300	新元	47-3
		301		47-4
惠和	下	300	新元	47-3
戶路國	上	209	三	853
好古都國	上	211	三	854
好草甸	中	624	遼	1430
虎川	下	393	新元	249-5
呼邑國	上	211	三	854
胡	上	14	史	1347
		14		1349

項目	二十五史抄		新校本	
		26		2501
		27		2638
		29		2885
		29		2886
		30		2913
		31		2940
		36		3265
		48	漢	1289
		48		1306
		48		1307
		49		1472
		56		1657
		58		1892
		61		2490
		67		3748
		74		4130
		86	後漢	517
		92		1227
		94		1609
		96		1685
		98		2139
		101		2363
		123		2961
		131		2990
		135		3235
		177	三	831
		182		834
		197		844
		203		848
		366	宋書	887
		387	梁	802
		636	北	3126
	中	27	隋	1342
		235	新唐	1119
		237		1128
		311		6038
胡羌	上	83	後漢	274
胡突古	下	124	金	2634
胡盧口	下	319	新元	105-7
胡里改	下	28	金	551
		37		997
		37		998
		39		1121
		39		1139
]		39		1146
		40		1305
		115		1940
		178	元	751
		192		1400
		302	新元	47-6
胡里改路	下	127	金	2784
胡离畛田	下	92	金	1543
胡貉	下	29	史	2885
		61	漢	2283
		61		2284
		65		3552
		67		3747
		90	後漢	747
	中	15	隋	544
胡夷	上	90	後漢	745
胡土白山	中	496	遼	339
胡布山	上	640	北	3130
	中	68	隋	1883
狐奴	上	87	後漢	608
壺關	上	304	晉	2854
		305		2857
		311		2891
		329		3088
壺關口	上	147	三	28
壺壁	上	329	晉	3088
湖	下	464	明	2244
		509		5610
		526		5859
湖廣	下	314	新元	101-8
		440	明	245
		440		248
		448		1280
		492		5407
湖郡	下	459	明	2166
湖南	下	152	元	208
		276	新元	10-5
湖頭灣	下	464	明	2245
湖州	中	328	新唐	6182
		525	遼	471
浒嶼	下	517	明	5625
浒壁	下	439	明	243

項目		二十五史抄		新校本
		499		5416
		505		5603
		524		5838
		607		8353
瓠盧河	中	76	舊唐	98
		136		2795
		268	新唐	4084
瓠子河	上	104	後新唐	2464
豪	下	163	元	301
豪離	上	194	三	842
豪州	中	498	遼	346
		598		1191
	下	103	金	1824
		164	元	309
		308	新元	75-7
虢室	中	216	舊唐	5359
虢室部	上	635	北	3124
	中	58	隋	1821
	下	3	金	1
嘑沱	上	23	史	2243
滹沱	上	281	晉	2817
		290		2833
滹沱水	上	406	魏	28
		406		29
		537	北	15
壕鏡	下	621	明	8433
濠	下	58	金	1419
濠來倉	下	214	元	3196
		363	新元	178-2
護密國	中	148	舊唐	3204
混同	中	524	遼	470
混同江	中	478	遼	199
		489		320
		490		326
		491		328
		547		882
		622		1414
		627		1439
	下	8	金	64
		29		551
		29		552
		192	元	1400
		303	新元	47-6

項目		二十五史抄		新校本
混同縣	中	528	遼	477
渾	中	208	舊唐	5348
渾都	上	23	史	2070
渾彌	上	55	漢	1627
		141	後漢	3530
		242	晉	427
渾彌道	上	554	北	458
		602		2605
	中	7	隋	81
渾部	中	204	舊唐	5343
渾水	上	281	晉	2816
渾瞳	上	8	金	62
渾河	中	491	遼	328
		515		456
	下	31	金	556
		447	明	952
		539	明	6187
忽納砦	下	321	新元	114-7
忽蘭葉兒	下	363	新元	178-2
忽魯謨斯	下	428	明	95
忽土皚葛蠻	下	29	金	551
忽汗城	中	458	遼	22
		515		456
		553		974
		572		1129
		602		1210
		604		1224
		606		1238
		609		1260
忽汗州	中	217	舊唐	5360
		218		5362
		326	新唐	6180
		382	新五	920
		514	遼	456
忽汗河	中	215	舊唐	5358
		324	新唐	6177
		327		6181
忽汗海	中	238	新唐	1147
弘聞縣	中	519	遼	462
弘師縣	中	510	遼	439
		523		468
	下	30	金	554
弘靜	中	96	舊唐	1415

項目	二十五史抄	新校本
弘怕只嶺	中 477	遼 192
弘化	中 223	新唐 2
弘化郡	中 71	舊唐 2
洪寬	下 167	元 1076
	188	3527
洪寬女直部	下 298	新元 45-2
洪頭	下 578	明 8047
洪州	中 260	新唐 3941
洪賀	中 517	遼 459
洪灰水	中 498	遼 345
紅羅山	下 625	明 8508
紅力寨	下 525	明 5855
紅毛夷	下 559	明 6818
紅士城	下 538	明 6186
鴻吉哩	下 137	元 10
化成	下 31	金 576
	299	新元 47-1
化州	下 609	明 8356
火里禿痳	下 202	元 2553
	313	新元 100-3
火州	下 428	明 95
火州回回	下 427	明 82
禾山	下 139	元 47
	224	3628
	267	新元 6-7
	318	105-3
	355	176-2
花涼城	下 221	元 3530
	334	新元 135-5
花山縣	中 516	遼 457
	525	472
和	下 466	明 2248
和蘭國	下 559	明 6818
和龍	上 242	晉 426
	243	428
	287	2826
	288	2829
	292	2835
	303	2853
	306	2858
	318	2941
	343	3127
	402	魏 12

項目	二十五史抄	新校本
	406	29
	409	80
	409	81
	410	81
	410	82
	410	84
	410	85
	428	400
	428	414
	428	414
	429	452
	432	613
	433	651
	436	710
	437	751
	438	757
	439	777
	439	782
	439	790
	441	960
	444	1213
	460	1889
	462	2060
	479	2220
	480	2221
	482	2223
	483	2223
	485	2292
	487	2355
	488	2389
	488	2402
	488	2402
	535	北 7
	538	16
	539	47
	562	602
	563	643
	565	755
	571	867
	574	983
	574	987
	612	2842
	618	3067

項目	二十五史抄		新校本	
		635		3124
		636		3125
		~		~
		638		3127
		639		3129
		649		3252
和龍城	上	472	魏	2126
		474		2128
		623	北	3078
		624		3079
和林	下	170	元	417
		323	新元	119-11
		355		176-2
和尙原	下	103	金	1824
和城	下	328	新元	132-1
和陽	上	281	晉	2816
和日	下	58	金	1419
和州	下	56	金	1413
		142	元	100
		199	元	2379
		300	新元	47-3
		307		70-2
		319		105-7
		398		249-14
和泉	中	451	宋	14133
	下	300	新元	47-3
和泉州	下	590	明	8295
和平	下	521	明	5786
和解	中	214	舊唐	5357
		324	新唐	6177
和解室韋	中	187	舊唐	5215
華	下	569	明	7596
		612		8362
		618		8370
		618		8371
華奴蘇奴國	上	211	三	855
華麗	上	55	漢	1627
		199	三	846
華麗城	上	111	後	2814
華林	上	458	魏	1829
華山	上	291	晉	2834
華陰	上	315	晉	2919
		616	北	2955

項目	二十五史抄		新校本	
	中	52	隋	1776
		182	舊唐	5144
		302	新唐	5820
華亭	下	486	明	4655
		499		5418
		505		5604
華亭縣	中	453	宋	14137
華州	中	182	舊唐	5144
		302	新唐	5820
		328		6182
華淸宮	中	152	舊唐	3255
華澤	上	315	晉	2920
華土	上	366	宋書	887
華夏	上	634	北	3122
		645		3137
丸都	上	176	三	762
		195		843
		284	晉	2822
		385	梁	801
		386		803
		462	魏	2060
		475		2214
		556	北	464
		618		3067
		627		3112
	中	10	隋	87
		53		1814
丸都山	上	386	梁	803
		626	北	3112
丸都城	上	475	魏	2214
桓	下	37	金	998
桓都	中	519	遼	462
桓州	中	328	新唐	6182
		519	遼	462
	下	166	元	348
桓次	上	52	漢	1626
圜山	下	538	明	6185
圜水	上	67	漢	3746
寰州	中	509	遼	437
環王=林邑				
	中	349	新唐	*6297
環州	中	96	舊唐	1415
歡斯氏	上	641	北	3132

項目	二十五史抄		新校本	
	中	59	隋	1823
	下	142	新元	253-8
活羅海川	下	4	金	16
活欒海	下	429	明	102
活襧水	下	130	金	2883
滑國	上	384	梁	85
		521	南	204
		521		216
滑臺	上	236	晉	349
		239		381
		268	晉	2644
		328		3088
		329		3088
		351		3165
		432	魏	613
		465		2064
		470		2071
		574	北	988
		619		3069
		620		3071
		622		3074
滑水	中	625	遼	1434
滑州	中	140	舊唐	2910
		380	新五	901
		602	遼	1211
	下	46	金	1394
闊悉	上	541	北	91
皇丘	上	364	宋書	725
皇都	中	459	遼	23
		460		29
		507		417
		509		437
		~		~
		510		438
皇城	下	458	明	2116
皇天原	中	31	隋	1467
皇華山	下	227	元	3633
		358	新元	176-7
湟	中	77	舊唐	106
湟水	中	147	舊唐	3195
		238	新唐	1146
		287		4549
湟中	中	216	舊唐	5359

項目	二十五史抄		新校本	
		271	新唐	4123
湟川	中	314	新唐	6077
黃家壩	下	457	明	2062
黃岡	下	494	明	5409
		567		7440
黃岡嶺	下	538	明	6186
黃橋	下	500	明	5420
黃丘	上	271	晉	2794
黃泥	上	327	晉	3085
黃泥窪	下	622	明	8504
黃渡	下	456	明	1980
黃頭	中	324	新唐	6176
黃頭室韋	中	214	舊唐	5357
		348	新唐	6210
		359	舊五	441
黃領縣	中	516	遼	457
黃龍	上	234	晉	250
		371	宋書	2393
		500	北齊	537
		501		452
		501		547
	中	22	隋	1148
		66		1881
		209	舊唐	5349
		317	新唐	6167
		323		6176
		479	遼	204
		510		437
黃龍國	上	371	宋書	2393
黃龍道	中	26	隋	1331
黃龍府路	中	583	遼	1159
黃龍城	上	368	宋書	1970
		371		2393
黃龍縣	中	524	遼	471
黃梅	下	466	明	2248
黃埠	下	458	明	2103
黃山	下	530	明	5956
黃水	中	209	舊唐	5349
		212		5353
		378	新五	886
黃岩	下	607	明	8353
黃巖	下	384	新元	227-2
		438	明	241

項目	二十五史抄	新校本
	570	7614
黃夷	上 106	後漢 2807
黃蘗谷	中 77	舊唐 125
	95	1376
	227	新唐 96
	318	6169
黃積山	下 506	明 5606
黃州	下 302	新元 47-4
	332	134-3
	392	249-3
	559	明 6733
	597	8306
黃支	上 73	漢 4077
黃池	上 277	晉 2809
	中 108	舊唐 2214
黃枝	中 6	隋 79
黃天蕩	下 103	金 1823
黃浦	下 439	明 244
	466	2247
黃皮室軍	中 619	遼 1369
黃河	上 267	晉 2643
	364	宋書 724
	366	912
	391	梁 810
	中 231	新唐 817
	下 45	金 1392
	46	1394
	457	明 2062
	471	3586
	624	8506
黃項	中 601	遼 1199
黃海	下 543	明 6194
	588	8292
黃墟	上 303	晉 2853
黃花堆	中 155	舊唐 3295
	184	5167
	271	新唐 4122
	311	6044
潢水	中 219	舊唐 5363
	229	新唐 150
	317	6145
	317	6167
	321	6172

項目	二十五史抄	新校本
	369	舊五 1827
	412	宋 9124
	510	遼 437
	511	441
	513	448
潚清	上 12	史 1055
回鶻	中 238	新唐 1146
	305	5980
	305	5981
	314	6111
	315	6133
	321	6172
	323	6175
	359	舊五 441
	362	587
	374	新五 64
	405	宋 3903
	407	4558
	433	13981
	457	遼 12
	458	22
	460	27
	512	446
	514	451
	538	742
	550	956
	570	956
	570	1126
	571	1126
	*574	1135
	下 100	金 1746
	138	元 40
	207	2939
回跋	中 483	遼 241
	508	432
	563	1106
	564	1108
回跋部	中 476	遼 185
	477	186
	481	229
	482	239
	483	240
	505	393

項目	二十五史抄	新校本
	560	1101
	562	1103
	563	1107
回跋城	中 604	遼 1224
	605	1230
回回	中 432	宋 13235
	下 144	元 118
	160	268
	197	2052
	204	2640
	下 276	新元 10-6
	427	明 84
	486	4679
回回館	下 453	明 1797
回紇	中 235	新唐 1119
	305	5959
	305	5968
	306	5989
	315	6134
	322	6173
	324	6176
	353	6415
	353	6421
	下 13	金 100
廻鶻	中 86	舊唐 458
	87	465
	168	3884
	186	5197
	186	5214
	～	～
	187	5215
	310	新唐 6027
廻樂	中 96	舊唐 1415
廻樂縣	中 96	舊唐 1415
廻城	中 100	舊唐 1524
廻州	中 96	舊唐 1415
廻紇	中 72	舊唐 53
	82	301
	86	419
	86	424
	87	513
	89	593
	159	3534

項目	二十五史抄	新校本
	159	3535
	168	3898
	186	5195
	204	5343
	205	舊唐 5344
	207	5347
	208	5348
	212	5354
	214	5357
淮	上 107	後漢 2808
	中 18	隋 687
	35	1519
	76	舊唐 92
	94	1316
	307	新唐 5990
	394	宋 457
	422	10645
	下 49	金 1400
	49	1401
	56	1413
	58	1419
	464	明 2244
	466	2248
	467	2248
	479	4077
	500	5420
	502	5424
	509	5609
淮南	上 8	史 387
	231	晉 209
	301	2851
	315	2919
	462	魏 2061
	中 75	舊唐 81
	309	新唐 5994
	422	宋 10645
	下 49	金 1400
淮東	下 448	明 1280
淮西	中 309	新唐 5993
	下 226	元 3631
	357	新元 176-5
	448	明 1280
淮水	上 4	史 56

| --- | --- | --- | --- | --- |
		4		58
		50		1527
		50		1528
		254	晉	1946
	中	94	舊唐	1316
		457	明	2047
淮安	下	226	元	3631
		357	新元	176-6
		382		224-13
		440	明	246
		458		2116
		462		2229
		481		4209
		607		8353
淮安路	下	184	元	917
淮陽	上	59	漢	2023
	中	107	舊唐	2209
		165		3621
淮陰	上	27	史	2638
	中	255	新唐	3823
淮夷	上	4	史	56
		6		1334
		15		1480
		16		1518
		16		1524
		23		2108
		37		3307
		50	漢	1527
		107	後漢	2809
會	中	44	隋	1623
會稽	上	7	史	267
		21		173
		116	後漢	2820
		117		2822
		221	三	855
		212		855
		264	晉	2535
		264		2536
		275		2806
		389	梁	806
		643	北	3135
	中	61	隋	1825
		94	舊唐	1316
		232	新唐	825
	下	439	明	243
		500		5419
		519		5731
會寧	下	29	金	551
		110		1867
		115		1940
會農	中	517	遼	459
會農部	中	517	遼	459
會州	下	430	明	119
		622		8504
懷德縣	中	528	遼	477
懷密州	中	377	新五	178
懷福縣	中	524	遼	470
	下	29	金	552
懷朔	上	499	北齊	376
懷朔鎮	上	495	北齊	1
懷安	下	614	明	8365
懷遠	上	603	北	2607
	中	31	隋	1467
		38		1538
		96		1415
		98	舊唐	1521
		111		2278
		254	新唐	3806
懷遠鎮	上	556	北	465
		630	北	3118
	中	10	隋	87
		71	舊唐	2
		223	新唐	2
懷遠縣	中	98	舊唐	1521
懷仁	下	534	明	6111
懷仁縣	中	503	遼	363
懷州	中	328	新唐	6182
		364	舊五	665
		493	遼	333
		503		363
		508		418
		512		443
		513		447
懷化縣	中	527	遼	475
懷還鎮	中	55	隋	1817
橫溝	上	335	明	3099

項目	二十五史抄		新校本	
橫塘	下	505	明	5603
		607		8352
橫山	中	130	舊唐	2781
		274	新唐	4140
		515	遼	457
	下	517	明	5625
橫嶼	下	510	明	5611
		~		~
		511		5612
		517		5625
橫城	下	543	明	6196
橫海	中	309	新唐	5994
肴里	中	477	遼	186
		635		1521
崤陵	中	117	舊唐	2465
崤澠	上	310	晉	2889
梟羅箇沒里	中	378	新五	885
后黃	中	335	新唐	6192
后黃城	中	192	舊唐	5325
吼山	中	613	遼	1335
後唐	中	434	宋	14035
		448		14129
		390	新元	249-1
	下	579	明	8279
後燕	上	241	晉	425
		242		426
		243		428
		386	梁	803
		426	魏	370
		627	北	3112
後魏	上	511	周	884
		513		887
	中	15	隋	380
		53		1814
		67		1881
		215	舊唐	5358
		219		5364
		378	新五	885
		382		920
後周	中	106	舊唐	2207
		531	遼	501
後漢	上	242	晉	426
		242	新唐	2593

項目	二十五史抄		新校本	
	中	407	宋	4558
		449		14131
	中	514	遼	455
	下	257	元	4625
		508	明	5608
候城	上	51	漢	1626
		139	後漢	3529
		140		3529
候城道	上	554	北	458
	中	7	隋	81
候城縣	中	523	遼	469
猴固	上	409	魏	81
獌	中	447	宋	14129
徽州	中	424	宋	11028
	下	607	明	8353
休寧	下	500	明	5419
休屠名	上	98	後	2139
休忍	上	313	晉	2902
休著屠	上	126	後漢	2983
休著屠名	上	130	後漢	2990
休溷	上	21	史	1795
巂州	中	314	新唐	6077
恤頻	下	37	金	997
		39		1139
恤品	下	37	金	998
		269	新元	8-4
恤品路	下	28	金	551
匈奴	上	8	史	392
		11		1021
		25		2450
		27		2638
		27		2639
		27		2642
		28		2767
		29		2886
		30		2889
		30		2895
		30		2901
		31		2940
		32		2954
		32		2959
		32		2985
		41	漢	79

項目	二十五史抄	新校本		項目	二十五史抄	新校本
	44	379			102	2418
	44	641			121	2876
	46	672			121	2951
	58	1892			124	2979
	58	1893			125	2981
	60	2197			～	～
	61	2490			126	2982
	63	2813			127	2985
	63	2832			～	～
	64	2973			128	2986
	64	2990			130	2989
	64	3126			133	2994
	65	3156			177	三 831
	68	3748			178	832
	68	3750			180	833
	68	3754			181	833
	68	3762			186	837
	68	3773			187	837
	68	3784			192	841
	69	3784			206	850
	69	3790			215	858
	69	3820			226	晉 68
	70	3820			273	2803
	70	3863			277	2810
	74	4130			308	2861
	77	後漢 75			461	魏 2043
	83	262			485	2304
	83	274			648	北 3250
	83	304			649	北 3267
	84	317		中	10	隋 96
	85	339			138	舊唐 2890
	88	705			204	5343
	88	716			～	～
	89	719			205	5344
	89	737			207	5347
	89	744			212	5354
	～	～			219	5363
	90	745			315	新唐 6135
	91	841			317	6167
	91	842			321	6173
	95	1609			369	舊五 1827
	96	1693			448	宋 14130
	99	2140	黑姑	上	21	史 1795

項目	二十五史抄		新校本	
黑達達	下	415	新元考證	1-1
黑龍江	下	179	元	767
		228		3634
		235		3892
		319	新元	105-7
		325		121-5
		359		176-8
		360		176-11
		622	明	8504
黑沙	中	186	舊唐	5214
黑山	上	347	晉	3133
	中	275	新唐	4140
		290		4579
		464	遼	86
		504		388
		522		467
	下	144	元	119
		236		3926
		350	新元	166-6
黑水	中	81	舊唐	214
		86		445
		216		5360
		217		5361
		241	新唐	1836
		325		6177
		325		6178
		326		6180
		327		6180
		348		6210
		352		6412
		359	舊五	448
		361		553
		373	新五	48
		374		48
		407	宋	4558
		415		9617
		421		10532
		484	遼	270
	下	42	金	1386
		286	新元	16-7
黑水國	中	359	舊五	441
		361		559
黑水靺鞨	中	80	舊唐	192
		214		5356
		215		5358
		~		~
		217		5361
		238	新唐	1147
		273		4125
		323		6176
		324		6177
		326		6180
		347		6209
		370	舊五	1844
		382	新五	920
	下	3	金	2
		192	元	1399
黑水部	上	635	北	3124
	中	58	隋	1821
		216	舊唐	5359
	下	3	金	2
		129		2882
黑水洋	下	529	明	5954
奕水州	中	217	舊唐	5361
		326	新唐	6180
黑水河	中	511	遼	442
		529		487
黑州	中	328	新唐	6182
		522	遼	467
黑齒國	上	117	後漢	2822
		213	三	856
		390	梁	807
		529	南	1975
黑河	下	214	元	3196
忻州	中	311	新唐	6044
紇突隣	上	650	北	3276
紇突部	上	406	魏	29
紇斗骨城	上	511	周	884
紇石烈部	中	491	遼	328
紇升骨城	上	475	魏	2214
		626	北	3111
紇便	中	318	新唐	6168
紇便部	中	510	遼	438
紇奚	上	650	北	3276
紇奚部	上	406	魏	29
		536	北	12

項目	二十五史抄		新校本	
欠對	中	67	隋	1882
欠對山	上	639	北	3130
欽州	下	504	明	5602
欽察	下	208	元	2964
歙	下	491	明	5403
		516		5622
歙縣	下	607	明	8353
興	下	521	明	5786
興國	下	158	元	255
興郡	下	605	明	8350
興路	下	464	明	2245
興城	下	301	新元	47-3
興城縣	中	530	遼	488
興水	下	458	明	2104
興遼	中	478	遼	203
興遼縣	中	508	遼	421
		516		457
興州	中	328	新唐	6182
		438	宋	14042
		518	遼	461
		529		487
		～		～
		530		488
	下	261	元	4667
		300	新元	47 3
興中	中	630	遼	1460
	下	32	金	560
		624	明	8507
興集縣	上	287	宋書	2826
興平陵	上	338	晉	3104
興平縣	上	287	晉	2826
興化	下	439	明	243
		440		248
		465		2246
		503		5573
		510		5611
		～		～
		511		5612
		515		5619
		523		5834
		567		7440
		573		7719
		609		8356

項目	二十五史抄		新校本	
興化城	下	506	明	5606
興化鎮	中	610	遼	1285
興和	下	472	明	3683
喜峰	下	462	明	2239
		623		8505
		624		8507
喜峰口	下	430	明	119
		513		5615
		513		5616
		622		8504
		624		8506
		626		8509
熙州	下	302	新元	47-5
熙河	中	419	宋	10227
頡利	中	194	舊唐	5328
		205		5344
		207		5347
		209		5350
頡利發	中	91	舊唐	900
詰州	中	523	遼	468

官　職　名

[가]

加羅王＝荷知
　　　　　上　380　　　南齊　1012
可毒夫　　中　328　　　新唐　6182
　　　　　　　370　　　　　　1844
可老羊　　下　59　　　　隋　1823
　　　　　　　412　　　新元　253-8
可勿州都督府
　　　　　中　101　　　舊唐　1527
　　　　　　　237　　　新唐　1129
可汗　　　中　173　　　舊唐　4523
　　　　　　　185　　　　　　5173
　　　　　　　185　　　　　　5176
　　　　　　　187　　　　　　5215
　　　　　　　312　　　新唐　6045
　　　　　　　331　　　　　　6186
　　　　　下　427　　　明　　86
架閣庫　　下　40　　　金　1218
　　　　　　　199　　　元　2308
假節督河北諸軍事
　　　　　上　167　　　三　303
各道勸課使　下　193　　元　1563
扦率　　　上　512　　　周　886
　　　　　　　631　　　北　3119
　　　　　中　56　　　　隋　1818
幹忽　　　下　5　　　　金　24
諫議大夫　下　396　　　新元249-10
曷懶軍帥　下　7　　　　金　50
曷懶路兵馬都總官
　　　　　下　95　　　金　1566
　　　　　　　118　　　　　2011
　　　　　　　119　　　　　2044
　　　　　　　119　　　　　2087
　　　　　　　123　　　　　2623
曷懶路兵馬都總管府事＝同知
　　　　　下　124　　　金　2642
曷懶路總官　下　31　　金　557
　　　　　　　115　　　　1924
　　　　　　　115　　　　1925
曷懶部都統　下　102　　金　1817
曷懶兀主猛安
　　　　　下　106　　金　1844
　　　　　　　115　　　　1925

曷蘇館路女直國大王府
　　　　　中　540　　　遼　756
碣石　　　下　609　　　明　8356
碣石道將軍＝二俱羅
　　　　　中　35　　　隋　1518
甘英奉使　中　166　　　舊唐　3785
監國　　　中　72　　　舊唐　57
監門衛上將軍
　　　　　下　94　　　金　1562
監府　　　中　19　　　隋　798
監察司　　下　255　　　新元208-17
監察御史　中　149　　　舊唐　3206
監候官　　下　233　　　元　3844
甲　　　　下　455　　　明　1902
甲子(衛)　下　609　　　明　8356
江廣寧伯　下　429　　　明　98
江南屢鎭守總兵官
　　　　　下　518　　　明　5664
江寧府　　下　47　　　金　1396
江防總兵官　下　509　　明　5609
江北副總兵　下　516　　明　5622
江北儒學提舉
　　　　　下　386　　　新元238-8
江浙副總兵　下　508　　明　5609
江浙行省＝江浙行省
　　　　　下　178　　　元　719
江浙行省平章政事
　　　　　下　260　　　元　4630
江州觀察使　下　66　　金　1434
　　　　　　　67　　　　金　1436
　　　　　　　〜　　　　　〜
　　　　　　　68　　　　　1438
江夏君王＝道宗
　　　　　中　72　　　舊唐　57
　　　　　　　249　　　新唐　3514
江夏相　　上　231　　　晉　208
　　　　　　　　　　　　　209
江夏王＝道宗
　　　　　中　193　　　舊唐　5325
　　　　　　　333　　　新唐　6189
　　　　　　　336　　　　　6193
江淮宣撫使　下　394　　新元249-6
江淮行省　下　162　　　元　281

項目	二十五史抄		新校本	
江淮行院	下	347	新元	162-7
江淮行樞密院				
	下	345	新元	160-15
康國(伎)	中	14	隋	377
康獻王	下	587	明	8291
介公	中	102	舊唐	1832
開京留守	中	473	遼	168
		635		1520
開封府	中	404	宋	3609
		516	遼	458
開封尹	下	52	金	1405
開府檢校太尉				
	中	85	舊唐	392
開府儀同三司				
	上	278	晉	2811
		357	宋書	132
		372		2393
		373		2395
		378	南齊	1009
		383	梁	47
		387		803
		519	南	66
		520		191
		526		1971
		529		1975
	中	72	舊唐	57
		85		406
		86		443
		88		541
		90		700
		149		3206
		152		3254
		157		3312
		174		4535
		194		5328
		201		5337
		201		5338
	下	285	新元	15-5
開府儀同三司檢校太師				
	中	365	舊五	1048
開府儀同三司上柱國				
	下	131	金	2886
		365	新元	179-9
開府儀同三司征東行中書省左丞相				
	下	399	新元	179-14
駙馬上柱國=高麗國王				
	下	399	新元	179-14
開府儀同三司中書左丞相				
	下	276	新元	10-9
開府儀同三司中書左丞相行中書省事				
	下	153	元	226
		408	新元	250-8
開成府	中	445	宋	14053
開陽南	上	448	魏	1707
開元路	下	192	元	1399
開州鎭國軍節度使司				
	中	543	遼	814
開平府	下	394	新元	249-6
蓋牟道監軍	中	46	隋	1643
蓋州衛	下	460	明	2197
	下	460		2206
客部	上	512	周	886
		631	北	3119
客省使	下	20	金	192
		111		1868
客省使兼東上閣門使				
	下	64	金	1431
		64		1432
		66		1434
去旦州都督府				
	中	238	新唐	1129
車騎大將軍	上	357	宋書	132
		372		2393
		378	南齊	1009
		383	梁	36
		383		47
		387		807
		477	魏	2216
		519	南	66
		520		185
		520		191
		526		1971
		627	北	3113
		633		3121
車騎將軍	上	89	後漢	719
		94		1592

項目		二十五史抄		新校本
		94		1609
		100		2353
		101		2358
		126		2983
		135		3235
		148	三	78
		149		97
		158		253
		181		833
		229	晉	177
		276		2807
		277		2810
		277		2811
		283	梁	96
		495	北齊	51
		520	南	185
	中	26	隋	1331
車船	下	469	明	2268
居素州都督府				
	中	237	新唐	1129
契箇	中	66	隋	1881
契丹大酋	中	320	新唐	6172
契丹都督	中	313	新唐	6052
契丹使	中	321	新唐	6172
		374	新五	56
		400	宋	2803
契丹松漠都督				
	中	228	新唐	144
契丹首領	中	77	舊唐	125
契丹主	中	364	舊五	665
契丹漢兒渤海內侍都知				
	中	542	遼	784
契丹渤海內侍都知				
	中	632	遼	1481
契丹奚軍都指揮使司				
	中	538	遼	744
契丹奚漢渤海四軍都指揮使司				
	中	538	遼	744
契丹行官都部署				
	中	620	遼	1373
渠帥	上	78	後漢	99
		88		719
		94		1593

項目		二十五史抄		新校本
		111		2814
		113		2816
		134		2187
		115		2819
		123		2962
		125		2982
		181	三	833
		184		835
		199		846
		200		846
		203		848
		208		852
		262	晉	2533
		263		2544
	中	58	隋	1821
		59		2182
建寧府	下	605	明	8350
建武將軍	上	372	宋書	2394
建安王=武攸宜				
	中	77	舊唐	125
		139		2898
建安州都督府				
	中	238	新唐	1129
建安侯	上	255	晉	2125
建陽衛	下	466	明	2248
建威將軍	上	379	南齊	1010
建義中郎將	上	174	三	731
建義侯	上	103	後漢	2419
		158	三	252
建節校尉	中	110	舊唐	2252
建節尉	中	49	隋	1740
建州都督	下	525	明	5855
建州衛	下	584		8286
				8287
乾文閣待制	下	48	金	1399
乾州廣德軍節度使司				
	中	543	遼	815
健牟羅	上	388	梁	805
鞨吉支	上	512	周	886
劍南西川節度副大使				
	中	86	舊唐	419
俊側	上	115	後漢	2819
		208	三	852

項目	二十五史抄		新校本	
檢校	中	25	隋	1276
	下	199	元	2308
檢校工部尙書				
	中	83	舊唐	307
		159		3535
		159		3536
		161		3538
檢校內外閑廐兼知監牧使				
	中	151	舊唐	3253
檢校帶方州刺史				
	中	132	舊唐	2790
檢校東夷校尉				
	中	121	舊唐	2519
檢校民部尙書				
	中	122	舊唐	2611
		90		746
		174		4678
		435	宋	14036
檢校秘書監	中	84	舊唐	348
		87		463
		88		540
		89		643
檢校司空	中	85	舊唐	407
		90		765
		160		3536
		170		3943
檢校司空同中書門下平章事				
	中	159	舊唐	3535
檢校司農卿	中	435	宋	14036
檢校司徒	中	85	舊唐	408
		161		3538
檢校尙書金部郎中				
	中	435	宋	14036
檢校尙書右僕射				
	中	159	舊唐	3535
		161		3537
		161		3538
檢校尙書左僕射				
	中	83	舊唐	307
檢校侍中	中	73	舊唐	57
檢校安東都護				
	中	131	舊唐	2782
檢校御史中丞				
	中	165	舊唐	3621
檢校靈州總管事				
	中	27	隋	1342
檢校禮部尙書				
	中	89	舊唐	635
		161		3537
		171		4058
檢校右武侯將軍				
	中	111	舊唐	2300
檢校右僕射	中	160	舊唐	3536
檢校右禦大將軍				
	中	32	隋	1502
檢校右羽軍	中	154	舊唐	3294
檢校趙郡太守				
	中	32	隋	1500
檢校左武衛文將軍事				
	中	47	隋	1700
檢校左散騎常侍				
	中	161	舊唐	3538
檢校左羽林軍				
	中	155	舊唐	3295
檢校左衛大將軍				
	中	79	舊唐	172
檢校左翊衛大將軍				
	中	24	隋	1217
檢校中書侍郎		128	舊唐	2761
京口總兵	下	467	明	2249
京畿都漕運司				
	下	452	明	1773
京師監國	中	136	舊唐	2798
京城留守	中	117	舊唐	2462
京營	下	459	明	2176
京衛	下	459	明	2177
		459		2193
京兆內史	中	32	隋	1502
京兆尹	中	80	舊唐	195
		82		239
	下	61	金	1426
竟侯奢	上	629	北	3115
景王	上	585	北	1832
經略	下	519	明	5731
經略(軍)	中	96	舊唐	1387
經略及平盧軍使				

項目	二十五史抄		新校本	
	中	169	舊唐	3939
經略司	下	203	元	2570
經略使	下	343	新元	158-1
		355		176-3
經武將軍	下	52	金	1405
慶尙州道	下	193	元	1563
慶尙州道勸課使				
	下	303	新元	51-29
慶州都督	中	183	舊唐	5146
計議官	下	249	元	4613
		219		4628
		275	新元	9-8
		408		176-3
桂婁郡王	中	217	舊唐	5360
桂婁部	上	110	後漢	2813
		195	三	843
		525	南	1970
	中	330	新唐	6186
溪州司戶	中	152	舊唐	3255
薊郡公=李楷落				
	中	243	新唐	3444
薊府	下	499	明	5418
薊遼總督	下	443	明	276
薊州百戶	下	486	明	4655
薊侯	上	155	三	240
雞林道大總管				
	中	76	舊唐	98
		131		2783
		136		2795
		268	新唐	4884
		275		4142
		434		6204
雞林道行軍大總管				
	中	77	舊唐	100
		240	新唐	1646
雞林州大都督				
	中	88	舊唐	541
雞林州大都督府				
	中	343	新唐	6204
雞林州都督	中	85	舊唐	392
		200		5336
		200		5337
雞林州都督府				
	中	200	舊唐	5336
雞林州刺史	中	84	舊唐	348
		85		406
		86		443
雞林州諸軍事				
	中	88	舊唐	541
古鄒加	上	385	梁	801
		525	南	1970
古鄒大加	上	110	後漢	2813
	中	330	新唐	6186
古鄒加	上	195	三	843
		198		845
告哀使	下	133	金	2888
固德	下	512	周	886
		631	北	3119
	中	56	隋	1818
固安縣主	中	79	舊唐	177
姑夕王	上	69	漢	3790
故高麗國王王暉勅祭使				
	下	25	金	268
(高句麗官職)十二等				
	中	53	隋	1814
高句驪王	上	77	後漢	54
		111		2814
		150	二	107
高句麗王=釗				
	上	292	晉	2835
高句麗王=安				
	上	335	晉	3100
高句驪王=高璉				
	上	335	宋	54
		371		2393
		386	梁	802
高句驪王=高湯				
	上	395	陳	54
		476	魏	2215
		～		～
		476		2217
		627	北	3113
				3114
高句驪侯	上	74	漢	4130
下句麗侯	上	111	後漢	2814
		626	北	3111

項目	二十五史抄		新校本	
高麗加恩使	中	432	宋	13049
高麗貢使	下	423	明	26
高麗國達魯花赤				
	下	272	新元	8-12
高麗國大中正				
	上	459	魏	1832
		610	北	2686
高麗國使	下	219	元	3433
高麗國相	下	370	新元	188-1
高麗國生日使				
	下	17	金	162
		18		165
		23		240
		25		259
高麗國信使	中	394	宋	455
		443		14050
	下	125	金	2714
高麗國王	中	363	舊五	592
		365		1048
		366		1111
		367		1480
		381	新五	919
		388	宋	54
		389		69
		393		351
		394		410
		434		14035
		435		14037
		469	遼	147
		477		191
		486		291
		489		323
		545		854
	下	7	金	55
		17		156
		17		157
		21		210
		25		267
		25		268
		139	元	49
		140		71
		150		156
		178		745
		179		799
		182		870
		183		892
		184		916
		184		928
		193		1562
		247		4610
		256		4623
		258		4626
		268	新元	7-12
		269		8-1
		272		8-11
		275		9-6
		280		11-15
		282		12-12
		～		～
		294		26-9
		390		249-1
		399		249-15
		423	明	23
		424		42
高麗國王府	中	541	遼	758
高麗國王王顓慰問起復橫賜使				
	下	25	金	268
高麗國進奉使				
	中	401	宋	2809
高麗國册使衛尉卿				
	中	367	舊五	1481
高麗軍民總管				
	下	228	元	3634
		235		3891
		259		4628
		274	新元	9-4
		407		250-5
高麗權國事	下	24	金	249
高麗權知國事				
	中	367	舊五	1480
高麗金州等處經略使				
	下	272	新元	8-13
高麗達魯花赤				
	下	148	元	144
高麗大酋	中	312	新唐	6048
高麗都元帥	下	408	新元	250-8

項目	二十五史抄		新校本	
高麗都統	下	145	元	123
高麗都統領	下	251		4615
高麗讀册官	下	120	金	2125
高麗禮部郎中				
	中	473	遼	168
		635		1520
高麗馬步軍都元帥				
	下	267	新元	6-8
高麗莫離支	中	126	舊唐	2733
		130		2780
		312	新唐	6048
		316		6138
高麗萬戶	下	228	元	3634
高麗奉慰使	中	402	宋	2901
高麗鳳州經略司				
	下	147	元	135
高麗副使	上	460	魏	1844
高麗賓貢進士				
	中	437	宋	14041
高麗使	上	378	南齊	501
		378		1009
		396	陳	405
		460	魏	1844
		651	北	3299
	中	5	隋	70
		65		1875
		375	新五	92
		376		120
		390	宋	163
		392		335
		400		2803
		405		3903
		414		9523
		420		10358
		428		11544
		429		11742
		431		12811
		436		14038
		545	隋	854
	下	34	金	865
		35		867
		～		～
		35		269
	下	45	金	1392
		46		1395
		49		1401
		～		～
		52		1406
		53		1408
		～		～
		55		1409
		56		1413
		63		1429
		424	明	33
		475		3850
高麗使臣	下	204	元	2630
高麗生日使	下	7	金	56
		13		101
		14		109
		14		110
		11		115
		15		132
		15		135
		15		137
		15		138
		15		140
		16		143
		16		145
		16		147
		17		160
		18		163
		18		169
		19		172
		19		174
		19		176
		19		182
		20		188
		20		190
		20		196
		20		199
		21		203
		22		212
		22		216
		22		219
		22		225
		23		230

項目	二十五史抄	新校本
	23	231
	23	237
	24	254
	25	257
	25	261
	25	272
	26	272
	26	282
	26	285
	45	1393
	52	1405
	52	1406
	53	1407
	55	1401
	～	～
	56	1403
	58	1419
	58	1420
	59	1420
	59	1421
	60	1423
	61	1425
	61	1426
	62	1427
	64	1431
	～	～
	65	1433
	66	1435
	67	1436
	67	1437
	68	1439
高麗西京都統	下 251	元 4616
高麗西京留守	下 21	金 162
	132	2887
高麗宣諭使	下 266	新元 4-7
高麗新通使	中 421	宋 10565
高麗安撫	下 146	金 133
高麗安撫使	下 272	新元 8-11
	273	8-14
高麗王＝高句麗王	上 357	宋書 132

項目	二十五史抄	新校本
	378	南齊 1009
	379	1010
	383	梁 36
	383	47
	383	63
	384	93
	387	803
	416	魏 169
	421	229
	438	764
	445	1346
	447	1621
	462	2060
	495	北齊 53
	497	75
	517	南 25
	519	66
	519	111
	520	185
	519	201
	521	220
	522	279
	526	1970
	542	北 107
	542	108
	547	247
	548	265
	551	406
	551	416
	551	422
	618	3067
	628	3115
	651	3299
高麗王＝高陽	中 3	隋 16
高麗王＝高元	中 4	隋 43
	53	1814
	65	1875
	71	舊唐 14
	75	87
	79	175
	127	2734

項目	二十五史抄		新校本	
	187		5321	
	～		～	
	190		5322	
	226	新唐	67	
	263		4027	
	331		6187	
	332		6188	
	361	舊五	553	
	364		1032	
	368		1595	
	376	新五	113	
	392	宋	320	
	393		360	
	414		9289	
	431		12809	
	478	遼	203	
	489		314	
高麗王	下 8	金	56	
	24		248	
	34		866	
	42		1386	
	137	元	20	
	157		253	
	158		253	
	173		482	
	175		601	
	181		830	
	181		839	
	185		962	
	198		2307	
	198		2308	
	201		2542	
	205		2760	
	205		2761	
	217		3420	
	222		3536	
	224		3627	
	230		3749	
	239		4138	
	265	新元	3-10	
	304		104-25	
	315		104-14	
	～		～	

項目	二十五史抄		新校本	
	317		104-28	
	333		136-17	
	334		158-14	
	336		136-17	
	344		158-14	
	354		176-1	
	356		176-4	
	358		176-7	
	369		107-6	
	372		198-13	
	401		248-18	
	404		250-1	
	408		250-8	
	419		10-2	
	420		41-1	
	473	明	3691	
高麗儒學提舉司				
	下 165	元	325	
高麗將	中 615	遼	1341	
高麗提舉司	下 161	元	271	
	198		2229	
高麗進士	中 404	宋	3668	
高麗册使	中 368	舊五	1722	
高麗僉議府	下 155	元	233	
高麗賀正旦使				
	下 51	金	1404	
高麗行省	下 146	金	1439	
高麗行省平章政事				
	下 256	金	4623	
高麗刑部侍郎				
	下 68	金	1439	
(高麗)興化軍				
	中 475	遼	180	
高陽(軍)	中 96	舊唐	1387	
郜國公	下 103	金	1824	
藁離王	上 385	梁	801	
曲光海	上 339	晉	3105	
曲光塔林都元帥府				
	下 305	新元	612-11	
穀內部	上 631	北	3119	
穀部	上 512	周	886	
崑夷道總管	中 74	舊唐	80	
	74		81	

項目	二十五史抄		新校本	
禪	上	388	梁	805
骨都侯	上	78	梁	100
		123		2962
		126		2938
		130		2988
工部	下	161	元	271
		455	明	1902
		455		1903
		457		2062
		579		8280
工部尙書	中	42	隋	1598
	中	77	舊唐	102
		188		5223
	下	53	金	1408
		55		1411
工部侍郎	中	439	宋	14043
	下	439	元	243
孔目官	中	161	舊唐	3538
功德部	上	512	周	886
		613	北	3119
功曹	上	111	後漢	2815
		128		2986
		200	三	846
拱衛直都指揮使				
	下	66	金	1434
拱衛直副都指揮使				
	下	20	金	196
貢士三等	中	445	宋	14053
恭順侯	下	507	明	5607
		623		8505
恭仁王	中	321	新唐	6172
恭定王	下	589	明	8294
瓜哇西王	下	426	明	80
		427		82
		428		91
		428		95
果毅	中	9	隋	83
過節	中	330	舊唐	6186
漯陰丞	下	117	金	2005
霍國公	中	79	舊唐	180
冠軍	上	529	南	1974
冠軍長史	上	232	晉	210
冠軍將軍	上	230	晉	203

項目	二十五史抄		新校本	
		231		209
		254		1951
		255		2125
		257		2317
		269		2767
		274		2805
		372	宋書	2394
		373		2395
		447		2217
		632	北	3120
管高麗國征日本軍萬戶				
	下	276	新元	10-9
管勾	下	199	元	2308
管記	中	180	舊唐	5024
管內度支營田觀察使				
	中	85	舊唐	419
管內營田觀察				
	中	168	舊唐	3899
管內支度營田觀察處置				
	中	161	舊唐	3538
管領高麗軍民長官				
	下	354	新元	176-11
管領民兵萬戶府				
	下	467	明	2249
관奴部	上	385	梁	801
關內節度使	中	157	舊唐	3312
關內侯	上	102	後漢	2365
		156	三	247
		162		257
		167		277
		175		732
		260	晉	2493
關西兵馬使	中	157	舊唐	3312
關右諸軍事	中	17	舊唐	2
灌奴部	中	330	新唐	6186
關北面諸帳官				
	中	537	遼	711
觀察(使)	中	159	舊唐	3526
		160		3536
觀海衛	中	466	明	2247
光祿大夫	上	87	後	585
		271	晉	2794
	中	21	隋	1124

項目	二十五史抄		新校本	
		23		1188
		33		1512
		38		1535
		43		1622
		45		1633
光祿大夫贈扶餘璋				
	中	196	舊唐	5330
		340	新唐	6199
光祿大夫左宣徽使				
	下	50	金	1401
廣寧公	上	228	晉	145
廣寧路宣撫司				
	下	269	新元	8-5
廣寧府	下	221	元	3514
廣寧右衛	下	460	明	2207
廣寧右屯衛	下	460	明	1197
		460		2207
廣寧衛	下	460	明	2207
廣寧前屯衛	下	460	明	2197
		460		2207
廣寧左屯衛	下	460	明	2197
		460		2206
		460		2207
廣寧左衛	下	460	明	2207
廣寧中屯衛	下	460	明	2207
廣寧中衛	下	460	明	2207
廣寧中前千戶所				
	下	460	明	2207
廣寧中左千戶所				
	下	460	明	2207
廣寧中護衛	下	460	明	2197
廣寧中後千戶所				
	下	460	明	2207
廣寧後屯衛	下	460	明	2197
		460		2207
廣東市船司	下	444	明	280
		454		1848
廣陵太守	上	379	南齊	1011
廣武將軍	上	379	南齊	1010
廣武侯	上	228	晉	145
廣西副將	上	504	明	5603
廣西總兵官	上	507	明	5607
廣陽太守	上	379	南齊	1011
廣威將軍	下	53	金	1407
廣州都督府	中	190	舊唐	5321
廣平公	上	473	魏	2127
廣平公王	下	95	金	1566
廣平王	中	157	舊唐	3313
		353	新唐	6421
廣平侍郎	中	375	新五	84
[高麗]	中	376	新五	113
		381		919
		434	宋	14036
廣漢殤王	上	247	晉	950
廣漢王	上	226	晉	68
廣漢太守	上	250	晉	1399
廣化郡王	中	211	舊唐	5352
廣化王	上	79	舊唐	189
交阯郡王＝王治				
	上	389	宋	91
教坊	下	35	金	881
教坊長行	下	25	金	269
教坊提点	下	14	金	2546
		55		1410
教授	下	39	金	1133
校尉	上	31	史	2944
		62	漢	2492
		189	三	839
		215	三	1136
		217		1148
	下	397	新元	249-12
九卿	上	36	史	3149
		99	後漢	2139
九伯(周)	上	15	史	1481
九服之制	上	190	三	840
九水諸夷安撫使				
	中	539	遼	751
仇池公	中	233	晉	232
句驪王	中	111	後漢	2814
		175	三	762
		198		845
句麗王	中	200	三	847
		217		1140
		386	梁	803
		387		803
		627	北	3112

項目	二十五史抄		新校本	
句驪沛者	中	176	三	762
句驪侯	中	111	後漢	2814
		197	三	844
		386	梁	802
句麗侯	中	626	北	3111
句龍王	中	123	後漢	2961
句町王	中	233	晉	232
狗加	中	108	後漢	2811
		192	三	841
狗古智卑狗	中	211	三	855
甌里本群牧使	下	118	金	2011
龜林都督府	中	208	舊唐	5348
龜茲伎	中	14	隋	377
龜州都領	下	271	新元	8-10
國伎	中	14	隋	376
國夫人=王毛仲妻李氏	中	151	舊唐	3253
國信副使	下	404	新元	250-1
國信使	下	44	金	1391
	下	146	元	132
		240		4229
		249		4613
		252		4615
		253		4618
		257		4625
		258		4627
		259		4627
		273	新元	8-13
		274		198-6
		343		158-6
		362		177-21
		406		250-4
國子監	中	404	宋	3609
		445		14053
	下	212	元	3165
國子司業	中	170	舊唐	4016
	下	60	金	1422
國子司業兼尚書戶部郎中	下	64	金	1431
國子祭酒	中	31	隋	1491
		182	舊唐	5124
	下	64	金	1430
		249	元	4613
國學	下	212	元	3165
君長	上	62	漢	3747
軍	下	29	金	553
		30		554
軍官挌例	下	160	元	268
軍器監	下	156	元	235
		253		4619
軍尼	上	644	北	3136
	中	62	隋	1826
軍民都達魯花赤總管府	下	303	新元	51-29
軍民都達嚕喝齊總管府	下	257	元	4624
軍民萬戶府	下	303	新元	51-29
軍民安撫司	下	257	元	4624
		303	新元	51-29
軍司馬	上	123	後漢	2962
軍帥	下	37	金	1002
軍戶	下	312	新元	98-22
郡守	下	590	明	8296
郡跋射	上	135	後漢	3235
縣	下	251	元	4616
勸課使	下	193	元	1562
		303	新元	51-29
勸農官	下	158	元	254
勸農副使	下	17	金	161
		65		1432
勸農使	下	60	金	1424
權閤門祇候	下	328	新元	51-29
權高麗國事	中	388	宋	48
	下	63	金	1429
權國事[高麗]	下	24	金	243
		24		248
權軍國事	下	63	金	1428
權領國事	下	435	宋	14036
權撫軍府事	下	168	舊唐	3899
權中京留守	下	64	遼	1294
權知高麗國事	下	363	舊五	592
		366		1111
		388	宋	54

項目	二十五史抄		新校本	
權知國務	下	89	舊唐	643
權知國事	下	381	新五	919
		～		～
		383		920
		434	宋	14035
		438		14042
		486	遼	288
		488		308
權知新國事				
	下	85	舊唐	392
權知鄆州事	下	161	舊唐	3538
權知閣門祗候				
	下	246	明	4608
甌梐使	下	57	金	1418
		58		1420
貴德州寧遠節度使司				
	中	543	遼	815
貴妃	中	328	新唐	6182
		370	舊五	1844
貴州總兵官	下	514	明	5617
歸國公	中	312	新唐	6045
歸善王	上	346	晉	3131
歸誠王	中	213	舊唐	5356
歸順郡王(契丹)=祐莫離				
	中	209	舊唐	5350
		318	新唐	6168
歸義王	上	189	三	836
		190		840
	中	213	舊唐	5356
歸義將軍	中	85	舊唐	380
歸義侯	上	174	三	732
	上	205	三	850
嬀誠州刺史	中	77	舊唐	125
均州監戰上萬戶				
	下	340	新元	152-1
克虞	上	512	周	886
剋虞	上	631	北	3119
	中	56	隋	1818
近侍局副使	下	22	金	219
近侍局使	下	63	金	1428
		67		1436
近侍詳穩渤海阿厮				
	中	633	遼	1502
蘄縣萬戶府	下	202	元	2548
金符總管	下	360	新元	176-10
金使	中	402	宋	2810
金山衛	下	463	明	2244
		466		2247
		467		2248
金城太守	中	157	舊唐	3312
金吾右衛指揮使				
	下	485	明	4634
金吾衛上將軍				
	下	58	金	1420
金源郡王	下	125	金	2578
金衣衛	下	459	明	2177
		466		2248
金紫光祿大夫				
	中	32	隋	1502
		35		1519
		40		1572
		41		1594
		42		1598
金紫光祿大夫				
	中	48	隋	1701
		186	舊唐	5180
金紫光祿大夫=贈, 養慈王				
	中	197	舊唐	5331
金州衛	下	460	明	2197
金州中左千戶所				
	下	460	明	2207
金鄉衛	下	463	明	2243
		466		2247
及伏干	上	260	晉	2493
		634	北	3123
	中	58	隋	1820
		43		1616
		613	舊唐	3540
	下	5	金	24
		45		1392
		454	明	1848
		455		1902
		456		1981
		459		2160
		467		2248
		492		5405

項目	二十五史抄		新校本	
		493		5407
		497		5414
		508		5609
		510		5611
		511		5612
		514		5616
		515		5618
		522		5819
奇貝旱支	上	388	梁	806
		528	南	1973
起居舍人	下	258	元史	4626
		249		4613
		250		4615
		405	新元	250-3
起復使	下	20	金	186
基下	中	328	新唐	6182
侯	上	12	史	1057
		34		2989
		46	漢	661
		73		3867
冀國公	下	114	金	1890
冀州牧	上	127	後漢	2984
		173	三	730
		182		834
冀州刺史	下	101	後漢	2355
		228	晉	145
		423		428
騎都尉	下	90	後漢	2933
		101		2358
		156	三	243
吉士	下	634	北	3123
	中	58	隋	1820

項目	二十五史抄		新校本	

[나]

項目	二十五史抄		新校本	
羅瑕	上	512	周	880
洛陽上封事	中	141	舊唐	2945
樂浪公	上	162	三	253,258
		162		258
		371	宋書	2392
		371		2393
		378	南齊	1009
		379		1010
		384	梁	93
		387		803
		507	周	333
		519	南	111
		521		220
		526		1970
		526		1971
樂浪郡公	上	387	梁	803
		498	周	94
		549	北	285
		634		3123
	中	57	隋	1820
樂浪郡公=金眞平				
	中	199	舊唐	5334
樂浪郡守	上	103	後漢	2464
樂浪郡王=金眞平				
	中	199	舊唐	5335
樂浪郡王=善德				
	中	200	舊唐	5335
樂浪郡王	中	200	舊唐	5336
		343	新唐	6203
		382	舊五	920
樂浪都尉丞	上	65	漢	3385
樂浪東部都尉				
	上	113	后漢	2816
		114		2817
		114		2817
樂郎厲王	上	429	魏	441
				452
樂浪府	中	445	宋	14053
		333	晉	3097
樂浪王	上	412	魏	120
		414		146

項目	二十五史抄		新校本	
		422		305
		429		443
		498	北齊	100
樂良王	上	540	北	71
		541		95
		543		136
樂浪太守	上	77	后漢	49
		98		2102
		101		2355
		156	三	241
		168		338
		198		845
		204		849
		207		851
		233	晉	223
		279		2812
		380	南齊	380
		444	魏	1213
		606	北	2645
	中	38	隋	1540
樂安郡王	中	75	舊唐	82
		75		83
		247	新唐	3457
駱賓王	中	248	新唐	3478
蘭陵郡王	中	615	遼	1342
		616		1343
		623		1428
鸞臺侍郎	中	138	舊唐	2889
南贛提督	下	527	明	5874
南康公	上	267	晉	2576
南工部尙書	下	494	明	5409
南京南海府	中	518	遼	461
南京都督	下	505	明	5603
南京都御史	下	466	明	2248
南京禮部主事				
	下	523	明	5833
南京路都統司				
	下	37	金	1003
南路平主軍帥司				
	下	30	金	555
南京兵部尙書				
	下	439	明	242
		467		2249

項目	二十五史抄		新校本	
南京兵部主事				
	下	501	明	5423
南京副留守	下	631	遼	1460
南京五千戶所				
	下	447	明	953
南京右府僉書				
	下	508	明	5608
南京留守	中	479	遼	205
		616		1343
	下	44	金	1390
南京留守判官				
	下	120	金	2206
南京僉都御史				
	下	467	明	2248
南京統軍使	中	620	遼	1373
南京戶部尚書				
	下	522	明	5823
南京戶部右侍郎				
	下	494	明	5409
南軍總把	下	411	新元	250-11
南單干	上	80	後漢	214
		81		230
		82		254
		83		304
		85		339
		88		716
		89		719
		89		737
		91		815
		91		914
		92		1196
		94		1592
		98		2139
		121		2949
		122		2956
		123		2963
		127		2985
		129		2987
		～		～
		130		2989
		132		2993
		136		3319
		143		3626
		177	三	831
		186		837
		187		838
南路軍帥	下	7	金	51
南路參將	下	517	明	5625
南蠻使者	中	19	隋	798
南部	中	330	新唐	6186
南部都尉	上	55	漢	1627
南陽郡王	下	108	金	1864
南陽郡侯	下	377	新元	211-7
南陽太守	上	254	晉	1946
南女直國大王府				
	中	540	遼	756
南女直詳穩	中	624	遼	1429
南女直湯河司				
	中	538	遼	745
南澳總兵官	下	465	明	2246
南原府	下	588	明	8293
南中郎	上	266	晉	2576
南直巡按御史				
	下	465	明	2246
南直隸	下	466	明	2247
南平郡王	中	86	舊唐	419
南海府	下	328	新唐	6182
		377	新五	178
		518	遼	461
納咄沙	上	391	梁	808
		530	南	1976
納言	中	138	舊唐	2889
良	上	154	三	239
狼山副總兵	下	509	明	5610
郎敷	上	336	晉	3100
郎將	下	146	元	132
		249		4612
		249		4613
		395	新元	249-8
郎將官	中	9	隋	83
郎中	上	93	后漢	1281
		97		1858
		160	三	255
	下	247	元史	4609
		502	明	5508
		524		5838

項目	二十五史抄		新校本	
郎中令	上	215	三	1136
琅邪武王	上	248	晉	1121
琅邪王	上	231	晉	207
內軍卿	中	375	新五	96
內頭佐平	中	195	舊唐	5329
		339	新唐	6198
內掠部	上	512	周	886
		631	北	3119
內法佐平	中	195	舊唐	5329
		339	新唐	6198
內部	上	512	周	886
	中	330	新唐	6186
內史	中	78	舊唐	126
		139		2898
內史舍人	中	42	隋	1612
內率	上	512	周	886
		631	北	3119
	中	56	隋	1818
內臣佐平	中	195	舊唐	5329
		339	新唐	6198
內外諸軍都統	下	37	金	1002
內外閑廄監牧都使	中	152	舊唐	3254
內評	上	629	北	3115
	中	53	隋	1814
奈摩	上	634	北	3123
	中	58	隋	1820
萊蕪鐵冶提舉司	下	165	元	321
萊州府	下	599	明	8342
萊州衛	下	463	明	2244
奴佳鞮	上	211	三	854
		389	梁	806
		528	南	1974
奴兒干都司	下	460	明	2222
老王	中	321	新唐	6182
		370	舊五	1844
路	下	39	金	1133
路提刑司	下	28	金	551
魯城縣公	中	198	舊唐	5333
		342	新唐	6202
魯哀公	上	49	漢	1463
盧江太守	上	104	後漢	2466
盧龍	中	96	舊唐	1387
盧龍軍	上	306	新唐	5986
盧龍軍節度副大使	上	87	舊唐	487
盧龍道軍副	上	47	隋	1676
盧龍府	上	125	舊唐	2671
盧山都督府	上	208	舊唐	5348
盧王府長史	下	20	金	186
盧州渤海軍謨克	下	126	金	2760
盧州刺史	中	89	舊唐	635
潞府	中	157	舊唐	3313
淥州鴨淥軍節度使司	中	534	遼	814
得薩	中	188	舊唐	5319
		192		5324
		192		5325
		330	新唐	1686
		334		6191
		336		6193
		370	舊五	1844
錄事	下	246	元	4609
錄事廣評員外郎	中	435	宋	14036
錄事司	下	190	元	1396
		300	新元	47-3
		301		47-4
隴山軍	中	253	新唐	3772
隴西王=博	中	113	舊唐	2356
隴右節度使	中	157	舊唐	3312
牢獄	上	191	三	841
		193		841
		196		844
		386	梁	802
雷州路總管	下	365	新元	180-13
樓煩郡公	中	185	舊唐	5173
樓煩太守	中	22	隋	1149
樓煩縣公	中	212	舊唐	5354
		322	新唐	6173
樓船將軍	上	13	史	1140
		31		2945
		33		2987

項目	二十五史抄		新校本	
		～		～
		34		2990
		36		3149
		42	漢	194
		45		655
		62		2492
		71		3866
		～		～
		73		3867
		87	后漢	585
耨薩	中	192	舊唐	5324
尼谿相	上	12	史	1055
		34		2988
				2989
泥步設	中	183	舊唐	5160

［다］

項目	二十五史抄		新校本	
多尼	中	347	新唐	6209
多模	上	211	三	854
多方	上	6	史	133
丹王	下	219	元	3455
		326		3455
端明殿大學士				
	下	49	金	1400
端明殿學士	下	49	金	1401
檀州刺史	中	176	舊唐	4795
斷事官	下	251	元	4615
		284	新元	14-9
斷州千戶	下	516	明	5624
達魯花赤	下	144	元	118
		146		141
		148		141
		154		231
		160		268
		172		458
		180		819
		180		821
		197		2052
		198		2237
		200		2512
		224		3627
		271	新元	8-8
		272		8-12
		305		62-2
		306		65-18
		329		132-3
		354		176-1
		356		176-4
		391		249-3
		392		219-4
		394		249-6
		396		249-10
		397		249-12
		416		4-4
達魯噶齊	下	246	元	4608
		246		4609
		252		4617
		～		～

項目	二十五史抄		新校本	
		254		4620
達率	上	512	周	886
		513		886
		631	北	3119
	中	270	新唐	4121
達率兼郡將	中	154	舊唐	3294
潭州觀察使	下	68	金	1439
唐興(軍)	中	96	舊唐	1387
黨州員外別駕				
	中	152	舊唐	3255
大加	上	110	後漢	2813
		196	三	834
		198		845
		200		846
		386	梁書	802
		386		803
		526	南	1970
大監	下	402	新元	249-12
大君長	上	114	後漢	2818
大奈摩干	上	634	北	3123
	中	58	隋	1820
大寧都司	下	426	明	79
		462		2236
大對盧	上	390	梁	508
		511	周	885
		629	北	3115
	中	188	舊唐	5319
		330	新唐	6191
		331		6191
		334		6191
		369	舊五	1844
大德	上	644	北	3136
	中	62	隋	1826
大都督	上	527	南	1972
	中	84	舊唐	348
大都督雞林州諸軍事				
	中	85	舊唐	406
		86		443
大都督府	中	160	舊唐	3530
大都督府僉事				
	下	475	明	3832
大都等路民匠總管府				
	下	198	元	2229

項目	二十五史抄		新校本	
大都護	中	80	舊唐	195
大同軍	中	88	舊唐	593
		466	遼	115
大同屯田軍	下	202	元	2547
大同巡撫	下	506	明	5605
大寧都司	下	426	明	79
		462		2236
大禮	上	644	北	3136
		645		3137
	中	62	隋	1826
大禮	中	63	隋	1828
大理卿	下	11	金	84
		21		209
		44		1391
		54		1409
		68		1438
		106		1862
		522	明	5824
		528		5917
				5923
大理寺	下	38	金	1096
大理正	下	20	金	183
		21		203
大莫離支	中	272	新唐	4123
大莫*咄	上	635	北	3124
	中	58	隋	1821
		325	新唐	6177
大模達	中	330	新唐	6186
大各府	下	37	金	1003
		115		1940
		127		2784
大夫(倭)	上	116	後韓	2821
大夫(朝鮮)	上	205	三	850
大夫(倭)	上	211	三	855
大夫	上	213	三	857
		214		857
大司農	上	94	後漢	1592
		99		2139
		181	三	833
		246	晉	92
大司徒	下	403	新元	249-21
大司馬	上	155	三	240
		158		253

項目	二十五史抄		新校本	
		232	晉	212
大司馬樂浪公				
	上	149	三	101
大司馬長史	上	163	三	258
大司成	下	395	新元	249-8
大司憲	中	136	舊唐	2795
大司承	中	51	隋	1770
大舍	上	634	北	3123
	中	58	隋	1820
大舍利	中	413	宋	9126
大使	上	193	三	8042
	中	148	舊唐	3204
		155		3295
大使者	上	511	周	885
		629	北	3115
	中	53	隋	1814
		330	新唐	6186
大師	上	187	三	838
		230	晉	195
大單于	上	271	晉	2794
		275		2805
		281		2816
大單于臺	上	331	晉	3105
大率	上	213	三	856
	中	56	隋	1818
大守	中	52	隋	1801
大首領	中	323	新唐	6175
大嵩所	下	466	明	2247
大信	上	644	北	3126
	中	58	隋	1826
大阿尺于	上	634	北	3123
	中	58	隋	1820
大燕天王	上	408	魏	50
大烏	中	634	北	3123
	中	58	隋	1820
大倭王	上	116	後漢	2820
大義	上	644	北	3136
	中	62	隋	1826
大義軍使	中	381	新五	919
大人	上	109	後漢	2812
		113		2816
		124		2979
		125		2981

項目		二十五史抄	新校本	
		149	三	100
大人[烏丸]	上	179	三	832
		181		833
		184		835
		185		837
		187		837
大人[鮮卑]	上	187	三	838
		190		838
		200		846
		201		847
		213		856
大仁	上	644	北	3136
	中	62	隋	1826
大將	上	23	史	2070
	中	11	隋	160
		12		161
		21		1121
大將軍	上	31	史	2944
		68	漢	3784
		100	後漢	2272
		125		2981
		128		2986
		180	三	833
		182		834
	中	53	隋	1814
		149	舊唐	3205
		166		3709
大將軍樂浪太守				
	上	103	後漢	2464
大將軍遼東軍公=高陽[高句麗]				
	中	3	隋	16
大定府	下	31	金	557
		300	新元	47-3
		301		47-4
大宗正丞	下	15	金	137
		16		147
		59		1421
		62		1427
太中太夫管總管				
	下	360	新元	276-10
大智	上	644	北	3136
	中	62	隋	1826
大總管	中	77	舊唐	125
	中	78		126
		115		3295
		175		4737
大酋	中	132	新唐	6048
		138		6168
		324		6177
大夏天皇	上	408	魏書	43
大學士	下	489	明	5337
		518		5696
大兄	上	476	魏	2215
		511	周	885
		629	北	3115
	中	53	隋	1814
		330	新唐	6186
大號征東將軍				
	上	527	南	1972
大鴻臚	上	168	三	354
大興府	下	36	金	889
大興尹	下	64		1431
		65		1432
代高麗	中	120	舊唐	1518
代郡太守	上	82	漢	253
		89		724
		129		2988
		130		2989
		130	後漢	837
		186	三	837
		440	魏	792
代令	上	88	後漢	705
代王	上	426	魏	370
		560	北	561
	下	113	金	1890
帶方郡公	下	549	金	291
		550		405
		633		3121
	中	56	隋	1818
大方郡王	中	71	舊唐	14
		72		53
		77		102
		195		5329
		196		5330
		199		5334
		340	舊唐	6199

項目	二十五史抄		新校本	
		342		6201
帶方令	上	198	三	845
帶方王	中	91	舊唐	900
大方州刺史	上	134	舊唐	2792
		266	新唐	4082
		267		4083
帶方太守	上	204	三	849
		207		851
		213		857
		379	南齊	1011
		409	魏	81
		632	北	3120
帶方侯	下	254		
		396	新元	249-10
對德	上	512	周	886
		631	北	3119
	中	56	隋	1818
對盧	上	110	後漢	2813
		195	三	843
		196		843
		385	梁	801
		385		802
		525	南	1970
		530		1976
	中	53	隋	1814
		192	舊唐	5324
		370	舊五	1844
大郎	中	141	舊唐	2950
臺府	下	463	明	2243
大使	上	372	宋書	2394
戴國公	下	113	金	1889
德慶侯	上	463	明	2243
德率	上	512	周	886
		513		886
		631	北	3119
德昌軍節度使				
	下	57	金	1417
德興君	下	403	新元	249-21
刀部	上	512	周	886
		631	北	3119
度遼營	上	126	後漢	2983
度遼將軍	上	13	史	1146
		43	漢	229

項目	二十五史抄		新校本	
		48		1307
		63		2656
		80	後韓	214
		81		230
		81		233
		83		265
		89		719
		98		824
		95		1609
		96		1696
		98		2139
		99		2191
		122		2365
		125		2981
		126		2983
		135		3235
度遼將軍	上	175	三	762
		180		833
		269	晉	2767
挑溫萬戶府	下	302	新元	47-6
		549	北	292
	中	72	舊唐	53
		72		57
		73		61
		77		125
		78		125
		79		175
		101		1526
		101		1527
		142		2978
		177		4814
		330	新唐	6186
		334		3204
	下	3	金	25418
		423	明	29
		423		134
		433		142
		460		2222
		471		3586
		517		5627
都督江荊司雍梁益六州諸軍事				
	上	253	晉	1932
都督鷄林州刺史				

項目	二十五史抄		新校本	
	下 428	明	96	
	443		279	
	482		4239	
	485		4633	
都督東夷河北諸軍事				
	上 249	晉	1147	
都督東青州刺史				
	上 498	北齊	104	
都督東青州諸軍事				
	上 633	北	3121	
都督令史	上 224	晉	11	
都督百濟諸軍事				
	上 372	宋書	2393	
	372		2394	
	379	南齊	1011	
	387	梁	804	
都督營州諸軍事				
	上 371	宋書	2392	
	526	南	1970	
都督營平二州				
	上 387	梁	803	
	526	南	1971	
都督營平二州諸軍事				
	上 371	宋書	2392	
	378	南齊	1009	
	378		1010	
都督倭百濟新羅任那秦韓慕韓				
	六國諸軍事			
	上 373	宋書	2395	
都督倭百濟新羅任那加羅秦韓慕韓				
	七國諸軍事			
	上 373	宋書	2395	
都督倭新羅任那加羅秦韓慕韓				
	六國諸軍事			
	上 380	南齊	1012	
都督遼海諸軍事				
	上 477	魏書	2216	
	627	北	3113	
	627		3114	
都督幽州諸軍事				
	上 248	晉	1070	
都督幽平二州東夷諸軍事				
	上 228	晉	115	

項目	二十五史抄		新校本	
都督僉事	下 429	明	100	
	443		277	
	473		3749	
	477		3921	
	484		4633	
	485		4634	
都督事	上 508	明	5608	
	439		242	
都司	上 491	明	5404	
都水監	上 15	史	140	
都水使者	上 13	明	99	
	52		1406	
都市部	上 512	周	886	
都御史	下 456	明	1981	
	464		2245	
	467		2249	
	508		5608	
	509		5610	
	525		5855	
都元帥	上 213	元	3185	
	550	明	6396	
都元帥府	上 305	新元	62-2	
都尉	上 36	史	1171	
	181	三	833	
	203		848	
	205		850	
都尉官	上 113	後漢	2816	
	114		2817	
都尉	下 447	明	952	
都亭候	上 102	後漢	2365	
	155	三	239	
都指揮	下 460	明	2222	
	485		4633	
	491		5404	
	521		5786	
	523		5834	
都指揮同知	下 454	明	1872	
	485		4634	
	486		4655	
都指揮使	下 454	明	1872	
	485		4634	
	486		4655	
都指揮使	下 454	明	1872	

項目	二十五史抄	新校本
都指揮鎭守	下 462	明 2239
都指揮僉事	下 486	明 4655
	509	5609
	514	5618
都鎭撫	下 199	元 2308
	262	4068
都鎭撫司	下 199	元 2308
都察院	下 452	明 1767
都統	下 37	金 1002
	92	1543
都統司	下 29	金 553
都漢王	上 379	南齊 1010
都護	上 190	元 840
	中 103	舊唐 1922
都護府	下 191	元 1398
	330	新唐 6186
督百濟諸軍事		
	上 371	宋書 2392
	388	梁 804
	527	南 1972
督新羅任那加羅秦韓慕韓六國諸軍事		
	上 389	梁 807
督營平二州諸軍事		
	上 387	梁新唐 804
督平營二州諸軍事		
	上 371	宋書 2393
督平州諸軍事		
		2392
	上 526	南 1970
突厥(伎)	中 14	隋 377
突厥酋長	中 263	新唐 3994
同鳳閣鸞臺平章事		
	中 138	舊唐 2889
	140	2912
	144	3021
同鳳閣侍郎	中 140	2912
同紫微黃門三品		
	中 78	舊唐 172
同州鎭安軍節度使司		
	中 543	遼 815
同中書門下三品		
	中 75	舊唐 82
	76	98
同中書門下平章事		
	中 145	舊唐 3099
	160	3536
	166	3783
同知南京路都轉運司事		
	下 54	金 1408
	54	1409
同知東路兵馬事官		
	中 539	遼 751
同知登聞檢院		
	下 23	金 240
同知宣徽院事		
	下 67	金 1436
同知耽羅國軍民安撫司事		
	下 305	新元 62-4
同知咸州路兵馬事		
	中 539	遼 745
	624	1430
同簽大宗正事		
	下 61	金 1425
東京都部書司		
	中 520	遼 463
	521	521
東京都詳穩司		
	中 538	遼 745
東京都統軍使司		
	中 538	遼 744
東京路渤海萬戶		
	下 106	金 1851
同京路兵馬都總管府判官		
	下 12	金 98
	下 52	1405
東京叛	中 624	遼 1429
東京渤海承奉官		
	中 543	遼 807
東京渤承本奉都知押班		
	中 476	遼 185
東京兵馬部署司		
	中 538	遼 744
東京留守	中 465	遼 112
	466	123
	468	1430
	470	147
	474	175

項目	二十五史抄	新校本
	476	184
	477	189
	478	199
	481	225
	517	459
	548	918
	606	1238
	610	1285
東京留守	中 612	遼 1313
	613	1332
東京留守	中 615	遼 1341
	615	1342
	617	1346
	621	1396
	634	1519
	635	1521
東京留守司	下 30	金 554
東京龍原府	中 516	遼 458
東京總管	下 354	新元 176-1
東京總管府	下 299	新元 47-1
東京統軍	中 633	遼 1516
東京統軍使	中 464	遼 95
	478	202
	479	206
	516	458
	517	459
	518	460
	525	471
	546	474
	527	475
	527	475
	614	1336
東京咸平路提刑司		
	下 29	金 553
東京戶部使	中 605	遼 1232
東京戶部使	中 631	遼 1460
東經略使	下 68	金 1437
東界交州道勸課使		
	下 303	新元 51-29
東郡都尉	上 55	漢 1627
東宮怯薛官	上 183	元 889
東宮計司	上 111	金 1868
東南路都統司		

項目	二十五史抄	新校本
	下 30	金 555
	37	1003
東寧路	下 191	元 1399
東寧路總管府		
	下 190	元 1398
	301	新元 47-4
	579	明 8279
東寧府	下 146	元 127
	150	171
	190	1398
	203	2570
	251	4616
	272	新元 8-11
	408	250-8
東寧五千所	下 447	明 953
東寧衛	下 460	明 2197
東寧中左千戶所		
	下 460	明 2207
東丹府	中 448	宋 14129
東丹王	中 362	舊五 575
	364	665
	377	新五 178
	379	890
	380	901
	529	遼 487
	601	1200
	606	1238
東堂	上 331	晉 3094
	336	3100
	338	3103
	341	3109
	345	3130
	477	3130
東臺侍郎	中 137	舊唐 2815
東萊王	上 227	晉 74
東萊留守	中 35	隋 1519
東萊太守	上 159	三 254
東領侯	上 129	後漢 2988
東路兵馬都總管		
	中 539	遼 751
東路兵馬都總管府		
	中 539	遼 751
東路諸司	中 539	遼 751

項目	二十五史抄		新校本	
東路行軍都統所				
	中	540	遼	753
東盟	上	110	後漢	2813
		196	三	844
東面招撫廻鶻使				
	中	174	舊唐	4678
東面行軍都統所				
	中	540	遼	753
東番上將軍	上	238	晉	375
東部	中	330	新唐	6186
東部大人	中	331	新唐	6187
東部都尉	上	52	漢	1626
		199	三	846
東北路都統軍使司				
	中	539	遼	745
東北路兵馬詳穩司				
	中	539	遼	750
東北路女直詳穩司				
	中	539	遼	750
東北路招討都監				
	下	119	金	2087
東北路統軍使				
	中	622	遼	1414
		624		1430
		627		1439
東北面詳穩司				
	中	539	遼	750
東上閤門使	下	19	金	172
		20		186
		22		225
		25		268
		52		1406
		60		1424
		68		438
		69		439
東西臺舍人	中	137	舊唐	2815
東西臺三品	中	137	舊唐	2815
東安公	上	228	晉	90
		248		1123
東陽太守	上	523	南	1075
東域將	上	125	漢	2981
東燕太守	上	255	晉	2125
東夷校尉	上	288	晉	90
				152
		242		427
		248		1123
		249		1147
東夷校尉	上	263	晉	2537
		274		2804
		~		~
		275		2806
		277		2810
		280		2816
		289		2831
		307		2860
		365	宋	828
		426	魏	345
		438		760
		439		786
		473		2127
		498	北齊	498
		547	北	247
		549		285
	中	129	舊唐	2776
		273	新唐	4173
		322		6174
東夷都護	中	129	舊唐	2776
		132		2784
		276	新唐	4147
(東夷)都護府				
	中	273	新唐	4133
東夷都護府	中	322	新唐	6174
東夷府	上	274	晉	2804
東夷使者	中	19	隋	798
東夷王	上	73	漢	4077
東夷令	上	57	漢	1751
東征都元帥	下	225	元	3629
東征都統所	中	540	遼	753
東征先鋒使司				
	中	540	遼	753
東征右副都元帥				
	下	225	元	3629
東征元帥府	下	254	元	4620
東征行樞密院				
	中	540	遼	753
東州道總管	中	136	舊唐	2798

項目	二十五史抄		新校本	
東青州刺史	上	549	北	292
		633		3121
東平郡王	中	352	新唐	6414
		476	遼	184
		635		1521
東平府	中	328	新唐	6182
		516	遼	457
		522		467
	下	127	金	2784
東平府都督	中	522	金	467
東平王	上	228	晉	90
東平王＝蕭排押				
	中	319	新唐	6170
		423	宋	10813
		476	遼	185
		479		205
		615		1342
東平太守	上	234	晉	240
東海王	上	247	晉	1047
		252		1710
東胡盧王	上	27	史	2639
		58	漢	1893
東胡王＝盧仙之				
	上	27	史	2639
東胡王	卜	11	史	1021
		30		2889
		44	漢	641
東胡王	上	58	漢	1894
		68		3750
銅頭大師	上	235	晉	264
銅州北兵馬指揮使司				
	中	538	遼	745
杜城府	上	600	北	2592
頭輦國王	下	235	元	3891
屯田	下	203	元	2558
屯田經略司	下	252	元	4618
屯田萬戶府	下	304	新元	56-8
屯田總管府	下	225	元	3629
		355	新元	176-1
登州防禦使	下	42	金	1387
登州衛指揮僉事				
	下	509	明	5610
藤王府長史	下	18	金	167

項目	二十五史抄	新校本
	67	1437

[마]

項目	二十五史抄		新校本	
馬加	上	108	後漢	2811
		192	三	841
馬軍總管	中	36	隋	1530
馬部	上	512	周	886
		631	北	3119
馬政	下	202	元	2553
莫離支	中	75	舊唐	90
		78		175
		119		2487
		127		2734
		~		~
		128		2736
		129		2776
		154		3293
		176		4801
		180		5011
		181		5098
		185		5172
		190		5322
		192		5324
		194		5327
		207		5346
		255	新唐	3820
		263		4027
		264		4027
		272		4123
		273		4133
莫離支	中	274	新唐	4140
		300		5743
		302		5802
		312		6048
		316		6138
		332		6188
		333		6189
		334		6191
		335		6193
		337		6194
		338		6196
莫弗瞞咄	中	67	隋	1882
莫弗賀	中	550	遼	951
莫何咄	中	68	隋	1883
		324	新唐	6176
莫賀弗	中	66	隋	1881
		67		1181
		68		1883
鄚頡府	中	328	新唐	6182
		523	遼	468
	下	30	金	554
萬家奴	下	27	金	377
萬年縣尉	中	141	舊唐	2951
萬夫	下	168	元	366
萬安軍魯花赤				
	下	365	新元	180-13
萬斬	中	77	舊唐	125
萬戶	下	7	金	55
		37		1002
		210	元	3040
		260		4629
		340	新元	150-4
		410		250-10
		411		250-12
萬戶府	下	180	元	821
蠻軍三百戶	下	203	元	2565
蠻夷騎都尉	上	121	後漢	2878
靺鞨國王府	中	541	遼	758
靺鞨酋長	中	155	舊唐	3296
靺師	中	358	宋	538
邁盧王	上	379	南劑	1010
猛安	下	7	史	55
		37		997
		102		1817
猛安謀克	下	36		991
		~		~
		37		993
		38		1032
		39		1121
猛安謀克	下	333	新元	134-6
面中王	上	379	南齊	1010
面中候	上	380	南齊	1012
明王	中	463	遼	64
		551		970
明州觀察使	下	61	金	1425
		65		1433
		67		1437

項目	二十五史抄		新校本	
毛隣衛	下	486	金	4766
毛詩博士	下	389	梁	807
	上	512	南	216
		527		1973
謀克	下	6	金	2431
		94		1562
		95		1566
		99		1679
		99		1741
		100		1763
木干那(百濟)				
	上	379	南齊	1011
		380		1012
木昆	中	66	隋	1881
木部	上	512	周	886
		631	北	3119
牧師官	上	51	漢	1626
穆公	上	29	史	2883
穆王	上	6	史	175
		21		1779
		107	後漢	2808
蒙古漢軍都鎭撫				
	下	357	新元	176-6
武强候	中	33	隋	1512
武庫令	下	26	金	282
武功大夫	下	57		1418
		58		1418
		58		1420
武寧軍小將	中	345	新唐	6206
武寧軍節度使				
	中	163	舊唐	3540
武寧節度使	中	309	新唐	5994
武德將軍管軍千戶				
	下	408	新元	250-8
武悼天王	上	272	晉	2797
武都王	上	356	宋書	84
		356		85
武督	上	631	北	3119
	中	56	隋	1818
武靈王	上	29	史	2885
		67	漢	3747
武陵莊王	上	248	晉	1122
武賁郎	中	5	隋	74
武賁郎將	中	8	隋	82
		20		1121
		22		1149
		33		1512
		35		1519
		35		1520
		37		1531
武賁郎將	中	38	隋	1535
		43		1616
		47		1676
		61		1825
		68		1893
武威將軍	上	158	三	252
	中	149	漢	1467
		167	舊唐	3206
武威太守	上	95	漢	1609
武衛軍都指揮使司判官				
	下	25	金	257
武衛大將軍	中	36	隋	1529
武邑公	上	343	晉	3127
		425	魏	337
		623	北	3078
武定軍	中	446	遼	115
武平總管	下	56	金	1413
武上可汗	中	210	舊唐	5350
武是公	上	35	史	3106
武州觀察使	下	69	金	1440
撫軍將軍	上	512	南	220
撫東大將軍	上	384	梁	93
		387		803
		395	陳	54
		520	南	191
		522		279
撫東大將軍	上	526	南	1971
撫使	中	29	隋	1455
撫順千戶所	下	460	明	2207
撫平(東)大將軍				
	上	383	梁	47
舞天	上	204	三	849
文康伎	中	14	隋	377
文公(晋)	上	29	史	2883
文督	上	512	周	886
		631	北	3119

項目	二十五史抄		新校本	
	中	56	隋	1818
文林郎	中	63		1827
文宣王	中	399	宋	2551
文繡署	下	26	金	269
文下省	中	102	舊唐	1842
文下侍郎	下	250	元	4614
彌馬升	上	211	三	854
彌馬獲支				
	上	389	梁	806
		528	南	1973
彌彌	上	211	三	854
彌彌那利	上	211	三	854
彌天安定王	上	126	後漢	2984
		182	三	834
彌天將軍安定王				
	上	101	後漢	2353
		155	三	240
民部尙書	中	9	隋	84
		114	舊唐	2378
民壯士兵	下	467	明	2249
湣公[陳]	上	22	史	1922
湣王[齊]	上	25	史	2463
閔國公	下	362	新元	177-22
密雲郡公	中	150	舊唐	3206
密雲郡公=高仙芝				
	中	289	新唐	4578
密直司	下	255	元	4622
密直司副使	下	154	元	228
		155		233

項目	二十五史抄		新校本	
[바]				
博陵郡開國侯	中	90	舊唐	738
博士	上	206	三	850
	中	13	隋	162
博昌亭侯	上	167	三	272
盤石衛	下	463	明	2243
		466		2247
勃堇	下	94	金	1562
勃律王	中	149	舊唐	3205
渤海公	上	228	晉	145
		457	魏	1829
渤海教坊長行	下	25	金	269
渤海國務	中	87	舊唐	463
		88		540
渤海國王	中	85	舊唐	407
		86		419
		86		444
		87		463
		88		540
		89		643
		218		5362
		218		5363
		358	舊唐	436
		360		496
		373	新五	17
渤海軍	下	37	金	997
		37		1002
	中	412	宋	9024
	下	37	金	997
	中	412	宋	9024
渤海軍都指揮使司	中	538	遼	744
渤海軍詳穩司	中	538	遼	740
渤海軍開國公	中	89	舊唐	635
渤海軍開國伯	中	89	舊唐	639
渤海軍開國伯	中	85	舊唐	381
		172		4077
		217		5360
		218		5362
		296	新唐	5161
		296		5180
		326		6180
		382	新五	920
		514	遼	456
渤海近侍詳穩	中	622	遼	1404
渤海近侍詳穩司	中	537	遼	715
渤海內侍都知	中	542	遼	784
渤海都督府	中	237	新唐	1128
渤海都指揮使	中	448	宋	14130
渤海靺鞨郡王	中	79	舊唐	180
渤海部	中	541	遼	763
渤海使	中	83	舊唐	310
		88		547
		374	新五	56
渤海使者	中	317	新唐	6150
渤海首領	中	413	宋	9126
		430		12126
渤海承	中	165	舊唐	3553
渤海承奉都知押班	中	543	遼	807
渤海琰府王	中	488	宋	14130
渤海王	中	89	舊唐	609
		113		2351
		116		2425
		378	新五	840
		448	宋	14129
渤海留守	下	5	金	27
渤海儀衛	中	548	遼	919
渤海子	中	179	舊唐	4947
渤海帳司	中	537	遼	715
渤海宰相	中	537	遼	715
渤海千戶謀克	下	101	金	1809
渤海鐵利府	中	549	遼	930

項目	二十五史抄		新校本	
渤海太保	中	537	遼	715
渤海太守	上	101	後漢	2355
		225	晉	2113
		352		3185
	中	110	舊唐	2278
		254	新唐	3806
渤海八猛安之兵				
	下	37	金	997
渤海縣男	中	179	舊唐	4947
渤海縣侯	中	157	舊唐	3331
		291	新唐	4681
鉢室韋	上	369	北	3129
方領	上	513	周	886
	中	56	隋	1818
方城侯	上	171	三	457
方佐	中	56	隋	1818
防禦使	下	6	金	25
防禦判官	中	162	舊唐	3539
防海禦倭總兵官				
	下	442	明	275
房公 =蘇威	中	23	隋	1188
房陵侯=蘇威				
	中	23	隋	1188
百官	下	40	金	1215
				1295
百夫	下	168	元	366
百濟郡	上	387	梁	804
百濟(伎)	中	14	隋	377
百濟府城鎭守				
	中	132	舊唐	2790
百濟使	上	532	南	2008
百濟(王)	上	233	晉	221
百濟王	上	335	宋書	54
		335		57
		335		77
		356		120
		372		2393
		372		2394
		383	梁	36
		383		65
		387		804
		388		804
		395	陳	54

項目	二十五史抄		新校本	
		498	北齊	103
		498		104
		517	南	25
		518		60
		519		123
		520		185
		520		203
		522		279
		527		1972
		549	北	291
		549		292
		550		405
		633		3121
	中	3	隋	15
		56		1818
		57		1819
		71	舊唐	14
		72		48
		72		53
		74		81
百濟王	中	195	舊唐	5329
		196		5330
		225	新唐	60
		340		6199
		343		6203
百濟諸軍事	上	527	南	1972
百戶	下	201	元	2530
		425	明	49
帛衣	上	525	南	1970
帛衣脰大兄	中	330	新唐	6186
帛衣先人	上	110	後漢	2813
樊濊	上	208	三	852
樊秖	上	115	後漢	2819
蕃使	中	159	舊唐	3526
蕃長	中	209	舊唐	5350
藩附	中	45	隋	1815
汎河千戶所	下	447	明	957
范陽公	上	343	晉	3128
范陽王	上	260		2524
		261		2524
范陽節度副大使				
	中	229	新唐	148
范陽節度使	中	96	舊唐	1387

項目	二十五史抄		新校本	
		144		3058
		145		3099
范陽節度(使)				
	中	169	舊唐	3938
范陽節度副大使				
	中	229	新唐	148
范王	上	238	晉	377
法部	上	512	周	886
		631	北	3119
辟陽侯	上	8	史	391
		41	漢	77
辟中王	上	380	南齊	1012
壁州員外別駕				
	中	152	舊唐	3255
汴京路都轉運使				
	下	53	金	1407
汴國公(男出)				
	中	194	舊唐	5327
汴州刺史	中	144	舊唐	3073
別邑	上	262	晉	2533
別將	中	73	舊唐	57
兵科給事中	下	528	明	5916
兵官佐平	中	195	舊唐	5329
		340	新唐	6198
兵馬都部署司				
	下	30	金	555
兵馬副總管	下	29	金	552
兵馬使	中	163	舊唐	3540
		170		3940
兵馬使營記官				
	下	395	新元	249-9
兵馬掾 ＝ 公孫酺				
	上	111	後漢	2815
		128		2986
兵部	下	455	明	1903
		464		2245
兵部郎中	下	18	金	165
		50		1403
		53		1407
兵部尚書	中	6	隋	79
		44		1622
		72	舊唐	53
		75		82

項目	二十五史抄		新校本	
		102		1832
		116		2441
		127		2734
		152		3253
	下	52	金	1405
		55		1410
		55		1411
		65		1433
		462	明	2238
		473		3748
		485		4634
		528		5916
		588		8292
兵部侍郎	中	9	隋	84
		41		1582
		44		1622
		46		1644
		51		1768
		55		1817
		115	舊唐	2408
		125		2674
		375	新五	96
		440	宋	14045
	下	439	明	243
		443		279
		525		5855
兵部右侍郎	下	442	明	275
		493		5408
		495		5410
		522		5823
兵部員外郎	下	439	明	243
		502		5508
兵部佐侍郎	下	528	明	5916
兵備副使	下	440	明	245
		466		2247
兵曹掾	上	111	後漢	2815
并州大都督	中	195	舊唐	5328
并州大都督府長史				
	中	79	舊唐	172
并州刺史	上	98	後漢	2123
		148	三	84
		149		99
		190		839

項目　二十五史抄　　新校本

　　　　　　228　　後漢　145
　　　　　　243　　　晉　428
并州長史　　中　77　　舊唐　125
炳渠舩　　　上　211　後漢　854
保康軍承宣使
　　　　下　61　　　金　1425
保寧軍承宣使
　　　　下　61　　　金　1424
保塞軍　　　中　213　舊唐　5355
　　　　　　322　　新唐　6174
保信軍承宣使
　　　　下　65　　　金　1433
保信軍節度使
　　　　下　49　　　金　1400
　　　　　　52　　　　　1405
保定軍及營田使
　　　　中　169　舊唐　3939
保定軍使中　169　舊唐　3938
保州都統軍司
　　　　中　538　　遼　745
保州宣義軍　中　517　遼　459
保州宣義軍節度使司
　　　　中　543　　遼　814
報聘使　　　下　65　　金　1433
報謝宋國使　下　45　　金　1392
報成使　　　下　90　　金　1488
報諭使　　　下　87　　金　1482
報諭宋國使　下　52　　金　1405
輔國大將軍　中　151　舊唐　3253
　　　　　　201　　　　　5337
輔國上將軍征東佐副元帥
　　　　下　360　新元176-10
輔國將軍　　上　189　　三　839
　　　　　　256　　　晉　2184
　　　　　　372　　宋書　2394
　　　　　　380　　南齊　1012
　　　　　　529　　　南　1974
伏波將軍　　上　77　　後漢　73
　　　　　　125　　　　　2982
　　　　　　181　　　三　833
復州衛　　　下　460　明　2197
復州懷軍節度使司
　　　　中　543　　遼　815

福建都指揮僉事
　　　　下　508　　明　5608
福建道宣慰使都元帥
　　　　下　342　新元154-16
福建宣慰司　下　156　元　245
福建省平章政事
　　　　下　262　　元　4668
福建巡撫　　下　465　明　2246
福建巡撫都御史
　　　　下　465　　明　2245
福建市舶司　下　444　明　280
　　　　　　454　　　　1848
福建沿海指揮使司
　　　　下　463　　明　2244
福建游擊將軍
　　　　下　517　　明　5625
福建參將　　下　516　明　5625
福建總兵官　下506　　明　5606
　　　　　　507　　　　5606
　　　　　　508　　　　5608
　　　　　　511　　　　5612
福建平海等處行中書省
　　　　下　169　　元　409
福建行省　　下　414　新元253-10
福餘衛　　　下　425　明　46
　　　　　　462　　　　2239
福州觀察使　下　59　　金　1422
福州新軍萬戶
　　　　下　262　　元　4668
福州衛都指揮副使
　　　　下　475　　明　3832
僕射　　　　中　165　舊唐　3553
濮陽太守　　上　272　晉　2997
本官兼檢校太府
　　　　中　47　　隋　1676
本官令虎賁郎將
　　　　中　115　舊唐　2408
本路都總管府
　　　　下　30　　金　555
本路兵馬都總管
　　　　下　28　　金　551
　　　　　　29　　　　552
本部法令　　下　4　　金　15

項目	二十五史抄		新校本	
本率	中	346	新唐	6207
奉車都尉	上	162	三	257
		260	晉	2493
奉國軍節度使				
	下	31	金	556
奉禮郎超拜殿中承				
	中	160	舊唐	3536
奉誠都督府	中	235	新唐	1126
奉誠王	中	79	舊唐	189
奉誠郡王＝魯蘇				
	中	323	新唐	6173
奉誠都督府	中	235	新唐	1126
奉誠王＝魯蘇				
	中	79	舊唐	189
	中	213	舊唐	5355
奉信王	中	81	舊唐	225
逢侯	上	79	後漢	179
鳳閣鸞臺平章事				
	中	78	舊唐	125
鳳閣侍郎	中	78	舊唐	125
鳳陽巡撫	下	501	明	5423
鳳州經略使	下	149	元	154
		219		4628
		220		3
		407	新元	250-5
鳳州等處		273	新元	8-15
鳳州等處經略使				
	下	252	元	4618
夫餘王	上	77	後漢	77
		81		234
		83		265
		84		309
		84		319
		108		2812
		112		2815
		193	三	842
		194		842
		262	晉	2532
		273		2804
夫餘王	上	475	魏	2213
		625	北	3110
	中	52	隋	1813
夫餘後王	上	262	晉	2532
扶餘道將軍	中	30	隋	1466
扶餘府	中	328	新唐	6182
		447	宋	14128
		458	遼	21
		459		23
		510		439
		524		470
扶餘單于	上	148	三	58
府	下	28	金	551
府軍後衛指揮同知				
	下	516	明	5625
府事	下	40	金	1310
府尹	下	28		551
府州學	下	39		1139
府州縣鄉兵	下	455	明	1902
浮渝府	中	448	宋	14130
附義王	上	149	三	98
		189		838
副檢府	下	522	明	5819
副大使	中	164	舊唐	3541
副大總管	中	78	舊唐	126
副都督	中	103	舊唐	1922
		149	舊唐	3205
	下	482	明	4239
副都御史	下	526	明	5867
副司空	中	136	舊唐	2795
副使	中	124	舊唐	2670
		140		2903
		155		3295
		157		3312
	下	440	明	246
		491		5404
		510		5612
副使內奉卿	中	435	宋	14036
副謁者	上	371	宋書	2392
		372		2394
		527	南	1972
副王	中	328	新唐	6182
		370	舊五	1844
副元帥	下	550	明	6396
副將	下	507	明	5606
副提學	下	453	明	1848
副千戶	下	198	元	2237

項目	二十五史抄		新校本	
副總管	中	120	舊唐	2516
副總兵	下	106	金	5606
		439	明	243
		440		248
		442		275
		443		279
		454		1866
		464		2244
		465		2245
		467		2248
		515		5618
		518		5664
		525		5855
		527		5874
		588		8292
		611		8358
涪州參軍	中	152	舊唐	3255
部伍	中	58	隋	1920
部從事	上	207	三	851
符寶郎	中	102	舊唐	1846
	下	16	金	144
		61		1426
		66		1434
富籍監	下	62	金	1427
駙馬	下	154	元	230
	上	158		253
		166		347
		169		382
		170		414
		172		456
		172		458
		204		2743
		204		2744
		255		4621
		308	新元	78-4
		363		178-1
		397		249-12
		399		249-14
駙馬都尉	上	477	魏	2217
		632	北	3120
	下	69	金	1440
		173	元	482
		285	新元	15-12

項目	二十五史抄		新校本	
北京路都轉使事				
	下	116	金	1996
北京路總管府				
	下	190	元	1396
		300	新元	47-3
北京留守	中	157	舊唐	3313
	下	31	金	557
北軍五校士	上	98	後	2118
		135		3235
北軍中候	上	95	後漢	1609
北都護府	中	621	遼	1386
北門四軍	中	151	舊唐	3253
北邊千戶	下	220	元	3511
北部	中	330	新唐	6186
北單于	上	8	後漢	157
		79		157
		94		1520
		121		2952
		128		2986
		186	三	837
		269	晉	2768
	中	407	宋	4558
北女直國大王府				
	上	540	遼	756
北女直兵馬司				
	上	539	遼	750
北女直詳穩	上	633	遼	1516
北燕臺	上	339	晉	3105
北沃沮		113	後漢	2816
北狄使者	中	19	隋	498
北庭都元帥府				
	下	305	新元	62-2
北庭安撫使	中	172	舊唐	4077
北州刺史	中	81	舊唐	213
北中郎將	上	98	後漢	2118
		123		2963
		230	晉	203
		230		204
北地太守	上	84	後漢	336
(北地)太守	上	130	後漢	2990
北平(軍)	中	96	舊唐	1387
北平王	上	568	北	806
	中	147	舊唐	3195

項目	二十五史抄		新校本	
		462		2236
北海王	上	430	遼	559
		457		1829
		458		1830
		564	北	709
分守	上	454	北	1866
奮武將軍	上	155	三	240
奮威將軍	上	103	後漢	2419
不耐濊王	上	204	三	849
不耐濊侯	上	200	三	846
不耐侯	上	204	三	849
弗斯侯	上	379	南齊	1010
		477	魏	2217
		632	北	3120
不中侯	上	380	南齊	1012
卑狗	上	210	三	854
		211		854
秘書監	中	86	舊唐	444
	下	52	金	1405
		143	元	115
		146		132
秘書郎	下	106	金	1862
秘書少監	下	58	金	1419
		~		~
		60		1422
秘書少監	下	61	金	1425
		65		1433
		66		1435
		120		2125
備宿衛	中	87	舊唐	507
備禦	下	454	明	1866
備倭	下	454	明	1866
備倭都督	下	467	明	2249
備倭都指揮	下	504	明	5602
備倭守備都指揮				
	下	454	明	1872
備倭總兵官	下	443	明	279
裨將	中	145	舊唐	3099
		147		3195
		168		3895
		174		4678
	下	493	明	5408
		522		5822
		523		5823
賓貢	中	418	宋	10076
		445		14053
賓州懷化軍節度使司				
	中	543	遼	815
濱海女直國大王府				
	中	541	遼	757

［ 사 ］

項目	二十五史抄		新校本	
四郡	上	73	漢	3837
		199	三	846
		203		848
四道提刑按察司				
	下	271	新元	8-9
四門學	中	445	宋	14053
	下	212	元	3165
四蕃詳穩	中	617	遼	1345
四府	上	98	後漢	2118
四府經略使	中	81	舊唐	214
使五帥	中	59	隋	1823
四院	下	5	金	23
四院統軍司	下	5	金	23
四夷	上	125	後漢	2982
四陳	中	147	舊唐	3203
		289	新唐	4578
四鎮都知兵馬使				
	中	147	舊唐	3203
四鎮節度使	中	149	舊唐	3205
四出道	上	841	三	841
四品	中	124	舊唐	2670
司稼卿	中	341	新唐	6200
司空	上	103	後漢	2419
		103		2464
		226	晉	42
		228		145
	中	76	舊唐	90
		76		92
		100		1526
		136		2797
司空部	上	512	周	886
		631	北	3119
司寇	中	10	隋	87
司寇部	上	512	周	886
司軍部				
	上	631	北	3119
司農卿	中	77	舊唐	102
		342	新唐	6202
司農少卿	中	77	舊唐	125
		176		4796
司徒	上	81	後漢	232

項目	二十五史抄		新校本	
		238	晉	376
	中	72	舊唐	57
		88		538
		106		2207
		159		3535
		162		3539
司徒部	上	512	周	886
		631	北	3119
司徒掾	上	121	後漢	2897
		126		2982
司禮寺	中	136	舊唐	2797
司禮寺	上	140	舊唐	2919
司禮少卿	上	140	舊唐	2919
司吏	下	198	元	2237
	上	89	後漢	719
		224	晉	11
		280		2815
		373	宋書	2394
		379		1011
		380		1012
		387		803
		529	南	1974
		627	北	3112
	中	103	舊唐	1922
		124		2670
司僕少卿	中	78	舊唐	126
司僕正	下	581	明	8282
司隸校尉	上	143	後漢	3617
		272	晉	2797
		278		2811
司隸刺史	中	24	隋	1217
司戎太常伯	中	75	舊唐	83
司宰少卿	中	339	新唐	6197
	下	60	金	1423
		～		～
		62		1426
		64		1431
		82		1471
		～		～
		83		1474
司天監	中	95	舊唐	1333
司平太常伯=高藏				
	中	194	舊唐	5327

項目	二十五史抄	新校本
沙咄干	上 634	北 3123
沙咄干(沙咄千)	中 58	隋 1820
舍利州都督府	中 237	新唐 1129
舍人	下 33	金 839
	395	新元 249-9
使假臺使	上 527	南 1972
使者	上 110	後漢 2813
	113	2816
	192	三 841
	185	843
	186	843
	385	梁 801
	525	南 1970
	中 57	隋 1819
使者署	中 19	隋 798
使持節	上 371	宋書 2392
	371	2393
	372	2393
	~	~
	373	2395
	378	南齊 1009
	378	1010
	379	1011
	380	1012
	388	梁 803
	388	804
	526	南 1970
	526	1971
	527	1972
	529	1974
	549	北 291
	549	292
	627	3114
	628	3115
	633	3121
	中 84	舊唐 348
	85	406
	86	443
	88	541
使持節都督鎮東將軍百濟王	上 233	晉 235
事節度使	中 147	舊唐 3203
斯盧	上 634	北 3122
莐王	上 412	魏 120
	412	122
	540	北 71
莐王(莐玉)	上 541	北 73
賜生日使	下 132	金 2886
賜宴	下 9	金 70
賜王晛生日使	下 62	金 1427
謝恩使	下 61	金 1425
削位號	下 36	金 991
朔·代·吳三州總管	中 28	隋 1390
朔方軍	中 292	新唐 4749
朔方大總管	中 185	舊唐 5174
	313	新唐 6052
朔方道防禦討擊大使	中 282	新唐 4335
朔方道總管	中 312	新唐 6045
朔方道行軍大總管	中 228	新唐 128
朔方道行軍管總備邊	中 312	新唐 6045
朔方部將	中 350	新唐 6375
朔方將軍	中 156	舊唐 3312
朔方節度	中 345	新唐 6206
朔方節度副使	中 81	舊唐 225
朔方節度使	中 352	新唐 6415
朔方太守	上 70	漢 2822
朔方行軍總管	中 72	舊唐 53
朔州總管	中 28	隋 1372
山南東道節度使	中 88	舊唐 538
山東都司	下 464	明 2244
山東副使	下 458	明 2116
山東鹽運司	下 165	元 321
山東右參政	下 443	明 279
山東布政司	下 447	明 952
山北遼東道開元等路宣慰司		

項目		二十五史抄	新校本
	下 300	新元	47-3
山北遼東道肅政廉詞司			
	下 190	元	1317
	300	新元	47-3
	305		57-4
山北遼東道提刑按察使			
	下 275	新元	9-6
山西右布政事			
	下 479	明	3983
山西行都司	下 467	明	2249
散騎常侍	上 151	三	111
	170		453
	171		618
	228	晉	90
	274		2805
	275		2805
	371	宋書	2392
	371		2393
	378	南齊	1009
	378		1010
	387	梁	803
	495	北齊	51
	526	南	1970
	526		1971
	628	北	3114
散騎常侍	中 89	舊唐	639
	158		3331
算斡魯朵	中 503	遼	362
殺奚	上 115	後漢	2819
	208	三	852
三部	中 542	遼	765
三軍大將軍	中 272	新唐	4123
三郡烏丸	上 184	三	835
三道宣慰司	下 279	新元	11-14
三老	上 103	後漢	2464
	114		2818
	200	三	846
	203		848
三萬衛	下 448	明	957
	460		2196
	460		2197
三萬前前千戶所			
	下 460	明	2207

項目		二十五史抄	新校本
三萬後後千戶所			
	下 460	明	2207
三別抄	下 395	新元	249-9
	396		249-10
三別抄軍	下 225	元	362
	355	新元	176-3
三部大人	上 132	後漢	2993
三王部	上 182	三	834
三品班	下 35	金	868
三韓國公=王顒			
	中 489	遼	314
三韓國公=王俁			
	中 490	遼	326
三韓國公=王勛			
	中 486	遼	288
三韓國公=王勛			
	中 636	遼	1522
			1523
三韓省	下 239	元	4142
	369	新元	189-10
上開府	上 633	北	3121
	634		3123
	中 53	隋	1814
	55		1816
	56		1818
	57		1820
上開府儀同大將軍			
	上 512	周	885
	628	北	3115
上開府儀同三司			
	上 550	北	405
	630		3117
上開府儀同三司帶方郡公			
	中 3	隋	15
上京路	下 299	新元	47-2
上京路都轉運司			
	下 29	金	552
上京副留守	中 614	遼	1340
	616		1344
	622		1414
	626		1435
上京留守司	下 28	金	551
上谷	上 81	後漢	229

項目	二十五史抄		新校本	
上谷王	上	536	北	11
上谷太守	上	87	後漢	608
		190		839
上谷侯	上	649	北	3252
上郡都尉	上	123	後漢	2962
上黨太守	上	147	三	28
上都留守司	下	275	新元	9-6
上都留守司事				
	上	150	元	156
上都護府	中	103	舊唐	1922
上洛都尉	上	102	後漢	2418
上庸公	上	270	晉	2769
上位便者	中	330	新唐	6186
上柱國	中	85	舊唐	406
		86		443
		88		541
		89		639
		106		2207
		156		3297
		189		5321
		202		5338
		331		6187
	下	145	元	123
		166		348
		25		4622
		271	新元	8-10
		285		15-5
		286		16-11
		362		177-22
尙輦局副使	下	25	金	259
尙輦局使	下	21	金	212
尙輦奉御	中	130	舊唐	2780
尙輦直長	中	23	隋	1188
尙牧監	下	202	元	2553
尙書	上	112	後漢	2815
		156	三	241
		228	晉	90
		249		1147
	中	31	隋	1491
		32		1502
	下	487	明	4844
		552		5827
尙書工部侍郎				

項目	二十五史抄		新校本	
	下	67	金	1436
				1437
尙書郎	上	157	三	252
		177		795
		279	晉	2812
尙書令	下	238	晉	376
		249		1147
		272		2797
尙書令持節	下	78	後漢	100
尙書禮部侍郎				
	下	58	金	1419
		59		1422
		62		1427
		63		1429
尙書禮部員外郎				
	下	22	金	222
尙書吏部郎中				
	下	58	金	1418
尙書吏部侍郎				
	下	63	金	1429
		64		1432
		66		1435
		68		1439
尙書兵部郎中				
	下	67	金	1437
		118		2011
尙書兵部侍郎				
	下	15	金	138
		60		1423
尙書兵曹郎	中	46	隋	1644
尙書省	中	141	舊唐	2950
	下	24	金	243
		39		1121
		40		1217
		62		1427
		64		1432
尙書水部員外郎				
	中	381	新五	919
尙書右司郎中				
	下	60	金	1422
		60		1423
		61		1425
尙書右司員外郎				

項目	二十五史抄		新校本	
	下	14	金	124
		57		1417
		63		1430
尙書右丞	中	9	隋	83
		29		1455
	下	253	元	4619
尙書左僕射	下	113	金	1889
尙書左司郎	下	61	金	1426
尙書左司郎中				
	下	64	金	1430
		67		1436
		69		1440
尙書左司員外郎				
	下	57	金	1418
尙書刑部郎中				
	下	68	金	1439
尙書刑部侍郎				
	下	64	金	1432
		65		1432
		68		1438
尙書刑部侍郎駙馬都尉				
	下	63	金	1429
尙書戶部郎中				
	下	62	金	1428
尙書戶部侍郎				
	下	60	金	1423
		61		1424
		63		1430
		65		1432
		66		1435
		67		1436
		68		1438
		68		1439
尙食局使	下	25	金	261
相加	上	23	史	2070
		110	後漢	2813
		195	三	843
		385	梁	801
		525	南	1970
相國	上	28	史	2659
		169	三	358
		224	晉	12
常山公=馮丕				

項目	二十五史抄		新校本	
	下	347	晉	3132
常山王=遼				
	下	427	魏	374
		561	北	565
常侍	下	526	南	1971
常鎭兵備副使				
	下	524	明	5838
常平倉	下	39	金	1120
祥州瑞聖軍節度使司				
	中	543	遼	815
象州刺史	中	125	舊唐	2671
詳問宋同使	下	65	金	1432
		89		1485
霜岑將軍	中	197	舊唐	5332
		341	新唐	6200
雙州保安軍節度使司				
	中	543	遼	815
索離國王	上	108	後漢	2810
生女直部	中	541	遼	762
	下	9	金	71
生日使	下	132		2886
西京達魯花赤				
	下	391	新元	249-3
西京都護	下	302		47-5
西京郎將	下	354		176-1
西京留守	中	472	遼	168
		626		1435
		634		1520
	下	66	金	1434
		113		1890
		119		2044
		395	新元	249-9
西京府	中	390	宋	157
西京鴨淥府	中	519	遼	462
西南路招討使				
	下	63	金	1429
西部	中	330	新唐	6186
西部都尉	上	51	漢	1626
西北面兵馬副使				
	下	403	新元	249-21
西北渤海部	中	542	遼	763
西上閣門使	下	19	金	174
		20		186

項目	二十五史抄		新校本	
		22		212
		22		216
		25		268
		68		1439
西安嘉平	上	386	梁	803
西安節度使	中	169	舊唐	3924
西域教尉	中	122	後漢	2957
西中郎	上	266	晉	2576
西中郎將	上	230	上	204
		231		209
西平王=奧魯赤	下	170	元	417
西河郡公=溫彥博	中	114	舊唐	2360
西河太守	上	372	宋書	2394
西海道	下	193	元	1563
西海道勸課使	上	303	新元	51-29
西海太守	上	260	晉	2493
叙儀	中	19	隋	798
叙職	中	19	隋	798
徐偃王	上	6	史	175
		21		1779
		107	後漢	2808
徐(州)官兵	下	464	明	2244
徐州兵備副使	下	493	明	5408
徐州刺史	上	266	晉	2576
	中	164	舊唐	3542
徐州節度使	中	163	舊唐	3540
徐海沂三州節度都團練使	中	164	舊唐	3542
書令史	中	102	舊唐	1832
		102		1836
書狀官	下	274	新元	8-18
		343		158-7
		406		250-3
		408		250-7
書學	下	212	元	3165
庶吉士	下	521	明	5818
庶人大王=慕容盛	上	338	晉	3103
敍國公=高彪				
	下	104	金	1824
舒盧壽三州都團練使	中	171	舊唐	4074
舒盧壽三州刺史	中	171	舊唐	4074
署興侯=王興	下	400	新元	**無**
署大寧都司	下	509	明	5610
署都督同知	下	516	明	5622
署都督僉事	下	515	明	5618
		515		5620
		516		5622
		517		5625
署都指揮使司事	下	475	明	3832
署都指揮僉事	下	503	明	5602
		516		5625
		517		
夕陽公=高雲	上	621	北	3072
		622		3073
		623		3078
析津府	中	530	遼	493
	下	107	金	1863
仙人	上	511	周	885
		629	北	3115
	中	53	隋	1814
先人	上	525	南	1970
	中	330	新唐	6186
宣慶高麗使	下	46	金	1395
宣慶使	下	8	金	57
宣德郎	下	57	金	1418
		~		~
		61		1425
		64		1426
		~		~
		74		1438
		64		1443
		~		~
		74		1449
宣武軍節度中				
	下	160	舊唐	3536

項目	二十五史抄		新校本	
宣武將軍翰林待制				
	下	55	金	1411
宣撫使	下	261	元	4667
		281	新元	12-9
		390		249-1
		413		253-2
宣文侯	上	170	三	358
宣問高麗王王皓使				
	下	24	金	248
宣問高麗王晛使				
	下	63	金	4329
宣問王晛使	下	132	金	2886
宣府	下	462	明	2235
		469		2275
		471		3586
		517		5634
		524		5849
		622		8504
宣王=司馬懿				
	上	150	三	111
		151		112
		165		254
		166		254
		252	晉	1540
		252		1557
		366	宋書	912
宣王=運	中	442	宋	14047
宣詔省	中	328	新唐	6182
宣慰副使	下	387	新元	246-10
宣慰司	下	300	新元	47-3
宣慰使	下	284	新元	14-4
宣諭使	下	392	新元	249-3
宣義軍使	中	509	遼	434
宣政使	下	378	新元	216-11
宣政院	下	244	新元	204-4
宣政院使	下	375	新元	209-8
		380		219-2
		389		247-4
宣政院事	下	374	新元	209-4
宣州觀察使	下	63	金	1430
宣州達魯花赤				
	下	391	新元	249-3
宣鎮侍衛	下	201	元	2530
宣徽院	下	202	元	2553
宣徽院事=蒲察速越				
		62	金	1428
單于	上	25	史	2450
		28		2758
		30		2889
		65	漢	3156
		68		3750
		69		3790
		70		3820
		70		3822
		70		3823
		73		4077
		78	後漢	100
		89		719
		96		1685
		121		2952
		123		2961
		123		2963
		～		～
		123		2965
		127		2984
		133		2994
		147	三	30
		148		28
		148		47
]		173		730
		177		831
		182		834
		183		834
		185		836
		228	晉	145
	中	90	舊唐	195
		142		2978
		416	宋	9789
單于府	中	96	舊唐	1393
善射軍	下	154	元	230
鄯州都督	下	81	舊唐	209
鮮卑校尉	上	174	三	731
(鮮卑)大都護				
	上	90	後漢	745
鮮卑大都護	上	122	後漢	2956
		185	三	837

項目	二十五史抄		新校本	
鮮卑大單于	上	274	晉	2805
鮮卑大人	上	77	後漢	80
		126		2983
		128		2985
		129		2897
		130		2990
		149	三	99
		174		731
		178		831
		185		836
		186		837
		189		839
鮮卑都督	上	274	晉	2804
(鮮卑)東部	上	130	後漢	2990
(鮮卑)東西部大人				
	上	130	後漢	2989
(鮮卑)西部	上	130	後漢	2990
鮮卑單于	上	162	三	254
		273	晉	2803
		618	北	3067
鮮卑王	上	185	三	837
(鮮卑)中郎將				
	上	85	後漢	339
鮮卑中郎將	上	131	後漢	2990
		136		3319
		187	三	838
(鮮卑)中部	上	130	後漢	2990
泄謨觚	上	211	三	854
設都司衛所	下	460	明	2222
陝西西路轉運使				
	上	120	金	2206
陝西宣撫使	上	139	元	63
		394	新元	249-7
		406		250-3
陝西參政	上	481	明	4165
攝巡官	中	164	舊唐	3542
攝御史大夫	上	169	舊唐	3939
攝御史中丞	上	149	舊唐	3205
		169		3939
攝政丞權征東行省事				
	下	403	新元	249-21
攝中書令	中	114	舊唐	2384
攝行征東省事				
	下	402	新元	249-20
攝鴻臚少卿	中	81	舊唐	207
成國公=朱勇				
	下	432	明	1340
		459		2177
		623		8505
成紀侯	中	152	舊唐	3255
成德軍兵馬使				
	中	83	舊唐	331
成德軍節度	中	160	舊唐	3537
成德軍節度知兵馬使				
	中	83	舊唐	330
成都路總管	下	339	新元	148-11
城門校尉	上	123	後漢	2962
城陽哀王	上	247	晉	950
城陽太守	上	380	南齊	1012
郕國公	中	74	舊唐	79
郕國公=姜行本				
	中	112	舊唐	2334
郕國公=姜確				
	中	254	新唐	3793
郕王[明]	下	583	明	8286
世子書狀官	下	395	新元	249-9
洗	上	388	梁	806
小加	上	386	梁	802
小對盧	上	390	梁	808
		526	南	1970
		530		1976
小德	上	644	北	3136
		645		3137
	中	62	隋	1926
		63		1827
小禮	上	644	北	3136
	中	62	隋	1826
		148	舊唐	3204
小勃律王	上	288	新唐	4577
小府	上	66	漢	3730
小舍	上	634	北	3123
	中	58	隋	1820
小使者	上	511	周	885
		629	北	3115
	中	53	隋	1814
		330	新唐	6186

項目	二十五史抄		新校本	
小守	中	344	新唐	6204
小帥	上	124	後漢	2979
		179	三	832
小信	上	644	北	3136
	中	62	隋	1826
小烏	上	634	北	3123
	中	58	隋	1820
小王	中	59	隋	1823
小義	上	644	北	3136
	中	62	隋	1826
小仁	上	644	北	3136
	中	62	隋	1826
小智	上	644	北	3136
	中	62	隋	1826
小兄	上	629	北	3115
		511	周	885
	中	53	隋	1814
少監	中	125	舊唐	2671
少監事	中	41	隋	1595
少卿	下	149	元史	153
		254		4620
		453	明	1797
		453		1798
少府監	中	172	舊唐	4173
	下	52	金	1405
		52		1406
		60		1423
少傅	下	518	明	5660
少師	上	17	史	1610
少尹	中	152	舊唐	3254
	下	55	金	1412
少宰	下	45	金	1393
召康公=召公奭				
	上	15	史	1480
邵惠公=顥		506	周	153
		588	北	2057
所召呼		179	三	832
昭敬王	下	595	明	8303
昭慶軍承宣使				
	下	60	金	1423
昭德軍	中	466	遼	115
昭信校尉管軍總把				
	下	409	新元	250-8
昭信軍承宣使				
	下	67	金	1436
昭信王=娑固				
	中	213	舊唐	5356
		323	新唐	6175
昭勇大將軍高麗鳳州等處經略使				
	下	336	新元	250-8
昭勇大將軍官籍副監				
	下	86	金	1478
昭勇大將軍安撫使高麗軍民總管				
	下	356	新元	176-4
昭勇大將軍右都統				
	下	408	新元	250-8
昭勇大將軍左都統				
	下	408	新元	250-8
昭義軍節度使				
	中	85	舊唐	392
昭儀	中	408	舊唐	
消奴部	中	330	新唐	6186
紹衛	下	491	明	5397
紹興府	中	398	宋	2407
蘇館都大王	中	540	遼	756
蘇郡公=李楷洛				
	中	291	新唐	4583
蘇塗	上	115	後	2819
		208	三	852
		262	晉	2533
蘇府	下	493	明	5408
蘇毗王	中	157	舊唐	3312
		293	新唐	4749
蘇松兵備副使				
	下	439	明	243
蘇松副總兵	下	504		5603
蘇松巡撫都御史				
	下	439	明	243
蘇松參將	下	515	明	5620
蘇州安復軍節度使司				
	中	543	遼	815
速怯那兒萬戶府				
	下	198	元	2165
		201	元	2528
		304	新元	26-8
		312		98-7

項目	二十五史抄		新校本	
速頻路節度使				
	下 119		元	2087
率賓府	中 328		新唐	6182
	520			464
	525			472
率善校尉	上 213		三	857
率善中郎將				
	上 213		三	857
	214			858
率象君	上 129		後漢	2988
率衆王	上 129		後漢	2987
	129			2988
	175		三	762
	181			833
	182			833
	184			835
	185			837
	186			837
率衆侯	上 129		後漢	2987
率義王	上 273		晉	2803
率義王=慕容廆				
	上 461		魏	2060
宋使	下 34		金	856
	34			866
	35			867
	35			879
	43			1390
	45			1393
	51			1403
	～			～
	52			1406
	53			1408
	～			～
	54			1411
宋生日使	下 20		金	188
	59			1422
宋王=成器	中 312		新唐	6047
宋元帥府	下 46		金	1394
宋魏王=和魯斡				
	中 501		遼	352
宋諭成使	下 86		金	1480
宋正旦使	下 20		金	188
	63			1429
宋弔祭使	下 55		金	1412
	81			1469
宋主生日使	下 116		金	1996
宋賀正旦使	下 51		金	1404
	87			1482
松吉大王	下 393		新元	249-5
松漠郡王	中 79		舊唐	178
	79			179
	79			183
	79			189
松漠郡王=爵于				
	中 211		舊唐	5352
松漠郡王=李失活				
	中 213		舊唐	5355
	320		新唐	6170
松漠都督	中 73		舊唐	61
	77			125
	79			183
	81			219
	318		新唐	6168
	320			6171
	321			6172
松漠都督府	中 207		舊唐	5030
	236		新唐	1127
	318			6168
	510		遼	438
松漠府	下 97		舊唐	1520
	318		新唐	6168
	319			6170
松門衛	下 466		明	2247
松府	下 499			5418
手記軍	下 160		元	269
水軍援神將	中 180		舊唐	5010
水軍總管	中 36		隋	1525
水達達女直萬戶府達魯花赤				
	下 217		元	3286
水達達萬戶府				
	下 174		元	550
	324		新元	120-2
水手總管	下 260		元	4629
	下 410		新元	250-10
守[秦]	上 7		史	239
守[漢・燕]				

項目	二十五史抄		新校本	
	上	23	史	2070
守[燕]	上	59	漢	2053
守令	下	21	金	203
守備	下	454	明	1866
守司空	下	58	金	1419
修國史	中	145	舊唐	3099
修起居注	下	52	金	1405
		52		1406
授鴻臚卿	中	153	舊唐	3289
綏東將軍	上	527	南	1972
壽王=傑	中	90	舊唐	700
				735
壽春郡王		439	宋	14044
宿國公=麥鐵杖				
	中	33	隋	1512
宿衛	中	202	舊唐	5338
	下	178	元	765
		179		765
宿州萬戶府	下	202	金	2548
宿直將軍	下	17	金	156
		18		163
		18		169
		19		182
		54		1410
		55		1411
		58		1419
		60		1424
		~		~
		61		1426
		63		1430
		~		~
		64		1436
		67		1437
肅王=趙樞	下	46	金	1394
肅政廉訪司	下	198	元	2180
肅州信陵軍	下	30	金	554
旬頃侯	上	44	漢	586
巡撫	下	465	明	2246
		466		2247
		487		5116
		501		5423
		502		5509
		507		5607
		511		5612
		514		5617
		515		5618
巡撫鳳陽都御史				
	下	440	明	246
巡撫侍郎	下	439	明	244
巡撫浙江兼管福建海道提督軍務都御史				
	下	464	明	2244
巡撫浙江副都御史				
	下	439	明	243
巡撫天津地方贊理軍務				
	下	452	明	1779
巡視	下	454	明	1866
		464		2244
		508		5608
巡按御史	下	439	明	243
		474		3755
		496		5412
		525		5855
巡察使	中	177	舊唐	4801
順奴部	中	330	新唐	6186
順安公=王悰[高麗]				
	下	149	元	150
		524	明	5854
順義軍	中	467	遼	120
順化王=阿海				
	中	468	遼	139
		540		756
崇順王=李懷秀				
	中	320	新唐	6172
崇信軍承宣使				
	下	59	金	1412
崇信軍節度使				
	下	62	金	1427
崇政院	下	207	元	2881
丞相	上	8	史	381
		28		2657
		41	漢	58
		59		2053
		60	漢	2072
		131	後漢	2991
		216	三	1138
丞相左長史	上	269	晉	2755

項目	二十五史抄		新校本	
昇天府	下	250	元	4614
承安公＝王僖				
	下	248	元	4612
承應御前文字				
	下	106	金	1862
承化公	下	336	新元	138-8
承化侯[高麗]				
	下	146	元	129
		225		3629
		252		4617
		253		4619
承化侯＝王溫				
	下	272	新元	8-12
		355		176-3
		396		249-10
市舶提舉司	下	453	明	1831
市部	上	631	北	3119
市船中官	下	456	明	1848
				1981
兒馬觚	上	211	三	854
侍郎	中	44	隋	1622
		124	舊唐	2670
	下	489	明	5337
		493		5407
		494		5410
		525		5854
侍御史	上	104	後漢	2465
	中	160	舊唐	3536
		180		5027
	下	24	金	248
		68		1438
		246	元	4608
		247		4610
		248		4612
		390	新元	249-1
侍衛親軍馬步軍副都指揮使				
	下	54	金	1410
侍衛親軍步軍都指揮使				
		12	金	94
		51		1404
		52		1404
侍從(金)	下	12	金	86
侍中(漢)	上	31	史	2944
		62	漢	2492
		224	晉	12
		231		207
		272		2797
		633	北	3121
	中	72	舊唐	57
侍中	中	88	舊唐	538
		90		738
		116		2453
		161		3538
		177		4814
		342	新唐	6202
	下	393	新元	249-5
施德	上	512	周	886
		631	北	3119
	中	56	隋	1818
施州司戶	中	152	舊唐	3255
詩工部尚書	下	60	金	1423
		～		～
		61		1425
		62		1427
		～		～
		63		1429
		65		1433
		66		1435
		69		1440
試禮部尚書	下	64	金	1431
		68		1439
		69		1440
試吏部尚書	下	62	金	1426
		63		1430
		64		1431
		67		1436
試少府少監	中	435	宋	14036
試戶部尚書	下	61	金	1424
		66		1434
		66		1435
		67		1437
申請使	下	67	金	1436
臣智	上	115	後漢	2819
		205	三	849
		205		850
		207		851

項目	二十五史抄		新校本	
辰王	上	209	三	853
信國公＝湯和				
	下	463	明	2243
		601		8344
信陵(君)	上	478	魏	2218
信成侯	上	46	漢	672
信安郡王＝禕				
	中	250	新唐	3567
信安王＝禕	中	80	舊唐	197
		80		198
		82		239
		145		3080
		211		5353
		213		5356
		285	新唐	4430
		291		4596
信州漳聖軍節度使司				
	中	543	遼	815
神丘道大總管				
	中	273	新唐	4138
神丘道總管	中	74	舊唐	80
神機營副將	下	511	明	5613
神于越王＝謀葛失				
	中	499	遼	347
神策軍	中	88	舊唐	547
新羅國大宰相				
	中	86	舊唐	443
新羅國王	上	549	北	285
	中	82	舊唐	288
		85		392
		86		443
		202		5339
		373	新五	46
		382		920
新羅國王府	中	541	遼	758
新羅(伎)	中	14	隋	377
新羅大宰相	中	86	舊唐	443
新羅渤海兩番等使				
	中	90	舊唐	738
		174		4535
新羅渤海兩番使				
	中	159	舊唐	3535
		170		3943

項目	二十五史抄		新校本	
新羅使	中	170	舊唐	4016
		173		4392
		196		5330
		294	新唐	5036
		374	新五	57
		402	宋	2810
		529	遼	482
新羅宣慰副使				
	中	202	舊唐	5339
新羅女王	中	73	舊唐	62
新羅王	上	498	北齊	94
		549	北	285
		634		3123
	中	57	隋	1820
		71	舊唐	14
		73		62
		75		82
		77		108
		80		192
		81		207
		84		348
		85		406
		88		541
		133		2791
		170		4016
		196		5329
		～		～
		202		5338
		224	新唐	60
		341		6201
		343		6203
		358	舊五	420
		363		590
(新羅)啄評	上	528	南	1943
新附軍	下	157	元	252
新城道將軍	中	21	隋	1124
新城州都督府				
	中	101	舊唐	1527
新安公＝王佺[高麗]				
	下	247	元	4610
		392	新元	249-4
新定夏使儀	下	35	金	870
愼奴部＝順奴部				

	上	385	梁	801
室得	中	66	隋	1881
悉羅侯	上	280	晉	2816
沁州諸軍奧魯長官				
	下	340	新元	148-12
瀋陽等處怯憐口千戸所				
	下	198	元	2238
瀋陽路	下	191		1399
瀋陽路高麗軍民總管府				
	下	193		1562
瀋陽府	下	304	新元	55-32
瀋陽王	下	173	元	482
		283		4060
		285	新元	15-5
		289		19-16
		292		25-10
瀋陽王〈瀋陽王〉				
	下	342	新元	157-22
瀋陽中衛	下	460	明	2197
瀋陽侯＝洪福源				
	下	224	元	3628
		355	新元	176-3
瀋王＝王璋	下	174	元	524
		175		572
		183		889
		184		916
		204		2743
		204		2744
		205		2761
		294	新元	26-18
		400		248-18
		401		249-17
瀋州昭德節度使司				
	下	543	遼	815
十郡＝百濟				
	上	631	北	3119
	中	56	隋	1818
十團	中	11	隋	160
十五府	下	3	金	1
十二衛士	中	11	隋	160

[아]

項目	二十五史抄		新校本	
牙官(契丹)	中 250	新唐	3568
	322		6174
亞谷簡侯	上 44	漢	641
亞谷侯	上 27	史	2639
亞將	中 11	隋	160
	12		161
阿干	上 265	晉	2537
阿錯王	上 379	南齊	1010
阿尺干	上 634	北	3123
	中 58	隋	1820
惡谷侯	上 58	漢	1894
惡州參將	下 506	明	5606
安慶公=王淐[高麗],珞			
	下 144	元	122
	146		128
	250		4615
	～		～
	252		4617
	272	新元	8-11
	393		249-5
	395		249-9
安慶軍承宣使			
	下 60	金	1424
安國王	上 292	晉	2835
安南都統使	下 504	明	5602
安德軍承宣使			
	下 63	金	1430
安德郡公	中 73	舊唐	57
安東軍節度使			
	下 29	金	553
安東大將軍	上 356	宋書	100
	358		197
	373		2395
	373		2396
	518	南	53
	519		65
	519		91
	529		1974
	529		1975
安東都督	中 112	舊唐	2329
	194		5328
	339	新唐	6198
安東都督府	中 101	舊唐	1521
	101		1526
	234		1023
	238		1129
安東都護	中 80		191
	142		2979
	142		2983
	153		3263
	170		3940
	172		4077
	216		5359
	253	新唐	3772
	257		4142
	276		4150
	292		4703
	296		5180
	362	舊五	576
	524	遼	470
安東都護府	中 76	舊唐	92
	77		101
	77		102
	96		1387
	100		1526
	101		1526
	167		3848
	168		3884
	194		5327
	234	新唐	1023
	238		1146
	241		1835
	247		3457
	305		5959
	325		6178
	339		6197
	339		6198
	382	新五	919
	514	遼	455
安東都護府錄事參軍			
	中 170	舊唐	3939
安東都護府司馬			
	中 167	舊唐	3848
安東府	中 77	舊唐	102

項目	二十五史抄		新校本	
		96		1393
		101		1526
安東副大都護	中	169	舊唐	3939
		298	新唐	5533
安東副都護	中	169	舊唐	3938
		247	新唐	3458
安東將軍	上	356	宋書	85
		356		100
		357		129
		373		2395
		457	魏	1817
		477		2216
		518	南	53
		529		1974
安東鎮撫大使	中	343	新唐	6204
安樂王=眞	上	476	魏	2215
		627	北	3113
安撫高麗軍民	下	140	元	72
		268	新元	7-11
安撫高麗軍民總管	下	149	元	154
安撫高麗軍民總管府	下	192	元	1399
		269	新元	7-4
		302		47-5
安撫高麗軍民總管府	下	303	新元	47-29
安撫高麗使	下	146	元	127
安撫大使	中	77	舊唐	125
		154		3293
安撫司	下	252	元	4617
		305	新元	62-4
安撫使	下	47	金	1396
		251	元	4616
		~		~
		253		4619
		305	新元	62-4
安辺府	中	328	新唐	2245
		458	遼	22

項目	二十五史抄		新校本	
安北將軍	上	227	晉	73
		230		193
		248		1070
		273		2803
		276		2807
安西大都護	中	80	舊唐	191
安西都知兵馬使	中	149	舊唐	3205
安西府	中	96	舊唐	1393
安西副都護	中	147	舊唐	3203
安西副都護使	中	149	舊唐	3205
安西將軍	上	230	晉	203
		253		1932
安西節度	中	169	舊唐	3938
安息王	上	437	魏	712
		565	北	751
安遠府	中	328	新唐	6182
		519	遼	463
安遠(大)將軍	下	360	新元	176-11
安邑侯	上	175	三	762
安定府	中	525	遼	473
安定侯	上	505	周	1
		550	北	311
安州團練使	中	635	遼	1520
按察使	下	398	新元	249-13
安平獻王	上	248	晉	1081
安化軍節度副使	下	120	金	1206
安孝王=王曋	上	393	新元	249-6
雁門都尉	上	66	漢	2730
雁門太守	上	174	晉	731
斡朶憐萬戶府	下	303	新元	47-6
謁者	上	103	後漢	2464
		371	宋書	2392
		372		2394
		476	魏	2215
		527	南	1972
謁者僕射	上	379	南齊	379
謁旱文	上	528	南	1973

項目	二十五史抄		新校本	
巖州刺史	中	192	舊唐	5324
押蕃落使	中	319	新唐	6179
押新羅渤海兩番等使				
	中	357	舊五	137
押衙	中	157	舊唐	3312
押進甌匣使	下	63	金	1430
押進御史中丞				
	下	57	金	1418
押進知中興府				
	下	60	金	1422
押進樞密副都承旨				
	下	57	金	1418
押進翰林學士				
	下	62	金	1427
鴨淥江女直大王府				
	中	541	遼	757
鴨淥府	中	328	新唐	6182
		604	遼	1224
也咥小可汗	中	205	舊唐	5344
畧陽公=遵	上	466	魏	2067
藥部	上	512	周	896
		631	北	3119
兩館生	中	172	舊唐	4173
兩廣提督	下	521	明	5786
兩番渤海黑水四府				
	中	169	舊唐	3939
涼國公	中	75	舊唐	81
=契苾何力	中	154	舊唐	3294
涼州都督	中	72	舊唐	53
涼州道行軍總管				
	中	72	舊唐	53
涼州牧	上	257	晉	2240
梁郡公=薛萬淑				
	中	121	舊唐	2519
梁甫縣公=王勣				
	上	590	北	2164
梁王	上	247	晉	1047
	中	77	舊唐	125
梁王=武三思				
	中	140	舊唐	2903
		262	新唐	3980
梁王=耶律雅里				
	中	499	遼	346

項目	二十五史抄		新校本	
		502		353
		634		1517
梁王=宗弼	下	103	金	1823
梁王=松山	下	205	元	2761
梁王=阿魯溫				
	下	382	新元	220-10
梁王=把匝剌瓦兒密(元)				
	下	424	明	39
梁孝王	上	35	史	2999
揚烈將軍	上	158	三	253
揚武將軍	上	232	晉	210
揚威將軍	上	233	晉	235
揚州大都督府				
	中	248	新唐	3478
揚州知府	下	527	下	5873
揚州參將	下	556	明	5622
揚虛侯	上	88	後漢	695
陽平王=熙	上	416	魏	166
陽平王=頤	上	481	魏	2222
襄賁侯	上	155	三	240
襄城公	上	270	晉	2769
		538	北	17
襄城王=題	上	538	北	17
襄平令	上	157	三	252
		280	晉	2816
襄平侯	上	158	三	253
瀛州別駕員外置長				
	中	152	舊唐	3254
御見	上	62	漢	2492
御史	上	36	史	3149
	中	9	隋	83
		40		1576
	下	246	元	4609
		247		4610
		392	新元	249-3
		456	明	1981
		484		4592
		492		5405
		493		5408
		501		5421
		506		5605
		514		5616
御史大夫	上	23	史	2070

項目	二十五史抄		新校本	
		27		2638
		31		2950
		59	漢	2053
		148	後	37
		224	晉	12
	中	21	隋	1121
		39		1561
		80	舊唐	195
		82		239
		84		351
		90		746
		140		2919
		150		3206
		157		3312
		159		3535
		160		3536
		161		3538
		164		3542
		168		3899
		185		5174
	下	395	新元	249-8
御史中丞	上	66	漢	3730
	中	84	舊唐	349
		146		3194
		170		4016
		178		4816
	下	52	金	1404
		60		1422
		60		1423
		63		1429
		65		1433
		69		1439
御事民官侍郎	中	439	宋	14043
		440		14045
漁陽太守	上	79	後漢	189
		79		196
		101		2363
		128		2986
		129		2988
		156	三	243
		185		837
		269	晉	2767
禦倭	下	518	明	5664
鄢陵侯=彰	上	189	三	838
嚴州觀察使	下	68	金	1438
嚴州員外別駕	中	152	舊唐	3255
女直監軍	中	627	遼	1440
女直教授	下	40	金	1305
女直國順化王府	中	540	遼	756
女直國子學	下	39	金	1133
女直萬戶	下	228	元	3634
女直萬戶府	下	201	元	2528
		304	新元	56-8
		312		
女直府學	下	39	金	1133
女直三萬戶	下	340	新元	152-3
女直水達達等處宣撫使	下	350	新元	166-5
女直水達達萬戶府	下	174	元	550
女直侍衛親軍萬戶府	下	201	元	2530
女直兩萬戶府	下	198	元	2165
女直五十戶所	下	447	明	953
女直千戶所	下	198	元	2237
女眞部長	下	95	金	1562
女眞使	中	376	新五	123
汝南王	上	248	晉	1123
汝南太守	上	231	晉	208
		267		2609
汝陰王=天賜	上	563	北	639
黎陽營	上	87	後漢	608
		181	三	833
		186		837
(閭)泰	上	457	魏	1817
餘姚縣主	中	79	舊唐	183
(逆)光	上	112	後漢	2815
歷檢校司空	中	159	舊唐	3535
譯史	下	241	元	436
譯人	下	40	金	1310

項目	二十五史抄		新校本	
譯字生	下	453	明	1797
驛站	下	153	元	225
沿海備倭官	下	431	明	131
延安尹	下	67	金	1437
延王=泂	中	80	舊唐	191
延尉府	上	366	宋書	891
延綏總兵官	下	440	明	248
兗州都督府司馬	中	202	舊唐	5339
兗州刺史	上	254	晉	1951
		266		2576
燕京留守=同知, 高楨	下	113	金	1889
燕京行臺省都事	下	116	元	1196
燕國公=狄仁傑	中	139	舊唐	2893
燕國公=黑齒常之	中	155	舊唐	3295
		271	新唐	4122
燕國公=李謹行[靺鞨]	中	216	舊唐	5359
		271	新唐	4123
燕國公=李楷固	中	279	新唐	4213
燕國刺史	上	137	後漢	3527
燕國諸軍事	上	255	晉	2082
燕山道總管	中	76	舊唐	98
燕山左衛指揮僉事	下	485	明	4634
燕相	上	44	漢	586
燕相國	上	44	韓	586
燕昭王	上	24	史	2269
燕然都督	中	208	舊唐	5348
燕然都護	中	208	舊唐	5349
燕然道大總管	中	184	舊唐	5167
燕靈王=建	上	59	漢	1991
燕王=公孫氏	上	246	晉	893
燕王=公孫氏				
燕王=盧綰	上	8	史	381
		8		387
		8		391
		10		800
		11		1021
		13		1119
		23		2070
		27		2638
		27		2639
		28		2657
		~		~
		28		2659
		30		2895
		32		2985
		41	漢	77
		43		366
		44		586
		44		641
		46		747
		59		2045
		59		2053
		68		3754
		70		3863
		206	三	850
燕王=劉建	上	8	史	391
燕王=臧荼	上	7	史	316
		8		366
		8		381
		26		2637
		27		2638
		41	漢	28
		41		58
		57		1810
		58		1891
		58		1892
		58		1895
		59		1991
燕王=馬弘[北燕]	上	355	宋書	83
		356		85
燕王=韓廣	上	7	史	316
		8		366
		9		764
		10		777
		41	漢	28

<table>
<tr><td>項目</td><td>二十五史抄</td><td colspan="2">新校本</td></tr>
<tr><td>燕王=惠王</td><td>上 24</td><td>史</td><td>2435</td></tr>
<tr><td>燕王=喜</td><td>上 7</td><td>中</td><td>233</td></tr>
<tr><td></td><td>7</td><td></td><td>234</td></tr>
<tr><td></td><td>9</td><td></td><td>756</td></tr>
<tr><td></td><td>9</td><td></td><td>757</td></tr>
<tr><td></td><td>22</td><td></td><td>1901</td></tr>
<tr><td></td><td>24</td><td></td><td>2338</td></tr>
<tr><td></td><td>25</td><td></td><td>2536</td></tr>
<tr><td></td><td>56</td><td>漢</td><td>1657</td></tr>
<tr><td>燕王[漢]</td><td>32</td><td></td><td>2985</td></tr>
<tr><td></td><td>41</td><td>漢</td><td>31</td></tr>
<tr><td></td><td>41</td><td></td><td>58</td></tr>
<tr><td></td><td>150</td><td>三</td><td>109</td></tr>
<tr><td></td><td>160</td><td></td><td>253</td></tr>
<tr><td></td><td>160</td><td></td><td>254</td></tr>
<tr><td></td><td>163</td><td></td><td>258</td></tr>
<tr><td></td><td>171</td><td></td><td>618</td></tr>
<tr><td></td><td>216</td><td></td><td>1137</td></tr>
<tr><td></td><td>216</td><td></td><td>1138</td></tr>
<tr><td></td><td>218</td><td></td><td>1223</td></tr>
<tr><td></td><td>229</td><td>晉</td><td>181</td></tr>
<tr><td></td><td>229</td><td></td><td>183</td></tr>
<tr><td></td><td>230</td><td></td><td>195</td></tr>
<tr><td></td><td>238</td><td></td><td>375</td></tr>
<tr><td></td><td>257</td><td></td><td>2240</td></tr>
<tr><td></td><td>361</td><td>宋書</td><td>684</td></tr>
<tr><td></td><td>362</td><td></td><td>710</td></tr>
<tr><td></td><td>366</td><td></td><td>922</td></tr>
<tr><td>燕王=突欲</td><td>中 380</td><td>新五</td><td>901</td></tr>
<tr><td>燕王=蕭孝穆</td><td></td><td></td><td></td></tr>
<tr><td></td><td>中 479</td><td>遼</td><td>204</td></tr>
<tr><td></td><td>514</td><td></td><td>455</td></tr>
<tr><td></td><td>下 146</td><td>元</td><td>128</td></tr>
<tr><td>燕王=元皇子</td><td></td><td></td><td></td></tr>
<tr><td></td><td>下 272</td><td>新元</td><td>8-11</td></tr>
<tr><td>燕王=棣</td><td>下 425</td><td>明</td><td>52</td></tr>
<tr><td></td><td>426</td><td></td><td>53</td></tr>
<tr><td>燕州總管府</td><td>中 98</td><td>舊唐</td><td>1521</td></tr>
<tr><td>涅陽康侯</td><td>上 12</td><td>史</td><td>1057</td></tr>
<tr><td>涅陽侯</td><td>上 46</td><td>漢</td><td>261</td></tr>
<tr><td></td><td>73</td><td></td><td>3867</td></tr>
<tr><td>廉訪司</td><td>下 368</td><td>新元</td><td>184-12</td></tr>
<tr><td>廉訪使</td><td>下 305</td><td></td><td>57-4</td></tr>
</table>

<table>
<tr><td>項目</td><td>二十五史抄</td><td colspan="2">新校本</td></tr>
<tr><td>廉斯邑君</td><td>上 115</td><td>後漢</td><td>2820</td></tr>
<tr><td>簾前中試</td><td>中 445</td><td>宋</td><td>14053</td></tr>
<tr><td>鹽官</td><td>上 52</td><td>漢</td><td>1626</td></tr>
<tr><td>令監門將軍</td><td>中 150</td><td>舊唐</td><td>3206</td></tr>
<tr><td>令副司空</td><td>中 111</td><td>舊唐</td><td>2300</td></tr>
<tr><td>令史</td><td>中 102</td><td>舊唐</td><td>1832</td></tr>
<tr><td></td><td>103</td><td></td><td>1836</td></tr>
<tr><td></td><td>141</td><td></td><td>2950</td></tr>
<tr><td>令衛尉卿</td><td>中 76</td><td>舊唐</td><td>98</td></tr>
<tr><td>永康王</td><td>中 377</td><td>新五</td><td>178</td></tr>
<tr><td>永康王=兀欲</td><td></td><td></td><td></td></tr>
<tr><td></td><td>中 380</td><td>新五</td><td>901</td></tr>
<tr><td>永寧公=王綧</td><td></td><td></td><td></td></tr>
<tr><td></td><td>下 327</td><td>新元</td><td>130-6</td></tr>
<tr><td></td><td>355</td><td></td><td>176-3</td></tr>
<tr><td></td><td>357</td><td></td><td>176-5</td></tr>
<tr><td></td><td>360</td><td></td><td>176-9</td></tr>
<tr><td></td><td>392</td><td></td><td>249-4</td></tr>
<tr><td></td><td>393</td><td></td><td>249-5</td></tr>
<tr><td></td><td>395</td><td></td><td>249-8</td></tr>
<tr><td></td><td>420</td><td></td><td>41-1</td></tr>
<tr><td>永寧鄉侯</td><td>上 103</td><td>後漢</td><td>2419</td></tr>
<tr><td></td><td>158</td><td>三</td><td>252</td></tr>
<tr><td>永樂縣公</td><td>中 210</td><td>舊唐</td><td>5350</td></tr>
<tr><td>永定侯=張銓〈永定侯〉</td><td></td><td></td><td></td></tr>
<tr><td></td><td>下 425</td><td>明</td><td>51</td></tr>
<tr><td>永昌王=健</td><td>上 410</td><td>魏</td><td>82</td></tr>
<tr><td></td><td>410</td><td></td><td>84</td></tr>
<tr><td></td><td>435</td><td></td><td>690</td></tr>
<tr><td></td><td>473</td><td></td><td>2127</td></tr>
<tr><td></td><td>624</td><td>北</td><td>3079</td></tr>
<tr><td>英國公</td><td>中 72</td><td>舊唐</td><td>56</td></tr>
<tr><td></td><td>73</td><td></td><td>57</td></tr>
<tr><td></td><td>76</td><td></td><td>90</td></tr>
<tr><td></td><td>76</td><td></td><td>92</td></tr>
<tr><td>英國公=李勣</td><td></td><td></td><td></td></tr>
<tr><td></td><td>中 121</td><td>舊唐</td><td>2519</td></tr>
<tr><td></td><td>154</td><td></td><td>3293</td></tr>
<tr><td></td><td>180</td><td></td><td>5010</td></tr>
<tr><td>英國公=張懋</td><td></td><td></td><td></td></tr>
<tr><td></td><td>下 585</td><td>明</td><td>8288</td></tr>
<tr><td>迎干</td><td>上 634</td><td>北</td><td>3123</td></tr>
<tr><td></td><td>中 58</td><td>隋</td><td>1820</td></tr>
</table>

項目				
寧國軍承宣使				
	下	59	金	1421
		62		1426
		62		1427
寧東大將軍	上	383	梁	65
		387		804
		520	南	202
		527		1972
寧東將軍	上	383	梁	63
		384		93
		387		804
		395	陳	54
		520	南	201
		521		220
		522		279
		526		1971
寧邊州刺史	中	622	遼	1414
寧朔將軍	上	232	晉	210
		372	宋	2394
		379	南齊	1010
寧王=權	下	462	明	2236
		471		3586
		471		3587
寧遠王=闊闊出				
	上	210	元	3077
		372	新元	199-3
寧遠衛	下	460	明	2207
寧遠中右千戶所				
	下	460	明	2207
寧衛	下	491	明	5397
寧波衛	下	601	明	8344
寧海軍	中	344	新唐	6205
寧海軍大使	中	344	新唐	6205
寧海軍使	中	84	舊唐	348
		85		406
		86		443
		88		541
		201		5337
		201		5338
寧海衛	下	464	明	2244
榮國公=來護兒				
	中	34	隋	1516
榮安王=奇后父				
	下	403	新元	249-21
榮王=琬中	中	150	舊唐	3206
		289	新唐	4578
榮王=也先帖木兒				
	下	205	元	2761
榮州五屯衛	下	462	明	2236
潁王	中	80	舊唐	191
潁王=璬	中	153	舊唐	3263
潁昌府	中	424	宋	10985
領軍將軍	中	197	宋	5332
領軍將軍=道琛				
	中	341	新唐	6200
領都僉議司事				
	下	169	元	405
領東夷校尉	上	495	北齊	51
		497		75
		548	北	265
		658		3114
		658		3115
領東夷中郎將				
	上	627	北	3113
領武賁郎將	中	41	隋	1582
		41		1595
		47		1676
領班	下	454	明	1866
領宿衛	中	23	隋	1189
領右驍衛大將軍				
	中	23	隋	1188
領右翊衛長史				
	中	41	隋	1595
領將軍=趙元淑				
	中	43	隋	1621
領節度	中	161	舊唐	3538
領左驍衛長史				
	中	46	隋	1643
領行軍總管	中	27	隋	1342
領護東夷校尉				
	上	428	魏	400
		430		516
		430		517
		447		2217
		495	北齊	54
		547	北	247

項目	二十五史抄		新校本	
		628		3114
領護東夷中郎將				
	上	476	魏	2215
		477		2216
		628	北	3114
領護烏桓校尉				
	上	248	晉	1070
領護匈奴中郎將				
	上	249	晉	1147
營府	中	184	舊唐	5168
		211		5352
		448	宋	14129
營王	下	400	新元	249-17
營長	上	94	後漢	1395
營州都督	中	72	舊唐	53
		74		74
		99		1522
		100		1516
		121		2519
		129		2767
		132		2784
		146		3194
營州都督府	中	177	舊唐	4814
		213		5355
		318	新唐	6168
		550	遼	953
營州上都督府				
	中	98	舊唐	1520
營州刺史	上	103	後漢	2419
		158	三	252
		243	晉	428
		292		2835
		499	北齊	363
	中	22	隋	1148
		81	舊唐	213
營州諸軍事	上	292	晉	2835
營州總管	中	55	隋	1816
		98	舊唐	1520
		124		2670
靈武都督府	中	96	舊唐	1415
		97		1415
靈州大都督府				
	中	96	舊唐	1415

項目	二十五史抄		新校本	
靈州都督	中	96	舊唐	1415
		147		3198
靈州都督府	中	96	舊唐	1415
靈州道行軍總軍				
	中	72	舊唐	53
靈州總管府	中	96	舊唐	1415
芮國公=張汝霖				
	下	110	金	1867
豫章文獻王	上	523	南	1059
豫州刺史	上	238	晉	376
		267		2576
隸川太守	上	231	晉	208
濊君	上	113	後漢	2817
濊貊渠帥	上	111	後漢	2814
濊貊國王府	中	541	遼	758
濊王	上	193	三	842
葳君	上	42	漢	169
禮部	下	527	明	5873
禮部郎中	下	24	金	254
禮部尚書=楊玄感				
	中	9	隋	84
		16		613
		43		1621
		51		1768
		72	舊唐	57
		80		197
		102		1828
		145		3080
禮部尚書[宋]				
	下	49	金	1400
		54		1410
		448	明	1279
		449		1285
		478		3989
		589		8294
禮部侍郎	中	439	宋	14044
	下	83	金	1473
		86		1480
		249	元	4613
		250		4615
		251		4616
		258		4626
		404	新元	250-1

項目		二十五史抄		新校本
禮部員外郎	中	177	舊唐	4815
		444	宋	14051
禮部員外郎〈禮部外郎〉				
	下	20	金	190
		109		1865
禮賓卿	中	375	新五	96
	下	85	金	1477
		86		1480
		147	元	139
		247		4610
		395	新元	249-8
禮賓少卿	下	58	金	1419
		～		～
		62		1426
		67		1437
		68		1438
		81		1467
		～		～
		83		1468
		83		1471
		83		1473
禮賓少卿〈禮寶少卿〉				
	下	247	元	4610
禮儀判書	下	581	明	8282
藝文	下	470	明	2377
翳屬	上	511	周	885
		629	北	3115
	中	53	隋	1814
五哥之	中	247	新唐	3457
五京	下	3	金	25418
五國部	中	537	遼	728
五國節度使	中	621	遼	1392
五軍都督府所屬衛所				
	下	460	明	2196
		460		2205
五方[百濟]	上	512	周	886
		513		886
		631	北	3118
		631		3119
五部	中	66	隋	1881
五部褥薩	上	629	北	3115
五十二邑勒	上	388	梁	805
		528	南	1973

項目		二十五史抄		新校本
五原太守	上	88	後漢	719
五衛軍	下	157	元	250
		158		254
		278	新元	11-5
五巷[百濟]	上	631	北	3119
五侯[周]	上	15	史	1481
伍長	上	157	三	252
吳淞總兵	下	467	明	2249
吳王	上	302	晉	2851
		303		2853
		304		2853
		315		2920
吳王＝恪	中	123	舊唐	2650
吳王＝稍	中	465	遼	112
吳王＝闔母	下	126	金	2760
吳越國王＝錢元瓘				
	中	377	新五	840
烏惹部	中	542	遼	764
烏拙	上	511	周	885
		629	北	3115
	中	53	隋	1814
烏丸校尉	上	172	三	727
		173		728
		174		731
		175		732
		175		762
		182		833
		183		835
		185		835
		～		～
		188		838
		228	晉	145
烏丸大人	上	181	三	833
		182		834
烏丸都督	上	150	三	109
		175		762
		184		835
烏丸突騎	上	173	三	730
烏丸司馬	上	156	三	243
(烏丸)三王	上	182	三	834
		183		
烏丸單于	上	150	三	109
		175		762

項目	二十五史抄		新校本
		183	834
		184	835
烏丸王	上 172	三	727
烏丸遼西率衆王			
	上 182	三	834
烏桓校尉	上 81	後漢	233
		89	719
		89	724
		95	1609
		99	2191
		121	2878
		122	2956
		122	2958
		122	2960
		126	2982
		127	2984
		128	2986
		129	2988
		135	3244
		136	3319
		143	3626
烏桓大人	上 77	後漢	76
		77	77
		94	1592
		94	1593
		100	2353
		122	2956
		125	2982
		126	2983
		126	2984
		128	2987
烏桓都將軍	上 70	漢	2823
烏桓屠耆單于			
	上 46	韓	672
烏桓突騎	上 101	後漢	2358
烏桓吏士	上 87	後漢	612
烏桓司馬	上 101	後漢	2363
(烏桓)率衆王			
	上 126	後漢	2983
烏桓(營)	上 99	後漢	2139
烏桓元帥	上 126	後漢	2984
烏桓峭王	上 101	後漢	2354
		101	2363

項目	二十五史抄		新校本
烏桓親漢都尉			
	上 129	後漢	2988
		135	3244
烏桓侯	上 91	後漢	842
沃沮道行軍副總管			
	中 256	新唐	3830
沃沮侯	上 113	後漢	2816
溫府	下 463	明	2243
溫禺犢王	上 121	後漢	2949
		122	2959
兀惹部	中 542	遼	764
兀者野人乞例迷女直軍民府			
	下 448	明	957
雍王=魯達實			
	下 244	元	4553
倭國女王	上 152	三	120
倭國王	上 116	後漢	2821
		355	宋書 78
		356	85
		357	129
		358	197
		373	2395
		373	2396
		519	南 65
		519	91
倭奴國王	上 78	後漢	84
倭女王	上 213	三	856
		214	857
倭王	上 214	三	857
		356	宋書 100
		383	梁 36
		389	806
		389	807
		518	南 53
		520	185
		529	1974
		529	1975
		531	1976
		643	北 3135
		643	3136
		645	3137
倭王=俀王<本紀>			
	中 62	隋	1826

項目	二十五史抄		新校本	
		451	宋	14134
外掠部	上	512	周	886
		631	北	3119
外舍部	上	512	周	886
		631	北	3119
外評	中	53	隋	1814
徭役	上	124	後漢	2979
		179	三	832
僚佐	中	370	舊五	1844
遙里軍諸詳穩司				
	中	539	遼	751
遙里等十軍都詳穩司				
	中	539	遼	751
遼簡王=朱植				
	下	471	明	3586
		471		3587
遼東高廟	上	62	漢	2524
遼東公	上	229	晉	177
		280		2815
		281		2816
		339		3104
		442	魏	1000
		443		1069
		630	北	3117
遼東公=箕子				
	中	399	宋	2552
遼東郡開國公				
	上	476	魏	2215
		~		~
		477		2217
		495	北齊	51
		512	周	885
		547	北	247
遼東郡公	上	228	晉	155
		276		2807
		497	北齊	75
		548	北	265
		551		406
遼東郡公〈東郡公〉				
	上	627		3113
		~		~
		628		3115
遼東郡公=高陽[高句麗]				

項目	二十五史抄		新校本	
	中	4	隋	35
		53		1814
		55		1816
		71	舊唐	14
		189		5321
		190		5322
遼東郡公	中	331	新唐	6187
		332		6188
遼東大都督	中	194	舊唐	5327
		272	新唐	4124
		338		6196
遼東悼王	上	247	晉	590
遼東都督	中	77	舊唐	102
		194		5328
		339	新唐	6198
遼東都司	下	460	明	2196
		460		2206
遼東都尉	上	42	漢	193
		92	後漢	1280
遼東都指揮司				
	下	446	明	370
遼東都指揮使司				
	下	447	明	952
遼東都指揮僉事				
	下	487	明	4801
遼東道大總管				
	中	75	舊唐	81
遼東道副大總管				
	中	76	舊唐	91
		119		2489
遼東道宣慰使				
	下	168	元	375
		320	新元	105-10
遼東道安撫大使				
	中	338	新唐	6196
遼東道總管記室				
	中	180	舊唐	5010
遼東道行軍大總管				
	中	76	舊唐	90
		119		2487
遼東道行軍大總管〈遼東行軍大總管〉				
	中	154	舊唐	3293
		191		5322

項目		二十五史抄		新校本
		194		5327
		240	新唐	1635
		240		1636
		240		1643
		255		3819
		255		3820
		269		4119
		270		4120
		274		4139
		333		6189
		336		6194
		338		6196
遼東道行軍副總管	中	240	新唐	1644
遼東道行軍總管	中	72	舊唐	56
		73		57
遼東東部都尉	上	33	史	2897
		71	漢	3864
遼東路轉運司	下	29	金	553
遼東路總管府	下	192	元	1400
		302	新元	47-5
遼東萬戶府	下	312	新元	98-7
遼東相	上	277	晉	2810
		279		2812
		280		2816
遼東宣慰司	下	192	元	1400
		215		3223
遼東單于	上	147	三	29
遼東屬國都尉	上	81	後漢	233
		99		2145
		106		2731
		164	三	259
遼東屬國率衆王	上	182	後漢	834
遼東屬國長史	上	101	後漢	2358
		154	三	239
遼東王	上	7	史	316

項目		二十五史抄		新校本
		41		28
		57	漢	1810
		226	晉	68
		227		74
		411	魏	99
		424		326
		512	周	885
		540	北	58
		558		494
		628		3115
	中	53	隋	1814
遼東鷹房	下	198	元	2237
遼東鐵嶺衛	下	446	明	464
遼東太守	上	32	史	2986
		57	漢	1749
		71		3864
		77		2618
		77	後漢	76
		78		99
		79		183
		79		194
		80		214
		81		232
		85		354
		85		385
		88		719
		90		744
		90		746
		93		1281
		93		1287
		94		1592
		96		1685
		96		1690
		97		1828
		100		2353
		106		2697
		107		2809
		111		2814
		122		2958
		122		2959
		127		2984
		～		～
		128		2986

項目	二十五史抄	新校本
	135	3236
	147	三 29
	148	78
	148	94
	149	97
	149	252
	149	253
	168	350
	168	354
	170	448
	173	730
	181	833
	185	837
	197	844
	215	1136
	～	～
	216	1138
	223	晉 9
	246	921
	250	1253
	250	1399
	274	2805
	306	2858
	432	魏 612
	631	北 3118
	中 56	隋 1818
遼東便宜	下 27	金 335
	27	377
	89	1486
	162	元 281
	173	510
	447	957
遼東侯	上 103	後漢 2419
	158	三 252
	320	晉 2997
遼西公	上 228	145
	252	1710
遼西公=馮素弗		
	上 345	晉 3129
遼西公=意烈		
	上 427	魏 383
	561	北 671
	608	2675

項目	二十五史抄	新校本
遼西郡王	中 185	舊唐 5172
遼西大尹	上 74	漢 4130
	111	後漢 2814
	197	三 844
遼西王	上 440	魏 792
	468	2069
	473	2127
遼西王=農	上 537	北 15
	621	3072
	624	3079
遼西太守	中 103	後漢 2419
	37	隋 1531
遼城州都督府		
	中 101	舊唐 1527
	237	新唐 1129
遼陽郡王	中 156	舊唐 3296
	211	5352
	320	新唐 6170
遼陽等處行中書省		
	下 299	新元 47-1
遼陽府	中 508	遼 421
	514	455
	548	918
	下 30	金 554
遼陽王	下 291	新元 24-3
遼陽行省	下 179	元 767
	182	875
	182	876
	184	921
	184	931
	285	新元 15-4
	287	18-3
	290	23-1
	292	25-11
	～	～
	294	26-17
遼陽行省右丞		
	下 358	新元 176-7
遼陽行省平章事		
	下 358	新元 176-7
遼陽行省平章政事		
	下 373	新元 201-10
遼陽行中書省		

項目	冊	頁	書	頁
	下	447	明	952
遼陽紅花萬戶府				
	下	175	元	604
遼(營)	上	99	後漢	2139
遼王=脱脱	下	177	元	671
遼王=朱植	下	471	明	3579
遼主	中	442	宋	14048
遼州始平軍節度使司				
	中	543	遼	815
遼州刺史	中	95	舊唐	1580
遼州總管	中	98	舊唐	1522
遼海濱王	下	16	金	150
遼海右右千戶所				
	下	460	明	2207
遼海衛	下	448	明	957
		460		2197
		460		2206
遼海前前千戶所				
	下	460	明	2207
遼海諸軍事	上	476	魏	2215
遼海中中千戶所				
	下	460	明	2207
遼海後後千戶所				
	下	460	明	2207
遼興·辰·開三鎮節度使				
	下	102	金	1822
饒樂郡都督府				
	中	99	舊唐	1522
		99		1523
饒樂郡王	中	79	舊唐	183
		79		189
		322	新唐	6174
饒樂郡主	中	79	舊唐	177
饒樂都督	中	79	舊唐	183
		81		219
		212		5354
		323	新唐	6175
饒樂都督府	中	212	舊唐	5354
		322	新唐	6173
		528	遼	481
饒樂府	中	304	新唐	5951
		322		6174
饒樂府都督	中	167	舊唐	3871
		213		5356
饒陽郡王	中	159	舊唐	3535
饒陽郡王=李正己				
	中	244	新唐	3448
辱紇王	中	66	隋	1881
辱紇主	中	318	新唐	6168
褥奢	上	511	周	885
		629	北	375
	中	53	隋	1814
褥薩	上	511	周	885
容州觀察使	下	50	金	1401
龍圖閣直學士				
	下	44	金	1392
龍圖閣學士	下	63	金	1430
		68		1439
龍武軍	中	151	舊唐	3253
龍山軍討擊副使				
	中	112	舊唐	2329
龍城王=馮弘馮君				
	上	624	北	3079
龍驤大將軍	上	269	晉	2767
龍驤將軍	上	275	晉	2805
龍驤將軍=龍讓將軍				
	上	372	宋書	2394
		477	魏	2217
		632	北	3120
龍原府	中	328	新唐	6182
		513	遼	447
		516		458
龍翊侍衛	下	201	元	2529
龍翊衛龍軍都指揮使司				
	上	201	元	2529
龍泉府	中	328	新唐	6182
		512	遼	443
		523		469
龍虎衛上將軍征東行省右丞				
	下	356	新元	276-5
于闐王	中	92	舊唐	1047
于闐王=珪	中	169	舊唐	3924
牛加	上	108	後漢	2811
		192	三	841
		193		842
右諫議大夫	下	247	元	4610

項目	二十五史抄		新校本	
右監門衛中郎將				
	中	184	舊唐	5167
右光祿大夫	上	260	晉	2524
	中	33	隋	1512
		35		1519
		36		1529
		41		1581
		59		1822
		114	舊唐	2378
		115		2408
右校尉	上	128	後漢	2986
右金吾大將軍				
	中	77	舊唐	125
		78		126
右金吾大將軍同王				
	中	160	舊唐	3537
右金吾衛將軍				
	中	157	舊唐	3312
右大相	中	536	遼	710
右都都御史	下	440	明	246
		524		5849
右都御史兼兵部右侍郎				
	下	492	明	5407
右屯衛大將軍				
	中	8	隋	82
右屯衛兵曹參軍				
	中	176	舊唐	4801
右屯衛將軍	中	8	隋	82
		33		1512
		42		1598
右武威衛大將軍				
	中	9	隋	84
		77	舊唐	125
		78		126
右武衛大將軍				
	中	77	舊唐	125
右武衛將軍	中	24	隋	1218
		152	舊唐	3255
		184		5165
右僕射	上	272	晉	2797
	中	85	舊唐	392
		166		3783
右副都御史	下	522	明	5824
		524		5834
		525		5854
右副点檢	下	52	金	1406
右部都督	上	276	晉	2805
右北平率衆王				
	上	182	三	834
右北平太守	上	85	後漢	354
		100		2353
右司郎	下	54	金	1409
右司郎中	下	53	金	1407
右司侍郎	下	49	金	1399
右相	中	76	舊唐	91
右宣徽使	下	53	金	1407
		61		1425
		66		1434
右肅政御史大夫				
	中	78	舊唐	126
右丞相	下	58	金	1418
右領軍節將	下	130	金	2780
右領大將軍	下	76	金	98
右王將	上	18	史	3751
右羽林軍大將軍				
	中	155	舊唐	3296
右羽林大將軍				
	中	149	舊唐	3206
		156		3297
右威衛大將軍				
	中	131	舊唐	2782
右威衛將軍	中	133	舊唐	2791
		152		3255
右衛大將軍	中	72	舊唐	53
右衛率府	下	198	元	2165
		201		2528
		304	新元	56-8
右衛率府鎧曹參軍				
	中	137	舊唐	2811
右衛員外大將軍				
	中	185	舊唐	5173
右衛將軍	中	121	舊唐	2518
				2519
	下	50	金	1402
右鷹揚將軍	中	155	舊唐	3295
右將軍	上	232	晉	212

項目	二十五史抄		新校本	
右第一軍～右第十二軍				
	中	7	隋	80
右中郎將	上	174	三	731
右次相	中	536	遼	710
右贊成	下	585	明	8288
右參政	下	502	明	5486
右僉都御史	下	493	明	5408
		495		5410
		498		5416
		501		5423
		503		5572
		523		5834
		527		5880
右通政	下	433	明	142
右賢王	上	177	三	831
		372	宋書	2394
		461	魏	2060
		527	南	1972
右驍衛將軍	中	131	舊唐	2784
右驍衛將軍同正				
	中	88	舊唐	538
右候衛將軍	中	37	隋	1534
右勳衛	中	112	舊唐	2308
羽騎尉	中	5	隋	67
		61		1825
羽林五校營	上	94	後漢	1592
羽林五營士	上	181	三	833
羽林將軍	中	150	舊唐	3252
羽眞侯	上	413	魏	128
祐聖軍	中	522	遼	467
	下	30	金	554
碣夷道行軍總管				
	中	200	舊唐	5336
		343	新唐	6204
優留單于	上	121	後漢	2951
優台	上	110	後漢	2813
		385	梁	801
		525	南	1970
優台丞	上	195	三	843
優呼臣雲支報安邪踧支濆臣離兒				
不例拘邪秦支廉				
	上	205	三	850
郁夷公＝商高				
	中	399	宋	2552
薁鞬日逐王	上	89	後漢	719
		129		2988
雲南王	下	282	新元	12-11
雲摩將軍	中	157	舊唐	3312
雲中太守	上	81	後漢	233
		89		719
雲泉府	中	130	舊唐	2780
		274	新唐	4140
鄆州大都督	中	174	舊唐	4535
鄆州大都督府長史				
	中	84	舊唐	375
		161		3538
郇國公	中	72	舊唐	57
雄武	中	9	隋	83
雄武軍	中	186	舊唐	5214
熊津都督	中	132	舊唐	2790
		135		2795
		197		5331
		198		5333
		199		5334
		266	新唐	4282
		267		4283
		341		6200
		342		6201
熊津道	中	341	新唐	6201
熊津道大總管				
	中	129	舊唐	2779
		200		5336
熊津道安撫大使				
	中	136	舊唐	2795
		268	新唐	4084
熊津道行軍總管				
	中	341	新唐	6201
熊津州都督	中	77	舊唐	102
鬱林王	中	250	新唐	3566
鬱折	中	330	新唐	6186
元帥	中	55	隋	1816
		157	舊唐	3312
元帥府馬軍都將				
	中	157	舊唐	3312
元帥畏史	中	23	北齊	1182

項目	二十五史抄		新校本	
元帥右監軍	下	57	金	1417
元帥右都監	下	118	金	2015
元帥漢王府司馬				
	中	28	隋	1390
元制	下	467	明	2249
阮鄉侯	上	182	三	834
苑丘侯		602	北	2605
員外散騎侍郎充使				
	中	179	舊唐	4948
越公	中	125	舊唐	2674
		264	新唐	4045
越騎校尉	上	135	後漢	3235
越王	上	132	後漢	2992
越王＝侗	上	555	北	461
	中	9	隋	84
		381	新五	919
越王＝貞	中	452	宋	14135
越喜州都督府				
	中	237	新唐	1129
委主降掾史	上	126	後漢	2982
威武(軍)	中	96	舊唐	1387
威順王[元]	下	424	明	39
威戎軍	中	81	舊唐	209
(韋)待價	中	125	舊唐	2671
韋后遣獻使	下	56	金	1412
尉	上	7	史	239
尉解	上	388	梁	806
慰問起復橫賜使				
	下	25	金	268
慰問使	下	20	金	186
衛	下	447	明	952
衛卿＝贈, 義慈王				
	中	341	新唐	6200
衛樂州都督府				
	中	237	新唐	1129
衛士佐平	中	195	舊唐	5329
		339	新唐	6198
衛所	下	459	明	2175
		460		2222
		467		2249
衛紹王	下	26	金	289
衛王＝儀	上	436	魏	710
		470		2071
	中	22	隋	1148
	下	175	元	584
衛尉卿	中	193	舊唐	5328
		197		5331
	下	85	金	1477
衛尉卿秦彥匡				
	下	81	金	1470
衛尉少卿	中	71	舊唐	2
		156		3296
	下	57	金	1417
		58		1419
		～		～
		59		1421
		60		1423
		61		1425
		62		1427
		63		1430
		83		1473
		84		1474
		85		1477
		86		1479
衛尉院	下	202	元	2553
衛尉二少卿	中	47	隋	1676
衛將軍＝衛靑				
	上	32	史	2953
		228	晉	90
	中	330	新唐	6186
魏公	上	148	後漢	37
魏國公	中	106	舊唐	2207
魏國公＝徐輝祖				
	下	464	明	2244
魏國王	中	493	遼	332
魏國公＝淳	中	624	遼	1430
		628		1440
魏博軍	中	163	舊唐	3540
魏博節度使	中	163	舊唐	3539
		167		3848
魏使持節車騎將軍遼東太守平樂侯				
	上	216	三	1138
魏率善	上	205	三	850
魏王	上	234	晉	241
魏王＝淳	中	626	遼	1435
		628		1440

項目	二十五史抄		新校本	
魏王＝道濟	下	111	金	1868
		113		1890
		205	元	2761
魏王＝阿不哥				
	下	318	新元	104-30
		400		249-17
幽陵都督府	中	208	舊唐	5348
幽州経略盧龍等軍節觀察				
	中	90	舊唐	700
幽州大都督	中	90	舊唐	735
		98		1522
幽州大都督府長史				
	中	90	舊唐	756
		168		3899
幽州都督	中	78	舊唐	160
		99		1523
		～		～
		100		1526
		140	舊唐	2909
		142		2983
幽州都督府	中	237	新唐	1128
幽州道副總管				
	中	80	舊唐	199
幽州突騎	上	154	二	239
幽州東夷諸軍事				
	上	276	晉	2807
幽州領	上	216	三	1137
幽州盧龍軍府事				
	中	84	舊唐	351
幽州盧龍等軍節度				
	中	90	舊唐	735
幽州盧龍節度觀察				
	中	84	舊唐	351
幽州盧龍節度副大使				
	中	84	舊唐	349
		168		3899
幽州牧	上	126	後漢	2984
		164	三	259
		182		834
		230	晉	195
幽州部	上	121	後漢	2878
		126		2984
		134		2984

項目	二十五史抄		新校本	
		164	三	259
幽州司馬	中	177	舊唐	4801
幽州御史大夫				
	中	84	舊唐	349
幽州刺史	上	81	後漢	232
		100		2353
		111		2814
		150	三	109
		119		109
		153		121
		159		254
		162		253
		164		259
		170		453
		172		727
		175		762
		184		835
		186		837
		190		839
		193		842
		198		846
		217		1140
		228	晉書	145
		243		428
		249		1147
		251		1534
		271		2771
		271		2796
		621	北	3112
幽州刺史部	上	142	後漢	3530
幽州長史	中	80	舊唐	195
		80		197
		80		202
		84		351
		146		3194
幽州節度副使				
	上	81	舊唐	213
幽州節度使	上	81	舊唐	213
		84		351
		169		3900
幽州總管	上	21	隋	1123
柳城軍太守	上	169	舊唐	3939
柳城郡公＝安祿山				

項目	二十五史抄		新校本	
	上	352	新唐	6414
留郎將	上	132	舊唐	2790
留守	上	9	隋	84
		25		1274
		40		1576
		68		1899
		162	舊唐	3539
		609	遼	1268
		610		1281
	下	28	金	551
留守京師	中	32	隋	1502
		111	舊唐	2300
留守官虎賁郎將				
	中	110	舊唐	2278
留守司	下	30	金	555
流甯(＝寧)王＝闕闕				
	上	285	新元	15-17
游擊將軍	中	130	舊唐	2780
		147		3203
	下	454	明	1866
游擊將軍織事				
	中	150	舊唐	3252
遊擊	下	443	明	277
		465		2246
		466		2247
		505		5604
		525		5855
		588		8292
鄒令	中	68	隋	1899
榆關道安撫大使				
	中	140	舊唐	2903
榆關守捉	中	96	舊唐	1387
榆河州千戶	下	102	金	1823
		103		1823
六國諸軍事	上	529	南	1974
		529		1975
六軍	中	55	隋	1816
		57		1819
六帶方	中	195	舊唐	5329
六部路都統司				
	下	37	金	1002
六師	中	10	隋	87
六啄評	上	388	梁	805

項目	二十五史抄		新校本	
肉部	上	512	周	886
陸運海運押新羅渤海兩番等使				
	中	161	舊唐	3538
尹	下	29	金	552
		31		557
律學	下	212	元	3165
隆安府	下	29	金	552
隆興府	下	270	新元	8-6
恩國公	下	475	明	3832
恩率	上	512	周	886
		631	北	3119
銀州富國軍	下	30	金	554
銀青光祿大夫				
	中	38	隋	1540
		40		1576
		89		639
		89		643
		138		2889
		158		3331
乙祁	上	390	梁	808
		530	南	1976
乙吉干	上	634	北	3123
	中	58	隋	1820
陰搆右都監	下	46	金	1394
邑虢國夫人	中	151	舊唐	3253
邑君	上	114	後漢	2818
		203	三	848
		205		850
邑郡	上	207	三	851
邑勒	上	388	梁	805
		528	南	1973
邑長	上	207	三	851
邑借	上	115	後漢	2819
		205	三	849
挹婁府	中	328	新唐	6182
應天府	下	503	明	5572
應天巡撫	下	455	明	1902
鷹揚郎將	中	43	隋	1616
		68		1893
鷹揚長史	中	50	隋	1757
鷹揚將軍	中	77	舊唐	125
宜州觀察使	下	68	金	1438
		69		1440

項目	二十五史抄		新校本	
意侯奢	上	511	周	885
	中	53	隋	1814
義城軍	中	466	遼	115
義城軍節度使				
	中	161	舊唐	3537
義州副使	下	395	新元	249-9
義州衛	下	460	明	2197
		561		6174
		561		6179
儀鸞局使	下	17	金	162
		65		1433
儀王	中	204	舊唐	5341
		347	新唐	6209
議郎	上	131	後漢	2990
議日本貢事	下	528	明	5921
醫工	下	40	金	1305
醫院	下	40	金	1305
醫正	下	40	金	1305
懿路千戶所	下	447	明	957
懿州寧昌軍節度使司				
	下	543	遼	815
懿州路總管	下	472	明	3683
伊尼翼	上	644	北	3136
	中	62	隋	1826
伊罰干	上	634	北	3123
	中	58	隋	1820
伊支馬	上	211	三	854
		389	梁	806
		528	南	1973
伊贊	中	73	舊唐	62
伊贊干	中	220	舊唐	5335
伊尺干	上	634	北	3123
	中	58	隋	1820
伊特勿失可汗				
	中	208	舊唐	5348
吏目	下	198	元	2237
		453	明	1848
吏部	下	528	明	5921
吏部郎中	下	13	金	101
		26		285
		52		1406
		53		1407
吏部尙書	中	73	舊唐	57

項目	二十五史抄		新校本	
		89		635
		122		2619
	下	59	金	1421
		60		1422
		528	明	5923
		585		8288
吏部侍郎	中	24	隋	1217
		438	宋	14042
	下	16	金	149
		53		1408
		55		1411
		68		1438
夷離堇	中	540	遼	756
利涉軍	下	29	金	552
利涉軍節度使				
	下	29	金	552
利州觀察使	下	60	金	1422
		63		1428
		63		1429
		64		1431
		64		1432
		66		1435
		66		1436
易勿眞莫賀可汗				
	中	205	舊唐	5343
易州刺史	中	178	舊唐	4816
迤東萬戶府	下	201	元	2528
理問	下	199	元	2308
理問郎中	下	402	新元	249-19
理問所	下	199	元	2308
異部大人	上	187	三	837
釐公[齊]	上	29	史	2881
爾支	上	211	三	854
益都府	下	127	金	2784
益州大都督	下	152	舊唐	3254
益州部	上	121	後漢	2878
翼陽公=王皓				
	下	62	金	1427
		132		2886
人皇王	中	362	舊五	576
		379	新五	890
		460	遼	29

項目	二十五史抄		新校本	
		515		456
		519		463
		552		973
		602		1210
		603		1212
		606		1238
引進使	下	14	金	131
		17		160
		58		1419
		61		1425
		64		1431
麟臺正字	中	105	舊唐	2144
麟淵都領	下	354	新元	176-1
麟州都領	下	328	新元	132-1
一麐	中	11	隋	160
日官部	上	512	周	886
		631	北	3119
日本貢使	下	475	明	3832
		481		4209
		491		5404
日本國王	中	85	舊唐	406
	下	443	明	237
		495		5411
日本國王府	中	541	遼	758
日本使	中	264	新唐	4042
		294		4980
日本王	下	343	新元	158-7
日本行省	下	155	元	231
		219		4268
壹告支	上	388	梁	806
壹吉支	上	528	南	1973
壹旱支	上	528	南	1973
逸壽王	下	170	元	414
		255		4622
		399	新元	249-15
任國公	下	113	金	1956
任城王	上	458	魏	1831
林邑王	上	233	晉	221
臨江王	上	26	史	2637
		58	漢	1891
臨山衛	下	463	明	2244
		466		2247
		504		5603

項目	二十五史抄		新校本	
臨安府	中	453	宋	14137
臨川王	上	524	南	1495
臨淸萬戶府	下	199	元	2088
		306	新元	58-30
臨淸縣公	中	273	唐	4137
臨淄王=王毛仲				
	中	150	舊唐	3252
		282	新唐	4335
臨海君=李璉				
	下	589	明	8293
		589		8294
臨海郡公=金仁問				
	中	343	新唐	6204
臨海軍節度使				
	中	622	遼	1414
臨潢府	中	503	遼	362
		507		417
		510		438
		511		442
	下	127	金	2784
		221	元	3513
臨淮武穆王=李光弼				
	中	243	新唐	3444
臨淮王	上	429	魏	443

[자]

項目	二十五史抄		新校本	
子貢旱支	上	388	梁	806
		528	南	1973
自給事中坐事				
	中	182	舊唐	5098
刺史	上	143	後漢	3617
		213	三	856
	中	35	隋	1519
		40		1576
		52		1801
		78	舊唐	126
		80		198
		101		1526
		154		3294
		160		3537
		164		3542
		183		5145
		330	新唐	6186
	下	3	金	1
		30		554
		31		556
		31		558
資德大夫秘書監				
	下	55	金	1411
資正使	下	378	新元	216-11
資政大殿大學士				
	下	62	金	1427
資政院	下	185	元	948
		206		2880
		207		2881
		255		4622
資政院使	下	243	元	4522
		348	新元	164-9
		388		247-3
		402		249-19
資政殿學士	下	45	金	1394
爵溪所	下	466	明	2247
龘支落大加	上	111	後漢	2814
莊王	上	478	魏	2218
長樂公	上	331	晉	3094
		334		3098
長樂君公	上	590	北	2164

項目	二十五史抄		新校本	
長樂王	上	234	晉	250
		538	北	18
長嶺府	中	238	唐	1147
		328		6182
		458	遼	22
		459		23
		525		473
		605		1230
長白山女直國大王府				
	中	541	遼	756
長白山太師	中	482	遼	239
		563		1106
長史	上	106	後漢	2697
		281	晉	2817
		371	宋書	2392
		372		2394
		379	南齊	1011
		380		1012
		387	梁	803
		477	魏	2217
		526	南	1970
		527		1972
		627	北	3112
		632		3120
		633		3121
	中	34	隋	1516
		36		1529
		56		1818
		57		1819
		103	舊唐	1922
		160		3537
	下	3	金	1
		15		132
長沙王	上	41	漢	77
長水校尉	上	88	後漢	719
		272	晉	2797
長帥	上	112	後漢	2816
		199	三	846
		204		849
長安侯=盧綰				
	上	26	史	2637
		41	漢	58
		58		1891

項目　　二十五史抄　　新校本

長岭長　　　上 97　　後漢 1722
長春路諸司　中 539　　遼 745
長平　　　　上 56　　隋 1818
將德　　　　上 512　　周 886
　　　　　　　631　　北 3119
　　　　　　中 56　　隋 1818
將梁侯　　　上 36　　史 3149
　　　　　　　45　　漢 655
將作院　　　下 198　　元 2225
掌固　　　　中 102　　舊唐 1832
　　　　　　　　　　　1836
漳府　　　　下 463　　明 2243
　　　　　　　490　　5397
　　　　　　　605　　8350
障鷹官　　　下 6　　金 24
滁州路總管府達魯花赤
　　　　　　下 209　　元 3032
滁州萬戶府達魯花赤
　　　　　　下 341　　新元 152-5
著作郎　　　中 180　　舊唐 5011
豬加　　　　上 192　　三 841
荻直侯　　　上 45　　漢 659
敵骨論窟申謀克
　　　　　　下 106　　金 1844
磧西節度大使
　　　　　　中 80　　舊唐 191
全寧府　　　下 287　　新元 17-10
全羅道萬戶府
　　　　　　下 281　　新元 12-6
全羅州道　　下 193　　元 1563
全羅州道勸課使
　　　　　　下 303　　新元 51-29
全羅州道萬戶府
　　　　　　下 165　　元 334
典客署　　　中 19　　隋 798
　　　　　　　103　　舊唐 1885
典客署書表　下 89　　金 1485
典農中郎將　上 270　　晉 2768
典番署　　　中 19　　隋 798
典書院使　　下 289　　新元 22-2
典宿衛　　　中 43　　隋 1622
典護錄事　　中 19　　隋 798
前軍大總管　中 112　　舊唐 2311

前軍總管　　中 78　　舊唐 126
　　　　　　　154　　3293
前內部　　　上 631　　北 3119
前屯衛　　　下 487　　明 4801
前鋒大都督　上 274　　晉 2805
前鋒兵馬使　中 167　　舊唐 3837
前部　　　　中 330　　新唐 6186
前後歸附高麗軍民長官
　　　　　　下 355　　新元 176-2
殿內監　　　中 42　　隋 1595
殿內少監　　中 41　　隋 1595
　　　　　　　48　　1701
殿前都点檢　下 67　　金 1436
殿前馬步軍大尉
　　　　　　下 63　　金 1430
殿前右都点檢
　　　　　　下 67　　金 1437
殿前右副都点檢
　　　　　　下 59　　金 1422
　　　　　　　64　　1430
殿前右副都点檢駙馬都尉
　　　　　　下 60　　金 1423
殿前右衛將軍
　　　　　　下 64　　金 1430
殿前左副都点檢
　　　　　　下 59　　金 1421
殿前左副都点檢兼侍衛軍副指揮使
　　　　　　下 64　　金 1431
殿前左衛將軍
　　　　　　下 60　　金 1423
　　　　　　　68　　1438
殿前左衛將軍兼修起居注
　　　　　　下 65　　金 1434
殿前太尉　　下 59　　金 1420
　　　　　　　60　　1424
　　　　　　　62　　1428
　　　　　　　64　　1430
　　　　　　　64　　1431
　　　　　　　68　　1438
殿中監　　　中 78　　舊唐 125
　　　　　　　152　　3254
　　　　　　　178　　4947
　　　　　　下 52　　金 1405

項目	二十五史抄		新校本	
殿中少監	下	58		1420
		59		1421
殿中丞	中	439	宋	14044
錢倉所	下	466	明	2247
折衝	中	9	隋	83
折衝將軍	中	159	舊唐	3534
浙江都司	下	514	明	5618
		517		5625
浙江巡撫	下	456	明	1981
		465		2246
		493		5407
		528		5921
浙江市舶司	下	444	明	280
		454		1848
浙江提學副使				
	下	498	明	5415
浙江參將	下	468	明	2260
		509		5609
浙江僉事	下	483	明	4463
浙江總兵官	下	440	明	246
		505		5604
		516		5624
浙江海道副使				
	下	502	明	5486
浙江行省	下	463	明	2243
浙東觀察使	中	172	舊唐	4356
浙東道宣慰使都元帥				
	下	378	新元	214-11
浙西參將	下	509	明	5610
節度使	中	148	舊唐	3203
		149		3205
		156		3312
		159		3526
		159		3534
		169		3938
		170		3940
	下	5	金	23
		31		558
		37		997
		585	明	8288
節度留後	中	174	舊唐	4535
節鎮	下	30	金	554
點口部	上	512	周	886

項目	二十五史抄		新校本	
		631	北	3119
接伴使	下	246	元	4608
丁零大人	上	149	三	98
正旦使	下	67	金	1437
		131		2886
		133		2888
正義大夫	中	68	隋	1893
正議大夫	中	33	隋	1512
汀州總管府同知				
	下	365	新元	181-7
定國公=徐延德				
	下	568	明	7440
定理府	中	328	遼	6182
定安王	上	430	魏	517
定襄都督	中	322	新唐	6174
定遼都衛	下	447	明	952
定遼右衛	下	460	明	2197
		460		2206
定遼前衛	下	460	明	2206
定遼左衛	下	460	明	2206
定遼中衛	下	447	明	952
		460		2197
		460		2206
定遼後衛	下	460	明	2197
		460		2206
定遠府	下	302	新元	47-4
定州監國	中	72	舊唐	57
		116		2444
		122		2611
		122		2619
		126		2704
		128		2761
定州保寧軍	中	517	遼	459
定州刺史	中	83	舊唐	331
		143		2984
定昌國院君=王瑤				
	下	581	明	8283
		586		8290
定海軍節度使				
	下	32	金	612
定海衛	下	463	明	2243
		466		2247
定海總兵	下	465	明	2246

項目	二十五史抄	新校本
征高麗老帥	下 295	新元 28-37
征骨嵬招討使		
	下 161	元 273
	279	新元 11-12
征東大元帥	上 334	新元 135-6
征東大將軍	上 292	晉 2835
	355	宋書 54
	357	132
	371	2392
	371	2393
	378	南齊 1010
	383	梁 36
	387	803
	517	南 25
	520	185
	526	1971
征東都元帥	下 151	元 188
	335	新元 136-3
征東都元帥府		
	下 305	新元 57-2
征東等處行中書省		
	下 304	新元 55-31
征東幕府	下 386	新元 237-7
征東萬戶	下 385	新元 237-7
征東副萬戶	下 349	新元165-10
征東副統軍	中 624	遼 1429
征東宣慰都元帥		
	下 321	新元114-11
征東宣慰使	下 212	元 3142
征東宣慰使都元帥		
	下 161	元 280
	279	新元 11-12
征東省	下 209	元 3004
	217	3262
	217	3420
	219	3433
	232	3808
	369	新元187-10
	402	249-12
征東省郎中	下 209	元 3004
征東右副都元帥		
	下 356	新元 176-4
征東元帥	下 139	元 46
	153	222
	259	4628
	267	新元 6-8
	318	105-4
征東元帥府	下 150	元 162
	151	205
	179	794
	181	834
	324	新元120-2
征東留後軍	下 201	元 2542
	312	新元 99-5
征東將軍	上 152	三 118
	355	宋書 54
	371	2392
	383	梁 36
	387	804
	389	807
	476	魏 2215
	477	2216
	517	南 25
	526	1970
	529	1975
	627	北 3113
	628	3114
征東左副都元帥		
	下 223	元 3595
征東左副元帥		
	下 360	新元176-10
征東招討司	下 160	元 269
	167	361
	193	1562
	278	新元 11-9
	282	12-11
	303	51-29
征東招討使	下 149	元 151
	161	280
	212	3142
征東行尚書省		
	下 166	元 347
征東行尚書省左丞相		
	下 164	元 309
征東行省	下 158	元 253
	161	280

項目	二十五史抄	新校本
	171	438
	173	498
	175	583
	175	601
	177	667
	182	870
	196	2021
	197	2077
	212	3150
	232	3808
	237	3952
	241	4369
	279	新元 11-12
	296	32-8
	306	66-17
	324	121-4
	366	183-5
	411	250-11
征東行省右丞		
	下 356	新元 176-5
征東行省左丞		
	下 362	新元 177-25
征東行省左丞相		
	下 398	新元 249-13
征東行省參知政事		
	下 370	新元 188-6
征東行省平章政事		
	下 399	新元 249-15
征東行中書省		
	下 158	元 254
	166	347
	170	414
	171	427
	174	556
	188	1346
	193	1562
	198	2307
	255	4621
	255	4622
	256	4623
	284	新元 14-2
	285	285-10
征東行中書省丞相		

項目	二十五史抄	新校本
	下 157	元 250
征東行中書省左丞		
	下 347	新元 162-6
征東行中書省左丞相		
	下 158	元 253
征虜	上 529	南 1974
征虜將軍	上 267	晉 2576
	275	2805
	372	宋書 2394
	373	2395
征虜前將軍	下 484	明 4633
征北大將軍	上 229	晉 181
征日本都元帥		
	下 154	元 228
征日本行省	下 153	元 223
征行兵馬都元帥		
	下 208	元 2968
政堂省	中 328	新唐 6182
靖江王	下 478	明 3938
靖寧侯=葉昇		
	下 476	明 3835
靖海侯=吳禎		
	下 423	明 29
	463	2243
鄭頡府	下 30	金 554
靜難軍節度使		
	下 68	金 1438
靜塞軍	中 96	舊唐 1387
靜安軍	中 512	遼 444
靜遠軍	中 524	遼 471
靜析軍	中 319	唐 6170
靜析軍經略大使		
	中 211	舊唐 5352
靜海軍節度使		
	中 389	宋 82
制用院使	下 284	新元 14-11
提學	下 453	明 1848
提督	下 453	明 1797
	454	1866
提督軍務巡撫鳳陽都御史		
	下 452	明 1373
提督四夷館	下 453	明 1795
	453	1797

項目		二十五史抄		新校本	
提督浙閩海防軍務					
	下	491	明		5403
提點	下	147	元		136
提點高麗農事					
	下	225	元		3629
		356	新元		176-4
提點司天臺	下	16	金		145
		61			1426
提點太醫院兼儀鸞使					
	下	67	金		1437
提調	下	454	明		1866
提編	下	455	明		1902
齊公	上	230	晉		200
齊郡丞	中	46	隋		1645
齊安公=王淑					
	下	397	新元		249-11
齊安候=王淑[高麗]					
	下	147	元		140
		254			4620
齊哀王	上	103	後漢		2464
齊王	下	248	晉		1122
	中	160	舊唐		3536
	下	365	新元		179-11
齊旱支	上	388	梁		806
		528	南		1973
齊獻王[晉]	上	247	晉		950
齊後王=高緯					
	中	93	舊唐		1074
諸加評議	上	196	三		844
		386	梁		802
諸道廉訪司	下	368	新元		184-12
諸色總管府	下	186	元		969
		293	新元		26-8
諸兄	中	330	新唐		6186
濟南郡公=王悅					
	上	590	北		2165
濟南尹	下	56	金		1413
濟南太守	上	33	史		2988
		72	漢		3866
		234	晉		236
濟北王	上	103	後漢		2464
濟陰王	上	429	魏		447
		562	北		636

項目		二十五史抄		新校本	
濟州路轉運司					
	下	29	金		552
弔祭夏國使	下	91	金		1489
皂衣	上	217	三		1140
皂衣先人	上	195	三		842
		385	梁		801
曹掾史	上	214	三		857
曹州刺史	中	160	舊唐		3536
造位	上	634	北		3123
	中	58	隋		1820
朝散大夫	中	23	隋		1189
		49			1782
		177	舊唐		4801
	下	58	金		1420
		61			1425
		69			1439
朝散大夫尙書戶部侍郎					
	下	67	金		1437
朝散大夫左司郎中					
	下	55	金		1411
朝鮮公	上	280	晉		2815
朝鮮君王	中	77	舊唐		102
		194			5328
朝鮮郡王	中	339	新唐		6198
朝鮮尼谿相	上	12	史		1055
		45	漢		659
朝鮮大臣	上	33	史		2988
		72	漢		3866
朝鮮令	上	268	晉		2688
朝鮮相	上	12	史		1055
		12			1057
		34			2988
		35			2989
		46	漢		661
		72			3867
		206	三		851
朝鮮相將	上	45	漢		659
朝鮮王	上	32	史		2985
		34			2989
		42	漢		193
		70			3863
		73			3867
		115	後漢		2820

項目	二十五史抄		新校本	
		205	三	850
	中	91	舊唐	900
		194		5328
	下	442	明	275
朝鮮將	上	12	史	1054
		33		2986
		71	漢	3864
朝鮮太守	上	379	南齊	1011
		380		1012
朝鮮侯	上	113	後漢	2817
		203	三	848
		205		850
		457	魏	1817
		608	北	2675
朝臣眞人	中	347	唐	6208
朝廷佐平	中	195	舊唐	5329
		339	新唐	6198
朝請大夫	中	5	隋	74
		18		687
		34		1514
		35		1519
		41		1595
		46		1643
		46		1644
		61		1825
朝請大夫秘書少監	中	42	隋	1612
詔付行省	下	89	金	1485
詔諭高麗使	下	14	金	124
照磨	下	199	元	2308
照磨所	下	199	元	2308
漕運使	下	452	明	1773
肇州蒙古萬戶府	下	203	元	2565
趙國公	中	73	舊唐	57
		264	新唐	4052
趙王	上	247	晉	1047
		261		2524
		499		347
		554		995
	下	111	金	1869
趙王府	下	65	金	1432
潮陽郡王=李洧				
	中	164	舊唐	3542
蒯縣侯	上	444	魏	1259
左諫議大夫	下	69	金	1440
		249	元	4612
左諫議大夫兼翰林直學士	下	67	金	1437
左監門大將軍	中	76	舊唐	97
左監門衛將軍	中	225	新唐	65
左監門長史	中	152	舊唐	3255
左監將軍	中	143	舊唐	2984
		152		3255
左光祿大夫	中	8	隋	82
		24		1218
		26		1320
		31		1491
		32		1500
		33		1512
		35		1519
		38		1535
		38		1538
		45		1633
左光祿大夫=金眞平	中	200	舊唐	5335
左軍都督府	下	460	明	2205
左金吾上將軍同正	中	161	舊唐	3537
左金吾衛大將軍同正員	中	149	舊唐	3206
左金吾衛上將軍	下	57	金	1417
				1418
左金吾衛將軍	中	225	唐	65
左大相	中	536	遼	710
左大將軍	上	46	漢	672
左屯衛大將軍	中	38	隋	1538
左屯衛將軍	中	42	隋	1598
左領軍	中	72	舊唐	57
左領軍大將軍	中	152	舊唐	3255

項目	二十五史抄		新校本	
左領軍大總管	中	151	舊唐	3253
左領軍員將軍	中	154	舊唐	3294
左領軍將軍	中	80	舊唐	198
左犁汗王	上	70	漢	3822
左武威衛將軍	中	142	舊唐	2983
左武威將軍	中	139	舊唐	2893
左武衛大將軍	中	23	隋	1188
		75	舊唐	81
		79		180
		107		2209
		151		3253
		155		3295
左武衛將軍	中	31	隋	1491
		77	舊唐	106
		155		3295
		225	新唐	65
左方王將	上	30	史	2891
左僕射	上	272	晉	2797
	中	144	舊唐	3058
		159		3535
		164		3542
		169		3900
		181		5098
左副都點檢	下	22	金	217
左副元帥	下	57	金	1418
左副點檢	下	55	金	1412
左部	中	330	新唐	6186
左司郎中	下	12	金	86
		52		1406
		54		1408
左散騎常侍	中	81	舊唐	209
左常侍	上	260	晉	2493
左庶子	中	122	舊唐	2611
左宣徽使	下	54	金	1409
		55		1410
		68		1439
左拾遺	中	178	舊唐	4884
左丞	中	20	隋	1121
左侍郎	下	524	明	5849
左禦衛大將軍	中	37	隋	1534
左禦衛將軍	中	31	隋	1467
左奧鞬日逐王	上	186	三	186
左玉鈴衛大將軍	中	139	舊唐	2893
左王將	上	68	漢	3751
左右萬騎左右營	中	151	舊唐	3253
左右羽林	中	151	舊唐	3253
左右羽林營	中	150	舊唐	3252
左羽林大將軍	中	128	舊唐	2758
左威衛將軍	中	78	舊唐	160
左衛騎曹	中	126	舊唐	2681
左衛大將軍	中	112	舊唐	2334
		140		2909
		154		3294
左衛大將軍遼西郡王	中	312	新唐	6048
左衛率府	下	304	新元	56-7
左衛員外大將軍	中	185	舊唐	5137
左衛中郎將	中	132	舊唐	2790
左鷹揚衛大將軍	中	184	舊唐	5167
		194		5328
左議政	下	585	明	8288
左翊衛大將軍	中	9	隋	84
左翊衛將軍	中	68	舊唐	1899
		32		1498
左一馬軍總管	中	120	舊唐	2500
左將軍	上	13	史	1140
		31		2945
		33		2987
		34		2989
		42	漢	194
		62		2492
		66		3660
		71		3865

項目	二十五史抄		新校本	
		71		3866
		71		3867
		73		3867
		158	三	253
		228	晉	90
	下	54	金	1409
左第一軍	中	7	隋	80
左次相	中	606	遼	1238
左參將	下	516	明	5624
左樞密使	下	62	金	1427
左平	上	512	周書	886
		631	北	3119
左鄉侯	上	171	三	457
左賢王	上	69	漢	3820
		228	晉	145
		273		2803
		280		2815
		372	宋書	2394
		618	北	3067
左驍衛大將軍				
	中	74	舊唐	79
		76		90
		78		160
左候衛大將軍				
	中	6	隋	79
		29		1459
左候衛將軍	中	9	隋	84
		38		1541
佐國功臣	中	613	遼	1332
佐軍	上	512	周	886
		631	北	3119
	中	56	隋	1818
從事	上	143	後漢	3626
從事中郎	上	260	晉	2493
主客郎中	中	102	舊唐	1832
主簿	上	110	後漢	2813
		128		2986
		195	二	843
		196		844
		198		845
		200		846
		217		1140
		385	梁	801
		385		802
		386		803
		525	南	1970
		526		1970
		626	北	3112
	中	116	舊唐	2441
主事	中	102	舊唐	1832
				1836
周官	上	6	史	133
柱國	中	196	舊唐	5330
		199		5335
		200		5335
		340	新唐	6199
		343		6203
胄子監	中	328	新唐	6183
奏告使	下	59	金	1420
		62		1427
奏署行軍司馬				
	中	160	舊唐	3536
誅貉將軍	上	74	漢	4121
綢部	上	512	周書	886
		631	北	3119
浚儀令	上	104	後漢	2464
中京大定府	中	528	遼	481
中官	中	151	舊唐	3253
		152		3254
	下	428	明	97
中軍將軍	上	258	晉	2318
中臺省	中	536	遼	710
中都路都轉運使				
	下	116	金	1996
中都留守司事				
	下	486	明	4655
中都侯	上	171	三	457
中郎	中	157	舊唐	3312
中郎將	上	13	史	1145
		43	漢	229
		63		2656
		69		3784
		83	後漢	262
		83		274
		83		304
		93		1286

項目	二十五史抄		新校本	
		94		1592
		122		2956
		122		2960
		123		2962
		123		2964
		126		2983
		129		2987
		129		2988
		135		3235
		155	三	239
		157		252
		186		837
		205		850
	中	125	舊唐	2671
		151		3253
		155		3295
		330	新唐	6186
	下	246	元	4609
		398	新元	249-13
中裏大兄	中	271	新唐	4123
中裏小兄	中	271	新唐	4123
中裏位頭大兄				
	中	272	新唐	4123
中奉大夫	下	52	金	1405
中部都尉	上	51	漢	1626
中使	中	148	舊唐	3204
		157		3312
中使判官	中	149	舊唐	3205
中山公	上	345	晉	3129
		624	北	3078
中山相	上	100	後漢	2353
中山太守	上	123	後漢	2964
		126		2984
		182	三	834
中常侍	上	131	後漢	2990
中書	上	217	三	834
		228	晉	90
中書監	上	272	晉	2797
中書令	上	261	晉	2524
		272		2797
	中	72	舊唐	57
		122		2612
		143		2984

項目	二十五史抄		新校本	
		145		3099
		183		5146
中書令舍人待卿				
	中	179	舊唐	4948
中書門下平章事				
	中	161	舊唐	3537
中書舍人	中	114	舊唐	2360
		123		2622
	下	52	金	1405
		59		1421
中書侍郎	上	278	晉	2811
	中	114	舊唐	2360
		145		3099
		443	宋	14050
中書注書	下	246	元	4608
		328	新元	132-1
中丞	中	149	舊唐	3205
		149		3206
中衛軍	下	203	元	2570
中政院	下	198	元	2230
中壘校尉	上	64	漢	3125
中樞府知事	下	584	明	8287
中護軍	上	228	晉	90
中侯	上	379	南齊	1010
中興尹	下	66	金	1434
知曷懶路兵馬都總管府事				
	下	124	金	2642
知國事	中	272	新唐	4123
		435	宋	14036
知國政	中	272	新唐	4123
知東都營田	中	176	舊唐	4796
知登聞檢院	下	23	金	237
知門下省事	下	250	元	4615
		395	新元	249-9
知法	下	40	金	1304
		40		1310
知府	下	523	明	5833
知事	下	199	元	2308
知宣徽院事	下	62	金	1428
知燕京留守	下	113	金	1889
知節度理度支營田觀察				
	中	84	舊唐	349
知節度事	中	85	舊唐	419

項目	二十五史抄		新校本	
		87		487
		161		3538
		168		3899
知政事	中	151	舊唐	3253
知左史事	中	137	舊唐	2815
知州	下	439	明	244
知樞密事	下	85	金	1477
知樞密院	中	443	宋	14050
知樞密院事	中	444	宋	14051
	下	45	金	1393
		52		1405
		149	元	150
		253		4619
知咸州路兵馬事	中	539	遼	745
知縣	下	439	明	242
		490		5363
		528		5916
知黃龍府事	中	622	遼	1414
知興中府事	下	123	金	2623
持節	上	98	後漢	2118
		162	三	253
		387	梁	803
		388		804
		389		807
		526	南	1971
		527		1972
		529		1975
		633	北	3121
持節大都督鷄林州諸軍事	中	202	舊唐	5338
持節充寧海軍使	中	202	舊唐	5338
持節充朔方道防禦討擊大使	中	151	舊唐	3253
持牒官	中	444	宋	14052
指揮	下	426	明	55
		443		277
		460		2222
		473		3748
		487		4801
		508		5609
指揮僉事	下	508	明	5608
		514		5618
直東上閣門	下	24	金	256
直隸巡按	下	457	明	2047
職方郎中	下	523	明	5833
辰王	上	114	後漢	2818
		115		2820
		205	三	850
辰州奉國軍	中	517	遼	460
辰州奉國軍節度使司	中	543	遼	814
辰州遼海軍節度使	下	31	金	556
辰韓王	上	388	梁	805
辰韓右渠帥		206	三	851
振國王	中	216	舊唐	5360
振軍	上	512	周	886
振武	上	631	北	3119
	中	56	隋	1818
振武軍	中	84	舊唐	365
		187		5215
振武節度使	中	171	舊唐	4058
振威將軍	上	254	晉	1951
振州貝外別駕	中	152	舊唐	3255
晉國公	中	88	舊唐	538
晉悼公	上	67	漢	3747
晉文公	上	67	漢	3746
	中	92	舊唐	1053
晉王	中	379	新五	889
		496	遼	341
		497		342
晉王=道隱	中	603	遼	1212
晉王=敖盧幹	中	623	遼	1428
		627		1440
		629		1442
晉王=甘剌麻	下	318	新元	104-30
晉王=甘麻剌	下	399	新元	249-14
晉獻公	上	261	晉	2524
眞連	中	449	宋	14131
眞王左光祿大夫				

項目	二十五史抄		新校本	
	中	343	新唐	6203
眞人	中	347	新唐	6209
眞定府	下	127	金	2784
眞定尹	下	69	金	1440
眞珠毗伽可汗	中	205	舊唐	5344
秦國公=張浩	下	107	金	1863
秦明王	上	426	魏	370
秦穆公	上	67	漢	3747
	中	249	新唐	3516
秦府記室	中	137	舊唐	2813
秦昭王	上	29	史	2886
		37	漢	3747
秦王	上	29	史	2886
		56	漢	1657
秦王=觚	上	423	魏	324
		466		2066
		536	北	12
秦王=翰	上	560	北	561
秦王=觚	上	564	北	748
	中	92	舊唐	1059
		192		5324
		271	新唐	4123
		334		6191
		466	遼	115
		496		341
秦王=定	中	497	遼	344
		498		345
		499		346
秦王=定	中	501	遼	353
		554		997
		629		1442
秦州刺史	中	151	舊唐	3253
秦晉國王=淳	中	494	遼	336
		497		344
		498		345
		592		1184
		633		1516
秦晉王=淳	中	500	遼	348
		502		355
陳敬王=羨	上	95	後漢	1667
陳郡太守	上	232	晉	213
陳留公	上	466	魏	2067
		537	北	14
陳留王=虞	上	427	魏	381
		434		684
		561	北	574
陳留王=奐	上	153	三	147
陳留太守	上	231	晉	208
陳王	中	11	隋	99
陳許節度使	中	163	舊唐	3540
進謀將軍	上	260	晉	2493
進奉使	下	58	金	1419
		59		1421
		60		1422
		61		1424
		61		1425
		61		1426
		247	元	4610
進奉使內議侍郎	中	435	宋	14036
進士	下	39	金	1146
		451	明	1683
		481		4165
		488		5116
		498		5416
		503		5563
		521		5818
		523		5833
		524		5838
		527		5873
		528		5916
震國公	中	326	新唐	6179
		514	遼	456
震國王	中	326	新唐	6180
鎭國軍	中	89	舊唐	635
鎭國上將軍安撫使高麗軍民總管	下	360	新元	176-10
		361		176-11
鎭國上將軍征東都元帥	下	356	新元	176-4
兼瀋陽按撫使高麗軍民總管	下	361	新元	176-11
鎭南王	下	282	新元	12-11

項目	二十五史抄		新校本	
鎮東軍節度使				
	下	57	金	1418
鎮東大將軍	上	355	宋書	59
		356		117
		371		2392
		372		2394
		379	南齊	1011
		383	梁	36
		383		65
		387		804
		389		807
		517	南	25
		518		60
		519		111
		519		123
		520		185
		520		202
		526		1970
		526		1971
		529		1975
	中	154	舊唐	3294
鎮東將軍	上	233	晉	223
		275		2805
		355	宋書	54
		371		2392
		372		2393
		517	南	25
		527		1972
		628	北	3114
鎮撫	下	460	明	2222
鎮撫大使	中	77	舊唐	106
鎮邊萬戶府	下	201	元	2542
		312	新元	99-5
鎮北將軍	上	167	三	303
		228	晉	145
鎮西武靖王部				
	下	177	元	657
鎮戍	下	201	元	2538
鎮守	下	454	明	1866
鎮守使	中	149	舊唐	3205
鎮守總兵官	下	518	明	5664
鎮遠典史	下	493	明	5408
鎮海府	中	526	遼	473

項目	二十五史抄		新校本	
執金吾	上	216	三	1138
集賽台	下	255	元	4622
集州懷遠軍	下	31	金	556
集賢學士	中	170	舊唐	4016
質館	上	128	後漢	2986
質宮	上	186	三	837

項目	二十五史抄		新校本	
[차]				
借邑	上	208	三	852
贊畫侍郎	下	502	明	5508
贊善大夫	中	81	舊唐	207
參軍	上	163	三	258
		379	南齊	1011
		380		1012
	中	19	隋	798
參軍官	上	387	梁	803
		627	北	3112
參將	下	439	明	243
		440		245
		454		1866
		464		2245
		466		2247
		483		4493
		490		5397
		492		5407
		506		5605
		510		5610
		510		5611
		510		5612
		514		5618
		515		5621
		516		5622
		523		5833
		528		5916
參政	下	509	明	5609
		526		5859
		527		5878
參佐	中	330	新唐	6186
參知政事	中	137	舊唐	2815
		447	遼	190
	下	52	金	1405
		56		1412
		62		1427
昌國衛	下	187	元	1053
		466	明	2247
		490		5397
		504		5603
		602		8346
		606		8352

項目	二十五史抄		新校本	
昌黎公	上	275	晉	2805
		409	魏	81
昌黎王	上	234	晉	250
		333		3097
		468	魏	2069
		469		2071
		538	北	17
		621		3072
		622		3074
昌黎尹	上	335	晉	3100
		346		3131
昌黎太守	上	278	晉	2811
		432	魏	612
		440		792
倉部郎中	中	170	舊唐	4016
倉海君	上	22	史	2034
		59	漢	2023
滄州刺史	中	105	舊唐	2113
滄州節度使	中	163	舊唐	3540
滄海道行軍大總管				
	中	120	舊唐	2516
彰德軍	中	446	遼	119
彰武軍	中	613	舊唐	469
彰聖軍	中	524	舊唐	470
		525		472
彰信軍刺史	下	29	金	552
蔡國	中	153	舊唐	3255
册使	下	83	金	1477
册王晧使	下	63	金	1430
柵城府	中	328	唐	6182
處羅侯	上	568	北	818
		569		818
	中	26	隋	1331
處閭近支	中	330	唐	6186
川湖總督	下	506	明	5605
千騎營	中	151	舊唐	3252
千百戶	下	460	明	2222
千夫	上	36	史	3149
	下	168	元	366
千夫長	上	183	三	834
千戶	下	6	金	32
		100		1763
		101		1809

項目	二十五史抄		新校本	
		198	元	2237
		201		2530
		517	明	5625
千戶所	下	427	明	89
天可汗	中	329	新唐	6183
天兵軍節度	中	151	舊唐	3253
天水郡王	下	50	金	1401
		52		1405
天雲軍	中	476	遼	185
		635		1521
天平軍	中	466	遼	115
泉府	下	463	明	2243
		490		5397
		605		8350
泉州觀察使	下	62	金	1427
		63		1428
		64		1331
		66		1435
遷騎都尉	上	155	三	239
徹里台軍	下	202	元	2547
徹官	上	52	漢	1626
鐵驪國王府	中	541	遼	758
鐵嶺衛	下	447	明	956
		460		2197
		483		4415
		536		6183
鐵嶺左右千戶所	下	460	明	2207
鐵利府	中	328	新唐	6182
		512	遼	446
		525		472
鐵鷂子軍	中	607	遼	1249
僉大都督府事	下	476	明	3855
僉都御史	下	443	明	279
僉事	下	491	明	5404
		499		5416
		505		5604
		509		5609
僉書廣東都司	下	503	明	5602
僉院	下	232	元	3808
僉議	下	172	元	470
僉議府	下	255	元	4622
僉議中贊	下	152	元	207
		152		221
		154		228
		154		229
		254		4620
僉浙江都司	下	509	明	5610
		509		5611
		516		5625
詹事	上	272	晉	2797
檐魯	上	527	南	1972
簽書宣徽院事	下	13	金	107
簽書宣徽院事	下	54	金	1410
簽書樞密院事	下	56	金	1413
		62		1427
青丘道行軍大總管	中	120	舊唐	2518
		336	新唐	6194
		337		6195
青丘道行軍總管帥	中	256	新唐	3832
青邊道大總管	中	139	舊唐	2898
		279	新唐	4224
		319		6169
青邊道副總管	中	319	新唐	6169
青山都指揮使	下	486	明	4655
青州牧	上	216	三	1137
				1138
青州水陸槍手	下	464	明	2244
青州刺史	上	243	晉	428
	中	83	舊唐	307
		84		375
		90		734
		90		746
		159		3535
		160		3537

項目	二十五史抄		新校本	
青州節度使	中	90	舊唐	738
青村所	下	505	明	5603
清邊道總管	中	142	舊唐	2977
清邊道行軍大總管	中	303	新唐	5839
清邊中道前軍總管	中	319	新唐	6169
清夷(軍)	中	96	舊唐	1387
		213		5356
清河郡王	中	245	新唐	3450
		323		6175
清河王	上	271	晉	2796
清河王=慕容會	上	331	晉	3093
		332		3094
清河王=懌	上	458	魏	1830
		458		1831
清河太守		379	南齊	1011
清化軍	中	525	遼	471
清化侯=王璟	下	360	新元	176-10
棣州刺史	中	170	舊唐	3939
招諭使	中	164	舊唐	3542
招討	下	260	元	4629
招討使	下	278	新元	11-5
		340		152-2
		366		182-2
		410		250-10
草河五千戶所	下	447	明	953
峭王	上	126	後漢	2984
		173	三	730
				731
		182		834
		183		835
焦元帥	下	156	元	246
楚公	中	107	舊唐	2208
楚國公=耶律弘古	中	617	遼	1346
楚國王=隆祐	中	472	遼	168
		473		169
楚相	上	104	後漢	2466
蜀國王	下	85	金	1478
蜀王	中	603	遼	1212
總管	中	95	舊唐	1376
		141		2950
	下	29	金	552
		278	新元	11-5
總管高麗萬戶府	下	361	新元	176-11
總管高麗女直漢軍萬戶府	下	236	元	3892
		361	新元	176-11
總管高麗女直漢軍萬戶府兼安撫使高麗軍民總管	下	359	新元	176-9
總管女直萬戶府	下	306	新元	66-30
總管府	下	29	金	552
		29		553
		31		557
		37		997
		40		1310
總督	下	440	明	246
		452		1773
		466		2247
		507		5607
		510		5611
		516		5622
		516		5624
		517		5627
		518		5696
		521		5778
		528		5916
總督南直軍務都御使	下	464	明	2244
總督侍郎	下	439	明	243
總督漕運兼捉督軍務	下	452	明	1773
總兵	下	512	明	5614
		521		5800
總兵官	下	423	明	29
		425		52
		439		244
		440		248

項目	二十五史抄		新校本	
		441		249
		443		277
		444		280
		454		1855
		454		1866
		463		2243
		464		2244
		465		2246
		466		2247
		475		3841
		480		4112
		481		4234
		485		4634
		492		5407
		498		5414
		499		5418
		510		5611
		511		5613
		515		5619
		518		5656
		524		5834
		524		5849
		526		5859
		545		6214
		549		6392
總部尙書	中	579	明	8280
總知國事	中	370	舊五	1844
總河	下	458	明	2115
酋渠	中	101	舊唐	1526
酋領辱紇主	中	322	新唐	6173
酋長	中	58	隋	1821
		91	舊唐	900
秋苗侯	上	12	史	1055
		34		2989
		73	漢	3867
推誠順化守節保義功臣				
	中	435	宋	14036
樞密都承旨	下	59	金	1420
		60		1424
樞密副使	下	150	元	169
		271	新元	8-10
樞密使	下	150	元	156
		253		4619
樞密院	下	158	元	2527
		304	新元	516-7
樞密院副使	下	249	元	4613
		250		4615
		258		4626
		404	新元	250-1
樞密直學士	下	62	金	1428
		63		1430
		64		1431
祝阿子	上	228	晉	145
春官尙書	中	77	舊唐	125
春部少卿	中	381	舊五	919
忠誠國王	中	194	舊唐	5328
忠誠國王=高寶元				
	中	339	新唐	6198
忠順軍	中	614	遼	1336
忠王	中	80	舊唐	195
		124		2652
		211		5353
		250	新唐	3568
		320		6171
忠義都尉	上	153	三	139
忠清道勸課使				
	下	303	新元	51-29
忠清州道	下	193	元	1563
忠顯校尉管軍總把				
	下	409	新元	250-9
治書侍御史	中	46	隋	1643
		125	舊唐	2671
淄萊路總管府判官				
	下	251	元	4615
淄州刺史	中	160	舊唐	3536
	下	223	元	3578
淄靑兗鄆登萊齊等州節度支度營田				
	中	170	舊唐	3943
淄靑節度副大使				
	中	161	舊唐	3538
淄靑節度使	中	83	舊唐	345
		161		3538
		170		3943
		174		4535
置溝婁	上	113	後漢	2816
勑都尉	中	6	隋	76

勅祭使　　　下　25　　金　268
　　　　　　　　83　　　　1473
親軍指揮僉事
　　　　　　下　477　　明　3921
親衛大都督　中　44　　隋　1624
親晉王　　　上　252　　晉　1710
親漢王　　　上　190　　三　840
七部樂　　　中　14　　隋　376

項目	二十五史抄		新校本	

[타]

項目	二十五史抄		新校本	
朵顏衛	下	425	明	46
		462		2239
啄評	上	388	梁	805
涿郡丞	中	47	隋	1684
涿郡留守	中	22	隋	1149
		25		1274
		31		1491
		37		1534
涿令	上	154	三	239
涿州刺史	中	84	舊唐	349
耽羅國軍民安撫使司				
	下	180	元	819
耽羅國達魯花赤				
	下	150	元	168
耽羅國使	中	133	舊唐	2792
耽羅國安撫司				
	下	159	元	264
		278	新元	11-7
耽羅國招討司				
	下	257	元	4624
		303	新元	51-29
		341		152-8
耽羅國招討使				
	下	149	元	150
		216		3234
		274	新元	9-3
耽羅軍民萬戶府				
	下	171	元	436
		284	新元	14-4
耽羅軍民總管府				
	下	193	元	1563
耽羅總管府	下	171	元	431
		284	新元	14-3
		303		51-29
探馬赤	下	164	元	310
探馬赤軍	下	329	新元	132-2
湯河司	下	31	金	556
湯河詳穩司	中	538	遼	745
太監	下	432	明	134
		584		827
		584		828

項目	二十五史抄		新校本	
太大使者	上	511	周書	885
	中	53	隋	1814
		330	唐	6186
太大兄	上	511	周書	885
		629	北	3115
	中	53	隋	1814
		188	舊唐	5319
		194		5327
太保	上	228	晉	90
	中	106	舊唐	2207
		174		4675
太僕	上	64	漢	3125
		90	後漢	745
		122		2960
	中	26	隋	1331
		110	舊唐	2252
太僕少卿	中	376	新五	114
	下	501	明	5423
太僕院	下	202	新元	100-2
		469	明	2274
太僕院	下	202	元	2553
太僕員外卿	中	201	舊唐	5337
太府監	下	20	金	198
		55		1410
		61		1425
		68		1438
		69		1440
		202	元	2553
		403	新元	249-21
太府卿	中	200	舊唐	5336
	下	85	金	1477
大府令	中	342	新唐	6202
太府少卿	下	59	金	1422
		62		1426
		64		1430
		64		1431
太傅	上	155	三	241
		228	晉	90
	中	161	舊唐	3538
太司馬	上	162	三	253
太史令	上	260	晉	2493
		270		2768
	中	51	隋	1768

項目	二十五史抄		新校本	
太史靈臺諸署統				
	上	260	晉	2493
太師	上	17	史	1610
	中	73	舊唐	57
	下	33	金	832
太奢	上	476	魏	2215
太山太守	上	100	後漢	2353
		257	晉	2189
太常	上	81	後漢	232
		261	三	1138
	下	453	明	1797
太常卿	中	89	舊唐	639
		93		1070
		120		2500
		123		2621
太常卿同正員				
	中	157	舊唐	3312
太常禮院	中	92	舊唐	1053
太常博士	下	14	金	115
		56		1413
太常少卿	中	13	隋	162
	下	19	金	176
		44		1391
		433	明	142
太常	下	35	金	881
		453	明	1795
		453		1797
太守	上	103	後漢	2462
		527	南	1972
	中	108	舊唐	2210
		344	新唐	6204
太原軍器監	中	152	舊唐	3254
太原王	上	271	晉	2794
太原尹	中	157	舊唐	3313
		169		3938
太尉	上	8	史	381
		10		800
		23		2070
		26		2637
		41	漢	58
		44		377
		46		747
		58		1891
		59		2053
		150	三	111
		152		118
		155		240
		165		254
		175		762
		198		845
	中	157	舊唐	3313
		160		3535
	下	419	新元	10-3
太尉王	下	400	新元	249-17
太尉參軍	上	255	晉	2125
太子家令	中	152	舊唐	3255
太子僕	中	152	舊唐	3255
太子少保	下	122	金	2366
太子少師	中	90	舊唐	738
太子少詹事	中	72	舊唐	57
	下	15	金	135
		59		1420
太子左庶子	中	76	舊唐	98
太子左衛率府				
	下	68	金	1439
太子左諭德	中	202	舊唐	5339
太子左贊善	下	18	金	170
太子左贊善兼翰林修撰				
	下	68	金	1438
太子詹事	中	72	舊唐	56
		181		5097
	下	52	金	1406
		59		1421
		62		1427
太子太保	中	159	舊唐	3535
		201		5337
		344	新唐	6205
	下	479	明	4077
		497		5414
		513		5616
		526		5858
太子太傅	中	72	舊唐	57
		116		2444
	下	518	明	5660
太子太師	中	73	舊唐	57
		116		2453

項目	二十五史抄		新校本	
太宰	上	247	晉	964
太宰府	下	149	元	150
		155		231
		211		3130
		230		3745
太宰府	下	258	元	4626
		260		4629
		343	新元	158-7
		344		158-8
		405		250-2
		408		250-7
		410		250-10
		411		250-13
太倉市船司	下	454	明	1848
太倉衛	下	463	明	2244
太平府	下	607	明	8353
太學	上	174	三	732
	中	344	新唐	6204
		418	宋	10076
	下	212	元	3165
		462	明	2239
		487		4801
		583		8285
		623		8504
		623		8505
泰山太守	上	168	三	338
泰晉國王	下	98	金	1635
吐蕃使	中	270	新唐	4121
吐蕃使者	中	314	新唐	6085
吐蕃宣慰司	下	378	新元	216-11
吐捽	中	330	新唐	6186
討穢將軍	上	74	漢	4121
討蜀護軍右將軍	上	167	三	272
菟州都督充義軍使	中	434	宋	14035
通問使	下	59	金	1421
通事	下	23	金	239
		40		1310
		391	新元	249-3
		453	明	1797
通事別將	下	253	元	4619
通事舍人	中	180	舊唐	5010
通市	上	190	三	840
通驛使	上	127	後漢	2985
通議大夫	中	35	隋	1520
通政	下	500	明	5420
		508		5609
通政使司		453		1797
通州安遠軍節度使司	中	543	遼	815
通判	下	511	明	5612
		515		5621
		516		5624
統軍	下	5	金	23
統軍司	下	31	金	557
		37		1003
統領	上	183	三	834
統兵	上	512	周	886
統制使	下	551	明	6421
投鹿侯	上	186	三	837
特勤	中	186	舊唐	5180
		187		5214
		187		5215

[파]

項目	二十五史抄		新校本	
把總	下	455	明	1866
		465		2246
		499		5416
		507		5606
		515		5619
破彌干	上	634	北	3123
	中	58	隋	1820
婆等路宣撫司				
	下	269	新元	8-5
婆娑府	下	189	元	1395
		203		2570
		281	新元	12-7
		299		47-1
		301		47-4
		319		105-7
婆速路總管	下	114	金	1920
判閣事	下	150	元	159
判官	中	160	舊唐	3536
		161		3538
判官廣評侍郎				
	中	435	宋	14036
判大宗正事	下	119	金	2044
判秘書寺	下	151	元	186
判秘書寺寺	下	254	元	4620
判秘書省事	下	395	新元	249-5
判司宰事	下	140	金	67
		248	元	4612
判宗簿事	下	580	明	8281
判閣門事	下	254	元	4620
孛堇	下	7	金	32
		7		55
		42		1387
		43		1389
		44		1391
貝州刺史	中	177	舊唐	4814
沛郡太守	上	233	晉	234
		256		2189
沛者	上	110	後漢	2813
		176	三	762
		195		843
		385	梁	801

項目	二十五史抄		新校本	
		385		802
		525	南	1970
浿江道大總管				
	中	75	舊唐	82
		279	新唐	4215
浿江道總管	中	136	舊唐	2795
		268	新唐	4084
浿江道行軍總管				
	中	240	新唐	1642
				1644
浿水上軍	上	71	漢	3865
浿水西軍	上	71	漢	3865
彭城王=劦思				
	上	458	魏	1830
彭城留守	中	38	隋	1540
偏將	中	11	隋	160
		12		161
偏將左領軍員外將軍				
	中	188	舊唐	5224
平江府	中	453	宋	14137
平郭侯	上	158	三	253
平盧	中	87	舊唐	486
平盧軍	中	80	舊唐	195
		87		479
		96		1387
		159		3526
		161		3538
		169		3938
		171		4051
		211		5352
		213		5356
		287	新唐	4549
		320		6171
		354		6437
平盧軍使	中	147	舊唐	3195
平盧軍節度觀察				
	中	90	舊唐	738
		90		746
平盧軍節度大使				
	中	80	舊唐	191
		153		3263
平盧軍節度副使				
	中	81	舊唐	214

項目	二十五史抄		新校本	
平盧軍節度使				
	中	96	舊唐	1387
		160		3536
平盧及淸淄齊節度營田觀察				
	中	160	舊唐	3537
平盧節度	中	169	舊唐	3938
平盧節度副使				
	中	169	舊唐	3938
平盧節度使	中	169	舊唐	3938
平盧節度支度營田陸運				
	中	169	舊唐	3939
平盧節度	中	159	舊唐	3534
平盧淄靑節度觀察				
	中	83	舊唐	307
平盧淄靑節度觀察使				
	中	159	舊唐	3535
平壤縣伯	中	313	新唐	6064
平王=著大勳				
	中	151	舊唐	3253
平王=降先	中	603	遼	1211
平原公	上	560	北	562
平原相	上	100	後漢	2263
平章國重事	中	88	舊唐	538
平章事	中	144	舊唐	3058
		159		3535
平章政事	下	12	金	86
平州牧	上	103	後漢	2419
		158	三	252
		173		730
		228	晉	155
		230		195
		242		426
		276		2807
		387	梁	803
平州刺史	上	170	三	453
		227	晉	73
		228		152
		275		2806
		276		2807
		280		2816
平州諸軍事	上	276	晉	2807
平州侯	上	12	史	1054
		34		2989
		45	漢	659
		73		3867
平海衛	下	440	明	248
		511		5612
		515		5619
		524		5834
		609		8356
浦峪路屯田萬戶府				
	下	203	元	2565
蒲奴里部	中	542	遼	766
蒲盧毛朵部大王府				
	下	541	遼	762
蒲山公	下	106	舊唐	2207
蒲河千戶所	下	460	明	2207
驃騎大將軍	上	231	晉	207
		249		1147
		271		2794
		377	南齊	36
		378		1009
		495	北齊	54
驃騎大將軍	上	498	北齊	103
		519	南	111
		547	北	247
		549		291
		628		3114
驃騎衛上將軍				
	下	94	金	1562
驃騎將軍	上	78	後漢	100
		125		2981
品達魯虢部節度使				
	中	622	遼	1408
豊城侯=李彬				
	下	464	明	2244
豊州司馬	中	142	舊唐	2978
豊州刺史	中	187	舊唐	5215
澧郎硤團練使				
	中	165	舊唐	3621
皮室詳穩	中	626	遼	1435
必闍赤	下	236	元	3919
		249		4613
		352	新元	172-1
必且齊	下	255	元	4621

[하]

下中書	中 144	舊唐	3058	
河間府	下 127	金	2784	
河間平王	上 248	晉	1087	
河南経略使	下 338	新元	145-13	
河南府	中 162	舊唐	3538	
	218		5362	
	246	新唐	3451	
河南備操軍	下 484	明	4545	
河南巡察大使	中 126	舊唐	2704	
河南王	上 391	梁	810	
	531	南	1977	
河南王=擴廓帖木兒	下 381	新元	220-7	
河南右布政使	下 527	明	5878	
河南尹	上 168	三	354	
	228	晉	90	
河南贊務	中 9	隋	84	
河內郡王	中 140	舊唐	2912	
	下 113	金	1890	
河內王	中 78	舊唐	126	
河內王=武懿宗	中 146	舊唐	3154	
	277	新唐	4172	
河內太守	上 157	三	252	
	250	晉	1253	
河東節度使	中 157	舊唐	3312	
	160		3536	
	169		3938	
河東河北道行軍副元帥	中 228	新唐	136	
河東縣男	中 130	舊唐	2781	
河北度監察兼支度營田使	中 178	舊唐	4816	
河北道按察使	中 177	舊唐	4808	
河北道元帥	中 82	舊唐	239	
河北道行軍元帥	中 80	舊唐	195	
	124		2652	

河北西路接察轉運使	下 120	金	2216	
河北節度副大使	中 146	舊唐	3194	
河北支度營田使	中 177	舊唐	4814	
河北採訪處置使	中 146	舊唐	3194	
河西軍	中 147	舊唐	3203	
河西王	上 540	北	52	
河西節度使	中 149	舊唐	3206	
河源軍經略大使	中 77	舊唐	106	
河源軍副使	中 155	舊唐	3295	
	157		3312	
河池郡守	中 115	舊唐	2400	
夏官郎中	中 177	舊唐	4808	
夏官尙書	中 142	舊唐	2979	
夏官侍郎	中 144	舊唐	3021	
夏國生日使	下 13	金	101	
	20		188	
夏國譯史	下 40	金	1218	
夏使	下 34	金	866	
	35		868	
	44		1392	
	46		1393	
	47		1396	
	49		1399	
	49		1401	
	52		1405	
	53		1408	
	55		1409	
	55		1412	
	56		1413	
夏生日使	下 52	金	1406	
	53		1407	
	54		1410	
	55		1411	
	57		1418	
	59		1421	
	60		1423	
	61		1426	
	62		1428	

項目		二十五史抄		新校本
		64		1430
		65		1432
		66		1434
		67		1436
		68		1439
夏賀正旦使	下	51	金	1404
夏后	上	211	三	855
賀宋國生日使				
	下	118	金	2006
賀宋旦使	下	65	金	1434
賀宋生辰使	下	82	金	1471
		83		1472
		84		1473
				1476
賀宋生日使	下	44	金	1391
		52		1405
		60		1423
		61		1425
		62		1427
		63		1429
		74		1438
		82		1471
		88		1483
		89		1484
賀宋歲元使	下	114	金	1920
賀宋正旦使	下	44	金	1391
		52		1406
		53		1407
		54		1409
		56		1413
		59		1422
		60		1423
		61		1425
		61		1426
		62		1428
		64		1430
		64		1432
		66		1434
		67		1436
		69		1439
		81		1469
		82		1471
		82		1472

項目		二十五史抄		新校本
		83		1473
		85		1476
		88		1483
		89		1484
賀正旦使	下	133	金	2888
鶴州司倉	中	152	舊唐	3255
汗魯王	上	126	後漢	2984
		182	三	834
汗州都督	中	217	舊唐	5360
		448	宋	14129
旱支	上	528	南	1973
漢軍都指揮使司				
	中	538	遼	744
漢軍萬戶	下	228	元	3634
漢軍萬戶府	下	197	元	2088
		306	新元	66-30
漢都尉	上	126	後漢	2983
漢王=諒	上	551	北	422
		604		2632
		630		3117
	中	9	隋	86
漢王=竝	中	22	隋	1173
		23		1182
		25		1319
		28		1372
		28		1390
		33		1510
		55		1816
漢人教坊	下	36	金	889
漢人萬戶	下	340	新元	152-3
翰林待制	下	13	金	101
		14		110
		16		143
		20		199
		53		1407
		60		1423
		109		1865
		123		2401
翰林待制兼同修國史				
	下	61	金	1425
翰林待詔	下	479	明	3698
翰林侍講學士				
	下	52	金	1406

項目	二十五史抄		新校本	
		55		1411
翰林院	下	451	明	1683
		453		1797
翰林直學士	下	52	金	1405
		56		1413
翰林學士	下	52	金	1405
		54		1409
		57		1418
		59		1420
		60		1423
		61		1424
		63		1428
		64		1432
		66		1434
		68		1438
翰林學士知制誥朝散大夫				
	下	67	金	1436
韓王	上	115	後漢	2820
韓王=石暉	中	366	舊五	1138
韓王府	下	448	明	957
瀚海都督府	中	208	舊唐	5348
咸賜郡公=王勯				
	上	590	北	2164
咸陽王=禧	上	458	魏	1829
				1830
咸州軍帥司	下	37	金	1002
咸州糺將	中	539	遼	745
咸州都統司	下	6	金	32
咸州路都統	下	6	金	29
咸州兵馬詳穩司				
	中	539	遼	745
咸州安東軍節度使司				
	中	543	遼	815
咸平府	下	29	金	553
		39		1146
		115		1940
		127		2784
		192	元	1400
		201		2544
		203		2565
		203		2570
		279	新元	11-13
		302		47-5

項目	二十五史抄		新校本	
		318		105-4
		447	明	957
合蘭府	下	192	元	1400
		300	新元	47-2
		302		47-6
合懶路宣撫司				
	下	143	元	110
合懶合兀王	下	121	金	2299
合蘇袞部女直王				
	中	540	遼	756
合蘇館路孛菫				
	下	7	金	51
合蘇女直王	中	540	遼	756
哈思罕鷹房	下	198	元	2237
閣門使	下	23	金	239
		191	元	1868
閣門祗候	中	444	宋	14051
	下	247	元	4610
閣使	下	247	元	4610
恒陽軍	中	96	舊唐	1387
恒州刺史	中	83	舊唐	330
航海侯=張赫				
	下	475	明	3832
絳郡	中	157	舊唐	3313
鄉貢[高麗]	中	445	宋	14053
海藍伯=燕眞				
	下	372	新元	198-5
海寧府	下	466	明	2247
海道副使	下	440	明	246
		523		5833
海陸王	下	100	金	1746
		103		1824
		107		1862
		107		1863
		108		1864
		113		1890
		117		2005
		119		2021
		119		2044
		126		2782
		127		2783
		192	元	1400
海門衛	下	463	明	2243

項目	二十五史抄		新校本	
		463		2244
		466		2247
海門衛部河所百戶	下	517	明	5625
海防僉事	下	527	明	5874
海濱王	中	501	遼	351
海西公	上	232	晉	210
		236		349
		238		377
		307		2858
海西貢使	下	487	明	4801
海西遼東道	下	198	元	2180
海西遼東道巡防捕盜所				
	下	300	新元	47-3
海西遼東提刑按察司				
	下	158	元	254
海西鷹房	下	198	元	2237
海船萬戶	下	413	新元	253-9
海船副萬戶	下	261	元	4667
海洋五千戶所				
	下	447	明	953
海運陸運押新羅渤海兩番使				
	中	160	舊唐	3537
海州南海軍節度使司				
	中	543	遼	814
海州衛	下	447	明	952
		460		2197
		460		2206
奚可汗	中	99	舊唐	1522
奚契丹經略盧龍軍使				
	中	168	舊唐	3900
奚契丹經略盧龍等軍使				
	中	84	舊唐	349
奚契丹管內觀察處置等使				
	中	90	舊唐	735
奚契丹等使	中	90	舊唐	700
				756
奚契丹兩番經略等使				
	中	87	舊唐	487
奚軍都指揮使司				
	中	538	遼	744
奚都督	中	313	新唐	6052
奚路都統司	下	37	金	1002
奚六部大王	下	633	遼	1516
奚王	中	87	舊唐	538
		187		5215
		467	遼	119
奚王=和朔奴				
	中	469	遼	146
		470		148
		497		342
		504		387
		505		397
		537		711
		579		1190
		612		1316
		612		1317
		629		1442
	下	95	金	1587
奚王府	中	504	遼	387
奚饒樂都督	中	228	新唐	144
奚漢渤海三樞密院				
	中	633	遼	1516
行建武將軍	上	372	宋書	2394
		379	南齊	1010
		380		1012
行冠軍將軍	上	372	宋書	2394
		379	南齊	1010
		527	南	1972
行廣武將軍	上	379	南齊	1011
		380		1012
行軍大總管	中	73	舊唐	57
行軍元帥	中	22	隋	1173
		25		1244
行軍總管	上	597	北	2529
	中	25	隋	1319
		28		1372
		33		1510
		72	舊唐	53
		72		56
		72		57
		129		2776
行寧朔將軍	上	372	宋書	2394
		379	南齊	1010
行都督百濟諸軍事				
	上	379	南齊	1011

項目		二十五史抄		新校本
		387		804
中書省等"行東京等路				
	下	230	元	344
行龍驤將軍	上	372	宋書	2394
		379	南齊	1010
		379		1011
		380		1012
行李使	下	247	元	4610
行武威將軍	上	380	南齊	1012
行輔國將軍	上	372	宋書	2394
行尚書省	下	163	元	301
行尚書省平章政事				
	下	163	元	298
行宣威將軍	上	379	南齊	1011
行省	下	27	金	343
		31		555
行安國將軍	上	380	南齊	1012
行揚武將軍	上	380	南齊	1012
行征東省	下	352	新元	174-12
行征虜將軍	上	372	宋書	2394
行中書省	下	303	新元	51-29
		304		55-31
行辰茂將軍	上	380	南齊	1012
行太僕卿	中	151	舊唐	3253
行平陽元帥府事				
	下	241	元	4377
行豹韜衛大將軍				
	中	201	舊唐	5337
襧導	中	26	隋	1331
許國公=乞四比羽				
	中	326	新唐	6179
許國王=寅底石				
	中	551	遼	969
許王	中	496	遼	341
		499		346
許王=耶律寧				
	中	554	遼	997
許王=仁先	中	632	遼	1502
許王府	下	15	金	132
		58		1419
許王府長史	下	15	金	132
憲司	下	367	新元	184-11
險山參將	下	525	明	5855

項目		二十五史抄		新校本
玄寧軍	中	512	遼	444
玄德軍	中	517	遼	460
	下	31	金	556
玄菟公	上	505	周	1
		550	北	311
玄菟郡公	中	194	舊唐	5327
玄菟郡公=泉男生				
	中	272	新唐	4124
玄菟郡公=龐同善				
	中	338	新唐	6196
玄菟郡守	上	103	後漢	2418
玄菟州都督	中	366	舊五	1111
		367		1535
		381	新五	919
		435	宋	14037
玄菟太守	上	64	漢	2956
		66		3730
		81	後漢	233
		84		319
		92		1280
		109		2812
		111		2814
		112		2815
		157	三	252
		164		259
		176		762
		193		842
		197		844
		198		845
		216		1139
		250	晉	1290
		267		2609
		278		2811
		280		2816
		386	梁	802
		495	北齊	1
		546	北	209
		626		3111
玄菟候城障尉				
	上	91	後漢	1685
顯德府	中	328	新唐	6182
		512	遼	446
		515		456

項目	二十五史抄		新校本	
		519		463
顯理府	中	512	遼	443
顯州奉先軍節度使司				
	中	543	遼	815
協律郎	下	450	明	1650
協守	下	454	明	1866
陜州南兵馬指揮使司				
	中	539	遼	745
陜都督	中	185	舊唐	5172
				5173
刑科給事中	下	503	明	5563
刑部郎中	中	31	隋	1467
		89	舊唐	635
刑部尙書	中	32	隋	1502
		72	舊唐	57
		190		5322
	下	52	金	1406
		61		1426
		65		1432
		145	元	123
		528	明	5921
刑部侍郎	下	53	金	1408
		54		1410
		395	新元	249-8
刑部員外郎	下	26	令	272
刑部主事	下	524	明	5838
刑國公=蘇定方				
	中	74	舊唐	80
		75		81
		140		2909
刑國公=王及善				
	中	280	新唐	4240
荆王	上	41	漢	58
	中	116	舊唐	2423
		603	遼	1212
荆州刺史	上	246	晉	893
		253		1932
滎陽太守	上	231	晉	208
		278		2811
惠王[秦]	上	29	史	2885
		67	漢	3747
惠王[晉]	上	228	晉	89
戶科給事中	下	493	明	5408

項目	二十五史抄		新校本	
		522		5819
戶部郎中	中	438	宋	14042
	下	23	金	234
戶部尙書	中	101	舊唐	1824
		157		3313
	下	53	金	1407
		60		1422
		64		1430
		65		1433
		67		1436
		455	明	1903
戶部侍郎	中	47	隋	1676
		124	舊唐	2652
	下	54	金	1410
		63		1429
		68		1439
		81		1468
		83		1473
		86		1478
		86		1479
		432	明	133
戶部員外郎	下	23	金	237
互市監	中	19	隋	798
虎符總管	下	360	新元	176-10
虎牙營	上	123	後漢	2962
胡里改路節度使				
	下	119	金	2044
胡里改萬戶府				
	下	178	元	751
		303	新元	47-6
胡市	上	128	後漢	2986
		186	三	837
湖廣行省	下	287	新元	18-3
護羌校尉	上	131	後漢	2990
護羌中郎將校尉				
	上	96	後漢	1693
護軍都尉	上	69	漢	3784
護軍將軍	上	170	三	453
護東夷校尉	上	262	晉	2532
	中	129	舊唐	2776
護烏丸校尉	上	156	三	247
護烏桓校尉	上	79	後漢	179
		80		219

項目	二十五史抄		新校本	
		82		254
		83		258
		85		339
		85		354
		87		608
		90		810
		100		2353
		102		2365
		125		2981
		131		2990
		135		3235
護烏桓中郎將	上	98	後漢	2118
護匈奴中郎將	上	99	後漢	2139
忽汗州都督	中	85	舊唐	381
		85		407
		86		444
		87		463
		88		540
		89		643
弘文館學士	中	179	舊唐	4947
洪澤芍陂屯田萬戶府儒學教授	下	339	新元	148-6
鴻臚	中	102	舊唐	1832
鴻臚卿	中	63	隋	1827
		149	舊唐	3205
		157		3313
		335	新唐	6193
鴻臚寺	中	19	隋	798
		83	舊唐	322
	下	487	明	4849
華州刺史	中	89	舊唐	635
鄠所	下	466	明	2247
皖城郡公	中	129	舊唐	2776
		273	新唐	4133
滑國公	上	602	北	2605
	中	37	隋	1531
滑州刺史	中	140	舊唐	2910
皇太子監國	中	151	舊唐	3253
荒服	上	3	史	43
		177	三	831
		278	晉	2811
黃渡市船司	下	454	明	1848
黃頭都督	中	273	唐	4124
黃龍國主	上	355	宋書	83
黃龍府	中	366	舊五	1126
		377	新五	178
		440	宋	14045
		459	遼	24
		460		28
		464		81
		478		199
		479		204
		480		222
		481		230
		484		270
		486		287
		492		331
		493		332
		504		390
		506		412
		509		434
		522		468
		524		470
		525		471
		528		477
		591		1182
		618		1347
	下	29	金	552
		93		1544
		95		1565
		98		1663
		98		1664
		130	元	2884
		192		1400
		300	新元	47-2
黃龍府兵馬都部署司	中	539	遼	745
黃龍府女直部大王府	中	541	遼	762
黃龍府鐵驪軍詳穩司	中	539	遼	745
黃門郎	上	69	漢	3812
黃門侍郎	中	48	隋	1701
		122	舊唐	2582

項目	二十五史抄		新校本	
		128		2735
黃部	中	330	新唐	6186
澅清候	上	12	史	1055
		34		2989
		45	漢	659
		73		3867
回紇譯史	下	40	金	1218
回跋部大王府				
	中	541	遼	762
回回貢使	下	486	明	4679
廻鶻監護使	中	174	舊唐	4678
淮南王=黥布				
	上	8	史	387
淮南王=安	上	132	後漢	2992
淮南節度使	中	161	舊唐	3537
淮東道宣慰使				
	下	377	新元	214-4
淮東宣慰司	下	408	新元	250-7
淮西京慰使	下	260	元	4629
淮安公=王㤗				
	下	222	元	3536
		329	新元	132-2
		333		134-9
		391		249-2
淮安路總管	下	353	新元	174-14
淮安府	下	608	明	8354
淮安王	中	114	舊唐	2378
淮陰侯=韓信				
	上	60	漢	2233
會稽王	上	238	晉	376
		267		2576
會寧牧	下	113	金	1889
會寧府	下	28	金	551
		192	元	1400
會寧府試	下	39	金	1146
會州刺史	中	177	舊唐	4801
懷德軍	中	527	遼	476
		529		482
懷衆軍	中	521	遼	466
懷信王		323	新唐	6175
懷安公	下	137	元	31
		224		3627
		246		4608

項目	二十五史抄		新校本	
		354	新元	176-3
懷王=王堯	中	442	宋	14048
懷遠軍	下	29	金	552
懷遠軍節度使				
	下	31	金	556
懷遠大將軍	下	210	元	3040
懷遠大將軍安撫使高麗軍民總管				
	下	358	新元	176-8
懷遠府	中	328	新唐	6182
		524	遼	470
懷柔伯	下	485	明	4634
懷義軍	中	524	遼	471
懷化軍	中	379	新五	891
		517	遼	459
		524		470
		602		1211
懷化大將軍	中	85	舊唐	380
橫賜高麗使	下	13	金	107
		14		131
		15		137
		16		144
		17		161
		18		167
		18		170
		19		174
		20		183
		20		192
		21		212
		22		222
		24		256
		54		1410
		58		1419
		60		1423
		61		1426
		65		1432
		67		1437
		86		1478
橫賜高麗王使				
	下	26	金	280
橫賜使	下	23	金	237
		60		1423
橫賜夏國使	下	50	金	1403
		54		1410

項目	二十五史抄		新校本	
		58		1419
		61		1426
		64		1430
		68		1438
橫海將軍	上	269	晉	2767
孝廉	上	100	後漢	2353
		101		2358
		154	三	239
驍騎將軍	上	149	三	100
		189		836
驍衛大將軍	中	18	隋	687
後官部	上	512	周書	886
後軍都督府僉事				
	下	477	明	3901
後軍總管	中	142	舊唐	2977
後宮部	上	631	北	3119
後部	中	330	唐	6186
徽政院	下	206	元	2880
		316	新元	104-24
徽政院使	下	287	新元	18-5
		288		18-10
休屠各渠帥				
	上	98	後漢	2139
恤品路宣撫司				
	下	143	元	110
匈奴單于	上	73	漢	4077
		125	後漢	2981
		294	晉	2838
匈奴左將軍	上	94	後漢	1593
匈奴中郎將				
	上	84	後漢	317
		85		339
		89		719
		97		1828
		98		2138
		130		2988
		130		2989
		132		2993
		136		3319
		143		3629
		187		837
		187		838
黑水經略使	下	3	金	1

項目	二十五史抄		新校本	
黑水府	中	216	舊唐	5359
		325	新唐	6178
	下	3	金	1
黑水四部經略使				
	中	352	新唐	6412
黑水使	中	374	新五	61
黑水州都督府				
	中	237	新唐	1127
欽察衛	下	201	元	2529
興國軍	中	513	遼	447
		631		1460
興屯衛	下	475	明	3832
興利軍	中	525	遼	471
興府	下	463	明	2243
		490		5397
		605		8350
興昔可汗	中	91	舊唐	900
興善軍	中	530	遼	489
興安伯=徐享				
	下	432	明	134
		623		8505
興遼軍	中	521	遼	466
興州中興軍節度使司				
	中	543	遼	814
興中府	中	494	遼	336
		495		337
		499		346
		501		349
		529		486
		594		1186
		598		1191
		600		1193
	下	300	新元	47-3
興化軍	中	635	遼	1521
興化府	下	609	明	8356
頡利可汗	中	190	舊唐	5321
		315	新唐	6135
		317		6145
		318		6168
頡利俱利失薛沙多彌可汗				
	中	207	舊唐	5346
		316	新唐	6138
頡跌利施大單于				

中 312　　新唐　6045

項目　　二十五史抄　　　新校本　　　　　　　　項目　　二十五史抄　　　新校本

其 他

[가]

項目	二十五史抄	新校本
可汗神	中 189	舊唐 5320
柯半	上 528	南 1973
家令	上 276	晉 2828
賈誼傳	上 60	漢 2221
歌芝栖	中 15	隋 380
嘉平軍	中 520	遼 464
角弓	中 59	隋 1821
角端	上 185	三 836
角抵戲	上 109	後漢 2812
角亢	上 239	晉 379
却進箋	下 186	元 976
干寶晉紀	上 150	三 111
甘露殿	上 339	晉 3105
甘水驛	中 162	舊唐 3539
弇山堂別集		
	下 594	明 8301
勘合	下 453	明 1848
	456	1980
監牧頌	中 152	舊唐 3254
監生	下 451	明 1683
甲兵	下 5	金 21
甲士	下 496	明 5412
甲子元曆	中 534	遼 567
甲子元曆法	中 534	遼 567
江南輿地圖	下 357	遼 567
江南包銀	下 213	元 3169
江南海東輿地圖		
	下 226	元 3631
江淮米	下 162	元 281
	279	新元 11-12
羌煮	上 366	宋書 887
羌笛	中 403	宋 3051
撾鼓	中 12	隋 160
康國(樂)	中 14	隋 377
康蘇密	中 208	舊唐 5349
强弩	下 468	明 2252

項目	二十五史抄	新校本
絳羅	中 330	新唐 6186
橿原宮	中 450	宋 14132
講武賦	中 39	隋 1569
開國軍	中 513	遼 447
開寶寺	中 453	宋 14137
開寶通禮	中 442	宋 14048
開遠門	中 19	隋 688
坑冶	中 549	遼 930
巨栗	中 56	隋 1819
車營	下 512	明 5615
契丹軍	下 200	元 2509
	220	3515
	326	新元 125-2
	331	134-1
	334	135-2
契丹兵	下 337	新元 145-6
契丹俗	中 209	舊唐 5350
	317	新唐 6167
契丹地圖	中 363	舊五 589
擧人	下 490	明 5363
建國門	中 19	隋 698
建極(殿)	下 574	明 7805
建寧軍	中 525	遼 471
建陵橋	中 162	舊唐 3538
建武軍	中 518	遼 460
	下 31	金 556
建星	上 238	晉 375
建聖院	中 513	遼 447
建牙	下 454	明 1872
建安軍	中 514	遼 451
建元	上 9	史 1027
乾陵=李謹行 陵		
	中 216	舊唐 5359
乾陵	中 520	遼 465
乾文大寶	中 449	宋 14131
乾象新書	中 397	宋 1066
乾元曆	中 531	遼 539
乾淸(宮)	下 574	明 7805
權閉星	上 238	晉 376
鞨吉支	上 631	北 3118

項目	二十五史抄		新校本	
擊毬	中	610	遼	1285
犬禍	上	245	晉	851
	中	17	隋	640
牽牛中央大星				
	上	238	晉	376
遣宇仲文詩	中	29	隋	1455
決波驗	中	209	舊唐	5349
縑布	上	263	晉	2534
		528	南	1973
京庫	下	455	明	1902
京觀	中	331	新唐	6187
京都城隍	下	449	明	1280
扃堂	中	189	舊唐	5320
		331	新唐	6186
景武昭宣元成功臣表				
	上	44	漢	635
景福門	中	512	遼	442
景清宮	中	157	舊唐	3313
經史大義	下	509	明	5610
經星中宮	中	15	隋	529
慶陵	中	484	遼	252
慶懿軍	中	526	遼	474
鯨背吟	下	386	新元	237-7
桂苑筆耕	中	240	新唐	1617
啓聖軍	中	512	遼	446
稽疑	上	17	史	1611
		19		1616
鷄林類事	中	410	宋	5160
鷄彌	中	62	隋	1826
鷄禍	上	245	晉	827
鷄林志	中	426	宋	11229
古今郡國縣道四夷述				
	中	166	舊唐	3784
				3786
		239	新唐	1506
古今紀要逸編				
	下	415	新元	1-1
古文石經	下	470	明	2346
古書世家	下	470	明	2346
古易	下	470	明	2346
古易世家	下	470	明	2346
孤笛	中	403	宋	3051
庫樂	中	439	宋	14043
高句麗傳	上	194	三	842
高麗歌曲	中	15	隋	380
高麗界	下	142	元	100
高麗古今錄	中	550	遼	956
高麗公主位	下	142	元	2760
高麗國軍民	下	251	元	4615
		252		4617
高麗國王之印				
	下	451	明	1663
高麗軍	下	148	元	143
		201		2530
		224		3627
		226		3630
		229		3644
		348	新元	163-13
		356		176-8
高麗軍民	下	227	元	3633
		271	新元	8-10
高麗伎	下	14	隋	376
		230	新唐	469
高麗飢	下	309	新元	79-8
高麗奴	中	149	舊唐	3205
		289	新唐	4577
高麗屯田	下	307	新元	69-6
高麗邏者	下	349	新元	165-10
高麗糧	下	366	新元	182-11
高麗名族	下	398	新元	249-13
高麗舞	中	140	舊唐	2919
		268	新唐	4099
	下	450	明	1652
高麗米	下	165	元	321
高麗美人	下	230	元	3749
高麗民	下	166	元	336
		184		917
		226		3631
		274	新元	8-19
		357		176-5

項目　　二十五史抄　　新校本　　　　　項目　　二十五史抄　　新校本

高麗兵　　下 130　　金 2883
　　　　　　 185　　元 962
　　　　　　 409　　新元 250-8
高麗俘虜　　中 143　　舊唐 2987
高麗秘記　　中 338　　新唐 6197
高麗史　　下 301　　新元 47-4
　　　　　　 416　　　　 4-4
　　　　　　 417　　　　 7-1
　　　　　　 418　　　　 7-3
　　　　　　 419　　　 10-3
高麗使入見儀
　　　　　　中 545　　遼 854
　　　　　　 547　　　 907
高麗使者　　下 125　　金 2715
　　　　　　 132　　　 2886
　　　　　　 133　　　 2888
　　　　　　 219　　元 3460
　　　　　　 335　　新元 136-7
　　　　　　 476　　明 3901
高麗使朝辭儀
　　　　　　中 545　　遼 855
高麗世家　　下 416　　明 855
高麗栗　　下 167　　元 353
高麗僧　　中 136　　舊唐 2798
　　　　　　下 178　　元 746
高麗市易　　中 263　　新唐 3994
高麗新附　　下 373　　新元 199-8
高麗氏　　下 241　　元 4423
　　　　　　 242　　　 4513
　　　　　　 385　　新元 231-14
高麗鴉青雲袖羅
　　　　　　下 196　　元 1938
　　　　　　 311　　新元 95-13
高麗樂　　中 14　　隋 377
　　　　　　 93　　舊唐 1069
高麗樂器四十種
　　　　　　中 15　　隋 380
高麗言　　上 177　　三 796
高麗閹人　　下 181　　元 845
高麗女樂　　中 479　　遼 207

高麗女眞排辨式
　　　　　　中 409　　宋 5136
高麗王妃　　下 205　　元 2761
高麗王印　　下 419　　新元 10-3
高麗鷹房　　下 314　　新元 101-16
高麗日本傳　中 410　　宋 5161
高麗入貢儀　中 399　　宋 2423
高麗入貢儀式條令
　　　　　　中 409　　宋 5136
高麗材　　下 152　　元 213
高麗田屯　　下 181　　元 829
高麗傳　　中 348　　新唐 6210
　　　　　　 419　　宋 10114
　　　　　　下 4　　金 16
　　　　　　 115　　　 1952
　　　　　　 318　　新元 104-28
　　　　　　 416　　　 4-3
　　　　　　 420　　　 40-1
高麗之貨　　中 549　　遼 929
高麗進龍鬚草席
　　　　　　中 472　　遼 163
高麗進奉使見辭儀
　　　　　　中 401　　宋 2809
高麗進士　　中 393　　宋 397
高麗質者　　下 267　　新元 6-11
　　　　　　 302　　　 47-5
高麗執持軍器之禁
　　　　　　下 181　　元 841
高麗通事　　下 343　　新元 158-5
高麗布　　下 626　　明 8530
高麗表章　　中 410　　宋 5406
高麗風俗＝裴矩 撰
　　　　　　中 104　　舊唐 2016
高麗風俗　　中 239　　新唐 1506
高麗夏國告終儀
　　　　　　中 544　　遼 843
高麗旱　　下 187　　元 1070
高麗漢軍　　下 398　　新元 249-13
高麗海口　　下 366　　新元 47-5
高麗戶　　下 203　　元 2570

項目	二十五史抄		新校本	
高麗戶口	下	131	金	2886
高麗火長水軍				
	下	154	元	230
高廟	上	35	史	3128
		42	漢	159
		48		1332
高五王傳	上	59	漢	1987
高帝紀	上	41	漢	1
高平軍	中	529	遼	484
高惠高后文功臣表				
	上	44	漢	527
楛矢	上	22	史	1922
		49	漢	1463
		100	後漢	2272
		107		2808
		153	三	149
		264	晉	2535
		268		2747
賈豎	下	464	明	2244
鼓	中	56	隋	1814
鼓角	上	632	北	3119
	中	56	隋	1818
鼓纛	中	550	遼	952
鼓吹	下	35	金	881
翶麟紫	中	209	舊唐	5349
曲領	上	114	後漢	2818
曲宴高麗使儀				
	中	545	遼	854
曲宴儀	下	34	金	866
坤寧(宮)	下	574	明	7805
袞冕	下	33	金	832
髡頭	上	124	後漢	2979
		127		2985
		185	三	836
		208		852
褌	上	527	南	1973
骨蘇	上	511	周	885
鶻	下	7	金	50
公服	下	23	金	239
公孫弘卜式兒寬傳				
	上	62	漢	2613
孔子教	下	316	新元	104-24
孔子廟	中	630	遼	1460
孔子廟堂	中	178	舊唐	4941
貢道	下	520	明	5755
貢使	下	464	明	2244
		492		5404
箜篌	上	632	北	3119
	中	15	隋	380
		56		1818
		230	新唐	469
		231		479
果	下	20	金	198
果下馬	中	344	新唐	6204
科道	下	459	明	2177
科目	下	196	元	2017
霍光金日磾傳				
	上	64	漢	2931
冠步搖	上	179	三	832
關門	中	343	新唐	6203
觀天曆	上	531	遼	539
刮城門	上	171	舊唐	4058
刮鹹土	下	38	金	1096
光陵	下	4	金	3
廣東賊	下	515	明	5619
廣利軍	中	525	遼	472
廣順軍	中	526	遼	474
廣安軍	下	31	金	555
礦盜	下	492	明	5405
魁石壘子	中	93	舊唐	1074
郊廟	下	35	金	881
郊祀	下	448	明	1279
郊祀志	上	47	漢	1241
皎雪驄	中	209	舊唐	5349
膠魚之皮	中	549	遼	929
九經	中	438	宋	14042
九邊	下	462	明	2235
九府圜法	上	450	魏	1711
九州春秋	上	1556	三	240
仇台廟	中	56	隋	1819

項目	二十五史抄		新校本	
句驪馬	上	377	晉	195
毬場	下	28	金	534
溝婁	上	385	梁	802
溝漊	上	196	三	843
		626	北	3111
鉤鈴	上	238	晉	376
舊唐書室韋傳				
	下	415	新元	1-1
龜頭鼓	中	230	新唐	469
簂步搖	上	124	後漢	2979
歸附軍	下	203	元	2566
國阿輦斡魯朵				
	中	503	遼	363
國王封册王印虎符				
	下	140	元	268
國子監生	下	453	明	1397
國朝登科記	中	439	宋	14044
國淸寺	中	453	宋	14137
國學	中	343	新唐	6203
麴蘗	上	179	三	832
軍導	中	57	隋	1819
窟石壘子	中	93	舊唐	1074
弓弩	下	449	明	1280
弓矢	下	155	元	230
		174		558
宮調	中	230	新唐	471
宮縣	下	195	元	1695
穹廬(穹盧)	上	124	後漢	2979
		125		2982
		178	三	832
勸善(書)	下	602	明	8345
糺軍	下	200	元	2509
奎	上	48	漢	1307
		239	晉	393
克官度	中	403	宋	3054
勤政樓	中	289	新唐	4578
今文	下	470	明	2346
金鼓	下	449	明	1280
金課	下	199	元	2379
金國聘使見辭儀				
	中	401	宋	2810
金德(門)	中	511	遼	442
金德寺	中	515	遼	456
金輅	中	11	隋	160
金符	下	247	元	4609
		334	新元	135-6
		338		145-13
		349		165-15
		351		166-14
		354		176-1
		366		182-4
		404		250-1
		408		250-8
金書鐵契	中	342	新唐	6201
金人論	上	104	後漢	2466
金鉦	中	12	隋	160
金州隘口軍	下	154	元	229
金牌	下	7	金	55
金虎符	下	380	新元	219-11
金髹鎧	中	334	新唐	6191
琴	中	53	隋	1814
禁選高麗女子議				
	下	290	新元	23-5
錦頌	下	450	明	1651
錦衣	下	160	元	264
紀元曆	中	531	遼	539
紀效新書	下	514	明	5617
棊博	上	644	北	3137
	中	62	隋	1827
箕	上	56	漢	1657
		235	晉	310
		240		398
箕分	下	446	明	370
箕星	上	241	晉	425
箕子神	中	189	舊唐	5320
箕子操	上	17	史	1609
冀州記	上	168	三	354
饑	下	176	元	629
		177		674
		178		751

項目	二十五史抄		新校本	
		182		853
		187		1076
		188		1078
吉凶禮	中	344	新唐	6204
吉凶要禮	中	201	舊唐	5336

項目	二十五史抄		新校本	
婁	上	48	漢	1307
甦甦	上	124	後漢	2979

[ㄴ]

項目	二十五史抄		新校本	
邪地兵	下	492	明	5407
蠃蟲之孼	上	246	晉	889
洛成門	中	92	舊唐	1047
洛陽宮	中	72	舊唐	53
		115		2402
		273	新唐	4133
雛書	上	48	漢	1315
樂浪檀弓	上	114	後漢	2818
南丹兵	下	492	明	5407
南斗	上	237	晉	362
		237		375
南蠻	下	449	明	1574
南獄	上	530	南	1976
南夷氣	上	235	晉	335
南人	下	174	元	541
		179		765
		181		839
		196		1944
		306	新元	64-15
		311		95-13
南征賦	中	183	舊唐	5146
南海軍	中	518	遼	461
納衣	上	626	北	3111
內平外成之舞				
	下	195	元	1695
		310	新元	91-7
內訓	下	602	明	8345
魯國大長公主鈔				
	下	309	新元	78-11
魯詩世家	下	470	明	2346
魯周公世家	上	16	史	1515
櫓快船	下	463	明	2243
鹿車	上	530	南	1976
論都賦	上	105	後漢	2595
論語	上	165	三	260
弄珠	上	632	北	3119
	中	56	隋	1818
農桑	下	21	金	203

項目	二十五史抄		新校本	

[다]

項目	二十五史抄		新校本	
多拔茶	上	641	北	3132
	中	59	隋	1823
丹墀	下	33	金	839
		34		865
		～		～
		34		867
短簫鐃歌	上	244	晉	701
端拱殿	中	397	宋	1410
端明殿	中	423	宋	10815
端明	上	532	南	2008
端午	中	439	宋	14043
蜑戶	下	464	明	2244
		516		5624
檀弓	上	204	三	849
		264	晉	2535
儋耳	上	528	南	1974
擔鼓	中	15	隋	380
擔魯	上	388	梁	805
		527	南	1972
答高麗書	中	422	宋	10605
蹋地	上	115	後漢	2819
唐家	中	343	新唐	6203
唐廣德神異錄	中	409	宋	5094
唐禮	中	201	舊唐	5336
唐書	中	451	宋	14134
唐樂	中	446	宋	14054
唐元功臣	中	151	舊唐	3253
大誥	上	16	史	1518
大金國志	下	415	新元	1-1
大東丹國新建南京碑銘	中	515	遼	456
大明宮	下	449	明	1574
大明曆	中	534	遼	567
大明殿		449	宋	1574
大明會典	下	586	明	8289
		～		～
		587		8291
		594		8301
		594		8302
大悲寺	中	515	遼	456
	下	243	元	4552
大晟樂書	中	403	宋	3362
大晟燕樂	中	442	宋	14049
大壽元忠國寺	下	374	新元	209-4
大順門	中	515	遼	456
大崇思福元寺	下	178	元	746
大安殿	下	23	金	230
大衍玄基	上	105	後漢	2466
大遼古今錄	中	531	遼	518
大遼令式	中	399	宋	2423
大遼(門)	中	515	遼	456
大遼事跡	中	508	遼	434
大藏經	中	437	宋	14039
		452		14135
大定樂	中	92	舊唐	1060
大朝會	下	35	金	881
大辰	上	239	晉	388
大車	下	452	明	1761
大統曆	下	600	明	8342
		612		8361
		614		8365
大鷺簧	中	230	新唐	469
大俠	下	456	明	1981
德威	下	565	明	7437
德昌軍	中	527	遼	475
德清軍	中	615	明	1341
德化軍	中	528	明	477
挑皮篳篥	中	15	隋	380
		230	新唐	469
挑皮篳篥	中	231	新唐	479
都亭驛	中	162	舊唐	3539
道略論	上	177	三	796
塗金巾環	下	450	明	1651
塗金博山	下	450	明	1651
禿頭	上	179	三	832

項目	二十五史抄		新校本	
禿失忽軍	下	409	新元	250-8
獨轅車	下	452	明	1761
敦睦宮	中	503	遼	370
墩台	下	512	明	5614
東京撰錄	上	215	三	858
東大寺	中	452	宋	14135
東蘭兵	下	492	明	5407
東路軍	下	409	新元	218-12
東明＝東盟	上	385	梁	802
東明王說話	上	385	梁	801
東蕃	下	188	元	1346
		248		4612
		270	新元	8-5
		394		249-8
東封三議	下	522	明	5824
東北星	上	238	晉	377
東伍法	下	523	明	5833
東沃沮傳	上	119	後漢	5833
		199	三	846
東壅門	中	172	舊唐	4077
東莞兵	下	492	明	5407
東夷列傳	上	117	新唐	478
東夷傳	上	176	三	762
		190		840
	中	295	新唐	5036
東夷之舞	上	492	魏	2831
東夷之樂	上	358	宋書	538
東瞧令延年賦				
	上	57	漢	1751
東牆	上	179	三	832
東紵	下	167	元	352
東井	上	237	晉	374
		238		376
東征記	中	50	隋	1757
東征錄	下	227	元	3632
		358	新元	176-7
東征將士	下	442	明	276
東平軍	中	523	遼	468
	下	30	金	554
童謠	上	366	宋書	912
銅器	下	38	金	1075
銅帶	下	450	明	1652
銅錢	下	219	元	4628
斗	上	14	史	1349
		57	漢	1658
		240	晉	398
	下	446	明	464
斗門城	中	163	舊唐	3540
杜家新書	中	50	隋	1748
杜莊柵	中	163	舊唐	3540
屯田	下	475	明	3850
登歌樂	下	195	元	1695
登高神	上	512	周	885
藤席	中	439	宋	14043
騰霜白	中	209	舊唐	5349
騰豹騎	中	12	隋	161

[마]

項目		二十五史抄		新校本
馬船	下	452	明	1761
馬禍	上	246	晉	904
	中	17	隋	669
麻衣	上	626	北	3111
碼磠	中	74	舊唐	73
挽硬隨身	中	350	新唐	6375
萬卷堂	下	400	新元	249-6
萬騎	中	150	舊唐	3252
萬年宮	中	275	新唐	4142
萬壽節	下	9	金	71
		10		73
		10		75
		10		76
		10		78
		11		80
		11		82
		11		84
		12		85
		498	明	5415
萬安壽度寺	下	243	元	4552
萬春節	下	14	金	130
		15		133
		15		136
		15		137
		15		139
		15		141
		16		144
		16		146
		17		156
		17		158
		17		160
		18		164
		18		170
		19		172
		19		174
		19		180
		19		182
		20		183
		20		191
		20		197
		21		200
		132		2886
		132		2887
灣頭堡	下	210	元	3033
		340	新元	152-3
望春亭	中	150	舊唐	3206
		289	新唐	4578
望海堂	中	603	漢	1211
昧=北狄之樂				
	中	92	舊唐	1069
靺=東夷樂	中	92	舊唐	1068
靺樂	上	358	宋書	538
	中	92	舊唐	1068
靺離=東夷樂				
	中	92	舊唐	1069
麥秀之詩	上	20	史	1621
貊弓	上	111	後漢	2814
		196	三	844
貊槃	上	245	晉	823
		366	宋書	887
貊炙	上	245	晉	823
		366	宋書	887
貊布	上	200	三	846
猛安戶	下	31	金	557
冕服	下	450	明	1655
明光鎧	中	335	唐	6192
明一統志	下	299	新元	47-2
鳴叔	下	565	明	7437
毛	下	557	明	6716
毛施布	下	303	新元	51-29
毛詩	上	527	南	1973
慕容氏書	上	441	魏	952
木金水火沴土				
	中	17	隋	663
牧地	下	313	新元	100-4
蒙古部族考	下	415	新元	1-1
蒙古史	下	416	新元	3-1
蒙古色目試策				

項目	二十五史抄		新校本	
	下	306	新元	64-15
蒙古語	下	416	新元	3-1
蒙古源流	下	415	新元	1-1
蒙韃備錄	下	415	新元	1-1
昴	上	237	晉	374
		238		377
武經	下	590	明	8295
武紀	上	158	三	253
武寧軍	中	525	遼	471
武舞	下	195	元	1756
武定軍	中	626	遼	1435
武定文綏之舞				
	下	195	元	1695
		310	新元	91-7
撫安四夷之舞				
	下	450	明	1651
				1652
撫夷論	上	610	北	2765
	中	49	隋	1721
文康禮畢曲	中	93	舊唐	1069
文館詞林	中	201	舊唐	5336
文武舞	下	195	元	1695
文宣王廟	中	399	宋	2547
文選	中	189	舊唐	5320
文苑英華	中	442	宋	14048
文章體式=林正藏 著				
	中	50	隋	1748
文豹	下	325	新元	121-13
問故	下	16	金	149
聞苑集	中	603	遼	1212
尾	上	56	漢	1657
		235	晉	310
	下	446	明	370
民莊	下	467	明	2249
民戶	下	39	金	1121
憫忠閣	下	480	明	4127

[바]

項目	二十五史抄		新校本	
博物志	上	204	三	849
盤裏	中	547	遼	907
班史	中	166	舊唐	3786
渤海教坊	下	36	金	886
				889
渤海國記	中	239	新唐	1508
		409	宋	5154
		411		8802
渤海軍	中	412	宋	9024
	下	6	金	24
		37		997
				1002
		124		2634
渤海琴	中	403	宋	3052
渤海名馬	中	159	舊唐	3535
渤海樂	中	396	宋	683
	下	35	金	881
渤海仗	中	548	遼	918
渤海行年記	中	410	宋	5167
渤海婚俗	下	18	金	169
發電赤	中	209	舊唐	5349
方丘壇	下	448	明	1279
方技	下	386	新元	242-1
邦=新羅語	上	388	梁	805
陪臣冠服	下	450	明	1655
白居易集	中	449	宋	14131
	下	257	元	4625
白鷳	中	433	宋	13985
	下	325	新元	121-13
白帶	中	56	隋	1818
白鹿	下	497	明	5413
白馬寺	中	303	新唐	5839
白鼠皮	下	30	金	555
白巖軍	中	521	遼	466
白雀園	上	335	晉	3100
白鵲	下	434	明	164
白紵	中	59	隋	1823
白紵歌	上	377	南齊	194
白紵辭	上	377	南齊	194
白丁	中	135	舊唐	2793
白硾紙	中	439	宋	14043
白雉	上	73	漢	4077
白兎	下	30	金	555
百官冬服	下	196	元	1938
百官夏服百騎	中	150	舊唐	3252
百頭帳	下	67	金	1437
百濟服飾	上	513	北齊	886
		513		887
	中	340	新唐	6199
百濟俘虜	中	196	舊唐	5330
百濟俗	中	340	新唐	6198
百濟樂	中	93	舊唐	1070
百濟樂工	中	231	新唐	479
百濟傳	中	204	新唐	479
百濟風俗	上	513	周	887
佰姪	下	45	金	1393
番舶	下	492	明	5404
番僧	下	294	新元	26-18
番夷	下	527	明	5874
蕃落健兒	中	350	新唐	6375
蕃邦	下	238	元	4060
蕃鎭	下	244	元	4553
		251		4616
犯禁八條	上	56	漢	1658
法象志	中	231	新唐	817
法苑珠林	下	603	明	8048
碧瀾亭	中	446	宋	14055
汴渠	上	78	後漢	114
		78		116
		104		2464
		104		2465
汴梁諸神	下	449	明	1285
邊精八事	下	485	明	4623
辮髮	中	56	隋	1818
		58		1820
邊頭	上	57	漢	1658
		113	後漢	2817

項目	二十五史抄		新校本	
			116	2821
			212	三 855
			389	梁 806
別序孝經	中	368	舊五	1595
別叙孝經	中	381	新五	919
步天歌	中	397	宋	1066
保甲	下	491	明	5404
保寧軍	中	517	遼	459
保安軍	中	523	遼	468
		594		1185
保靖兵	下	500	明	5418
保和軍	中	517	遼	459
菩提寺	中	450	宋	14132
補陀寺	下	411	新元	250-12
補陀僧	下	260	元	4629
		283	新元	14-6
普陀僧	下	362	新元	177-21
寶王	下	32	金	763
服妖	上	245	晉	822
福源院	中	446	宋	14054
福昌軍	中	526	遼	473
福倉船	下	464	明	2245
福衫	上	388	梁	805
		527	南	1973
覆鼎山賊	下	491	明	5404
奉國契丹之印				
	中	321	新唐	6172
奉國軍	中	517	遼	460
奉使高麗記	中	239	新唐	1506
奉使語錄	中	409	宋	5124
奉先軍	中	519	遼	463
奉元曆	中	536	遼	678
封建	下	188	元	1345
封域圖	中	331	新唐	6187
烽火	下	513	明	5615
烽堠	下	482	明	4251
鳳首箜篌	中	230	新唐	469
蓬萊(宮)	中	137	舊唐	2815
		281	新唐	4297
蓬草	上	179	三	832

項目	二十五史抄		新校本	
夫餘神	上	512	周	885
		629	北	3116
夫餘傳	上	191	三	841
扶南(伎)	中	14	隋	377
阜成軍	中	520	遼	464
阜昌軍	中	529	遼	487
府詩	下	39	金	1146
浮侈篇	上	95	後漢	1633
部曲	上	174	三	731
	下	222	元	3536
部族表	中	557	遼	1077
符印	下	178	元	728
桴京	上	196	三	844
富國軍	中	523	遼	469
駙馬寺	中	515	遼	456
北貊	下	449	明	1574
北巡私記	下	420	新元	10-5
北洋倭	下	508	明	5609
北獄	上	530	南	1976
北夷氣	上	235	晉	335
汾陽宮	中	31	隋	1492
奔虹赤	中	209	舊唐	5349
粉黛	中	56	隋	1818
		342	新唐	6202
佛光寺	中	162	舊唐	3539
佛祖統紀	下	603	明	8348
祕藏銓	中	437	宋	14040
飛鎗	下	449	明	1280
飛霞驃	中	209	舊唐	5349
備倭圖記	下	470	舊唐	2419
琵琶	中	15	隋	380
		230	新唐	469
貔狁旗	中	11	隋	160
鼙舞歌	上	360	宋書	630
鼙舞歌行	上	360	宋書	631
憑氏燕志	上	445	魏	1344

[사]

項目	二十五史抄		新校本	
四瀆	下	448	明	1280
四方館	中	19	隋	798
四書	下	578	明	8280
		583		8283
四夷館考	下	470	明	2396
四夷來王之舞				
	中	400	宋	2750
四夷樂	中	403	明	3362
四夷朝貢錄	中	239	新唐	1508
		409	宋	5113
四夷朝觀貢	中	406	宋	3935
四夷之樂	上	358	宋書	538
四捷軍	中	619	遼	1370
史記	上	215	三	858
	中	189	舊唐	5320
史傳事驗	上	236	晉	336
司馬法	中	175	舊唐	4790
司馬兵法	上	92	後漢	1280
寺田	下	454	明	1901
沙門	中	63	隋	1827
沙賊	下	467	明	2248
私塩	下	38	金	1096
私覿	中	299	唐	5629
事文類聚	下	299	新元	417-1
使高麗事纂	中	409	宋	5122
使交錄	下	470	明	2419
使琉球錄	下	470	明	2419
使朝鮮錄	下	470	明	2419
社稷	下	440	明	244
思悲翁	上	244	晉	701
思思兵	下	492	明	5407
師姑布	下	30	金	555
射騎	中	603	遼	1211
徙戒論	上	251	晉	1529
謝賵贈復謝封冊				
	下	49	金	1400
麝香	中	234	新唐	1023
朔考	中	534	遼	568

項目	二十五史抄		新校本	
朔方道行軍	中	228	新唐	143
山東箭手	下	494	明	5409
山鼠	上	528	南	1974
山五文鎧	中	334	新唐	6190
山川壇	下	448	明	1280
山海經	上	104	後漢	2465
散樂	下	35	金	881
		36		888
狻猊旗	中	11	隋	160
三國史記	中	409	宋	5123
三國志	上	511	周	885
		629	北	3116
	中	189	舊唐	5320
三年一貢	下	423	明	28
三德	上	17	史	1611
		19		1616
三文	上	529	南	1975
三史	上	511	周	885
		629	北	3115
三銖錢	上	450	魏	1711
三仁	上	20	史	1633
三珠虎符	下	180	元	819
三板沙賊	下	500	明	5418
三韓通寶	中	445	宋	14054
上壽儀	下	33	金	839
上陽(宮)	中	137	舊唐	2815
上元節	中	439	宋	14043
上儀	下	34	金	866
上帝大號	下	488	明	5221
上海沙船	下	464	明	2245
商山記	中	173	舊唐	4392
		297	新唐	5279
商容	上	24	史	2435
商竈塩丁	下	468	明	2252
常勝軍	下	104	金	1833
雙淸館	下	479	明	3698
笙	中	15	隋	380
		230	新唐	469
西南夷兩越朝鮮傳				
	上	74	漢	4268

項目	二十五史抄		新校本	
西涼(樂)	中	14	隋	377
西蕃上將星	上	238	晉	375
西水門	下	458	明	2104
西陽兵	下	494	明	5409
西域圖	中	238	新唐	1146
西域史	下	415	新元	1-1
西夷氣	上	236	晉	335
西亭集	中	616	遼	1344
書經	上	131	後漢	2990
		177	三	831
		190		840
	中	138	舊唐	2829
書詔之寶	下	32	金	765
庶徵	上	17	史	1611
		19		1618
堵扆	上	196	三	844
瑞聖軍	中	528	遼	477
瑞聖園	中	390	宋	164
誓表	下	44	金	1391
石磬	下	195	元	1696
石硿	上	22	史	1922
		49	漢	1463
		107	後漢	2808
		153	三	149
		264	晉	2535
石佛寺	下	400	新元	249-17
石室金匱	下	374	新元	209-4
宣明之寶	下	32	金	765
宣文閣	下	374	新元	209-4
		376		210-11
宣聖廟祭服	下	195	元	1937
宣政殿	中	402	宋	2810
		512	遼	442
宣義軍		517		459
善隸書	下	257	元	4625
善和戍	中	150	舊唐	3207
善惠之碑	下	243	元	4552
成吉思汗實錄				
	下	415	新元	1-4
性理	下	583	明	8285

項目	二十五史抄		新校本	
城錄	中	42	隋	1613
星官	中	15	隋	549
星神	中	189	舊唐	5320
聖鬘經	中	450	宋	14132
聖節	下	110	金	1867
聖誕節	下	149	元	151
		150		169
		155		233
聖惠方	中	439	宋	14044
世語	上	176	三	762
世廟	下	509	明	5609
		511		5612
		512		5615
世子冠服	下	450	明	1655
洗	上	528	南	1973
歲星	上	237	晉	375
		239		381
歲神	中	445	宋	14054
小弁	上	164	三	259
小觱篥	中	15	隋	380
		230	新唐	469
小林僧	下	468	明	2252
昭德軍	中	466	遼	115
		521		466
昭德(殿)	中	512	遼	442
逍遙宮	上	339	晉	3105
逍遙詠	中	437	宋	14040
疎勒(伎)	中	14	隋	337
韶陽(門)	中	515	遼	456
蘇骨	上	629	北	3115
(蘇)軾傳	中	442	宋	14048
蘇合	下	582	明	8284
簫	中	15	隋	380
		53		1814
		230	新唐	469
粟	下	39	金	1121
屬國表	中	570	遼	1125
續漢書郡國志				
	上	147	三	27
宋秘閣書籍	下	286	新元	17-11

項目	二十五史抄		新校本	
宋(日)本傳	下	257	元	4625
松寇紀略	下	470	明	2385
水閘門	下	457	明	2018
水工	下	345	新元	160-1
水軍	下	464	明	2245
水房	下	395	新元	249-8
水兵	下	467	明	2249
水磑	下	364	新元	179-11
水驛	下	168	元	371
水藻衣	上	626	北	3111
綏遠軍	中	514	遼	451
壽昌門	中	443	宋	14050
隧神	上	196	三	844
隧穴	上	196	三	844
隧神	上	110	後漢	2813
肅慎國弓	上	53	三	149
肅慎矢	上	22	史	1922
		49	漢	1463
殉葬	上	108	後漢	2811
		262	晉	2532
順成之曲	下	195	元	1756
順天館	中	441	宋	14017
崇光宮	上	443	魏	1197
崇德宮	中	511	遼	439
		520		465
		523		468
崇德殿	中	400	宋	2803
崇明沙船	下	464	明	2245
崇義軍	中	529	遼	487
		607		1241
崇政殿	中	309	宋	164
		403		3362
		439		14044
崇晉	下	566	明	7438
承天門	中	512	遼	442
昇天殿	中	459	遼	24
僧兵	下	468	明	2252
狩山宮	上	408	魏	56
始祖實錄	下	122	金	2367
始平軍	中	522	遼	467

項目	二十五史抄		新校本	
詩經	上	177	三	831
		336	晉	3100
	中	344	新唐	6205
		473	遼	171
	下	39	金	1133
書經	上	336	晉	3100
	中	344	新唐	6205
		473	遼	171
式占	上	372	宋書	2394
		527	南	1972
食舉東西廂樂詩				
	上	359	宋書	589
食舉樂東西廂歌				
	上	359	宋書	584
食邑	下	320	新元	113-10
		365		179-9
		375		209-5
信陵軍	中	527	遼	476
神鹿	下	428	明	95
神寶	中	102	舊唐	1846
神仙傳	中	515	遼	457
神陵	中	189	舊唐	5320
		331	新唐	6186
神祇壇	中	448	明	1279
神井	上	113	後漢	2817
新羅國記	中	239	新唐	1508
		409	宋	5154
新羅廟	中	342	新唐	6201
新附軍	下	156	元	246
		158		254
		201		2544
		202		2548
		304	新元	56-7
十六國春秋	上	446	魏	1502
		580	北	1626

項目	二十五史抄		新校本	

[아]

項目	二十五史抄		新校本	
阿干之歌	上	265	晉	2537
		370	宋書	2370
阿殘	上	208	三	852
雅曲	下	35	金	881
雅樂	下	35	金	882
鴉	下	7	金	50
握塑	上	632	北	3119
		644		3137
	中	56	隋	1818
		62		1827
樂府	中	15	隋	548
樂書	上	13	史	1175
樂毅列傳	上	24	史	2427
嶽瀆壇	下	449	明	1285
安國伎	中	14	隋	376
		15		380
安廣軍	中	526	遼	475
安南水程日記				
	下	470	明	2419
安東軍	中	523	遼	469
		524		470
	下	192	元	1400
安邊館	下	465	明	2245
安復軍	中	527	遼	475
	下	31	金	557
安遠軍	中	522	遼	468
	下	30	金	554
安遠(門)	中	515	遼	456
鞍轡	下	160	元	264
鴨淥軍	中	519	遼	462
唵囕集	下	385	新元	237-7
額辨	下	455	明	1902
櫻桃園	下	482	明	4251
也先營	下	433	明	142
野人	下	291	新元	24-7
兩都賦	下	563	明	7354
涼書	上	450	魏	1710
		585	北	1831

項目	二十五史抄		新校本	
襄陽生券軍	下	200	元	2515
於羅暇	上	631	元	3118
於陸	上	631	元	3119
御前之寶	下	32	金	765
馭倭錄	下	470	明	2392
漁丁	下	464	明	2244
閹臣	下	352	新元	172-13
閹人	下	243	元	4551
		399	新元	249-14
女直官氏	下	330	新元	132-3
女直館	下	453	明	1797
女直軍	下	142	元	109
		143		117
		149		154
		200		2509
		201		2530
		225		3630
		228		3633
		273	新元	8-15
		276		10-6
		348		163-13
		356		176-4
女直屯戶	下	177	元	671
女直渤海部人				
	下	368	新元	186-5
女直水達達官民				
	下	330	新元	132-3
女直傳	中	433	宋	13982
女直戶	下	176	元	629
		363	新元	178-3
女眞軍	下	407	新元	250-5
女眞排辨儀	中	399	宋	2423
女眞兵	下	337	新元	145-6
女眞部軍	下	229	元	3144
女眞俗	中	380	新五	906
女孝經	下	206	元	2880
予世券	下	482	明	4251
予世侯	下	481	明	4237
如松傳	下	588	明	8292
畲軍	下	200	元	2509

項目	二十五史抄		新校本	
興鬼	上	238	晉	376
		238		379
力差	下	455	明	1902
易經	上	66	漢	3599
		134	後漢	3082
		135		3213
		177	三	795
	中	257	唐	3856
易林	上	372	宋書	2394
		527	南	1972
易傳	上	366	宋書	922
延歷寺	中	450	宋書	14133
延昌宮	上	522	遼	467
		523		468
漣水軍	下	103	金	1824
燕記	上	438	魏	757
		571	北	867
燕書	上	572	北	892
燕頌	上	336	晉	3100
燕樂	中	230	新唐	469
燕樂伎	中	230	新唐	469
燕志	上	577	北	1450
燃燈	中	439	宋	14043
涅槃	上	521	南	216
		527		1973
鹽	下	38	金	1093
		466	明	2248
鹽徒	下	468	明	2252
		483		4493
鹽法	中	161	舊唐	3538
鹽地	中	160	舊唐	3536
鹽筴之法	中	549	遼	930
獵戶	下	203	元	2600
令氏亭	上	50	漢	1625
永順兵	下	493	明	5407
永安軍	中	526	遼	473
永安新五銖錢				
	上	454	魏	1716
永定寺	下	505	明	5604
永昌軍	中	512	遼	445

項目	二十五史抄		新校本	
永興宮	中	503	遼	363
		521		466
		529		482
		530		489
永興殿	中	606	遼	1240
英雄記	上	182	三	834
迎鼓	中	108	後漢	2811
迎陽(門)	中	515	遼	456
迎春門	下	104	金	1834
零星	上	110	後漢	2813
寧遠軍	中	520	遼	465
		619		1370
	下	31	金	556
寧昌軍	中	526	遼	474
寧波賓館	下	491	明	5404
營衛志	中	537	遼	723
靈武故事	下	219	元	3391
		381	新元	220-8
靈飛順濟	中	441	宋	14047
靈星	中	331	新唐	6186
靈巖寺	下	31	金	555
艾灸	上	79	三	832
濊王之印	上	193	三	842
禮記	中	403	宋	3052
		435		14037
		473	遼	171
穢王之印	上	262	晉	2532
藝文志	上	51	漢	1701
五經	上	378	南齊	1010
	中	189	舊唐	5320
		195		5329
		449	宋	14131
	下	251	元	4625
		583	明	8285
五紀	上	17	史	1611
		18		1613
五紀論	上	239	晉	388
		361	宋書	685
五代	中	381	新五	919
		510	遼	438

項目	二十五史抄		新校本	
		531		539
	下	3	後漢	1
		41	金	1385
		245	元	4607
		413	新元	253-9
五代史	中	451	宋	14134
五代災變應	中	16	隋	593
五代職方考	中	534	遼	568
五代春秋	中	362	舊五	575
五代會要	中	363	舊五	653
五臺	中	452	宋	14135
五梁冠服	下	450	明	1655
五老山寨	下	294	新元	26-17
五方	中	56	隋	1818
五方旗神	下	449	明	1280
五水	下	4	金	16
五水寨		466	明	2247
五銖錢	上	450	魏	1711
		456		1712
五嶽	下	448	明	1280
五緯	上	236	晉	346
五帝之神	中	56	隋	1819
五鎮	下	448	明	1280
五行	上	17	史	1611
		17		1612
五行傳	中	17	隋	641
五弦	中	15	隋	380
吾學篇	下	594	明	8301
吳家墳	下	531	明	5982
吳書	上	158	三	254
		162		258
		216		1139
吳淞甲乙倭變志				
	下	470	明	2385
烏羅冠	中	195	舊唐	5329
烏皮靴	中	93	舊唐	1069
烏皮鞾	下	450	明	1651
烏號	上	212	三	855
玉昔帖木兒傳				
	下	420	新元	41-1
玉椀	下	427	明	84
玉篇	中	189	舊唐	5320
玉華宮	中	257	新唐	3855
溫陽	中	200	舊唐	5335
鐃歌	下	35	金	881
鐃吹	中	12	隋	160
瓦氏兵	下	492	明	5407
臥箜篌	中	15	隋	380
		230	新唐	469
王景之法	下	457	明	2018
王年代紀	中	449	宋	14131
倭徼	下	457	明	2062
倭變志	下	470	明	2385
倭商	下	202	元	2548
倭船	下	172	元	459
		325	新元	121-20
		452	明	1761
		468		2261
		475		3832
		496		5412
倭俗	上	389	梁	806
		644	北	3136
	中	203	舊唐	5340
倭新寨	下	444	明	280
倭營	下	443	明	277
倭夷	下	463	明	2243
倭賊	下	468	明	2262
倭舟	下	469	明	2269
		516		5624
外國貢使	下	474	明	3788
外國使入見儀				
	下	33	金	865
		34		
外國喪禮及入弔儀				
	中	402	宋	2897
外國朝會	下	111	金	1868
外夷	上	132	後漢	2992
	下	214	元	3215
		346	新元	161-3
畏兀兒僧	下	321	新元	114-10

項目	二十五史抄		新校本	
妖星客星	上	239	晉	387
堯帝祠	下	107	金	1862
腰鼓	中	15	隋	380
		230	新唐	469
腰弩	上	527	南	1972
腰轡	中	53	隋	1814
遼東高廟	上	48	漢	1331
遼東盛國	中	515	遼	456
遼東豕	上	92	後漢	1139
遼史	下	128	金	2881
遼興軍	中	530	遼	500
		598		1191
		619		1370
龍腦	下	582	明	8284
龍圖閣	中	424	宋	10985
龍騰苑	上	339	晉	3105
		340		3107
		469	魏	2070
龍翔佛寺	上	287	宋書	2826
龍鬚席	中	439	宋	14043
龍鬚草席	中	634	遼	1520
龍原(門)	中	515	遼	456
龍丹	下	388	新元	247-3
龍虎臺	下	380	新元	200-7
羽林	上	239	晉	380
竽	中	56	隋	1818
禹貢	上	241	晉	425
		242		426
	中	108	舊唐	2214
		166		3786
禹貢圖	上	104	後漢	2465
鯛鱄鮍鮐	上	35	史	3017
雲南夷賊	下	468	明	2262
運糧軍	下	484	明	4541
元嘉曆	上	513	周	887
		632	北	3119
	中	56	隋	1818
		534	遼	567
元嘉曆法	中	534	遼	567
元寇紀略	下	418	新元	9-1
元豊儀	中	400	宋	2750
元和殿	下	33	金	832
怨軍	下	104	金	1833
圓符	下	357	新元	176-5
圜丘	下	448	明	1279
鴛鴦陣	下	468	明	2252
				2260
月新五星犯列舍				
	上	237	晉	361
粤嶠書	下	470	明	2419
越王新義	中	381	新五	919
越王孝經新義				
	中	368	舊五	1595
鉞星	上	238	晉	375
危	上	57	漢	1658
尉解	上	528	南	1973
圍棊	中	56	隋	1818
魏都賦	上	204	三	849
魏略	上	159	三	255
		167		261
		184		835
		193		842
		200		847
		205		850
		206		851
		209		853
		212		855
魏名臣奏	上	151	三	111
		162		257
魏書	上	157	三	252
		163		258
		178		732
魏室	上	366	宋書	912
魏氏春秋	上	171	三	458
		256	晉	2148
魏志	上	643	北	3135
	中	61	隋	1825
柔遠軍	下	302	新元	47-5
柳	上	239	晉	380
琉球舞	下	450	明	1652

項目	二十五史抄		新校本	
六經	上	105	後漢	2466
	中	422	宋	10790
	下	579	明	8280
六極	上	17	史	1611
		20		1620
六纛大神	下	449	明	1280
六駮旗	中	11	隋	160
六梁冠	下	450	明	1655
閏考	中	532	遼	540
律令格式	下	40	金	1304
隆福宮	下	243	元	4552
		388	新元	247-4
隆安軍	中	518	遼	461
乙未元曆	中	534	遼	567
陰符經	中	603	遼	1211
廮世	下	515	明	5619
邑勒	中	342	新唐	6202
挹婁貂	上	202	三	848
應天門	中	80	舊唐	198
凝露聰	中	209	舊唐	5349
義觜笛	中	230	新唐	469
儀寧殿	中	513	遼	446
二十八舍	中	15	隋	543
二珠虎符	下	161	元	273
夷來之曲	中	230	新唐	472
里甲	下	455	明	1905
利歌彌多弗利				
	中	62	隋	1826
李庭傳	下	420	新元	72-1
離騷	上	164	三	259
人參	下	30	金	555
人葠	中	234	唐	1023
郯海軍	中	531	遼	501
鱗德殿	中	203	舊唐	5341
麟德殿	中	88	舊唐	548
		89		609
		214		5356
		347	新唐	6209
麟袍	下	450	明	1655
一戎大定樂	中	92	舊唐	1047

項目	二十五史抄		新校本	
		230	新唐	472
一條鞭法	下	455	明	1902
日本傳	下	337	新元	143-6
日本之役	下	366	新元	183-5
		368		183-5
日本風土記	下	470	明	2419
日食	下	439	明	243
日神	中	189	舊唐	5320
日月神	中	342	新唐	6202
日炙鹽	下	38	金	1096
日向宮	中	449	宋	14131
臨朔宮	上	553	北	455
		592		2185
	中	11	隋	160
		41		1595
		110	舊唐	2278
		254	新唐	3806
臨渝宮	上	556	北	464
	中	50	隋	87
臨海軍	上	530	遼	487
		622		1414

項目	二十五史抄		新校本	

[자]

項目	二十五史抄		新校本	
子虛之賦	上	35	史	2999
字林	中	189	舊唐	5320
字統	中	189	舊唐	5320
牸牛	下	4	金	2
紫宸殿	中	89	舊唐	650
		400	宋	2808
		402		2901
紫宸殿大遼使朝見儀	中	400	宋	2808
紫宸殿大遼使朝辭儀	中	400	宋	2808
紫宸殿正旦宴大遼使儀	中	400	宋	2808
雌圖	中	381	新五	919
赭白馬	上	371	宋書	2392
長寧軍	中	631	遼	1460
長寧宮	中	510	遼	439
		513		447
		520		463
		520		464
長樂宮	上	8	史	387
		8		392
		41	漢	79
長樂門	下	116	金	1996
長沙賊	下	481	明	4234
長春殿	中	440	宋	14045
長夏門	中	162	舊唐	3539
章甫冠	中	93	舊唐	1070
莊嚴寺	上	532	南	2008
藏經	中	437	宋	14040
		173	元	482
宰相中謝儀	中	547	遼	907
箏	中	53	隋	1814
		56		1818
		231	新唐	479
箏竿	上	632	北	3119
樗蒲	上	632	北	3119
		644		3137
	中	56	隋	1818
		62		1827
笛	中	15	隋	380
		56		1818
		231	新唐	479
積慶(宮)	中	520	遼	463
		520		464
		529		487
佃戶	下	371	新元	194-5
典誠	上	287	晉	2826
典略	上	154	三	207
前後漢海冠試	下	470	明	2385
旆裘	上	48	漢	1289
錢版	中	230	新唐	469
氈髭	上	179	三	832
折風	上	110	後漢	2813
		196	三	844
		386	梁	802
		476	魏	2215
		629	北	3115
接送高麗☒令格式	中	409	宋	5142
正旦大會行禮歌	上	359	宋書	583
正陽殿	上	291	晉	2833
正義	中	381	新五	919
定遠軍	中	517	遼	459
征東省印	下	160	元	266
征東鄉試	下	306	新元	64-16
征商之法	中	548	遼	929
征遼東等曲	中	403	宋	3054
釘板	下	483	明	4463
靖海紀略	下	470	明	2385
祭告	下	448	明	1280
梯浦館	下	392	新元	249-4
第一骨	中	342	新唐	6202
第二骨	中	342	新唐	6202
齊鼓	中	15	隋	380
		230	新唐	469

項目	二十五史抄		新校本	
諸番進貢式	中	399	宋	2423
濟渠	上	103	後漢	2464
皁帶	中	56	隋	1818
皁皮鞾	下	450	明	1652
皁皮鞾	下	450	明	1652
俎豆	上	107	後漢	2810
		108		2811
		109		2812
		191	三	840
		192		841
		202		848
		264	晉	2535
朝辭儀	下	9	金	70
		34		867
朝鮮紀事	下	470	明	419
朝鮮復國經略				
	下	470	明	2386
朝鮮列傳	上	63	漢	2722
朝鮮雜志	下	470	明	2419
朝鮮傳	上	66	漢	3660
	下	611	明	8358
朝鮮征倭紀略				
	下	470	明	2386
朝陽門	上	281	晉	2817
朝天館	中	529	遼	482
朝霞紬	中	344	唐	6204
磵門兵	下	150	元	154
漕運	下	452	明	1773
		475		3832
		483		4493
漕卒	下	494	明	5409
趙頭陀寺	中	515	遼	456
宗廟樂歌	下	36	金	899
左氏傳	中	92	舊唐	1053
左氏春秋	中	296	新唐	5180
朱鷺	上	244	晉	701
朱龍	上	272	晉	2796
朱書	上	21	史	1794
周官	上	292	晉	2836
	中	92	舊唐	1068

項目	二十五史抄		新校本	
		219		5364
周禮	上	241	晉	425
周易	上	584	北	1830
浚儀	上	104	後漢	2465
浚儀渠	上	103	後漢	2464
蹲踞	上	179	三	832
中極(殿)	下	574	明	7805
中堂事記	下	418	明	7805
中書備對	中	414	宋	9523
中岳寺	中	162	舊唐	3539
重寶	中	445	宋	14054
地理類	中	239	新唐	1506
地震	上	246	晉	893
至德宮	中	362	舊五	576
至元	下	142	元	100
		197		2074
芝栖	中	15	隋	390
持襄	上	116	後漢	2921
持哀	上	212	三	855
誌公	上	525	南	1901
誌公符	上	525	南	1901
直道	上	29	史	2886
		67	漢	3748
陳祖仁傳	下	244	元	4553
		389	新元	247-5
辰星	上	14	史	1347
		48	漢	1289
辰韓傳	上	266	漢	1289
晉鼓吹歌曲	上	360	宋書	647
晉鼙舞歌	上	360	宋書	629
晉四廂樂歌	上	359	宋書	583
		359	宋書	587
晉祠碑	中	200	舊唐	5335
晉書	中	200	舊唐	5336
		343	新唐	6203
晉陽宮	上	497	北	83
		587		2016
晉陽秋	上	157	三	253
		256	晉	2148
		511	周	885

項目	二十五史抄		新校本	
		629	北	3116
晉志	中	397	宋	1066
晉春秋	中	189	舊唐	5320
秦語	上	115	後漢	2819
秦王魚	下	28	金	551
秦王破陣樂	中	92	舊唐	1059
進誓表	下	50	金	1401
進湯曲	下	449	明	1574
鎭溪(兵)	下	505	明	5604
鎭國軍	中	516	遼	458
鎭國香椎大神				
	中	450	宋	14132
鎭寧軍	中	631	遼	1461
鎭遠軍	中	523	遼	569
姪國	下	58	金	1420
集英殿	中	393	宋	397
集賢院	中	417	宋	9872

[차]

項目	二十五史抄		新校本	
遮洋船	下	452	明	1761
昌寧軍	中	594	遼	1186
昌永軍	中	526	遼	474
滄海道軍	上	554	北	458
蒼山鐵	下	469	明	2269
蒼船	下	469	明	2269
彰愍宮	中	510	遼	439
		511		440
		513		447
彰義門	下	433	明	142
册府元龜	中	392	宋	335
		424		10985
		442		14048
策	中	392	宋	335
幀	上	110	後漢	2813
		378	南齊	1010
幀溝漊	上	196	三	843
戚家軍	下	510	明	5611
戚繼光傳	下	506	明	5606
川兵	下	494	明	5409
千騎	中	150	舊唐	3252
天江	上	238	晉	376
天鷄	中	396	宋	1009
天君	上	115	後漢	2819
		208	三	852
		262	晉	2533
天紀星	上	239	晉	388
天馬	下	428	明	95
天命篇	上	244	晉	711
		360	宋書	630
天文	下	446	明	339
天壽節	下	21	金	210
		21		211
		22		216
		22		219
		22		223
		23		230
		23		233
		23		237
		23		239
		24		251
		24		254
		25		257
		25		259
		25		261
		26		269
		26		272
		26		281
		110		1807
		133		2888
		579	明	8280
天子行寶	中	102	舊唐	1840
天地壇	下	448	明	1280
天淸節	下	7	金	55
		8		58
		8		59
		8		60
		8		62
		8		63
		9		65
		44		1391
		44		1392
天竺伎	中	14	隋	376
天竺(樂)	中	14	隋	377
天下化成之舞				
	中	400	宋	2750
天河渠	上	622	北	3073
淺船	下	452	明	1761
鐵冶	下	249	元	4612
鐵場	下	447	明	952
檐鼓	中	230	新唐	469
氍布	下	157	元	249
青稞	上	179	三	832
青丘七星	中	397	宋	1065
青蚪	下	410	新元	250-10
青羅大神襖子				
	下	450	明	1652
	下	450	明	1651

項目	二十五史抄		新校本	
青羅銷金胸背襖子				
	下	450	明	1652
清寧殿	下	185	元	962
清商伎	中	14	舊唐	376
清華宮	下	394	新元	249-6
體命賦	中	123	舊唐	2622
哨船	下	491	明	5404
草蹻	上	262	晉	2533
草場	下	469	明	2275
焦蹋	下	64	金	1431
貂豽	上	108	後漢	2811
貂鼠	中	549	遼	929
鈔	下	164	元	307
		175		602
		179		767
		181		839
		183		901
		215		3223
		225		3629
		232		3798
		243		4552
		308	新元	77-88
		309		45-11
		322		114-17
		329		132-3
		345		160-13
		355		176-3
		368		184-12
		377		214-4
		388		247-3
		409		250-8
		468		92-7
蜀卒	下	515	明	5618
寸白軍	下	200	元	2509
總管兵	下	56	金	1413
秋糧	下	439	明	243
椎䯒	下	450	明	1651
搊箏	中	230	新唐	469
墜火	下	446	明	464
鞦韆	中	439	宋	14043

項目	二十五史抄		新校本	
筑紫	中	449	宋	14131
蹴鞠	中	330	新唐	6186
春秋	上	92	後漢	1280
		159	三	255
		239	晉	388
		361	宋書	685
		366		932
	中	128	舊唐	2735
		264	新唐	4027
		266		4082
		300		5647
		428	宋	11544
		473	遼	171
	下	519	明	5731
		580		8281
春秋元命包	上	241	晉	425
春秋左傳	中	179	舊唐	4948
吹斯戲傳	下	245	元	4554
翠塞集	下	385	新元	237-7
則天門	中	74	舊唐	81
治河三策	下	457	明	2018
輜重	下	429	明	102
沈香	下	582	明	8284
侵牟羅	中	342	新唐	6202

[타]

項目	二十五史抄		新校本	
駝駝	中	149	舊唐	3206
鐸舞	上	208	三	852
彈箏	中	15	隋	380
		230	新唐	469
耽羅獵戶	下	287	新元	17-8
耽羅傳	下	418	新元	8-1
太康頌	上	251	晉	1424
太極宮	下	25	金	269
太極殿	上	426	魏	359
太廟	下	195	元	1695
		310	新元	91-6
		316		164-24
		497	明	5413
太微	上	238	晉	375
太微上將軍	上	239	晉	388
太白	上	14	史	1347
		48	漢	1289
		236	晉	348
		237		362
		237		374
		238		375
		238		376
		238		379
		239		380
太史公書	中	423	宋	10815
太常工	下	36	金	889
太誓	上	47	漢	1015
太神宮	下	409	新元	250-9
太宰府	上	27	金	333
太宗實錄	中	350	新唐	6338
太倉沙船	下	464	明	2245
太淸歌	下	449	明	1574
太平觀	中	430	宋	12223
太平頌	中	39	隋	1560
		200	舊唐	5336
太平御覽	中	442	宋	14048
太平興國寺	中	451	宋	14134
太學	中	328	新唐	6181

項目	二十五史抄		新校本	
土司空	中	16	隋	553
通鑑	下	579	明	8280
通鑑綱目	下	583	明	8285
通州運河	下	226	元	3631
通天冠	中	11	隋	160
		91	舊唐	868
投壺	上	632	北	3119
	中	56	隋	1818
		330	新唐	6186
特默齊軍	下	141	元	90

項目	二十五史抄		新校本	

[파]

項目	二十五史抄		新校本	
巴東夷人	上	367	宋書	1146
波羅檀	下	412	新元	253-8
波羅檀洞	上	641	北	3132
	中	59	隋	1823
婆羅門樂	中	93	舊唐	1073
破陣圖	中	193	舊唐	5325
破陣樂	中	92	舊唐	1059
		92		1060
八關齋	中	446	宋	14054
八蕃	中	348	唐	6264
八幡祠	下	409	新元	250-9
八寶	中	102	舊唐	1846
八條之敎	上	113	後漢	2817
		203	三	848
	中	514	遼	455
		544		833
八條之禁	中	63	隋	1828
八條之約	上	117	後漢	2822
浿水上軍	上	33	史	2988
浿水兩軍	上	33	史	2987
扁頭	上	115	後漢	2819
		263	晉	2534
褊頭	上	209	三	853
編髮	上	263	晉	2534
	中	325	新唐	6178
鞭杖	上	529	南	1975
平盧軍	中	241	新唐	1833
		241		1836
平虜渠	中	105	舊唐	22113
平燕議	中	421	宋	10532
蒲桃	上	530	南	1976
豹尾	中	234	唐	1023
風快船	下	452	明	1761
風土記	上	377	南齊	194
皮骨	中	234	新唐	1023
皮骨鐵雜鎧				
	上	153	三	149
皮冠	中	53	隋	1814
畢太星	上	238	晉	377
筆耕集	中	418	宋	5337
篳	中	53	隋	1814
篳篥	中	12	隋	160

項目	二十五史抄		新校本	

[하]

項目	二十五史抄		新校本	
下戶	上	196	三	843
		203		848
		212		855
		213		856
河渠書	上	104	後漢	2465
河東鹽徒	下	468	明	2252
河東諸路蒙古軍				
	下	364	新元	179-2
河戌上	下	48	漢	1306
河源軍	中	95	舊唐	1369
		270	新唐	4121
		314		6077
河源賊	下	521	明	5786
河陰倉	中	162	舊唐	3538
河清頌	下	449	明	1575
夏國進奉使見辭儀				
	中	400	宋	2808
夏稅	下	438	明	241
夏笛	中	403	宋	3051
閑田	下	8	金	63
漢軍	下	155	元	232
		158		254
		160		269
		166		337
		167		359
		170		417
		175		574
		176		621
		180		821
		225		3630
		228		3633
		304	新元	56-7
		334		135-2
		356		176-5
漢武臺	中	73	舊唐	58
漢法	中	553	遼	973
漢書	上	215	三	858
	中	189	舊唐	5320
		231	新唐	817
	下	126	金	2782
漢人南人試策				
	下	306	新元	64-15
漢晉春秋	上	165	三	260
韓非書	上	574	北	974
含元宮	中	194	舊唐	5327
含元殿	中	338	新唐	6197
含樞殿	中	139	舊唐	2893
		279	新唐	4213
咸寧館	中	511	遼	441
合壁	中	137	舊唐	2815
蛤珠	中	549	遼	929
海狗	下	7	金	50
海寇	下	378	新元	214-10
海內華夷圖	中	166	舊唐	3784
				3786
海東名鷹	下	324	新元	120-4
海東白鶻	下	363	新元	178-7
		365		181-7
		377		214-4
海東三國通曆				
	中	409	宋	5124
海東青	中	387	宋	15
		433		13985
		565	遼	1108
海東青鶻	中	364	新元	179-3
		365		181-7
海東通寶	中	445	宋	14053
海陽軍	中	530	遼	489
海外三十六國記				
	中	409	宋	5154
海運	下	58	明	2116
海舟之制	下	469	明	2269
海青	下	325	新元	121-13
		434	明	164
海青白鶻	下	382	新元	224-9
海葱	下	20	金	198
海豹皮	中	344	新唐	6204
奚谷	下	322	新唐	6173

項目	二十五史抄		新校本	
奚軍	下	37	金	997
鄉兵	下	468	明	2251
鄉試	下	196	元	2021
		452	明	1696
鄉樂	中	439	宋	14043
		446		14054
軒轅大星	上	237	晉	362
		238		376
玄武門	中	340	新唐	6199
顯德門	中	515	遼	456
顯陵	中	602	遼	1211
熒惑	上	14	史	1349
		238	晉	3756
		239		379
慧星	中	76	舊唐	91
		396	宋	1010
互市	上	95	後漢	1609
		126		2982
	中	40	隋	1576
虎魄	中	346	新唐	6208
弧	上	388	梁	805
胡公頭	上	389	梁	806
胡盧琴	中	403	宋	3052
胡床	上	366	宋書	887
琥珀	中	74	舊唐	73
葫蘆笙	中	230	新唐	469
箎	中	56	隋	1818
號令	下	5	金	24
護國仁王經	中	445	宋	14053
護國仁王佛	中	473	遼	171
混同館	下	29	金	552
混同軍	中	528	遼	477
弘農宮	中	107	舊唐	2209
弘義宮	中	512	遼	444
		522		467
		530		487
洪光門	上	343	晉	3128
		347		3133
洪範	上	47	漢	1015
		346	晉	3131
	中	431	宋	12739
洪範九疇	上	48	漢	1315
洪範五行傳	中	17	隋	665
紅巾賊	下	403	新元	249-21
		58	明	8290
紅羅銷金裙	下	450	明	1651
紅羅銷金抹額				
	下	450	明	1651
紅毛	下	465	明	2247
紅生絹襪衫	下	450	明	1651
紅生色領袖	下	450	明	1651
紅銷金頭繩	下	450	明	1651
鴻範九等	上	17	史	1611
火藥	下	585	明	8288
火礮	下	468	明	2252
		585	明	8288
和寧之曲	下	36	金	909
和白	中	342	新唐	6202
華清宮	中	152	舊唐	3255
畫鶴記	中	173	舊唐	4392
		297	新唐	5179
宦者	下	353	新元	175-6
		376		210-10
		378		216-11
		380		220-5
		388		247-1
		389		274-6
		391		249-3
寰宇通志	下	299	新元	447-1
皇極	上	17	史	1611
		18		1613
	下	574	明	7805
皇極殿	下	11	金	79
皇靈	中	381	新五	919
皇靈孝經	中	368	舊五	1595
		381	新五	919
皇明會典	下	587	明	8291
黃巾	上	106	後漢	2697
黃巾賊	上	98	後漢	2118
		218	三	1187

項目	二十五史抄		新校本	
黃帶	中	56	隋	1818
黃頭軍	中	303	新唐	5885
黃龍	下	29	金	552
黃門鼓吹	上	109	後漢	2812
黃船	下	452	明	1761
黃帝鍼經	中	392	宋	335
		442		14048
黃驄疊曲	中	230	新唐	471
黃革屨	中	53	隋	1814
蝗	下	28	金	535
蝗蟲	上	246	晉	880
回鶻軍	下	361	新元	177-18
回鶻匠人	下	361	新元	177-18
回回教	下	323	新元	118-17
回回砲	下	158	元	253
回回砲手	下	162	元	282
回回砲匠	下	154	元	229
		409	新元	177-13
淮安大營兵	下	465	明	2246
會同館	下	35	金	868
會葬	下	21	金	210
懷遠(門)	中	515	遼	456
懷荒殿	中	11	隋	160
橫吹	中	53	隋	1814
孝經	中	452	宋	14135
	下	316	新元	104-24
孝經新義	中	452	宋	14135
孝經雌圖	中	368	舊五	1595
		381	新五	919
孝友傳	上	445	魏	1344
		577	北	1450
後漢書	中	189	舊唐	5320
勛臣	下	466	明	2278
黑山賊	上	102	後漢	2382
黑水軍	中	216	舊唐	5359
黑水靺鞨俗	中	325	新唐	6178
黑水碑	中	173	舊唐	4392
		297	新唐	5279
黑姓	上	528	南	1974
欽天曆	中	531	遼	539
興江田	下	375	新元	209-5
興兵	中	27	金	335
興聖宮	下	512	遼	445
		206	元	2880
		243		4451
		243		4452
		316	新元	104-24
		388		247-4
興聖西宮	上	205	元	2879
興聖殿	上	365	新元	179-11
興安門	中	163	舊唐	3540
熙陵	上	340	晉	3107
肹誓	上	16	史	1524

: 김 철 웅

연구 보조원 : 김 보 한

東아시아關係詞 資料索引 및 分類目錄

인쇄일 초판 1쇄 2003년 03월 23일 / 2쇄 2015년 04월 05일

발행일 초판 1쇄 2003년 04월 01일 / 2쇄 2015년 04월 15일

지은이 단국대동양학연구소

발행인 정 찬 용

발행처 국학자료원

등록일 1987.12.21. 제17-270호

서울시 강동구 성내동 447-11 현영빌딩 2층

Tel : 442-4623~4 Fax : 442-4625

www. kookhak.co.kr

E- mail : kookhak2001@hanmail.net

ISBN 978-89-541-0050-2 ＊93910

가 격 45,000원

＊저자와의 협의 하에 인지는 생략합니다.